大埔年鉴

DABU YEARBOOK

2022

大埔年鉴编纂委员会 编

方志出版社
Publishing House of Local Records

图书在版编目（CIP）数据

大埔年鉴. 2022 / 大埔年鉴编纂委员会编. —北京：方志出版社，2022.12

ISBN 978-7-5144-5406-2

Ⅰ. ①大… Ⅱ. ①大… Ⅲ. ①大埔县—2022—年鉴 Ⅳ. ①Z526.54

中国版本图书馆CIP数据核字（2022）第252552号

责任编辑：刘方圆
责任校对：刘玉霞
责任印制：梅中英
出 版 者：方志出版社
地　　址：北京市朝阳区潘家园东里9号（国家方志馆4层）
邮　　编：100021
网　　址：http://www.zgfzcb.cn
发　　行：方志出版社图书营销中心（010-67110500）
印　　刷：梅州程江彩色印刷厂有限公司
开　　本：787毫米×1092毫米　1/16
印　　张：26.25
字　　数：672千字
版　　次：2022年12月第1版
印　　次：2022年12月第1次印刷
定　　价：200.00元

编 辑 说 明

一、《大埔年鉴（2022）》以马克思列宁主义、毛泽东思想、邓小平理论、“三个代表”重要思想、科学发展观、习近平新时代中国特色社会主义思想为指导，坚持辩证唯物主义和历史唯物主义的立场、观点和方法，坚持社会主义先进文化前进方向，着重记载2021年大埔县自然、政治、经济、文化、社会等方面的基本情况，供各级领导、有关单位及社会各界人士了解和研究大埔参考使用，为编修地方史志积累史料，为推动大埔经济社会发展服务。

二、《大埔年鉴（2022）》采用述、记、录、图、表等体裁，以文为主，图文结合。正文内容采用分类编辑法，设类目、分目、条目三个结构层次，以条目为表现内容的基本形式。为方便阅读，类目和分目一级的标题配以花边底纹，条目一级的标题统一用黑体字加【 】号表示，并设置书眉。正文设特载、大事记、县情概览、中共大埔县委员会、大埔县人民代表大会、大埔县人民政府、政协大埔县委员会、大埔县纪委监委、群众团体、法治、军事、农业·水利·气象、工业、交通运输、邮政通信、商业、财税·金融、城乡建设·环保、综合经济管理、社会民生、教育·科技、社会科学、文体·旅游、卫生健康、镇场简况、人物、文献选录等。

三、《大埔年鉴（2022）》内容在2021年基础上作了一些调整。正文结构层次由4个改为3个，改设为28个类目。正文内容增加“2021年度大埔十大新闻”和“九龙湖风景区管理”分目。

四、《大埔年鉴（2022）》资料、稿件由大埔县辖区内有关单位提供。该书所用的统计数字，原则上采用县统计局提供的《大埔县统计年鉴（2021年）》统计数字，有些数字亦采用部门的数据。由于统计口径不一，个别数字可能不尽一致，使用时以《大埔县统计年鉴（2021）》为准。

五、《大埔年鉴（2022）》设副科级以上供稿单位负责人名录。

大埔年鉴编纂委员会

顾　　问：黄增国

主　　任：凌晓文

副主任：杨自强　饶凌云

成　　员：张越志　何凯涛　罗同兴　张回里

黄庆清　陈培先　汪德欢　何晋江

刘坚城　曾令根

大埔年鉴编辑部

主　　编：凌晓文

执行主编：曾令根

副 主 编：黄万海　肖继海　唐上清

责任编辑：黄万海　黄万溪

总　　纂：黄万海

校　　对：张梦婷　黄文姬　刘惠群　黄万溪

封面题字：蓝炽崧

大埔县地图

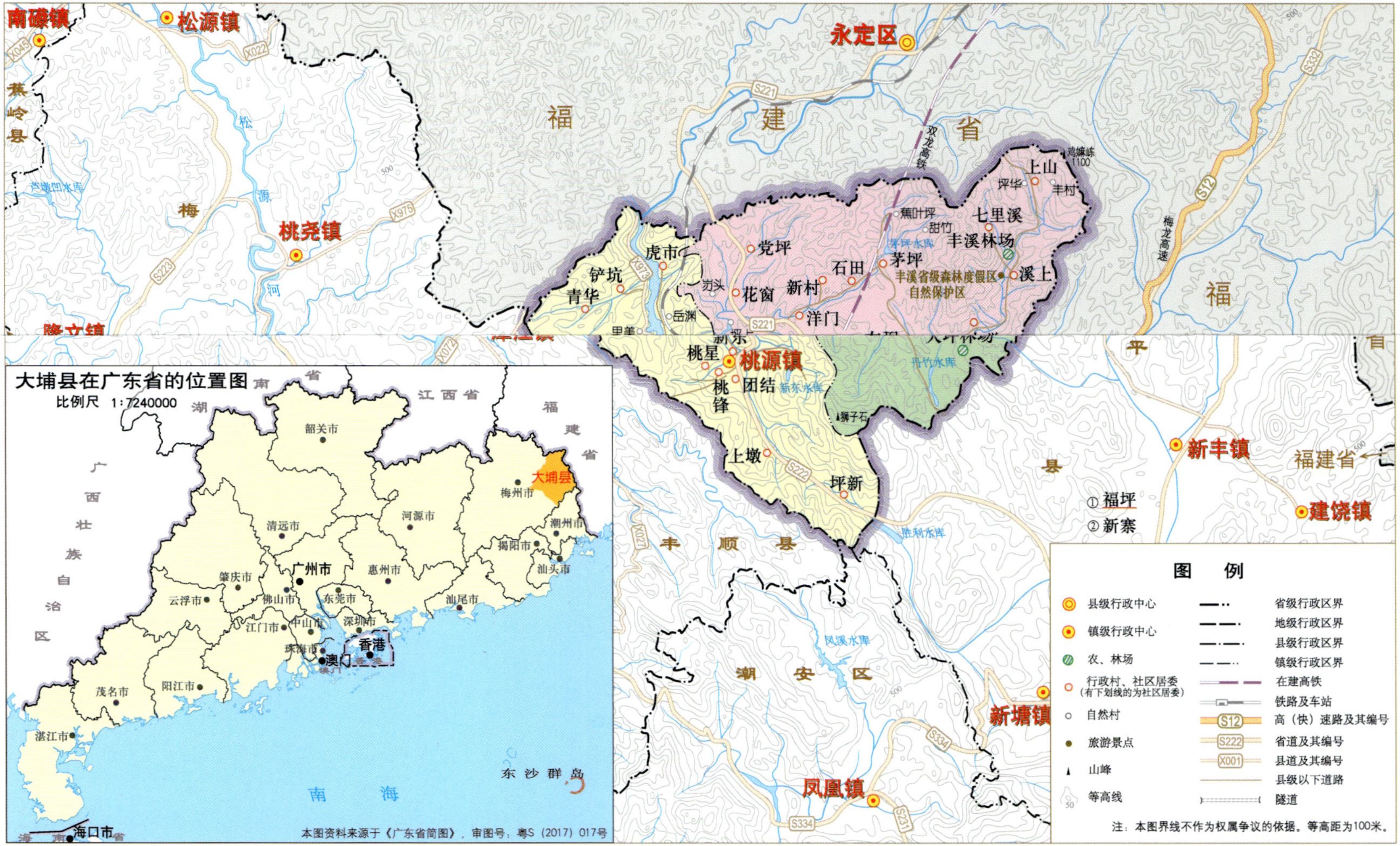

比例尺1：252000　本图资料截止时间为2015年12月　审图号：粤S（2018）08-004号

县歌与县花（红山茶）

大埔县县歌

1=C 4/4

坚定 豪迈 每分钟116拍

蔡国华 词

罗奕欢 曲

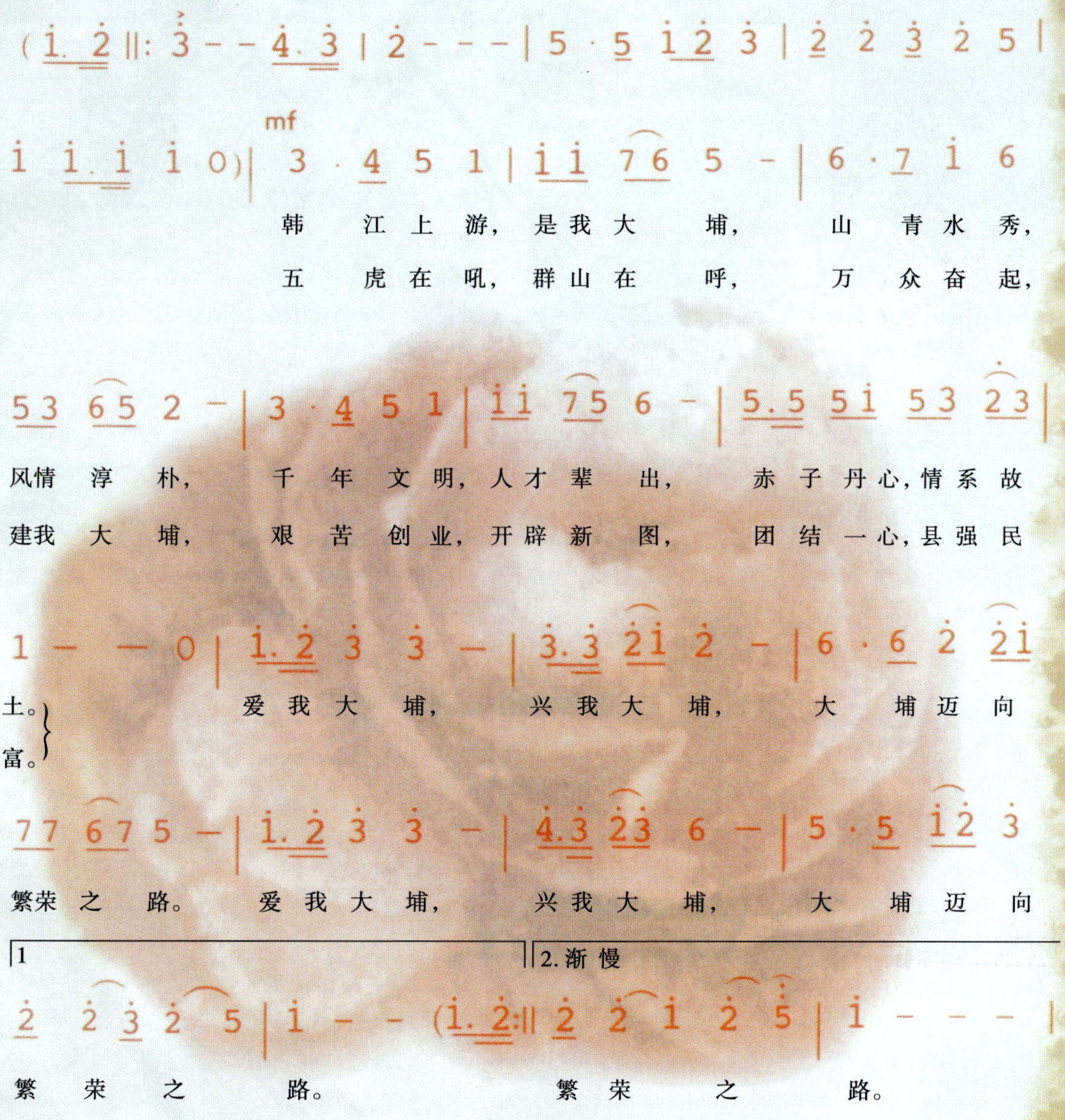

大事要闻

2021年1月7日，省政协副主席、农工党省委会主委马光瑜（前排左一）到大埔县调研古民居保护利用工作（县府办提供）

2021年1月8日，大埔县工农革命政府公安局历史陈列馆开馆（高讯摄）

2021年1月13日，广东梅州高陂水利枢纽工程下闸蓄水仪式（大埔县融媒体中心提供）

2021年3月4日，省政协党组成员、副主席薛晓峰（左二）到大埔县调研乡村振兴工作（县府办提供）

大事要闻

2021年5月20日，张弼士博物馆开馆（西河镇提供）

2021年6月3日，陈毅长子、中国人民对外友好协会原会长陈昊苏（中）到大埔县考察。图为到八一起义军三河坝战役烈士纪念碑瞻仰（县府办提供）

2021年6月18日，大埔县乡村振兴局正式挂牌（县委办新闻股提供）

2021年7月23日，市长张爱军（前排中）到大埔县调研。图为到大麻镇小留村调研乡村振兴工作（县府办提供）

大事要闻

2021年7月29日，梅州大埔九龙湖管理中心正式挂牌（九龙湖管理中心提供）

2021年8月11日，市委书记陈敏（前排右五）到大埔县田家炳纪念馆调研（县府办提供）

2021年8月11日，田家炳纪念馆开馆（县委办提供）

2021年9月3日，广东梅州柚·大埔蜜柚开采节在大埔县双髻山蜜柚公园举行，第十三届全国人大农业与农村委员会副主任委员李春生（中）参加活动，并为大埔县创建2021年全国农产品全程质量控制技术体系试点县推杆启动（县委办新闻股提供）

大事要闻

2021年9月13日，由大埔县人民政府、中山大学校史馆联合主办的邹鲁教育生平展揭幕仪式在大埔县茶阳镇邹鲁故居“椿森第”举行，中山大学党委书记陈春声（右三）等出席仪式（县委办提供）

2021年12月9日，副省长许瑞生（前排左三）一行到大埔县青溪镇、茶阳镇调研中央红色交通线保护利用工作。图为到茶阳镇街道社区调研（县委办新闻股提供）

2021年12月9日，省人大常委会原副主任、省老科技工作协会会长陈小川（左二）到大埔县调研。图为到三河坝战役纪念馆参观（县府办提供）

2021年，修缮后的邹鲁故居“椿森第”（县委办新闻股提供）

重要会议

2021年1月25日，中共大埔县委第十二届委员会第十一次全体会议在县科技信息大楼一楼会场召开（县委办新闻股提供）

2021年2月2—4日，中国人民政治协商会议大埔县第十四届委员会第六次会议在县城举行（县府办提供）

2021年3月3—5日，大埔县第十五届人民代表大会第六次会议在县科技信息大楼一楼会场召开（县府办提供）

2021年3月10日，大埔县党史学习教育动员大会在县科技信息大楼一楼会场召开（县府办提供）

重要会议

2021年3月25日，在县科技信息大楼一楼会场召开大埔县传达贯彻习近平总书记重要讲话精神暨全国两会精神专题会议，全国人大代表邓振龙在会上宣讲（县融媒体中心）

2021年3月31日，大埔县举办5G赋能乡村振兴大会（县府办提供）

2021年7月5日，全县学习贯彻习近平总书记在庆祝中国共产党成立100周年大会上重要讲话精神干部动员大会在县科技信息大楼一楼会场召开（县府办提供）

2021年10月25—27日，中国共产党大埔县第十三次代表大会在县科技信息大楼一楼会场召开（县府办提供）

重要会议

2021年11月14—18日，政协大埔县第十五届委员会第一次会议在县城召开（县政协办提供）

2021年11月16日，大埔县第十六届人民代表大会第一次会议在县科技信息大楼一楼会场召开（县人大办提供）

目 录

特 载

大 事 记

县情概览

中共大埔县委员会

大埔县人民代表大会

大埔县人民政府

政协大埔县委员会

大埔县纪委监委

群众团体

法治

军　事

农业·水利·气象

工　业

交 通 运 输

邮政通信

商 业

财税·金融

城乡建设·环保

综合经济管理

社 会 民 生

教育·科技

社 会 科 学

文体·旅游

卫生健康

镇场简况

人　物

文献选录

附　录

封面：鸟瞰广东梅州高陂水利枢纽工程（邱智深摄）

特　　载

奋勇争先打造绿色发展先行地　感恩奋进推动大埔全面振兴发展

——在中国共产党大埔县第十三次代表大会上的报告

中共大埔县委书记　黄增国
（2021 年 10 月 26 日）

中国共产党大埔县第十三次代表大会，是我县在“两个一百年”奋斗目标历史交汇的关键节点，召开的一次承前启后、继往开来的重要会议。大会的主题是：高举习近平新时代中国特色社会主义思想伟大旗帜，深入贯彻习近平总书记“七一”重要讲话、对广东系列重要讲话和重要指示批示精神，全面落实党中央和省委、市委决策部署，深刻总结过去五年工作成就和基本经验，研究确定未来五年发展蓝图和思路举措，团结带领全县干部群众，把握新发展阶段，贯彻新发展理念，融入新发展格局，奋勇争先打造绿色发展先行地，感恩奋进推动大埔全面振兴发展！确定这个主题，是大埔高质量发展的迫切要求，是老区苏区人民群众的共同愿望，更是全县党员领导干部的崇高使命。

一、回顾过去五年，我们忠心赤胆，履职尽责

县第十二次党代会以来，全县上下始终沿着习近平总书记指引的方向奋勇前进。特别是面对脱贫攻坚大决战、疫情防控阻击战两场“大考”，我们始终坚持以习近平新时代中国特色社会主义思想为指导，团结带领全县广大党员干部群众，立足国家重点生态功能区定位，精心实施“生态立县、实业富县、文旅兴县”发展思路和“456”工作举措，坚持生态优先、突出人文引领、推动绿色发展，奋力夺取疫情防控和经济社会发展双胜利，全面建成小康社会，与全国人民一道实现了第一个百年奋斗目标，为开启全面建设社会主义现代化国家新征程奠定坚实基础。

过去的五年，我们一刻不松，管党治党坚强有力。坚持履行党建“第一责任”，贯彻新时代党的建设总要求，落实“两个维护”十项制度机制，牢牢掌握意识形态工作领导权，高质量推进“两学一做”学习教育、“不忘初心、牢记使命”主题教育、党史学习教育，党员干部“四个意识”更加牢固，“四个自信”更加坚定，践行“两个维护”更加坚决。省委书记李希 2019 年两次莅大埔调研指导，并在我县召开全省推进老区苏区振兴发展工作现场会，为全面加强党的领导和建设注入强大动力。聚焦基层党建三年行动计划，每年投入1000多万元用于基层党建，通过“1+N”模式，创建红色党建品牌；实施南粤党员先锋工程和农村党员“积分制”管理“星级化”考评制度，基层党组织凝聚力和战斗力进一步增强。累计投入5000多万元建设“红色村”党建示范工程，三河镇旧寨村“343”党建模式，得到省委书记李希和省委组织部充分肯定，茶阳镇太宁村“板凳会议”、枫朗镇“小延安·大埔角”品牌经验被《南方日报》等报道。坚持严的主基调，始终保持正风反腐高压态势，一体推进不敢腐、不能腐、不想腐，持续坚决全面彻底肃清李某、万某某恶劣影响，强力抓好省委第十三巡视组巡视反馈意见的整改落实，完成十二届县委任期巡察全覆盖，夺取并全面巩固反腐败斗争压倒性胜利。

过去的五年，我们一路赶考，脱贫奔康全面胜利。2020年，全县建档立卡贫困户4805户10478人全部脱贫，有劳动能力贫困户人均可支配收入1.69万元；57个省定相对贫困村全部出列，贫困村农村居民人均可支配收入1.19万元以上；全县农村居民人均可支配收入从2016年1.15万元提升到2020年1.58万元。大埔代表梅州市接受省考，5年综合成绩位列第一方阵，彻底摆脱绝对贫困，全面建成小康社会，实现百年奋斗目标。广州市、海珠区和省、市帮扶单位情系老区苏区，攻克一个又一个贫中之贫、坚中之坚；广大扶贫干部和扶贫工作者舍小家为大家，把心血和汗水洒遍大埔的千山万水、千家万户；邓振龙、碧桂园集团等社会各界倾心尽力，真扶贫扶真贫，56万老区苏区人民与全国人民一道创造了彪炳史册的人间奇迹。

过去的五年，我们一抓到底，综合实力稳步提升。2021年全县生产总值98.45亿元（预计数，下同），比2016年增长26%，规上工业增加值17.3亿元，比2016年增长30%；一般公共预算收入7.5亿元；三次产业结构调整为29.3：20.6：50.1。2020年全体居民人均可支配收入20625元，比2016年增长34.2%。陶瓷产业基地认定为国家外贸转型升级基地，成为梅州市第一个国家级外贸转型升级基地，广州海珠（大埔）产业转移工业园升级为省级产业转移园，新增国家高新技术企业31家，省级工程技术研究开发中心14家。成功创建蜜柚、茶叶省级现代农业产业园，农业科技园区入选第五批广东省农业科技园区，大埔入选2021年农产品产地冷藏保鲜整县推进试点名单，成功创建国家级电子商务进农村综合示范县。5G+农业大数据平台入选农业农村部2021数字农业农村新技术新产品新模式优秀案例，并得到省委常委叶贞琴和农业农村部领导充分肯定，县农业农村局获评全国农业农村系统先进集体，县林业局被评为全国绿化先进集体。成功创建世界长寿乡、阴那山国家森林公园、广东省全域旅游示范区，入选最美中国旅游县、中国候鸟旅养小城百佳榜，县域经济发展实现提质增效，加快发展的信心更强、底气更足。

过去的五年，我们一体发力，城乡面貌焕然一新。投入15.46亿元，完成县城“九街一场”、大埔大道等十二条市政道路（一期），工业园大道和西湖公园、梅河公园等提质升级工程，以及梅河、财政等4个老旧小区改造；中央城、碧桂园、奥园综合体等优质小区拔地而起，荣获“国家卫生县城”称号。高陂青花瓷小镇入选省级特色小镇清单管理名单，产城融合大步迈进，南部交通中心、经济中心雏形初现；大麻圩镇建设破局开新、次第俱进，商贸古镇再现活力；茶阳镇抓特色提亮点，千年古镇焕发新机；三河红色小城镇、百侯历史文化小城镇等建设步伐加快，“一主三附多点”城镇发展架构初步形成，城镇化率提升到48.2%。从全局高度推进乡村振兴战略，成功打造枫朗镇红色党建引领绿色发展、高陂镇桃源镇“人居环境+陶瓷”、茶阳省际边界示范带等乡村振兴示范带，西河镇“十村联动”省级新农村示范片得到省委书记李希的充分肯定，大麻镇“六村共同缔造”获得住建部“美好环境与幸福生活共同缔造活动”试点，大埔荣获广东省乡村振兴先进集体；北塘村、漳北村入选广东十大美丽乡村，北塘村荣获全国旅游重点村，大埔处处呈现山乡巨变、山河锦绣的时代画卷。

过去的五年，我们一往无前，发展活力不断增强。投入121.5亿元建设大交通促进大发展，增加公路通车里程720公里，比“十二五”末增长22.1%；大潮高速（含大漳支线）建成通车，高速公路通车里程达110公里，大埔至潮州港疏港铁路列入国家铁路专用线重点项目；国道235、省道222升级改造和湖寮至枫朗一级公路等干线交通项目有序推进，“对外大连通、对内大循环”交通架构初步形成，融湾联海快速通道提效破局、催人奋进。完成县级和乡镇机构改革，深化“放管服”改革，1428项业务实现“最多跑一次”，52项可查询事项进驻“粤省事·梅州”移动政务服务平台，镇级政务服务平台可办理服务事项852项，实现“零距离”“就近办”。2016年以来，重点项目累计完成投资412.75亿元，其中十亿元以上重大项目21项，累计完成277.8亿元，大埔电厂一期建成投产、二期取得实质进展，韩江高陂水利枢纽工程下闸蓄水、首台机组投产发电，大埔县委党校全面装修、年底建成运营，重点项目蓄势发力、发展根基持续夯实。

过去的五年，我们一以贯之，民生福祉持续增进。坚持人民至上、生命至上，在党中央和省委、市委的坚强领导下，党群携手战疫情，取得疫情防控重大胜利。投入13.45亿元推进西岭实验学校、城东实验学校、虎山中学教学楼、高陂镇实验学校等项目建设，新增学位8990个；成立县教育发展基金会，筹集捐款2.37亿元，圆满完成县管校聘工作，成功创建国家级农村职业教育和成人教育示范县、广东省推进教育现代化先进县。投入16.7亿元新建（改扩建）医院22间，完成村卫生站规范化建设232间，县人民医院改扩建一期、县中医医院迁建、县妇幼保健院改扩建等项目投入使用，县妇幼保健院被评为全市首家县级二甲妇幼保健院。实施“粤菜师傅”“广东技工”“南粤家政”三项工程，城镇新增就业1.57万人，城镇登记失业率控制在2.7%以内，公共服务质量和均等化水平不断提高，多层次社会保障体系更加完善。大埔县爱心助残基金会理事长陈衡礼被评为全国自强模范、三河坝战役纪念园管理处被评为全国退役军人工作模范单位，高陂镇荣获全国无偿献血促进奖单位奖。县公安局连续3年被评为“广东省公安机关执法质量考评优秀单位”，“党建引领五治融合”基层治理经验，得到省委常委张虎充分肯定，群众安全感、政法工作满意度、平安创建知晓率排在省市前列，荣获“广东省最安全城市”称号，人民群众获得感、幸福感和安全感更加充实。

各位代表、同志们，五年的砥砺奋进，积累了弥足珍贵的实践经验。这些经验深刻启示我们：

——必须坚持把高举旗帜作为第一信念，坚定不移守初心、担使命。大埔是广东省第一个中央苏区县。五年来，我们始终把习近平新时代中国特色社会主义思想作为做好一切工作的“根”与“魂”，坚守中国共产党人为人民谋幸福的初心，用心用情用功让老区苏区人民过上好日子，取得了全面建成小康社会伟大胜利。

——必须坚持把党的领导作为第一要求，坚定不移把方向、谋全局。党的领导是中国特色社会主义最本质的特征。实践证明，方向比速度更重要。五年来，我们坚决维护习近平总书记的核心地位，紧跟党中央的英明决策，省委、市委的果断部署，始终沿着正确的方向稳步前行。特别是面对来势汹汹的新冠肺炎疫情，全县上下坚决响应总书记和党中央的号召，众志成城，共克时艰，与全国人民一道书写了可歌可泣的抗疫史诗。

——必须坚持把加快发展作为第一要务，坚定不移打基础、利长远。后发展更要大发展，欠发达更要多发力。五年来，面对兄弟县（市、区）竞相发展的态势和退无可退的境地，我们坚持把加快发展作为执政兴县第一要务，树立"不进则退，慢进也是退"的意识，扬优势、补短板、强弱项，实现了生态文明、乡村振兴、脱贫攻坚、文化建设、社会治理、红色党建6个争先的目标任务。

——必须坚持把担当实干作为第一品格，坚定不移出实招、干实事。唯有实干方有作为，唯有担当方显忠诚。五年来，我们弘扬苏区精神，展现苏区风骨，一件事情接着一件事情办，一年接着一年干，建成了大埔电厂、大潮高速（含大漳支线）、韩江高陂水利枢纽工程等重大项目，圆满完成首届中国农民丰收节梅州（大埔）分会场活动、全省推进老区苏区振兴发展工作现场会和第三届广东茶叶产业大会等承办任务，用忠诚和担当推动老区苏区振兴发展。

——必须坚持把改善民生作为第一职责，坚定不移补短板、强保障。人民就是江山，江山就是人民。五年来，我们始终坚持以人民为中心的发展思想，聚力解决饮水难、行路难、看病难、上学难问题，着力解民忧、纾民困、暖民心，决战脱贫攻坚取得全面胜利，让人民群众共享改革发展成果，并朝着共同富裕的目标不断迈进。

伟大实践孕育伟大精神，伟大精神引领伟大事业。这些深刻启示，是我们立足大埔实际，用行动和汗水换来的宝贵经验，全县上下要倍加珍惜、长期坚持。

各位代表、同志们！在看到成绩的同时，我们也要清醒认识到：经济总量小、产业层次低、城乡差距大，仍是大埔最大的实际；经济发展基础弱、资源环境约束紧、生态保护要求高、民生领域短板多，仍是大埔最大的挑战；产业创新能力不强、重大项目储备不多、交通网络不完善，仍是大埔最大的困境；思想解放不彻底、作风问题积弊犹存、违纪违法案件时有发生，仍是大埔不可回避的问题。我们一定要以对人民和对历史高度负责的态度，勇于直面问题，深入调查研究，切实采取有力措施加以解决。

二、展望未来五年，我们信心满怀，坚定前行

各位代表、同志们，未来五年，是我们乘势而上开启全面建设社会主义现代化国家新征程、向第二个百年奋斗目标进军的第一个五年。纵观今后五年，大埔正处在一个大有可为、理应有为和必有作为的战略机遇期、发展关键期。

（一）纵观全局，"时"与"势"交织激荡。习近平总书记多次强调，要胸怀两个大局，一个是中华民族伟大复兴的战略全局，一个是世界百年未有之大变局，这是我们面临的世情国情和大局大势，也是谋划工作的基本出发点。放眼全球，新冠肺炎疫情大流行加速国际格局调整，世界进入动荡变革期。在严峻挑战面前，习近平总书记以大格局谋划改革发展稳定、以大手笔统筹国内国际两个大局，引领中国号巨轮行稳致远。纵观国内，立足新发展阶段，贯彻新发展理念，加快构建以国内大循环为主体、国内国际双循环相互促进的新发展格局，经济长期向好的大势没变。正如习近平总书记的论断"时与势在我们这一边"，我们必须在"时"与"势"的研判中找准方位，在更高层级、更大格局中，推动更好更快更实的发展。

（二）立足时代，“危”与“机”同生并存。当前，新冠肺炎疫情和中美贸易战对全球经济造成激烈冲击，我国经济发展面临前所未有的风险和挑战，大埔发展面临的不稳定不确定性因素明显增加。我们要深入分析，准确识变、科学应变、主动求变，善于从眼前的危机、眼前的困难中捕捉和创造机遇，主动把大埔融入“双区”“双城”建设和老区苏区全面振兴发展等国家和省级发展大战略。要推动大开放，营造“自我革命、开放共赢”的解放思想氛围；建设大交通，构建“内通外畅、融湾联海”的立体交通网络；发展大产业，建立“延链提质、创新驱动”的现代产业体系；推动大项目，强化“大项目推动大发展”的裂变思维意识；融入大市场，找准“两个循环、两个市场”定位和路径，借势借力推动大埔全面振兴发展。

（三）展望未来，“稳”与“进”统筹兼顾。统筹抓好安全和发展两件大事，保持战略定力，坚持稳中求进。稳是基础、进是目标。我们既要在“稳”上下功夫，又要在“进”中求突破。在“稳”上下功夫，就是要统筹兼顾、多措并举，千方百计保持经济平稳健康运行。在“进”中求突破，就是要深化改革、推动创新，坚持不懈加快经济发展方式转变，在“稳”与“进”的把握中赢得主动、赢得优势、赢得未来。

今后五年，全县工作的总体要求是：高举中国特色社会主义伟大旗帜，坚持以习近平新时代中国特色社会主义思想为指导，深入贯彻落实党的十九大和十九届二中、三中、四中、五中全会精神，习近平总书记“七一”重要讲话和对广东工作系列重要讲话、重要指示批示精神，统筹推进“五位一体”总体布局，协调推进“四个全面”战略布局，抢抓新发展机遇，把握新发展阶段，贯彻新发展理念，融入新发展格局，认真落实省委“1+1+9”工作部署和市委“六争六补”工作要求，坚持稳中求进工作总基调，以推动高质量发展为主题，以深化供给侧结构性改革为主线，以改革创新为根本动力，以满足人民日益增长的美好生活需要为根本目的，统筹发展和安全，推进治理体系和治理能力现代化，打造绿色发展先行地，推动大埔全面振兴发展。

今后五年，全县经济社会发展的主要目标是：全县生产总值年均增长6%，固定资产投资年均增长15%，本级一般公共预算收入年均增长5%，全体居民人均可支配收入增长与经济增长基本同步，三次产业结构调整为22：31：47，常住人口城镇化率达到58%。

各位代表、同志们，一个时代有一个时代的主题，一代人有一代人的使命。新一届县委将坚持“一个统领”，走好“五大发展路径”，推动“六个走在前列”。

一个统领：加强党的全面领导为统领。坚持把加强党的全面领导作为谋划工作的坐标原点、推进工作的根本原则、检验工作的根本标尺，不断增强各级党组织的政治领导力、思想引领力、群众组织力和社会号召力，凝聚起接续奋斗推动大埔全面振兴发展的强大合力。

五大发展路径：

（一）致力建设忠诚担当的中央苏区县。大埔是广东省第一个中央苏区县。要弘扬苏区精神、赓续红色血脉，党员领导干部奋勇争先带头，践行为民谋福利的初心，勇担时代赋予的使命，打造全国红色资源保护示范带，奋力推动大埔全面振兴发展，在奋战新征程上展现大埔风骨。

（二）致力建设秀美宜居的绿色生态县。大埔是国家重点生态功能区。坚持绿水青山就是金山银山，突出山水呼应、城乡相融，建设河湖绕城、清水润乡、天清气朗的秀美宜居大埔；坚持产业生态化、生态产业化，发展循环经济、绿色经济，打造“两山理论”

创新实践基地，在生态文明建设上展现大埔担当。

（三）致力建设文化繁荣的人文毓秀县。大埔是文化之乡。坚持丰富形式和创新载体相结合，全力推进文化强县建设，活化利用文化资源，把文化升级为文创、提升为文明，让文明理念融入百姓生活、核心价值沁入群众心中，助力创建国家级客家文化生态保护区，在坚定文化自信上展现大埔风采。

（四）致力建设产业兴旺的创新活力县。实体经济是综合实力的主要支撑。坚持高质量发展统揽全局，以绿色低碳工业为主动力、现代产业园区为主阵地、特色现代农业为主抓手、文化旅游产业化为主窗口，创建国家全域旅游示范区，打造广东省产业集聚升级示范区，在推动绿色发展上展现大埔作为。

（五）致力建设和谐有序的平安法治县。坚持以人民为中心，不断提升公共服务水平，健全社会保障体系；以市域治理现代化试点工作为抓手，建设更高水平的平安大埔、法治大埔，创建全国基层法治治理体系示范县，在确保人民安居乐业上展现大埔情怀。

六个走在前列：全力推进乡村振兴、基层党建、特色产业发展和生态文明建设、文化建设、平安建设等6个方面重点工作，奋力实现走在全市前列。

三、奋斗今后五年，我们初心不改，勇担使命

各位代表、同志们，今后五年大埔的发展，既要强势开局，也要久久为功。全县上下要以赶考的姿态前行、用决战的状态实干，认真实施八大行动，脚踏实地把宏伟蓝图变成美好现实。

（一）以绿色发展为导向，实施生态提升行动。坚持国家重点生态功能区定位，深度融入全省“一核一带一区”区域发展格局，建设宜居宜业宜游生态县。一要健全生态保护体系。修编完善自然资源资产负债表，全面完成自然灾害综合风险普查，健全科学高效完备的生态治理体系，一体推进“山水林田湖草”系统治理。编制国土空间开发保护“一张图”，完善生态文明绩效考核，扎实推动“三线一单”精准落地。建立健全生态银行、碳汇交易等多元化生态补偿机制，推动跨区域生态合作，到2025年创建国家级生态文明建设示范县。二要打赢污染防治攻坚战。持续打好蓝天、碧水、净土保卫战，完善深化大气污染防治措施，确保空气质量优良天数比例保持98.5%以上。深入实施“水十条”，扎实推进河长制，抓好韩江梅江（大埔段）、汀江、梅潭河、银江水、旧寨水等重点流域综合治理和农村生活污水治理，深化省际跨界流域联防联治，确保国家、省考核断面水质达标率100%，市考核断面水质优良率100%。深化“无废大埔”建设，强化土壤污染风险管控和农业面源污染治理，确保土净地美、安全可控。全面推行林长制，组织实施国家储备林、高质量水源涵养林、生态景观林带等林业生态建设工程，积极推进建设广东南岭国家公园辐射区大埔段，到2024年创建县级国家森林城市。三要建设长寿健康之城。大埔是“世界长寿乡”“人类宜居的理想之城”。激活长寿资源，成立世界长寿乡联盟，办好世界长寿大会，规划建设世界长寿博物馆，加大营销和推介力度，打响长寿品牌。要做大健康产业，围绕文化旅游和健康养生两大板块，以梅州创建国家中医药综合改革试验区为契机，主动对接健康湾区优质生活圈，建设南药种植示范基地、中医健康养生产业园、蜜柚康养小镇，打造湾区最佳康养地。四要推动经济绿色转型。坚持“亩产论英雄”理念，促进经济增长方式从粗放到集约、从量的扩张到质的提高。建设清洁能源产业基地，加快推进总投资75亿元的大埔电厂二期和总投资110亿元的抽水蓄能电站、陆上风电等项目建设，打造广东省清洁能源产业基地。实施传统产业绿色化工程，推动陶瓷产业“制造+科技+绿色”融合发展，特色现代农业“一产+二产+三产”融合发展，实现 1+1>2 的效果，打通绿水青山和金山银山双向转化通道。

（二）以提质增效为重点，实施产业升级行动。坚持强龙头、补链条、聚集群，做精特色现代农业，做强陶瓷电力产业，做大健康养生产业，做优文化旅游产业，做特新兴产业，构建现代产业的“四梁八柱”。一要企业规模化。围绕梅州“5311”绿色产业体系，抓好骨干企业产业布局，着力打造链主企业、规上企业、亿元企业和上市企业。重点支持吉玉、欣红等公司科创板或主板上市，鸿富翰、博富能等公司增资扩产，顺兴、通美等公司引进战略投资，力争到 2026 年培育 5 家年产值亿元以上骨干企业和 1 家上市公司。二要产业集群化。坚持资源集聚、力量集中、政策集成，打造一批特色产业集群。着力培育发展农业产业集群，推进数字农业提质增效工程，扩容提质增效省级现代农业产业园，推广“产业园+龙头企业+基地+农户”模式，实施“企业品牌+区域品牌+长寿品牌”战略，打造“山上绿色银行、山下现代厂房、山外流通市场”产业发展格局。蜜柚产业要强化品种品质品牌，制订实施产业发展激励政策和行业技术规范，大力培育产业化龙头企业、单项冠军企业、精深加工企业，以及专业技术型、市场营销型人才和乡土专家、新农人；发挥蜜柚研究院等科研平台作用，改良品种、提升品质、打响品牌；通过政府引导、企业主体、市场化运作模式，引进知名企业打造国际交易平台，建设物流产业园，提高市场话语权，推动蜜柚出山向海。茶叶产业要大踏步走基地化种植、标准化生产、品牌化经营和融合化发展的路子，做好“+文化、+旅游”文章，实现匠心传承、大师制作、茶旅融合；加快建设茶叶研究院，增强技术创新研发能力，推进茶产品深度开发，拓宽国内外市场，把绿美茶山变成金山银山。着力培育发展陶瓷产业集群，传统陶瓷要敢于打破瓶瓶罐罐和盘盘碟碟，保留传统精髓部分，强化文化创意和大师培养，创建高陂青花瓷小镇，打造文化艺术精品。鼓励和支持陶瓷企业转型升级，投资发展新材料、新技术项目，培育一批“专精特新”中小企业，力争到 2026 年建设成为广东省陶瓷新材料成果转化生产基地。着力培育发展文旅产业集群，围绕服务广东、面向全国，以建设传承三河坝精神的教育学院、践行生态文明思想的知行学院和老区苏区振兴发展的研究学院为目标定位，精心打造三河坝战役纪念园、中央红色交通线等红色教育基地，以及一批精品党课、精品路线，把大埔县委党校打造成为广东红色教育高地，并成为文旅产业发展“龙头”。做好“红色+旅游”文章，整合打包县域文化旅游资源，引进国有企业、上市企业或行业龙头企业战略合作，加快建设“大埔客厅”、九龙湖风景区等龙头项目，通过企业化运营、市场化运作、精细化服务模式，推进文旅产业化发展和高质量发展。着力培育发展先进制造业集群，要敢于“无中生有”，吃透广东省战略性产业集群“1+20”政策文件和《广东省制造业高质量发展“十四五”规划》，积极实践“湾区研发+大埔制造”模式，聚焦 5G 通信、电子信息等领域，打造先进制造业产业基地，到 2026 年先进制造业年产值达 5 亿元以上。三要创新价值化。大力推行创新价值评价，释放创新驱动效能。强化创新主体培育，整合土地、资金、项目等要素向企业集聚，支持本地企业与高等院校、科研院所协作创新，重点扶持粤科光电功能陶瓷、吉玉纳米陶瓷、玉丰特种陶瓷等项目做大做强，到 2026 年新培育认定高新技术企业 5 家、科技型中小企业 28 家。强化创新平台建设，实施高新技术企业树标提质行动，到2026年规上工业企业设立研发机构比例达到40%；加快建设产业创新中心和科技孵化园，支持光电功能陶瓷实验室打造省级新型研发机构，到2023年广州海珠（大埔）产业转移工业园创建省级高新区，不断提升产业发展层次和水平。

（三）以产业园区为载体，实施招财引智行动。着力抓好招商引资、招才引智，打造经济高质量发展主阵地。一要做强平台，提档升级。瞄准闽粤自贸区和“厦漳泉”“潮汕揭”经济圈，对接梅州综合保税区，整合高陂圩镇、青花瓷小镇、陶瓷文化创意园和转移工业园，规划建设闽粤经济合作区（大埔园区），打造闽粤台新能源、新材料、高端装备制造等先进制造业产业合作示范基地。广州海珠（大埔）产业转移工业园要以高陂大道为主轴，向两翼和赤山方向次第延伸、加快建设。县城工业小区要尽快完善基础设施，督促和服务企业加快建设、按时投产达产。三河、茶阳工业小区要加大闲置土地和低效企业清理清查力度，盘活利用好土地资源，推进园区扩容提质增效。二要创新机制，精准招商。大力实施“乡贤回乡投资兴业工程”“先进制造业承接工程”“海珠大埔共建工程”“产业协会（商会）招商工程”，聚力招引一批符合县域产业发展的乡贤企业、链主企业、龙头企业和战略合作企业。紧盯鸿富翰、博富能等乡贤企业、上市公司，通过“总部+基地、研发+制造、市场+产品”等模式，招引配套产业，补齐上下游企业，打造“飞地经济”合作区。三要汇聚英才，赋能发展。坚持人才引领发展的战略地位，认真实施省《深化人才发展体制机制改革的实施意见》、粤东粤西粤北人才发展帮扶计划，市人才新政“20条”和县人才新政“15条”，依托特色产业和光电研究所、蜜柚研究院、院士工作站、企业研发（技术）中心等平台，招引科技创新人才。深化“政校企”战略合作，支持陶瓷企业与嘉应学院共建陶瓷产业学院，打造陶瓷专业技能人才培育中心。同时，结合乡村振兴战略，招引科技特派员和农村实用人才、致富带头人等，鼓励人才上山下乡；结合卫生强县和深化教育体制综合改革，招引医疗教育等高端专业技能人才，做到聚天下英才而用之。

（四）以重大项目为抓手，实施有效投资行动。坚持“围绕项目转、盯着项目干”，营造大抓项目抓大项目的浓厚氛围。一要以政策为导向，争资跑项。聚焦国家和省级战略，瞄准“十四五”规划、“两新一重”和老区苏区振兴发展等政策机遇，充分利用老领导、老关系和外出乡贤的人脉资源，突出特色产业、交通水利、城镇建设、民生生态、红色资源保护利用等领域，积极争取促转型、补短板、增后劲的重大项目列入国家和省项目库，大力争取国家和省级项目资金、专项债券支持，夯实发展基础、增强发展动力。二要以项目为中心，落地见效。实行任务项目化、项目清单化、清单责任化，跟进落实302项总投资1947亿元的“十四五”重大项目，着重落实好85项列入省市“十四五”重大项目，争取“十四五”期间完成投资647亿元。发挥重大工程项目总指挥和县领导挂钩重点项目制度作用，开通立项、用地、用能等“绿色通道”，破解难点堵点，确保项目如期开工、按时序推进。优先安排涉及民生和事关经济社会发展的项目投入，全程跟踪调度中央预算内资金和专项债券投资项目，确保尽快竣工并产生效益。着力推动9项总投资28亿元的国（省）道改造工程，2022年完成湖寮至枫朗一级公路、坑口至高陂二级公路建设，力争2022年动工建设湖寮至茶阳一级公路，加快推进大丰高速、大潮疏港铁路建设，全力推动平蕉大高速、梅漳厦高铁、梅坎铁路扩能改造等项目列入专项规划。着力推动大埔电厂二期2022年动工、2024

年建成运营，县第二自来水厂2022年底建成使用，茶阳镇防洪工程2024年底投入使用，积极推进高陂镇防洪堤治理工程、高陂第二自来水厂等项目，为高质量发展提供有力支撑。三要以高效为准则，一次办妥。对标湾区一流营商环境，变“老区思维”为“湾区思维”，实施优化营商环境“一号工程”，加快“数字政府”建设，深化政务服务“一网通办”，打造大埔政务服务品牌。完善营商环境监督机制，开展“中梗阻”等问题专项治理，构建亲清政商关系，做到无事不受扰、办事不求人。

（五）以富民兴村为核心，实施乡村建设行动。坚持以驻镇帮镇扶村为抓手，群众和集体增收为中心，巩固拓展脱贫攻坚成果同乡村振兴有效衔接，到2025年创建全省乡村振兴先行示范县。一要建设美丽乡村。统筹推进“五大振兴”，认真实施“五百行动计划”“十大任务清单”，抓重点攻难点，促进农业高质高效、乡村宜居宜业、农民富裕富足。聚焦生态宜居，建设幸福乡村。统筹县域城镇和村庄规划建设管理，健全多元投入保障机制，以点带面全域推进乡村建设行动。实施农村人居环境整治提升五年行动，突出农房管控和风貌提升，持续抓好“厕所革命”“垃圾革命”“污水革命”等专项行动。持续推进回乡联村和美丽细胞工程，动员和组织退岗公职人员当好乡村振兴“参与者”和“监督员”，规划建设一批示范村、示范带。重点打造三河镇湖寮镇六村联动“红色+研学”、茶阳镇青溪镇红色传承·绿色发展、大麻镇银江镇高陂镇韩江画廊·醉美九龙、高陂镇光德镇桃源镇青花瓷乡·生态文化产业融合发展等乡村振兴示范带，力争五年内90%以上行政村达到美丽宜居村标准、20%以上行政村达到精品示范村标准。聚焦产业兴旺，建设活力乡村。以创建省级数字农业试点县为着力点，开展“万企兴万村”“一镇一业、一村一品”行动，加快构建现代农业体系。充分发挥驻镇帮镇扶村组团结对帮扶优势，通过鼓励创办经营服务实体、土地资本租借流转入股、劳动力入股等方式，引导资金、人才等要素资源向农村流动，增强集体经济发展活力，到2023年所有行政村集体经济收入超10万元。依托现代农业产业园，谋划实施一批重大投资项目，培育壮大一批龙头企业、家庭农场和农民合作社，组建产业化联合体，通过联农带农富农，让更多群众分享产业增值效益；跳出行政区域局限，集约土地资源，加快发展优势特色农业，扶持发展名贵树木等产业，强化标准化和品牌化建设，畅通市场流通和销售渠道，让农业“强”起来、农村“活”起来、农民“富”起来。二要建设美丽圩镇。围绕构建“一主三附多点”的城镇发展格局，各镇（场）按照生产、生活、生态“三生融合”理念，结合镇区特色和优势资源，实施以干净整洁、彰显特色、生态宜居为核心的品质提升工程，以产城相融、提升风貌、宜居宜业为核心的扩容提质工程，以产业兴旺、内外兼修、精美宜居为核心的产业培育工程。2026年以前，打造1个以上县域副中心，以及一批工业、农业、商贸、文旅特色镇，建设既有颜值又有内涵的美丽圩镇。

（六）以精致宜居为目标，实施魅力新城行动。坚持高点规划、高标建设和精细管理的理念，打造生态秀美、魅力宜居之城。一要做精规划。坚持规划引领，提升规划理念，强化城市总体规划与配套设施协调匹配，细化完善路网管网、供水排水、供气供电等专项规划，避免各自为政、重复建设。二要做大格局。按照“东延西进南改北拓中提质”总体布局，统筹规划新城旧城、城区郊区，合理布局生态、产业、商住、文娱休闲等功能版块。积极推动建设县城过境公路三期工程，重点推进北部万川康养新城、东部高圳甲口新区建设，渐次拉开城市发展架构。结合乡村振兴，推进县城周边长教、莒村、双坑、葵坑等乡村人居环境整治提升工程，实现城区与郊区融合发展、一体发展。三要做优配套。实施旧城改造、街区微改造、道路改造“三改”工程。加快推进中央城、山水城、东景城等“三旧”改造，以及日华小区等6个老旧小区改造。因地制宜建设综合性文体中心、袖珍公园和文化街区。加快推进第二自来水厂、第二水质净化厂、城区截污管网等项目，以及大埔大道等十二条市政道路（二期）、北环路等改造提升工程，打通断头路，拓宽瓶颈路，提升老旧路，让城市发展更有温度，让市民生活更有质感。四要做细管理。以创建全国县级文明城市为抓手，深化“五大文明创建”，深入开展道路景观、交通秩序、市容市貌、老旧小区及背街小巷、城乡结合部、城中村整治“五大行动”，创建一批“洁净社区”“美丽街区”“精品小区”，让人民群众不断共享城市发展成果。

（七）以文化赋能为支撑，实施平安大埔行动。坚持以文惠民、以文化人、以文塑城，唱响新时代主旋律，传递崇德向善正能量。一要坚持传承创新，让传统文化活起来。以梅州创建客家文化生态保护区和东亚文化之都为契机，通过非遗传承中心、中小学校和百姓舞台等载体，传承好广东汉乐、广东汉剧、客家山歌和民间技艺等；活化利用革命文物、历史文物特别是国家级和省级文保单位，进一步满足群众文化活动需求。实施舞台艺术“头雁计划”，创排一批原创民族歌剧、舞台剧等文艺精品，把《血色三河》精编版和《客家之子·田家炳》推向市场。发挥传统文化凝聚人心、教化群众、淳化民风的重要作用，让优秀传统文化转化为推进平安法治建设的强大精神力量。二要坚持服务均等，让群众精神提起来。推动基层公共文化设施和“两中心一平台”建设，夯实镇村公共文化服务阵地。推动“粤书吧”等新型公共文化空间、基层综合性文化服务中心与旅游服务中心融合发展示范点建设，实现“主客共享”。打造好“百姓舞台大家乐”“周六有约”等文化品牌，以及智慧图书馆、智慧博物馆、云剧场等体验空间，丰富群众文化生活，提升群众精神面貌，增强群众精神力量。三要坚持共建共治，让文明乡风树起来。持续深化“三级联创”和“1+9+N”行动，积极开展文明镇、村（社区）创建活动，选树道德模范、最美志愿者等先进典型，打造文明乡风建设示范村。大力推广基层议事决策“板凳会议”和群众参与公益“功德银行”等模式，形成民事民议、民事民办、民事民管的多层次基层协商格局，进一步培育文明乡风、良好家风、淳朴民风。四要坚持五治融合，让基层善治强起来。坚持和发展新时代“枫桥经验”，实施“互联网+基层治理”，完善“综治中心+网格化+信息化”治理体系和智慧防控体系，推动情报、指挥、勤务、舆情一体化警务机制改革，打造红色客式枫桥公安派出所，创建民主法治示范村（社区）。做实“网格+警格”反诈宣传模式，坚决打击电信诈骗。以市域社会治理现代化试点为抓手，放大“红色村”示范效应，党建引领村民自治和乡村善治，让基层治理有魂有力。深化全面依法治县工作，实施“八五”普法规划，巩固政法队伍教育整顿成果，坚决打好防范化解重大风险攻坚战，到2023年创建全国基层法治治理体系示范县，建设更高水平的平安大埔、法治大埔。

（八）以人民福祉为根本，实施民生幸福行动。始终把人民放在心中最高位置，坚持八成以上财政支出用于民生事业，做好“六稳”工作，落实“六保”任务。一要用心办好民生实事。以深入开展“我为群众办实事”实践活动为抓手，开展“大走访大调研”活动，畅通渠道听民声，分析研判察民情，整合资源解难事。每年集中力量办好十件重点民生实事，着力解决群众反映最强烈的民生问题。二要用心做实教育医疗事业。努力办好人民满意的教育，持续深化教育综合改革，不断壮大县镇教育发展基金，普惠发展学前教育，优质均衡发展义务教育，做大做强职业技术教育。2022年8月底完成西岭实验学校、城东实验学校等学校续建、改扩建工程，基本解决义务教育“大班额”问题。到2025年高质量、高水平普及小学到高中阶段12年教育，学前教育实现“5080”目标。全力推动建设卫生强县，全面推进紧密型医共体建设，持续办强县人民医院、办特县中医医院、办优县妇幼保健院、办好县慢病院、办实镇卫生院，到2023年县人民医院创建三甲医院，2024年创建全国基层中医药工作示范县。慎终如始抓好新冠肺炎疫情防控工作，压实“四方责任”，落实“四个早”，疫苗接种做到应接尽接，加快构筑群体免疫屏障；新建传染病集中隔离医学观察场所，提升突发公共卫生事件防控能力。三要用心推动充分就业。落实《广东省进一步稳定和扩大就业若干政策措施》等政策，深入实施“粤菜师傅”“广东技工”“南粤家政”三项工程，打响大埔客家菜师傅、客家大嫂、大埔技工品牌。推进“乡村工匠”“农村电商”工程，促进高校毕业生、退役军人、农民工等重点群体就业，抓实困难人员就业帮扶，促进失业人员再就业。四要用心筑牢保障体系。开展人人享有社会保障参保扩面行动，推动基本养老、医疗、工伤、失业等保险应保尽保。加快推进各类医疗保险制度统筹整合，加强特殊群体关爱救助，建立健全农村留守儿童、困境儿童、孤儿、留守妇女等重点人群长效关爱机制和服务体系，构建多层次社会保障体系。

四、砥砺奋进五年，我们同心勠力，实干担当

各位代表、同志们，办好大埔的事情，关键在党，关键党要管党、全面从严治党。各级党组织必须自觉担负起全面从严治党政治责任，把严的要求贯彻到管党治党全过程、落实到党的建设各方面，为大埔全面振兴发展提供坚强的政治保证。

（一）旗帜鲜明讲政治，铸就绝对忠诚的政治品格。始终把党的政治建设摆在首位，坚持把学习习近平总书记思想作为第一议题，严格执行省委坚决落实“两个维护”十项制度机制，不断提高政治判断力、政治领悟力、政治执行力，增强“四个意识”、坚定“四个自信”、做到“两个维护”。加强党管意识形态、党管武装等工作，持续深入开展党史学习教育。严守党的政治纪律和政治规矩，巩固深化全面彻底肃清李某、万某某恶劣影响成果，确保大埔工作沿着总书记指引的方向强力推进。

（二）持续用力夯基层，锻造坚强有力的战斗堡垒。聚焦新一轮基层党建三年行动计划，深入开展抓党建促乡村振兴示范县（镇村）创建活动，围绕“一镇一品牌、一村一特色”，每个镇至少打造1个党建引领示范片区，把基层党组织建设成为“红色堡垒”。以大埔县委党校为平台，依托镇级党校和新时代文明实践中心，高质量建设一批红色大讲堂。实施新一轮村干部学历提升计划和村级后备干部“雏鹰”计划，加强基层队伍能力建设。深入实施南粤党员先锋工程，引导广大党员干部投身乡村振兴、重点项目、疫情防控、社会治理等工作，让党旗在基层一线高高飘扬。

（三）锲而不舍转作风，锤炼务实担当的干部队伍。大力倡导实字当头、干字为先的作风，让领导干部有更多时间和精力抓落实，确保各项决策部署落地见效。坚持一线锻炼强本领，激励干部在项目建设、改革创新、乡村振兴等工作一线锤炼，不断提升“八项本领”“七个能力”，激发干事创业的底气和锐气。坚持正向激励促担当，落实新时期好干部标准，排除“洗碗效应”干扰，坚决为担当者担当、负责者负责，让吃苦者吃香、优秀者优先、有为者有位，形成层层担当、人人担当、共同担当的生动局面。

（四）从严从实抓党廉，营造风清气正的政治生态。坚持“严”的主基调，紧盯不收敛不收手行为，坚决查处重点领域、关键岗位和群众身边的“四风”问题和腐败行为，严肃查处不担当不作为乱作为问题，巩固发展反腐败斗争压倒性胜利。坚持“硬”的铁规矩，精准运用“四种形态”，协同推进“四项监督”，推动主体责任与监督责任同频共振、同向发力，形成全面从严治党的责任共同体。坚持“清”的好生态，严管厚爱、激励约束相结合，落实“三个区分开来”，强化政治监督，把监督融入日常、做在经常，让干部感受到监督无处不在、组织关怀就在身边，大力营造海晏河清、风清气正的政治生态。

在县委十三届二次全会上的报告

中共大埔县委书记　黄增国

（2022年1月20日）

一、2021年主要工作回顾

2021年是党和国家历史上具有里程碑意义、必将载入史册的一年。一年来，我们喜迎党的百年华诞，同全国一道胜利打赢脱贫攻坚战，如期全面建成小康社会，实现“十四五”良好开局，开启全面建设社会主义现代化国家新征程。

——全面加强党的领导。在习近平总书记、党中央的定向领航，省委、市委的坚强领导下，县委坚持以习近平新时代中国特色社会主义思想为指引，严格落实“第一议题”制度，推动学习贯彻习近平新时代中国特色社会主义思想和习近平总书记系列重要讲话、重要指示批示精神不断走深走实。严格执行省委坚决落实“两个维护”十项制度机制，深入推进党史学习教育工作，大力开展“我为群众办实事”活动，进一步增强“四个意识”、坚定“四个自信”、做到“两个维护”。顺利召开县第十三次党代会，明确了今后五年目标任务和“1568”思路举措。认真实施新一轮基层党建三年行动计划，扎实推进全国红色村汇东村组织振兴试点工作。坚决全面彻底肃清李某、万某某恶劣影响，持续抓好省委第十三巡视组反馈意见整改，推进政法队伍教育整顿，全面启动新一轮县委巡察。加强对人大、政府、政协、法院、检察院、群团等各方面工作的领导，压紧压实意识形态工作责任，爱国统一战线巩固发展，确保总书记、党中央和省委决策部署在大埔落地生根、结出丰硕成果。

——巩固提升特色优势。水环境质量居全市第一、大气环境质量居全市第二，2020年国家重点生态功能区县域考核居全省第一，是全省唯一获评国家重点生态功能区“优秀县”。中央红色交通线（大埔段）革命遗址群保护利用工作得到副省长许瑞生等领导充分肯定和大力支持。三河镇退役军人服务站入选“全国百家红色退役军人服务站”。张弼士故居旅游区获评国家AAAA级旅游景区。大埔获评“2018—2020年度广东省乡村振兴先进集体”，入选国家2021年农产品产地冷藏保鲜整县推进试点名单，5G+农业大数据平台入选农业农村部2021数字农业农村新技术新产品新模式优秀案例；获评“全国信访工作‘三无’县”和2017—2020年度“平安中国建设示范县”。

——不断夯实发展基础。全县地区生产总值100.27亿元，同比增长6.7%，规上工业增加值17.46亿元，同比增长17.2%，固定资产投资42.33亿元。本级一般公共预算收入6.52亿元。茶叶现代农业产业园通过省级验收，广州海珠（大埔）产业转移工业园、县城工业小区成效初显。成功申报国家高新技术企业6家、市级工程技术研究开发中心1家。全县96项重点项目完成投资46.3亿元，韩江高陂水利枢纽工程实现首台机组投产发电，县委党校迁建项目即将建成运营，大埔电厂二期项目开工在即，茶阳防洪工程取得实质进展，大埔至潮州港疏港铁路列入国家铁路专用线重点项目。

——持续办好民生实事。大埔代表梅州市接受省脱贫攻坚考核，五年综合成绩排在全省第一方阵。驻镇帮镇扶村工作队全面进驻，成功打造高陂镇和桃源镇“人居环境+陶瓷”乡村振兴示范带，“红色筑梦·多彩三河”代表梅州市参加全省乡村振兴大擂台比赛。办好人民满意教育，推进西岭实验学校、城东实验学校、高陂镇实验学校等新建、改建项目，新增学位3420个。加快紧密型县域医共体建设，扎实推进县人民医院改扩建、县妇幼保健院、高陂中心镇卫生院升级改造等工程。毫不放松抓好“外防输入、内防反弹”工作，全力推进新冠肺炎疫苗接种工作，筑牢疫情防控安全防线。

二、深入学习贯彻党的十九届六中全会精神

党的十九届六中全会是我党历史上具有里程碑意义的重要会议。全会通过的历史决议，是一个具有历史穿透力、政治动员力、思想引领力、行动感召力的纲领性文件。我们要深入学习领会，切实用党的十九届六中全会精神统一思想、凝聚共识、坚定信心、增强斗志，为实现第二个百年奋斗目标不懈努力。一要深刻把握“两个确立”，坚决践行“两个维护”。时刻把捍卫“两个确立”体现在贯彻总书记、党中央决策部署的行动上，体现在履职尽责、做好本职工作的实效上，体现在日常一言一行上，切实增强“四个意识”、坚定“四个自信”、做到“两个维护”。二要深刻把握党的创新理论，武装头脑指导实践。聚焦“十个明确”“十四个坚持”的丰富内涵、精神实质和实践要求，持续抓好“大学习、深调研、真落实”，切实把习近平新时代中国特色社会主义思想全面贯彻落实到大埔工作的各方面全过程。三要深刻把握党的辉煌成就，砥砺初心践行使命。坚定践行以人民为中心的发展思想，牢固树立正确的政绩观，涵养“功成不必在我”的精神境界和“功成必定有我”的责任担当，坚决反对不担当、不作为、不接地气、乱作为等歪风邪气，决不搞劳民伤财的“形象工程”“政绩工程”，力戒形式主义、官僚主义。四要深刻把握党的历史经验，观照现实启迪未来。一体学习、整体贯彻“十个坚持”“九个必须”和中央经济工作会议上总书记提出的“四个必须”，坚持自立自强、借外促内、壮大实体、推动振兴，坚定不移办好自己的事，豪情满怀把大埔发展的路子走对走实走好。五要深刻把握党的伟大号召，激扬斗志勇毅前行。大埔是原中央苏区、革命老区，总书记对老区苏区发展念兹在兹寄予厚望。我们要坚决响应伟大号召，大力弘扬伟大建党精神，赓续红色血脉，展现苏区风骨，以实际行动跑好属于我们这代人的这一棒，在新的赶考路上，续写老区苏区的时代荣光。

三、当前面临形势任务

大埔全面振兴发展的机遇与挑战并存，优势与困难同在，只要我们准确识变、科学应变、主动求变，就能够抓住新机、开拓新局。

（一）*要正视自身之短*。在充分肯定成绩的同时，必须深刻认识到大埔全面振兴发展面临的挑战和压力还很大。一是基础条件差。交通条件尚未根本改善，货运成本比周边地区高；产业项目建设用地少，开发成本高，要素支撑力不强。预计2021年固定资产投资同比下降42.5%，全市排名末位。二是经济总量小。全年地区生产总值增幅全市排名末位，约占梅县区的40%，福建省永定区的32%，且发展差距越拉越大。三次产业发展水平不高，平台建设比较落后，火电一家独大，农业加工“短腿”，陶瓷产业“小散弱”，先进制造业起步晚，缺乏龙头企业拉动。三是财政收入偏低。县级可统筹财力薄弱，本级一般公共预算收入同比下降8.72%，非税收入占48.82%，民生等重点领域支出加大，财政收支矛盾更加突出。四是干部担当意识不强。思想不解放、作风不务实、执行能力弱等情况在干部队伍中依然存在。

（二）要明晰发展之势。自觉把大埔发展置身“两个大局”中去考量，抢抓机遇，顺势而为，争取更多资源要素向大埔聚集。一要把握宏观调控带来的新机遇。党中央提出“十四五”要扎实推动共同富裕，到2035年取得更为明显的实质性进展。习近平总书记在中央经济工作会议上作出“三重压力”的重大判断，提出稳字当头、稳中求进经济工作总基调，“双循环”和“六稳”“六保”等战略举措将摆在更加突出位置。今年省委、省政府将安排资金9000亿元，加大“两新一重”投资力度。这些利好政策为我们树立发展目标、赢得发展主动提供了广阔空间。二要把握老区振兴带来的新机遇。国家《“十四五”特殊类型地区振兴发展规划》《关于新时代支持革命老区振兴发展的意见》，以及省委、省政府新增财政配套资金210亿元，为老区苏区全面振兴发展提供了路径指引和政策支持。三要把握“双区”“两个合作区”建设带来的新机遇。我们要立足“双区”“两个合作区”建设的全省系统工程、整体行动，充分借力湾区优质资源，以“大埔所长”对接“湾区所需”，积极承接溢出效应，向内挖潜，向外借力，打造开放发展新格局。四要把握区域发展带来的新机遇。“一核一带一区”是省委、省政府推动区域协同协调发展的重大部署，梅州作为生态发展区，正在研究建设闽粤赣苏区改革试验区。大埔地处闽粤两省交界，是连接“大湾区”“海西区”的重要节点，要主动对接粤闽赣苏区改革试验区，加快建设大埔新型陶瓷产业园，强化与珠三角、厦漳泉都市经济圈的衔接联动，融入大格局，推动大发展。

（三）要提振奋发之力。困难的背后是全新的希望，只要专心办好大埔的事情，就一定能赢得主动、创造未来。一要保持发展定力。我们要立足国家重点生态功能区定位，正确处理生态保护与经济发展的关系，只保护、不发展，重保护、轻发展，都是不尊重规律、刻舟求剑的做法。要狠抓发展第一要务，加快传统产业改造、新兴产业培育和未来产业布局，推动工业大突破、乡村大振兴，在经济高质量发展中扎实推进共同富裕。二要激发内生动力。推动大埔全面振兴发展既要借势借力更要自强自立，我们要坚决摒弃“等靠要”思想，坚持以思想破冰引领发展突围，学习江浙沪一带干部解放思想、突破常规的意识和能力，少说不行的借口，多想能行的办法，让干部队伍干事创业热情高起来，资本、人才、土地等要素动起来，推动县域经济强起来。

四、2022年工作安排

我们要围绕召开党的二十大这个大事，把各项工作抓细抓实抓到位，营造平稳健康的经济环境、国泰民安的社会环境、风清气正的政治环境。

今年工作的总体要求是，以习近平新时代中国特色社会主义思想为指导，全面贯彻落实党的十九大和十九届历次全会及中央经济工作会议精神，深入贯彻习近平总书记对广东系列重要讲话和重要指示批示精神，按照习近平总书记赋予广东的使命任务要求，弘扬伟大建党精神，加强党的全面领导和党的建设，坚持稳中求进工作总基调，完整、准确、全面贯彻新发展理念，积极参与打造新发展格局战略支点，全面深化改革开放，坚持创新驱动发展，推动高质量发展，认真落实省委“1+1+9”工作部署和市党代会“狠抓发展第一要务，突出实体经济、乡村振兴两大重点，推进文化名城、生态文明、重点民生建设”工作要求，深入实施县委“1568”思路举措，统筹疫情防控和经济社会发展，统筹发展和安全，继续做好“六稳”“六保”工作，推动经济稳健提升，保持社会大局稳定，以优异成绩迎接党的二十大胜利召开。

经县委常委会研究，今年发展的主要目标是全县地区生产总值增长6%，一般公共预算收入增长10%，固定资产投资增长10%，全体居民可支配收入增速与经济增长基本同步，在实际工作中力争完成得更好。

（一）狠抓实体经济发展。实体经济是立身之本、财富之源，要集中资源要素、提升创新能力、完善发展平台、培育产业集群，全力推动工业强县。

突出主导产业，强化集聚发展。实施骨干企业培育计划，年内新增规上企业5家、上亿企业1家。坚持以转型升级为导向，扶持粤科欣发、玉丰、吉玉等企业，做大做强特种陶瓷，发展新型陶瓷关联产业，培育发展陶瓷产业集群；突出新材料、新技术，支持鸿富翰、博富能等公司增资扩产，力促嘉颖新材料、鸿翔瑞上半年建成投产，配套发展上下游产业，培育发展先进制造业产业集群；全力推动数字农业提质增效、蜜柚省级现代农业产业园扩容提质增效，加快建设茶叶核心加工产业园，以及“一园多点”蜜柚产业发展基地，培育发展农业产业集群。

做强工业园区，夯实发展平台。抢抓深化省际合作机遇，启动建设大埔新型陶瓷产业园首期工程。加快广州海珠（大埔）产业转移工业园、县城工业小区建设，动工建设产业创新中心和科技孵化园，完成广州海珠（大埔）产业转移工业园申报省级高新区准备工作。坚持“亩产论英雄”理念，严格园区规划，强化项目准入，提高投资效益；加大项目履约和监管力度，大力清理清查三河、茶阳工业小区闲置土地和低效企业，提高土地利用效率，打牢创建广东省产业集聚升级示范区基础。

集中资源要素，坚持创新发展。深入实施研发投入倍增计划，鼓励支持企业加大研发投入，新增3家省级以上高新技术企业。对标对表人才强省建设“五大工程”，优化实施县“人才发展17条”，柔性引进陶瓷新材料、农产品深加工、电子信息等一批紧缺急需的高层次人才。积极构建龙头企业牵头、高校院所支撑、创新主体协同的创新联合体，新增科研机构3家，两年内将光电功能陶瓷实验室打造成省级新型研发机构，以创新引领产业发展。

（二）狠抓重点项目建设。坚持资金、要素跟着项目走，全力争取专项资金和债券资金。重点抓好年度总投资56亿元的76项重大项目，力争上半年动工建设总投资75亿元的大埔电厂二期项目、韩江高陂水利枢纽工程四台机组全面投产发电，动工建设总投资7.9亿元的茶阳防洪工程，全力做好抽水蓄能电站、陆上风电、光伏发电等项目前期工作。围绕省建设“12312”出行交通圈，力争动工建设大丰高速公路，加快推进大潮疏港铁路建设。围绕构建以县城为中心的辐射状交通网络，动工建设国道235线胜坑至丰埔桥改造项目，力争省道221线湖寮至枫朗、省道222线坑口至高陂改造项目建成通车。全面提升农村公路通达水平，创建“四好农村路”省级示范县。加快构建流通网络，以省建设“123”快货物流圈为牵引，建成运营县城物流园、广东供销（梅州大埔）天业冷链物流产业园、蜜柚交易集散地和出口基地，推动蜜柚、茶叶和陶瓷等苏区产品“出山向海”。

（三）狠抓改革攻坚。坚决破除阻碍改革发展的体制机制，为经济社会发展提供强大动力。

强化改革攻坚。坚持以“放管服”改革为重点，强化用户思维，对标“双区”“双城”，突出数字政府建设和营商环境改善，行政审批事项网上办理率、办结率达100%，实现“一网通办”。积极推动国有企业改革，深化乡镇行政管理体制改革，以高陂中心镇为改革试点，积极探索行政审批、综合执法、财政事权等改革路径，确保放得下、接得住、管得好。系统梳理县级审批部门“权责清单”、镇村“小微权利”清单，完善运行和监督机制，打通“中梗阻”，营造高效便民惠企营商环境。

深化开放合作。积极承接先进地区溢出效应，抓住区域全面经济伙伴关系协定（RCEP）生效机遇，依托梅州综合保税区、国际无水港，开拓东南亚和闽赣大市场，实现“山水联动、海铁联运”。加强与厦漳泉、潮汕揭等周边地区的良性互动，支持企业“走出去”，强化项目“引进来”，实施乡贤招商、协会招商、产业链招商，完成市下达招商引资任务，不断增强经济发展后劲。

（四）狠抓乡村振兴。贯彻“城就是城、乡就是乡”的理念，统筹推进城乡发展，推动乡村振兴走在全市前列。

以提质扩容为核心，建设魅力新城。实施全国文明城市、国家森林城市、园林城市、人文城市“四城同创”。坚持向内提质，持续推进县城微改造、微更新，统筹解决小区管理难题，加快推进日华、大昌等18个老旧小区改造。完善城市基础设施配套，加快推进县第二自来水厂、第二水质净化厂、城区截污管网等工程，规划建设智慧停车场、群众文体中心，让城市发展更有质感。坚持向外扩容，积极推进大埔大道等十二条市政道路（二期）、北环路、下坜路等城市路网建设，有序推进万川康养新城、高圳甲口新区建设，努力打造精致美丽小城。

以产业振兴为核心，建设美丽乡村。深入实施“三品一标”行动，重点解决产品品质量不一、仓储物流不畅、品牌营销不强等关键问题，推动一、二、三产业融合发展。围绕“一镇一品牌、一村一特色”目标，探索推行入股金融企业等模式，力争70%以上的村集体经济年收入达到10万元以上。扎实推进三河镇全域土地综合整治省级试点。深化驻镇帮镇扶村工作，做好规划书、建好项目库，突出人居环境整治，统筹实施美丽乡村建设行动，补齐乡村基础设施短板。重点打造三河镇湖寮镇六村联动“红色+研学”、茶阳镇青溪镇红色传承·绿色发展乡村振兴示范带，积极创建全省乡村振兴先行示范县。

以宜居宜业为核心，建设美丽圩镇。围绕“镇村同建同治同美”目标，大力强基础、兴产业、美环境、优治理，建成高陂、茶阳、三河等3个“示范圩镇”，以及大麻、百侯等11个“宜居圩镇”，形成以“圩镇带动镇域、镇域支撑县域”的高质量发展路径。

（五）狠抓生态文化建设。充分发挥生态、人文优势，努力把特色优势转化为发展优势。

擦亮文化名片，壮大文旅产业。以梅州市成功创建“东亚文化之都”为契机，做好客家文化（梅州）生态保护区国家验收工作，加大《客家之子·田家炳》宣传展演力度，完成《血色三河》（精华版）编排，启动青溪红色交通线舞台剧编排工作，探索大埔新文创短IP孵化新模式。做好历史街区、历史建筑、文化遗产、红色资源等保护，加快推进三河坝战役纪念园红色教育基地提升改造和中共南方工委及闽粤赣边区、中央红色交通线（大埔段）等革命遗址群保护利用项目。

动工建设“大埔客厅”主体项目，推动“九龙湖”风景区、三河红色研学小镇建设取得实质进展。以打造广东省红色教育高地为目标，完成县委党校迁建工程，争取挂牌省委党校现场教学基地。深挖“文化之乡”“世界长寿乡”品牌内涵，整合打包重点旅游资源，通过“企业投资+国企参股+市场运作”模式，打造文旅产业联合体，力争创建国家全域旅游示范区。

增创生态优势，推动绿色发展。坚决打好蓝天、碧水、净土保卫战，抓好生态环境保护督察整改工作，扎实推动“三线一单”精准落地。深入实施“水十条”，完成韩江治理工程（广东梅州段）大埔段、漳溪河、梅潭河碧道工程建设，抓好银江水等中小河流域治理和农村生活污水治理。实施新一轮“绿满梅州”大行动，抓好广东南岭国家公园辐射区大埔段建设、国家储备林等生态工程，完成韩江河畔0.8万公顷林地造林抚育和林分改造，争创县级国家森林城市。深入落实碳达峰行动，探索生态银行、碳汇交易等多元化生态补偿机制，推动跨区域生态合作，积极申报生态产品价值实现机制试点县，加快创建国家级生态文明建设示范县步伐。

（六）*狠抓重点民生实事*。坚持量力而行、尽力而为，办好群众所急、所需、所盼的民生实事。

提供更有成色的民生保障。努力办好人民满意的教育，确保西岭实验学校、城东实验学校秋季开学招生。稳步推进茶阳、高陂片集团化办学，发挥名校长、名教师“传帮带”作用，不断缩小城乡及校际教育水平差距。落实健康广东行动，实施“创名院、建名科、树名医”品牌战略，推动在建医疗项目早日建成使用；支持县人民医院创建三甲医院，加快全国基层中医药先进单位创建步伐，全力建设卫生强县。慎终如始抓好新冠疫情防控工作，提升突发公共卫生事件防控能力。强化就业优先导向，实施灵活就业劳动用工和社会保障政策，持续推动“粤菜师傅”“广东技工”“南粤家政”三项工程。坚持不懈抓好安全生产、食品药品安全监管等工作。加强弱势群体的关爱帮扶，推动基本养老、医疗、工伤、失业等保险应保尽保，兜住兜牢民生底线。

建设更高水平的平安法治大埔。聚焦“为党的二十大胜利召开创造安全稳定的政治社会环境”主题主线，夯实政治安全基础，防范化解重大风险。坚持和发展新时代“枫桥经验”，深入推进社会矛盾纠纷排查化解，对照市域社会治理现代化三年建设目标和大埔县“五治融合”推广建设方案，持续推进扫黑除恶常态化，加大电信网络诈骗打击力度，打造特色鲜明的社会治理品牌。深化全面依法治县工作，实施“八五”普法规划，巩固政法队伍教育整顿成果，建设更高水平的平安大埔、法治大埔。

五、加强党的全面领导和党的建设

弘扬伟大建党精神，全面贯彻新时代党的建设总要求，努力把全县各级党组织锻造得更加坚强有力。

（一）*着力加强党的全面领导*。坚持把“两个确立”作为最深刻的政治领悟、最牢固的政治信念、最重要的实践要求，增强“四个意识”、坚定“四个自信”，坚决做到“两个维护”。牢记“国之大者”，充分发挥党总揽全局、协调各方的领导核心作用，全面加强党对意识形态、统一战线、群团工作和人民武装工作的领导，不断提高党科学执政、民主执政、依法执政水平。

（二）*着力加强思想政治建设*。坚持第一议题和常设议题制度，深入学习贯彻习近平新时代中国特色社会主义思想，巩固党史学习教育成果，高质量建设一批红色大讲堂，坚定党员干部理想信念，以党的创新理论指导实践、推动工作。严守政治纪律和政治规矩，全面贯彻落实民主集中制，持续巩固坚决全面彻底肃清李某、万某某恶劣影响成果，营造风清气正的政治生态。

（三）着力加强基层基础建设。全面落实新一轮加强基层党组织建设三年行动计划，常态化开展软弱涣散基层党组织整顿，扎实推进三河镇汇东红色村组织振兴试点工作，优化提升3个省定红色村党建工程示范点。深入开展抓党建促乡村振兴示范县创建工作，着力壮大村集体经济，把基层党组织书记打造成“领头雁”，基层党组织打造成坚强战斗堡垒。充分发挥党员先锋模范作用，实施南粤党员先锋工程、村级后备干部“雏雁计划”、村“两委”干部学历提升计划。同时，加强领导干部驻点直联群众和企业，密切党群干群关系，引导群众感党恩、听党话、跟党走。

（四）着力加强干部队伍建设。坚持好干部标准，大力选拔重用善谋划、重实干、肯担当、出实效的干部，对不干实事不求实效、没有工作激情热情、整天不在状态的干部坚决予以调整，让“能上能下”不再成为一种口号。坚持“三个区分开来”，鼓励探索、支持创新、宽容失误，激励干部担当作为，力戒“慵懒散”作风，努力把内生动力激发出来，把发展活力释放出来。

（五）着力加强党风廉政建设。始终保持惩治腐败的高压态势，严格落实“两个责任”，统筹推进“三不一体”。驰而不息纠正“四风”，力戒形式主义、官僚主义，持续为基层松绑减负。持续用力抓好省委巡视反馈意见整改，全面开展新一轮县委巡察工作，强化派驻监督，综合运用“四种形态”，一手抓惩治、一手抓预防。围绕金融、国企、政法、粮食购销等领域，严查突出腐败问题，推动全面从严治党向纵深发展。

政府工作报告

——在大埔县第十六届人民代表大会第一次会议上的报告

大埔县人民政府代理县长　凌晓文

（2021年11月17日）

五年来工作回顾

过去的五年，县政府在市委、市政府和县委的正确领导下，在县人大及其常委会和县政协的监督支持下，坚持以习近平新时代中国特色社会主义思想为指导，团结依靠全县人民，深入实施“生态立县、实业富县、文旅兴县”发展思路和县委“456”工作举措，坚持生态优先，突出人文引领，推动绿色发展，实现疫情防控和经济社会发展双胜利，与全国全省同步全面建成小康社会，基本完成大埔县第十五届人民代表大会第一次会议确定的各项目标任务。

——五年来，我们坚持发展要务，综合实力稳步增强。预计2021年（至年底，下同），全县生产总值98.45亿元、人均生产总值29800元，分别是2016年的1.26倍和1.34倍，年均分别增长4.7%和6%。规上工业增加值17.3亿元，是2016年的1.3倍，年均增长5.4%。社会消费品零售总额49.5亿元，是2016年的1.23倍，年均增长4.3%。全力扩大有效投资，五年累计完成固定资产投资337.12亿元。本级一般公共预算收入7.5亿元，收入质量不断提高。三次产业结构比例调整为29.3∶20.6∶50.1。

——五年来，我们突出精准施策，脱贫攻坚全面胜利。始终把脱贫攻坚作为首要政治任务和最大民生工程抓紧抓实，聚焦“两不愁三保障”突出问题，落实“一村一策、一户一法”精准举措，全力以赴决战决胜脱贫攻坚。五年累计筹集资金6.86亿元，实施到村项目3100多个，到户项目21万多个。大埔代表梅州市接受省脱贫攻坚考核，五年综合成绩排在全省第一方阵，全县建档立卡贫困户4805户10478人全部脱贫，57个省定相对贫困村全部出列，全县贫困户人均可支配收入达1.53万元。

——五年来，我们强化项目为王，发展基础更加坚实。每年谋划实施一批重点项目，五年累计完成投资412.75亿元。向上争取政策资金成效明显，获得中央和省转移支付资金155.1亿元、各类政府债券资金28.6亿元。引进招商引资项目77个，计划投资总额243.8亿元。全县交通基础设施累计投入121.5亿元，公路通车里程达3563.8千米，公路密度每百平方千米144.5千米，比2016年增长27.8%。五年新改建、改造国（省）道248.3千米，100人以上自然村通达公路670千米，完成357条1740千米县乡道生命防护工程，新建大桥3座、改造危桥9座。大潮高速公路（含大漳支线）建成通车，大丰高速前期工作扎实推进，大埔至潮州港疏港铁路列入国家铁路专用线重点项目。韩江高陂水利枢纽工程如期下闸蓄水、首台机组顺利投产发电。大埔县委党校全面装修、年底可建成运营。投入12.85亿元推进水利基础设施建设，完成19宗147.5千米中小河流治理、15.8千米碧道和500宗农村饮水工程，完成山丰水库及引水管道项目建设，行政村集中供水覆盖率100%，自然村集中供水覆盖率93.27%。

——五年来，我们狠抓转型升级，产业发展提质增效。实体经济不断壮大，规上工业总产值48.7亿元，是2016年的1.12倍，年均增长2.4%。新增省级现代农业产业园2个、省级农业科技园区1个、院士工作站1个、“新三板”挂牌企业2家。广州海珠（大埔）产业转移工业园升级为省级产业转移园，入园企业35家；县城工业小区成功享受省级产业转移政策，入园企业7家，其中投产2家。陶瓷产业基地被认定为全市首个国家外贸转型升级基地，高陂陶瓷文化创意产业园成功创建省级文化产业示范园区。大埔电厂一期平稳运行、效益向好，二期项目前期工作推进顺利并取得实质进展。完成省级蜜柚、茶叶现代农业产业园核心区建设，建成全市目前唯一的5G+农业大数据平台并入选农业农村部2021数字农业农村新技术新产品新模式优秀案例。圆满完成首届中国农民丰收节梅州（大埔）分会场活动、第三届广东茶叶产业大会等承办任务。五年新增农业龙头企业97家、家庭农场310家、农民合作社157家。大埔荣获“全国重点产茶县”“全国柑橘产业30强县”“中国最美茶乡”“2020中国茶业百强县”“2021年度茶叶百强县”“2021智慧茶业样板县域”称号，入选国家2021年农产品产地冷藏保鲜整县推进试点名单。嘉应茶·大埔乌龙茶入选全国名特优新农产品名录、获得国家农产品地理标志登记保护，梅州柚·大埔蜜柚入选中欧“100+100”地理标志互认互保产品、获评“中国气候生态优品”。成功创建广东省全域旅游示范县，被评为“中国十大特色休闲县市”“最美中国旅游县”“中国文旅融合特色创新示范区”“中国最美丽县”“新时代·中国最佳生态康养旅游名县”，百侯镇入选全国特色旅游名乡名镇，西河北塘村入选首批全国乡村旅游重点村，百侯镇、西河镇入选“广东旅游风情小镇”。全县国家AAAA级旅游景区达到3个、AAA级8个，新增泰安楼等5处全国重点文物保护单位，三河坝战役烈士纪念碑入选全国爱国主义教育示范基地，三河坝战役纪念园被评定为全国红色旅游经典景区，三河中山纪念堂入选全国重点文物保护单位革命文物名录。中国红色政权首个公安局——大埔县工农革命政府公安局历史陈列馆以及张弼士博物馆、田家炳纪念馆、邹鲁生平事迹馆建成开馆。成功创建世界长寿乡，“世界长寿乡健康产业发展联盟总部”落户大埔，中医健康养生产业园等项目扎实推进。

——五年来，我们加大统筹力度，城乡面貌日新月异。成功创建国家卫生县城。实施城市更新“微改造”，县城建成区面积8.5平方千米，比2016年增长14.86%。全县常住人口城镇化率48.2%，比2016年提高4.6个百分点。实施“三旧”改造项目45个、老旧小区改造10个，提升改造县城市政道路29条25千米，打通县城“断头路”3条（段）。圩镇建设扎实推进，“一主三附多点”城镇发展架构初步形成。深入实施乡村振兴战略，大埔荣获广东省乡村振兴先进集体。成功打造枫朗镇红色党建引领绿色发展、茶阳省际边界示范带、高陂镇桃源镇“人居环境+陶瓷”等乡村振兴示范带，大麻镇“六村共同缔造”获得住建部“美好环境与幸福生活共同缔造活动”试点。投入1.45亿元打造“十村绕漳河·五香飘十里”乡村振兴新样板，西河镇入选省级生态宜居美丽乡村示范镇，北塘村、漳北村入选广东十大美丽乡村。完成11个镇级垃圾填埋场整治，农村生活垃圾无害化处理率100%。“三清三拆三整治”成效明显，全县245个行政村基本达到干净整洁村标准，其中159个行政村基本达到美丽宜居村标准。深入推进农村“厕所革命”，完成无害化卫生户厕改厕8.3万户、普及率达100%，建成公厕1073个。建成高标准农田0.61万公顷，垦造水田370.33公顷，拆旧复垦验收面积216.27公顷。粮食作物播种面积稳定在7200公顷以上。完成国家级电子商务进农村综合示范县建设。

——五年来，我们聚焦改革创新，发展活力加速迸发。县级机构改革、乡镇体制改革和中小学教师“县管校聘”改革全面完成。深化“放管服”改革，1428项业务实现“最多跑一次”，141项政务服务事项实现“免证办”，行政许可事项时限压减率95.6%、即办率99.5%，镇级政务服务平台可办理服务事项852项。企业开办全流程压减到0.5个工作日内完成，新增市场主体1.8万个。工程建设项目审批实现全流程“一个窗口”“一站式”服务，不动产登记全面提速。“数字政府”改革建设扎实推进，52项可查询事项进驻“粤省事·梅州”，2004项事项进驻广东政务服务网。实施创新驱动战略和知识产权强县工程，新增国家高新技术企业31家、省级工程技术研究开发中心14家、省级科技企业孵化器1家、省级众创空间试点单位1家，专利授权量1713件，实施省市科技计划项目35项。成功引进全市首家综合性知识产权服务机构梅州市中兴达知识产权有限公司，挂牌成立全省首个县级知识产权保护中心服务站。

——五年来，我们守护绿水青山，生态环境持续优化。决战决胜污染防治攻坚战，三年攻坚任务全面完成。中央和省环保督察交办案件办结率100%。全面落实“河长制”“林长制”，国考、省考断面水质达标率保持100%，县城和镇级48个集中式饮用水源地水质达标率保持100%，县城空气质量优良率稳定在99%以上。被纳入国家重点生态功能区，2020年度被评为“国家重点生态功能区优秀县”。完成造林0.36万公顷、森林抚育4.78万公顷、生态景观林带建设164千米，森林覆盖率达78.99%，韩江入选全国“最美家乡河”，成功创建阴那山国家森林公园，青溪镇入选“广东十大绿美森林小镇”，西河镇北塘村、黄堂村获评“国家森林乡村”。新建镇级污水处理厂19座、村级污水处理站30座、镇村污水管网83千米，新增污水处理能力2.13万吨/日。

——五年来，我们厚植为民情怀，群众生活明显改善。坚持每年办好省市县十件民生实事，五年投入财政资金171亿元实施重点民生工程。预计 2021 年全县居民人均可支配收入 21862 元，是 2016 年的 1.42 倍，年均增长 7.3%。深入实施“粤菜师傅”“广东技工”“南粤家政”三项工程，新增城镇就业 1.57 万人，城镇登记失业率控制在 2.7%以内。社会保障体系不断完善，城乡低保、特困人员基本生活标准等底线民生保障水平逐年提高。投入 13.45 亿元，新（改扩）建学校 19 间，增加学位 8990 个。筹集 2.37 亿元成立县教育发展基金。义务教育巩固率提高到 100%，高中阶段毛入学率提高到 95.95%。成功创建国家级农村职业教育和成人教育示范县、广东省推进教育现代化先进县。投入 16.7 亿元新（改扩）建医院 22 间，完成村卫生站规范化建设 232 间。成功创建 9 个省卫生镇、228 个省卫生村。县妇幼保健院被评为全市首家县级二甲妇幼保健院。高陂镇荣获全国无偿献血促进奖单位奖。坚持人民至上、生命至上，新冠肺炎疫情防控精准有效，建成 3 间核酸检测实验室，规划设置 70 个核酸检测点，疫苗接种有力推进。群众体育蓬勃发展，镇、村公共体育设施覆盖率 100%，新建各类足球场 60 块。平安大埔、法治大埔建设深入推进，获评“广东省最安全城市”，圆满完成扫黑除恶三年专项斗争，群众安全感和政法、公安工作满意度保持全省前列。被国家信访局评为 2020 年度信访工作“三无”县。完成“七五”普法工作，西河司法所被评为“全国模范司法所”。百侯侯南村被评为“全国文明村”、2020 年全国民主法治示范村。县博物馆晋升为国家二级博物馆。国防动员、人民防空、兵员征集和退役军人、双拥等工作扎实推进。安全生产、食品药品安全形势持续稳定。妇女儿童、老龄、慈善等事业取得新进步，应急、外事、侨务、机构编制、档案、方志、民族宗教、气象等工作取得新成绩。

——五年来，我们全面从严治政，自身建设不断加强。持续强化政府系统党的建设，自觉用习近平新时代中国特色社会主义思想武装头脑、指导实践、推动工作。扎实开展“两学一做”学习教育、“不忘初心、牢记使命”主题教育和党史学习教育，持续坚决全面彻底肃清李某、万某某恶劣影响，“四个意识”更加牢固、“四个自信”更加坚定、“两个维护”更加坚决。持续加强作风建设，坚决整肃庸政懒政怠政，会议文件进一步精简、文风会风进一步改进。强力推进法治政府建设，自觉接受人大依法监督和政协民主监督，办理人大代表建议 197 件、政协委员提案 295 件，办复率和满意率均达 100%。锲而不舍落实中央八项规定及其实施细则精神，“三公”经费比 2016 年下降 13.29%。认真落实省委第十三巡视组巡视整改事项。强化审计监督，推动审计全覆盖向纵深发展。加强廉政建设，压紧压实全面从严治党主体责任，坚决惩处各类腐败行为，五年立案 695 件 695 人，给予党纪政务处分 628 人。

各位代表，回顾五年的发展历程，我们更加深切体会到：一是必须坚持党的全面领导。坚定不移同以习近平同志为核心的党中央保持高度一致，深入贯彻落实中央和省市县决策部署，因地制宜、狠抓落实，这是我们开展一切工作的根本遵循，任何时候都不能有丝毫偏离。二是必须坚持发展第一要务。完整、准确、全面贯彻新发展理念，持续发力实体经济、项目建设，这是我们实现高质量发展的有力抓手，任何时候都不能忽视。三是必须坚持以人民为中心。时刻把 56 万多大埔人民的福祉放在心上，始终牢记“江山就是人民，人民就是江山”，这是我们开展一切工作的出发点和落脚点，任何时候都不能忘记。四是必须坚持锤炼过硬作风。始终把政治纪律和政治规矩挺在前，保持奋发有为、真抓实干的良好作风，深入推进党风廉政建设和反腐败斗争，以风清气正的政治生态，汇聚干事创业的强大合力，这是我们实现目标的重要法宝，任何时候都不能削弱。

各位代表，在肯定成绩的同时，我们也清醒地认识到，前进道路上还面临不少困难和挑战：经济总量小，人均水平与全国、全省比差距很大；产业结构不够合理，产业集聚度低，缺乏带动和支撑产业发展的龙头企业，工业短板明显；资金、科技、人才、土地等要素瓶颈仍然突出，发展内生动力还需进一步激发；文化、教育、医疗、养老等公共服务供给与人民群众美好生活需要尚有差距；干部不敢为、不愿为、不善为的现象仍然存在，等等。对于这些问题，我们一定高度重视、努力改进，不负人民期待。

今后五年的总体要求、奋斗目标和工作措施

各位代表！今后五年，是大埔大有可为的战略机遇期，也是大埔奋力赶超的黄金发展期。从宏观形势看，受新冠肺炎疫情冲击，全球经济遭受重创，但是我国经济稳中向好的发展态势没有变，国内大循环、国内国际双循环的新发展格局逐步形成。从政策机遇看，国家支持“双区”“双城”和“两个合作区”建设，国务院和省委、省政府出台实施新时代支持革命老区和原中央苏区振兴发展的意见，为大埔全面振兴发展注入强劲动力。从自身发展看，大埔经过历届党委、政府的努力，支撑振兴发展的基础更加坚实。从干部作风看，全县上下历经脱贫攻坚、抗疫防疫的洗礼锤炼，干事创业的热情越发高涨，团结奋进的力量更加聚集。因此，我们要立足全局抓机遇，团结一致勇向前，努力在危机中育先机、于变局中开新局，为全面开启现代化建设新征程构筑坚实支撑。

按照县十三次党代会确定的发展定位，今后五年政府工作的总体要求是：高举中国特色社会主义伟大旗帜，坚持以习近平新时代中国特色社会主义思想为指导，认真贯彻落实党的十九大和十九届二中、三中、四中、五中、六中全会精神，习近平总书记“七一”重要讲话和对广东工作系列重要讲话、重要指示批示精神，按照中央和省委省政府、市委市政府的决策部署，全面落实县委“1568”思路举措，坚持稳中求进工作总基调，坚持系统观念，准确把握新发展阶段，全面贯彻新发展理念，加快融入新发展格局，以推动高质量发展为主题，以供给侧结构性改革为主线，以改革创新为根本动力，以满足人民日益增长的美好生活需要为根本目的，统筹发展和安全，推进治理体系和治理能力现代化，打造绿色发展先行地，推动大埔全面振兴发展。

今后五年的奋斗目标是：力争至2026年，全县生产总值达到135亿元，年均增长6%；人均生产总值达到38500元，年均增长5.8%；本级一般公共预算收入9.58亿元，年均增长5%；固定资产投资90.5亿元，年均增长15%；社会消费品零售总额80.5亿元，年均增长10%；外贸进出口总额2.5亿美元，年均增长5%。全体居民人均可支配收入增长与经济增长基本同步。完成市下达能耗双控指标。城镇登记失业率控制在3%以内。

各位代表！新起点孕育新希望，新征程承载新梦想。面对新形势、新目标、新任务，我们必须坚持发展第一要务，带着情怀谋事、扑下身子干事、保持韧劲成事，接稳接好“接力棒”，跑出发展“加速度”，重点抓好以下七个方面工作：

一、聚力项目建设，打造振兴发展新引擎

坚持以项目打基础，全力推动项目落地、开工、建设，增强经济发展动能，筑牢高质量发展根基。

强化项目谋划。聚焦上级产业政策和资金投向动态，围绕“两新一重”等重点领域，研深研透中央预算内投资、地方政府专项债、

老区苏区振兴发展等政策，谋划一批打基础、利长远的优质项目，争取更多项目纳入国家和省市投资计划。聘请专业公司对项目进行精准策划，提高申报质量，使更多资金、更多项目向大埔集聚。紧盯产业转移方向，全面对接大湾区、海西区，大胆谋划引进一批体量大、质量高、带动强的重大项目。

强化项目建设。坚持“项目为王”，谋划推进“十四五”期间总投资1947亿元的302项重大项目建设。实施交通强国战略，加快构建“内通外畅、融湾联海”立体交通网络，重点抓好大丰高速、平蕉大高速、大埔至潮州港疏港铁路、梅漳厦高铁、梅坎铁路扩能改造等项目规划建设，争取早日开工、早日建成。推进总投资28亿元的9项国省道改造工程建设，2022年完成湖寮至枫朗一级公路、坑口至高陂二级公路建设，力争2022年动工建设湖寮至茶阳一级公路。促进交通与旅游融合发展，推进大东坪山至花萼楼旅游公路、大麻至高陂旅游产业道路改建、洲瑞赤水至党溪旅游公路等项目建设。积极推进青溪中央红色交通线道路提升改造。完成200千米“四好农村路”建设，加快推进通行政村道路“单车道改双车道”建设。推动水利高质量发展，谋划建设总投资43.9亿元的310宗水利项目，抓好高陂镇防洪堤治理工程建设，2024年底完成茶阳镇防洪工程建设，推进韩江、汀江、梅潭河、漳溪河等河段34.2千米碧道项目。加快5G项目建设，实现5G网络全覆盖。

强化要素保障。发挥重大工程项目总指挥部和领导干部挂钩联系重点项目制度作用，在立项、用地、环保、用能等方面开通“绿色通道”，推动项目早日开工、在建项目加快推进。坚持资金跟着项目走，优先安排重点项目投入，全程跟踪调度中央预算内资金和专项债投资项目。加快批而未供和闲置土地处置，在用途上优先实体经济，推进低效产业用地盘活利用，进一步集约节约利用土地。统筹各类项目库建设，严格落实“五个一”机制，大力推行“一线工作法”，全力突破征地拆迁、用林、用地、环评、资金、基础配套等瓶颈制约，保障重点项目顺利推进。

二、聚力转型升级，构建现代产业新体系

坚持把发展经济着力点放在实体经济上，构建形成绿色现代产业体系，推进产业基础高级化、产业链条现代化，到2026年三次产业结构调整为22∶31∶47。

加快发展陶瓷、电力两大传统产业。推动陶瓷、电力两大传统工业转型升级和绿色发展，巩固工业发展基本盘。促进陶瓷企业转型升级，扶持粤科光电功能陶瓷、吉玉纳米陶瓷、玉丰特种陶瓷等做大做强，培育一批“专精特新”中小企业，丰富大埔陶瓷品种。鼓励扶持陶瓷新材料创新发展，拓展陶瓷应用空间，力争2026年建成广东省陶瓷新材料成果转化生产基地。支持吉玉、欣红等公司科创板或主板上市，全力打造陶瓷企业“龙头”。深化陶瓷国家外贸转型升级基地建设，发挥青花瓷大卖场引领作用，拓宽陶瓷国内外销售市场。全力推动大埔电厂二期（200万千瓦）项目2022年动工、2024年建成运营。尽早实现高陂水利枢纽工程四台机组全面投产发电，支持光伏发电项目建设，加快推动总投资110亿元的抽水蓄能电站、陆上风电等项目落地建设，全力打造广东省清洁能源产业基地。

大力发展文旅、康养两大绿色产业。全力争创全国重点文物保护利用示范区、全国红色资源（革命遗址）保护示范带、全国客家文化生态保护区。整合“红绿古”三色资源，完善县域旅游景区、旅游线路、配套设施及综合服务体系，争创国家全域旅游示范区。精心建设“大埔客厅”、九龙湖风景区等项目，力争新增2个AAAA级、5个AAA级国家旅游景区。以大埔县委党校为核心，串联全县红色景区景点，突出打造三河坝战役纪念园、中央红色交通线等红色教育基地，规划建设红色大讲堂，把大埔县委党校打造成为广东红色教育高地。以梅州创建国家中医药综合改革试验区为契机，做大做强健康养生产业。成立世界长寿乡联盟，办好世界长寿大会，规划建设世界长寿博物馆，加大营销和推介力度，打响“世界长寿乡”品牌。大力发展中医药产业，建设南药种植示范基地，合理布局五指毛桃、铁皮石斛、金线莲等中药材种植基地。主动对接健康湾区优质生活圈，积极发展特色医疗及第三方服务，加快中医健康养生产业园、蜜柚康养小镇建设，大力发展大埔小吃特色产业，打造湾区最佳康养地。

*培育发展新材料制造业。*坚持新发展理念，把新材料产业摆在培育壮大战略性新兴产业的突出位置，全面提升工业品质、制造层次、平台能级。加快发展电子信息产业，抓好鸿富瀚扩产、嘉颖新材料科技电子光学材料、鸿翔瑞高性能聚酰亚胺薄膜及配套高导热石墨膜研发生产项目建设。着力发展电池制造业，从政策、服务等方面进一步支持博富能公司增资扩产。做大环保新材料产业，发挥高岭土、石灰石等资源优势，鼓励扶持恒得源科技和恒茂矿业加快发展，推动总投资10亿元的可降解环保新材料项目尽快投产、早日上规。大力发展首饰加工业，鼓励旭平五金饰品加工做大做强。

*着力发展特色现代农业。*大力培育发展蜜柚、茶叶等优势产业，构建具有大埔特色的农业产业发展格局。制订实施产业发展激励政策和行业技术规范，发挥好大埔蜜柚研究院作用，建设好大埔茶叶研究院，提升产品品质和附加值。开发绿色、有机、富硒农产品，鼓励扶持农产品精深加工，全力实现“五子登科”。加强农产品加工研发，大力发展蜜柚、茶叶等精深加工，促进蜜柚加工品向健康食品、化妆品升级，推动茶叶产品向大师品牌、手工精品和保健品转型。大力发展数字农业，进一步推广应用5G+农业大数据平台，争创省级、国家级数字农业试点县。培育多样化新型农业经营主体，鼓励发展第三方物流行业，规划建设县城物流园区，打造成为粤闽交界地区重要物流中转基地和农副产品集散交易市场。深化全县冷链骨干网建设，抓好农产品产地冷藏保鲜整县推进试点项目和广东供销（梅州大埔）天业冷链物流产业园建设。大力发展农村电商，引导生态有机农副食品纳入行业优质供应链。积极开展水田垦造，坚持最严格的耕地保护制度，对“非农化”和“非粮化”实行“零容忍”，严守耕地红线。稳定粮食生产，确保粮食安全。

*加强平台载体建设。*坚持以产业促平台、以平台聚产业，提升园区承载力和吸引力。积极争取地方政府专项债在工业园区建设标准厂房，构筑承接投资项目的有效载体。推动广州海珠（大埔）产业转移工业园提质提效，力争2023年前成功申报为省级高新区。加快完善县城工业小区基础设施，引进战略性新兴产业、先进制造业、现代生产性服务业、总部经济等项目，推动产城融合发展。加快闽粤经济合作区（大埔园区）规划建设，打造闽粤台新能源、新材料、电子信息、高端装备制造等先进制造业产业合作示范基地。加大闲置土地和低效企业清理清查力度，推动三河、茶阳工业小区扩容提质增效。围绕“山上绿色银行、山下现代厂房、山外流通市场”，发挥好蜜柚、茶叶省级现代农业产业园辐射带动作用，规划建设蜜柚初加工产业园和镇级蜜柚交易集散地，抓好梅州柚优势产区（大埔）现代农业产业园、广东金柚优势特色产业集群、柚子皮综合利用精深加工和慧江集团蜜柚精深加工销售等项目建设。

三、聚力协调联动，开创城乡融合新局面

进一步优化城乡发展布局，推动城镇发

展与乡村振兴相互补充、相互促进，在更高水平上实现城乡一体化发展。

提升城市功能品质。按照“东延西进南改北拓中提质”总体布局，坚持规划引领，高标准推动国土空间规划和各类专项规划科学衔接。完善县城功能规划，加快推进万川康养新城、高圳甲口新区建设，有效拓展县城发展空间。按照全国县级文明城市标准，建设、管理、经营好城市。实施旧城改造、街区微改造、道路改造“三改”工程，抓好中央城、山水城、东景城等“三旧”改造，积极争取资金推进61个老旧小区改造升级。持续推进“两美”行动，常态化开展城乡环境综合整治，深入开展道路景观、交通秩序、市容市貌、老旧小区和背街小巷、城乡结合部和城中村整治“五大行动”，创建一批“洁净社区”“美丽街区”“精品小区”。推进实施“智慧停车”，综合整治违章违建。每年打通1—2条市政“断头路”、改造提升1条以上瓶颈路、老旧路，加快推进县城过境公路（三期）、大埔大道等十二条市政道路（二期）、北环路等改造提升工程。提升县城产业集聚能力和公共服务水平，加大县城医疗、教育、养老等优质公共服务资源供给，到2026年全县常住人口城镇化率达到58%以上。推进县第二自来水厂建设，完善县城供水管网改造项目，加快解决县城自来水供需矛盾。抓好县城第二水质净化厂、城区截污管网、生活垃圾压缩转运站、高陂第二自来水厂等工程建设。

优化城镇空间格局。完成全县历史建筑摸查、测绘，以及百侯、茶阳、三河镇历史文化名镇和西河镇车龙村历史文化名村保护规划修编。加快构建“一主三附多点”的城镇发展格局，按照生产、生活、生态“三生融合”理念，结合各镇（场）特色和优势资源，实施以干净整洁、彰显特色、生态宜居为核心的品质提升工程，以产城相融、提升风貌、宜居宜业为核心的扩容提质工程，以产业兴旺、内外兼修、精美宜居为核心的产业培育工程。2026年前打造1个以上县域副中心以及一批工业、农业、商贸、文旅特色镇。统筹推进镇级自来水设施及配套信息化项目建设，分阶段、分区域推进镇级污水管网改造升级。

全面推进乡村振兴。巩固拓展脱贫攻坚成果与乡村振兴有效衔接，争取2025年前成功创建全省乡村振兴先行示范县。落实“四个不摘”原则，完善精准防贫监测预警机制，保持现有帮扶政策、资金支持、帮扶力量总体稳定，防止脱贫人口返贫和非贫困人口致贫。促进脱贫人口稳定就业，加大低保兜底保障。持续发展壮大村集体经济，争取到2023年所有行政村集体经济收入实现10万元以上。开展“万企兴万村”“一镇一业、一村一品”行动，探索构建可持续的产业振兴长效机制。持续推进回乡联村和美丽细胞工程，滚动建设一批示范村、示范带。着力打造三河镇湖寮镇六村联动“红色+研学”、茶阳镇青溪镇红色传承·绿色发展、大麻镇银江镇高陂镇韩江画廊·醉美九龙、高陂镇光德镇桃源镇青花瓷乡·生态文化产业融合发展等乡村振兴示范带。五年内全县90%以上行政村达到美丽宜居村标准、20%以上行政村达到精品示范村标准。实施农村人居环境整治提升五年行动，推进农房管控和风貌提升，开展农村管网整治，持续抓好“厕所革命”“垃圾革命”“污水革命”等专项行动。大力推进拆旧复垦工作。打好农村饮水安全攻坚战，让所有农村居民喝上干净水。

四、聚力改革创新，积蓄跨越发展新动能

坚持改革为要、创新赋能，进一步提高开放水平，持续激发市场活力和社会创造力，加快培育壮大发展新动能。

持续优化营商环境。继续深化行政审批制度和商事制度改革，推进“证照分离”改革全覆盖试点，推行“证照联办”改革。规划建设县政务大数据中心，深化“互联网+政务服务”。加快“数字政府”改革建设，实施“粤系列”移动应用触达工程，深化政务服务“一网通办”。深化“放管服”改革，深入开展“减证便民”，持续压减审批事项，压缩办理时限。实行重点领域全覆盖监管，完善新业态包容审慎监管。全面实施“双随机一公开”，加强事中事后监管。落实减税降费、助企纾困政策，激发市场主体活力。

持续强化创新驱动。引导、鼓励企业加强与高等院校、科研院所合作，促进科技创新成果转移转化。深化“政校企”战略合作，支持陶瓷企业与嘉应学院共建陶瓷产业学院，打造陶瓷专业技能人才培育中心。加快陶瓷产业创新中心、科技孵化园规划建设。鼓励支持光电功能陶瓷实验室打造成省级新型研发机构。深入实施高新技术企业树标提质行动，确保到2026年规上工业企业设立研发机构比例达到40%，新培育认定高新技术企业5家、科技型中小企业28家，新增省、市级工程技术研究中心5家，力争培育5家年产值亿元以上骨干企业和1家上市公司。积极实施省《深化人才发展体制机制改革的实施意见》、粤东西北人才发展帮扶计划，市人才新政“20条”和县人才新政“15条”，培育引进一批专业技术人才、高技能人才、创新创业人才和科研团队，建立健全人才创新创业服务体系，确保各类人才引得进、干得好、留得住。

持续深化开放合作。积极融入“双循环”新发展格局，推动陶瓷、农业等传统产业融入“双区”“双城”“两个合作区”以及海西区和沿海经济带产业链。利用好国内国际两个市场，深度参与国内外专业展销展览会，积极开拓多元市场，大力发展跨境电商，努力增加陶瓷、蜜柚、茶叶等产品出口销量。大力实施“乡贤回乡投资兴业工程”“先进制造业承接工程”“海珠大埔共建工程”“产业协会（商会）招商工程”，鼓励园区围绕产业集群发展精准招商，引导企业依托产业链配套招商。坚持效益优先，以税收、就业指标为导向，把有限的资源重点向质量高、效益好的企业项目倾斜，不断提升招商引资质量，力争引进一批投资体量大、发展前景好、带动能力强的产业项目落户大埔。

五、聚力绿色发展，厚植生态文明新优势

坚定践行“绿水青山就是金山银山”理念，以“碳达峰、碳中和”为引领，加快构建现代环境治理体系。

加强生态环境治理。打好蓝天、碧水、净土保卫战，推动生态环境质量持续向好。落实减排、抑尘、治车、控秸措施，确保空气质量优良天数比例保持98.5%以上。深入实施“水十条”，持续抓好重点流域治理、黑臭水体整治和农村生活污水治理，确保国家、省考核断面水质达标率100%，市考核断面水质优良率100%，县镇两级集中式饮用水水源地水质达标率100%。强化土壤污染管控和修复，全面开展畜禽粪污资源化利用和农村面源污染治理。加大固体废物处理力度，深化“无废大埔”建设。扎实做好中央和省市各类环保督察反馈问题整改。

筑牢生态安全屏障。到2025年成功创建国家级生态文明建设示范县。健全生态文明管控机制，严格落实“三线一单”管控要求，强化主体功能定位，统筹抓好区域生态环境监管。推进“山水林田湖草沙”系统治理，发挥河长、检察长、警长“三长合一”联动工作机制，加强河湖水域岸线水生态空间管控，严厉打击涉河湖违法行为。推行林长制，实施重点生态工程，抓好广东南岭国家公园辐射区大埔段建设，继续实施大规模绿化行动，加快造林绿化进度，完成自然保护地整合优化，加强森林资源和野生动物保护，至2024年成功创建县级国家森林城市，全县森林覆盖率稳定在78.99%以上。

推进绿色低碳发展。深入落实碳达峰行动，持续推进节能降耗，降低碳排放强度，加强节能管理和重点领域节能。严格排污许可证制度，完善环境监控系统。建立健全镇级生态环境质量考核制度和生态环境保护监管网格体系。常态化整治“散乱污”企业，加快淘汰落后产能，积极布局生态型产业。加强生态银行、森林碳汇工程建设，推进“碳普惠”“碳中和”。推广应用新能源汽车，深化“光盘行动”，倡导绿色出行、绿色消费，建设绿色机关、绿色社区、绿色社会。

六、聚力共建共享，谱写民生福祉新篇章

始终把人民放在心中最高位置，坚守为民初心，顺应群众期盼，坚持八成以上财政支出用于民生事业，努力让改革发展成果更多惠及全县人民群众。

完善社会保障制度，不断提升群众“获得感”。加大援企稳岗力度，实施职业技能提升和再就业援助行动，稳定和扩大就业规模，深入实施“粤菜师傅”“广东技工”“南粤家政”三项工程，力争新增城镇就业1万人以上。落实全民参保计划，推动基本养老、医疗、工伤、失业等保险应保尽保。探索多元化养老模式，加快敬老院改造提升，推行医养康养、社区居家养老服务。建立健全多主体供给、多渠道租购并举的住房制度，促进房地产市场平稳健康发展。健全分层分类社会救助体系，做好社会救助兜底，保障困难群众基本生活，不断扩大社会福利覆盖面。强化退役军人权益保障，支持妇女儿童、对台、民族宗教、机构编制、人事人才、志愿服务、公益慈善以及统计、方志、气象等社会事业全面发展。

加强公共服务供给，不断提升群众“幸福感”。坚持教育优先，深化教育改革创新，优化教育资源配置，推动学前教育普惠发展、义务教育优质均衡发展、普高教育多元特色发展、职业教育创新发展、特殊教育融合发展，高中阶段毛入学率达到96%、学前三年毛入园率98%以上。2022年8月底前完成西岭实验学校、城东实验学校（二期）等建设，到2025年高质量、高水平普及小学到高中阶段12年教育，学前教育实现“5080”目标。全面建设“健康大埔”，加快推进卫生强县建设，实施医疗服务水平提升计划，深化医疗卫生体制改革，加强紧密型医共体建设，力争县人民医院早日创建三甲医院，2024年成功创建全国基层中医药工作示范县，让老百姓在家门口享受更好的医疗服务。慎终如始抓好常态化新冠肺炎疫情防控，疫苗接种做到应接尽接，加快构筑群体免疫屏障。完善疾病预防控制体系，新建传染病集中隔离医学观察场所，提升突发公共卫生事件防控能力。繁荣发展文体事业，推动基层公共文化设施和“两中心一平台”建设，提升公共文化服务效能。创排一批原创民族歌剧、舞台剧等具有影响力的文艺精品。广泛开展全民健身运动，完善城乡体育设施。

创新县域社会治理，不断提升群众“安全感”。坚持总体国家安全观，健全国家安全风险研判、防控协同、防范化解机制。推进全民国家安全宣传教育，强化保密机要工作，持续增强全社会国家安全意识。加强防灾减灾救灾能力体系建设，继续抓好政府隐性债务清偿，切实防范化解各类公共安全风险。坚持和发展新时代“枫桥经验”，实施“互联网+基层治理”，完善“综治中心+网格化+信息化”治理体系和智慧防控体系，推动“情报、指挥、勤务、舆情”一体化警务机制改革，打造红色客式枫桥公安派出所，创建民主法治示范村（社区）。推进县群众信访诉求综合服务中心（信访超市）建设，争创全国信访工作示范县。加强“网格+警格”反诈骗等法治宣传，坚决打击电信诈骗。深化平安大埔、法治大埔建设，实施“八五”普法规划，巩固政法队伍教育整顿成果，坚决防范、打击各类违法犯罪活动，力争2023年前成功创建全国基层法治治理体系示范县。严格落实安全生产责任制，统筹抓好食品药品安全、道路交通安全等工作，切实维护人民群众生命健康安全。

七、聚力自身建设，塑造勤廉政府新形象

坚持勤政为民不停歇，实干担当不懈怠，廉洁自律不放松，不断提升政府治理体系和治理能力现代化水平。

*心系“国之大者”，打造忠诚政府。*坚决以习近平新时代中国特色社会主义思想定向领航，巩固深化全面彻底肃清李某、万某某恶劣影响成果，不断增强“四个意识”、坚定“四个自信”、做到“两个维护”，在思想上政治上行动上同以习近平同志为核心的党中央保持高度一致。全面落实意识形态工作责任制，维护意识形态安全。持续深入开展党史学习教育。加强政府系统党的建设，始终把坚持和加强党的全面领导贯穿履职全过程。从讲政治的高度思考和推进经济社会发展，不断提高政治判断力、政治领悟力、政治执行力。

*秉持“依法公正”，打造法治政府。*深入践行习近平法治思想，严格落实重大行政决策法定程序，把政府工作全面纳入法治轨道。充分发挥政府法律顾问作用，强化规范性文件、重大执法决定法制审查。坚决执行县人大及其常委会决议决定，自觉接受人大依法监督和政协民主监督。认真听取各民主党派、工商联、无党派人士和人民团体意见建议。坚持政府信息公开，主动接受社会监督、舆论监督，让行政权力始终在阳光下运行。

*笃定“干字当头”，打造高效政府。*树立“视野决定胸怀、思路决定出路、实干决定成败”思维，把狠抓落实放在突出位置，实施清单式管理，确保各项工作权责分明、高效推进。大兴调查研究之风，培养专业思维、专业素养、专业方法，努力成为行家里手。始终牢记政府前面“人民”两字，把“群众企业所盼”变成“政府部门所干”。树立经营理念，盘活资源资产，用好用活中央预算内资金、地方政府专项债，夯实振兴发展财力支撑。强化履职担当，健全效能督查、跟踪问责、绩效考评体系，防范履职风险。推行正向激励、容错纠错机制，激发干部工作主动性、创造性。

*激扬“正气清风”，打造清廉政府。*落实全面从严治党主体责任，严格履行党风廉政建设责任制。深化作风整治，深入贯彻落实中央八项规定精神，驰而不息纠正“四风”。树牢长期“过紧日子”思想，压减“三公”经费，优化支出结构，把有限的财力用于促发展、惠民生。健全重点领域、关键岗位廉政风险防控机制，切实把权力关进制度“笼子”。自觉接受纪律监督、监察监督，加强审计监督、司法监督，持续整治群众身边腐败和作风问题，打造风清气正、干事创业、担当作为的清廉政府。

政府工作报告

——在大埔县第十六届人民代表大会第二次会议上的报告

大埔县人民政府县长　凌晓文

（2022年3月2日）

2021年工作回顾

一年来，县政府在市委、市政府和县委的正确领导下，在县人大及其常委会和县政协的监督支持下，坚持以习近平新时代中国特色社会主义思想为指导，深入学习贯彻习近平总书记对广东系列重要讲话和重要指示批示精神，认真落实县委“1568”思路举措，科学统筹疫情防控和经济社会发展，狠抓“六稳”“六保”，如期全面建成小康社会，实现“十四五”规划良好开局。

——综合实力稳步提升。2021年，全县地区生产总值100.27亿元，同比增长6.7%，增幅排在全市第二；规上工业增加值17.46亿元，同比增长17.2%，排在全市第二；社会消费品零售总额48.41亿元，同比增长3.8%，排在全市第三；外贸进出口总额1.92亿美元，同比增长2.87%；固定资产投资42.33亿元；本级一般公共预算收入6.52亿元。陶瓷销售收入16.49亿元，同比增长11.11%，通过“中国青花瓷之乡”复评；规模以上电力产值25.7亿元、同比增长40.9%，大埔电厂二期项目即将动工建设。广州海珠（大埔）产业转移工业园提质提效，县城工业小区基础设施加快完善，产业承载力进一步增强。全县农林牧渔业增加值28.67亿元、同比增长5.1%，获“2021年度茶叶百强县”“2021年度智慧茶业样板县域”称号，入选国家2021年农产品产地冷藏保鲜整县推进试点，5G+农业大数据平台入选农业农村部2021数字农业农村新技术新产品新模式优秀案例。张弼士故居旅游区获评国家AAAA级旅游景区，西河镇北塘村入选“建党百年红色旅游百条精品线路”，中国红色政权首个公安局——大埔县工农革命政府公安局历史陈列馆以及张弼士博物馆、田家炳纪念馆、邹鲁生平事迹馆建成开馆。

——发展环境持续改善。坚持项目为王，全力以赴推进总投资459.15亿元、年度投资计划54.03亿元的96项重点项目建设，全年完成投资46.3亿元。县城过境公路二期建成通车，省道221线湖寮至枫朗段、省道222线坑口至高陂段和韩江莲塘大桥等项目建设加快推进。大丰高速前期工作扎实推进，大埔至潮州港疏港铁路列入国家铁路专用线重点项目。韩江高陂水利枢纽工程首台机组顺利投产发电。县委党校迁建工程即将建成运营。茶阳防洪工程取得实质进展，完成梅潭河、韩江两宗共17.4千米碧道工程建设。

——城乡建设协调推进。全国县级文明城市创建工作扎实推进，全县城镇化率达48.2%，县城建成区面积8.5平方千米。县镇两级国土空间规划编制进展顺利，行政村村庄规划编制全面完成。奥园广场以及城东等“三旧”改造、内环东路综合市场等项目建设加快，完成4个老旧小区改造。第二自来水厂及管网、城区截污管网、第二水质净化厂等工程扎实推进，生活垃圾压缩转运站建成使用。驻镇帮镇扶村工作队全面进驻，成功打造高陂镇和桃源镇“人居环境+陶瓷”乡村振兴示范带，“红色筑梦·多彩三河”代表梅州市参加全省乡村振兴大擂台比赛，大埔被评为“2018—2020年度广东省乡村振兴先进集体”，全国红色村汇东村组织振兴试点工作扎实推进。深入开展“两美”行动，巩固“三清三拆三整治”成果，全县245个行政村基本达到干净整洁村标准，其中159个行政村基本达到美丽宜居村标准。扎实有效抓好高标准农田建设、垦造水田、拆旧复垦、撂荒耕地复耕复种等工作，粮食生产安全稳定。国考、省考断面水质达标率保持100%，水环境质量全市排名第一，县城空气质量优良率99.7%。完成新造林、中幼林抚育9800公顷，森林覆盖率达到78.99%，被评为2020年度“国家重点生态功能区优秀县”。

——发展活力不断增强。“放管服”改革、“数字政府”改革建设和商事制度改革成效明显，1428项业务实现“最多跑一次”，141项政务服务事项实现“免证办”，286项高频事项实现异地办理，行政许可事项时限压减率95.6%、即办率99.5%，镇级政务服务平台可办理服务事项852项，企业开办全流程压减到0.5个工作日内完成，新登记市场主体2671户。“粤系列”全面推广使用，“粤政易”

活跃率全市第一。实施创新驱动战略，成功申报国家高新技术企业 6 家、市级工程技术研究开发中心 1 家、科技型中小企业 34 家，省名优高新技术产品 14 个，新增专利授权量 313 件。

——民生保障有力有效。把八成以上财力用于民生领域，十件民生实事基本完成。全体居民人均可支配收入 2.23 万元，同比增长 8.3%。大埔代表梅州市接受省脱贫攻坚考核，五年综合成绩排在全省第一方阵。投入 3.29 亿元实施教育项目建设，高陂实验学校建成并招生，城东实验学校和虎中两翼工程基本完工，西岭实验学校主体工程封顶，全县新增学位 3420 个。常态化疫情防控精准有效，新冠疫苗接种稳妥推进。县妇幼保健院升级改造、县人民医院改扩建二期、高陂中心卫生院迁建工程建设加快。全国基层中医药先进单位创建工作扎实推进，紧密型县域医共体建设加快，基层医疗服务能力不断提升。实施“粤菜师傅”“广东技工”“南粤家政”三项工程，全年培训 1759 人，城镇新增就业 2400 人，城镇失业人员再就业 1253 人，城镇登记失业率 2.8%。社会保障体系不断完善，城乡居民养老保险和医疗保险参保率分别达 99.5%和 96.4%，城乡低保和特困人员救助供养标准进一步提高。新增市级文物保护单位 5 处，县文化馆被评定为国家一级文化馆。新建社区体育公园 4 个。安全生产、消防、信访维稳、扫黑除恶等工作扎实推进，获“2017—2020 年度平安中国建设示范县”称号，被国家信访局评为 2020 年度信访工作“三无”县，三河镇退役军人服务站入选“全国百家红色退役军人服务站”，百侯派出所获省“枫桥式公安派出所”称号。妇女儿童、老龄、慈善等事业取得新进步，应急、外事、侨务、机构编制、档案、方志、民族宗教、气象等工作取得新成绩。

——政府建设全面加强。坚持和加强党的全面领导，严格执行省委坚决落实“两个维护”十项制度机制，持续坚决全面彻底肃清李某、万某某恶劣影响，不断提高政治判断力、政治领悟力、政治执行力。以忠诚、干净、担当践行初心使命，扎实开展党史学习教育，务实开展“我为群众办实事”实践活动。坚持向县委、县人大及其常委会报告工作，向政协通报工作，认真办好人大代表建议、政协委员提案。持续树牢“过紧日子”思想，一般性支出压缩 5%，“三公”经费进一步压减。严格落实中央八项规定及其实施细则精神，驰而不息纠治“四风”。认真落实省委第十三巡视组巡视整改事项，全面加强审计监督，着力防范政府廉政风险。

各位代表，在肯定成绩的同时，我们更要看到前进中的困难和挑战：经济总量小、人均水平低；实体经济不强，企业小散弱，产业结构不够合理、层次不高；支撑型的大项目、好项目不多；财政收支矛盾突出，政府债务偿还压力重；教育、医疗、就业等重点民生事业与群众期待还有一定差距；个别干部责任意识、担当意识、服务意识仍需加强；等等。对此，我们将以更高站位、更严标准，采取有力措施，切实加以解决。

2022 年工作安排

各位代表，2022 年是党的二十大召开之年，是新一届政府的开局之年。习近平总书记和党中央、国务院高度重视革命老区发展，出台新时代支持革命老区振兴发展意见、“十四五”特殊类型地区振兴发展规划等重大政策；省委、省政府制订老区苏区振兴发展、北部生态发展区及省际交界地区发展等扶持政策，新增财政配套资金 210 亿元支持老区全面振兴，同时安排资金 9000 亿元支持“两新一重”投资建设，为我们的发展开创了更为广阔的空间、注入了更为强劲的动能。市第八次党代会吹响了建设革命老区高质量发展示范区的奋进号角，县第十三次党代会描绘了大埔发展的宏伟蓝图，提出了“1568”思路举措，为政府工作指明了路径和方向，令人鼓舞、催人奋进。我们要牢牢把握机遇，狠抓发展第一要务，坚持问题导向、目标导向、结果导向，全面激发内生动力，凝心聚力把经济搞上去，在推进大埔苏区加快振兴、共同富裕征程中展现新作为、取得新成效。

今年政府工作的总体要求是：坚持以习近平新时代中国特色社会主义思想为指导，全面贯彻党的十九大和十九届历次全会及中央经济工作会议精神，深入贯彻习近平总书记对广东工作系列重要讲话、重要指示批示精神，弘扬伟大建党精神，坚持稳中求进工作总基调，立足新发展阶段，完整、准确、全面贯彻新发展理念，积极参与打造新发展格局战略支点，以推动高质量发展为主题，以供给侧结构性改革为主线，以改革创新为根本动力，以满足人民日益增长的美好生活需要为根本目的，按照中央和省委省政府、市委市政府的决策部署，深入实施县委“1568”思路举措，统筹疫情防控和经济社会发展，统筹发展和安全，做好“六稳”“六保”工作，推动经济稳健提升，保持社会大局稳定，以优异成绩迎接党的二十大胜利召开。

今年经济社会发展的主要预期目标是：全县地区生产总值增长6%；固定资产投资增长10%，社会消费品零售总额增长6%，进出口总额增长5%；规上工业增加值增长10%；本级一般公共预算收入增长10%；全体居民可支配收入增速与经济增速基本同步；城镇登记失业率控制在3.5%以内；完成省市下达节能减排降碳约束性指标任务。

实现今年的目标任务，重点是抓好八个方面工作：

一、聚焦工业强县，致力做强实体经济

坚持龙头带动，着力培育产业集群。摒弃“等靠要”思想，突出强链延链补链，修订实施扶持实体经济发展政策措施，全力扶持一批成长性好、市场前景好的企业发展壮大，培育更大更强的“链主”企业、“龙头”企业，确保新增规上企业5家、亿元以上企业1家。强链方面，支持欣红、吉玉、玉丰等陶瓷企业扩大生产、拓宽销路，推动其在科创板或主板上市，做强陶瓷产业链；力争动工建设大埔电厂二期（200万千瓦）和华能风电（50万千瓦）项目，确保韩江高陂水利枢纽工程四台机组全面投产发电，稳步推进抽水蓄能电站、光伏发电等项目前期工作，全力打造广东省清洁能源产业基地，做强电力产业链；支持鸿富瀚、博富能、旭平等企业做大做强，力促嘉颖新材料、鸿翔瑞等企业建成投产，做强新材料产业链。延链方面，充分利用大埔电力资源丰富、电价比珠三角和长三角低、距离厦漳泉海西区近的优势，聘请上海电子工程设计研究院规划设计半导体材料产业园并协助引进半导体企业，拓展新型陶瓷应用，助推陶瓷产业发展；邀请中国科学院上海硅酸盐研究所到我县调研指导，为我县陶瓷产业发展把脉定向，推动新型陶瓷关联产业发展。补链方面，突出项目建设、园区建设和资本运作，积极谋划引进以企业投入为主的项目，引导有潜力的企业通过资本运作的方式投资发展新材料、新技术项目，拓展产品空间、市场空间；探索以企业投资、招商为主的园区建设模式，提质提效建设工业园区；整合组建国有企业，加强资本运作，探索成立产业引导基金和政府经济发展顾问团队，利用社会智慧和力量推动实体经济加快发展。

坚持筑巢引凤，建好管好工业园区。以推进粤闽赣苏区改革开放创新发展试验区为契机，加快大埔县新型陶瓷产业园规划建设。

力争广州海珠（大埔）产业转移工业园成功申报省级高新区。加快完善县城工业小区基础设施，全面完成标准厂房建设。规划建设半导体材料产业园，致力打造全省有较大影响力的半导体材料产业集群。以工业思维建设好、管理好、运营好园区，严格园区规划，强化项目准入，制定实施园区亩产标准，不断提高园区亩均效益。加大工业园区闲置土地和低效企业清理清查力度，盘活低效产业用地。

坚持效益优先，精准高效招商选资。修订招商指南，优化招商政策，创新招商思路和方式，更加注重效益，集中资源引进一批税收大、就业多、成长性好的项目。围绕“资源链、产业链、乡情链”，充分利用大埔矿产资源、水资源、红色资源、电力资源丰富和陶瓷电力产业基础好、外出乡贤多等优势，紧密对接“双区”和厦漳泉、潮汕揭等周边地区，瞄准央企、省属国企、上市公司、头部企业等，着力引进一批带动能力强的“链主”企业，完成市下达的招商引资任务。

二、聚焦有效投资，致力推进项目建设

高质量谋划项目。用足、用好、用活国家和省支持老区苏区振兴发展等政策，找准谋划切入点，在产业发展、乡村振兴、基础设施建设等方面“开阔思维谋项目、脚踏实地建项目”。围绕“需要、可能、效果”三个要素，对项目推进的必要性、可操作性和实施效果进行评估，系统科学谋划推进项目。统筹做好项目前期工作，聘请专业公司对项目进行策划包装，提高项目成熟度和申报成功率。

高效率推进项目。扎实推进年度总投资52.15亿元的75项重点项目建设。力争尽快动工建设大丰高速公路，加快推进平蕉大高速、大潮疏港铁路、梅漳厦高铁、梅坎铁路扩能改造等项目前期工作。推进国道235线胜坑至丰埔桥段、茶阳至县城段，省道227线枫朗至高陂段、高陂赤山至桃花段，省道333线高陂至光德段公路改建和省道222线高陂至桃源食饭溪等项目建设，力争省道221线湖寮至枫朗段、省道222线坑口至高陂段建成通车。加快青溪镇县道815线中央红色交通线改建工程和青溪虎市大桥等建设项目前期工作，抓好坪山至花萼楼、陂漳桥至光德富岭、西岩山茶场至三溪、百侯镇软桥村至大东富溪等旅游产业公路建设，完成60千米“四好农村路”建设。完成总投资6700多万元的新建配电网工程。动工建设总投资7.9亿元的茶阳防洪工程，谋划建设高陂镇防洪堤治理工程，推进总投资4500万元的漳溪河、梅潭河、汀江等河段20.8千米碧道项目，完成西河水生态清洁小流域治理工程。

高标准服务项目。坚持要素跟着项目走，统筹用地、用林、用能等指标，全力跟踪服务重点项目建设。落实自然资源支持实体经济发展政策措施，在新增建设用地方面优先支持产业项目。积极争取中央预算内投资、政府债券等资金支持，统筹好涉农资金，尽快落实到具体项目，确保项目在一季度动工建设、三季度基本完成支出。优化创新金融服务，用好信贷风险补偿、融资担保降费奖补等政策，引导加大信贷投放力度，更好地服务实体经济和项目建设。

三、聚焦城乡统筹，致力推动乡村振兴

加强城镇建设管理。积极创建全国县级文明城市，建设、管理、经营好城市，打造精致美丽小城。持续抓好县城微改造、微更新，推进城东等15个“三旧”改造和日华等18个老旧小区改造项目。加快大埔大道等十二条市政道路（二期）、北环路和下坜路建设，谋划推进万川康养新城、高圳甲口新区建设。抓好县第二自来水厂、山丰水库后续工程、第二水质净化厂建设，推进城区截污管网、内环东路综合市场、高陂第二自来水厂等工程项目。加强城市文化和古树名木保护，坚决杜绝破坏历史文化资源、大规模砍伐树木等行为。因地制宜建设美丽圩镇，建成高陂、茶阳、三河“示范圩镇”和11个“宜居圩镇”。持续开展“两美”行动，整治提升城镇道路交通、污水处理、供水管网等基础设施。推进生活垃圾分类，加快关停治理县城垃圾填埋场，加强垃圾减量化、资源化、无害化处置。加强“六乱”整治，以零容忍打击“两违”行为。

推进乡村产业振兴。抓住产业振兴这个关键，强化系统思维、整合思维、经营思维，因地制宜、注重效益，整合实施拆旧复垦、垦造水田等项目，推进省级试点三河镇全域土地综合整治项目，探索建立可持续的产业振兴长效机制。探索建设1—2个乡村产业社区，培育产业强村、经济强村，力争70%以上村集体经济年收入达到10万元以上。推动蜜柚、茶叶省级现代农业产业园扩容提质，挂牌成立广东梅州RCEP柚子国际采购交易（大埔）中心，实施大埔蜜柚·航天柚项目，建成运营蜜柚交易集散地和出口基地，建设“一园多点”蜜柚产业发展基地，抓好大埔茶叶研究院和茶叶核心加工产业园建设，提升蜜柚和茶叶品质、拓宽销售渠道。大力发展数字农业，建设5G+农业大数据项目（二期）。实施“快递进村”工程，抓好农产品产地冷藏保鲜整县推进试点项目和广东供销（梅州大埔）天业冷链物流产业园建设，建成运营县城物流园。开展“千企帮千镇、万企兴万村”行动，做优“一镇一业、一村一品”。坚决防止耕地“非农化”和“非粮化”，严守耕地红线。落实粮食安全和“菜篮子”责任制，确保重要农产品稳产保供。

着力建设美丽乡村。积极创建全省乡村振兴先行示范县，扎实推进驻镇帮镇扶村，健全防止返贫动态监测和帮扶机制，实现巩固拓展脱贫攻坚成果同乡村振兴有效衔接。实施农村人居环境整治提升五年行动和乡村建设“九大攻坚行动”，完成45个自然村农村生活污水处理设施和4个镇村40千米污水管网建设。推进农房管控和风貌提升，规范农村宅基地管理，完成削坡建房和经营性农村自建房整治任务。持续推进美丽细胞工程，着力打造三河、湖寮六村联动“红色+研学”和茶阳、青溪“红色传承·绿色发展”乡村振兴示范带。深化农村承包地“三权分置”改革，推动农村土地有序规范流转。完善农村宅基地制度，盘活农村闲置宅基地和农房资源。深化农村集体产权制度改革，加快建设农村产权流转交易管理服务平台，盘活利用集体资源。加强和改进乡村治理，打造一批乡风文明、家风良好、民风淳朴的和谐示范村。

四、聚焦文化提升，致力促进文旅融合

发展文化体育事业。推进全国客家文化生态保护示范区创建工作，全力申报茶阳镇骑楼老街、百侯镇侯南街等2个广东历史文化街区，做好现存80处和新增20处历史建筑的普查认定、测绘建档，实施百侯、三河、茶阳镇等3个中国历史文化名镇和西河镇车龙村广东历史文化名村规划修编及活化保护项目。抓好非物质文化遗产展示馆、陶瓷展示馆、家风家训展示馆建设，传承好广东汉乐、广东汉剧、客家山歌和陶瓷烧制技艺、民间技艺，申报一批省级非遗传承人，推动非遗演艺进景区、进校园、进社区。创排一批原创民族歌剧、舞台剧等文艺精品，打磨提升广东汉剧大戏《客家之子·田家炳》、大型民族歌剧《血色三河》（精华版）。推动基层公共文化设施和“两中心一平台”建设，提升公共文化服务效能。实施全民健身计划，加强公共体育设施建设，提升群众身体素质和健康水平。

弘扬传承红色文化。积极创建全国红色资源（革命遗址）保护示范带，有序开展98处革命遗址旧址保护和修缮，重点推进三河坝战役纪念园红色教育基地提升改造和中共南方工委及闽粤赣边区等革命遗址群保护利用项目，力争中央红色交通线大埔段申报为全国重点文物保护单位。完成县委党校迁建工程，争取挂牌省委党校现场教学基地，规划建设红色大讲堂。创造一批红色题材文艺作品，讲好红色故事。

做优文化旅游产业。以创建国家全域旅游示范区为抓手，串联全县景区景点，以“红色”带动“绿色”“古色”。高起点规划建设“九龙湖”风景区，动工建设“大埔客厅”主体项目。完善旅游景区、旅游线路、配套设施及综合服务体系，打造一批乡村游、生态游、红色游、文化游、工业游等旅游精品线路，新创建2个国家AAA级旅游景区。推动民宿、农家乐提质升级，打造一批星级农家乐和客家美食名村，新增三星级旅游饭店2家。整合全县旅游资源资产，通过“企业投资+国企参股+市场运作”模式，运营好、管理好全县景区景点，解决“投入大、产出小”的问题。

推进精神文明建设。用好新时代文明实践中心等主阵地，加强习近平新时代中国特色社会主义思想宣传教育，大力弘扬社会主义核心价值观。持续开展文化惠民行动，坚持办好“百姓舞台大家乐”“客家香格里拉——文化大埔周六文艺晚会”等文化品牌活动，打造一批传统民俗品牌。开展志愿服务关爱行动，弘扬时代新风。

五、聚焦生态优势，致力建设美丽大埔

夯实生态屏障。强化国土空间规划和用途管控，严格落实“三线一单”生态环境分区管控。全面落实林长制，开展新一轮“绿满梅州”行动，完善森林火灾预防体系，抓好广东南岭国家公园辐射区大埔段、高质量水源涵养林、国家储备林等生态工程建设，新造林抚育1400公顷，造林800公顷，加快创建县级国家森林城市。整合实施山水林田湖草沙一体化保护和修复工程项目，严厉打击涉河湖违法行为，让大埔青山常在、秀水长清。

加强生态环境治理。全力创建国家级生态文明建设示范县，持续打好蓝天碧水净土保卫战，强力推动中央和省市各类环保督察反馈问题整改，巩固提升生态环境质量。抓好工业源、移动源、面源污染综合治理和抑尘、治车、控秸措施，确保环境空气质量综合指数保持全市前列。严格落实河（湖）长制，深入实施“水十条”，抓好韩江治理工程大埔段25千米河道和重点流域治理，确保国家、省考核断面水质达标率和市考核断面水质优良率100%，县镇两级集中式饮用水水源地水质达标率100%。全面落实排污许可“一证式”管理。深化“无废大埔”建设，加强固体废弃物处置、土壤污染和农村面源污染治理。规范镇村生活污水处理设施管理，提升生活污水处理效能。

促进绿色低碳发展。践行“两山理念”，实施碳达峰行动，抓好能耗双控，推进重点领域、重点行业节能降碳，加快淘汰落后产能，坚决遏制新增“两高”项目，鼓励发展再生资源、清洁能源产业。探索生态银行、碳汇交易等多元生态补偿机制，推动跨区域生态合作。严格落实领导干部自然资源资产离任审计、生态环境损害赔偿等制度。加快产业绿色化、园区循环化改造，发展节能环保和清洁能源产业。深入开展绿色生活系列创建行动，加快形成绿色低碳生活方式。

六、聚焦改革创新，致力激发振兴活力

坚持改革推动。系统梳理县级产业扶持政策，做政策和审批的“减法”。深化“放管服”改革，抓好乡镇体制改革，探索行政审批、综合执法、财政事权等改革路径，有效激发乡镇活力。深化审批制度改革和数字政府改革建设，实现“粤智助”自助终端机村级全覆盖，行政审批事项100%网上受理、

100%网上办结，全面推行“一网通办”，推动更多事项省内通办、跨省通办。推进资源资产价值化改革，全面梳理全县自然资源资产和重点领域资产，制定推进资源资产价值化实施方案。立足管理规范化、效益最大化，着力在瓷土、稀土、石料、河砂等矿产资源以及碳汇开发与交易、水资源开发等领域率先突破，把生态资源转化为经济资产。深化国资国企改革，推进小水电清理整改，整合全县资源资产分类组建国企，支持县管国企依法参与资源资产价值化、实体经济、城乡建设、公共服务等领域项目，推动国资国企高质量发展。持续发力商事制度改革，强化政企沟通交流，落实促进民营经济发展和减税降费助企纾困等政策。完善失信约束和公平竞争审查制度，提高“信用大埔”建设水平。

坚持创新驱动。深入实施高新技术企业树标提质行动，力争规上工业企业建立研发机构比例达40%以上。动工建设产业创新中心和科技孵化园，推进陶瓷研发创新中心建设，规划建设大埔科创园。建立重点企业培育库，支持“专精特新”中小企业发展。围绕梅州创建国家科技成果转移转化示范区，充分发挥知识产权中心功能，加强支持产权保护和利用，完善科技成果转移转化体系。引导、鼓励企业加强与高等院校、科研院所合作，促进科技创新成果转移转化。深化“政校企”战略合作，支持陶瓷企业与嘉应学院共建陶瓷产业学院。推进产学研用协同创新，新增3家科研机构，两年内将光电功能陶瓷实验室打造成省级新型研发机构。积极实施市“青梅计划”和“县人才发展15条”，引进陶瓷新材料、农产品精深加工、电子信息等一批紧缺急需的高层次人才。

坚持开放带动。主动融入“双区”“双城”建设和两个合作区建设，推动大埔产品对接融入“两个循环、两个市场”。依托梅州综合保税区、国际无水港，开拓东南亚和闽赣大市场，深度参与国内外专业展销展览会。用好侨力侨智侨资，深化与“一带一路”沿线国家和地区交流合作，大力发展跨境电商，鼓励支持陶瓷、蜜柚、茶叶等产品“走出去”。

七、聚焦民生改善，致力发展社会事业

毫不松懈抓好疫情防控。坚持“外防输入、内防反弹”，压实“四方责任”，强化哨点监测，切实做到“四早”，科学精准扎实做好常态化疫情防控工作。加快推进疫苗接种，提高目标人群和加强免疫人群接种率。加强重点场所管理，坚持人物同防、城乡同控，做到全覆盖、无漏洞。提高核酸检测、流调溯源、集中隔离等应急处置能力，提升突发公共卫生事件防控水平。

持续完善社会保障体系。持续深入实施“粤菜师傅”“广东技工”“南粤家政”三项工程，促进高校毕业生、退役军人、农民工等重点群体就业创业，完成职业技能培训1000人、新增城镇就业2000人以上。加快构建全民覆盖可持续的社会保障体系，加大力度保障基本民生，抓好低保兜底保障，精准救助城乡困难群体。抓好社保扩面征缴工作，全面推行社会保障卡“一卡通用”。推进基本医疗保障、失业保险省级统筹和企业职工基本养老保险全国统筹工作。坚持“房住不炒”，保持房地产市场平稳。依法保护未成年人和残疾人权益，做好农村留守儿童和妇女、老年人的关爱服务。完善流浪人员救助工作机制。

大力发展教育医疗事业。落实“双减”政策，重视家庭教育，提高教育质量。实施中小学“强师工程”，办好名师、名校长工作室，推进茶阳片、高陂片等集团化办学。完成西岭实验学校、城东实验学校（二期）等建设，加快消除“大班额”。按“三甲”医院标准推进县人民医院建设，完成县人民医院改扩建二期、后勤保障楼和县妇幼保健院升级改造工程建设，加快推进高陂中心卫生院迁建工程，抓好县人民医院与百侯等4间卫生院医共体、联合病房、联合门诊建设。完成4间卫生院“旗舰中医馆”和40间村卫生站“中医阁”建设，加快创建全国基层中医药工作先进单位。健全公共卫生服务及应急体系，提升医疗卫生服务、应急能力，持续探索实施医养结合项目。全面落实“三孩”生育政策，大力发展普惠托育服务。落实国民营养计划，加大国家“学生饮用奶计划”推广力度。

防范化解重大风险。严格落实法定政府债务限额管理，坚决遏制新增隐性债务，存量挂账压减15%以上。重视金融风险防范和化解，强化地方类金融机构监管，依法依规支持金融机构化解风险，防范和处置非法集资。稳妥解决涉工程建设、问题楼盘等历史遗留问题。开展信访专项治理行动，化解信访积案，推进县群众信访诉求综合服务中心（信访超市）建设，争创全国信访工作示范县。抓好意识形态和网络安全。持续开展摩电专项整治，系统防范化解道路交通安全风险。

创新和加强社会治理。落实总体国家安全观，加强国家安全意识教育。传承发扬新时代“枫桥经验”，加快基层综合网格建设，把矛盾纠纷化解在基层、消除在萌芽，积极创建民主法治示范村（社区）。加快创建全国社会治安防控体系建设省级示范县，织密织牢社会治安防控网络，推动扫黑除恶长效常治。重拳打击电信网络诈骗，深入开展打击突出犯罪攻坚行动。完善公共法律服务和援助机制，引导群众办事依法、遇事找法。完善安全生产和消防安全责任制，常态化开展城镇燃气、道路交通、建筑施工等领域安全隐患排查治理，提高本质安全水平。推进气象防灾减灾第一道防线建设。推进质量强县建设，加强食品药品监管能力建设。支持社会组织、慈善事业等健康发展。抓好民族、宗教、档案、方志等工作。积极创建“双拥模范县”，做好拥军优属和退役军人优抚安置等工作，加强民兵后备力量建设和国防动员，促进军民融合发展。

办好十件民生实事。根据省、市十件民生实事安排，结合大埔实际，我们拟订了2022年县十件民生实事候选项目，包括提高困难群众生活救助水平等11项，今年继续实行人大代表票决制，请大家审议。我们将坚持量力而行、尽力而为，把更多财力用于保障民生和基本公共服务，以小切口推动大变化。

八、聚焦治理效能，致力建设勤廉政府

旗帜鲜明讲政治，建设忠诚政府。把党的全面领导贯穿政府工作全过程，始终把政治建设摆在首位，不断增强“四个意识”、坚定“四个自信”，真正把“两个确立”转化为做到“两个维护”的思想自觉、政治自觉、行动自觉。落实意识形态责任制，推动学习贯彻习近平新时代中国特色社会主义思想走深走心走实，巩固党史学习教育和“四史”宣传教育成果，以实际行动践行对党忠诚。维护县委权威，做到党委有部署、有要求，政府就有行动、有成效，确保一贯到底、不打折扣。

依法行政守规范，建设法治政府。始终把法治理念融入政府工作全过程，自觉运用法治思维，依法依规落实工作。完善“三重一大”决策机制，推进行政决策科学化、民主化、法治化。推进“八五”普法。坚持重大事项向县委和县人大及其常委会报告，向政协通报，办好人大代表建议、政协提案，主动接受社会和民主监督。强化审计整改，扩大政务公开，让权力在阳光下运行。

勤勉履职重实干，建设担当政府。树立“视野决定胸怀、思路决定出路、实干决定成败”的理念，深刻认识“最大的差距是思维的差距，最大的短板是能力的短板”，弘扬

"钉钉子"精神，定下来的事情"马上办，办就办好"。对每一项工作，由分管县领导每月组织召开调度会，及时协调解决问题，对连续2个月工作无进度的单位进行约谈，以责任倒逼任务落实。制定实施更加科学、公平、合理、可操作的镇场考核办法，推动工作高效落实。坚持问题导向、目标导向、结果导向，运用好"决心、思路、举措"干事法宝，对重点工作、重点项目清单化管理，做到"工作项目化、项目目标化、目标责任化"，拿成果说话、以实绩交卷。

清正廉洁转作风，建设干净政府。扛牢全面从严治党主体责任，认真落实党风廉政建设"一岗双责"，严格落实中央八项规定及其实施细则精神，大力整治不作为、慢作为、乱作为等现象，杜绝"四风"反弹回潮。坚持"过紧日子"，强化预算刚性约束，抓好绩效评价管理，严控"三公"经费和一般性支出，坚决杜绝形象工程、政绩工程。持之以恒正风肃纪，切实营造风清气正政治生态，树立清正廉洁政府形象。

附件

1."1568"：县第十三次党代会提出"1568"思路举措，坚持"一个统领"（加强党的全面领导为统领），走好"五大发展路径"（致力建设忠诚担当的中央苏区县、秀美宜居的绿色生态县、文化繁荣的人文毓秀县、产业兴旺的创新活力县、和谐有序的平安法治县），推动"六个走在前列"（全力推进乡村振兴、基层党建、特色产业发展和生态文明建设、文化建设、平安建设六个方面重点工作，奋力实现走在全市前列），实施"八大行动"（以绿色发展为导向，实施生态提升行动；以提质增效为重点，实施产业升级行动；以产业园区为载体，实施招财引智行动；以重大项目为抓手，实施有效投资行动；以富民兴村为核心，实施乡村建设行动；以精致宜居为目标，实施魅力新城行动；以文化赋能为支撑，实施平安大埔行动；以人民福祉为根本，实施民生幸福行动）。

2."六稳"：稳就业、稳金融、稳外贸、稳外资、稳投资、稳预期。

3."六保"：保居民就业、保基本民生、保市场主体、保粮食能源安全、保产业链供应链稳定、保基层运转。

4."三旧"改造：对旧城镇、旧厂房、旧村庄的改造。

5."两美"行动："美丽梅州·美好家园"城乡环境大提升行动。

6."三清三拆三整治"："三清"，即清理村巷道及生产工具、建筑材料乱堆乱放，清理房前屋后和村巷道杂草杂物、积存垃圾，清理沟渠池塘溪河淤泥、漂浮物和障碍物；"三拆"，即拆除危旧房、废弃猪牛栏及露天厕所茅房，拆除乱搭乱建、违章建筑，拆除非法违规商业广告、招牌等；"三整治"，即整治生活垃圾、生活污水、水体污染。

7."放管服"改革：简政放权、放管结合、优化服务的简称。"放"即简政放权，降低准入门槛；"管"即公正监管，促进公平竞争；"服"即高效服务，营造便利环境。

8."两个维护"：坚决维护习近平总书记党中央的核心、全党的核心地位，坚决维护党中央权威和集中统一领导。

9."三公"经费：政府部门人员因公出国（境）经费、公务车购置及运行费、公务招待费产生的消费。

10."四风"：形式主义、官僚主义、享乐主义和奢靡之风。

11."两新一重"：新型基础设施建设，新型城镇化建设，交通、水利等重大工程建设。

12."双区"：粤港澳大湾区、深圳中国特色社会主义先行示范区。

13."四好"农村路："建好、管好、护好、运营好"农村公路，逐步消除制约农村发展的交通瓶颈。

14.“六乱”：乱停放、乱摆卖、乱搭建、乱张贴、乱涂画、乱拉挂。

15.“两违”：违法用地和违法建设。

16.“RCEP”：区域全面经济伙伴关系，即由东盟十国发起，邀请中国、日本、韩国、澳大利亚、新西兰、印度共同参加（“10+6”），通过削减关税及非关税壁垒，建立16国统一市场的自由贸易协定。

17.“三权”分置：所有权、承包权、经营权三权分置。

18.“两中心一平台”：新时代文明实践中心、县级融媒体中心和“学习强国”学习平台。

19.“三线一单”：生态保护红线、环境质量底线、资源利用上线和生态环境准入清单。

20.“林长制”：按照“分级负责”原则，由各级地方党委和政府主要负责同志担任林长，其他负责同志担任副林长，构建省、市、县、镇、村等五级林长体系，实行分区（片）负责，落实保护发展林草资源属地责任的制度。

21.“河（湖）长制”：河长制、湖长制的统称，是由各级党政负责同志担任河（湖）长，负责组织领导相应河（湖）治理和保护的一项生态文明建设制度创新。广东实行“双总河长制”，由党政主要领导任总河长，并建立省、市、县、镇、村五级河长体系。

22.能耗“双控”：控制能耗总量和能耗强度。

23.“两高”项目：高耗能、高排放项目。

24.“专精特新”：“专”是指采用专项技术或工艺进行专业化生产制造；“精”是指采用先进适应技术或工艺，按照精益求精的理念，建立精细高效的管理制度和流程；“特”是指采用独特的工艺、技术、配方或特殊原料进行研制生产；“新”是指依靠自主创新、转化科技成果、联合创新或引进消化吸收再创新方式进行研制生产。

25.“双城”：广州、深圳。

26.“两个”合作区：横琴粤澳深度合作区、前海深港现代服务业合作区。

27.“四方责任”：属地、部门、单位和个人的责任。

28.“四早”：早发现、早报告、早隔离、早治疗。

29.“双减”：有效减轻义务教育阶段学生过重作业负担和校外培训负担。

30.“四个意识”：政治意识、大局意识、核心意识、看齐意识。

31.“四个自信”：中国特色社会主义道路自信、理论自信、制度自信、文化自信。

32.“两个确立”：确立习近平同志党中央的核心、全党的核心地位，确立习近平新时代中国特色社会主义思想的指导地位。

33.“四史”：党史、新中国史、改革开放史、社会主义发展史。

34.“三重一大”制度：“重大事项决策、重要干部任免、重要项目安排、大额资金的使用，必须经集体讨论做出决定”的制度。

大 事 记

1月

从 2021 年 1 月 1 日起，大埔县农村低保标准由人月平均 532 元提高到 560 元，农村低保对象平均补差由人月平均 276 元提高到 304 元；城镇低保标准由人月平均 772 元提高到 800 元，城镇低保对象平均补差由人月平均 609 元提高到 631 元。农村特困供养标准由 852 元提高到 896 元，城镇特困供养标准由 1236 元提高到 1280 元。集中供养孤儿人月平均 1883 元，分散供养孤儿和事实无人抚养儿童人月平均 1227 元，同比分别提高人月平均 63 元和 117 元。困难残疾人生活补贴和重度残疾人护理补贴标准分别提高到人月平均 181 元和 243 元，同比分别增加人月平均 6 元和 8 元。

2 日，“2021 年大埔县‘元旦杯’中国象棋个人赛”在大埔县影剧院举行。

4 日，县委书记朱汉东，县长熊锋松，县人大常委会主任黄建庭，县政协主席李礼醒，县委副书记、政法委书记刘裕君，县领导陈伟平、徐杞文、杨自强、邓玉伦一行到张弼士故居旅游区，详细了解景区标识规划、张弼士新游客服务中心运营情况、新停车场规划建设情况、葡萄采摘园规划建设情况、张弼士博物馆建设情况等景区提升改造工程的进展情况，并就调研中发现的问题进行现场指导。

是日，梅州军分区 2021 年开训动员活动在大埔县中央红色交通线举行，拉开新年度从严从实开展军事训练的序幕。

5 日，由全国公安文联警事文物收藏专业委员会主办，梅州市公安文学艺术联合会承办的“忠诚到永远”——藏品中的人民公安主题藏品展，在大埔县工农革命政府公安局旧址举行开幕式。

7 日，大埔县重点招商引资项目、中国奥园集团投资新建的大埔县首个大型商业综合体大埔奥园广场开业。

是日，省政协副主席、农工党省委会主委马光瑜带队到大埔县大东、百侯、湖寮、三河镇等地调研古民居保护利用工作，市政协党组成员陈志宁、县委书记朱汉东、县长熊锋松，县政协主席李礼醒陪同调研。

8 日，中国红色政权首个公安局——大埔县工农革命政府公安局历史陈列馆开馆仪式在大埔县茶阳镇举行。省、市、县领导共同为大埔县工农革命政府公安局历史陈列馆揭牌开馆；大埔县工农革命政府公安局历史陈列馆被授牌定为广东公安思想政治教育基地。

是日，由县府办、县文化广电旅游体育局主办，各县直机关、各镇（场）、县足球协会协办，大埔县弘毅体育文化有限公司承办的“2020年大埔县足球联赛”在田家炳体育中心足球场结束，湖寮镇代表队获得冠军。

10日，大埔县公安局在指挥中心大楼门坪举行庆祝首个中国人民警察节升警旗仪式暨重温入警誓词活动。

12日，县人武部、县退役军人事务局、湖寮镇等相关单位负责人对在江西省九江地区抗洪任务中表现突出、成绩优异，荣立个人三等功的现役军人丘建伟的家属进行慰问并送去喜报。

13日，国家重大水利项目——广东梅州高陂水利枢纽工程正式下闸蓄水，为韩江下游及三角洲地区的防洪、供水添一份保障。广东梅州高陂水利枢纽工程是国务院部署的172项节水供水重大水利工程之一，是国家发改委、财政部、水利部和广东省政府确定的第一批引进社会资本参与重大水利工程建设运营的试点项目之一。市委书记陈敏，省水利厅厅长王立新，市长张爱军，广东建工集团总经理马春生，市政协主席陈建青，广东省水利厅总工程师邝明勇，市领导李远青，广东建工集团副总经理王华林，广东水电二局股份有限公司董事长谢彦辉，县委书记朱汉东，县长熊锋松，县领导黄建庭、李礼醒、杨自强、廖昌元，市、县有关单位负责人等参加工程下闸蓄水仪式。

是日，省水利厅厅长王立新一行到大埔，调研九龙湖规划、万里碧道建设等工作。

18日，广州市海珠区委常委、区委组织部部长陆世泽一行在县委常委、组织部部长陈军营，县人大常委会副主任、县总工会主席谢以美等陪同下，到大麻镇敬里村党群服务中心、小柚果加工基地等地了解敬里村扶贫开发工作情况。

19日，海珠·大埔2021年对口帮扶工作党政联席会议在广州市海珠区委、区政府召开，海珠区委书记蔡澍、区委副书记马红安，大埔县委书记朱汉东、县长熊锋松、县委副书记刘裕君，海珠区领导邱培藩、傅晓初、庄承汶，大埔县领导杨自强、刘晓泉、邓玉伦等参加会议。

是日，“大埔融媒DBTV”微信视频号正式上线。视频号主要以短视频、快节奏为主，围绕主题主线组织推出类型丰富多样、格调积极健康的网络视听内容。

20日，中山大学博物馆（校史馆）馆长徐俊忠带领考察组一行到大埔考察邹鲁故居椿森第修缮与布展工作，县委常委、宣传部部长陈伟平等陪同。

是日，大埔县“幸福大篷车 温馨沐党恩”暨“走向我们的小康生活”主题采风活动在大东镇进滩村、西坑村举行。

22日，市政协副主席李忠良带领市政协机关干部，到市政协办公室挂钩帮扶的青溪镇青华村开展节前慰问活动，为28户困难群众送去慰问金、慰问品和新春祝福。

23日，大埔县在县委、县政府二楼会议室组织收听收看全国安全生产及全省安全生产和消防工作暨第一季度防范重特大生产安全事故电视电话会议。

25日，中共大埔县委十二届十一次全会在县科技信息大楼一楼会场召开。

26日，国家林业和草原局生态保护修复司对大埔县创建国家森林城市予以备案。大埔县即开展国家森林城市建设总体规划的编制工作。

27—31日，“2021年大埔县‘迎新春·促和谐’男子篮球赛”在县体育中心灯光篮球场举办。

是月，大埔县城区联通5G网络开通。

2月

1日，嘉应学院林风眠学院优秀作品展开幕式暨嘉应学院林风眠美术学院大埔写生创作基地挂牌仪式在西河镇北塘艺术部落举行，县委常委、宣传部部长陈伟平，嘉应学院副校长罗嘉文，嘉应学院林风眠美术学院书记彭永彬、院长张志祥、副院长杨帅，县文联、县文广旅体局负责人及嘉应学院林风眠美术学院教师等参加活动。

2—4日，中国人民政治协商会议大埔县第十四届委员会第六次会议在大埔县城举行。

3日，县委书记朱汉东到湖寮镇莒村村、长教村、岭下村走访慰问困难群众、困难复退军人和困难老党员，为他们送上慰问品和慰问金，送去党和政府的关怀，送去节日问候和新春祝福。

是日，县长熊锋松带队到县城工业小区部分企业，开展疫情防控和安全生产节前检查。

3—5日，大埔县第十五届人民代表大会第六次会议在县科技信息大楼一楼会场举行。

5日，市人大常委会副主任、市总工会主席蓝伟东带队到大埔县走访慰问困难老党员、贫困户、困难企业、困难职工以及困难复退军人，代表市委、市政府向他们送去党和政府的温暖，并致以新春问候。

7日，大埔县在县委、县政府大楼二楼会议室召开落实省委第十三巡视组巡视大埔县情况反馈意见整改工作动员会议。

8日，市关工委主任何正拔一行到大埔调研中央红色交通线和开展“四送”送温暖活动。

9日，县委书记朱汉东、县长熊锋松带队对大埔县疫情防控、安全生产、节前市场供应和市容市貌等工作进行检查。

是日，由大埔县委宣传部、大埔县文学艺术界联合会主办的以“幸福大篷车 深情颂党恩”为主题的新春摄影作品展活动在县城文化广场举行。

是日，2021年大埔县“南粤春暖稳岗留工”就业招聘会在县城文化广场举办，招聘会共有16家企业进场，提供就业岗位110个，达成就业意向60人，成功实现就业41人。

11—17日，县博物馆举办“非遗迎大年·文化进万家”非遗大埔线上直播活动、“消防安全”线上展览、省级非物质文化遗产线上展览等。县图书馆开展继续线上讲座、“喜迎元宵”传统文化知识竞答、巧猜灯谜等活动。

14日，第四届梅州食品人新春联欢会在大埔县湖寮镇密坑村现代农业产业园大埔县农业科技馆直播电商基地举办，县长熊锋松、县政府党组成员邓玉伦，县府办负责人、梅州食品人和食品友人等参加活动。

15日，2021年大埔县“南粤家政暨就业扶贫”现场就业招聘会在县城文化广场举办，招聘会共有16家企业进场，提供就业岗位130个，达成就业意向80人，成功实现就业60人。

19日，县政协主席李礼醒、副县长饶凌云到枫朗镇检查消防、森林防灭火、复工复产及乡村振兴工作。

22日，2021年大埔县“就业援助月暨高校毕业生”招聘会在县城文化广场举办，招聘会共有16家企业进场，提供管理岗、技术岗等类型岗位共160个，达成就业意向130人，成功实现就业90人。

24日，县人大常委会主任黄建庭到光德镇督查疫情防控及森林防灭火工作。

25日，大埔县在县科技信息大楼二楼会议室召开县委常委会（扩大）会议，专题听取各镇（场）党委书记和县直有关工委书记抓基层党建工作述职，并进行评议。

3月

1日，湖寮镇发出全市首张乡镇公共服务窗口政务外网办理的营业执照和食品经营许可证，标志着大埔县市场监管局下放个体工商户注册登记业务的便民举措落地见效，真正打通服务群众“最后一公里”。

2日，锦盛绿洲（深圳）环保科技有限公司董事长黄优雅一行到大埔洽谈固废再生资源产业园建设项目工作。

2—3日，县委书记朱汉东、县长熊锋松带队到各镇（场）开展大埔县乡村振兴“互学互比互看”现场会活动。

3日，省政协港澳台委员会主任廖京山带领省政协港澳台委考察学习组成员到大埔考察港澳台工作。

4日，省委常委、常务副省长林克庆一行到大埔县三河坝战役纪念园调研，听取大埔县经济社会发展及与福建省龙岩市永定区对比等情况汇报；到粤电大埔发电有限公司调研电厂生产经营情况并听取二期能源项目规划情况汇报。

是日，省政协党组成员、副主席薛晓峰，省政协原副主席、省政协理论研究会会长刘日知一行到大埔调研乡村振兴、产业发展等工作。市政协党组成员、副主席周秋明，县长熊锋松，县政协主席李礼醒等陪同调研。

4—9日，大埔县在百侯镇侯宝斋举办“我们的中国梦 文化下基层 幸福大篷车 深情颂党恩”主题摄影展活动。摄影展共展出作品100幅，通过线上线下展览以及文化进校园、文化下基层的形式，用摄影作品汇报的形式展现大埔县经济、文化、脱贫攻坚和乡村振兴等各项事业的发展变化及成果。

5日，省科学技术厅副厅长杨军一行在市委常委、副市长霍阳，县长熊锋松等陪同下，到大埔县城工业小区梅州市鸿富瀚科技有限公司、三河工业园区梅州市博富能科技有限公司、高陂工业园区广东欣红陶瓷股份有限公司等地进行现场调研，了解关于企业运营、产值及产品研发等情况。

8—9日，大埔县气象局联合县城市综合管理局，对辖区内的8家防雷安全重点单位开展汛前气象安全执法检查，现场提出整改意见3条并责令限期整改。

9日，省政协专委会第二分党组副书记、经济委员会主任王珺一行到大埔县三河坝战役纪念园开展党史学习教育主题党日活动，缅怀革命先烈，接受革命传统教育，并调研红色教育和文旅产业发展。

是日，省自然资源厅二级巡视员李永洁一行到大埔考察山水林田湖草生态保护与修复工程。

10日，大埔县在茶阳镇梅林村汶水坑义务植树示范点举行义务植树活动。县委书记朱汉东，县人大常委会主任黄建庭等县领导，县人武部军政主官，县法院、县检察院主要负责人，县纪委监委副书记（副主任），县委办、县府办负责人，县林业局干部职工代表，茶阳、西河镇干部群众代表参加。全年完成新造林抚育1480公顷，中幼林抚育8320公顷。

是日，大埔县党史学习教育动员大会在县科技信息大楼一楼会场召开。

10—11日，省委编办主任潘享清一行到大埔调研乡镇街道体制改革工作。市委常委、组织部部长罗盛芬，县委书记朱汉东，县委常委、组织部部长陈军营等陪同调研。

10—11日，省统计局党组成员、副局长王丽莹，总统计师冯位东等一行14人，市统计局局长凌松宏等一行4人到大埔开展党史主题日活动和广东百名统计学（专）家信心调查工作。县长熊锋松和县委常委、常务副县长蓝欣陪同。

12日，大埔县在县委、县政府二楼会议室召开全县政法队伍教育整顿动员部署会议，深入学习贯彻习近平新时代中国特色社会主义思想，贯彻落实全国、全省、全市有关会议精神，对全县政法队伍教育整顿工作进行动员部署。

是日，市委书记、市人大常委会主任陈敏到大埔县三河工业园梅州市博富能科技有限公司调研，并听取企业生产运营情况介绍。

15日，县委书记朱汉东率队到县公安局、县法院督导政法队伍教育整顿工作。县委副书记、政法委书记刘裕君，县委常委、县委办主任杨自强，副县长、县公安局局长赖宽等陪同。

17日，国务院发展研究中心副主任隆国强一行到大埔县三河坝战役纪念园参观，并在调研中听取大埔县经济社会发展情况汇报。市委书记、市人大常委会主任陈敏，县委书记朱汉东等陪同调研。

是日，中共中央党史研究室原研究员李蓉到大埔县中共南方工作委员会旧址指导工作。

18日，省水利厅水利工作调研组到大埔调研农田水利工程运行维护监督、农业水价综合改革实施情况。

是日，省委政法队伍教育整顿省级驻点指导组副组长吴启忠一行到大埔调研督导政法队伍教育整顿工作，在县科技信息大楼二楼会议室召开调研座谈会，并到县委政法委、县公安局、县司法局、人民法院、人民检察院和百侯派出所、西河派出所和司法所等单位调研。县委副书记、政法委书记刘裕君等陪同。

19日，大埔县在县城文化广场开展“献我鲜血铸生命，启明志愿爱无疆”无偿献血公益活动。共有57名志愿者参与公益献血活动，累计献血1.46万毫升。

是日，大埔县在县科技信息大楼二楼会议室举行可降解环保新材料投资项目框架协议签订仪式。

23日，全国节约用水办公室一级巡视员李烽带领水利部节水办督导组一行到大埔调研。

24日，大埔县文化馆承办的“我们的中国梦——文化进万家”2021年大埔县文化惠民文艺演出“百姓舞台大家乐”在大埔县西湖公园正式启动。

24—25日，市政协主席戚优华到大埔调研经济社会发展和政协工作开展情况。全国人大代表邓振龙，县领导朱汉东、李礼醒、张红梅、杨自强等参加座谈或调研。

25日，大埔县在县科技信息大楼一楼会场召开传达贯彻习近平总书记重要讲话精神暨全国两会精神专题会议。全国人大代表、杰出乡贤邓振龙回到家乡，向大埔党员干部宣讲全国“两会”精神，分享履职感受。县委书记朱汉东、县长熊锋松、县人大常委会主任黄建庭等参加会议。

是日，在中国电信大埔分公司一楼教育云支撑中心举行大埔教育资源公共服务平台支撑中心揭牌仪式。

26日，兴宁市政协党组书记、主席罗利娜带队到大埔县三河坝战役纪念园开展党日活动，缅怀革命先烈，接受革命传统教育，并调研乡村振兴、产业发展等情况。县政协主席李礼醒等陪同。

29日，大埔县联村兴业富民服务中心正式投入运营。中心采取“政府+企业+农户”的运作模式，政府搭台、企业进驻、农户参与，设置“就业服务、创业服务、电商服务、金融服务、农业大数据服务、蜜柚产业发展服务、油茶产业发展服务、长寿食品推广服务、农技农讯培训推广服务”九大功能版块。

30日，省人民政府参事室（文史研究馆）党组成员、副主任（副馆长）周高带领省政府文史研究馆调研组到大埔调研红色文化遗址保护利用、文旅融合发展、长寿事业发展等工作，县委常委、宣传部部长陈伟平陪同调研。

31 日，梅州大埔 5G 赋能乡村振兴大会在大埔县举办。大会由大埔县人民政府、中国移动梅州分公司、南方农村报社、梅州日报社联合举办。大会以“5G 赋能智慧百业 · 乡村振兴惠及三农”为主题，贯彻落实习近平总书记关于“三农”工作的重要论述，举行 5G+数字农业签约仪式、数字农业一期成果交付仪式、大埔县特色农产品包装设计大赛颁奖仪式等活动，汇聚各方智慧力量，全力打造“数字乡村”，促进乡村全面振兴。

是日，县纪委十二届六次全会在县科技信息大楼一楼会场召开。

是月，原由大埔县社保局承担的县本级医疗、生育保险经办业务正式移交大埔县医保局承担。

4 月

2 日，大埔县税务局征收梅州首笔特定人员工伤保险费。

是日，中国戏曲学院著名学者、戏曲教育家赵景勃一行到大埔县高陂镇银滩村田家炳故居拱辰楼、县博物馆、田家炳演艺中心翰林剧场、泰安楼等地开展采风活动。

2—3 日，由大埔县广东汉剧传承保护中心、广东汉剧传承研究院联合创排的原创现代广东汉剧大戏《客家之子 · 田家炳》在梅州市广东汉剧传承研究院南国牡丹剧场举行首演活动。

6 日，市委副书记、市长张爱军到大埔县，就工业实体经济发展、重大民生和文旅项目建设、抓好党史学习教育、落实河长制和森林防灭火工作等进行调研。

7 日，水利部珠江委副主任苏训带队到大埔县广东梅州高陂水利枢纽工程项目建设现场开展汛前工作检查。省水利厅副厅长邹振宇、副县长廖昌元等陪同检查。

8 日，江西省赣州市政协副主席姚勇率队到大埔考察调研客家文化保护开发利用情况，县政协副主席刘小平等陪同活动。

是日，大埔县乡镇综合行政执法人员专题培训班开班仪式在瑞锦酒店举行，全县各级各部门共 42 个单位 216 人参加培训。

12 日，大埔青花瓷联盟 · 三分大卖场在大埔（海珠）转移工业园开业。

12—13 日，省人大环资委主任委员刘毅带队到大埔调研韩江流域用水安全工作，保障流域供水安全。调研组一行在市人大常委会副主任张映平，县人大常委会主任黄建庭、副主任张昭锋等省、市、县有关单位负责人的陪同下到福建省棉花滩水库、龙岩梅州交界的汀江青溪水质自动监测站等地，通过实地考察、现场交流、召开座谈会、听取情况介绍等方式，了解大埔县境内韩江流域防汛安全工作、水量调度工作、来水情况以及城乡居民饮用水源的供水情况。

13 日，农业农村部乡村产业发展司农产品加工处一级调研员蔡力一行到大埔调研农业产业发展情况。

是日，省知识产权保护中心副部长孙娟率规划发展部和商标审查部等部门负责人及工作人员到大埔调研知识产权工作。

是日，中国轻工业联合会、中国陶瓷工业协会专家组到大埔开展广东省大埔县“中国青花瓷之乡 · 大埔”实地评审工作。

是日，省退役军人事务厅党组成员、副厅长胡海运一行到大埔县三河坝战役纪念园瞻仰烈士纪念碑，并到退役军人服务站实地调研指导退役军人事务工作。

是日，梅州市梅江区区长钟秀堂带队到大埔考察数字农业发展、知识产权运营服务等工作。

14日，副省长孙志洋到大埔，就深入学习贯彻习近平总书记重要讲话精神，推动能源等工作高质量发展，助推梅州“十四五”开好局、起好步进行调研。

15日，广州市劬劳中学、景中实验中学、东晓中学一行14人到大埔县双溪学校开展教学交流活动。

是日，省老促会会长陈开枝一行到大埔调研大埔县贯彻落实《国务院关于新时代支持革命老区振兴发展的意见》及省委、省政府《关于进一步推动我省革命老区和原中央苏区振兴发展的意见》工作情况。县长熊锋松，县委副书记、政法委书记刘裕君，县人大常委会副主任、县总工会主席谢以美，县老促会会长袁光明等陪同调研。

16日，东莞市政协副主席陈树良带领调研组到大埔考察，县政协副主席严庆东等陪同。

17日，省高级人民法院院长龚稼立一行到大埔县枫朗法庭、百侯镇诉讼服务站走访调研，了解基层法庭及基层诉讼服务站工作情况。

17—18日，县文联在大埔县开展“追寻红色足迹 牢记初心使命”主题文学采风活动。

17—18日，广东省工商联（总商会）十二届五次执委会议等系列活动在梅州市举行，总投资5亿元的大埔县智慧供应链物流基地项目和总投资6.5亿元的广州海珠（大埔）产业转移工业园闽粤经济合作区赤山园区项目在广东民企参与乡村振兴梅州行暨梅州市招商引资推介大会上成功签约。

18日，省委常委、统战部部长黄宁生一行到大埔县三河坝战役纪念园调研。

是日，近代革命历史剧《绝密使命》登陆CCTV—1黄金档，腾讯视频全网独播。《绝密使命》三分之二拍摄取景在大埔县境内。

是日，暨南大学组织校友代表及在校学生到大埔县三河坝战役纪念园开展红色之旅活动。

19日，省工商联办公室党支部到大埔开展“学党史 悟思想 办实事 开新局”主题党日活动，并在县工商联举行座谈会。

20日，潮州市工商联（总商会）到大埔开展“学党史跟党走、强信心创新业”党史学习实践活动。

21日，湖南省石门县蔡晴川烈士孙女蔡玉翠、曾外孙冯文华、曾外孙女冯金莲到大埔县三河坝战役纪念园祭奠蔡晴川烈士。

是日，梅州市委常委、兴宁市委书记余其豹，兴宁市委副书记、市长洪国华一行到大埔县三河坝战役纪念园开展党史学习教育主题党日活动。

是日，广东吉玉陶瓷股份有限公司与清华大学材料学院、清华大学新型陶瓷与精细工艺国家重点实验室谢志鹏博导的签约仪式，暨清华大学材料学院纳米陶瓷新材料项目研发应用基地的揭牌仪式在大埔县桃源镇陶瓷工业小区举行。

是日，大埔县在青溪镇溪口村大埔高峰农业发展有限公司举行梅州柚·大埔蜜柚扩种推进会暨农技下乡启动仪式。会议围绕扩大种植、改良品种、提升品质、打造品牌、拓宽销路等工作进行部署。

是日，珠海市斗门区政协副主席张伟率队到大埔调研考察特色产业融合乡村发展乡村旅游、生态旅游、文化旅游新业态情况，县政协党组成员罗振康等陪同。

21—22日，省委政法队伍教育整顿省级驻点指导组公安专班、检察专班、法院专班到大埔县政法委、县纪委监委、县公安局、县检察院和县法院调研督导，了解各单位政法教育整顿查纠整改环节工作推进落实情况。

21—22日，广州市海珠区教育局四级调研员李中良带领南燕小学、瑞宝小学、怡乐路小学等结对帮扶学校的专家、教师到大埔县大东实验学校、青溪镇实验学校开展教学交流活动。

22日，“永远跟党走　逐梦新时代——广东省第十四届‘百歌颂中华’歌咏活动”（大埔）选拔赛歌手大赛初赛在大埔县城西湖公园百姓舞台举行。27日，决赛在大埔县城演艺中心翰林剧场举行。

22—23日，江西省赣州市寻乌县政协副主席邝羽率队到大埔调研考察推进基层协商民主工作先进经验和做法，县政协副主席严庆东等陪同。

23日，大埔县气象局与县应急管理局联合开展气象灾害防御重点单位责任人培训会。全县23家气象灾害防御重点单位及10家防雷安全重点单位的责任人参加培训。

是日，闽粤联网工程开工动员会同步在福建漳州、广东梅州大埔举行。该工程是广东、福建两省深化合作的重要工程，也是南方电网和国家电网第二条联网工程，将推进闽粤两省电力互补余缺，优化粤港澳大湾区能源结构。

是日，暨南大学县级融媒体研究与实践大埔基地及暨南大学红色文化传播大埔基地在大埔县融媒体中心揭牌。

24日，省科学院党委书记、院长廖兵带队到大埔县西河镇上黄砂村调研。

25—26日，水利部珠江委河湖处、省河长办领导到大埔开展汀江、漳溪河、梅潭河闽粤省际河段联合巡河工作。

27日，蕉岭县委书记、广东梅州蕉华工业园区党委书记陈伟明，蕉岭县县长刘鸿涛一行到大埔县三河坝战役纪念园开展党史学习教育。

28日，梅州市首届“南粤家政”技能大赛在五华县举行，大埔县四名选手参赛，其中两位获三等奖（家政服务项目的黄美群、医疗护理项目的罗欢欢），两位育婴员（白美英、吴颖）获优秀奖。

是日，大埔县在县科技信息大楼二楼会议室举行大埔县“金融村官”派驻启动仪式。

28—29日，广西自治区梧州市万秀区政协主席张国辉率队到大埔考察党史学习教育基地和历史文化遗产保护情况，县政协副主席张友群等陪同。

29日，肇庆市政协副主席徐金华率队到大埔考察农村基础设施建设、保护传统村落和乡村特色风貌等工作，县政协副主席杨竹玲、县政协党组成员罗振康等陪同。

30日，市委常委、市纪委书记、市监委主任蒋万军到大埔调研，前往大埔县博物馆、大埔县旅游服务中心、泰安楼、湖寮镇公共服务中心参观，并在县纪委监委三楼会议室召开座谈会。

是月，大埔县委获“2018—2020年度广东省乡村振兴先进集体”称号。

是月，大埔县气象局完成大潮高速光德服务区气象自动站建设。

是月，大埔农商银行成功上线第三代社保卡即时制卡机。

是月，广东省内企业职工基本养老保险关系无需办转移手续。

5月

1日，省道221线连接龙岩市和潮州市的重要通道——大埔县城过境公路正式建成通车。

6日，省乡村振兴局专职副局长梁健到大埔调研乡村振兴工作。

7日，中国移动大埔分公司顺利保障在大埔县召开的2021年全市农村工作会议暨实施乡村振兴战略现场推进会首场会议的通信网络。

8—9日，2021年大埔县第一届“长燊杯”青少年乒乓球赛在县田家炳体育中心训练馆举办。

9—10日，受市委书记陈敏委托，市委

副书记、市长张爱军率考察组到山东省烟台张裕葡萄酒酿酒股份有限公司考察。烟台市委副书记、代市长郑德雁，烟台市领导张代令、梅州市领导孙春明、张裕集团公司董事长周洪江、张裕股份有限公司总经理孙健、大埔县委书记朱汉东等参加相关活动。

9—16 日，2021 年大埔县第一届“弘毅杯”青少年羽毛球赛在县田家炳体育中心训练馆举行。

11 日，省供销合作联社党组成员、省纪委监委驻供销合作联社纪检监察组组长冯庆一行到大埔县三河镇供销社助农服务中心现场调研。

是日，市人大常委会副主任曾小华、蓝伟东，及市人大常委会机关第三党支部党员一行共 21 人，到大埔开展“学党史悟思想跟党走”主题党日活动。

11—12 日，河源市政协副主席黄晨光率队到大埔考察乡村振兴发展等工作，县政协副主席刘小平、县政协党组成员罗振康等陪同。

11—16 日，2021 年大埔县青少年（校园）足球联赛县级决赛在县田家炳体育中心运动场进行。

12 日，广西壮族自治区博白县政协主席李静率队到大埔考察文化旅游产业发展工作，县政协主席李礼醒等陪同。

12—13 日，珠海市政协副主席曾祥华率队到大埔开展《推动“粤菜师傅”工程高质量发展，打造澳珠极点国际美食之都》专题调研，县政协主席李礼醒、副主席杨竹玲等陪同。

13 日，市人大常委会副主任张映平一行到大埔视察省级现代农业产业园建设情况。

13—14 日，中国优质农产品开发服务协会常务副会长何平一行到大埔调研乌龙茶产业工作。

13 日至 9 月 25 日，县委党史室与县博物馆联合在大埔县博物馆举办“奋斗百年路 启航新征程——中共百年党史、党章文献史料展”活动，为期四个半月。

14 日，2021 年大埔县宣传思想工作暨创建全国县级文明城市动员会在县科技信息大楼一楼会场召开。

是日，吕永慧名中医工作室和临床基因扩增实验室在大埔县中医医院揭牌。县委常委、统战部部长张红梅，广东省名中医、主任中医师吕永慧，县政协副主席刘小平，广州医科大学附属中医医院帮扶专家团队，县卫生健康局等相关部门负责人共同为吕永慧名中医工作室和临床基因扩增实验室揭牌。

是日，江西省安远县政协副主席魏洪亮带领机关党员干部到大埔开展“重温红色历史，缅怀革命先烈”党日活动，县政协副主席张友群等陪同。

16 日，由梅州市武术协会指导，大埔武术协会主办的大埔县客家传统武术展示会在县武术协会训练场举行，并在青溪多宝坑至茶阳伯公凹开展 2021 年“健步走大运·开启新征程”——重走中央红色交通线健康徒步活动。

17 日，市委常委、副市长孙春明到西河镇检查张弼士博物馆开馆仪式活动筹备工作，县委书记朱汉东，县委常委、宣传部部长陈伟平等陪同。

18 日，“百年张裕·寻根之旅”的新品品鉴会在梅县客都人家举行。市委书记陈敏，市长张爱军，市委常委、副市长霍阳，张裕集团公司董事长周洪江、张裕股份有限公司总经理孙健、县委书记朱汉东、县长熊锋松等出席活动。

19 日，市政协原主席温华光、李金元带领市政协机关老干党支部退休党员干部到大埔县三河坝战役纪念园开展党日活动，接受革命传统教育。县政协主席李礼醒等参加活动。

是日，水利部珠江委检查组一行到大埔检查，到韩江高被水利枢纽开展水土保持、移民安置等监督检查工作。

20日，以“览一代侨领风范 寻百年张裕根脉”为主题的张弼士博物馆在大埔县西河镇车龙村正式开馆。该博物馆总投资4000多万元，以纪念“客商”标志性人物、“中国葡萄酒之父”——张弼士为主题，围绕张弼士生平故事和实业报国精神，展现张弼士创办“张裕”公司，推动中国葡萄酒工业化发展的过程，全景式还原张弼士的家国情怀、民族气节和使命担当。

是日，张裕红酒文化小镇项目奠基仪式在西河镇车龙村漳溪河畔举行。

20—21日，市农林科学院党组书记、院长卓国宁一行到大埔县，围绕特色现代农业发展规划、农业关键技术研发与成果转化、农业产业化发展、农业人才培养等进行考察交流。

21日，省卫生健康委调研组到大埔调研全国示范性老年友好型社区创建工作。通过实地考察、查阅创建资料、现场提问等方式，百侯镇侯南村示范性老年友好型社区的创建工作得到好评。

是日，梅州市首个“广东省三八红旗工作室”在大埔县万川千红农业发展有限公司举行揭牌仪式。市妇联党组书记、主席曾碧玉和县委常委、组织部部长陈军营为工作室揭牌。

24日，2021年大埔县机关干部职工男子篮球比赛在县体育中心灯光篮球场开幕。

25日，大埔县国防教育训练基地和大埔县国防教育训练基地教员队揭牌仪式在大埔县人武部举行。

是日，农业农村部、自然资源部召开全国“大棚房”问题专项清理整治行动“回头看”视频会议。大埔县在县农业农村局五楼会议室组织收听收看。

是日，省供销合作联社副主任翁少能带队到大埔调研，了解大埔供销系统冷链物流重点项目建设情况。

是日，梅州市全域苏区红色旅游暨消防文化“百人讲师团”成立仪式在大埔县泰安楼举行。

是日，在县城西湖公园百姓舞台举办“奋斗百年路 启航新征程”2021年大埔县文化馆总馆联动各镇分馆庆祝中国共产党成立100周年文艺演出优秀节目展演。

26日，市委常委、市政府党组副书记黄文沐带队到大埔检查督导河长制落实和水环境保护工作。

是日，副市长张晨率队到大埔检查2021年高考备考工作，并看望广大少年儿童。

是日，县政协组织部分政协委员开展“严守农田保护红线 确保粮食安全”专题视察活动。县政协主席李礼醒、副主席刘广明，县政协秘书长、县政协提案委委员，县政府督办室、县农业农村局、县自然资源局、枫朗镇和高陂镇主要负责人参加视察活动。

是日，市妇联、县妇联、县教育局联合到大埔县城东实验学校开展“少年儿童心向党”百年党史知识巡展活动。

27日，张弼士故居旅游区成功被评为国家AAAA级旅游景区。

是日，省文化和旅游厅专家组一行到大埔调研大埔县国家级客家文化生态保护实验区建设工作。

28日，全国红办原副主任、中国红色文化研究会副会长胡呈军带领中国红色文化研究会调研组一行到大埔调研红色文化资源保护利用工作，县长熊锋松，县领导陈伟平、陈军营、谢以美等陪同调研。

是日，全市市场监管局局长会议在大埔县青溪镇江畔人家召开。市市场监督管理局局长罗颖安，副县长饶凌云，各县（市、区）市场监督管理局相关负责人参加会议。

31 日，中央办公厅和新华社领导一行到大埔县红色交通联络点同丰杂货铺和同天饭店开展党内交通历史专题片拍摄勘察工作。

是月，县直机关工委组织举办大埔县首届“红色守初心·绿色促发展”党建工作创新大赛，组织 9 个牵头单位推荐参评作品，评选出县妇联等 8 个单位优秀作品，并选送其中 5 个单位的作品报市参赛。

6 月

1 日，省委、省政府在广州召开全省三防工作视频会议，深入学习贯彻习近平总书记关于防灾减灾救灾工作的重要指示精神，分析研判三防形势，对全省三防工作进行再部署、再推动、再落实。省委书记李希出席会议并讲话，省长马兴瑞主持会议。县委书记朱汉东，县长熊锋松，县领导蓝欣、廖昌元，各镇（场）党委书记，县三防指挥部各成员单位主要负责人，县应急管理局负责人和秘书股、指挥股、火地股负责人，风减股全体成员在县应急指挥中心收听收看会议。

2 日，由广东省大埔陶瓷工业研究所主导起草制定的梅州市地方标准《地理标志产品 大埔青花瓷》发布，于 2021 年 7 月 1 日起实施。

3 日，市委书记、市人大常委会主任陈敏一行到大埔县三河镇五丰村岗田湾调研，并听取中小型地质灾害治理情况介绍。

是日，县长熊锋松、副县长刘辉堂到县城工业小区调研企业建设生产经营有关情况，协调解决企业生产建设中遇到的困难和问题。

是日，大埔县首个镇级消防所在高陂镇举行揭牌仪式。

是日，陈毅元帅长子、中国人民对外友好协会原会长陈昊苏率队到大埔考察。市委书记陈敏，县委书记朱汉东，县委常委、县委办主任杨自强等陪同调研。

是日，大埔县人民法院联合大埔县文化广电旅游体育局在瑞山生态旅游度假村设立“旅游巡回法庭”。

7 日，2021 年全国高考正式拉开序幕，全县 2505 名高考考生参加高考。县委书记朱汉东到虎山中学、田家炳实验中学考点巡查高考工作。

8 日，大埔县教育发展基金会 AAAAA 级社会组织举行授牌揭幕仪式。大埔县教育发展基金会成立于 2018 年 6 月，设立有奖教项目和奖学项目，成立以后始终坚持依法管理，不断加强内部建设，确保基金会规范运作。2021 年 4 月，基金会由于管理规范、成效突出被梅州市民政局评为 AAAAA 级社会组织。

是日，副市长、市公安局局长、市新冠肺炎防控领导小组副组长宁惠军到大埔督导检查省际联合检疫检查站工作。

是日，农业农村部信息中心发布《关于推介 2021 数字农业农村新技术新产品新模式优秀案例的通报》，大埔县 5G+农业大数据服务项目入选农业农村部推介 2021 数字农业农村新技术新产品新模式优秀案例，是梅州市唯一入选的案例。

10 日，市政协机关党员干部到大埔开展以“缅怀革命先烈，赓续红色精神”为主题的革命传统教育活动。

是日，大埔县在县委、县政府二楼会议室召开县政府廉政工作暨全县法治政府建设、深化“放管服”改革、审计工作会议，深入贯彻落实习近平总书记系列重要讲话精神，传达国家、省、市相关会议精神，总结 2020 年全县政府系统廉政建设、法治政府建设、深化“放管服”改革和审计工作，部署下一步工作任务。

是日，梅州市梅江区党政领导一行到大埔学习考察综合性休闲农业和村庄旅游及名人名居保护修缮利用开发工作。

是日，市公路事务中心主任王忠率队到大埔检查国（省）道出省联合检疫检查站，检查组一行前往国道235线省际联合检疫检查站察看值班值守情况和慰问值班值守人员，了解检查站功能配套设置、人员车辆信息登记、检疫点值班安排和工作生活保障等情况。

是月中旬，大埔县组织全县企（事）业单位开展支援广州海珠区同心抗疫捐赠工作。

18日，大埔县乡村振兴局正式挂牌成立，标志着大埔县“三农”工作的重心正式从脱贫攻坚转向全面推进乡村振兴。县委书记朱汉东，县委副书记、政法委书记刘裕君，县领导陈军营、蓝欣、邓玉伦，县委编办主要负责人，县农业农村局、县乡村振兴局等相关部门负责人参加挂牌仪式。

是日，韩江高陂水利枢纽工程首台机组正式投产发电，标志着韩江高陂水利枢纽工程开始发挥防洪、供水、航运、发电等综合效益。

22日，市委常委、副市长孙春明到大埔检查文化广电旅游行业疫情防控和安全生产工作。县委常委、宣传部部长陈伟平等陪同。

23日，全省脱贫攻坚总结表彰大会在广州召开。会议深入学习贯彻习近平总书记在全国脱贫攻坚总结表彰大会上的重要讲话精神，回顾总结广东省脱贫攻坚历程，表彰先进个人和先进集体，动员和激励全省上下大力弘扬脱贫攻坚精神，全面推进乡村振兴，更好促进共同富裕，奋力推动广东在全面建设社会主义现代化国家新征程中走在全国前列、创造新的辉煌。省委书记李希出席会议并讲话，省长马兴瑞主持会议。县委书记朱汉东，县长熊锋松，县政协主席李礼醒，县委副书记、政法委书记刘裕君等县领导，各镇（场）党政主要负责人，县直和省、市驻大埔有关单位主要负责人，驻村工作队员等在县委、县政府大楼二楼分会场收听收看会议。

是日，梅州市新党员代表入党宣誓活动在大埔县三河坝战役纪念园举行。此次宣誓活动由市委组织部牵头，市直机关工委、县直机关工委组织，县直机关工委组织50名（第一批）县直新党员参加入党宣誓。

24日，全市党员教育工作现场会在大埔县三河镇召开，推动落实新一轮基层党建三年行动计划。市委常委、组织部部长罗盛芬，市委组织部、市直机关工委、市委党史研究室、市委党校有关负责人，大埔县委书记朱汉东，各县（市、区）委常委、组织部部长参加会议。

是日，县人大常委会组织县人大代表开展《关于加快解决县城自来水供需矛盾议案》实施情况专项调研，县人大常委会副主任张昭锋、张长先和部分县人大代表参加调研，县委常委徐杞文，县水务局、县自然资源局、县城综局、湖寮镇等相关单位负责人陪同调研或参与座谈会。

是日，副县长饶凌云到湖寮镇城西社区康园中心、县残疾人康复服务中心、县阳光康复医院等地，查阅疫情防控和安全生产台账，对相关机构的疫情防控措施、安全生产责任落实和安全隐患排查情况进行检查。

是日，县政协组织部分委员围绕“乡村水利设施建设情况”开展专题视察，共同协商乡村水利基础设施建设工作，合力推进全县水利事业加快发展。县政协副主席张友群、县政协党组成员罗振康，部分县政协委员及政协机关干部，县府办、县水务局、县农业农村局、县财政局相关负责人参加视察工作。

25日，市人大常委会副主任蓝伟东到大埔调研挂钩联系重点项目建设情况。县委常委、常务副县长蓝欣，县人大常委会常务副主任刘坤明，市人大常委会社工委和市、县等相关单位负责人陪同调研。

28日，省港澳办党组书记、主任李焕春，广东金融学院副校长范忠宝一行到大埔调研乡村振兴工作，并共同见证省港澳办、广东金融学院驻镇帮镇扶村工作队正式进驻大麻镇小麻村开展乡村振兴工作。

29日，大埔县2021年广东扶贫济困日活动暨“千企帮千镇”“万企兴万村”启动仪式在县科技信息大楼一楼会场举行，动员全县上下广泛开展“巩固脱贫成果·助力乡村振兴”扶贫济困日活动，研究部署新发展阶段乡村振兴“千企帮千镇”“万企兴万村”行动。

30日，省住建厅调研组一行到大埔县茶阳镇邹鲁故居（椿森第）、老县委办公旧址、大埔县工农革命政府公安局旧址和骑楼老街调研历史文化保护工作。

30日至7月1日，省退役军人事务厅党组成员、副厅长李克强一行与三河镇对接驻镇帮扶工作队进驻工作，并到三河镇退役军人服务站、三河镇汇东村退役军人服务站实地调研指导退役军人事务工作。

是月，大埔供电局实现全县14个乡镇充电站点全覆盖。

是月，大埔县委党校首个省级立项课题《地方红色资源的挖掘、规划、开发》顺利结题。该课题于2020年5月申请立项，并于7月正式立项，是大埔县委党校近三十年来首次申报成功的省级研究课题，也是梅州市各县级党校唯一申报成功的课题。

7月

1日，庆祝中国共产党成立100周年大会在北京天安门广场隆重举行。中共中央总书记、国家主席、中央军委主席习近平发表重要讲话。县委书记朱汉东，县长熊锋松，县政协主席李礼醒，县委副书记、政法委书记刘裕君等县委、县人大常委会、县政府、县政协领导，县法院、县检察院主要负责人，县纪委监委副书记（副主任）在县委、县政府大楼二楼会议室集中收听收看大会现场直播盛况。

5日，全县学习贯彻习近平总书记在庆祝中国共产党成立100周年大会上重要讲话精神干部动员大会在县科技信息大楼一楼会场召开，传达学习贯彻习近平总书记在庆祝中国共产党成立100周年大会上的重要讲话精神，以及全省、全市学习贯彻习近平总书记在庆祝中国共产党成立100周年大会上重要讲话精神干部动员大会精神，并对全县学习宣传贯彻工作进行全面动员部署。

是日，全县政法队伍教育整顿工作总结大会召开，深入学习贯彻习近平总书记关于加强政法队伍建设的重要指示精神，落实全国、全省、全市政法队伍教育整顿工作要求，总结全县政法队伍教育整顿工作情况，部署推进整改落实常治长效工作。

7日，在县科技信息大楼二楼会议室召开中央红色交通线（大埔段）遗址群活化利用工作会议。县领导朱汉东、熊锋松、陈伟平、陈军营、廖若旦、徐杞文、杨自强，茶阳镇、青溪镇党委，县府办、县委党史室、县文广旅体局、县住建局、县自然资源局等主要负责人参加。

8日，大埔县中小学教育集团化办学试点工作在县教师发展中心启动。集团化办学组建模式为1所集团核心校加“N”所成员校，核心校校长全面统筹指导成员校各项工作，做到统一制度管理、统一调配教师、统一质量管理、统一考核评价，进而促进师资交流和培养，建立课堂教学共研机制和优质课程资源共享平台，加强基础教育内涵课程项目研究，统筹集团场馆及活动资源。

9日，市人大常委会副主任伍德凤带领市人大常委会调研组到大埔调研古民居保护利用工作。县委常委、副县长刘晓泉，县人大常委会副主任邓立新，市、县相关单位负责人陪同调研。

是日，福建省武平县政协党组书记、主席王云川带领武平县政协考察组一行到大埔考察不可移动文物活化利用和民宿发展情况。

是日，大埔县2021年高校毕业生就业招聘会在县城文化广场举办，招聘会共有22家企业参加，提供66个职位，1300个就业岗位。当天共吸引500人入场洽谈交流，共200人达成初步就业意向，成功实现就业80人。

12—13日，大埔县教育局举办首届美育教师教学技能大赛，为美育教师提供展技能、亮风采的平台。

13日，根据中国轻工业联合会下发的《关于授予广东省梅州市大埔县“中国青花瓷之乡·大埔”称号的通知》（中轻联综合〔2021〕214号），经过中轻联、中陶协的实地考评和联合会会长办公室审定，同意授予大埔县“中国青花瓷之乡·大埔”称号，有效期四年。

14日，市政协党组成员、副主席曾祥海带领市政协调研组到大埔开展“推动梅州文旅产业高质量发展”专题调研。县政协副主席刘小平等陪同调研。

15日，市政协副主席韩小林带队到大埔督查调研重点工程项目建设进展情况。县政协主席李礼醒，副主席、县人民医院院长黄伟胜等陪同调研。

是日，华南农业大学园艺学院党委领导一行到大埔调研大埔蜜柚产业发展和蜜柚研究院技术需求情况。

是月中旬，县人大常委会主任黄建庭，常务副主任刘坤明，副主任廖金鑫、谢以美、张昭锋、邓立新、张长先分别到挂钩联系镇，围绕全面推进健康广东建设开展人大代表主题活动，推动基层疫情防控、公共卫生建设工作。

19日，由广东省茶叶收藏与鉴赏协会举办的广东省第三届制茶师研修班在大埔茶园实训基地——广东凯达茶叶股份有限公司茶叶职业技能培训（梅州）基地举行。县人大常委会主任黄建庭、副主任张昭锋，县农业农村局相关负责人以及专家学者和学员共100多人出席开班仪式。研修班23日结束。

19—20日，大埔县三河镇“红色筑梦、多彩三河”代表梅州市参加全省第二届《乡村振兴大擂台》比赛，广东电视台在三河镇进行3场探村直播。中国移动大埔分公司市县联动，通过5G+千兆专线网络圆满完成直播保障、数字农业平台及5G+农业应用展示，并利用业务及客户规模优势，助力该活动开展宣传投票。

21日，市人大常委会副主任、市总工会主席蓝伟东带领驻镇帮镇扶村工作队到大埔县百侯镇进行工作对接。县委常委、宣传部部长陈伟平，县人大常委会副主任、县总工会主席谢以美，市总工会、市委党校、农发行梅州市分行、梅州日报社和百侯镇政府等有关负责人参加座谈会。

22日，省文旅厅公共服务处副处长陈永军一行到大埔调研国家级非物质文化遗产项目推进工作，县委常委、宣传部部长陈伟平等陪同。

是日，根据大埔县人民政府《关于原则同意变更大埔县华侨第二中学校名的批复》（埔府函〔2021〕26号）及《关于大埔县华侨第二中学更名的通知》精神，大埔县华侨第二中学更名为大埔县华侨中学。更名后，大埔县华侨中学原定机构级别、分类类别、人员编制、领导职数、经费来源渠道和主要任务保持不变。

23日，市长张爱军到大埔调研乡村振兴工作。市政府秘书长陈亮，县委书记朱汉东，县长熊锋松等陪同调研。

是日，第一批政法队伍教育整顿“回头看”省指导组组长、潮州市政协党组成员、副主席吴启忠带队到大埔督导检查政法队伍教育整顿“回头看”工作，听取县委政法队伍教育整顿领导小组工作汇报，检查政法各单位台账资料，并到基层政法单位开展督导检查。

是日，省广播电视局下发《关于同意大埔县融媒体中心开办一套广播节目和一套电视节目的批复》，同意大埔县融媒体中心开办一套广播节目，名称为“综合广播”，播出时呼“大埔广播电视台综合广播”。该广播采用有线、无线传输方式，覆盖大埔行政区域。同意大埔县融媒体中心开办一套电视节目，名称为“综合频道”，播出时呼“大埔广播电视台综合频道”。该频道采用有线、无线传输方式，覆盖大埔县行政区域。

24—30日，由县委组织部、县委统战部、县委宣传部联合指导，梅州市老年摄影家协会、县文联、县新阶联共同主办的梅州市老年摄影家协会“追忆红色基因”主题摄影展在大埔县锦绣山水城销售中心展出。

26日，大埔县在县科技信息大楼二楼会议室举行航天育种研发项目签约仪式。县长熊锋松、县政府党组成员邓玉伦，航天生物集团广梅航天育种研发中心主任张艳萍，县府办、县农业农村局等县直有关单位主要负责人、大埔县蜜柚龙头企业代表等参加会议。邓玉伦代表县委、县政府与航天生物集团广梅航天育种研发中心签订航天育种研发项目协议。

27日，县委书记朱汉东、县长熊锋松带领“八一”拥军慰问团到梅州军分区和驻大埔部队开展慰问活动。

28日，市委常委、副市长孙春明一行到大埔调研文旅工作，了解大埔的红色故事，推动激活大埔的红色资源。

29日，大埔县在县委、县政府大楼二楼会议室召开县、镇两级人大换届选举工作会议，贯彻落实上级关于做好县、镇两级人大换届选举工作的会议及文件精神，动员和部署县、镇两级人大换届选举工作。

是日，梅州大埔九龙湖管理中心正式挂牌成立，标志着大埔县以韩江高陂水利枢纽工程为中心的九龙湖风景区建设事业开启新征程、迈出新步伐。

是日，大埔县人民医院医疗服务中心揭牌成立。该中心将着力解决联系服务群众“最后一公里”问题，拓宽服务半径，优化就医流程，方便群众就医。

30日，县长熊锋松、副县长饶凌云及县府办、县退役军人事务局等相关单位负责人到县人武部开展“八一”建军节慰问驻大埔部队活动，向广大人民子弟兵送上慰问品，并致以节日的问候和美好的祝愿。

是日，大埔老干部文艺协会在老干部活动中心一楼正式揭幕。县委组织部、县老干部服务中心相关人员，老干部文艺协会全体成员出席揭幕仪式。

是月，“梅州红十景”评选活动结果公布，“八一”火种——三河坝战役纪念园、绝密使命——中央红色交通线大埔旧址群、南委风云——中共南方工作委员会旧址入选。

是月，大埔农商银行选定高陂镇乌槎村和大麻镇小留村作为农商银行的“信用村”，并完成“信用村”授牌仪式。

8月

1日，省民政厅厅长卓志强、副厅长陈奇一行到大埔督导“双百工程”社工笔试工作，并调研民政工作。副市长曾尚忠，县委书记朱汉东，县长熊锋松，副县长饶凌云等陪同调研。

是日晚，全市安全生产和消防工作视频会议在大埔县茶阳镇政府召开。市委常委、副市长陈金銮，县委书记朱汉东，县长熊锋松，县委常委、常务副县长蓝欣参加会议。

5日，大埔县虎山中学教育集团首届理事会成立暨第一次理事会议在虎山中学老校主楼二楼中厅会议室举行。

是日，省自然资源厅调研组到大埔调研南粤古驿道保护利用工作。省自然资源厅总工程师朱国鸣带领调研组一行在县长熊锋松，县委常委徐杞文，县府办、县自然资源局、县住建局等相关单位负责人的陪同下到棣萼楼、大埔中站纪念馆、沙岗头码头、同天饭店、同丰杂货店、顺和桥、多宝坑小站实地调研中央红色交通线布展、线路改造提升情况，听取相关人员讲解汇报，并提出针对性的建议和措施。

6日，农业农村部、财政部公示2021年农产品产地冷藏保鲜整县推进试点名单，全国共121个单位入选，梅州市大埔县位列其中，也是梅州市唯一入选的县。

11日，田家炳纪念馆落成活动在大埔县高陂镇银滩村举行。市委书记陈敏，市委副书记、代市长马正勇，县委书记朱汉东，全国人大代表、大埔杰出乡贤邓振龙为田家炳纪念馆落成揭幕。市委常委、副市长陈金銮，市委常委、副市长孙春明，市领导张晨、张运全、陈亮，县领导熊锋松、黄建庭、李礼醒、刘裕君等参加活动。田家炳纪念馆由大埔县高陂镇银滩村原玉瑚中学改建，该馆占地面积3986平方米，建筑总面积2288.73平方米。纪念馆于2019年10月26日奠基动工，至2021年5月完成建设、7月完成布展，由邓振龙捐资1100多万元建造。馆内展示区域分为序厅、客家之子篇、明心立志篇、鸿业远图篇、高风懿德篇、华夏星光篇、遗爱千秋篇、尾厅8个部分，全方位展示田家炳伟大而传奇的一生。

是日，在县科技信息大楼二楼会议室举行2021年邓振龙颁发大埔县考取名校奖教奖学金仪式，奖励2021年在高考中取得突出业绩的优秀教师和考取名校的优秀学子。

12日，省水利厅总工程师邝明勇一行到大埔督导，现场调研大埔县的农村集中供水攻坚与红火蚁防控情况。

13日，根据《大埔县人民政府关于撤销高陂镇中心小学和高陂镇第二小学，设立大埔县高陂实验学校的批复》（埔府函〔2021〕261号），为进一步优化高陂镇小学设置，提升新建高陂实验学校影响力和社会认可度，县政府同意撤销大埔县高陂镇中心小学和高陂镇第二小学，设立大埔县高陂镇实验学校。

是日，由县委组织部、县总工会、团县委、县妇联联合举办的“青春同行 缘来有你”青年干部交友联谊会在西河镇黄堂客栈拉开帷幕，来自各个机关单位的青年干部欢聚一堂，缔结情谊。

14日，省统计局党组书记、局长杨新洪等到大埔调研统计基层基础建设和工业统计数据质量，并到百侯镇政府、湖寮镇玉丰特陶科技有限公司和三河镇博富能科技有限公司指导。市委常委、常务副市长陈金銮，市统计局局长凌松宏，县委副书记、县长熊锋松，县委常委、常务副县长蓝欣等陪同。

17日，大埔县在县科技信息大楼二楼会议室举行清洁能源重大项目签约仪式。大埔县人民政府与广东省能源集团公司水电分公司签订大埔县抽水蓄能电站项目合作框架协议、与华能新能源股份有限公司广东分公司签订大埔县陆上风电投资开发项目合作框架协议。

是日，县教育局联合县应急管理局、县水务局、湖寮镇和县城学校等相关部门到湖寮镇坳背水坝等重点水域进行巡查，防范学生私自下河游泳、玩水而发生溺水事故。

18日，县委理论学习中心组在县科技信息大楼二楼会议室召开习近平总书记在庆祝中国共产党成立100周年大会上的重要讲话精神专题学习会。

19日，大埔县卫健局在县城文化广场县献血站门口开展庆祝2021年中国医师节暨卫健系统“热血浓情·天使有爱”无偿献血活动。县委常委、统战部部长张红梅，局领导班子成员、局机关全体干部职工、县直卫健单位党委书记、各卫健单位主要负责人以及2021年被获评的“梅州好医生”7人、“梅州市优秀护士”8人、“梅州好村医”2人参加活动。医师节活动期间，共有190名医务工作者参加无偿献血3.8万毫升。

是日，市政协党组书记、主席戚优华，市委常委、副市长孙春明，市政协党组副书记、副主席李忠良等调研组一行到大埔开展“梅韩产业带核心区域的建设情况”专题重点提案督办调研。县政协主席李礼醒，县委常委、宣传部部长陈伟平，副县长廖昌元，县政协副主席刘广明等陪同。

是日，国家统计局广东调查总队党组成员、副总队长田秀华一行到大埔调研，了解高陂镇乡村振兴工作开展情况。

20日，在县政府二楼会议室举行2021年廖光明教育基金奖教奖学助学金发放仪式。廖光明捐资60万元奖励优秀师生，资助品学兼优的贫困学生。

是日，大埔小学教育集团揭牌仪式暨首届理事会成立大会在大埔小学举行。

是日，2021年南国书香节大埔分会场启动仪式在大埔新华书店购书中心举行。至30日开展一系列活动。主办单位是大埔县新时代文明实践中心、中共大埔县委宣传部、大埔县新闻出版局、大埔县妇女联合会、共青团大埔县委员会，由广东新华发行集团大埔新华书店有限公司承办。

24日，省政协人居环境委主任凌峰一行到大埔开展“关于落实‘一核一带一区’新战略，加快打通梅江—韩江水运大通道的提案”调研。

24—25日，大埔县15个镇（场）分别召开党代会（党员大会），回顾总结各镇（场）党委五年来的工作，顺利选举产生新一届党委、纪委领导班子和出席县第十三次党代会代表，圆满完成镇（场）党委换届选举工作。

25日，梅州市5G+智慧工厂服务项目签约仪式在大埔县三河镇举行，助推企业实施数字化转型，助力打造全市、全省5G+智慧工厂标杆，为梅州市制造业转型发展贡献力量。

是日，水利部珠江委到大埔开展水行政执法监督检查工作，召开2021年水行政执法监督检查会议。

26日，大埔县工商业联合会（总商会）在县委、县政府二楼会议室召开第十六届会员代表大会。县人大常委会主任黄建庭，县政协主席李礼醒，市工商联党组成员、专职副主席、市非公党委副书记杨祥锐，县领导张红梅、蓝欣，县委组织部等群团组织的主要负责人出席会议。

是日，市人大常委会调研组一行到大埔调研《中华人民共和国退役军人保障法》贯彻落实情况。

28日，高陂镇渔民王铭钦和黄国祥在大埔县高陂镇韩江河罗基段捕捞作业时，捕到一只长70厘米、宽50厘米、重23公斤的国家一级保护水生野生动物——鼋（沙鳖）。县农业农村局第一时间赶到现场拍照上报市农业农村局，并要求渔民做好相关保护措施。

30日，县委书记黄增国、县长熊锋松一行到湖寮、百侯、枫朗镇调研疫情防控、换届选举、安全生产、社会维稳等工作，县领导李礼醒、陈伟平、杨自强、饶凌云、杨竹玲、罗振康、罗伟国等参加。

31日，大埔县在县应急管理局4楼组织收听收看全国加强安全生产执法暨水上安全防范工作视频会议。副县长罗春达，大埔海事处主要负责人，县交通运输局、县农业农村局分管负责人，县应急管理局班子成员及相关股室负责人参加会议。

9月

1日，省文化和旅游厅公共服务处调研组到大埔调研文旅融合国家级机构功能融合试点、基层公共文化设施运行管理情况排查及公共文旅服务工作。

3日，2021广东梅州柚·大埔蜜柚开采节在大埔县双髻山蜜柚公园举行，标志着大埔蜜柚正式开摘上市。第十三届全国人大农业与农村委员会副主任委员李春生，中央农办、农业农村部乡村振兴专家咨询委员会委员、中国农业大学原校长柯炳生，原农业部党组成员、国务院参事室特约研究员、中国农产品市场协会会长张玉香，农业农村部农产品质量安全中心副主任寇建平，国家乡村振兴局《中国乡村振兴》杂志社常务副社长姚卜成，省农业农村厅党组成员、副厅长高庆营，市人大常委会副主任蓝伟东，市政协副主席韩小林，嘉应学院副校长、教授廖志成，中央组织部党建研究所原所长、全国党建研究会专职副秘书长陈东平，县委书记黄增国，县长熊锋松等出席活动。活动现场发布梅州柚“柚上央视”视频以及《梅州柚·大埔蜜柚营养价值与深加工产业发展蓝皮书》，为“大埔5G+农业大数据服务项目”入选全国乡村振兴优秀案例授牌，同时还举行大埔县创建2021全国农产品全程质量控制技术体系试点县和大埔生态特品直播购物节启动仪式。

是日，大埔县举办海珠区——大埔县劳务对接网络招聘会。进场企业有5家，提供岗位1281个，求职人员922人，达成就业意向327人，当场录用122人。

是日，省科技厅党组成员、副厅长李旭东带队到大埔县三河坝战役纪念园开展党史学习教育主题党日活动。

6—7日，县委书记黄增国带队到茶阳镇、青溪镇、大麻镇、银江镇调研疫苗接种、乡村振兴、干部队伍建设等工作。

7—8日，县委副书记、代县长凌晓文一行到湖寮镇、三河镇、大麻镇、银江镇调研项目建设、疫情防控、乡村振兴、生态环保、安全生产等工作。

8日，“东亚文化之都”创建指导组成员杨秀奇带队到大埔考察调研“东亚文化之都”创建工作。“东亚文化之都”创建指导组一行在县委常委、副县长刘晓泉陪同下，考察调研泰安楼等文保单位和公共文化场所，并对西河镇张弼士故居旅游区、北塘乡村旅游区、禾肚里稻田民宿等旅游新业态进行考察。“东亚文化之都”评选，是由中日韩三国共同发起的亚洲第一个国际性文化城市命名活动，是中日韩三国领导人会议人文领域的重要成果和东亚区域文化合作品牌。

是日，大埔县在茶阳镇中心小学举行“春蕾助学·澳鼎圆梦”捐赠仪式。

9日，县委书记黄增国，县委副书记、代县长凌晓文一行到粤电大埔电厂调研。

10日晚，“梅州柚珠江情——2021广东梅州柚·大埔蜜柚飘香湾区推介活动”在广州珠江游轮上举行。

11日，广东省博物馆教育推广部一行到大埔县博物馆开展“鞋盒里的博物馆”推广活动。活动是广东省博物馆和广东省教育厅联合推出的教育项目“鞋盒里的博物馆”，活动对象为广东省中小学生，目的是引导全省各地尤其是边远地区中小学生参与到项目中来，使博物馆的教育惠及更多孩子。

13日，由大埔县人民政府、中山大学校史馆联合主办的邹鲁教育生平展揭幕仪式在大埔县茶阳镇邹鲁故居“椿森第”举行。中山大学党委书记陈春声，市委书记陈敏，市长马正勇，全国政协委员、佳都科技集团有限公司董事长刘伟，以及邹鲁后人出席仪式并为展览揭幕。

14 日，中共大埔县委十二届十四次全会在县科技信息大楼一楼会场召开。

是日，省港澳办副主任郑建明到大埔县大麻镇开展乡村振兴帮镇扶村工作。

15 日，县人武部党委第一书记任职大会在县委、县政府大楼二楼会议室召开，黄增国担任大埔县人武部党委第一书记。

是日，县工商联（总商会）联合县司法局、县人力资源和社会保障局、县总工会、县企业联合会举办非公有制经济组织法律宣传月暨构建和谐劳动关系宣传月活动。

16 日，大埔县首个省级名校长工作室——广东省中小学黄广华名校长工作室在虎山中学举行揭牌开班仪式。

17 日，大埔县在县科技信息大楼一楼会场举办学习贯彻习近平总书记“七一”重要讲话精神宣讲报告会。

是日，大埔县领导干部党章党规党纪教育培训班在县科技信息大楼一楼会场举行。

是日，梅州市广播电视台重点电视剧《围屋人家》第九季第一集在“中国蜜柚之乡”大埔县开拍。

18 日，县安委办组织开展“中秋、国庆”节前安全生产综合督导工作。

是日，大埔县配合做好中央生态环保督察工作推进会在县科技信息大楼二楼会议室召开。会议梳理总结全县配合中央环保督察工作开展情况、中央环保督察组交办信访件办理情况，并安排部署下一步工作。

22 日，县委书记黄增国一行到湖寮镇西岭实验学校、北环公路提升改造工程等项目现场调研。

24 日，是大埔县县、镇两级人大代表选举日，选举日共选出县人大代表 240 名、镇人大代表 988 名。

是日，大埔县在县财政局举行国库集中支付电子化管理系统和信息机房核心网络设备移交仪式。中国农业银行梅州分行党委书记、行长陈涛，县委常委吴丽丽，县财政局负责人等参加仪式。

25 日，广东省 2021 年森林防灭火宣传月系列活动“走进梅州大埔”专场在大埔县三河坝战役战场旧址举办。广东省林业局、梅州市林业局、大埔县人民政府、大埔县林业局、大埔县应急管理局等单位相关负责人参加活动。

是日，贵州省荔波县委常委、宣传部部长唐连江一行到大埔考察调研红色文化资源活化利用工作。县委常委、宣传部部长陈伟平，县人大常委会副主任邓立新，县委宣传部等有关单位负责人陪同。

26 日，茶阳镇应急消防所执法人员到胜利路开展“三小”场所消防安全排查整治行动，对消防安全问题突出场所进行排查整治。此次行动共办理消防执法案件 3 宗，是广东省成立乡镇应急消防所以后，通过乡镇综合行政执法的方式实施的首批执法。

27 日，中山市关工委主任韩泽生一行到大埔县三河坝战役纪念园、大埔蜜柚产业园开展学习调研。

是日，梅州市梅县区政协副主席余洪昌率队到大埔调研考察红色文化工作，县政协副主席杨竹玲等陪同调研。

28—29 日，大埔县 14 个镇分别召开新一届镇人民代表大会，回顾总结过去五年的经济社会发展成就，科学谋划今后五年发展蓝图。会议期间，14 个镇的人大代表依法顺利选举产生新一届镇人大和政府领导班子。

29 日，大埔县组织开展国庆节前医疗机构安全生产和疫情防控检查工作。

30 日，大埔县在三河坝战役纪念园和五虎山大埔革命烈士纪念碑举行 2021 年烈士纪念日烈士公祭活动。蔡晴川曾外孙女冯金莲再次到先辈当年流血牺牲的战场，向先辈致以最崇高的敬意。其间，县委书记黄增国、副县长饶凌云会见冯金莲一行，冯金莲等蔡晴川后裔向大埔县委、县政府赠送锦旗，锦旗上写着“铭记三河坝光辉历史，传承诸先烈奋斗精神”。

是日，大埔县14个镇（场）同步举行应急消防所挂牌仪式，标志着全县镇级消防监管工作全覆盖。

10月

1日，县委书记黄增国带队到省际联合检疫检查站看望慰问坚守岗位的一线防疫工作人员，对他们昼夜坚守一线抗击新冠肺炎疫情、守护大埔人民群众生命健康安全的付出表示衷心感谢和诚挚慰问。

2日，省农业农村厅副厅长黄斌民到大埔县三河镇现场参观中山纪念堂、八一起义军三河坝战役纪念园。

4日，深圳桃源同乡联谊会向桃源镇卫生院捐赠一辆负压救护车及一批医疗设备。

8日，县委书记黄增国，县委副书记、代县长凌晓文到茶阳镇、青溪镇调研中央红色交通线旧址保护利用工作，县领导陈伟平、杨自强、李延海、张榆昌、葛志发，县府办、县委党史室、县文广旅体局等部门主要负责人参加调研活动。

10日，县文联、县摄影家协会、大东镇在大东镇进滩村联合举办“乡村振兴与你柚约”主题摄影活动暨“大埔县摄影目的地”授牌仪式。

10—11日，县委书记黄增国，县委副书记、代县长凌晓文，县委副书记、政法委书记蓝欣分别走访慰问百岁老人和退休老领导，代表县委、县政府为他们送上节日问候。

12日，中共大埔县委十二届十五次全体会议在县科技信息大楼二楼会议室召开。

是日，大埔县举办脱贫劳动力和乡村振兴人才网络招聘会。进场企业有5家，提供岗位1260个，求职人员855人，达成就业意向285人，当场录用116人。

14日，中山市政协副主席林少棠带队到大埔县，就红色文化资源、人文历史等情况进行专题调研。县政协党组书记陈德志，县政协副主席刘小平等陪同。

15日，大埔县人民政府与嘉应学院、深圳市万德福工艺品有限公司在嘉应学院何侨生515会议室签订共建“嘉应学院陶瓷产业学院”战略合作协议，政校企三方深化合作，助推大埔陶瓷产业发展再上新台阶。县委书记黄增国，县委副书记、代县长凌晓文，县委常委、常务副县长李延海，嘉应学院党委书记吴琦，嘉应学院校长杨洲，深圳市万德福工艺品有限公司高级专家顾问杨维，大埔县富源陶瓷有限公司董事长邓国新，深圳市万德福工艺品有限公司董事长邓国颂等参加签约仪式。

15—16日，广东省老区建设促进会会长、广东省国际文化交流中心理事长陈开枝一行到大埔县，调研贯彻落实《国务院关于新时代支持革命老区振兴发展的意见》及省委、省政府《关于进一步推动我省革命老区和原中央苏区振兴发展的意见》工作情况。县委书记黄增国，县委副书记、代县长凌晓文会见陈开枝一行。

18日，大埔县在县委、县政府大楼二楼会议室组织收听收看省财政管理专题工作电视电话会议。县委副书记、代县长凌晓文，县委常委吴丽丽，县委组织部、县委宣传部、县委政法委、县府办、县发改局等单位相关负责人参加收听收看。

是日，全县15个镇（场）57个省定贫困村及188个面上村的精准扶贫档案完成进大埔县档案馆工作，进馆档案目录1.35万条，档案共178卷又7070件（张）。

19 日，省委党史学习教育第十巡回指导组副组长王官一行到大埔县西河镇大靖水库、茶阳镇防洪工程、三河坝战役纪念园、梅潭河碧道工程、韩江高陂水利枢纽工程等地调研。

是日，广东梅州高陂水利枢纽工程开展首次鱼类增殖放流活动，共向韩江河道放流倒刺鲃、青鱼、草鱼等 6 种鱼苗约 30 万尾。

是日，一亩田、新华网记者一行到大埔调研蜜柚产业发展情况。

20 日，大埔县在高陂镇开展 2021 年度森林防灭火实战演练。县委常委、常务副县长李延海，县公安局、县应急管理局、县林业局、县气象局、县融媒体中心等县森林防灭火指挥部成员单位主要领导、分管领导及 15 个镇（场）分管负责人和林业组负责人参加演练观摩活动。

是日，杨应彬百年诞辰纪念活动暨诗词书画作品展开幕仪式在县田家炳演艺中心、县博物馆举行。广东省老区建设促进会会长陈开枝，海南省军区原副政委黄声云，全国政协原常委李崴，广东省司法厅原副厅长饶伟平，广东省老区建设促进会副会长姚泽源，杨应彬亲属，县委书记黄增国，县委副书记、代县长凌晓文，县领导张红梅、陈德志、陈伟平等出席开幕仪式。

是日，“广东兜底民生服务社会工作双百工程”湖寮镇龙岗村社会工作服务点揭牌仪式在大埔县举行。副县长饶凌云，湖寮镇、县民政局等相关负责人参加揭牌仪式。

21 日，市委常委、副市长陈金銮到大埔县茶阳镇调研消防安全和汀江“河长制”工作。

是日，广东中烟工业有限责任公司组织党员到大埔开展党史学习教育。

22 日，大埔县在县疾控中心三楼会议室组织收听收看新冠肺炎疫情常态化防控及应急处置专题讲座。县委副书记、代县长凌晓文，县领导李延海、饶凌云，县卫健局、县新冠肺炎防控指挥办、县疾控中心等单位相关负责人参加收听收看。

23 日，大埔县第八届“促进杯”太极拳运动项目锦标赛在大埔县田家炳体育中心训练馆举行。

25 日，以“珍惜生命，预防溺水”安全教育为主题的防溺水安全教育进校园大埔站活动在大埔县高陂中学正式启动，活动为期三天，分别在大埔县高陂中学、大埔县高陂实验学校、大埔县家炳二中、大埔县古埜中学举行。

25—27 日，中国共产党大埔县第十三次代表大会在县城召开。大会选举中国共产党大埔县第十三届委员会；选举中国共产党大埔县第十三届纪律检查委员会；选举出席中国共产党梅州市第八次代表大会代表。

25—29 日，由梅州市文化广电旅游局主办，大埔县文化广电旅游体育局承办的 15 场线上直播“奋斗百年路 启航新征程”——梅州市庆祝中国共产党成立 100 周年文化惠民演出活动举行，演出合计观看 58 万人次。

27 日，中国共产党大埔县第十三届委员会举行第一次全体会议。全会通过选举办法，选举产生中国共产党大埔县第十三届委员会常务委员会委员和书记、副书记，表决通过中共大埔县第十三届纪律检查委员会第一次全体会议选举结果、中国共产党大埔县第十三届委员会第一次全体会议决议。黄增国当选为中共大埔县第十三届委员会常务委员会书记。

是日，中国共产党大埔县第十三届纪律检查委员会召开第一次全体会议。会议选举产生新一届县纪委常委、县纪委书记、副书记。叶慧玲当选为中共大埔县第十三届纪律检查委员会书记。

是日，大埔县人民医院新生儿科正式挂牌成立并投入使用。

是日，大埔县中医医院急诊科举行揭牌仪式。副县长饶凌云，县政协副主席刘小平，广州医科大学附属中医医院副院长蔡迎峰，广州医科大学附属中医医院帮扶专家团队，县中医医院领导班子和中层干部等参加活动。

27—28 日，省自然资源厅党组副书记，省林业局党组书记、局长陈俊光一行到大埔县青溪镇、茶阳镇和丰溪林场等地，专题调研中央红色交通线活化利用和自然保护区管理工作。省自然资源厅总工程师朱国鸣参加调研，副市长曾永祥，县委书记黄增国，县委副书记、代县长凌晓文，县领导陈伟平、饶凌云、葛志发等陪同调研。

29 日，大埔县在县科技信息大楼二楼会议室举行“粤智助”政府服务自助机覆盖全县行政村合作签约仪式，副县长钟刻铭，县府办、县政务服务数据管理局、各镇（场）分管负责人以及大埔农商银行主要负责人及相关负责人等参加签约仪式。钟刻铭与大埔农商银行负责人签订协议书，达成合作协议。大埔农商银行将提供 272 台“粤智助”政府服务自助机，投放到全县 15 个镇（场）、256 个行政村（社区），让群众在家门口就可享受到公积金、社保、医保、不动产信息、银行账号查询等 100 多项政务服务。

是日，福建省武平县政协党组书记、主席王云川带领武平县政协考察组一行到大埔考察美丽乡村建设及民俗业发展情况。县政协主席李礼醒等陪同考察。

是日，在大埔县教育局四楼会议室举行 2021 年廖梅林基金会奖教奖学金发放仪式。此次发放仪式，廖梅林再次发放奖教奖学金 21.76 万元。

是日，在大埔县教师发展中心多功能报告厅举行大埔县科技创新教育教师培训暨首届“小小科学家”中小学生科学实验活动启动仪式。

是日，由大埔县市场监督管理局主办，梅州市中兴达知识产权运营有限公司承办的“地理标志品牌的培育和运用保护工作培训交流会”在大埔碧桂园广东文艺家采风创作基地召开。会议邀请湖北元信知识产权代理有限公司讲师肖俊为大家授课，县市场监管局、县科工商务局、县农业农村局、县客家文化生态保护示范区管委会有关人员以及 20 多家蜜柚、茶叶相关企业代表参加会议。

11 月

1 日，县委书记黄增国一行到县委政法委调研工作，并召开座谈会。县委副书记、政法委书记蓝欣，县委常委、县委办主任杨自强等陪同调研。

3 日，大埔县农村土地承包经营权确权登记颁证档案整理质量通过大埔县档案馆进馆前验收。其中：承包户档案 8.56 万件，发包方档案 3858 件，合计 8.94 万件。

4 日，省发展改革委二级巡视员姜建中一行到大埔就社会领域中央预算内投资项目进行实地调研。调研组一行在县委副书记、代县长凌晓文，县委常委吴丽丽的陪同下，深入茶阳镇历史文化名镇环境整治项目、三河坝战役纪念园红色教育基地提升改造项目现场，通过实地调研和听取汇报了解项目情况。市、县发展改革局，县住建局，县文广旅体局等单位相关负责人参加活动。

是日，大埔县人力资源和社会保障局、县民政局、县退役军人事务局、县总工会、县工商业联合会共同举办“2021 年金秋招聘月”网络招聘活动。进场企业有 6 家，提供岗位 1183 个，求职人员 612 人，达成就业意向 122 人，当场录用 65 人。

5 日，全国红军小学建设工程理事会外联办副主任方延生、全国红军小学建设工程理事会广东工作处筹备工作小组办公室主任侯俊锋在县委常委、组织部部长张榆昌，县教育局、三河镇人民政府等单位相关领导陪同下到三河坝八一红军小学指导工作。

是日，民航中南地区管理局与广东省机场集团有限公司考察团一行到大埔县开展考察活动。

8日，大埔县农村创业青年陶瓷产业培训基地在广东富大陶瓷文化发展股份有限公司挂牌揭幕。县关工委、县陶瓷产业服务中心相关负责人，大埔农村创业青年代表参加仪式。

是日，县消防安全委员会主办，奥园广场协办的2021年“119”消防月活动启动仪式在奥园广场举行，开展以“落实消防责任，防范安全风险”为主题的消防科普宣传活动。

10日，全国人大代表、广州市人大常委会原主任陈建华带领广州市部分十三届全国人大代表到大埔县开展调研活动，参观三河坝战役纪念园，了解大埔新农村建设和古民居保护开发利用情况。梅州市委常委、副市长刘晋生，市人大常委会副主任、代主任李远青，大埔县委书记黄增国，县人大常委会党组书记张红梅陪同调研。

是日，县纪委监委举办全县纪检监察干部业务培训班，各镇（场）纪委书记、专职副书记、专职纪检干事，县纪委监委机关各室、各派驻（出）机构，县委巡察机构全体干部职工（含抽调人员）共110人参加学习。县委常委、县纪委书记、县监委代主任叶慧玲出席开班仪式。

是日，岭南师范学院美术与设计学院艺术实践基地挂牌仪式在西河镇北塘艺术部落举行。岭南师范学院、大埔县北塘古村落旅游开发服务有限公司、大埔县山水青华文化旅游投资有限公司相关人员出席活动。

13日，广州国家农业科创中心主任刘玉涛一行到大埔调研农业产业发展情况。

14—18日，政协大埔县第十五届委员会第一次会议在县城举行。大会以无记名投票方式，选举陈德志为政协大埔县第十五届委员会主席。

15日，中国农行大埔支行联合县公安局到三河镇五丰村开展反电信诈骗宣传。进一步遏制大埔县农村地区电信网络诈骗高发态势，共同构建平安美丽“无诈村”。

15日至12月3日，汕头市人民检察院党史轮训培训班分三批到中共大埔县委党校，共计110名学员参训。并组织学员到三河坝战役纪念园、青溪中央红色交通线大埔中站棣萼楼、叶剑英纪念馆等现场教学点开展党性锻炼，接受革命传统教育。

16—19日，大埔县第十六届人民代表大会第一次会议在县城召开。经过无记名投票，凌晓文当选大埔县人民政府县长，张红梅当选大埔县第十六届人民代表大会常务委员会主任。

18日，全县14个乡镇全面完成团委换届工作。

19日，省消防救援总队总队长张明灿到大埔县，检查基层消防治理效能现场会筹备和专职队、消防所建设情况。

是日，由梅州市市场监督管理局（市知识产权局）指导，深圳市中兴达知识产权运营有限公司主办，大埔县市场监督管理局（县知识产权局）、梅州市中兴达知识产权有限公司协办的“2021年梅州市知识产权交易运营——地标兴农”专题讲座在大埔碧桂园广东文艺家采风创作基地召开。会议邀请北京大学粤港澳大湾区知识产权发展研究院讲师黄贤涛进行授课，梅州市市场监管局、大埔县市场监管局、各县（市、区）市场监管局领导以及10多家地理标志企业代表参加会议。

21日，民盟梅州市委会在大埔县瑞锦酒店召开传达学习中共十九届六中全会精神会议。市政协副主席、民盟梅州市委主委韩小林参加会议。

24 日，省公路事务中心副主任罗广发带队到大埔县枫朗镇，开展 2021 年普通公路建设养护重点工程第四季度调研工作。

24—25 日，国家统计局广东调查总队党组书记、总队长赵云城到大埔调研乡村振兴工作。县委常委、副县长吴丽丽，县委常委、统战部部长廖昌元等陪同调研。

25 日，大埔县在县城文化广场开展全县摩托车电动自行车“百日整治”专项行动启动仪式暨摩电交通安全宣传活动。

26 日，在县科技信息大楼二楼会议室召开县委党史学习教育领导小组会议，县委书记黄增国，县长凌晓文，县人大常委会主任张红梅，县政协主席陈德志，县委副书记、政法委书记蓝欣等县领导参加。

是日，大埔县发出首张由“银政通”商事登记智能服务一体机办理的营业执照。“银政通”商事登记智能服务一体机是由梅州市委、市政府牵头，市市场监督管理局协同市政数局、中国银行股份有限公司梅州分行共同推出，可为商事主体提供从名称自主申报、设立登记、预约银行开户等全流程智能服务，实现商事登记一站式申请，确保全流程开办企业压缩至半天以内。

是日，县红十字蓝天救援协会正式成立，同时县红十字蓝天救援协会水域训练基地正式揭牌启用。

是月，大埔县气象局完成大埔县境内茶阳镇和高陂镇两个高速服务区灾害性天气监控实景摄像头建设。

是月，大埔县文广旅体局圆满完成 10 个“粤书吧”和西河镇北塘村两融中心试点打造任务。

是月，2021 年广东省茶叶加工职业技能竞赛在大埔县西岩山岽顶湖茶场举办，此次竞赛由省总工会、省人社厅、省科技厅、省经信厅主办，竞赛茶类为手工制作广东单丛茶，吸引全省各地的 64 名制茶好手，围绕理论和技能展开竞技。大赛评比出金奖 1 名、银奖 4 名、铜奖 6 名和优胜奖 8 名。竞赛以“建功‘十四五’，奋进新征程”为主题，提升广东省制茶职工技能水平，促进茶产业技能人才培养，助力广东省乡村振兴及茶产业长远发展。

12 月

1 日，市委常委、市纪委书记、市监委主任蒋万军到大埔县调研，前往西河镇张弼士博物馆参观，并在西河镇政府会议室召开座谈会，与县纪委监委班子部分成员，西河、茶阳、青溪镇纪委代表开展座谈。

2 日，广东金融学院党委书记李建军到大埔开展乡村振兴调研。

是日，省水利厅二级巡视员卓汉东一行到大埔调研扫黑常态化、水政执法队伍能力建设、水政执法工作。

是日，大埔县在县应急管理局四楼会议室组织收听收看全国及省、市城镇燃气安全排查整治动员部署电视电话会议。

3 日，省工商联党组成员、副主席陈继山率领省民营企业投诉中心有关负责人一行到大埔开展红色基地党史学习教育、考察民营企业活动。

是日，大埔县在县城文化广场开展“宪法宣传周”系列活动暨“八五”普法启动仪式。县委副书记、政法委书记、县普法领导小组组长蓝欣出席活动，县普法领导小组各成员单位负责人、县司法行政系统全体干警、普法志愿者、市民群众等共 500 人参加活动。

6 日，全省“美丽乡村行”大篷车巡回宣传活动在大埔县工农革命政府公安局旧址拉开序幕。

是日，平安中国建设协调小组公布 2017—

2020年度平安中国建设示范市、县名单，大埔县入围示范县名单，是梅州市唯一入选的县。

是日，八一起义军三河坝战役指挥部旧址田氏宗祠等5处入选梅州市第八批文物保护单位。

是日，广州城建职业学院大学生校外实践教学基地在大埔县西河镇北塘艺术部落挂牌成立。

7—8日，市委副书记、市长王晖到大埔县调研，深入学习贯彻中共十九届六中全会精神和习近平总书记对广东系列重要讲话、重要指示批示精神，全面落实市第八次党代会部署要求，开展党史学习教育，调研产业发展、企业生产经营和项目建设情况。县委书记黄增国、县长凌晓文等陪同调研。

7—8日，大埔县分两期分别在西河镇和枫朗镇召开全县蜜柚冬园管理暨红火蚁防控技术培训会。

8日，全市老干局局长工作研究会在大埔县三河镇汇东书院召开，并组织市直单位离（退）休党支部书记到大埔县，专题学习中共十九届六中全会精神。

9日，副省长许瑞生一行到大埔调研中央红色交通线保护利用工作。市委常委、副市长孙春明，县委书记黄增国，县委常委、宣传部部长陈伟平，县委常委、县委办主任杨自强等陪同调研。

是日，省人大常委会原副主任、省老科技工作协会会长陈小川一行到大埔县调研，深入三河坝战役纪念园、大埔县通美实业有限公司调研指导。市科协党组书记、主席林华玲，县委常委、组织部部长张榆昌等陪同调研。

是日，全市基层消防治理现场会在大埔县茶阳镇举行。市委常委、副市长陈金銮参加会议。活动现场，与会人员参观茶阳片区专职消防队建设成果和消防安全示范街、消防安全整治街、微型消防站等建设情况，并观摩消防演练。

13日，省退役军人事务厅厅长陈小山一行到大埔县三河坝战役烈士纪念园，现场调研三河坝战役纪念园红色教育基地提升改造工程、三河镇退役军人服务站建设工作。

14日，广州市文学艺术界联合会向大埔县光德镇捐赠乡村振兴物资。

15日，市人大常委会副主任、市总工会主席蓝伟东带队到百侯镇调研乡村振兴驻镇帮镇扶村工作，县领导凌晓文、陈伟平、张长先等陪同调研。

是日，虎山中学在综合大楼一褒厅举行“中山大学优质生源基地”授牌仪式。

17日，省工业和信息化厅一级巡视员何荣到大埔调研实体经济高质量发展情况。副市长蒋鲲、县委书记黄增国、副县长罗春达等陪同调研。

是日，副市长蒋鲲到大埔县福利院调研民政工作。

19日，广东省百家社会组织走近留守和困境儿童“牵手行动”梅州组，在大埔县开展“爱陪童乐·伴童成长”爱心活动，为大埔县30名留守和困境儿童送上助学金和爱心礼物。

23日，副市长、市公安局局长詹星到大埔调研指导公安工作，并到大埔县工农革命政府公安局旧址调研。

是日，大埔县在教师发展中心五楼会议室举办行政执法信息平台使用和行政执法业务培训班。

23—24日，万洋众创城集团惠州事业部考察组一行到大埔考察投资环境。

24日，省自然资源厅国土空间规划处副处长陈别带领省调研组到大埔县，参加大埔县中央红色交通线活化利用项目工作协调推进会议。

是日，田家炳基金会、家炳一中校友会、

“庙算堂”助学奖教基金在大埔县家炳第一中学举行捐赠、奖学、助学颁发仪式。

26日，省港澳办党组书记、主任李焕春带队到大埔开展乡村振兴调研工作。县长凌晓文、副县长葛志发等陪同调研。

27日，广东省老年大学协会副会长杨学威到大埔开放大学调研基层老年大学办学工作情况。

是日，洲瑞镇卫生院举行救护车捐赠仪式，深圳洲瑞同乡联谊会为洲瑞镇卫生院无偿捐赠一辆救护车及一批医疗设备。

28日，县委书记黄增国带队督导检查疫情防控和节前安全生产工作。

是日，县人大常委会主任张红梅带队到湖寮镇专题调研基层人大工作和建设情况。县人大常委会副主任张长先、邝金禄等陪同调研。

30日，市公路事务中心主任王忠率队到大埔督导国（省）道重点项目及岁末年初重点工作。县委书记黄增国、副县长钟刻铭等陪同督导。督导组一行前往国道235线银江镇坪上村地质灾害点、国道235线大麻镇区段、省道221线湖寮至枫朗段公路改建工程等建设点，听取有关情况汇报，了解存在的问题和下一步的工作打算。

是日，县长凌晓文带队检查节前疫情防控和安全生产工作。

31日，广州市海珠区委副书记、区长毛松柏一行到大埔开展对口帮扶工作调研，实地了解海珠区对口帮扶大埔县乡村振兴驻镇帮镇扶村工作开展情况。

是日，县政协主席陈德志带队到洲瑞镇开展乡村振兴调研工作。

是年，大埔县各界举行系列活动庆祝中国共产党成立100周年，持续深入学习贯彻习近平总书记“七一”重要讲话精神。

是年，大埔县在做好重点人群接种工作的基础上，扩大人群接种范围，分阶段做好各类人群新冠病毒疫苗接种，有效建立人群免疫屏障。

是年，大埔县加大资金投入，推进农村集中供水全覆盖攻坚行动，解决村民“用水难”问题，增进民生福祉。该供水工程总投资约6002.8万元，覆盖285个自然村，含107个覆盖集中供水自然村，覆盖8.3万人。

是年，大埔县完成1个中型社区体育公园（五虎山体育公园）和1个小型社区体育公园（大埔县双髻山森林公园）建设。

是年，大埔县完成3座新建旅游厕所、4座公共文化场所旅游厕所升级改造、19座乡贤捐建旅游厕所工作。

县情概览

基本地情

【位置面积】大埔县位于广东省东北部、韩江中上游，地处北纬24° 01 '—24° 41 '、东经116° 18 '—116° 56 '之间，东和北紧靠福建省漳州市平和县和龙岩市永定区，东南连接潮州市饶平县，西依梅县区、梅江区，南邻丰顺县和潮州市潮安区。全县区域总面积2462平方千米。

【建置沿革】大埔县建置于东晋义熙九年（413年）。秦汉时属揭阳县地。东晋义熙九年立义招县，属义安郡。隋大业三年（607年）改义招为万川县。义招、万川县治均设在湖寮（古城村）。唐武德四年（621年）废万川并入海阳县，属潮州。历宋、元及明前期，仍属海阳县光德乡。明成化十三年（1477年）立饶平县，县域属之。明嘉靖五年（1526年）析饶平县之清远、湬洲二都重置县，定名大埔县，县治在茶阳，属潮州府。民国3年（1914年）隶潮循道，民国25年（1936年）属广东省第六行政督察区。1949年中华人民共和国成立后，先后属兴梅专区、粤东行政区、汕头专区。1961年春，县治由茶阳迁至湖寮五虎山北麓。1965年隶属梅县专区，1983年属梅县地区，1988年属梅州市。

【行政区划】2021年，大埔县辖14个镇（湖寮、百侯、枫朗、大东、高陂、光德、桃源、大麻、三河、银江、洲瑞、茶阳、西河、青溪）和丰溪林场，镇、场下设256个村委会（居委会），其中村委会245个、居委会11个，4155个村（居）民小组。

【人口·民族】2021年，大埔县户籍总人口54.41万人，常住人口33.14万人。全县人口主要为汉族，兼有蒙古族、回族、藏族、苗族、彝族、壮族、布依族、朝鲜族、满族、侗族、瑶族、白族、土家族、哈尼族、傣族、黎族、傈僳族、畲族、高山族、水族、景颇族、土族、仫佬族、毛南族、仡佬族、赫哲族26个少数民族的少量居民。全县语言属客家方言，光德镇九社、高陂镇埔田等村间有漳州、潮州语。祖籍大埔的海外华侨、华人有近50万人，素有“华侨之乡”的美称。

【气候特点】大埔县属亚热带季风气候。2021年，大埔县年平均气温22℃，比历年平均气温高0.6℃；年总降水量805.4毫米，比历年雨量少691.9毫米，年降水量≥0.1毫米降水日数128天，比历年少17.4天；年日照时数2231.5小时，比历年多502.7小时。年极端最高气温39.2℃，出现在7月28日；年极端最低气温-2.9℃，出现在1月13日。最冷月（1月）平均气温12.2℃，比历年同期平均偏低0.4℃；最热月（7月）平均气温28.5℃，比历年同期平均偏高0.3℃。一日最大降水量53.4毫米，出现在6月22日。2021年，平均气温正常略偏高，年降雨量偏少，年日照时数较历年偏多。据大埔县三防办统计，2021年5月8—10日，受雷雨大风与冰雹影响，茶阳镇、青溪镇共571户房屋受损，农作物受损面积179.53公顷，烟叶受灾面积19.53公顷，青溪、茶阳两镇直接经济损失815万元。

【物产·资源】大埔县水力资源丰富，理论蕴藏量为70万千瓦，可开发量为53.1万千瓦，已开发39.95万千瓦，是全国水电农村电气化县。矿产资源主要有铁、镍、铅、锌、钨、钼、锡、铜、金砂等金属矿，磷、水晶石、长石、石英石、瓷土、紫砂陶土等非金属矿。瓷土储量4.38亿吨，紫砂陶土储量超1亿吨，有近800年制作陶瓷的历史，大埔青花瓷、高陂陶瓷产品远销欧美、中东及东南亚等110个国家和地区，是“陶瓷之乡”。土特产主要有天然矿泉水、瓷器、蜜柚、茶叶、烟叶、金针菜等，还有各式各样的风味小吃，有中国青花瓷之乡、中国蜜柚之乡、中国名茶之乡、世界长寿乡、中国小吃名县、全国重点产茶县、2018年国家级电子商务进农村综合示范县等称誉。国家质检总局批准西岩乌龙茶、大埔青花瓷为国家地理标志保护产品。大埔蜜柚、大埔乌龙茶被农业部批准为“国家农产品地理标志”的农产品。梅州柚·大埔蜜柚入选首批中欧地理标志协定保护名录。

【地貌·河流】大埔县为“八山一水一分田”的边远山区，森林覆盖率78.99%。县境山脉大部分为北南走向，四周高，中间低，层峦起伏，千岩万壑，纵横交错，海拔千米以上的山峰有27处，均散布于四周边陲，最高峰为西南部银江镇的明山嶂银窿顶，海拔1357米；最低处是高陂镇黄竹居的韩江岸，海拔26米；中部丘陵广布。综观全境，海拔500米以上的中低山约占10%，海拔100—500米之间的高中丘约占80%，海拔100米以下的低丘、小盆地约占10%。境内溪河众多，地处韩江流域、梅江水系，有规模以上（集雨面积500平方千米以上）河流5条，韩江大埔段总长47.07千米，集雨面积965.68平方千米；梅江大埔段总长22千米，集雨面积200.9平方千米；汀江大埔段总长55千米，集雨面积641.06平方千米；梅潭河大埔段总长83千米，集雨面积678平方千米；漳溪河大埔段总长32千米，集雨面积165平方千米；规模以下（集雨面积500平方千米以下30平方千米以上）河流19条，总长392.18千米，集雨面积1414.89平方千米。水库48宗，总库容1.18亿立方米，重点山塘170处。

【人文】大埔县民间艺术丰富，是中国民间艺术之乡——花环龙之乡、中国民间文化艺术之乡——广东汉乐之乡，广东汉乐被列入国家级非物质文化遗产名录。大埔县是革命老区，是广东省首个中央苏区县，是全国文化先进县、第三批国家级农村职业教育和成人教育示范县、国家卫生县城。大埔县三河坝战役烈士纪念碑入选全国爱国主义教育示范基地。百侯镇、茶阳镇、三河镇是中国历史文化名镇，百侯镇侯北村、侯南村是全国文明村。大埔钟灵毓秀、人杰地灵，素有“文化之乡”美称。“父子进士”（饶相、饶与龄）、“一腹三翰林”（杨缵绪、杨黼时、杨演时）、“兄弟三将军”（范汉杰、范剑江、范作人）、一县同期“四位省主席”（罗卓英、吴奇伟、范汉杰、赵公武）、“父子两总理”（李光耀、李显龙）被传为佳话，还有中国民族工业之父张弼士、中国首任驻日公使何如璋、中国共产党早期革命活动家罗明、中山大学首任校长邹鲁、首届感动香港十大人物之一的田家炳、现代著名作家杜埃和碧野，以及中国科学院院士郑度、杨文采、蒲慕明和中国工程院院士饶芳权、邱冠周、涂善东等杰出人物。

【旅游】大埔县主要旅游景点有全国红色旅游经典景区八一起义军三河坝战役纪念园，全国重点文物保护单位6处（茶阳“父子进士”牌坊、大东联丰花萼楼、湖寮泰安楼、西河光禄第、百侯肇庆堂、三河中山纪念堂），国家AAAA级旅游景区3个（泰安楼客家文化旅游产业园、百侯名镇旅游区、张弼士故居旅游区），国家AAA级旅游景区8个（坪山梯田旅游区、富大陶瓷工业旅游区、三河坝战役纪念园、大埔县江畔人家休闲旅游度假区、李光耀祖居旅游景区、大埔西河北塘乡村旅游区、瑞山生态旅游度假区、西岩茶乡度假村），还有明朝兵部尚书翁万达墓、广东大埔丰溪省级自然保护区、粤东名胜万福寺、大埔阴那山国家森林公园、双髻山省级森林公园、田家炳祖居拱辰楼等。大埔县是中国十大文化休闲基地、中国特色旅游休闲度假胜地、全国休闲农业与乡村旅游示范县、十佳中国最美的小城、中国绿色生态·蜜柚示范县、中国深呼吸小城100佳、中国最美丽县、国家重点生态功能区、2017年度中国最美茶乡、新时代·中国最佳生态康养旅游名县、最美中国旅游县、中国文旅融合特色创新示范区。

2021年10月10日，梅州市广播电视台到泰安楼拍摄大埔“广东汉乐”（县委宣传部提供）

【交通】大埔县地处广东省东北部的边远地区，县境山川多，中华人民共和国成立前有水路运输，几乎没有公路交通，出门要步行，陆运靠肩挑，十分闭塞。中华人民共和国成立后，成立交通机构，多方筹集资金逐步发展交通运输事业。1956年开通第一条埔城至福建永定峰市的公路。至2021年年底，全县公路通车里程达到3563.8千米，有高速公路2条［梅龙高速、大潮高速（含大漳支线）］、国道1条（G235线）、省道6条、县道6条、乡村道1153条，公路密度144.5千米/百平方千米。全县乡镇通车率100%。对外实现高速公路、国道、省道联通；对内实现县城至15个镇（场）及245个行政村全部通公路并且公路硬底化，300人以上自然村实现公路硬底化。境内航道总长104千米，能通航的有梅江、韩江干流64千米；梅坎铁路（梅州至福建坎市）于2000年9月通车，大埔段里程48.59千米，县级站设于三河。如今交通运输发达，形成了水路、公路（高速）、铁路并举，内外畅通的综合交通体系。

（黄万海）

2021年经济社会发展状况

【综合实力】2021年，大埔县经济社会保持平稳发展。全县地区生产总值100.27亿元，同比增长 6.7%，增幅排在全市第二；规上工业增加值 17.46 亿元，同比增长 17.2%，排在全市第二；社会消费品零售总额 48.41 亿元，同比增长 3.8%，排在全市第三；外贸进出口总额 1.92 亿美元，同比增长 2.8%；固定资产投资 42.33 亿元；本级一般公共预算收入 6.52 亿元。陶瓷销售收入 16.49 亿元，同比增长 11.1%，通过“中国青花瓷之乡”复评；规模以上电力产值 25.7 亿元，同比增长 40.9%。广州海珠（大埔）产业转移工业园提质提效，县城工业小区基础设施加快完善。全县农林牧渔业增加值 28.67 亿元，同比增长 5.1%，获“2021 年度茶叶百强县、2021 年度智慧茶业样板县域”称号，入选国家 2021 年农产品产地冷藏保鲜整县推进试点，5G+农业大数据平台入选农业农村部 2021 数字农业农村新技术新产品新模式优秀案例。张弼士故居旅游区获评国家 AAAA 级旅游景区，西河镇北塘村入选“建党百年红色旅游百条精品线路”，中国红色政权首个公安局——大埔县工农革命政府公安局历史陈列馆以及张弼士博物馆、田家炳纪念馆、邹鲁生平事迹馆建成开馆。

【重点项目】2021 年，大埔县推进总投资 459.15 亿元、年度投资计划 54.03 亿元的 96 项重点项目建设，全年完成投资 46.3 亿元。县城过境公路二期建成通车，省道 221 线湖寮至枫朗段、省道 222 线坑口至高陂段和韩江莲塘大桥等项目建设加快推进。大丰高速前期工作扎实推进，大埔至潮州港疏港铁路列入国家铁路专用线重点项目。韩江高陂水利枢纽工程首台机组顺利投产发电。茶阳防洪工程取得实质进展，完成梅潭河、韩江两宗共 17.4 千米碧道工程建设。

【城乡建设】2021 年，大埔县全国县级文明城市创建工作扎实推进，全县城镇化率 48.2%，县城建成区面积 8.5 平方千米。县、镇两级国土空间规划编制进展顺利，行政村村庄规划编制完成。奥园广场以及城东等“三旧”改造、内环东路综合市场等项目建设加快，完成 4 个老旧小区改造。第二自来水厂及管网、城区截污管网、第二水质净化厂等工程扎实推进，生活垃圾压缩转运站建成使用。驻镇帮镇扶村工作队全面进驻，成功打造高陂镇和桃源镇“人居环境+陶瓷”乡村振兴示范带，“红色筑梦·多彩三河”代表梅州市参加全省乡村振兴大擂台比赛，大埔县被评为“2018—2020 年度广东省乡村振兴先进集体”，全国红色村汇东村组织乡村振兴试点工作扎实推进。开展“两美”行动，巩固“三清三拆三整治”成果，全县 245 个行政村基本达到干净整洁村标准，其中 159 个行政村基本达到美丽宜居村标准。抓好高标准农田建设、垦造水田、拆旧复垦、撂荒耕地复耕复种等工作，粮食生产安全稳定。国考、省考断面水质达标率保持 100%，水环境质量全市排名第一，县城空气质量优良率 99.7%。完成新造林、中幼林抚育 9800 公顷，森林覆盖率 78.99%，被评为 2020 年度“国家重点生态功能区优秀县”。

【发展活力】2021 年，大埔县“放管服”改革、“数字政府”改革建设和商事制度改革成效明显，1428 项业务实现“最多跑一次”，141 项政务服务事项实现“免证办”，286 项高频事项实现异地办理，行政许可事项时限压减率 95.6%、即办率 99.5%，镇级政务服务平台可办理服务事项 852 项，企业开办全流程压减到 0.5 个工作日内完成，新登记市场主体 2671 户。“粤系列”全面推广使用，“粤政易”活跃率全市第一。实施创新驱动战略，成功申报国家高新技术企业 6 家、市级工程技术研究开发中心 1 家、科技型中小企业 34 家，省名优高新技术产品 14 个，新增专利授权量 313 件。

【民生保障】2021 年，大埔县把八成以上财力用于民生领域，十件民生实事基本完成。

全体居民人均可支配收入 2.23 万元，同比增长 8.3%。大埔县代表梅州市接受省脱贫攻坚考核，五年综合成绩排在全省第一方阵。投入 3.29 亿元实施教育项目建设，高陂实验学校建成并招生，城东实验学校和虎中两翼工程基本完工，西岭实验学校主体工程封顶，全县新增学位 3420 个。常态化疫情防控精准有效，新冠疫苗接种稳妥推进。县妇幼保健院升级改造、县人民医院改扩建二期、高陂中心卫生院迁建工程建设加快。全国基层中医药先进单位创建工作扎实推进，紧密型县域医共体建设加快。实施"粤菜师傅""广东技工""南粤家政"三项工程，全年培训 1759 人，城镇新增就业 2400 人，城镇失业人员再就业 1253 人，城镇登记失业率 2.8%。社会保障体系不断完善，城乡居民养老保险和医疗保险参保率分别为 99.5%和 96.4%，城乡低保和特困人员救助供养标准提高。新增市级文物保护单位 5 处，县文化馆被评定为国家一级文化馆。新建社区体育公园 4 个。安全生产、消防、维稳、扫黑除恶等工作扎实推进，获"2017—2020 年度平安中国建设示范县"称号，被国家信访局评为 2020 年度信访工作"三无"县，三河镇退役军人服务站入选"全国百家红色退役军人服务站"，百侯派出所获省"枫桥式公安派出所"称号。

（县府办）

2021 年度大埔十大新闻

1. 广东梅州高陂水利枢纽工程正式下闸蓄水。

2. 大埔持续掀起中国共产党党史学习教育热潮，赓续红色血脉，传承红色基因。

3. 大埔各界热烈庆祝中国共产党成立 100 周年。全剧三分之一在大埔取景拍摄的庆祝建党 100 周年近代革命历史剧《绝密使命》在央视播出。

4. 中国共产党大埔县第十三次代表大会召开，选出大埔新一届县委，明确今后五年目标任务。

5. 大埔县第十六届人民代表大会第一次会议召开。凌晓文当选县长。

6. 大埔县工农革命政府公安局历史陈列馆、田家炳纪念馆、张弼士博物馆正式开馆。

7. 大埔县荣获"2017—2020 年度平安中国建设示范县"称号。

8. 大埔入选全国农产品产地冷藏保鲜整县推进试点县。

9. 大埔全面做好新冠病毒疫苗接种工作，建立人群免疫屏障。

10. 大埔县三河镇代表梅州市参加全省"乡村振兴大擂台"比赛。

（大埔县融媒体中心）

中共大埔县委员会

主要会议简述

【县委十二届十一次全会】2021 年 1 月 25 日，中共大埔县委十二届十一次全会在县科技信息大楼一楼会场召开。会议的主要任务是：以习近平新时代中国特色社会主义思想为指导，深入贯彻落实习近平总书记出席深圳经济特区建立 40 周年庆祝大会和视察广东重要讲话、重要指示精神，深入学习贯彻中共十九届五中全会、中央经济工作会议精神，认真落实省委十二届十一次、十二次、十三次全会和市委七届十次全会精神，总结大埔县 2020 年工作，谋划“十四五”规划时期大埔县经济社会发展，审议《中共大埔县委关于制定国民经济和社会发展第十四个五年规划和二〇三五年远景目标的建议》，部署 2021 年工作，奋力打造宜居宜业宜游生态县，开启全面建设社会主义现代化国家伟大征程。会议传达中央经济工作会议和省委十二届十一次全会及市委七届十次全会精神。县委书记朱汉东代表县委常委会作报告，县委副书记、县长熊锋松就经济工作作专题讲话，县委常委会向全会报告 2020 年政治要件贯彻落实情况及党建工作情况。会议审议通过《中共大埔县委关于制定国民经济和社会发展第十四个五年规划和二〇三五年远景目标的建议》和《中国共产党大埔县第十二届委员会第十一次全体会议决议》。

【大埔县党史学习教育动员大会】于 2021 年 3 月 10 日在县城召开，会议学习贯彻习近平总书记在党史学习教育动员大会上的重要讲话精神和党中央《关于在全党开展党史学习教育的通知》精神，以及省、市党史学习教育动员大会精神，部署大埔县党史学习教育工作。县委书记朱汉东，县长熊锋松，县人大常委会主任黄建庭，县政协主席李礼醒，县委副书记、政法委书记刘裕君；县委、县人大常委会、县政府、县政协全体领导；县人武部军政主官；县人民法院、县人民检察院主要负责人；县纪委监委副书记（副主任）；县直和省、市驻大埔有关单位主要负责人等在主会场参加会议。会议还以应急平台直播形式开至各镇（场）。会议由朱汉东主持。熊锋松传达习近平总书记在党史学习教育动员大会上的重要讲话精神，以及全省、全市党史学习教育动员大会精神。

【5G 赋能乡村振兴大会】2021 年 3 月 31 日上午，梅州大埔 5G 赋能乡村振兴大会在大埔县农业科技馆举办。大会以“5G 赋能智慧百业 · 乡村振兴惠及三农”为主题，深入贯彻

落实习近平总书记关于“三农”工作的重要论述，汇聚各方智慧力量，全力打造“数字乡村”，促进乡村全面振兴。大会由大埔县人民政府、中国移动梅州分公司、南方农村报社、梅州日报社联合举办。第十三届全国人大农业与农村委员会副主任李春生，国际欧亚科学院院士、中山大学地理科学与规划学院教授张新长，梅州市委书记陈敏，中国移动广东公司总经理魏明，农业农村部乡村产业司原巡视员王秀忠、信息中心副总工韩福军，省农业农村厅总农艺师郑宏宣，华为公司中国区副总裁周建军；市领导蓝伟东、韩小林，嘉应学院校长杨洲，县领导朱汉东、熊锋松等省、市、县领导干部及专家、企业代表、媒体代表出席大会。会议由大埔县委副书记、县长熊锋松主持。议程有：熊锋松宣读省委常委叶贞琴在中共大埔县委、大埔县人民政府关于大埔县数字农业建设情况的报告上的批示；大埔县委书记朱汉东致辞；魏明讲话；郑宏宣讲话；陈敏讲话；李春生讲话；周建军演讲；韩福军演讲；张新长演讲；举行广东移动、华为技术有限公司与梅州市人民政府5G+数字农业签约仪式；举行数字农业一期成果交付仪式；举行大埔县特色农产品包装设计大赛颁奖仪式；举行大埔县2021年第一季度重点项目集中开工、竣工投产、签约仪式；现场观摩（自动灌溉、无人机植保灌溉、物联数据大屏监测等）。

【2021年大埔县宣传思想工作暨创建全国县级文明城市动员会】 于2021年5月14日上午在县科技信息大楼一楼会场召开，深入学习贯彻习近平新时代中国特色社会主义思想，传达学习中央、省委、市委宣传部长会议精神，总结2020年全县宣传思想和创建全国县级文明城市工作，分析研判当前面临的新形势、新任务，安排部署2021年工作，动员全县上下，全力以赴推进全国县级文明城市创建工作，为庆祝党的百年华诞营造浓厚氛围。

【张弼士博物馆开馆系列活动】 2021年5月20日上午，在西河镇举行张弼士博物馆开馆仪式、张弼士故居旅游区国家AAAA级旅游景区授牌仪式等系列活动。活动安排：张弼士博物馆开馆仪式；张裕红酒文化小镇项目奠基仪式；张弼士客商精神研讨会；文化旅游推介会；张裕新酒发布暨红酒文化推介会。梅州市委副书记王庆利，烟台张裕葡萄酿酒股份有限公司董事长周洪江，广东省侨联副主席戴文威，中国酒业协会理事长王琦，梅州市人大常委会副主任伍德凤，梅州市政协副主席韩小林，广东省酒类行业协会会长彭洪，烟台张裕葡萄酿酒股份有限公司总经理孙健，红酒世界网董事长苗健，平远县委书记宋才华，蕉岭县委书记陈伟明，丰顺县委书记曾永祥，梅江区区长钟秀堂，五华县县长朱少辉，鸿骏隆（香港）控股有限公司董事长姚耀加，梅州市文化广电旅游局局长谢

2021年5月20日，张弼士博物馆开馆仪式举行（县府办提供）

钦文，烟台市文化和旅游局局长张祖玲，广东华侨博物馆原馆长王明惠，大埔县朱汉东、熊锋松、李礼醒、刘裕君等领导、嘉宾出席仪式。

【大埔县2021年全县农村工作会议】2021年6月2日上午，大埔县在县科技信息大楼一楼会场召开全县农村工作会议暨实施乡村振兴战略工作推进会。会议深入学习贯彻习近平总书记关于“三农”工作的重要论述精神，全面落实中央一号文件以及中央、省委、市委农村工作会议和实施乡村振兴战略工作推进会、省乡村振兴“万企兴万村”行动现场推进会精神，对全县“三农”工作和乡村振兴工作进行再推动、再落实。朱汉东、李礼醒、刘裕君、刘坤明、邓玉伦、罗伟国，县委实施乡村振兴战略领导小组成员单位主要负责人，各镇（场）党委书记、分管乡村振兴工作的领导，县农业农村局相关负责人等参加会议。

【全县学习贯彻习近平总书记在庆祝中国共产党成立100周年大会上重要讲话精神干部动员大会】于2021年7月5日下午在县科技信息大楼一楼会场召开，传达学习贯彻习近平总书记在庆祝中国共产党成立100周年大会上的重要讲话精神，以及全省、全市学习贯彻习近平总书记在庆祝中国共产党成立100周年大会上重要讲话精神干部动员大会精神，并对全县学习宣传贯彻工作进行全面动员部署。朱汉东、熊锋松、李礼醒、刘裕君等县班子领导，县人武部部长，法检“两长”，县纪委监委副书记（副主任），各镇（场）党政主要负责人，县直和省、市驻大埔单位主要负责人，县人大常委会、县政协各专（工）委主任参加会议。

【县委十二届十三次全体（扩大）会议】于2021年8月2日上午在县科技信息大楼一楼会场召开。参加人员有县委委员、候补委员，不是县委委员、候补委员的县人大常委会、县政府、县政协领导班子成员，县法院院长、县检察院检察长，县纪委监委副书记（副主任）；党委、政府工作部门和工商联、群团组织主要领导成员，县委组织部副部长；各镇（场）党委书记、镇（场）长；无党派代表人士；部分“两代表一委员”。

【田家炳纪念馆落成活动】于2021年8月11日上午在高陂镇银滩村举行。市委书记陈敏，市委副书记、代市长马正勇，县委书记朱汉东，全国人大代表、大埔杰出乡贤邓振龙为田家炳纪念馆落成揭幕。

【2021广东梅州柚·大埔蜜柚开采节】于2021年9月3日，在大埔县双髻山蜜柚公园举行。第十三届全国人大农业与农村委员会副主任李春生，中央农办、农业农村部乡村振兴专家咨询委员会委员、中国农业大学原校长柯炳生，原农业部党组成员、国务院参事室特约研究员、中国农产品市场协会会长张玉香，农业农村部农产品质量安全中心副主任寇建平，国家乡村振兴局《中国乡村振兴》杂志社常务副社长姚卜成，省农业农村厅党组成员、副厅长高庆营，市人大常委会副主任蓝伟东，市政协副主席韩小林，嘉应学院副校长、教授廖志成，中央组织部党建研究所原所长、全国党建研究会专职副秘书长陈东平，县委书记黄增国，县长熊锋松等出席活动。

【邹鲁教育生平展揭幕仪式】于2021年9月13日上午在大埔县茶阳镇邹鲁故居“椿森第”举行。中山大学党委书记陈春声，市委书记陈敏，市长马正勇，全国政协委员、佳都科技集团有限公司董事长刘伟，以及邹鲁后人出席仪式并为展览揭幕。市领导陈煜昌、韩小林，县委书记黄增国，县委副书记、代县长凌晓文，中山大学有关专家学者、校友等参加活动。

【县委十二届十四次全会】2021年9月14日，中共大埔县委十二届十四次全会在县科技信息大楼一楼会场召开。会议坚持以习近平新时代中国特色社会主义思想为指导，深入学习习近平总书记“七一”重要讲话和对广东系列重要讲话、重要指示批示精神，特别是关于横琴粤澳深度合作区、前海深港现代服务业合作区建设的重要论述精神，贯彻落实省委十二届十四次全会、全省推动老区苏区全面振兴发展工作会议、市委七届十一次全会精神，深化落实国务院《关于新时代支持革命老区振兴发展的意见》，回顾总结大埔县融入粤港澳大湾区、“两个合作区”建设，以及老区苏区振兴发展工作成效，研究分析当前形势，部署下一阶段大埔老区苏区全面振兴发展工作，开启全面建设社会主义现代化国家新征程。

【县委十二届十五次全会】2021 年 10 月 12 日上午，中共大埔县委第十二届十五次全会在县科技信息大楼二楼会议室召开。出席全会的有县委委员 48 名，候补委员 4 名。受县委常委会委托，县委书记黄增国主持会议。全会审议通过《县第十三次党代表大会日程安排（草案）》，十二届县委工作报告（草案）和县纪委工作报告（草案）、审议县第十三次党代表大会主席团成员、主席团常务委员会委员、秘书长、副秘书长、代表资格审查委员会成员建议名单，审议通过十三届县委委员、候补委员、县纪委委员候选人预备人选名单，圈选出席市第八次党代会代表候选人预备人选，并审议通过关于召开中国共产党大埔县第十三次代表大会的决议（草案）。

【中国共产党大埔县第十三次代表大会】2021 年 10 月 26 日，中国共产党大埔县第十三次代表大会在县城召开。大会的主要任务有：听取和审查中国共产党大埔县第十二届委员会报告；审查中国共产党大埔县纪律检查委员会工作报告；选举中国共产党大埔县第十三届委员会；选举中国共产党大埔县第十三届纪律检查委员会；选举出席中国共产党梅州市第八次代表大会代表。大会应到会代表 347 名，实到会代表 339 名，符合规定人数。开幕大会由县委副书记、代县长凌晓文主持。县委书记黄增国代表中国共产党大埔县第十二届委员会向大会作工作报告。

10 月 27 日下午，中国共产党大埔县第十三次代表大会圆满完成各项议程，在县科技信息大楼一楼会场胜利闭幕。大会应出席代表 347 人，实到会代表 342 人，符合规定人数。县委书记黄增国主持闭幕大会并讲话。黄增国、凌晓文、蓝欣、陈伟平、杨自强、杨润世、李延海、吴丽丽、廖昌元、叶慧玲、张榆昌在主席台前排就座。市换届风气督导组成员到会指导。

【县委十三届一次全会】2021 年 10 月 27 日下午，中共大埔县委十三届一次全会在县科技信息大楼一楼会场召开。全会通过选举办法，选举产生中国共产党大埔县第十三届委员会常务委员会委员和书记、副书记，表决通过中共大埔县第十三届纪律检查委员会第一次全体会议选举结果、中国共产党大埔县第十三届委员会第一次全体会议决议。

【县委常委会会议】2021 年 1 月 22 日下午，县委书记朱汉东在县科技信息大楼二楼会议室主持召开县委常委会（扩大）会议。出席会议的有县委常委，列席会议的有不是县委常委的其他县领导，县法院、县检察院主要负责人，各镇（场）党委书记和县直相关单位主要负责人。会议传达学习上级有关会议和文件精神，听取有关工作汇报，审议有关事项，研究部署当前有关工作。会议传达学习习近平总书记 2020 年 12 月 31 日在中国人民政治协商会议全国委员会新年茶话会上的重要讲话、2021 年新年贺词、2021 年 1 月 7 日在中共中央政治局常务委员会上的重要讲话、在省部级主要领导干部学习贯彻中共十九届五中全会精神专题研讨班开班式上的重要讲话、在北京河北考察并主持召开北京

2022年冬奥会和冬残奥会筹办工作汇报会上的重要讲话，2020年12月30日中央全面深化改革委员会第十七次会议精神，2021年全国、全省、全市春运工作会议精神，以及《中共中央关于加强党的政治建设的意见》《中共中央办公厅印发〈关于巩固深化“不忘初心、牢记使命”主题教育成果的意见〉》文件精神；2021年1月18日省委十二届十三次全会精神，2020年12月29日和2021年1月5日、1月15日等省委常委会会议精神、省推进粤港澳大湾区建设领导小组第六次全体会议精神、广东省对口支援西藏新疆工作领导小组会议精神，2021年1月9日省委理论学习中心组学习会精神,2021年1月15日省委常委会暨省新冠肺炎防控领导小组（指挥部）会议精神，全省村（社区）“两委”换届疫情防控工作电视电话会议，全省、全市根治欠薪冬季专项行动工作推进视频会议精神和《中共广东省委实施〈中国共产党政法工作条例〉办法》文件精神；2021年1月21日市委七届十次全会精神，2020年12月30日、2021年1月11日市委常委会会议暨市新冠肺炎防控领导小组（指挥部）会议精神，2021年1月5日市委常委会会议精神、梅州市精神文明建设委员会会议精神、市委全面深化改革委员会会议精神，2021年1月12日、1月20日市委常委会扩大会议精神、全市村（社区）“两委”换届工作推进会和梅州市精神文明建设表彰大会暨全国文明城市创建、国家卫生城市复审动员大会精神。会议听取县委十二届十一次全会精神、县十五届人大六次会议精神、县政协十四届六次会议筹备情况；近期新冠肺炎疫情防控工作情况、2020年全县意识形态工作情况、大埔县农村房屋安全隐患排查整治工作情况、省林业局冬春季森林防火督导检查情况及近期各镇（场）违规野外用火查处和宣传氛围营造有关情况、2020年大埔县全面推行河长制工作情况、县人大常委会、县政协2020年第四季度重点项目督查情况汇报和茶阳镇就近期森林防灭火多次出现火灾火警情况作的检讨发言，并布置下一阶段疫情防控、2021年意识形态、春节前后有关工作。会议听取并审议通过县委十二届十一次全会有关文稿、县十五届人大六次会议有关材料。根据《中共大埔县委常委会“三重一大”事项集体决策制度实施意见》要求，会议听取并审议《关于请求支持解决征收俊塔搅拌站补偿款的请示》《关于批准大埔县人防基本指挥部建设工程项目（人防101工程）所需资金的请示》《关于党政机关电子公文系统安全可靠应用全面替代工程（电子政务内外网）的请示》《关于由县移民工作局组织实施广东韩江高陂水利枢纽工程避洪基础设施项目的请示》《关于审议2020年度大埔县机关事业单位绩效考核办法的请示》等5项“三重一大”事项，县委常委逐一发表意见或表态，原则上同意实施上述事项。部署当前有关工作：坚决贯彻落实习近平总书记重要讲话重要指示精神；聚焦全会部署，深入学习抓好贯彻；聚焦年末重点，统筹做好各项工作。

1月29日上午，县委书记朱汉东在县科技信息大楼二楼会议室主持召开县委常委会（扩大）会议。出席会议的有县委常委，列席会议的有不是县委常委的其他县领导，县法院、县检察院主要负责人，各镇（场）党委书记和县直相关单位主要负责人。会议传达学习上级有关会议和文件精神，通报有关事宜，审议有关事项，研究部署当前有关工作。会议传达学习习近平总书记关于巡视工作的重要讲话、在十九届中央纪委五次全会上的重要讲话和1月28日中共中央政治局会议精神；省委书记李希在省委书记专题会议听取第七轮巡视综合情况汇报时的讲话精神和1月27日省委第十三巡视组巡视大埔县情况反馈会议精神；专题组织学习2021年度领导干部个人有关事项报告相关文件精神、集中填报工作要求和本地典型案例。会议通报省委第十三巡视组巡视大埔县反馈意见，以及大埔县选人用人、意识形态、巡视工作专项检查反馈意见，并提出相应专项整改落实工作安排。会议听取并审议通过县纪委十二届六次全会工作报告（稿）。部署巡视反馈意见整改落实有关工作。

2月7日上午，县委书记朱汉东在县科技信息大楼二楼会议室主持召开县委常委会（扩大）会议。出席会议的有县委常委，列席会议的有不是县委常委的其他县领导，县法院、县检察院主要负责人，各镇（场）党委书记和县直相关单位主要负责人。会议传达学习上级有关会议和文件精神，听取有关工作汇报，审议有关事项，研究部署当前有关工作。会议传达学习1月28日习近平总书记在中共中央政治局第二十七次集体学习时的讲话，习近平总书记同党外人士共迎新春时的讲话，2月3日至5日习近平总书记考察调研贵州时重要讲话精神；省委书记李希参加专题学习会时的讲话。1月23日省委书记李希参加省政协十二届四次会议联组讨论时的讲话，1月24日省委书记李希参加省十三届人大四次会议广州代表团审议时的讲话、省委书记李希到所在党支部参加组织生活会时的讲话，2月1日省委领导班子2020年度民主生活会、省十三届人大四次会议精神；1月28日市委理论学习中心组专题学习会、1月29日市委领导班子2020年度民主生活会、市七届人大八次会议精神。会议听取大埔县2020年度推进乡村振兴战略实绩考核迎检有关工作情况，并布置下一步工作。同时，布置春节期间有关工作。会议听取并审议通过《省委第十三巡视组反馈意见整改落实责任分工方案》《省委第十三巡视组选人用人专项检查反馈问题的整改方案》《省委第十三巡视组意识形态工作责任制专项检查反馈意见整改落实责任分工方案》《大埔县委巡察机构关于落实省委第十三巡视组巡察工作专项检查反馈问题的整改方案》。根据《中共大埔县委常委会“三重一大”事项集体决策制度实施意见》要求，会议听取并审议《关于提交大埔县2020年度机关事业单位绩效考核奖金分配方案的请示》、“三重一大”事项，县委常委逐一发表意见或表态，一致同意实施上述事项。部署当前有关工作：认真学习贯彻习近平总书记重要讲话重要指示精神；聚焦省市“两会”，深入学习抓好贯彻；紧盯巡视整改，真抓实改确保落实；抓牢乡村振兴，做足准备迎接考核；围绕年末重点，确保全县安定有序。

3月1日上午，县委书记朱汉东在县科技信息大楼二楼会议室主持召开县委常委会（扩大）会议。出席会议的有县委常委，列席会议的有不是县委常委的其他县领导，县法院、县检察院主要负责人，各镇（场）党委书记和县直相关单位主要负责人。会议传达学习上级有关会议和文件精神，听取有关工作汇报，审议有关事项，研究部署当前有关工作。会议传达学习习近平总书记2月10日在2021年春节团拜会上的重要讲话，2月25日在全国脱贫攻坚总结表彰大会上的重要讲话，对政法工作重要指示，中央、省委、市委政法工作会议精神，2月19日中央全面深化改革委员会第十八次会议精神，2月20日党史学习教育动员大会精神，十九届中央纪委二、三、四次全会精神以及全国“两会”信访安全保障工作视频部署会议精神；2月5日省委全面深化改革委员会精神、2月8日广东省春节团拜会精神、2月23日全省党史学习教育动员大会精神、省委党的建设工作领导小组会议精神、省政协十二届四次会议和市政协七届五次会议精神、王鸿津在广东巡视指导督导专题培训会上的讲话精神及《党委（党组）讨论决定干部任免事项守则》、省委《关于建立健全坚决落实“两个维护”十项制度机制的意见》、省委省政府《关于构建“一核一带一区”区域发展新格局促进全省区域协调发展的意见》、省委宣传部《关于加强和改进新时代舆情信息工作的实施意见》文件精神；2月20日市委常委会会议和市迎接2020年度省推进乡村振兴战略实绩考核工作会议精神。会议听取县农业农村局就巡视反馈有关问题和高陂镇、枫朗镇就近期森林防灭火工作作的检讨，以及巡视反馈意见整改落实工作进展情况汇报。会议听取并审议通过2018—2020年县精神文明建设先进集体和先进个人名单。部署当前有关工作：坚决贯彻落实习近平总书记重要讲话重要指示精神；要迅速调整工作状态，吹响工作“集结号”；要坚决克服麻痹思想，筑牢疫情“防护网”；要加快复工复产步伐，奋力实现“开门红”；要死死盯牢森林防火，织密织牢“防火网”；要扎实推进乡村振兴，凝心聚力“迎大考”。

3月5日下午，县委书记朱汉东在县科技信息大楼二楼会议室主持召开县委常委会会议。出席会议的有县委常委，列席会议的有不是县委常委的其他县领导，县法院、县检察院主要负责人，湖寮镇党委书记和县直相关单位主要负责人。会议传达学习上级有关会议和文件精神，听取有关工作汇报，审议有关事项，研究部署当前有关工作。会议传达学习3月1日习近平总书记在中央党校（国家行政学院）中青年干部培训班开班式上的重要讲话和中央关于在全党开展党史学习教育的通知精神，《广东省党委（党组）意识形态工作责任制实施细则》文件精神；3月3日全市人才工作领导小组会议、3月4日全市党史学习教育动员大会和全市统战部长会议精神。会议听取大埔县2020年度法治政府建设年度报告。会议听取并审议通过大埔县党史学习教育方案稿。根据《中共大埔县委常委会“三重一大”事项集体决策制度实施意见》要求，会议听取并审议《大埔县教育局关于请求拨给高陂实验学校装备资金的请示》《关于同意以货币折算形式解决湖寮镇下坜城镇建设用地项目留用地划拨问题的请示》《关于启动南粤古驿道大埔段2021年度巩固提升工程项目的请示》《关于请求同意调整省道221线大埔段改造工程（大埔县城段）建设规模的请示》《关于请求同意大埔县城投实业有限公司为省道221线湖寮至枫朗段公路改建工程提供融资担保的请示》《关于请求拨给2021年度（原2018年度）高标准农田建设项目资金的请示》等6项“三重一大”事项，县委常委逐一发表意见或表态，原则上同意实施上述事项。部署当前有关工作：坚决贯彻落实习近平总书记重要讲话重要指示精神；要聚焦党史学习教育工作，确保学习取得实效；要紧盯巡视整改，从严从实抓好整改；要强化法治建设，加快打造法治政府。

3月30日上午，县委书记朱汉东在县科技信息大楼二楼会议室主持召开县委常委会（扩大）会议。出席会议的有县委常委，列席会议的有不是县委常委的其他县领导，县法院、县检察院主要负责人，各镇（场）党委书记和县直相关单位主要负责人。会议传达学习上级有关会议和文件精神，听取有关工作汇报和有关问题的检讨，审议有关事项，部署当前有关工作。会议传达学习3月22日—25日习近平总书记在福建考察时的重要讲话精神和3月15日中央财经委员会第九次会议精神；全国“两会”及省贯彻大会，全国和省、市新冠病毒疫苗接种工作电视电话会议精神；3月18日省委书记李希在2021年省委党校春季学期中青年干部培训班上的讲话精神；3月5—6日省委常委、常务副省长林克庆和副省长陈良贤到梅州调研指示精神；全省森林防灭火“阳山经验”现场会，3月17

日十二届省纪委六次全会精神；省、市基层矛盾纠纷排查专项行动工作会议精神；全市退役军人工作会议，3月16日、26日市委常委会会议，3月29日七届市纪委七次全会精神。布置大埔县疫情防控和疫苗接种工作、森林防灭火工作。会议听取十二届县委第九轮巡察工作情况，通报乡村振兴战略实绩考核情况、已验收垦造水田项目种植工作进展情况。会议听取1月27日省委第十三巡视组巡视大埔情况关于“传达学习走形式，县委常委会半天内传达学习习近平总书记重要讲话等40多份文件精神”问题的检讨。会议听取并审议通过《关于开展党史学习教育的工作安排》《大埔县委领导班子召开省委巡视反馈意见整改落实专题民主生活会工作方案》《2021年县人大常委会党组工作要点》《县人大常委会2021年监督工作计划》。根据《中共大埔县委常委会“三重一大”事项集体决策制度实施意见》要求，会议听取并审议《关于提请审议〈大埔县正常离任村干部生活补助提标发放管理办法〉的请示》《关于请求拨给大埔客风文化旅游开发投资有限公司入股资金的请示》2项“三重一大”事项，县委常委逐一发表意见或表态，原则上同意实施上述事项。部署当前有关工作：坚决贯彻落实习近平总书记重要讲话重要指示精神；要做实做细巡视巡察“后半篇文章”；要绷紧绷牢旱涝同防和应急处突责任之弦；要全力做好森林防灭火工作。

3月30日下午，县委书记朱汉东在县科技信息大楼二楼会议室主持召开县委常委会（扩大）会议。出席会议的有县委常委，列席会议的有不是县委常委的其他县领导，县法院、县检察院主要负责人，各镇（场）党委书记和县直相关单位主要负责人。会议听取有关工作汇报，部署有关工作。会议听取县人大常委会、县政府、县政协和县法院、县检察院党组工作汇报。部署有关工作：把牢政治方向，统一行动步调；围绕中心工作，服务发展大局；强化自身建设，打造过硬队伍。

4月25日下午，县委书记朱汉东在县科技信息大楼二楼会议室主持召开县委常委会（扩大）会议。出席会议的有县委常委，列席会议的有不是县委常委的其他县领导，县法院、县检察院主要负责人，各镇（场）党委书记和县直相关单位主要负责人。会议传达学习上级有关会议和文件精神，听取有关工作汇报，审议有关事项，研究部署当前有关工作。会议传达学习习近平总书记4月19日在清华大学考察时的重要讲话精神和对革命文物工作、深化东西部协作和定点帮扶工作、打击治理电信网络诈骗犯罪工作、职业教育工作作出的重要指示精神，3月30日中共中央政治局会议精神；省委农村工作会议暨全省实施乡村振兴战略工作推进会议，4月9日、16日省委常委会会议精神，《中共广东省委 广东省人民政府关于实现巩固拓展脱贫攻坚成果同乡村振兴有效衔接的实施意见》文件精神；全市民族宗教工作会议，全市县镇领导班子换届工作会议，4月6日、22日市委常委会会议精神。会议听取县府办关于赴深圳、咸阳考察恒得源集团的情况汇报、县纪委办关于2020年度党风廉政建设责任制考核和县纪委全会述责述廉的情况汇报、县长寿事业发展中心关于“世界长寿大会”筹备工作的情况汇报，通报第一季度大埔县经济运行情况、已验收垦造水田项目种植和卫片执法工作情况。会议听取并审议通过《中共政协大埔县委员会党组2021年工作要点》和《政协大埔县委员会2021年度协商工作计划》，原则上同意落实省委第十三巡视组反馈意见整改情况有关报告。部署当前有关工作：坚决贯彻落实习近平总书记重要讲话、重要指示精神；准确把握当前形势，力促经济发展提速增效；始终坚持学思践悟，扎实推进党史学习教育；深化党风廉政建设，营造风清气正政治生态；聚焦聚力乡村振兴，盯紧时间节点迎接考核；善始善终抓好整改，持续巩固扩大巡视成果。

5月14日下午，县委书记朱汉东在县科技信息大楼二楼会议室主持召开县委常委会（扩大）会议。出席会议的有县委常委，列席会议的有不是县委常委的其他县领导，县法院、县检察院主要负责人，各镇（场）党委书记和县直相关单位主要负责人。会议传达学习上级有关会议和文件精神，听取有关工作汇报，审议有关事项，研究部署当前有关工作。会议传达学习习近平总书记4月25日至27日在广西考察时的重要讲话、5月9日给《文史哲》编辑部全体编辑人员回信精神；4月28日，赵乐际和杨晓渡在全国巡视工作会议暨十九届中央第七轮巡视动员部署会上的讲话精神；4月25—26日省委书记李希到潮州市调研时的讲话，副省长李红军在全省学习习近平总书记退役军人工作重要论述及《中华人民共和国退役军人保障法》培训会上的讲话，4月27日、5月6日省委常委会会议精神；《中国共产党统一战线工作条例》《广东乡村振兴与江浙对比亟需补齐的五块短板》精神；市委书记陈敏在市委理论学习中心组专题学习《国务院关于新时代支持革命老区振兴发展的意见》时的讲话，蒋万军在到大埔调研座谈会上的讲话精神，以及梅州市“三项工程”高质量发展现场推进会暨首届“南粤家政”技能大赛活动、5月8日全市农村工作会议暨实施乡村振兴战略现场推进会、5月11日市委常委会会议精神。会议听取全县财政运行和张弼士博物馆开馆系列活动筹备工作情况；通报近期疫苗接种工作情况，布置疫情防控、疫苗接种和创建“全国基层中医药工作先进单位”工作。会议听取并审议通过《大埔县文联改革实施方案》稿和《中共大埔县委关于镇领导班子换届工作的实施方案》稿。根据《中共大埔县委常委会“三重一大”事项集体决策制度实施意见》要求，会议听取并审议《关于延续使用扶贫入股资金的请示》“三重一大”事项，县委常委逐一发表意见或表态，一致同意实施上述事项。部署当前有关工作：坚决贯彻落实习近平总书记重要讲话、重要指示精神；盯紧时间节点，高标高质推进筹备工作；聚焦大会部署，扎实有效推进乡村振兴；突出工作重点，持续推进党史学习教育；坚持多措并举，夯实基层党建工作根基。

5月22日下午，县委书记朱汉东在县科技信息大楼二楼会议室主持召开县委常委会暨县新冠肺炎防控领导小组（指挥部）会议。出席会议的有县委常委，列席会议的有不是县委常委的其他相关县领导，各镇（场）党委书记和县直相关单位主要负责人。会议传达学习上级有关会议和文件精神，听取有关工作汇报，研究部署当前有关工作。会议传达学习5月12日习近平总书记在河南省南阳市考察时关于疫情防控工作的重要指示精神；5月22日省委书记李希关于学习贯彻中央领导有关指示精神的批示，5月21日省委常委会暨省新冠肺炎防控领导小组（指挥部）会议精神；5月22日市委常委会暨市新冠肺炎防控领导小组（指挥部）会议精神。会议通报大埔县近期疫情防控工作情况并布置下一步工作。部署当前有关工作：切实提高政治站位，保持高度警惕应对疫情；扎实筑牢疫情防线，落细落实各项防控措施；严格落实工作责任，坚决扛起疫情防控职责。

5月27日下午，县委书记朱汉东在县科技信息大楼二楼会议室主持召开县委常委会暨县新冠肺炎防控领导小组（指挥部）会议。出席会议的有县委常委，列席会议的有不是县委常委的其他相关县领导，各镇（场）党委书记和县直相关单位主要负责人。会议传达学习上级有关会议和文件精神，研究部署当前有关工作。会议传达学习习近平总书记关于疫情防控系列重要讲话和重要指示、批示精神；5月26日省委常委会暨省新冠肺炎防控领导小组（指挥部）会议，5月27日市新冠肺炎防控领导小组（指挥部）会议，省、市新冠肺炎疫情防控工作电视电话会议精神，以及省委书记李希对全省高考工作的批示精神。部署当前有关工作：全力守牢疫情防控防线；全力确保全县高考平安；全面守牢校园安全阵地。

6月11日上午，县委书记朱汉东在县科技信息大楼二楼会议室主持召开县委常委会会议。出席会议的有县委常委，列席会议的有不是县委常委的其他县领导，县法院、县检察院主要负责人，各镇（场）党委书记和县直相关单位主要负责人。会议传达学习上级有关会议和文件精神，听取有关工作汇报，审议通过有关事项，研究部署当前有关工作。会议传达学习习近平总书记5月12—14日在河南考察时和在推进南水北调后续工程高质量发展座谈会上的重要讲话、6月7—9日在青海考察时的重要讲话、5月21日在全球健康峰会上的重要讲话、5月28日在两院院士大会中国科协第十次全国代表大会上的重要讲话精神，关于安全生产、防灾减灾救灾重要指示批示精神，国务院联防联控机制和省市疫情防控电视电话会议、5月21日中央全面深化改革委员会第十九次会议、5月31日中共中央政治局会议、中央保密委员会全体会议及全国、全省保密工作会议精神，《公安部关于严打严防伤害学生恶性案件的通知》《中共中央 国务院关于新时代加强和改进思想政治工作的意见》《中共中央办公厅 国务院办公厅印发〈关于县以下事业单位建立管理岗位职员等级晋升制度的意见〉的通知》《关于近期党史学习教育舆情风险点的提醒函》《关于党史学习教育有关活动注意事项的通知》精神；省委书记李希在省委网信委第三次全体会议上的讲话，省委理论学习中心组学习会，全省公安机关视频会议暨第七次周调度会，5月14日、6月3日等省委常委会会议，5月28日、6月3日省委常委会暨省新冠肺炎防控领导小组（指挥部）会议，6月9日全省端午期间疫情防控和安全防护工作视频会议精神；市委全面深化改革委员会会议，市委保密委员会全体会议暨全市保密工作会议，市委党史学习教育领导小组办公室第三次工作会议暨各县（市、区）党史学习教育工作推进会，全市农村集中供水攻坚工作专题会议，5月24日、6月10日市委常委会会议精神。会议听取大埔县教育发展基金会工作开展情况、全县打击治理电信网络诈骗犯罪工作情况、大埔县耕地撂荒问题整改情况、大埔县2020年未成年人思想道德建设工作情况。会议听取并审议通过《大埔县从“五方面人员”中选拔乡镇领导班子成员工作实施办法》《大埔县贯彻落实〈广东省加强党的基层组织建设三年行动计划（2021—2023年）〉实施方案》《县委常委会2021年度基层党建重点项目研判安排》《关于巩固深化“不忘初心、牢记使命”主题教育成果的具体措施》《中共大埔县委党的建设工作领导小组2021年工作要点》《中共大埔县委进一步落实全面从严治党主体责任清单》。根据《中共大埔县委常委会“三重一大”事项集体决策制度实施意见》要求，会议听取并审议《关于实施大埔县中医康复中心项目的请示》《关于请求批准大埔县第二自来水厂新建工程及五虎山水厂扩建工程建设的请示》《关于请求处置大埔县水电发展有限责任公司三处闲置资产并将拍卖款用于归还农商行贷款的请示》《关于解决三河红色廊桥建设项目工程费用的请示》《关于提请审议〈大埔县2021年全域自然村集中供水工作实施方案〉（送审稿）的请示》《关于提请审议〈大埔县城乡居民饮水水质提升工作方案〉（送审稿）的请示》《关于请求批准同意省道222线大埔县坑口至高陂段公路改建工程优化调整方案的请示》等7项“三重一大”事项，县委常委逐一逐项发表意见或表态，一致同意实施上述事项。研究部署当前有关工作：坚决贯彻落实习近平总书记重要讲话、重要指示精神；认清防疫严峻形势，筑牢疫情防控严密防线；系统盘点半年工作，聚焦全年目标奋力争先；集中力量攻坚克难，实现农村集中供水全覆盖；提高安全防范意识，全力做好校园安全防范工作；清醒认识电诈形势，坚决遏制犯罪高发态势；加大维稳力度，确保社会大局和谐稳定；严格落实各方责任，全力做好防汛减灾工作；多措并举综合施策，加强未成年人思想道德建设。

6月16日上午，县委书记朱汉东在县科技信息大楼二楼会议室主持召开县委常委会（扩大）会议。出席会议的有县委常委，列席会议的有不是县委常委的其他相关县领导，各镇（场）党委书记和县有关单位主要负责人。会议传达学习上级有关会议和文件精神，听取有关工作汇报，研究部署当前有关工作。会议传达学习习近平总书记对湖北十堰市张湾区艳湖社区集贸市场燃气爆炸事故作出的重要指示精神、李克强总理对湖北十堰市张湾区艳湖社区集贸市场燃气爆炸事故作出的批示精神；6月14日省、市安全生产工作视频会议精神，6月15日市委书记陈敏到大埔检查安全生产和疫情防控工作时的讲话精神。会议听取全县燃气行业情况、全县安全生产工作情况汇报。研究部署当前有关工作：要用铁的担当尽责；要用铁的手腕整治；要用铁的纪律保证。

6月29日上午，县委书记朱汉东在县科技信息大楼二楼会议室主持召开县委常委会（扩大）会议。出席会议的有县委常委，列席会议的有不是县委常委的其他相关县领导和县直相关单位主要负责人。会议审议有关事项，研究部署当前有关工作。会议听取并审议通过《大埔县庆祝中国共产党成立100周年活动方案》（稿），大埔县“两优一先”表彰对象名单，各镇党委请示召开党代表大会有关事宜，县党代表大会有关事宜，2020年度县处级领导、县直单位正科职、镇（场）党政正职年度考核“优秀”等次名单等事项。研究部署当前有关工作：要周密安排，庆祝中国共产党成立100周年；要严明纪律，圆满做好换届工作。

7月5日上午，县委书记朱汉东在县科技信息大楼二楼会议室主持召开县委常委会会议。出席会议的有县委常委，列席会议的有不是县委常委的其他县领导，县法院、县检察院主要负责人，各镇（场）党委书记和县直相关单位主要负责人。会议传达学习上级有关会议和文件精神，听取有关工作汇报，审议有关事项，研究部署当前有关工作。会议传达学习习近平总书记6月18日在参观“‘不忘初心、牢记使命’中国共产党历史展览”时的重要讲话、6月25日在中共中央政治局第三十一次集体学习时的重要讲话、6月29日在庆祝中国共产党成立100周年“七一勋章”颁授仪式上的重要讲话、7月1日在庆祝中国共产党成立100周年大会上的重要讲话精神，中共中央办公厅关于认真学习贯彻《习近平总书记在庆祝中国共产党成立100周年大会上的讲话》的通知、中共中央办公厅关于北京市开展违建别墅清查整治工作情况的通报、《关于加强巡视巡察上下联动的意见》专题培训班暨巡视指导督导总结会议、全国推进新时代文明实践中心建设试点工作电视电话会议及市工作推进会；6月16日省委常委会会议、6月18日省委理论学习中心组专题学习会议、7月2日全省学习贯彻习近平总书记在庆祝中国共产党成立100周年大会上重要讲话精神干部动员大会会议，全省推进粮食生产视频会议精神，以及《中共广东省委关于认真学习宣传贯彻习近平总书记在庆祝中国共产党成立100周年大会上重要讲话精神的通知》、省委组织部《关于5起违反换届纪律违规选人用人典型案件的通报》《关于9起失职渎职案件的通报》；6月23日市委常委会扩大会议、7月2日全市学习贯彻习近平总书记在庆祝中国共产党成立100周年大会上重要讲话精神干部动员大会会议精神。会议通报大埔县近期疫情防控工作情况。会议听取并审议通过《大埔县民政局职能配置、内设机构和人员编制规定》（稿）和《大埔县财政局职能配置、内设机构和人员编制规定》（稿）。根据《中共大埔县委常委会“三重一大”事项集体决策制度实施意见》要求，会议听取并审议《关于印发大埔县2021年示范先行村竞选和创建工作方案的请示》《关于审议大埔县全面推进农房管控和乡村风貌提升工作奖惩办法的请示》2项“三重一大”事项，县委常委逐一发表意见或表态，原则上同意实施上述事项。部署当前有关工作：坚决贯彻落实习近平总书记重要讲话、重要指示精神；要加强统筹协调，高标高质推进换届工作；要聚焦三个重点，力促乡村振兴走在前列；要认清形势任务，聚焦全年目标奋力冲刺；要抓牢党风廉政，营造风清气正政治生态。

7月22日下午，县委书记朱汉东在县科技信息大楼二楼会议室主持召开县委常委会（扩大）会议暨县新冠肺炎防控领导小组（指挥部）会议。出席会议的有县委常委，列席会议的有不是县委常委的其他县领导，各镇（场）党委书记、县直相关单位主要负责人和卫健系统有关人员。会议传达学习上级有关会议和文件精神，听取有关工作汇报，研究部署当前有关工作。会议传达学习7月6日习近平总书记在中国共产党与世界政党领导人峰会上的重要讲话精神；传达贯彻7月8日省委常委会暨省新冠肺炎防控领导小组（指挥部）会议、7月20日省委书记专题会暨省新冠肺炎防控领导小组（指挥部）会议精神；7月21日全市新冠肺炎防控领导小组（指挥部）会议、7月22日市委常委会会议和全市专项工作会议精神。会议通报大埔县前期疫情防控、新冠疫苗接种工作情况。部署当前有关工作：始终保持政治站位，扎实筑牢思想防线；落细落实防控措施，守好守牢防院感底线；严格落实工作责任，坚决扛起防控职责。

7月30日上午，县委书记朱汉东在县委县政府大楼二楼会议室主持召开县委常委会（扩大）会议。出席会议的有县委常委，列席会议的有市干部考察组和风气督导组成员，县人大常委会、县政府、县政协领导班子成员，县法院院长、县检察院检察长，县纪委监委副书记、副主任。会议传达学习上级有关会议和文件精神，动员部署县级领导班子换届工作。会议传达学习中央和省委、市委关于县级领导班子换届工作有关会议和文件精神。市干部考察组组长解读换届工作有关政策、主要任务和工作安排，对大埔县县级领导班子换届工作进行动员部署。县委书记代表县级领导班子作换届工作表态：要站位全局深化认识；要积极配合推荐考察；要正确看待进退留转；要严格遵守换届纪律。

8月2日上午，县委书记朱汉东在县科技信息大楼二楼会议室主持召开县委常委会（扩大）会议。出席会议的有县委常委，列席会议的有不是县委常委的其他县领导，县法院、县检察院主要负责人，各镇（场）党委书记和县直相关单位主要负责人。会议传达学习上级有关会议精神，通报有关工作情况，研究部署当前有关工作。会议传达学习贯彻习近平总书记关于安全生产重要论述精神；传达贯彻7月31日全省疫情防控、安全生产和三防工作电视电话会议，以及8月1日全市安全和消防工作视频会议精神。会议通报茶阳镇“7·31”火灾事故情况，以及大埔县前期疫情防控和新冠疫苗接种工作情况。研究部署全县生态文明建设和生态环境保护工作。研究确定有关事项：成立专项领导小组；开展专项整治行动；加强基础设施建设；推进消防安全宣传。部署当前有关工作：全力以赴抓好安全生产和消防工作；慎终如始抓好疫情防控工作；未雨绸缪抓好防洪备汛工作；扛起责任担当守好绿水青山。

8月17日上午，县委书记朱汉东在县科技信息大楼二楼会议室主持召开县委常委会会议。出席会议的有县委常委，列席会议的有不是县委常委的其他县领导，县法院、县检察院主要负责人，各镇（场）党委书记和县直相关单位主要负责人。会议传达学习上级有关会议精神，通报有关工作情况，审议有关事项，研究部署当前有关工作。会议传达学习习近平总书记在中央政治局常委会会议上的重要讲话、7月21—23日在西藏考察时的重要讲话、7月30日在中共中央政治局第三十二次集体学习时的重要讲话、对防汛救灾工作作出的重要指示要求，7月28日中南海党外人士座谈会会议、7月30日中共中央政治局会议，全国、全省、全市第一次扫黑除恶常态化暨行业领域整治推进会主要精神；7月7日广东省庆祝中国共产党成立100周年座谈会会议、7月28日中国共产党广东省第十二届委员会第十四次全体会议、8月4日省委常委会暨省新冠肺炎防控领导小组（指挥部）会议，7月9日、7月23日、8月4日省委常委会会议，8月5日、8月12日市委常委会会议精神；7月7日梅州市庆祝中国共产党成立100周年座谈会会议、7月22日市委理论学习中心组专题学习会会议、7月29日市委常委会扩大会议、8月11日市委书记陈敏在大埔调研座谈会上的讲话、市委七届十一次全会和市七届人大九次会议精神。会议通报近期疫情防控疫苗接种情况和十二届县委巡察“回头看”情况。会议审议通过县镇人大换届选举有关事宜、《大埔县第十五届政协委员人选推荐提名工作意见》（稿）、《大埔县2021年全面依法治县工作要点》（稿）和《大埔县2021年依法行政工作要点》（稿）。根据《中共大埔县委常委会“三重一大”事项集体决策制度实施意见》要求，会议听取并审议《关于提请审议〈大埔县乡村振兴驻镇帮镇扶村工作方案〉的请示》《关于请求支持解决三河镇乡村振兴首期建设项目资金的请示》2项“三重一大”事项，县委常委逐一逐项发表意见或表态，同意实施上述事项。部署当前有关工作：坚决贯彻落实习近平总书记重要讲话、重要指示精神；领会全会精神，全力抓好省市工作部署；严肃换届纪律，营造风清气正换届环境；坚持底线思维，夯实大埔发展安全根基。

9月8日上午，县委书记黄增国在县科技信息大楼二楼会议室主持召开县委常委会（扩大）会议。出席会议的有县委常委，列席会议的有不是县委常委的其他县领导，各镇（场）和县直相关单位负责人。会议传达学习上级有关会议和文件精神，听取有关工作汇报，审议有关事项，研究部署当前有关工作。会议传达学习习近平总书记8月23—24日在河北承德考察时的重要讲话、9月1日在中央党校中青年干部培训班开班式上的重要讲话精神，8月17日中央财经委员会第十次会议、8月27—28日中央民族工作会议、8月30日中央全面深化改革委员会第二十一次会议、8月31日中共中央政治局会议精神；8月16日、8月20日、9月1日等省委常委会会议，以及8月16日省委常委会暨省委政法队伍教育整顿工作领导小组会议、8月19日全省推动老区苏区全面振兴发展工作会议、8月23日全省机关党的建设工作暨深化模范机关创建工作推进会、8月26日省委常委会暨省委财经委员会会议精神；8月24日市委常委会扩大会议、9月3日市委常委会会议精神。会议通报大埔县近期新冠疫苗接种工作情况，并部署下一步工作。会议听取大埔县配合中央环保督察工作相关情况。会议审议县委十二届十四次全会有关文稿，审议通过调整县镇人大换届时间安排、县十六届人大代表候选人名单等事项。部署当前有关工作：坚决贯彻落实习近平总书记重要讲话、重要指示精神；毫不松懈抓好疫情防控工作；扎实有序抓好县镇换届工作；全力以赴配合环保督察工作；精准施策做好巡视整改工作；持之以恒抓好社会维稳工作。

9月26日上午，县委书记黄增国在县科技信息大楼二楼会议室主持召开县委常委会（扩大）会议。出席会议的有县委常委，列席会议的有不是县委常委的其他县领导，县法院、县检察院主要负责人，各镇（场）党委主要负责人和县直相关单位主要负责人。会议传达学习上级有关会议精神，审议有关事项，研究部署当前有关工作。会议传达学习习近平总书记在陕西榆林考察时的重要讲话和“中国农民丰收节”重要指示精神；9月6日、9月22日省委常委会暨省新冠肺炎防控领导小组（指挥部）会议，9月6日、9月11日、9月15日、9月22日省委常委会会议，全省推进横琴粤澳深度合作区建设和全面深化前海深港现代服务业合作区改革开放动员会，全省全市维稳工作会议，全省精神文明建设工作推进会，省各民主党派负责人暑期座谈会，省、市政法相关会议精神；9月22日市委书记陈敏到大埔调研时的讲话精神，9月13日市委常委会会议，市委网络安全和信息化委员会2021年工作要点和相关会议，市委全面依法治市工作会议暨全市扫黑除恶专项斗争、平安梅州建设总结表彰会议，市委党史学习教育领导小组第四次会议，梅州市全面推行林长制工作动员大会暨林业工作会议，《关于4起违反中央八项规定精神典型问题的通报》文件精神。会议审议通过《关于常态化开展扫黑除恶斗争巩固专项斗争成果的实施意见》《大埔县2021年重点建设项目挂钩责任县领导调整方案》、大埔县出席市第八次党代表大会代表候选人初步人选名单和县第十三次党代表大会代表候选人预备人选名单。根据《中共大埔县委常委会“三重一大”事项集体决策制度实施意见》要求，会议听取并审议《关于批准2021年8月地方政府新增债券资金使用计划的请示》《关于调整2021年大埔县“四好农村路”建设涉农资金分配方案的请示》《关于审议〈关于实现巩固拓展脱贫攻坚成果同乡村振兴有效衔接的实施方案（送审稿）〉的请示》3项“三重一大”事项，县委常委逐一逐项发表意见或表态，原则上同意实施。部署当前有关工作：坚决贯彻落实习近平总书记重要讲话、重要指示精神；认清形势任务，用心用情用功奋力冲刺；严肃换届纪律，稳妥有序推进换届工作；抓好意识形态，有力推进精神文明建设；坚持人民至上，全力维护社会大局稳定。

10月19日下午，县委书记黄增国在县科技信息大楼二楼会议室主持召开县委常委会（扩大）会议。出席会议的有县委常委，列席会议的有不是县委常委的其他县领导，县法院、县检察院主要负责人，各镇（场）和县直相关单位负责人。会议传达学习上级有关会议精神，听取有关工作汇报，审议有关事项，部署当前有关工作。会议传达学习习近平总书记9月27—28日在中央人才工作会议上的重要讲话、10月9日在纪念辛亥革命110周年大会上的重要讲话、10月13—14日在全国人大工作会议上的重要讲话精神；9月30日省委常委会暨省委人才工作领导小组会议、10月10日省委常委会会议精神；9月24日市委全面深化改革委员会会议、9月27日市委常委会扩大会议、9月27日市委理论学习中心组专题学习会议精神。会议听取大埔县打击治理电信网络新型违法犯罪工作情况汇报。研究布置大埔县“一感二度三率两评价”测评、疫苗接种、垦造水田、医保缴费等有关工作。会议听取并审议通过《大埔县侨联改革实施方案》（稿）。部署当前有关工作：坚决贯彻落实习近平总书记重要讲话、重要指示精神；要聚焦重点任务，坚持保收官、开新局；要严肃换届纪律，坚持严要求、守规矩；要深化平安建设，坚持保先进、提质量。

10月27日下午，县委书记黄增国在县科技信息大楼二楼会议室主持召开县委常委会会议。出席会议的有县委常委，列席会议的有不是县委常委的其他县领导。会议传达学习上级有关会议精神，研究讨论有关事项，部署当前有关工作。会议传达学习习近平总书记10月18日在中共中央政治局第三十四次集体学习时的重要讲话精神。会议审议通过县委常委分工安排、大埔县出席梅州市第八届人民代表大会代表候选人初步人选名单、县政协十五届委员会委员人选名单和县政协十五届常务委员会组成人员名单，以及县政协党组关于政协换届工作有关事项。部署当前有关工作：要深刻领会精神，大力发展数字经济；要聚焦目标任务，突出重实干强担当；要精心筹备两会，确保顺利圆满召开。

11月4日下午，县委书记黄增国在县科技信息大楼二楼会议室主持召开县委常委会会议。出席会议的有县委常委，列席会议的有不是县委常委的其他县领导，县法院、县检察院主要负责人，各镇（场）和县直相关单位负责人。会议传达学习上级有关会议和文件精神，听取有关工作汇报，审议有关事项，部署当前有关工作。会议传达学习习近平总书记10月20—22日在山东省考察调研期间的重要讲话和10月26日参观国家“十三五”科技创新成就展时的重要讲话精神；纪念中央革命根据地创建暨中华苏维埃共和国成立90周年座谈会会议精神；10月22日省委常委会暨省新冠肺炎防控领导小组（指挥部）会议和10月22日、25日、29日省委常委会会议精神；10月18日、25日、30日市委常委会会议精神，以及省“扫黄打非”办印发的《进一步落实意识形态工作责任制 切实履行扫黄打非工作责任》实施方案、省纪委办公厅《关于进一步规范广东省纪检监察机关党风廉政意见回复工作的实施办法（试行）》文件精神。会议听取全县农村厕所问题排查整改工作和大埔县近期疫情防控工作情况汇报。会议听取并审议通过《政府工作报告》（稿）。根据《中共大埔县委常委会“三重一大”事项集体决策制度实施意见》要求，会议听取并审议《关于请求审议〈调整大埔县2021年重点建设项目计划〉的请示》《关于请求审议〈大埔县进一步深化供销合作社综合改革打造为农服务生力军实施方案〉的请示》2项“三重一大”事项，县委常委逐一逐项发表意见或表态，原则上同意实施上述事项。部署当前有关工作：坚决贯彻落实习近平总书记重要讲话、重要指示精神；要聚焦党代会工作部署，掀起学习宣传贯彻热潮；要紧盯关键节点，维护社会大局和谐稳定；要有序筹备两会，确保会议圆满顺利召开。

11月15日下午，县委书记黄增国在县科技信息大楼二楼会议室主持召开县委常委会（扩大）会议。出席会议的有县委常委，列席会议的有不是县委常委的部分县领导，县委办负责人。会议传达学习上级有关会议和文件精神，部署当前有关工作。会议传达学习中共十九届六中全会精神，以及换届工作有关文件和上级会议精神。部署当前有关工作：要深入学习贯彻中共十九届六中全会精神；要严肃换届纪律确保圆满完成换届选举工作；要紧盯关键节点维护社会大局和谐稳定。

11月26日上午，县委书记黄增国在县科技信息大楼二楼会议室主持召开县委常委会会议。出席会议的有县委常委，列席会议的有不是县委常委的其他县领导，县法院、县检察院主要负责人，各镇（场）和县直相关单位负责人。会议传达学习上级有关会议和文件精神，听取有关工作汇报，审议有关事项，部署当前有关工作。会议传达学习习近平总书记11月5日在参加北京市区人大代表换届选举投票时的重要讲话和在全国人大工作会议上的重要讲话精神，11月18日中共中央政治局会议精神，中共中央关于新时代坚持和完善人民代表大会制度加强和改进人大工作的意见精神，栗战书在全国人大工作会议上的讲话精神，全国全省全市根治欠薪冬季专项行动动员部署会会议精神；10月11日广东省各界纪念辛亥革命110周年大会精神、11月5日省委常委会暨省新冠肺炎防控领导小组（指挥部）会议精神，11月5日、12日省委常委会会议和11月22日中央宣讲团中共十九届六中全会精神宣讲报告会暨广东省市厅级主要领导干部学习贯彻中共十九届六中全会精神专题研讨班等有关会议精神，省委人大工作会议精神，全省城市基层党建工作交流会精神；11月9日、16日、22日市委常委会会议和11月16日市新冠肺炎防控领导小组（指挥部）会议有关精神、11月22日市七届人大十次会议和11月25日七届市委第十二次全体会议精神，全市政法重点工作调度会会议精神，《梅州市地方党政领导干部非煤矿山安全生产工作责任制规定实施意见》（梅市明电〔2021〕186号）精神。会议听取大埔县迎接2021年度乡村振兴战略实绩考核工作情况、国家重点生态功能区县域考核工作情况汇报。会议审议并通过《大埔县公务员二至四级高级主办（调研员）职级设置方案》（稿）。根据《中共大埔县委常委会“三重一大”事项集体决策制度实施意见》要求，会议听取并审议《关于请求拨回垫付政府购买服务项目融资贷款利息的请示》《关于审议〈全面推进乡村振兴加快农业农村现代化的实施方案（送审稿）〉的请示》2项“三重一大”事项，县委常委逐一逐项发表意见或表态，一致同意实施上述事项。部署当前有关工作：坚决贯彻落实习近平总书记重要讲话、重要指示精神；紧扣大会部署，凝聚干事创业合力；聚焦年末重点，做好年末岁尾工作；抓牢乡村振兴，做足准备迎接考核。

11月30日下午，县委常委会在县委县政府大楼二楼会议室召开县委常委会（扩大）会议。出席会议的有县委常委，列席会议的有不是县委常委的其他县领导，县法院主要负责人，各镇（场）和县直相关单位负责人。会议由蓝欣同志主持，专题传达学习贯彻梅州市第八次党代会精神。部署大埔县贯彻落实梅州市第八次党代会精神工作：要坚持强党建促发展；要坚持谋全局抓大事；要坚持固根基扬优势；要坚持补短板强弱项；要坚持办实事惠民生。

12月17日上午，县委书记黄增国在县科技信息大楼二楼会议室主持召开县委常委会（扩大）会议。出席会议的有县委常委，列席会议的有不是县委常委的其他县领导，县法院主要负责人，各镇（场）和县直相关单位负责人。会议传达学习上级有关会议精神，听取有关工作汇报，审议有关事项，部署当前有关工作。会议传达学习习近平总书记12月3—4日在全国宗教工作会议上的重要讲话、12月6日在中共中央政治局第三十五次集体学习时的重要讲话精神，12月2日中共中央党外人士座谈会精神，12月6日中共中央政治局会议精神，12月8—10日中央经济工作会议精神；12月3日、11日省委常委会会议精神，12月12日全省领导干部大会精神；12月1日、14日市委常委会会议精神。会议听取全县做好元旦、春节期间疫情防控工作情况、森林防灭火工作情况、2022 年度城乡居民医疗保险参保缴费工作情况、根治欠薪冬季专项行动推进情况、打击治理电信网络诈骗犯罪工作情况汇报。会议审议并通过《大埔县镇（场）和县直单位党风廉政建设工作考核方案（试行）》（稿）、增补县十五届政协委员（港澳委员）有关事宜。根据《中共大埔县委常委会“三重一大”事项集体决策制度实施意见》要求，会议听取并审议《关于批准 2021 年 11 月地方政府新增债券资金使用计划的请示》《关于审议〈大埔县事业单位建立管理岗位职员等级晋升制度工作实施方案（送审稿）〉的请示》2 项“三重一大”事项，县委常委逐一逐项发表意见或表态，一致同意实施上述事项。部署当前有关工作：坚决贯彻落实习近平总书记重要讲话、重要指示精神；聚焦党建党廉，不断夯实战斗堡垒；聚焦平安建设，维护社会大局稳定；聚焦疫情防控，时刻绷紧防控之弦；聚焦岁末年初，扎实做好各项工作。

12 月 27 日下午，县委书记黄增国在县科技信息大楼二楼会议室主持召开县委常委会会议。出席会议的有县委常委，列席会议的有不是县委常委的其他县领导，县法院主要负责人，各镇（场）和县直相关单位负责人。会议传达学习上级有关会议和文件精神，听取有关工作汇报，部署当前有关工作。会议传达学习习近平总书记 12 月 14 日在中国文联第十一次全国代表大会、中国作协第十次全国代表大会开幕式、12 月 17 日中央全面深化改革委员会第二十三次会议上的重要讲话，12 月 20 日关于发挥好党内法规重大作用、12 月 24 日对党史学习教育工作作出的重要指示精神，以及全国全省城镇燃气安全排查整治动员部署电视电话会议精神；省委十二届十五次全会、12 月 16 日省委常委会暨省新冠肺炎防控领导小组（指挥部）会议、省委常委会会议精神、省委保密委有关会议和文件精神、全省粮食购销领域腐败问题专项整治工作推进会议、全省制定巡察工作规划专题辅导会议、全省美丽圩镇建设攻坚行动现场推进会精神；12 月 24 日市委常委会会议精神，以及市有关文件精神。会议听取 2021 年平安大埔建设工作情况汇报。部署当前有关工作：要坚守一个“真”字，做到真学真懂；要突出一个“敢”字，始终敢闯敢试；要着力一个“实”字，确保实干实效。

重大决策事项

【中共大埔县委关于制定国民经济和社会发展第十四个五年规划和二〇三五年远景目标的建议】“十四五”时期是中国开启全面建设社会主义现代化国家新征程的第一个五年。2021 年 1 月，中国共产党大埔县第十二届委员会第十一次全体会议认真学习贯彻中共十九届五中全会精神，深入贯彻习近平总书记对广东系列重要讲话和重要指示批示精神，按照省委十二届十一次、十二次、十三次全会和市委七届十次全会要求，就制定大埔县国民经济和社会发展第十四个五年规划和二〇三五年远景目标提出以下建议。

（一）全面建成小康社会，奋力谱写全面建设社会主义现代化国家大埔篇章。1. 决胜全面建成小康社会取得决定性成就。2.“十四五”时期大埔发展面临的新机遇新挑战。3. 到二〇三五年基本实现社会主义现代化远景目标。（二）“十四五”时期经济社会发展指导方针和主要目标。1.“十四五”时期经济社会发展指导思想。2.“十四五”时期经济社会发展必须遵循的原则。坚持党的全面领导、坚持以人民为中心、坚持发展第一要务、坚持新发展理念、坚持深化改革开放、坚持系统观念。3.“十四五”时期经济社会发展主要目标。综合实力实现新跨越、质效提升取得新进展、城乡融合呈现新局面、改革开放得到新突破、文化软实力获得新提升、生态建设形成新成效、民生建设跃上新水平、治理效能得到新提升。（三）优化区域发展布局，促进县域协调平衡联动发展。主动融入全省、全市区域发展战略，优化县域国土空间开发格局，促进县域协调平衡联动发展。1. 构建县域发展新格局。2. 优化县域国土空间布局。全面完成国土空间总体规划编制，科学合理划定落实城镇、农业、生态空间和生态保护红线、永久基本农田、城镇开发边界等“三区三线”。（四）坚持实体经济优先，构建“2231”现代产业体系。1. 加快两大传统工业绿色转型升级。推动陶瓷、电力两大传统工业转型升级和绿色发展，切实巩固大埔工业发展基本盘。2. 促进文旅康养深度融合发展。大力推动文化、旅游、康养、生态等深度融合发展，着力打造粤闽交界地区文化旅游慢城和国际健康养生度假胜地。3. 培育发展三大新兴产业。4. 大力发展现代服务业。5. 强化产业园区和市场主体建设。（五）实施创新驱动发展战略，培育经济发展新动能。1. 强化创新平台和协同创新体系建设。支持大埔蜜柚研究院、大埔茶学院、光电功能陶瓷实验室等产业科技研发平台建设，规划建设大埔县工业园产业创新中心和科技孵化园，探索在产业园区设立技术研发转化中心。2. 提升科技成果转化和产业化能力。3. 构建完善创新激励长效机制。4. 加大创新人才引进培养力度。（六）积极融入新发展格局，拓展现代化建设新空间。1. 融入国内大循环。2. 参与国内国际双循环。3. 全面促进消费升级。4. 积极扩大有效投资。（七）推进“两新一重”建设，提升发展基础配套能力。推进以人为核心的新型城镇化进程，超前布局新型基础设施体系，建立与经济社会发展相适应的重大基础设施支撑体系，增强城镇空间集聚力与容纳力，提升经济社会发展基础支撑能力和公共服务配套水平。1. 深入推进新型城镇化建设。2. 超前布局新型基础设施体系。3. 打造通达便捷的综合交通体系。4. 构建清洁高效安全的能源保障体系。5. 完善稳固利民的水利设施体系。（八）实施乡村振兴战略，推进农业农村现代化。1. 加快发展现代高效农业。2. 积极实施乡村建设行动。3. 加强乡村人才队伍建设。4. 深化农村重点领域改革。落实第二轮土地承包到期后再延长三十年政策。5. 实现巩固拓展脱贫攻坚成果与同村振兴有效衔接。（九）加快建设美丽大埔，筑牢绿色可持续发展屏障。1. 加大生态建设力度。2. 强化环境综合治理。坚持预防为主、综合治理，持续推进水、大气、土壤三大污染防治攻坚战。3. 大力发展生态经济。4. 创新生态文明体制机制。（十）持续强化人文引领，全面提升文化软实力。1. 提高社会文明程度。2. 加强历史文化保护与传承。加强各类文化遗迹的科学修复和合理利用，进一步提升重点文物保护单位数量和级别，讲好大埔“国保”故事、打响“国保”品牌。3. 大力发展文化事业。4. 高质量发展文化产业。着力塑造“客家香格里拉”“三河坝红色文化”“大埔青花瓷”“世界长寿乡”“非遗民俗文化”五大特色文化品牌。（十一）全面深化改革攻坚，增创开放发展新优势。1. 持续优化营商环境。深化“放管服”改革，继续优化审批程序、简化审批手续、压缩审批时限。2. 深化重点领域改革。3. 建立健全苏区政策长效对接机制。4. 打造粤闽经济互动关键节点。5. 提升开放型经济发展水平。（十二）全面增进民生福祉，扩大公共服务新供给。1. 着力提高城乡居民收入。2. 实现更加充分更高质量就业。3. 推动教育增量提质。加大中小学基础设施建设力度，增加义务教育学位供给，基本解决义务教育“大班额”现象，推进义务教育优质均衡发展和城乡一体化。4. 深化健康大埔建设。5. 完善社会保障体系。6. 积极应对人口老龄化。7. 创新社会治理体制。（十三）统筹发展和安全，建设更高水平的平安大埔。1. 加强国家安全体系和能力建设。严格落实国家安全责任制，加强国家安全体系和能力建设，建立健全国家安全风险研判、防控协同、防范化解机制。2. 保持经济持续健康发展。3. 保障人民群众生命安全。4. 维护社会稳定和安全。（十四）加强党的全面领导和党的建设，确保全面建设社会主义现代化沿着正确方向前进。1. 把“两个维护”落实到全面建设社会主义现代化的全过程各方面。坚持把党的政治建设摆在首位，始终把学习贯彻习近平新时代中国特色社会主义思想作为头等大事和首要政治任务。2. 以高质量党建引领全面建设社会主义现代化。落实全面从严治党主体责任、监督责任，提高党的建设质量。3. 推进社会主义政治建设。4. 推进法治大埔建设。5. 健全规划制定和落实机制。

【关于印发《关于全面推进乡村振兴加快农业农村现代化的实施方案》的通知】2021 年 12 月，为贯彻落实《中共中央 国务院关于全面推进乡村振兴加快农业农村现代化的意见》《中共广东省委 广东省人民政府关于全面推进乡村振兴加快农业农村现代化的实施意见》《中共梅州市委 梅州市人民政府印发〈关于全面推进乡村振兴加快农业农村现代化的实施方案〉的通知》精神，结合大埔县实际，制订本实施方案。

总体要求　（一）指导思想。以习近平新时代中国特色社会主义思想为指导，深入贯彻中共十九大和十九届二中、三中、四中、五中、六中全会以及中央、省委农村工作会议精神，贯彻落实《中华人民共和国乡村振兴促进法》，坚定不移贯彻新发展理念，坚持稳中求进工作总基调，坚持党对“三农”工作的全面领导，坚定走中国特色社会主义乡村振兴道路，坚持农业农村优先发展，坚持分区域指导、分层次推进，落实加快构建新发展格局要求，以推动高质量发展为主题，以发展精细农业、建设精美农村、培育精勤农民为主攻方向，全面实施乡村振兴战略，深入推进城乡融合发展，加快农业农村现代化，促进农业高质高效、农村宜居宜业、农民富裕富足，乡村振兴工作走在全市前列。（二）目标任务。2021 年，农业供给侧结构性改革深入推进，粮食播种面积只增不减，粮食总产量不低于 3.65 万吨，生猪产能恢复到正常年份水平，农产品质量和食品安全水平进一步提升；脱贫攻坚成果巩固拓展，农民就业状况持续改善，农民收入增长持续快于城镇居民；全面启动乡村建设行动，农村人居环境持续改善提升；农村改革重点任务深入推进，农村社会保持和谐稳定。到 2025 年，全县农业现代化取得重大进展，农业基础更加牢固，粮食和重要农产品供应保障更加有力，农业质量效益和竞争力明显提升；农业基础设施现代化迈上新台阶，农村生活设施便利化基本实现，城乡基本公共服务均等化水平明显提高，城乡发展协调性明显增强；乡村建设行动取得明显成效，党的领导和党的建设全面加强，农村基层基础不断强化，乡村振兴人才支撑更加有力，乡村文明程度不断提升，农村发展安全保障更加有力，农村生态环境明显改善，乡村面貌发生显著变化，农民获得感、幸福感、安全感明显提高。

实现巩固拓展脱贫攻坚成果同乡村振兴有效衔接。（三）强化现有帮扶政策衔接。推动巩固拓展脱贫攻坚成果同乡村振兴有效衔接，保持现有主要帮扶政策总体稳定。强化领导体制衔接，县委农村工作领导小组（实施乡村振兴战略领导小组）统筹推进巩固拓展脱贫攻坚成果同乡村振兴有效衔接。强化工作体系衔接，在工作力量、组织保障、规划实施、项目建设、要素保障等方面一体化推进。强化财政投入政策衔接，统筹用好中央有关涉农资金、省级涉农统筹整合资金、帮扶资金及自身可支配财力等，支持乡村振兴帮扶工作。（四）持续巩固拓展脱贫攻坚成果。完善防止返贫动态监测和帮扶机制，对易返贫致贫人口实施常态化监测预警。落实分类资助参保政策，防范因病因残返贫致贫。广泛开展农产品产销对接活动，深化拓展消费帮扶。健全扶贫资产管理台账和制度体系，加强扶贫项目资金资产管理和监督。（五）落实乡村振兴驻镇帮镇扶村工作。开展乡村振兴驻镇帮镇扶村工作，建立稳定增长的财政收入保障机制，完善县镇结对帮扶关系。突出农村低收入人口帮扶、产业发展、民生保障、基层治理、美丽镇村建设等重点工作。选择一批大企业连片包镇开展帮镇扶村。支持志愿者以及城市卫生、文化、科技、教育人才下乡，参与驻镇帮镇扶村工作。开展扶贫开发“双到”村和57个原相对贫困村帮扶工作“回头看”。实施“万企兴万村”行动，健全社会力量帮扶精准对接机制。（六）加强对农村低收入人口分类帮扶。加强农村低收入人口监测，分层分类及时落实帮扶政策。加大低收入劳动力就业扶持力度。完善社会救助制度。对脱贫人口中完全丧失劳动能力或部分丧失劳动能力且无法通过产业就业获得稳定收入的人口，按规定纳入农村最低生活保障或特困人员救助供养范围，并按困难类型及时给予专项救助、临时救助等。

加快推进农业现代化　（七）强化粮食和重要农产品有效供给。实行粮食安全党政同责，落实粮食安全责任制和“菜篮子”县长负责制，深入推进优质粮食工程，2021年粮食作物总播种面积不低于7287公顷，“十四五”规划期间粮食年综合生产能力稳定在3.65万吨以上。发展生态农业，推进农业结构调整，扩大优质水稻种植面积，确保粮食播种面积只增不减。推进水果标准化种植。稳定蔬菜面积，推动蔬菜产销区域合作，促进季节、区域、品种结构均衡。（八）强力推进农田质量提升。按省统一部署，建立耕地“田长负责制”，粮食生产功能区稳定在8133公顷以上。实施高标准农田建设攻坚行动，2021年建成高标准农田433公顷。（九）打好种业翻身仗。实施种业翻身仗攻坚战行动，加快推进种业高质量发展。强化种质资源保护利用，重点推进种质资源深度鉴定、重要基因挖掘和地方优势特色资源开发利用。（十）强化现代农业科技和物质装备支撑。积极推进农村水系综合治理，实施大中型灌区续建配套和现代化改造，建设节水改造工程、撂荒耕地水利工程，加强“五小”农村水利设施监管体系建设，推进大中型灌区、泵站标准化规范化管理及小水电安全生产标准化全覆盖，到2025年全部完成现有病险水库除险加固。实施农业关键核心技术攻关工程，加快农业主导品种和主推技术应用推广。（十一）强化现代农业产业体系建设。深入打造“一县一园、一镇一业、一村一品”现代农业产业体系，打造区域性农业产业集群，到2025年力争新创建一批省级现代农业产业园，创建一批全国“一村一品”示范村镇及农业产业强镇，组织开展农业产业链“链长制”试点工作。（十二）加快发展绿色生态农业。推进农业清洁生产，推进化肥农药使用量零增长行动，增加优质绿色农产品供给，加大农业生态保护补偿力度。推进耕地分类管理，开展受污染耕地安全利用和严格管控。强化畜禽粪污资源化利用，规范畜禽养殖禁养区划定与管理。

大力实施乡村建设行动　（十三）全面提升村庄规划实用性。2021年年底前，结合乡村振兴战略规划，基本完成县级国土空间规划编制。严格控制村庄搬迁撤并范围，严禁违背农民意愿强行撤并村庄。推动有条件、有需求的村庄重新编制“多规合一”实用性村庄规划。（十四）实施农村人居环境整治提升五年行动。全面巩固提升农村环境基础整治成果，开展“三清理、三拆除、三整治”“回头看”，2021年年底前全面完成全域自然村“三清理、三拆除、三整治”任务，农村人居环境基础设施管护机制基本建立。实施美丽圩镇建设攻坚行动，深入推进圩镇人居环境整治。扎实推进“厕所革命”，全面提升农村卫生厕所改造质量。（十五）加快补齐农村突出短板。实施农村生活污水治理攻坚行动，统筹农村改厕和农村生活污水、黑臭水体治理，全面开展农村生活污水治理情况摸查，因地制宜分类推进农村生活污水治理，到2022年农村生活污水治理率达到45%以上，基本消除较大面积黑臭水体。（十六）持续推进乡村风貌提升。制定村庄风貌提升指引，强化农房规划选址、用地管理和风貌风格管控。（十七）加快发展乡村美丽经济。大力发展旅游休闲与创意体验农业，推进“农业+”“林业+”强化生态农业与乡村旅游区、森林康养和森林旅游休闲养身试验区建设。（十八）加快推进乡村基础设施提档升级。坚持城乡基础设施建设一体化发展，着力推动各类基础设施进村（自然村）入户（农户）到田（农田）。（十九）加快提升乡村基本公共服务水平。建立城乡公共资源均衡配置机制，强化农村基本公共服务供给县镇村统筹，逐步实现标准统一、制度并轨。（二十）全面促进农村消费。加快完善县镇村三级农村物流体系，加快推进以中心镇为单位的物流配送中心、农产品专业批发市场、冷链仓储物流等设施建设，推进田头小型仓储保鲜冷链设施、产地低温直销配送中心、广东供销冷链物流网建设，改造提升农村寄递物流基础设施。（二十一）提升农民就业创业质量。健全统筹城乡的就业政策和服务体系，加强乡村公共就业服务队伍建设，推动公共就业服务机构向乡村延伸。

加快完善城乡融合发展的体制机制和制度体系　（二十二）加快县域内城乡融合发展。加快推动土地、劳动力等要素市场化改革，促进城乡要素平等交换、双向流动。统筹县域产业、基础设施、公共服务、基本农田、生态保护、城镇开发、村落分布等空间布局，强化县城综合服务能力，把乡镇建设成为服务农民的区域中心。（二十三）强化以财政投入为主的多元投入保障。把农业农村作为一般公共预算优先保障领域。（二十四）强化用地保障。制定保障农村一二三产业融合发展用地政策。（二十五）强化人才支撑。大力培养懂农业、爱农村、爱农民的“三农”工作队伍。（二十六）强化金融服务。实施金融支持乡村振兴攻坚行动，建立金融机构服务乡村振兴专项工作机制，充分发挥涉农金融机构支持乡村振兴作用。（二十七）深化新一轮农村改革。加快完善农村产权制度和要素市场化配置机制。

加强党对“三农”工作的全面领导　（二十八）强化党领导农村工作的体制机制。完善三级书记抓乡村振兴工作机制，进一步建立健全乡村振兴工作体系。（二十九）全面提升“头雁”工程质量。充分发挥农村基层党组织领导作用，持续抓党建促乡村振兴。（三十）强化现代乡村治理体系建设。深化乡镇（街道）体制改革，积极推进扩权强镇，规划建设一批重点镇，推动下放更多的管理职权到乡镇一级，支持镇级提升治理能力。（三十一）强化新时代客都乡风文明建设。弘扬和践行社会主义核心价值观，深入开展习近平新时代中国特色社会主义思想学习教育，深化乡村思想道德建设。（三十二）强化监督检查。将各镇（场）各部门贯彻落实“三农”政策、推进乡村振兴工作情况列为纪检监察和巡察监督内容，定期组织开展乡村振兴审计监督，及时发现和解决存在问题，持续整治形式主义、官僚主义，推动政策举措落实落地。

（三十三）强化社会发动。深入宣传党的乡村振兴方针政策和各地实践，讲好乡村振兴大埔故事。

中共大埔县委书记、副书记、常委名录

县委书记： 朱汉东（—2021.8）
黄增国（2021.8—）

副 书 记： 熊锋松（—2021.9）
凌晓文（2021.9—）
刘裕君（—2021.9）
蓝　欣（2021.9—）

县委常委： 朱汉东（—2021.8）
黄增国（2021.8—）
熊锋松（—2021.9）
凌晓文（2021.9—）
刘裕君（—2021.9）
蓝　欣　张红梅（女，—2021.9）
陈伟平　陈军营（—2021.9）
廖若旦（—2021.9）
徐杞文（—2021.9）　杨自强
刘晓泉（挂职）
杨润世（2021.3—）
李延海（2021.9—）
吴丽丽（女，2021.9—）
廖昌元（2021.9—）
叶慧玲（女，2021.9—）
张榆昌（2021.9—）

中共县委办公室负责人名录

主　　任： 杨自强

副 主 任： 黄更亮（常务）
刘展强（2021.3—）　沈开鉴
庄忠伟　陈金鸿（2021.3—）

（罗佳瑜　黄海山　刘伟达）

组织工作

【思想政治建设】 2021年，中共大埔县委组织部严格落实“第一议题”制度，组织学习贯彻习近平总书记重要讲话精神，严格执行省委坚决落实“两个维护”十项制度机制，严肃党内组织生活，举办百名红色讲解员专题培训班、科级干部研讨班、任副科职干部任职培训班等5期次，对基层党组织书记、村监委主任进行全覆盖培训。开展党史学习教育。举办“红色信仰·时代之声”主题演讲比赛，配合做好“红色印记·光辉历程”系列专题片、《从三河坝到井冈山》纪录片等拍摄制作，持续开展“党课开讲啦”活动，报送8部精品课件，其中《碧血铸丰碑 赤胆写忠诚——三河坝战役的历史意义与启示》被省委组织部评为“精品党课”。开辟党员教育新平台。发挥红色资源优势，创建汇东学习书院、中国红色政权首个公安局旧址2个市级党员教育基地和青溪、百侯2个市级镇（街）党校示范点。并以省级党员教育基地三河坝战役纪念园为核心，串联其他4个市级党员教育基地，推出“烽火三河铸丰碑·红色血脉践忠诚”红色教育线路，丰富党员学习教育载体。同时，做好全市党员教育会议在大埔召开现场会的各项筹备工作。

【基层组织建设】 2021年，大埔县委组织部抓好基层组织建设工作。圆满完成村级换届选举工作。256个村（社区）选出“两委”干部1342名，党组织委员892名，村（居）委员1260名。村（社区）党组织书记、主任、村级集体经济组织负责人全部实现“三个一肩挑”，其他各项指标均达到省、市要求，“两委”干部总体实现学历、年龄“一升一降”。开展庆祝中国共产党成立100周年系列活动。做好“七一勋章”人选提名和全国、省、市“两优一先”推荐工作，其中获省表彰3个、市表彰26个。同时，印发《关于开展庆祝中国共产党建党100周年系列活动的通知》，做好“光荣在党50年”纪念章颁发、“七一”走访慰问和全县“两优一先”评选工作等。抓好省委巡视整改落实。开展党费收缴不规范问题排查整改，摸排2000多名退休党员未按标准交纳党费，追缴党费30多万元。开展组织生活庸俗化等问题排查整改，加强党组织生活制度落实督促检查，开展主题教育检视问题整改回头看，持续抓好问题整改落实。推进抓党建促乡村振兴。接续推进巩固拓展脱贫攻坚成果同乡村振兴有效衔接，精心组建团队，建立帮扶机制，从14个驻镇帮镇扶村工作队71名成员中择优选派33名驻村第一书记。实施农村党建“整镇推进、整县提升”示范创建活动，持续抓好三河镇“六村联动”党建示范区、大麻镇党建引领“六村共同缔造”、西河镇“十村联动”乡村振兴示范片、枫朗镇红色引领绿色发展“三镇十村一场”示范带创建工作。持续推动发展壮大村级集体经济试点工作，常态化开展软弱涣散基层党组织整顿工作，开展全国红色村汇东村组织振兴试点工作，增强3个省红色村党建工程示范点的辐射带动作用。全面完成442个发展党员指标。推进“双同步”工作。建立“两新”组织“双同步”定期分析研判机制，动态管理台账。2021年，新组建5家“两新”党组织，撤销8家非公企业党组织。成立个体私营企业协会党委，理顺13家非公企业党支部隶属关系。富大陶瓷有限公司党支部被评为全市“两新”组织党建工作示范点。研究下发“两新”党组织三年行动计划实施方案，规范“两新”组织阵地建设，抓好党务工作者业务培训，推动“两新”党建工作落地落实。制定《大埔县正常离任村干部生活补助提标发放管理办法》，完成对正常离任村干部信息采集，做好正常离任村干部生活补助提标发放工作。

【干部队伍建设】2021年，大埔县委组织部抓好干部队伍建设工作。抓好巡视整改。根据省委第十三巡视组选人用人专项检查组反馈的大埔县选人用人工作存在六大方面19个具体问题，逐条逐项对照检查和分析问题原因，研究制定整改方案和责任清单，至2021年年底，完成整改的有17个，取得阶段性成效并持续推进的有2个。规范选人用人。规范干部选任程序，加强年轻干部、女干部培养，选优配强干部队伍，结合公务员职级晋升，拓宽干部能上能下渠道，激励干部担当作为。全年开展县管干部提调任免和职级晋升4批223名。抓实县镇换届工作。全程对标对表省、市要求，圆满完成县、镇换届各项工作。配备镇级新一届领导班子成员212名。其中，新进班子成员48人（“五方面人员”15人）；乡镇领导班子平均年龄38岁，比上届降低2岁；35岁以下干部94人，占44.3%，每个镇均配备1名以上女干部和30岁以下年轻干部；大学以上学历干部176人，占83%，比上届多56人，新一届乡镇领导班子在学历、年龄实现“一升一降”。做好公务员管理。2021年，录用201名公务员（不含法检），组织131名新招录公务员参加初任培训。推动公务员职级晋升常态化，全年晋升284人次。规范调任转任程序，加强选调生管理，开展全县各级机关行政执法类公务员职位设置、公务员工资津贴补贴项目发放情况自查等工作。加强干部监督。围绕“混编混岗”“违规兼职（任职）”“超职数配备”“吃空饷”和因私出国（境）管理等，对全县机关事业单位进行全面摸排，并要求限时整改。同时，结合县委第九轮巡察，组织开展选人用人检查工作，对15个单位存在问题进行督办，抓好问题整改落实。严格领导干部个人事项报告填报、因私出国（境）管理，协助做好12名正科职领导干部任期和离任经济责任审计。持续做好干部人事档案审核工作，对干部选拔、招录、交流、担任过程中的“三龄两历一身份”档案进行严格审核，规范管理干部人事档案。

【人才管理】2021年，大埔县委组织部抓好人才管理工作。县财政投入人才保障资金320

万元，全职引进 1 名海外高分子材料学博士、4 名高层次医疗专家，柔性引进国家级、省级工艺大师陈仰中、陈坚等高层次人才 5 人。2 名创新创业人才进入工信部“启明计划”终审阶段。采取“考、招、聘、援”相结合的方式，招录农业、科技、卫生人才 242 人，其中 191 人充实到镇村基层，占比 78.8%。实施经济人才引育计划，引进经管人才 49 人，选派 14 名“金融村干部”和 58 名“科技特派员”挂村帮扶，建强乡村人才“蓄水池”。推进“三项工程”，依托县内职业院校，举办职业技能培训 58 期培育 3300 人次。举办百名红色讲解员专题培训班，建立专门师资库。聘请 58 名老教师、老党员、老战士、老干部为省、市党员教育基地和红色教学点讲解员。完善县党政领导联系拔尖人才、高层次人才机制，完善县管专业技术拔尖人才选拔管理办法、高层次人才享受县政府特殊津贴制度等。建成大埔县蜜柚人才驿站并配备专职工作人员，全年举办承办各类活动 12 场。设立高层次人才线上服务专区，累计为急需紧缺人才、高层次人才申报各类人才补助 108 万元；帮助解决子女入学、配偶就业等生活困难 12 件。同时，深化校地合作，与清华大学、暨南大学、嘉应学院等高校共建科研实践基地，整体提升大埔县创新研发水平。

【老干部工作】至 2021 年年底，大埔县有离休干部 67 人，其中行政机关 34 人、事业单位 12 人、企业单位 21 人。抗战时期入伍的 1 人，解放战争时期入伍的 66 人。离休干部平均年龄 91.57 周岁，90 岁以上的 48 人，年纪最大的 99 周岁，年纪最小的 85 周岁。全县副处级以上退休干部 37 人。2021 年，大埔县委组织部发挥离（退）休干部党支部、老干部活动中心、老干部大学等作用，举办通报会、学习会、座谈会、培训班等，加强离（退）休干部政治建设、思想建设、党组织建设。以庆祝中国共产党成立 100 周年为契机，组织开展“三个 15”活动和“十百千”系列活动，即讲好 15 个赞颂中国共产党的故事、打造 15 堂精品党课、寻找 15 名最美老党员，十名老游击战士、老干部讲好大埔苏区红色故事，百名老干部到机关、学校、基层党组织宣讲党史，千名老党员老干部唱响红歌革命歌曲，传承红色基因，发扬苏区精神。发挥老干部余热，全年组织 2 场 80 人次离（退）休干部到基层视察调研，就工程项目提出建议意见 8 条。落实老干部各项待遇，拓展服务管理工作，解决老干部的实际困难，全年支出 2 万元关爱帮扶特殊困难离（退）休干部。筹资 10 万元完善活动场所疫情防控设施，更新运动设备。

中共大埔县委组织部负责人名录

部　长：陈军营（—2021.9）
　　　　张榆昌（2021.9—）
副部长：丘佳纳（常务，2021.7—）
　　　　范柳登（县委老干部局局长）
　　　　张荣强（县“两新”组织党工委书记）
　　　　何赞营（兼职，县人社局党组书记）
　　　　谢秀萍（女，县公务员局局长，2021.4—）

（陈宇辉）

宣传思想工作

【概况】2021 年，中共大埔县委宣传部坚持以习近平新时代中国特色社会主义思想为指导，学习宣传贯彻中共十九大和十九届五中、六中全会精神，学习贯彻习近平总书记关于宣传思想工作的重要思想和关于意识形态工作的重要论述精神，学习贯彻习近平总书记在党史学习教育动员大会、“七一”等系列重要讲话精神，紧扣中国共产党成立 100 周年这条主线，按照县委、县政府的统一工作部署，扎实抓“两论”促“两文”，精心建设“两中心一平台”，坚决守好意识形态安全，为老区苏区加快振兴发展提供思想舆论支持和精神文化支撑。

【党建工作】2021年，大埔县委宣传部把政治建设摆在首位，忠诚拥护“两个确立”，坚决做到“两个维护”，坚决贯彻执行中央和省委、市委关于意识形态工作的决策部署，认真履行党管宣传、党管意识形态、党管媒体的政治责任、主体责任，协调组织县委常委会传达学习、研究部署宣传思想和意识形态工作13次，加强党对宣传思想工作的全面领导，确保宣传思想工作始终沿着正确政治方向前进。

【理论武装】2021年，大埔县委宣传部学习贯彻中共十九届五中、六中全会精神和习近平总书记“七一”等系列重要讲话精神，协调组织县委中心组集中学习23场次30个专题；举办党史学习教育、全国“两会”精神解读等13场次大型专题报告会，推动理论学习创新提升。全县“学习强国”平台注册2.4万人，活跃率及人均积分排全市8个县（市、区）首位，183篇稿件入选“学习强国”广东学习平台。组织宣讲团，构建红色宣讲人才体系和县、镇两级宣讲队伍，组织开展110场百姓报告会、140场理论宣讲辅导，全县受益党员干部群众1.4万人。

【宣传报道】2021年，大埔县委宣传部做好庆祝建党百年、党史学习教育、学习贯彻中共十九届六中全会精神等宣传工作，悬挂张贴宣传画等2.5万份，投放LED屏等滚动宣传40万次。提升融梅发布App宣传质量，结合党史学习教育，在《南方日报》《梅州日报》、南方+、掌上梅州等发稿700篇。协调配合央视、南方杂志社、梅州日报社等媒体到大埔拍摄《记住乡愁》《吾土吾乡·红色村巡礼》《红色根据地》等反映大埔县红色革命历史、苏区建设新貌的14部纪录片。

【阵地建设】2021年，大埔县委宣传部根据省委第十三巡视组意识形态工作责任制专项检查组巡视反馈意见，制定印发整改落实方案和整改清单，研究细化为44条整改措施，统筹协调抓好整改落实工作，巡视反馈的16小项问题全部完成整改并长期坚持，以整改实效把牢意识形态领域正确政治方向。落实意识形态工作责任制，制定完善意识形态工作通报及考核机制，协调签订责任书，定期召开意识形态工作联席会议，牵头抓好意识形态工作责任制绩效年度考核，结合县委巡察对15个镇（场）和52个县直重点单位党委（党组）意识形态工作开展专项督查考核，筑实筑牢意识形态阵地。

【党史学习教育】2021年，大埔县委宣传部牵头组织开展全县党史学习教育，成立县委党史学习教育领导小组及8个巡回指导组，制定印发《关于开展党史学习教育的实施方案》《大埔县开展“我为群众办实事”实践活动实施方案》等，将“我为群众办实事”实践活动重点民生项目梳理细化为7个方面68项具体工作，全面完成办实事项目873项。组织开展党史学习教育专题组织生活会、民主生活会、党课、培训班、理论研讨会、宣讲报告会、主题党日活动、总结会等。组织党史学习教育县委宣讲团，到企业、农村、机关、校园、社区和革命纪念地、红色遗址等开展对象化、分众化、互动化宣讲，推动党史学习教育走深走实。

【庆祝党的百年华诞】2021年是党的百年华诞，大埔县委宣传部组织开展一系列活动，营造全县上下共庆党的百年华诞浓厚氛围。组织举办大埔县“庆百年·颂党恩·展新貌”歌咏活动，大埔县合唱团参加“永远跟党走·逐梦新时代——广东省第十四届“百歌颂中华”歌咏活动”梅州选拔赛“合唱比赛”获银奖。申报成功3个红色革命遗址保护利用项目。做好红色革命遗址申报及保护利用工作，百侯镇长征人物故居（旧居）修缮及布展、中共南方工委及闽粤赣边区红色遗址群保护利用、中央红色交通线革命遗址群保护利用3个项目合计2085万元，占全市资金近1/5，项目实施前期工作有序有效推进。观看排演3部剧。组织动员党员干部群众观看32集电视剧《绝密使命》，推出现代广东汉剧大戏《客家之子·田家炳》，打磨提升公演《血色三河》大型民族歌剧，让该剧“飞入寻常百姓家”。统筹协调6项大型活动宣传报道。协调组织开展张弼士博物馆开馆系列活动、2021梅州柚·大埔蜜柚开采节、田家炳故居开馆、邹鲁故居开馆及生平教育展、《杨应彬诞辰百年纪念图集》首发活动暨诗词书画展、蔡晴川英烈后裔到大埔寻迹座谈会等6项重大宣传报道活动。

中共大埔县委宣传部负责人名录

部　长：陈伟平

副部长：蔡　忠（常务，—2021.3）

郭华昌（常务，2021.3—）

陈秀鸿　罗质平

蔡　葵（—2021.4）

刘招迎（2021.12—）

（邓祥友）

精神文明建设工作

【理想信念】2021年，深化中国特色社会主义和“中国梦”学习宣传教育，大埔县精神文明建设委员会办公室（简称大埔县文明办）协调指导全县各级党组织在清明、“七一”、烈士纪念日等重要时间节点开展主题活动，深入学习党史、新中国史、改革开放史、社会主义发展史。组织县融媒体中心在《大埔新闻》开设《奋斗百年路 启航新征程》《学理论》等专栏，加强成就宣传和形势政策教育。

【文明实践】中心（所、站）建设全覆盖。2021年，大埔县文明办围绕“14536”和“五有”要求，建立并完善1个新时代文明实践中心、15个实践所、256个实践站，基本实现全覆盖。打造特色文明实践示范站（点）。新建县税务局、大埔供电局和县消防救援大队、县张云栽实验小学等文明实践站（点），打造成行业文明实践特色品牌。拍摄“红色故事会”系列视频，举办文明实践“老祖屋新课堂”、《红色苏区，时代丰碑》“红色大讲堂”等活动，打通宣传群众、教育群众、关心群众、服务群众的“最后一公里”。

【文明创建】2021年，大埔县文明办调整充实创建指挥部及办公室成员，召开全县动员会、实地考察测评反馈会等一系列会议，举办业务培训班，各项测评任务得到推动落实。按照“第三方机构+县创文办联合县委督查室、县政府督办室督导”相结合方式，对全县484个实地点位开展4轮督导指导和2轮问卷调查，激励市民“随手拍”进行曝光，形成“发现问题→深入指导→解决反馈”的工作闭环，并及时指导跟进整改和完善点位建设，市民满意度提升。实施公共交通、农贸市场、志愿服务等精神文明创建九大行动，加强网格化管理，推进老城区老旧小区提升改造、主次干道升级改造等民生实事，创建全国县级文明城市提质增效，市容市貌日益提升。加强创建宣传，持续推进价值理念培育，在主次干道规划设计一批景观小品，让文明“元素”随处可见。推进五大创建。以创建全国县级文明城市为抓手，完成2021年度测评材料网上申报和实地点位考核测评及暗访工作，为新一轮创建周期奠定基础。开展环境整治，评选出1.24万户“五星级文明户”，全县镇、村基本达到省文明村、镇达标创建标准，实现创建工作全覆盖，百侯镇被评为梅州市“十佳乡风文明镇”，西河镇漳北村等12个村被评为梅州市“百佳乡风文明村”。加强未成年人思想道德建设，全面铺开文明校园创建，广德中学等10所学校被评为第五届梅州市文明校园，高陂中学等21所学校被评为“2021年大埔县文明校园”；排查整治校园周边环境，开展“扣好人生第一粒扣子”活动，陈权等30名学生评为“大埔新时代好少年”，文明校园参与率、创建率实现“两个100%”。深化家庭文明建设，推动家庭家教家风建设常态化开展，陈云利、黄天旸、蓝意珍3个家庭评为第五届梅州市文明家庭。

2021年12月24日，中共大埔县委宣传部志愿服务分队到大埔县文化广场开展志愿活动（县文明办提供）

【文明新风】2021年，大埔县文明办推荐选树先进典型，引领乡村振兴新风尚，谢杰新、赖法卫、赖彩红被评为2021年“梅州好人”，廖志锋被评为第十届梅州市道德模范，侯南村被评为首批广东省家教家风实践基地，南委旧址、侯北村笙曹筱筑（侯宝斋）艺术馆被评为市级家教家风实践基地，侯北村被评为省级儿童友好社区，万川爱心协会被评为“广东社会组织参与脱贫攻坚突出贡献单位”。

【志愿服务】2021年，大埔县文明办构建“1+8+15+256+N”志愿服务队伍体系，全县280支志愿队伍5.1万名志愿者，常态化组织开展传思想、播文化、授技能文明实践活动3542场，服务群众38万人次，万川爱心协会黄启雄被评为“广东省最美志愿者”，邱佳业被评为梅州市“最美志愿者”。

大埔县精神文明建设委员会办公室负责人名录

主　任：陈秀鸿（—2021.3）
　　　　　郭华昌（2021.3—）
副主任：连云学

（邓祥友）

新闻出版工作

【扫黄打非】2021年，大埔县新闻出版局制定《关于印发〈大埔县“扫黄打非·新风2021”集中行动实施方案〉的通知》，推进基层扫黄打非工作，把“扫黄打非”基层站点纳入新时代文明实践中心（所、站）建设，创建第五批全国“扫黄打非”进基层西河镇黄砂村示范点。推进“清源”“固边”“净网”“护苗”“秋风”等五大专项整治，对印刷企业、出版物市场等联合清查5次，出动力量45人次，检查各类书店、印刷复制、影城等75家次，查获各类非法出版物150本。开展“清朗·春节网络环境”专项整治、涉“三股势力”有害出版物及信息专项整治、“清朗·暑假未成年人网络环境”整治工作，共清理涉大埔有害信息77条。

【出版发行】全县有各类出版物发行单位26家，其中图书报刊发行单位21家、音像制品零售单位5家；电影院2家，农村电影放映队1家；印刷企业3家。2021年，大埔县新闻出版（版权）局共审批一次性内部资料准印证13个。开展版权宣传周进校园宣传学习，补充更新农家书屋出版物，加强出版物市场管理，清查出版行业市场，强化出版发行导向。推进企业使用软件正版化，确保出版发行领域文化安全。

【电影放映】2021年，大埔县新闻出版局组织开展电影院疫情防控巡查，抓好疫情期间农村电影公益放映，做好与大埔县湖寮镇农村公益电影服务站签订采购书面合同工作，全面完成放映2940场的全年放映任务。

【农家书屋】2021年，大埔县新闻出版局健全管理，强化监督，签订“农家书屋”责任书，做好农家书屋提质增效工作，组织开展“我的书屋我的梦”农村少年儿童阅读实践活动。举办2021年“书香岭南”全民阅读、大埔县“4·23”世界读书日“共读半小时”阅读活动，开展“奋斗百年路 启航新征程”为主题的2021年“南国书香节”大埔分会场的线上线下展销、党史知识竞赛、岭南竹缟创意美术课、好书分享会、“阅读照亮前行的路”亲子阅读交流会等活动。

大埔县新闻出版（版权）局负责人名录

负责人：蔡　葵（—2021.4）

刘招迎（2021.4—）

（邓祥友）

互联网信息工作

【网络舆情】2021年，大埔县互联网信息办公室管好用好网络舆情，推进网络传播平台舆情治理，守护网络意识形态安全，开展网络环境专项行动52次，加强中共十九届六中全会及涉疫新冠病毒疫苗接种话题大埔网、大埔人网等新媒体管理。大埔未发生影响不良的网络安全事件。

【队伍建设】2021年，大埔县互联网信息办公室严格落实网络安全工作责任制，加强全县网信领域干部职工理论学习，加强网络平台管理与网络安全工作人员培训，加大工作交流力度，提升全县网信队伍整体实力。

大埔县互联网信息办公室负责人名录

主　任：蔡　葵（—2021.4）

刘招迎（2021.4—）

（邓祥友）

爱国统一战线工作

【党外代表人士工作】2021年，中共大埔县委统一战线工作部（简称大埔县委统战部）注重抓好党外代表人士的发现、培养、使用、管理四个环节，持续推进党外代表人士工作。采取理论培训、挂职锻炼、轮岗交流等方式，丰富党外代表人士的阅历，提升素质；定期推荐优秀党外干部，构建整体素质好、合作意识清、共事能力强的党外领导干部人才队伍；严格加强管理，对党外干部实行强化监督、定期考核；坚持贯彻新思想，举行党外人士系列活动，回顾统一战线团结协作的历程和光辉成就，激励统一战线成员为推进伟大事业、实现伟大梦想不懈奋斗。支持各领域党外人士开展“党史学习教育”主题活动，通过学史明理、学史增信、学史崇德、学史力行，推动党外人士进一步统一思想、统一意志、统一行动，巩固政治共识、强化责任担当、加强自身建设，贡献更多智慧力量。

【新阶联工作】2021年，大埔县委统战部把新的社会阶层人士联合会（简称新阶联）工作作为统战工作的新着力点，搭建平台载体，让新阶联会员不仅能献计，更能出力，提升统战工作的凝聚力、吸引力和贡献率。坚持举办活动，扩大社会影响，组织开展爱国主题教育活动5场。坚持加强联谊交流，与佛山市禅城区新联会达成创建“跨区域战略合作伙伴关系”意向，并开展各县区新阶联沟通交流，联合市新阶联、梅县区、梅江区新阶联到各大企业开展交流走访，加强不同区域联合会之间的互联互通。坚持践行社会责任。组织开展“疫情无情人有情·新阶人士勇担当”主题活动，采购生活物资一批助力抗疫；联合大埔县聚缘轩爱心协会开展“阳光陪伴·情暖童心”迎“六一”送温暖活动。为23户失亲贫困家庭送去政府的关心、社会的关爱和人间的真情。

【民族事务】2021年，大埔县委统战部以铸牢中华民族共同体意识为主线开展民族团结进步宣传教育活动。增强各族群众树立中华民族共同体意识，召集部分少数民族餐馆负责人召开座谈会，学习贯彻2021年8月27日召开的中央民族工作会议精神和习近平总书记关于加强和改进民族工作的重要讲话精神，现场发放民族知识手册50份。利用大埔县民族团结进步教育基地开展各类教育活动，组织宣传组到银江镇中心小学开展民族团结进步宣传教育活动，向广大师生发放宣传资料360册；组织大埔县民族工作领导干部及部分少数民族群众到三河坝战役纪念馆、县博物馆等地开展爱国宣传教育活动。主动关心慰问部分务工经商的外来少数民族群众，组织人员到“兰州拉面”“新疆烧烤”等4家少数民族餐馆，走访了解少数民族群众的生产生活情况，开展民族法律法规的宣传，提升少数民族群众的爱国意识和法律素质。

【民间信仰活动场所管理试点】2021年，大埔县委统战部引导民间信仰活动健康有序开展。开展摸底普查，确保底子清、情况明。全县民间信仰活动场所有255处，其中占地面积大于500平方米且建筑面积大于300平方米的场所有18处。做好民间信仰场所登记编号管理工作。经核查，第一批符合条件可登记编号的民间信仰场所有18处，已全部完成系统录入审核上报并进行登记编号。推进试点民间信仰场所的“四进”工作。投入4万元，在条件比较成熟的3处试点民间信仰场所开展“四进”活动试点，设置旗杆、旗台，并悬挂国旗，制作宪法和法律法规、社会主义核心价值观、中华优秀传统文化等宣传牌12块，在民间信仰场所进行上墙公开宣传。

【宗教事务】2021年，大埔县委统战部把抓好宗教工作作为统战工作的重要组成部分，其根本任务就是将宗教界人士和广大信教群众紧密团结在党和政府周围。

落实疫情防控措施 春节期间，实行“双暂停”措施，迅速关停全县所有宗教活动场所，并不定期进行巡查；组织各宗教场所的教职人员和工作人员166人定期到医疗机构进行核酸检测，坚持每7天检测1次，实现所有人员“应检尽检”。常态化疫情防控期间，加大巡查监管力度，县民族宗教部门和各镇（场）不间断巡查宗教活动场所850人次（其中实地巡查350人次，电话巡查260人次，微信巡查240人次），督促各场所严格落实新冠肺炎疫情防控各项措施。全年全县31处宗教活动场所以及全县民间信仰场所在严格落实疫情防控措施的前提下正常对外开放，宗教领域实现“零输入、零感染”。

宗教场所安全管理 抓安全管理。县宗教部门组织检查工作组全年开展安全生产大检查4次；在湖寮镇广福宫组织开展消防知识培训暨消防安全应急演练活动，并下发消防卷盘和灭火器等40套消防器材到全县各开放宗教场所。全县各宗教场所投入资金28.6万元，对发现的12处安全隐患落实整改，维护宗教场所的安全稳定。其中茶阳念佛堂投入资金8万元，对佛堂一楼进行全面翻修，重新铺设水电管道，并增购灭火器30瓶，设置安全出口标识，安全措施落实。

规范宗教事务管理 2021年4月23日，

召开大埔县民族宗教工作会议，对宗教重点工作进行部署，进一步明确基层在宗教场所安全管理等方面的工作责任。坚持宗教的中国化方向，在宗教界开展中国共产党党史学习教育活动，组织全县宗教界人士开展爱国主题教育活动3次，发放梅州市委统战部印发的《四史学习资料汇编》270份。同时，各宗教场所现场开展扶贫济困认捐活动，认捐金额4万元。开展“宗教政策法规学习月”活动，举办学习座谈会、各类宣传活动15场次，发放宣传资料2380份，制作横幅、悬挂标语等30条，走访慰问宗教界人士70人次。

【港澳台事务】2021年春节前夕，大埔县委统战部为旅港乡亲送去价值30万元的慰问物资，让香港同胞感受到了党和政府的温暖。2021年6月29日，大埔县内地港人联谊中心、百侯镇旅港乡亲联络处和侯南村旅港乡亲活动室在百侯镇侯南村举行揭牌仪式，为推动（大）埔（香）港优势互补、实现共同发展提供重要渠道。2021年4月16日和11月20日，省港澳办组织暨南大学港澳台师生志愿服务队一行120人（分两批次）到大埔实地参观田家炳纪念馆、大麻镇小麻村“港澳青年乡村振兴体验基地”、大埔县三河坝战役纪念园，与三河坝红军小学师生进行面对面交流活动。2021年8月11日，田家炳纪念馆在大埔县高陂镇银滩村举行落成典礼，市委书记陈敏，市委副书记、代市长马正勇，县委书记朱汉东，全国人大代表、大埔杰出乡贤邓振龙为田家炳纪念馆落成揭幕。2021年11月24日，台湾新锐媒体直播梅州“一县一品”系列访谈活动分别在大埔县万川千红蜜柚种植基地、泰安楼、双髻山蜜柚公园、密坑省级蜜柚现代农业产业园进行拍摄采访活动。

【侨务工作】2021年，大埔县委统战部以“凝聚侨心，服务大局”为宗旨，构建凝聚侨心工作机制。5月初，应马来西亚大埔联合总会会长杨博耀的请求，向该会无偿捐赠1000盒连花清瘟胶囊，以支持海外乡亲抗疫。2021年5月20日，大埔县成功举办以“彰显侨领风范，弘扬客商精神，助推梅州发展”为主题的张弼士博物馆开馆系列活动，活动邀请众多海（内）外文史专家、酒业大咖齐聚一堂，共览一代侨领风范，同论张弼士客商精神，助推梅州市苏区振兴发展。做好为侨服务工作，全年受理信访案件5宗，为1位马来西亚侨胞找到祖籍地及国内亲人，解决实际问题4宗。全省海外统战和侨务干部培训班（两期）分别于2021年9月16日和10月20日在大埔县田家炳纪念馆、三河坝战役纪念园和泰安楼举行现场教学点学习，让学员贴近感受苏区精神、家国情怀和客家民俗风情。百侯镇侯南村参加“广东最美侨村”评选活动，2021年10月19日，由省委统战部、省农业农村厅和暨南大学等单位组成联合工作组在该村进行实地考察并召开侨村建设座谈交流会。

中共大埔县委统一战线工作部负责人名录

部　长：张红梅（女，—2021.9）
廖昌元（2021.9—）

副部长：梁永志（常务）
刘思法（县委台港澳工作办公室主任、县台港澳事务局局长、县侨务局局长）
刘鹏万（县民宗局局长）
林开樊（县工商联党组书记）

（吴歆茹）

机构编制

【概况】2021年，中共大埔县委机构编制委员会办公室（简称大埔县委编办）把学习贯彻习近平总书记有关机构编制工作的重要论述和《中国共产党机构编制工作条例》贯穿到机构编制工作始终，准确把握当下机构编制工作新形势新要求，以“1234”（围绕党史教育“一条主线”，开展“两个争创”，培育学习“三大亮点”，突破“四项业务”）为工作思路，强化工作重点，创新工作机制，加强党的建设，转变工作作风，抓好机构编制管理各项工作的落实。

【乡镇体制改革】2021 年，大埔县委编办持续抓好乡镇体制改革，完善基层治理体系，以增进人民福祉为出发点和落脚点，以改革创新和制度建设、能力建设为抓手，建立健全基层治理体制机制。加大放权赋能力度。继第一批 625 项审批服务类和《大埔县人民政府关于实行乡镇综合行政执法的公告》调整实施的 519 项执法类事权，根据放权效果和经济社会发展实际动态调整放权赋能工作，与县司法局、县政数局合力推进管理职权合理合规下放，确保乡镇权责一致、权责对等，提升审批、服务、执法效能。加强执法能力建设。印发《关于加强大埔县执法能力建设工作方案》，整合乡镇现有执法力量和资源配置，实行清单式管理，完善乡镇与县直部门之间行政执法协调配合机制，促进乡镇综合行政执法运行规范，县、镇两级执法联动工作机制更加健全高效，“一支队伍管执法”成效初步显现。完善平台运行规则。通过印发《关于贯彻落实大埔县乡镇机关内设机构、工作平台和事业单位“制度上墙”标准化建设的通知》、转发《关于印发〈乡镇街道五大统一指挥协调工作平台建设运行指引〉的通知》，指导各乡镇制定完善五大平台运行规则，明确五大平台的组织架构、主要职责、工作制度，推动乡镇对上、对内的协同配合机制，释放指挥协调动能。

【县级机构改革】2021 年，大埔县委编办落细落稳，做好县级机构改革“后半篇文章”。进一步完善部门“三定”规定。对“三定”规定已沿用多年、与当前形势任务不相适应的部门，启动“三定”规定修订工作。加强对相关单位“三定”规定落实情况的跟踪监督，重点查看是否严格按照“三定”规定设置机构、挂牌，是否按新的机构设置运行，形成从制定、执行到监督的全链条管理，确保按照“三定”规定做到职责履行到位、工作运行到位。

【群团组织改革】2021 年，大埔县委编办摸清底数，稳步推进群团组织改革工作。全县有 9 个群团机关，除红十字会机关是副科级外，其他群团机关均为正科级。按照推进国家治理体系和治理能力现代化的要求，严格按照上级部署，稳步有序推进群团机关改革，其中总工会已完成“三定”；团县委、文联、残联、科协已印发改革实施方案，并已制定“三定”初稿，正报市审核；侨联、红十字会正在制定改革实施方案；妇联、工商联待省市改革后进行重新“三定”。

【事业单位改革】2021 年，大埔县委编办优化资源，扎实推进事业单位改革工作。调整优化事业单位。按照中央和省关于深化事业单位改革的工作部署，结合实际，2021 年通过整合或调整优化改革工作，涉及事项（涉改单位 3 个调整为 1 个，撤销事业单位 1 个，共收回财政核拨事业编制 1 名）正在报请县委编委第二次编委成员会议研究，待编委成员会议研究同意后发文实施。核定教育编制。核定大埔县中、小学教职工编制总数为 3939 名，特殊教育学校教职员编制核定为 76 名，满足社会对教育领域特别是特殊教育和特殊儿童的教育需要。调配幼儿园编制。全县公办幼儿园核编单位有 17 个，其中核定县直 4 所幼儿园教职工编制为 235 名；镇级中心幼儿园 13 个（未独立建制），核定教职工编制为 326 名。至 2021 年 11 月底，县直幼儿园实有在编在岗教职工 180 人，余编 55 名；乡镇中心幼儿园实有在编在岗教职工 146 人，余编 180 名。完善机构设置、盘活编制资源、加强编制管理，从职能职责、机构编制方面为教育用编提供有力保障。

【机构编制监督检查】2021年，大埔县委编办加强约束，持续推进机构编制监督检查工作。以“条例”及其配套法规为基本遵循，修订完善机构编制管理和日常工作等各项规章制度，用制度保障工作推进。杜绝超编进人、违规设置机构，严守机构编制管理红线。组织部署第二次机构编制核查工作。通过会议研究、提出方案、制订计划、实地督导等形式，在全县455个单位中，选取195个单位集中核查（其中实地核查75个单位，集中对账120个单位，占全县单位总数的42%）。针对核查中发现的问题，除现场立行整改，如已撤销单位留存挂牌、实名制信息填报不规范等，均分类并建立问题台账，逐条提出整改建议和整改期限，将监督检查落到实处。

中共大埔县委机构编制委员会办公室负责人名录

主　任：李志坚

副主任：曾国杭（—2021.4）　温卫国

吴海峰（2021.4—）　罗春初

（**郭睿湘**）

县直属机关工委工作

【概况】2021年，中共大埔县直属机关工作委员会（简称大埔县直机关工委）下设机关党委25个，党总支8个，党支部232个，党员4576人。2021年，大埔县直机关工委贯彻落实习近平总书记和党中央的重大决策部署，以及省委、市委、县委工作要求，以实施新一轮基层党建三年行动计划为契机，以开展党史学习教育、创建模范机关为抓手，聚焦主责主业抓落实，推动机关党建取得新的实效。

【政治建设】2021年，大埔县直机关工委干部职工严守政治纪律和政治规矩，持续巩固坚决全面彻底肃清李某、万某某恶劣影响成果，增强“四个意识”、坚定“四个自信”、做到“两个维护”。严格落实“第一议题”制度，组织县直单位及时跟进学、党组织书记带头学、支部集中深入学、线上线下自主学，推动学习贯彻习近平新时代中国特色社会主义思想、习近平总书记系列重要讲话和重要指示批示精神不断走深走实。开展党史学习教育。按照县委工作要求，精心组织、扎实开展，促进学党史悟思想入脑入心，12名党员积极参加学习教育，发放指定教材数量48册，组织专题读书研讨会10场，领导干部讲专题党课6次，开展专题党日活动5场，做实做细“我为群众办实事”实践活动9项。

【主责主业】2021年，大埔县直机关工委抓好主责主业工作。加强基层党建工作述职考评。2021年3月5日，组织召开县直机关单位党组织书记述职会议，9位党组织书记作现场述职发言。加大党建工作指导力度。全年班子成员深入单位开展党建指导15次，接待基层党务干部近百人次，2021年1月和8月分别组织县直机关党建工作检查。开展党建工作创新大赛。2021年6月，组织举办大埔县首届“红色守初心·绿色促发展”党建工作创新大赛，组织党群等9个口推荐参评作品，评选出县妇联等8个单位优秀作品，并选送其中5个单位的作品报市参赛。2021年12月，县直机关工委获梅州市党建工作创新大赛优秀组织奖。

【服务大局】2021年，大埔县直机关工委抓好服务大局工作。发挥党员先锋模范作用。组织县直机关3000名在职党员深入社区开展“双报到、双服务”活动，推动党员干部下沉一线，参与基层治理、疫情防控、老旧小区改造等工作，让党旗在基层一线高高飘扬。坚持典型示范引领。结合庆祝中国共产党成立100周年，开展“两优一先”评选表彰，县直机关52名个人、19个集体获省、市、县表彰。联合县电视台，对优秀个人和先进集体进行宣传报道，激励县直机关党员干部担当作为。同时，注重从先进人物、行业人才中推选市、县“两代表一委员”159名，推动县级换届选举等工作。持续推进模范机关创建活动。坚持把模范机关创建作为机关党建工作总抓手，在窗口单位和服务行业开展“三亮三比三评”（亮身份、亮承诺、亮标准，比技能、比业绩、比作风，自评、群众评、领导评）活动，优化县公安局、县税务局等17个单位党建工作亮点品牌。

【组织规范建设】2021年，大埔县直机关工委加强党组织标准化规范化建设。按照“党章”“条例”等党内有关规定，规范县直机关党组织设置，全年新成立机关党委2个、党支部3个、临时党支部10个；撤销1个党支部；调整支部书记16名。做好党内统计、换届提醒等日常工作。全年转入组织关系354人次，转出组织关系237人次；发放27份换届选举提醒函，指导审批34个基层党组织完成换届工作。做好党费收缴管理。指定专人具体负责党费收缴工作，按季收缴党费，认真核算党费交纳数额，做到上缴党费数额与党费收缴票据一致。全年收取党费161万元，并及时全额上交县委组织部。

【队伍管理】2021年，大埔县直机关工委保质保量发展党员。全年新吸收入党积极分子97人；新发展党员139人，其中35岁及以下占80%，党员结构更加优化。为提高新党员素质，县直机关工委于2021年4月底举办为期3天的党员发展对象培训班，培训入党积极分子和发展对象146人；于6月下旬在三河坝烈士纪念园举行百名新党员入党宣誓仪式。提高党务干部素质。2021年12月中旬，组织举办县直机关单位党务干部业务培训班，100多名专（兼）职党务干部参加培训，实现党务工作者培训全覆盖。

【作风建设】2021年，大埔县直机关工委抓好机关作风建设工作。解决党建工作中“重部署轻落实”问题。全年组织2次（半年、年终）党建工作检查指导，对检查出的问题形成问题清单，发送至受检单位，提出整改要求，明确整改时间节点，抓好整改落实。紧盯重要时间节点、重点领域和关键环节，采取不打招呼、不事先告知的方式，与县纪委联动，强化常态化督查机制，开展县直单位作风建设督查指导。全年开展检查、暗访16场次。

中共大埔县直属机关工作委员会负责人名录

书　记：李礼庆（—2021.4）
　　　　　刘永东（2021.4—）
副书记：罗启煊（—2021.4）
　　　　　曾国杭（2021.4—）
　　　　　郭彩银（女）

（**黄瑛**）

保密工作

【保密工作落实责任制】2021年，大埔县国家保密局落实省、市保密委会议精神，围绕上级保密部门的决策部署，推进各项保密工作的落实。落实保密工作责任制，开展全县各级党政领导干部落实保密工作责任制专项检查，强化对保密工作责任制执行情况的长效监督。督促指导各机关单位保密组织的建设。指导13个单位及时调整充实保密工作领导小组成员，确保各机关单位保密工作有人抓、有人管。指导各机关单位建立健全党务政务信息公开保密审查机制，要求各机关单位对拟公开的党务政务信息严格审核把关、规范信息公开审查工作流程，遵循“谁公开、谁审查、谁负责”的原则，做到既确保党务政务信息的安全，又有利于提高党务政务工作透明度。制订《2021年大埔县高考保密安全突发事件应急处置预案》，抓好高考保密工作。此外，协助做好中考和事业单位以及临聘人员招聘考试的笔试和面试保密监督指导工作18次，派员进行现场监督，确保考场安全，防止试卷泄密。

【保密监督检查】2021年，大埔县保密局有针对性地督查检查县府办、县委宣传部、县卫健局、县医保局、县公安局、湖寮镇人民政府等13个机关单位，检查涉密计算机7台、上网计算机43台和涉密文件130份，对于督查检查发现的相关问题，通过现场反馈会的形式向被检单位党组进行反馈，责令被检单位加强保密知识学习培训，立即做出整改，堵塞失泄密漏洞。系统开展微信泄密专项整顿行动。指导各单位加强对微信等即时通信App的日常保密管理，微信群登记造册备查，通信交流不传密、不涉密，全面加强对微信等即时通信App的保密管控。加强对涉密人员手机保密工作进行指导，推荐使用国产手机，推荐使用“粤政易”作为即时通信软件平台，从源头上堵塞失泄密漏洞。

【保密技术检查和密品销毁】2021年，大埔县保密局加强保密行政管理部门干部队伍专业能力建设，参加省、市保密局组织的各项保密监管技能培训，学习最新监管技能，促进科技管密。督促各单位配齐配强专（兼）职保密干部，建立完善基层保密工作长效机制，推进保密履职能力现代化。新购置计算机终端保密检查系统2套，以先进的技术加强对全县机关单位计算机的检查和监管。严格涉密载体销毁服务。全年密品销毁中心承接各单位密件855份，比2020年增加13份；联系市密品销毁中心承接县委办、县府办、县纪委监察机关、县公安局等单位6批，共销毁纸介质涉密及内部资料320袋、涉密硬盘20只。

【保密宣传教育】2021年，大埔县保密局加强保密宣传教育，提高保密意识。订购和印发“七五”保密宣传教育资料4000份，发给各级领导干部、涉密人员学习使用，提高广大领导干部和涉密人员的保密观念和知法、守法、用法的自觉性。依托大埔县三河坝战役纪念园和青溪镇“广东省保密教育基地”及实训平台，开展 “铭记光辉历史、传承红色基因”革命传统教育和保密教育活动，接待省直和各市、县机关单位领导和干部1000人，弘扬保密优良传统和爱国主义精神。

大埔县国家保密局负责人名录

局　长：蔡葵花（女）

副局长：张贵岳

（吴京洲）

党校教育

【概况】2021年，中共大埔县委党校以中共十九大和十九届历次全会精神为指导，全面落实省委、市委、县委的工作部署，学习贯彻《中国共产党党校工作条例》和中央、省、市、县干部教育培训工作会议的精神，围绕县委中心工作，在做好疫情防控常态化工作的同时立足主业，把“党校姓党”贯穿党校工作始终，发挥好培训党员干部主阵地作用。

【宣讲授课】2021年，大埔县委党校以“创建全国一流党校”为目标，提高教学质量，提升科研水平。多次举办教师集体备课会和选派年轻教师参加省、市党校系统的师资培训、观摩学习，提升教师授课能力和水平。组织以年轻教师为主的党校形势与理论宣讲队深入机关、乡镇、学校、企业和村组进行宣传辅导、调研县情。全年应邀到乡镇、办事处、县直机关有关部门等上党课、作专题报告25场次，培训党员干部1800人次。此外，提高进入党校任教教师学历门槛，招聘研究生充实学校师资队伍；建立健全外聘教师资源库，弥补师资资源相对不足。

【智库资政】2021年，大埔县委党校扮演好智库资政角色。首个省级立项课题“地方红色资源的挖掘、规划、开发”于2021年6月30日顺利结题。该课题于2020年5月申请立项，并于7月正式立项，该课题是大埔县委党校近三十年来首次申报成功的省级研究课题，也是梅州市各县级党校中唯一申报成功的课题。市级课题于2021年6月24日获得梅州市哲学社会科学领导小组批准立项。

【突出培训主业】2021年，大埔县委党校坚持以办好主体班次为重点，保质保量完成县委、县政府下达的培训任务，打造高素质专业化干部队伍。规范主体班教学。主体班教学计划，严格按照县委党校主体班指标体系规定的内容设置培训内容、师资结构、教学方式、授课方式等模块，提高主体班教学质量。按照县委党校主体班培训计划，所有班次都安排党性教育相关内容，实现党性教育全覆盖。开展案例式、参与式、研讨式、情景式等教学，拓展党性教育结构化教学内容和方式，注重问题导向性研讨。打造精品课，构建县委党校特色课程。

【对外培训】2021年，大埔县委党校提升外培班质量，课程服务精品化。办班打好需求牌。针对机关、企事业单位的不同需求，做好干部培训需求调研，制订不同的教学方案，提升学员满意度。课程打好特色牌。把党的辉煌历史与大埔县丰富红色资源文化有机结合，开设三河坝战役的历史地位和意义、南方工委的历史贡献等课程，吸引外地班到大埔开展异地培训。服务打好满意牌。在教学安排上、后勤服务上都尽量满足异地培训方的要求，培训前尽可能让对方事先了解、掌握大埔的特色资源、党校的师资资源、培训方式方法、后勤服务等有关情况。至2021年年底，举办外培班36期，共培训1917人次。

【党校迁建】大埔县委、县政府重视党校工作，2017年县委动议迁建县委党校，2018年正式启动。至2021年，基本完成征地任务，累计投入资金1.38亿元，占投资总额的55%。同时，通过采取边筹建边办班的模式，完善现有教育教学培训资源，与县城宾馆酒店合作，挖掘利用大埔及闽粤赣周边地区红色资源，积累办学经验，锻炼教师队伍，为正式运营打好基础。

中共大埔县委党校负责人名录

校　长：陈军营（—2021.9）
　　　　张榆昌（2021.9—）
副校长：蔡永斌（常务）　郭文招
　　　　陈君仪（女）　邓向进

（刘锦州）

大埔县人民代表大会

主要会议和活动

【县十五届人大六次会议】2021 年 2 月 3—5 日，大埔县十五届人大六次会议在县城召开。会议审议并表决通过关于大埔县人民政府工作报告的决议、关于大埔县“十四五”规划和二〇三五年远景目标纲要的决议、关于大埔县 2020 年国民经济和社会发展计划执行情况与 2021 年计划的报告的决议、关于大埔县 2020 年预算执行情况和 2021 年预算的报告的决议、关于大埔县人大常委会工作报告的决议、关于大埔县人民法院工作报告的决议、关于大埔县人民检察院工作报告的决议，以及大埔县人民政府 2021 年十件民生实事项目。同时，代表们围绕县委工作思路和举措，建言献策，提出建议、意见 22 件。会议还依法补选县人民法院院长。

【县十六届人大一次会议】2021 年 11 月 16—19 日，大埔县十六届人大一次会议在县城召开。会议审议并表决通过关于大埔县人民政府工作报告的决议、关于大埔县 2021 年 1—9 月国民经济和社会发展计划执行情况和至年底工作设想的报告的决议、关于大埔县 2021 年 1—9 月预算执行情况和至年底工作设想的报告的决议、关于大埔县人大常委会工作报告的决议、关于大埔县人民法院工作报告的决议、关于大埔县人民检察院工作报告的决议。同时，代表们围绕县委工作思路和举措，建言献策，提出建议、意见 31 件，确立议案 1 件。会议依法选举第十六届大埔县人大常委会组成人员、县政府领导班子，以及县监察委员会主任、县人民法院院长、县人民检察院检察长和出席梅州市第八届人民代表大会的代表。县委书记黄增国在闭幕会上讲话中指出，全县上下要自觉把思想和行动统一到县第十三次党代会和县十六届人大一次会议上确定的目标任务上来，把智慧和力量汇聚到改革发展的工作大局上来。坚持以更高的政治站位、更强的责任担当、更有力的实际行动，奋力开创人大工作新局面，为推动大埔全面振兴发展作出新的更大贡献。

【县十五届人大常委会会议】县十五届人大常委会第 37 次会议于 2021 年 1 月 19 日上午在县人大综合楼三楼会议室召开。主要内容：传达学习贯彻习近平总书记系列重要讲话和重要指示批示精神，听取和审议县“十四五”规划纲要和二〇三五年远景目标纲要编制情况的报告，审议通过县人大常委会关于召开县十五届人大六次会议的决定（草案）、关于授权县人大常委会主任会议确定县十五届人大六次会议召开时间等事宜的决定（草案）、关于列席和邀请列席县十五届人大六次会议人员的决定（草案）、拟在县十五届人大六次会议上作的县人大常委会工作报告，初审通过县政府关于2021年预算草案的报告、《大埔县第十五届人民代表大会第六次会议民生实事项目票决办法（草案）》、县十五届人大六次会议的日程安排（草案）、各代表团的组成和召集人建议名单（草案）、主席团成员和秘书长建议名单（草案）、议案审查委员会组成人员建议名单（草案），审议通过县人大常委会代表资格审查委员会关于县十五届人大代表出缺选举情况的报告，确认代表资格。布置县十五届人大六次会议期间疫情防控工作，并进行人事任免。

县十五届人大常委会第38次会议于4月12日上午在县人大综合楼三楼会议室召开。主要内容：传达学习贯彻十三届全国人大四次会议精神及习近平总书记在大会期间的重要讲话精神，听取和审议县政府关于县十五届人大三次会议《关于加快实施乡村振兴战略的议案》实施情况的报告及要求结案的报告，听取和审议县政府关于2020年县级预算执行情况的报告，审议通过县政府关于2020年县级预算调整方案的报告，并进行人事任免。

县十五届人大常委会第39次会议于6月17日上午在县人大综合楼三楼会议室召开。主要内容：传达学习习近平总书记在广西视察时和在青海视察时的重要讲话精神；审议通过《大埔县人民代表大会常务委员会关于大埔县第十六届人民代表大会名额分配的决定（草案）》《大埔县人民代表大会常务委员会关于重新确定镇级人民代表大会代表名额的决定（草案）》；听取和审议县政府关于全县环境状况和环境保护目标完成情况的报告，并进行人事任免。

县十五届人大常委会第40次会议于7月23日在县人大综合楼三楼会议室召开。主要内容：传达学习习近平总书记7月1日在庆祝中国共产党成立100周年大会上的重要讲话精神；听取和审议县政府关于2021年上半年国民经济和社会发展计划执行情况的报告，关于2021年上半年预算执行情况的报告；听取和审议县人大常委会调研组《关于加快解决县城自来水供需矛盾议案》实施情况的调研报告；审议通过《大埔县人民代表大会常务委员会关于县、镇两级人民代表大会换届选举的决定（草案）》和《大埔县县镇人大换届选举工作实施方案》，任命县、镇选举委员会组成人员。

县十五届人大常委会第41次会议于9月8日上午在县人大综合楼三楼会议室召开。主要内容：传达学习习近平总书记在河北承德考察时的重要讲话精神，学习贯彻县委书记黄增国到县人大调研时的讲话精神，作出关于调整县、镇两级人大换届选举时间的决定，并进行人事任免。

县十五届人大常委会第42次会议于9月9日上午在县人大综合楼三楼会议室召开，会议进行人事任免。会后还举行新任职人员向宪法宣誓仪式，县委副书记、代县长凌晓文领誓。

县十五届人大常委会第43次会议于10月19日上午在县人大综合楼三楼会议室召开。主要内容：传达学习中央人大工作会议精神和习近平总书记在陕西榆林考察时的重要讲话精神，听取和审议县政府关于县十五届人大六次会议代表建议意见办理情况的报告等相关报告，审议通过关于召开县十六届人大一次会议的决定（草案），县十六届人大一次会议的日常安排（草案）等，并进行人事任免。

县十五届人大常委会第44次会议于11月8日下午在县人大综合楼三楼会议室召开。会议审议通过关于调整县十六届人大一次会议召开时间的决定（草案）。

县十五届人大常委会第45次会议于11月11日上午在县人大综合楼三楼会议室召开。主要内容：传达学习习近平总书记在山东省考察调研期间的重要讲话精神，听取和审议县政府关于落实退役军人政策情况的报告，依法补选产生一名梅州市第七届人大代表。

2021年11月11日，县十五届人大第45次会议在县人大综合楼三楼会议室召开（县人大办提供）

【县十六届人大常委会会议】县十六届人大常委会第1次会议于2021年12月16日上午在县人大综合楼三楼会议室召开。主要内容：传达学习中共十九届六中全会和梅州市第八次党代会精神；听取和审议县政府关于“2021年十件民生实事”办理、大埔县推进全国义务教育优质均衡创建工作、2020年度国有资产管理、实施《梅州市森林火源管理条例》工作情况的报告；听取和审议县监察委关于开展扶贫领域腐败和作风问题专项治理工作情况的报告，县人大常委会监察和司法工委关于规范性文件备案审查工作情况的报告；审查通过县政府关于2021年县级预算调整方案的报告。

依法行使重大决策事项权和人事任免

【重大决策事项】2021年，大埔县人大常委会依法作出4项重大决策事项。决定同意对县十五届人大三次会议确立的《关于加快实施乡村振兴战略议案》予以结案；作出决定同意2020年县级预算调整方案的批复；作出关于继续实施县十五届人大一次会议《关于加快解决县城自来水供需矛盾的议案》的决议；作出决定同意2021年县级预算调整方案的批复。

【人事任免】2021年，大埔县人大常委会共依法任免国家机关工作人员44人次，其中任命副县长3人、代理县长1人、县监委代理主任1人、县人民检察院代理检察长1人；接受辞去县长职务1人、副县长职务2人、县监委主任职务1人、县人民检察院检察长职务1人。

监督工作

【重点工作监督】2021年，大埔县人大常委会召开常委会会议10次，听取和审议“一府一委两院”专项工作报告24项。听取和审议县“十四五”规划纲要和二〇三五年远景目标纲要编制情况报告，力促纲要编制更加科学合理、切合大埔实际。听取和审议国民经济与社会发展计划执行和全县环境保护工作情况报告，听取和审议或视察精准脱贫、乡村振兴、卫生强县、县城供水保障、教育现代化及均衡化、新农村建设、交通公路、实体经济、现代农业、全域旅游、疫情防控、退役军人事务和蜜柚、茶叶现代农业产业园实施情况等全县重点工作落实推进情况，提出有针对性、建设性、可行性的建议意见，助力精准脱贫、乡村振兴、卫生强县等重点工作取得成效。

【财经监督】2021年，大埔县人大常委会听取和审议县政府关于全县财政计划、预算、决算、预算调整、收支执行及平衡和财政收支审计及查出问题整改、国有资产管理情况等工作情况报告，对全县预算执行情况实施在线监督，督促政府积极防范化解债务风险，加强预算执行、预算调整、财税收支和国债资金等管理使用，确保全县财政运行健康平稳。

【民生工作监督】2021年，大埔县人大常委会坚持良好生态环境是最普惠的民生福祉，听取和审议县政府关于全县环境状况和环境保护目标完成情况报告，督促政府保护好青山绿水，不断满足人民日益增长的优美生态环境需要。持续监督推进全县精准脱贫、教育卫生、乡村振兴、饮水安全、农业产业、环境保护等事关群众切身利益重点工作的落实，务求取得人民满意的成效。听取《关于加快创建省卫生强县工作的议案》和《关于加快实施乡村振兴战略的议案》两件议案实施情况的报告，审议认为该两件议案实施有力、成效明显，实现预期目标，同意结案。调研《关于加快解决县城自来水供需矛盾的议案》实施情况并听取专项报告，审议认为该议案因任务繁重艰巨，实施成效离群众期盼还有差距，经多次慎重研究，决定续转县十六届人大继续监督实施。

【法治工作监督】2021年，大埔县人大常委会深入贯彻落实习近平法治思想，举办全县备案性文件审查业务培训会，加强全县规范性文件备案审查工作能力水平；组织开展“美好生活 民法典相伴”专题宣讲，加强干部法治思维和依法行政的能力，营造尊法学法守法用法的良好氛围，政府依法行政的体制机制健全。听取和审议贯彻实施《中华人民共和国环境保护法》《梅州市森林火源管理条例》等工作情况报告，督促政府有关职能部门依法行政，做到有法必依、执法必严、违法必究。听取和审议县监察委关于开展扶贫领域腐败和作风问题专项治理工作情况报告。听取和审议规范性文件备案审查工作情况的报告，推进规范性文件备案审查工作走在全市前列。

代表工作

【主动参与疫情防控】针对广东疫情的突发情况，2021年，大埔县人大常委会深入学习贯彻习近平总书记关于疫情防控的重要指示精神，把疫情应对处置作为头等大事来抓，坚决贯彻落实省委、市委、县委关于以“快、严、实”的措施坚决遏制疫情扩散蔓延的决策部署，常委会领导及机关干部带头接种新冠疫苗，转发省人大常委会《致全省各级人大代表的公开信》，组织收看《发挥代表作用助力疫情防控》电视专题节目，号召各级人大代表围绕当前疫情防控工作大局，履行代表职责，主动担当、勇于作为，守护好人民群众生命安全和身体健康。在政府网站发布《广东省新型冠状病毒肺炎疫情防控工作法律法规汇编》《广东省新型冠状病毒肺炎疫情防控工作法律法规选编》，推动相关法律法规得到有效落实，共同筑牢疫情防控的“代表守护线”。

【推进民生实事票决制】2021年，大埔县人大常委会审议通过《大埔县人民代表大会常务委员会关于开展政府民生实事项目人大代表票决制工作的决定》，决定从2021年起每年将县政府年度民生实事项目由人代会票决通过，首次票决通过的2021年“县政府十件民生实事”更符民需、更贴民意。同时，常委会适时出台《关于印发〈关于开展2021年民生实事项目监督工作方案〉的通知》，听取和审议“县政府十件民生实事”实施情况，及时跟进，督促落实，确保民生实事推进落实更符民需、更贴民意，老百姓得到实实在在的好处。

【议案建议办理】2021年，大埔县人大常委会践行以人民为中心的发展理念，及时将县十六届人大一次会议确立的1件代表议案和31件建议意见交由县政府及各承办单位办理。审议通过县政府关于继续实施县十五届人大一次会议《关于加快解决县城自来水供需矛盾的议案》工作方案的报告，齐心协力、接续推动解决代表和群众密切关注的县城居民用水问题。深入践行“两山”理念，审议通过县政府关于县十六届人大一次会议《关于关停治理县城垃圾填埋场的议案》实施方案的报告，共同走好建设秀美宜居的绿色生态县之路，助推创建国家级生态文明建设示范县。

机关建设

【政治建设】2021年，大埔县人大常委会坚持把党的政治建设摆在首位，全面落实党建主体责任，坚决贯彻执行“第一议题”等制度，加强对习近平总书记重要讲话、重要指示批示精神，中共十九大和十九届二中、三中、四中、五中、六中全会精神，习近平新时代中国特色社会主义思想、习近平总书记关于坚持和完善人民代表大会制度的重要思想、中央和省人大工作会议精神、党章党规、人大理论知识和法律法规的学习，树牢“四个意识”、坚定“四个自信”、坚决做到“两个维护”。

【依法履职】2021年，大埔县人大常委会坚持求真务实的作风，围绕县委中心工作和群众关注的热点难点问题，开展调查研究，听取群众和代表意见建议，为提高常委会的议事质量提供保证，为县委决策当好参谋。组织学习相关法律法规和人大业务知识，利用省人大远程教育等网络平台收听收看《广东人大学堂》和《广东人大发布》，组织到外地学习先进经验，常委会组成人员履职能力和水平提升。同时，常委会领导还带头走出机关、深入基层，到项目一线、联系镇村和挂钩企业检查指导，收集意见建议，帮助基层和群众排忧解难。

【党建工作】2021年，大埔县人大常委会建立健全工作制度，加强机关党建工作指导，落实党建主体责任，机关支部执行“三会一课”制度，开展民主评议党员工作，健全党员干部谈话提醒等日常教育管理机制，健全党内关怀、激励和帮扶制度，做好党员特别是生活困难党员的关怀帮扶工作，组织开展党日主题活动等，调动机关干部的工作积极性，提升机关工作效能。

指导镇人大工作

【概况】2021年，大埔县人大常委会深入贯彻落实省人大关于县乡人大“巩固基础、强化履职”两年行动计划的工作部署，制定印发关于贯彻全省县乡人大“巩固基础、强化履职”两年行动计划的实施方案，成立专项工作领导小组，推动大埔县县镇人大进一步巩固建设基础，更好发挥职能作用。

【代表联络站】2021年，大埔县人大常委会抓好代表联络站的功能发挥。在继续强化阵地建设的基础上，指导各镇人大依托代表联络站开展活动，发挥以镇人大代表中心联络站为主、村级片区联络站为辅的代表联系群众的网格化体系。全年组织各级代表486人次进站接待选民群众285人次，收集意见建议119件，推动解决问题96件。

【镇人大履职】大埔县人大常委会指导各镇人大将民生实事项目列入镇人民代表大会议程。2021年5月13—15日，全县14个镇召开镇人民代表大会，从87个候选政府民生实事项目中票决产生政府民生实事项目69个。其中：农林水类29个；生态环境类18个；道路基础设施类12个；教科文卫类10个。政府年度民生实事项目代表票决制工作在全县各镇实现全覆盖，随时接受社会和代表的监督，推动镇党委中心工作和民生实事落实。

大埔县人大常委会主任、副主任名录

主　任：黄建庭（—2021.11）
　　　　张红梅（女，2021.11—）
副主任：刘坤明（—2021.11）
　　　　廖金鑫（—2021.11）
　　　　谢以美（—2021.11）
　　　　张昭锋（—2021.11）
　　　　邓立新（女）　张长先
　　　　刘辉堂（2021.11—）
　　　　邓玉伦（2021.11—）
　　　　罗振康（2021.11—）
　　　　邝金禄（2021.11—）

大埔县人大常委会办公室负责人名录

主　任：张越志
副主任：杨耀文　丘　涛

大埔县人大常委会监察和司法工作委员会负责人名录

主　任：谢召南（—2021.4）
　　　　蔡　忠（2021.4—）
副主任：饶仁杰

大埔县人大常委会选举联络人事任免工作委员会负责人名录

主　任：张国雄
副主任：林雪华（女）

大埔县人大常委会农村农业工作委员会负责人名录

主　任：李战美
副主任：杨励勉

大埔县人大常委会财政经济工作委员会负责人名录

主　任：庄乃仕（—2021.4）
　　　　何赞道（2021.4—）
副主任：温伟雄（2021.4—）

大埔县人大常委会教育科学文化卫生华侨工作委员会负责人名录

主　任：郭成燕（女）
副主任：李金泉（—2021.1）

大埔县人大常委会社会建设工作委员会负责人名录

主　任：张伟东
副主任：丘福煌

大埔县人大常委会城乡建设环境与资源保护工作委员会负责人名录

主　任：廖永春
副主任：李志文（女，2021.6—）

（丘涛）

大埔县人民政府

主要政务简述

【向县第十六届人大一次会议作《政府工作报告》】2021 年 11 月 17 日，代理县长凌晓文代表县人民政府向大埔县第十六届人民代表大会第一次会议作《政府工作报告》，报告分两部分。第一部分：五年来工作回顾。五年来，坚持发展要务，综合实力稳步增强；突出精准施策，脱贫攻坚全面胜利；强化项目为王，发展基础更加坚实；狠抓转型升级，产业发展提质增效；加大统筹力度，城乡面貌日新月异；聚焦改革创新，发展活力加速迸发；守护绿水青山，生态环境持续优化；厚植为民情怀，群众生活明显改善；全面从严治政，自身建设不断加强。第二部分：今后五年的总体要求、奋斗目标和工作措施。

【向县第十六届人大二次会议作《政府工作报告》】2022 年 3 月 2 日，县长凌晓文代表县人民政府向大埔县第十六届人民代表大会第二次会议作《政府工作报告》，报告分两部分。第一部分：2021 年工作回顾。2021 年，全县综合实力稳步提升；发展环境持续改善；城乡建设协调推进；发展活力不断增强；民生保障有力有效；政府建设全面加强。第二部分：2022 年工作安排。重点是抓好八个方面工作：一是聚焦工业强县，致力做强实体经济；二是聚焦有效投资，致力推进项目建设；三是聚焦城乡统筹，致力推动乡村振兴；四是聚焦文化提升，致力促进文旅融合；五是聚焦生态优势，致力建设美丽大埔；六是聚焦改革创新，致力激发振兴活力；七是聚焦民生改善，致力发展社会事业；八是聚焦治理效能，致力建设勤廉政府。

【县政府常务会议】2021 年，大埔县政府为研究全县经济和社会发展工作，制定改革措施以及处理日常政务，全年召开县政府党组（扩大）会议 16 次、县政府常务会议 14 次。研究决定了关于启动大埔县党政机关电子政务内网电子公文系统安全可靠替代工程项目的问题；关于非涉密领域党政机关电子公文系统（外网）安全可靠应用全面替代工程由市政数局组织统一采购并拨付该项目资金的问题；关于拨给村（社区）“两委”换届选举工作经费的问题；关于成立国有全资企业广东寿康文化产业有限责任公司的问题；关于拨给“大埔县茶阳镇老县委红色文化主题展览”布展经费的问题；关于将西河镇漳北公学、黄堂小学产权划拨给西河镇政府管理使用的问题；关于将西河镇上黄砂村黄砂希望小学产权划拨给西河镇人民政府管理使用的问题；关于将百侯镇原侯北中学旧址租赁给梅州市广播电视台的问题；关于将杨隆生艺术馆划拨给百侯镇打造大埔县内地港人联谊中心等场所的问题；关于解决征收俊塔搅拌站补偿款的问题；关于拨给茶阳镇“椿森第”周边基础设施升级改造工程费用的问题；关于大埔县城东实验学校（原县城第三小学）扩建工程项目安置地安置方案的问题；关于审定大埔县县城城东“三旧”改造新增地块项目改造方案的问题；关于审定大埔县县城城东“三旧”改造新增地块项目土地协议出让方案的问题；关于审定西河镇车龙村和县城大沙坝工业小区两宗国有建设用地使用权出让方案的问题；关于划拨大埔县埔北中学等6所学校12宗教育建设项目用地的问题；关于划拨广东省残疾人粤东北综合服务大楼项目国有建设用地的问题；关于拨给县自然资源局征地补偿款的问题；关于批准建设建筑渣土收纳及废物综合利用项目的问题；关于实施大埔县建筑淤泥渣土收纳场及建筑垃圾综合处理环保项目的问题；关于置换土地用于建设治超停车卸货场的问题；关于解决大潮高速公路（含大漳支线）建设项目协调工作经费的问题；关于大埔县大东镇上坤水电站退出的问题；关于拨给大埔县西岩山周边火烧迹地景观复绿工程资金的问题；关于拨给枫朗镇岽顶湖及零星景观复绿工程项目资金的问题；关于由县移民工作局组织实施广东省韩江高陂水利枢纽工程避洪基础设施项目的问题；关于批准实施大埔县古埜中学学生宿舍楼建设项目的问题；关于拨给大埔县城投实业有限公司发行债券融资费用的问题；关于收回垫付广东省韩江高陂水利枢纽工程移民安置资金的问题；关于拨给落实成品粮储备经费的问题；关于将拟开工建设的中康瑞鑫（广东）科技股份有限公司项目退出县城工业小区并退回相关费用的问题；关于拨给大埔县现代农业发展有限公司合资经营注册资本金的问题；关于高陂工业园陶瓷大卖场引进专业公司经营的问题；关于拨给西河镇张弼士故居旅游区弼士广场建设工作经费的问题；关于拨给西河镇张弼士故居旅游区风貌管控和环境综合整治工作经费的问题；关于实施西河镇漳溪河清淤工程的问题；关于拨给三河坝战役指挥部旧址修缮布展项目建设资金的问题；关于拨给三河镇汇东村委连接线道路工程建设资金的问题；关于以货币折算形式解决湖寮镇下坜城镇建设用地项目留用地的问题；关于广东省韩江高陂水利枢纽工程大麻汶水塘地块安置房（三期地块）建设及回购合同的问题；关于划拨大埔县城物流园标准化厂房及附属工程建设用地的问题；关于收回茶阳家炳医院大楼产权并划拨给茶阳镇中心小学用作教师宿舍的问题；关于拆除大埔县埔北中学裕民教工楼及港贤教工楼的问题；关于拨给高陂实验学校装备资金的问题；关于拨给大埔县城东实验学校（学前部）装备资金的问题；关于追加大埔县田家炳爱国主义教育基地布展项目资金的问题；关于调整省道221线大埔段改造工程（大埔县城段）建设规模的问题；关于大埔县城投实业有限公司为省道221线湖寮至枫朗段公路改建工程提供融资担保的问题；关于省道221线湖寮至枫朗段公路改建工程征拆曲滩水电站左站迁建项目的问题；关于百侯镇曲滩电站库区清理弃渣依法进行拍卖处理的问题；关于拨给西河镇横溪村和高陂镇五家輋村河道护岸工程费用的问题；关于拨给大埔县西岭实验学校防洪堤工程建设费用的问题；关于拨给西河镇张弼士博物馆沿河亲水平台建设工程费用的问题；关于大埔县城建设大埔邮政农村电商三级物流体系物流园的问题；关于拨给大埔县供销社合作发展基金资金的问题；关于大埔县2021年度采矿权招标拍卖挂牌出让计划的问题；关于审定光德镇富岭村一宗国有建设用地使用

权出让方案的问题；关于审定湖寮镇过境公路旁、青溪镇溪口村两宗国有建设用地使用权出让方案的问题；关于审定湖寮镇大沙坝县城工业小区内DB2021001号地块国有建设用地使用权出让方案的请示；关于拨给大埔县“房地一体”农村宅基地和集体建设用地确权登记发证工作补充项目（大埔县农村乱占耕地建房问题摸排工作）经费的问题；关于启动南粤古驿道大埔段2021年度巩固提升工程项目的问题；关于拨给大埔县委党校“初心园”景观工程建设资金的问题；关于拨给大埔县西河镇张弼士故居周边道路边坡绿地治理工程资金的问题；关于处置县陶瓷机械厂及其周边闲置资产的问题；关于增加高陂工业园区部分设施的问题；关于实施大埔县产业转移工业园（县城工业小区）标准厂房项目建设的问题；关于拨给大埔县产业转移工业园（县城工业小区）标准厂房项目建设用地费用的问题；关于拨给2021年度（原2018年度）高标准农田建设项目资金的问题；关于新农村建设资金的问题；关于拨给大埔县特色农产品包装设计大赛经费的问题；关于聘请吴振石担任大埔县驻外专业招商队队长的问题；关于拨给引进创意陶瓷特需人才（何柏俊）经费的问题；关于增招20名辅警队员的问题；关于拨给智慧城市人脸识别监控、社会资源视频接入租赁费和警员之家网络费用的问题；关于收回三宗国有建设用地使用权的问题；关于审定湖寮镇龙岗村圳尾、山子下村第五村民小组等两宗地块列入2021年“三旧”改造计划的问题；关于收回高陂镇陂寨村黄某某等48户拆迁户原安置地土地使用权重新规划审批的问题；关于延长大埔县陶瓷企业建设展馆（厅）奖补办法有效期的问题；关于批准2021年大埔县涉农资金统筹整合分配方案的问题；关于国有企业购买国有建设用地使用权的问题；关于与梅州市龙发生态旅游度假村有限公司合作成立有限公司的问题；关于拨给大埔客风文化旅游开发投资有限公司入股资金的问题；关于续租垦造水田项目土地的问题；关于拨给2021年农村危房改造县级配套补助资金的问题；关于高陂镇罗基瓷厂地块作为大潮高速罗基安置点建设用地的问题；关于划拨大麻镇桃石村石涧小学校舍和桃光小学校舍的问题；关于拨给西河镇省级宜居美丽乡村示范镇亮化提升项目建设资金的问题；关于拨给三河镇旧寨村新农村建设缺口资金的问题；关于拨给三河镇五丰村新农村建设缺口资金的问题；关于拨给大埔县超龙种养有限公司（青溪良种猪养殖场）关闭搬迁补偿费用的问题；关于拨给全县村（居）务监督委员会成员补贴的问题；关于开展2021年“长者饭堂”试点建设的问题；关于拨给林地保护利用规划（2021—2035年）编制费用的问题；关于大埔县旅游商品展销中心二楼房屋招商的问题；关于收回原大埔县慢性病防治院办公楼等4处闲置资产并划拨给大埔县财政局国有资产投资服务中心进行公开拍卖处置的问题；关于审定《省道221线大埔县湖寮至枫朗段公路改建工程PPP项目合同补充协议（二）》的问题；关于拨给省道221线大埔县湖寮至枫朗段和省道222线大埔县坑口至高陂段改建工程项目占用高标准农田补建费的问题；关于拨给县消防救援大队津贴补贴、住房公积金两项人员经费的问题；关于开展大埔县茶阳镇沿坑村上沿二队滑坡地质灾害治理工程建设的问题；关于收回广东卓粤汇鑫农业科技有限公司国有建设用地使用权的问题；关于审定湖寮镇大沙坝县城工业小区等4宗国有建设用地使用权出让方案的问题；关于退还梅州市嘉颖新材料科技有限公司土地使用权出让价款的问题；关于将原自然资源所固定资产划转属地政府的问题；关于审定有偿划拨梅州大埔供电局光德供电所技术业务用房建设用地方案的问题；

关于县级储备粮轮换（销售、购进）的问题；关于调整部分涉农资金用于梅州柚·大埔蜜柚扩种专项奖补资金的问题；关于拨给大埔县蜜柚产业园园区定制蜜柚造型路灯资金的问题；关于拨给大埔蜜柚博览园和弼士广场葡萄科普园建设资金的问题；关于实施大埔县城同仁、大昌等五个老旧小区基础设施改造工程和按实拨款的问题；关于延续使用扶贫入股资金的问题；关于实施大埔县中医康复中心项目的问题；关于拨给大埔县预防接种门诊规范化建设资金的问题；关于拨给县卫健系统启用医疗财政电子票据服务建设费用的问题；关于拨给大埔县湖寮镇新冠病毒疫苗临时集中接种点改造建设资金的问题；关于实施大埔县世界长寿文化博物馆布展项目的问题；关于拨给大埔县文广旅体局备战梅州市第九届运动会各项目集训经费和出队参赛经费的问题；关于拨给创排广东省首部大型原创民族歌剧《血色三河》精简版缺额经费的问题；关于开发建设湖寮镇公益性生态公墓园的问题；关于划拨大潮高速高陂镇渡头安置区建设用地和留用地的问题；关于划拨并分割高陂镇大潮高速公路乌槎安置地的问题；关于实施高陂镇实验学校周边道路建设工程的问题；关于实施三河镇蓬辣滩水电站下游梅江河段清淤工程的问题；关于拨给张弼士博物馆开馆系列活动工作经费的问题；关于西河镇政府等一批国有资产不动产确权登记的问题；关于收回大埔县梅河宾馆等 90 项国有资产并无偿划转大埔县城投实业有限公司等 5 家国有企业的问题；关于县属国有企业一批项目用地变更土地用途并协议出让的问题；关于大埔县国有资产投资服务中心对大埔县城投实业有限公司注资的问题；关于将大埔县埔城水电发展有限公司等 3 个公司股权划转到大埔县国有资产投资服务中心的问题；关于赎回大埔县梅河宾馆抵押物权的问题；关于收回原大埔县陶瓷机械厂、大埔县平原瓷厂两处闲置资产并划拨给大埔县财政局国有资产投资服务中心进行公开拍卖处置的问题；关于批准 2021 年第 1 批地方政府新增债券额度使用计划的问题；关于拆除大埔县高陂中学五星楼（D 级危房）的问题；关于将“三旧”改造项目征收资产置换县城房屋用作教师公寓的问题；关于变更大埔县华侨第二中学校名的问题；关于拨给 2021 年梅州市大埔县教育发展基金会基金的问题；关于 2021 年大埔县事业单位公开招聘人员计划的问题；关于拨给大埔县产业转移集聚地控制性详细规划和规划环境影响评价报告书编制费的问题；关于拨给大埔火车站铁路高压线网迁移及三河园区线网整改相关费用的问题；关于将大埔县高陂工业园区自来水厂 30%股权无偿划入大埔县水电发展有限责任公司的问题；关于处置大埔县水电发展有限责任公司三处闲置资产并将拍卖款用于归还农商行贷款的问题；关于拨给三河红色廊桥建设项目工程费用的问题；关于拨给道路交通安全风险隐患点整治资金的问题；关于拨给中小型地质灾害隐患点综合治理资金的请示；关于公布实施《大埔县集体建设用地基准地价》《大埔县集体农用地基准地价》《大埔县国有建设用地标定地价》评估成果的问题；关于将湖寮镇新寨村上围村民小组等 7 宗地块列入 2021 年“三旧”改造计划的问题；关于审定高陂镇新城镇道路建设项目用地等 5 宗国有建设用地使用权供地方案的问题；关于审定湖寮镇过境公路旁国有建设用地使用权出让方案的问题；关于审定大埔县茶阳镇东心坑矿区建筑用砂岩矿采矿权挂牌出让方案的问题；关于审定省道 222 线大埔县坑口至高陂段公路改建工程优化调整方案的问题；关于审定省道 221 线大埔县湖寮至枫朗段公路改建工程优化调整方案的问题；关于大埔县第二自来水厂新建工程及五虎山水厂扩建工程建设的问题；关于将县示范繁殖农场示范基地租赁给广东顺兴种养股份有限公司经营的问题；关于拨给2021年高标准农田建设缺口资金的问题；关于拨给“大埔县粮食收储公司五虎山粮库智能升级改造项目”建设资金的问题；关于拨给开展大埔县入河排污口实地排查、编制整治方案工作经费的问题；关于拨给县公安局枪库升级改造所需经费的问题；关于拨给大埔县新冠肺炎疫情核酸检测费用（第三批）结算资金的问题；关于拨给县疾控中心核酸检测实验室设备购置费的问题；关于解决进工业园区（虎源路）道路提升改造和白云桥头东向（岭下堤水路）项目安置地安置的问题;关于提高消防救援大队政府专职消防员工资待遇的问题；关于政府专职消防员增员8名的问题；关于将大埔县地方公路管理人员经费全额纳入财政保障的问题；关于拨给全县农村生活污水设施整改工作经费的问题；关于实施党溪村等农村生活污水处理设施建设工程的问题；关于拨给2021年度大埔县实施“广东兜底民生服务社会工作双百工程”地方配套资金的问题；关于无偿收回大埔县残疾人联合会国有建设用地使用权的问题；关于无偿收回大埔县农业科学研究所两宗国有土地使用权的问题；关于审定湖寮镇黎家坪东景城旁国有建设用地使用权出让方案的问题；关于审定湖寮镇西环路虎源路口等3宗地块列入2021年第三批“三旧”改造计划的问题；关于审批《大埔县湖寮镇原特陶瓷厂和华艺厂周边房屋“三旧”改造项目（一期）实施方案》的问题；关于审批《大埔县枫朗镇原大埔县水泥厂“三旧”改造项目（一期）实施方案》的问题；关于有偿转让耕地指标解决梅龙铁路项目占补平衡涉及耕地指标和粮食产能指标的问题；关于收回原大埔县中医医院门诊楼等5处闲置资产并划拨给大埔县财政局国有资产投资服务中心进行公开拍卖处置的问题；关于拨给日处理规模500吨及以上生活污水处理设施在线监测系统采购维护项目专项费用的问题；关于批准“三旧”改造项目征收资产置换县城房屋方案的问题；关于补办大埔县光德镇雷峰小学教育建设用地手续的问题；关于大埔县在册优抚对象按上年度全体居民人均可支配收入的比例发放优待金的问题；关于大埔县2021年“一村一品、一镇一业”建设任务和资金安排的问题；关于解决大埔县委党校对面边坡复绿工程项目资金的问题；关于拨给内环东路综合市场智慧系统安装建设项目费用的问题；关于拨给县、镇人大换届选举经费的问题；关于将湖寮镇锦绣山水城锦绣华府6栋2403、2405房移交县长寿事业发展中心管理使用的问题；关于拨给新冠疫苗接种工作经费的问题；关于拨给集中隔离场所经费的问题；关于拨给大埔县卫生监督所业务用房建设资金的问题；关于拨给大埔蜜柚农业爆品孵化宣传推广经费的问题；关于拨给县文化活动中心消防安防整改工程建设经费的问题；关于解决湖寮镇城东社区办公场所的问题；关于开发建设湖寮镇公益性生态公墓园的问题；关于成立大埔县红色三河发展有限公司的问题；关于审议《大埔县委党校建设项目房屋征收拆迁安置规定》的问题；关于拨给三河镇参加广东省第二届乡村振兴大擂台前期工作经费的问题；关于审议三河镇乡村振兴项目建设资金来源和资金使用管理办法的问题；关于解决三河镇乡村振兴首期建设项目资金的问题；关于拨给茶阳镇游客服务中心工程费用的问题；关于拨给大麻镇桃石村村级发展产业缺口资金的问题；关于拨给枫朗镇调和高速公路出口至西岩山旅游产业公路建设缺口资金的问题；关于拨给西河镇东塘村文化俱乐部建设资金的问题；关于拨给西河镇张弼士故居旅游区旅游路线提升改造工作经费的问题；关于拨给西河镇张弼士博物馆配套零星工程费用的问题；关于拨给洲瑞镇南村分水凹水库路段公路安全隐患整治工作费用的问题；关于拨给大埔县陶瓷展馆装修布展经费的问题；关于城东“三旧”改造项目置换东风市场面积的问题；关于拨给县城农贸市场升级改造建设资金的问题；关于审定湖寮镇新寨村桥头村民小组等3宗地块列入2021年第四批“三旧”改造计划的问题；关于审定枫朗镇“锦绣京华”项目处置方案的问题；关于审定大麻镇青里村国有建设用地使用权出让方案的问题；关于审定大埔县鸿鑫泰实业有限公司等4宗土地增加建筑面积补缴地价方案的问题；关于审定溪洛渡送广东同塔双回流工程从化换流站单独选址项目补充耕地改造标准的问题；关于成立大埔县水务建设投资有限公司的问题；关于补办大埔县进光中学教育建设用地手续的问题；关于撤销高陂镇中心小学和高陂镇第二小学，设立大埔县高陂实验学校的问题；关于设立大埔县高陂实验幼儿园的问题；关于拨给三河镇中心幼儿园教学楼配套设施设备资金的问题；关于拨给完善田家炳纪念馆建设项目资金的问题；关于拨给《百侯、茶阳、三河镇历史文化名镇和西河镇车龙村历史文化名村保护规划》编制工作经费的问题；关于拨给西岩山岽顶湖森林康养基地项目前期建设资金的问题；关于收回垫付广东省韩江高陂水利枢纽工程移民安置资金的问题；关于拨给大埔县人武部办公大楼改造工程经费的问题；关于实施大埔县城工业小区新增地块基础设施建设项目的问题；关于实施县城工业小区入园企业恒得源科技（大埔）有限公司地块土地平整工程的问题；关于实施县城工业小区入园企业广东省国良食品有限公司地块土地平整工程的问题；关于实施县城工业小区及配套设施项目供电线路迁改工程的问题；关于拨给县公安局困难派出所建设改造工程经费的问题；关于审议大埔县5G赋能乡村振兴农业大数据二期升级服务项目建设方案的问题；关于拨给大埔县茶叶产业园核心区基础设施建设资金的问题；关于拨给大埔县文化中心工程未付工程款的问题；关于收回湖寮镇瓷一厂土地使用权并纳入城镇建设用地的问题；关于解决三河镇朱德大桥停车场征地拆迁补偿款的问题；关于将原洲瑞镇南村村南村小学划拨给洲瑞镇进行管理使用的问题；关于将原洲瑞镇嶂岸村育英学校依法无偿划拨给嶂岸村兴办居家养老服务站场的问题；关于拨给中央红色交通线总体规划设计费用的问题；关于无偿收回大埔县民政局一宗国有建设用地使用权的问题；关于解决大埔县内环西路“三旧”改造等7个单元规划的问题；关于拨给光德镇富岭村正坑梅子坪非法开采稀土矿环境治理工程、检测报告编制、监理费用的问题；关于收归自然资源所协管人员的问题；关于解决不动产测量及权籍调查勘界经费的问题；关于拨给开展大埔县现有历史建筑测绘建档及新增历史建筑普查认定、测绘建档工作经费的问题；关于实施高陂工业园二期高水高排局部改线工程的问题；关于实施百丈磜电站10千伏线路迁改方案的问题；关于同意广东鸿翔瑞材料科技有限公司租赁县城工业小区标准厂房的问题；关于将县道951线瑞山路口至瑞山道路和枫朗镇坎下村村道沥青路面铺设工程分别纳入省道333线银江至瑞山和省道227线西河岩下至大东清泉溪道路提升改造项目一并实施的问题；关于拨给省道227线枫朗至高陂段改建工程项目征地拆迁配套资金的问题；关于拨给大潮高速公路（大漳支线）大东出口到镇区连接线道路建设征地拆迁配套资金的问题；关于解决2020年“四好农村路”建设攻坚任务省级补助缺口资金的问题；关于拨给银江镇坪上村（滩角）上边坡地质灾害点削坡减载应急抢险工程建安和征用地补偿缺口资金的问题；关于用土地置换的模式进行征收甲子口仓库的问题；关于收回大埔县虎源路口垃圾中转站、县水土保持试验技术推广站房屋产权并划拨给大埔县财政局国有资产投资服务中心实行“三旧”改造的问题；关于调整部分2021年省级涉农统筹整合资金的问题；关于批准2021年年初预算预备费安排使用方案的问题；关于实施县城生活垃圾填埋场垃圾转运、场地覆绿及完善附属设施工程的问题；关于支付自来水公司股权转让税费的问题；关于使用扶贫入股资金的问题;关于拨给大埔县公安局大数据智能化作战平台建设费用的问题；关于拨给“智慧林长”系统建设项目费用的问题；关于解决扶贫资金入股县水电公司固定收益款的问题；关于解决三河坝水电站家属楼补办土地使用证和曲滩水电站、三河坝水电站机房办公宿舍楼给予确权的问题；关于解决湖寮镇高道村新农村建设资金的问题；关于拨给购买森林防灭火车辆和装备经费的问题；关于拨给“庆丰收 感党恩 2021梅州柚·大埔蜜柚开采节”活动经费的问题；关于审定枫朗镇大埔角村国有建设用地使用权出让方案的问题；关于审定城镇建设用地征地留用地等7宗国有建设用地使用权供地方案的问题；关于同意有偿转让补充耕地储备指标56.33公顷和粮食产能84.5万公斤的问题；关于实施三河、茶阳工业园区公共消防提升改造工程的问题；关于批准2021年8月地方政府新增债券资金使用计划的问题；关于调整2021年大埔县“四好农村路”建设涉农资金分配方案的问题；关于同意划拨新建垃圾中转站用地的问题；关于拨付双坑口生活垃圾压缩转运站及虎源路公厕建设项目经费的问题；关于拨给大埔县生活垃圾填埋场渗透液处理站聘请第三方运营经费的问题；关于划拨并分割大埔县委党校江坝安置地的问题；关于拨给大埔县茶阳、高陂片区政府专职消防员人员经费和公用经费及车辆装备购置经费的问题；关于审定湖寮镇内环东路国有建设用地使用权出让方案的问题；关于审定湖寮镇环城大道旁国有建设用地使用权出让方案的问题；关于审定湖寮镇双坑村国有建设用地使用权出让方案的问题；关于审定县城第二自来水厂新建项目用地等6宗国有建设用地使用权供地方案的问题；关于有偿转让补充耕地储备指标19.93公顷和粮食产能30.54万公斤的问题;关于批准高陂镇陂寨村莲七组经济合作社留用地公开转让处置方案的问题；关于同意实施大埔县乡道185线陂漳桥至光德富岭旅游产业公路工程的问题；关于同意实施广东粤电大埔发电有限公司二期安置地“三通一平”工程建设的问题；关于同意实施大埔县沐东、富岭、赤颈坑、分水凹等4宗小型水库除险加固工程项目的问题；关于批准2021年10月地方政府新增债券资金使用计划的问题；关于拨付垫付政府购买服务项目融资贷款利息的问题；关于审定《广东粤电大埔电厂“上大压小”新建工程灰场项目补充征地协议》的问题；关于审定梅州市锦正实业有限公司增加建筑面积补缴地价方案的问题；关于收回林某某等4户国有土地建设使用权并重新办理安置手续的问题；关于审定茶阳镇群丰村胜利路旁国有建设用地使用权出让方案的问题；关于收回蓝某某国有建设用地使用权并重新办理安置手续的问题；关于收回湖寮镇黎家坪高圳新区道路用地并按新规划要求办理划拨手续的问题；关于同意2021年省财政下达乡村振兴驻镇帮镇扶村资金分配方案的问题；关于同意使用农村公共厕所长效管护机制启动资金的问题；关于拨给2021年度梅州市大埔县茶阳、西河镇高标准农田建设项目管理费的问题；关于同意双季稻扩面增产提质行动资金安排的问题；关于同意划拨高陂敬老院土地给高陂镇人民政府的问题；关于同意拨给三河镇社会维稳工作经费的问题；关于调拨原县住房公积金中心办公室房产办证的问题；关于同意2021年11月地方政府新增债券资金使用计划的问题；关于批准2021年县级预算调整方案的问题；关于收回2020年财政转移支付结转结余资金的问题；关于拨给大埔县自然资源确权登记工作经费的问题；关于拨给开展第一次全国自然灾害综合风险普查项目资金的问题；关于解决大埔县城镇房屋建筑安全风险排查整治和全县房屋建筑市政设施承灾体调查工作经费的问题；关于拨给有安全隐患的非经营性农村房屋自建房评估鉴定费用的问题；关于审定《广东粤电大埔电厂“上大压小”新建工程项目“占优补优”兑现水田指标剩余资金调解方案》的问题；关于泰安楼客家文化园风情文化休闲街7间商铺及虎中路骏达苑8号店铺进行公开拍卖处置的问题；关于拨给新冠肺炎疫情观察点改造资金的问题；关于拨给大埔县2019年第三批次城镇建设用地（枫朗镇大埔角村）项目“三通一平”工作费用的问题；关于拨给县融媒体中心建设资金和短板奖补资金的问题；关于同意将驻镇帮镇扶村资金1300万元投资入股大埔县自来水有限责任公司的问题；关于同意2021年全域自然村集中供水工程新增配套项目资金安排的问题；关于同意新增债券资金用途调整的问题；关于同意调整部分2021年省级涉农统筹整合资金的问题；关于批准2022年大埔县涉农资金统筹整合分配方案的问题。

【县长办公会议】2021年，大埔县政府召开县长办公会议4次。研究决定了关于2020年度机关事业单位绩效考核奖金分配方案的问题；关于增加县级储备成品粮（大米）存储点的问题；关于同意县自来水有限责任公司继续使用扶贫入股资金股息的问题；关于拨给县委党校工作经费的问题；关于拨给韩江高陂水利枢纽工程大麻镇移民安置房折算货币补偿差额资金的问题；关于同意实施韩江高陂水利枢纽工程（大麻段）附麻泵站滞洪区建设的问题；关于拨给三河工业生产基地综合办公楼租赁合同纠纷一案相关费用的问题；关于使用粤政易公文处理系统的问题；关于拨给大埔县小水电“一站一策”方案编制经费的问题；关于拨给大埔县历史遗留矿山核查项目技术服务费的问题；关于批准取缔高陂镇洋桃坑公益性公墓等10座公益性骨灰存放设施的问题。

【县政府工作会议】2021年，大埔县政府召开县政府工作会议61次。讨论研究了关于推

大埔县城全景（2021年摄，县融媒体中心提供）

进大埔县动物无害化处理中心建设工作的事宜；关于协调解决省道221线县城过境公路段、湖寮至枫朗段项目征地拆迁工作有关问题的事宜；关于迎接市对县食品药品安全考核工作的事宜；关于推进湖寮镇古城村李子墩片“三旧”改造项目工作的事宜；关于推进三河镇梓里村特大型地质灾害搬迁项目工作的事宜；关于加快推进大埔县动物无害化处理中心建设工作的事宜（第二期）；关于推进高陂赤山至留田段过境公路改建工程二期项目（乌槎至高陂镇政府段、高陂大桥至桃花段）征地拆迁和管线迁移工作的事宜；关于推进可降解环保新材料项目用地工作的事宜；关于推进县城城市建设项目工作的事宜；关于推进张弼士博物馆建设工作的事宜；关于协调解决第二自来水厂建设工程有关问题的事宜；关于进一步推进三河镇梓里村特大型地质灾害搬迁项目的事宜（第二期）；关于推进恒得源科技（大埔）有限公司、恒茂矿业（大埔）有限公司招商引资工作的事宜；关于推进高陂工业园区和青花瓷小镇建设工作的事宜；关于协调解决大埔县林业项目实施与管理工作有关问题的事宜；关于推进县城工业小区配套设施建设工作的事宜；关于加快推动大埔青花瓷“双循环”发展有关工作的事宜；关于协调解决大埔县梅潭河湖寮镇坞里防洪堤建设工程有关问题的事宜；关于解决大埔县建筑及房地产行业短板问题的事宜;关于推进大埔县省定贫困村EPC项目清算结算工作的事宜；关于推进全县农贸市场综合治理工作的事宜；关于整治全县水田垦造种植、农村乱占耕地建房问题和推进山水林田湖草沙一体化项目申报工作的事宜；关于推进县城市政工程项目建设工作的事宜；关于推进全县经济分析和重点项目工作的事宜；关于分析研究部分重点项目实施过程相关困难和问题的事宜；关于推进大埔县恒得源可降解环保新材料项目工作的事宜；关于推进省道224线大埔县银江镇葛里段地质灾害点治理工作的事宜；关于协调解决大埔县工艺美术和陶瓷技术人才培训工作有关问题的事宜；关于深入挖掘推动“大埔小吃”产业发展有效举措的事宜；关于协调解决新马大厦部分业主诉求的事宜；关于推进县城城东“三旧”改造项目工作的事宜；关于协调解决大埔县田家炳纪念馆周边供电、通信线路迁改有关问题的事宜；关于推进茶阳镇石燕坑铅锌矿修复项目工作的事宜；关于协调解决茶阳镇防洪堤规划建设有关问题的事宜；关于协调解决莒溪水治理工程有关问题的事宜；关于推进创建全国基层中医药工作先进单位、新冠疫苗接种和食品药品安全工作的事宜；关于协调解决韩江高陂水利枢纽工程指挥部工作有关问题的事宜；关于协调解决大埔县消防安全专项整治行动线路检查整治组工作有关问题的事宜；关于推进大埔产业转移工业园规划环评工作的事宜；关于协调解决大埔民康精神病医院消防证件办理存在问题的事宜；关于推进住建、城综、自然资源等领域相关工作的事宜；关于推进大埔县田家炳纪念馆移交管理工作的事宜；关于推进大埔县2021年全域自然村集中供水工程建设工作的事宜；关于推进大埔县重点项目工作的事宜；关于推进大埔县农村乱占耕地建房问题整治工作及研究大埔县5处疑似新增乱占耕地建房图斑有关问题的事宜；关于工贸领域疫情防控和安全生产工作的事宜；关于大埔县农村生活污水处理工程建设工作的事宜；关于推进茶阳镇防洪工程建设工作的事宜；关于推进广东粤电大埔电厂建设工作的事宜；关于推进大埔县城乡居民基本医疗保险征缴工作的事宜；关于推进大埔县农村生活污水处理工程整改工作的事宜；关于推进大埔县下埔西岭学校侧市政道路建设工作的事宜；关于协调解决大潮高速公路河砂纠纷有关问题的事宜；关于协调解决省道221线湖寮至枫朗段公路和省道222线坑口至高陂段公路改建工程有关问题的事宜；关于推进大潮高速施工便道乡道185线修复工程实施工作的事宜；关于研究解决交通公路建设项目资金拨付问题的事宜；关于协调解决省道221线湖寮至枫朗段公路改建工程征拆有关问题的事宜；关于协调解决枫朗镇大埔角村加油站用地有关问题的事宜。

【重大决策事项】2021年，大埔县政府作出19项重大决策事项。1. 加强文物保护利用。1月，发布《大埔县第十二批文物保护单位》。2. 推进依法管理河道和水利工程。1月，印发《大埔县韩江干流、梅潭河、汀江及梅江管理范围划定实施方案》。3. 推进国民经济和社会发展。2月，印发《大埔县国民经济和社会发展第十四个五年规划和二〇三五年远景目标纲要》。4. 促进水库移民持续增收和发展致富。4月，印发《大埔县小型水库移民后期扶持“十四五”规划报告》《大埔县大中型水库移民后期扶持“十四五”规划报告》《大埔县省属水库移民后期扶持“十四五”规划报告》。5. 深入推进现代烟草农业建设。4月，印发《大埔县2021年度烟叶生产扶持奖励方案》。6. 推进撂荒耕地复耕复种工作。4月，印发《大埔县推进撂荒耕地复耕复种工作方案》。7. 推进森林资源保护。5月，印发《大埔县全面推行林长制实施方案》。8. 推动梅州柚·大埔蜜柚产业扩容提质增效。5月，印发《大埔县推进梅州柚·大埔蜜柚扩种奖补工作实施方案（2021—2022年）》。9. 加快推进全域自然村集中供水建设。6月，印发《大埔县2021年全域自然村集中供水工作实施方案》。10. 保障城乡居民饮水安全。6月，印发《大埔县城乡居民饮水水质提升工作方案》。11. 促进生态宜居美丽乡村建设。7月，印发《大埔县2021年示范先行村竞选和创建工作方案》。12. 推进农房管控和乡村风貌提升。7月，印发《大埔县全面推进农房管控和乡村风貌提升工作奖惩办法》。13. 做好地质灾害防治。7月，印发《大埔县地质灾害防治规划（2020—2025年）》。14. 进一步推进城市更新改造。7月，印发《大埔县“三旧”改造专项规划（2020—2025年）》。15. 做好驻镇帮镇扶村工作。8月，印发《大埔县乡村振兴驻镇帮镇扶村工作方案》。16. 推进城乡消防安全治理能力和治理体系现代化。9月，印发《大埔县消防能力提升实施方案》。17. 加快县级“信访超市”标准化建设。9月，印发《大埔县群众信访诉求综合服务中心（信访超市）标准化建设实施方案》。18. 深化全县供销合作社综合改革。11月，印发《大埔县进一步深化供销社综合改革打造为农服务生力军实施方案》。19. 推进乡村振兴。12月，印发《关于全面推进乡村振兴加快农业农村现代化的实施方案》。

【中国红色政权首个公安局——大埔县工农革命政府公安局历史陈列馆开馆】2021年1月8日，中国红色政权首个公安局——大埔县工农革命政府公安局历史陈列馆开馆仪式在广东省梅州市大埔县茶阳镇举行。梅州市委书记、市人大常委会主任陈敏，广东省公安厅党委委员、副厅长林伟雄，梅州市人大常委会副主任、梅州市总工会主席蓝伟东，梅州市政协副主席韩小林，省公安厅政治部副主任吴伟、新闻中心一级高级警长郑伊鸥，梅州市委秘书长张运全参加活动。活动由梅州市副市长、市公安局党委书记、局长宁惠军主持。广东省委党史研究室原巡视员、研究员陈弘君介绍大埔县工农革命政府公安局的考证工作、历史地位和现实意义。陈敏、林伟雄、宁惠军和大埔县委书记朱汉东等人共同为大埔县工农革命政府公安局历史陈列馆揭牌开馆；林伟雄为大埔县工农革命政府公安局历史陈列馆授牌为广东公安思想政治教育基地。

【田家炳纪念馆正式开馆】2021年8月11日上午，田家炳纪念馆落成活动在大埔县高陂镇银滩村举行。市委书记陈敏，市委副书记、代市长马正勇，县委书记朱汉东，全国人大代表、大埔杰出乡贤邓振龙为田家炳纪念馆落成揭幕。市委常委、副市长陈金銮，市委常委、副市长孙春明，市领导张晨、张运全、陈亮，县领导熊锋松、黄建庭、李礼醒、刘裕君等参加活动。活动上，田家炳长子、田家炳基金会主席田庆先发表视频讲话，对纪念馆落成表示祝贺和感谢。田家炳纪念馆由田家炳独资兴建的原玉瑚中学校址改建而成，由邓振龙捐资1100多万元建造，占地面积3986平方米，建筑总面积2288.73平方米，馆内展示区域分为序厅、客家之子篇、明心立志篇、鸿业远图篇、高风懿德篇、华夏星光篇、遗爱千秋篇、尾厅等8个部分，全方位展现田家炳伟大而传奇的一生。

2021年8月11日，田家炳纪念馆落成开馆（县融媒体中心提供）

【2021梅州柚·大埔蜜柚开采节在大埔县举行】2021年9月3日，2021梅州柚·大埔蜜柚开采节在大埔县双髻山蜜柚公园举行，标志着大埔蜜柚正式开摘上市。活动旨在贯彻落实2021广东梅州柚“12221”市场体系建设工作会议精神，全力做好大埔蜜柚品牌建设和营销工作，带动柚农增收、促进产业升级，打响大埔蜜柚品牌，向全世界发出“广东喊全球吃梅州柚”最强音，让“年年都吃梅州柚”深入人心。活动现场发布了梅州柚“柚上央视”视频以及《梅州柚·大埔蜜柚营养价值与深加工产业发展蓝皮书》，为“大埔5G+农业大数据服务项目”入选全国乡村振兴优秀案例授牌，同时还举行大埔县创建2021全国农产品全程质量控制技术体系试点县和大埔生态特品直播购物节启动仪式。

大埔县人民政府县长、副县长名录

县　长：熊锋松（—2021.9）
凌晓文（2021.11—）

副县长：凌晓文（代县长，2021.9—2021.11）
蓝　欣（常务，—2021.9）
刘晓泉（挂职）
李延海（常务，2021.9—）
吴丽丽（女，2021.11—）
饶凌云（女）　罗春达
刘辉堂（—2021.11）
廖昌元（—2021.9）　赖　宽
钟刻铭（2021.9—）
葛志发（2021.11—）

（县府办）

县政府办公室工作

【综合文稿工作】2021年，大埔县人民政府办公室（简称大埔县府办）围绕县委、县政府各项工作部署，坚持公文严把“受理、审核、问责”环节，规范公文办理流程和办理时限，细化各种类别和情形的处理方式，做到“事不过夜、案无积卷”。全年组写全县社会发展情况12期，整理各类会议纪要79篇，上报和汇报材料600篇。

【文秘工作】2021年，大埔县府办坚持“认真负责、积极主动、实事求是、注重实效”的原则，坚持高标准严要求，规范处理办结各类公文，扎实开展各类会议筹备工作，全力服务大局，参与做好5G赋能乡村振兴大会、闽粤联网工程开工动员大会暨闽粤联网工程广东段开工动员大会、“5·20”张弼士博物馆开馆系列活动、2021梅州柚·大埔蜜柚开采节、邹鲁教育生平展揭幕仪式、田家炳纪念馆落成活动等服务保障工作，组织安排各类检查、调研、考察等活动170场次。

【政务公开】2021年，大埔县府办牵头编制完成并在县政府门户网站建立专栏发布26个领域的基层政务公开事项标准目录，发布主动公开文件77个（含1个规范性文件及其解读材料）、政务动态信息377条。

【督办工作】2021年，大埔县府办督促县政府常务会议、县长办公会议决定事项和全县各类重点建设项目落实，推进落实2021年县政府工作报告主要事项和十件民生实事以及县人大、县政协提案建议意见。全年开展督查活动47次，承办督办县人大代表议案意见建议22件和政协委员提案建议36件，答复率均为100%；完成上级及县领导批转来信办理工作和群众来访工作，办理各类信件52件。

【金融工作】2021年，大埔县府办按照上级的部署，坚持以提升企业可持续经营能力和高质量发展能力为核心，推动企业上市多层次资本市场，树立起行业龙头、区域支柱的标杆性企业。推动大埔县两家已上市新三板的顺兴股份和吉玉股份三年内进入新三板精选层、转板北交所IPO首次公开募股发行，欣红股份五年内在科创板挂牌上市。开展主题宣传月进行“非接触”防范非法集资并举办专题培训会，下发《大埔县涉众金融领域不稳定问题专项治理三年（2020—2022年）工作方案》。共召开13场防范非法集资等金融风险防控工作专题会议；开展传统宣传100场，张贴海报200张，悬挂横幅60条；发送短信690条；派发宣传小册子、传单、赠品2万份；入户宣传2000家。

【党务人事】2021年，大埔县府办党组做好党的建设和新时代意识形态工作，严格落实党风廉政建设工作制度。做好编制管理、岗位设置、职级晋升、规范提拔任用、公务员统计、事业单位领导人员及工资统计工作。全年召开支委会48场次，支部会48场次，上党课18场次。收缴党费4.21万元。开展中心组专题学习12场次、13个专题，专题研讨3天。开展提醒谈话23人次。职级晋升10人次，推荐提拔股级干部4人、副科级干部1人，新进干部职工14人（调入7人，聘用7人），调出10人，退休2人。

【住房公积金管理】参见本类目“住房公积金管理”分目。

【经协扶贫工作】2021年，大埔县府办协助县有关部门开展对口帮扶和消费扶贫活动，让大埔农特产品走出小山村、对接大市场，巩固拓展脱贫攻坚成果与乡村振兴有效衔接。累计筹集新农村建设和扶贫资金38万元，其中扶贫济困资金6万元、消费扶贫6万元。

【外事工作】2021年，大埔县府办推进维护政治安全和社会稳定工作，加强与县统战、宣传、公安、教育、科工商务、文广旅体和市委外办等部门的联系和配合，构建全员参与、全面调查、全程监控的防范格局，形成抵御和防范渗透工作的长效机制。促进大埔县人文艺术交流，会同县教育局发动全县中小学生参加由省外办组织、日本九州日中文化协会主办的“日中青少年书画交流大会”，共征集报送170份书画作品。做好窗口部门防疫措施、大埔县内外籍人士疫苗接种、各类金融机构防疫情况检查等工作。联合各镇（场）全面摸排在大埔县居住的外国人共27人，涉及11个乡镇，并相应建立沟通联系、监测登记机制，准确掌握在大埔外国人动态。

【信访工作】参见本类目“信访工作”分目。

【应急值班工作】2021年，大埔县府办加强机构建设，严格执行领导带班和24小时轮流值班制度，严格做到不缺岗、不脱岗。提高值班人员的业务水平，健全信息互通机制，确保第一时间报告突发事件。运用办公电话、县委应急指挥中心和会商视频系统等途径联线各镇（场）和县直各单位，加强对节假日、双休日值班值守工作的督促检查。按照信息报送要求，第一时间向市政府报送突发事件信息，办理落实省、市领导有关处置突发事件的批示、指示，并及时向市政府报告落实情况。全年处理各类突发事件信息156篇，其中向市报送突发事件信息专报45篇，办理落实省、市领导关于突发事件的指示、批示和各类文件共35件。

大埔县人民政府办公室负责人名录

主　任：何凯涛

副主任：郭宣志　刘流生（2021.3—）
张海琳（女，2021.3—）
张国修（2021.3—）
赖俊浩　丘　炼

（县府办）

政务服务数据管理

【实体政务服务建设】大埔县政务服务数据管理局（简称大埔县政数局）推进“一网、一门、一次”政务服务模式改革，加强公共服务管理。加快工程建设审批、不动产登记的全面提速，推动不动产登记中心进驻政务大厅，实现不动产抵押登记一个工作日内办结。设置“跨省通办”“省内通办”专窗，实现异地办理交通、司法、教育等类别的286项高频事项，有效解决两地群众、企业办事面临的多处跑、办事难等问题。印发《关于深化乡镇体制改革推动审批服务“就近办”工作的通知》，会同县直各相关单位，梳理出625项事项下放到镇级办理，其中，以镇名义行使职权的179项，以委托机关名义行使职权的360项，公安局事项下放至镇派出所行使职权的86项，同时与相关单位签订1176份乡镇体制改革政务服务事项委托书，确保各单位将乡镇体制改革事项下放工作落实到位。2021年，县政务服务中心窗口受理各类业务15.63万件，同比增加5106件；办结15.58万件，同比增加6070件，全部受到好评。业务流转中心收寄件1.21万件，为群众节省办事路程约38万千米。

【数字政府建设】大埔县政数局组织业务骨干指导相关单位做好自查整改工作，运用大数据工具分析工作开展情况，抓好重点指标提升。截至2021年年底，大埔县行政许可事项时限压减率从2020年的93.9%提升至95.6%，平均跑动从0.0131次数压减至0.0014次数，即办率从96.6%提升至99.5%，各项指标均居全市前列。做好“粤省事”宣传推广，推动更多服务事项上线“粤省事”，截至2021年，大埔县实名注册粤省事人数37.92万人。加强“粤政易”使用推广，联合县政府督办室对各单位使用情况进行督查通报，有效提升“粤政易”App的使用率。截至2021年，全县“粤政易”注册人数1.41万人，激活人数1.41万人，激活率100%，活跃率88%，居全市第一名。做好“粤商通”商事主体实名注册登记工作，成立工作专班，指导全县各单位做好“粤商通”平台的注册推广，让大埔企业和个体户在手机上就可办理市场登记等相关商事服务。截至2021年，大埔县2.33万个市场主体完成“粤商通”商事主体实名注册，注册率100%，完成市下达注册指标。

【热线效能工作】大埔县政数局加强行政效能投诉和“12345”政府热线工单处理工作，建立沟通联络机制，形成上下联动的沟通网络，提升热线效能投诉受理效率和水平。截至 2021 年 12 月 31 日，受理政府服务热线工单 3369 件，其中投诉 2826 件、举报 298 件、求助（建议）240 件、咨询 5 件，办结率 100%，评价满意率 99.9%。办事企业和群众可以通过在实体大厅服务窗口扫描评价二维码、拨打“12345”政府热线、登录“广东政务服务网”等方式对办件、人员、窗口进行自主评价。同时将“好差评”评价情况纳入年度目标考核内容，以考评倒逼窗口工作人员转变工作作风，提升办事群众满意度。全年受理有效评价工单 6.31 万件，满意、非常满意工单 63097 件，差评工单为 2 单，均按时处理办结。

【疫情防控】2021 年，大埔县政数局贯彻县委、县政府疫情防控统一工作部署，做好公共服务中心疫情防控，成立防控新型冠状病毒感染的肺炎疫情工作领导小组和 6 个专责工作组，多次召开专题会议部署落实疫情防控工作，科学制订疫情防控工作方案。做好大厅疫情防控，对公共服务中心进行全方位消毒，确保无死角。坚持“外防输入”策略，所有进入大厅的办事群众，必须戴口罩，必须检测体温，必须出示粤康码、行程卡、登记疫苗接种信息。加强流动检查，及时发现、妥善处理大厅内人员聚集，采取措施调整群众进入大厅等候的批次和数量，减少群众集中等待时间，有效保障办事群众的生命健康安全。在县政务服务中心新设新冠疫苗便民临时接种点，为有疫苗接种需求的办事群众提供方便、快捷、安全的疫苗接种服务。

大埔县政务服务数据管理局负责人名录

局　长：郭宣文

副局长：何学樑　何苑平（女，2021.7—）

（**林启鹏**）

信访工作

【概况】大埔县信访局于 2019 年 3 月机构改革后设立大埔县信访接待中心，大埔县信访接待中心为副科级、公益一类事业单位，隶属大埔县人民政府办公室管理。大埔县信访局在机构改革后无编制，属于大埔县人民政府办公室挂牌单位。2021 年，大埔县信访工作在大埔县委、县政府的坚强领导下，各镇（场）各部门齐抓共管，通力合作，及时解决群众合理信访诉求，扎实攻坚重点难点信访问题，推动信访工作高质量发展，全县信访形势总体平稳向好。全年受理群众来信来访 830 件次，同比下降 23.8%，到期案件全部办结。其中，到市上访 31 批 62 人次，同比批数上升 34.7%、人次上升 10.7%；到省上访 24 批 37 人次，同比批数上升 20%、人次上升 27.6%。

【加强领导接访】2021 年，根据《大埔县党政领导干部接访下访工作制度》要求，大埔县固定在每月 15 日和 28 日开展县领导干部接访活动，同时在各个重要时期，县、镇（场）每天安排一名党政领导干部到本级信访机构接访群众。全年县、镇党政领导分别接访群众 37 批 104 人次、325 批 546 人次。根据“一岗双责”制度，对所有排查和新发现的信访突出问题，一律落实县、镇领导包案，按照“一个案子、一名领导、一个专门班子、一套工作方案、一抓到底”的要求，明确包案领导和办案部门的责任，限期办结上报，确保信访问题得到及时有效解决。

【抓实初信初访】2021 年，按照《广东省提高初次信访事项办理效能工作规定（试行）》和有关规定，大埔县要求责任单位按照“三到位一处理”工作要求处理，通过缩短受理和办理时限、建立初次信访事项办理进度台账等方式，做到信访事项登记后及时交办，受理转送时间由原来的15天压减为5天，办理时间由原来的60天压减为30天，提高初次信访事项办理的时效性、精准度、一次性化解率和群众满意率。

【加强规范办理】2021年，大埔县信访局本着坚持服务群众、依靠群众、让群众参与、由群众评价的原则，对列入满意度评价的信访事项，及时告知信访人信访事项受理办理程序要求以及监督评价的权利，做到主动向群众宣传，引导群众及时评价，不断提高工作质效，提升信访公信力。

【开展复查复核】2021年，大埔县信访局依照《广东省信访事项复查复核办法》，在及时做好群众信访问题调处化解的同时，积极引导信访人走信访三级终结程序。全年复查复核信访事项55宗，发挥复查复核纠错职能，推进依法分类处理信访诉求，做到信访问题"案结事了"。结合党史学习教育，以"我为群众办实事"实践活动为契机，开展集中治理重复信访、化解信访积案专项工作，取得明显成效。上级交办大埔县重复信访积案第一批42宗，已全部化解办结。

【建设信访超市】2021年，大埔县信访局根据《广东省人民政府关于印发2021年〈省政府工作报告〉重点任务分工方案的通知》关于"推进信访工作改革创新，加快县级'信访超市'标准化建设"的部署要求，搭建"一站式"群众信访诉求综合服务平台，实现"让群众反映诉求最多跑一地"工作目标，结合"我为群众办实事"活动，推进县级群众信访诉求综合服务中心（信访超市）建设，更好地为人民群众服务。

【争创信访示范县】2021年4月，大埔县被国家信访局授予为2020年度全国信访工作"三无"县称号。年内，大埔县信访局根据国家、省、市信访局关于信访工作考核要求，印发《大埔县信访工作考核实施细则》，发挥信访考核的激励和鞭策作用，推动信访工作责任落实。按照上级部署开展全国信访工作示范县、广东省信访工作示范镇（场）创建活动，推动落实信访工作属地责任，创新群众工作方法，做好源头化解、秩序维护、舆论引导等工作。

大埔县信访局负责人名录

局　长：刘流生

副局长：吴伟标（—2021.4）

刘远来（—2021.4）

大埔县信访接待中心负责人名录

主　任：黄继业（2021.4—）

（张祎）

住房公积金管理

【概况】梅州市住房公积金管理中心大埔县经办业务分理处原属大埔县政府办公室非营利的事业单位，2021年9月机构调整,在编人员上划至梅州市住房公积金管理中心，隶属梅州市住房公积金管理中心分支机构，主要负责大埔县区域住房公积金缴存、提取、贷款等业务。该分理处办公场所设在万川路23、25号,办公面积为347平方米。至2021年底，全县实行住房公积金制度的单位有349个，缴储住房公积金职工有1.81万人。住房公积金累计归集22.43亿元,职工支取14.61亿元，归集余额7.82亿元。累计贷款发放12.99亿元，贷款余额6.32亿元。

【住房公积金归集、提取和发放】2021年，大埔县住房公积金归集金额3.44亿元，比2020年同期3.41亿元增加0.03亿元，增幅8.8%。住房公积金提取2.35亿元，比2020年同期2.29亿元增加0.06亿元，增幅2.6%，累计提取14.61亿元。个人住房贷款受理369户，贷款金额0.79亿元，发放抵押贷款309户，放款金额0.67亿元。

【住房公积金缴存比例执行、放贷额度及期限】2021年，大埔县行政事业单位住房公积金的缴存比例按工资总额的12%进行扣交和补贴。职工住房公积金贷款额度，双职工最高额度按30万元，单职工按20万元；期限仍按2009年标准执行，即最高贷款年限30年。

单位负责人名录

主　任：黄小涛（—2021.2）

副主任：丘海越（2021.2起负责全面工作）

林文茹（女）

（李晖）

打私和消防安全工作

【打击走私】2021年，大埔县公安机关侦破涉走私刑事案件12宗（走私罪名案件+走私关联罪名案件），刑拘犯罪嫌疑人9人，逮捕犯罪嫌疑人4人，取保候审11人，直接移诉7人，涉案值579.54万元。其中，侦破野生动物及其制品涉走私刑事案件8宗，逮捕犯罪嫌疑人1人，取保候审8人，直接移诉5人，查扣野生动物530只，案值33.27万元；侦破涉烟草走私刑事案件4宗，逮捕犯罪嫌疑人3人，取保候审3人，直接移诉2人，现场查扣烟草烟叶3.07万公斤和假冒卷烟中华（硬）33.72万支、中华（软）9.6万支、南京（炫赫门）113.76万支，案值546.27万元。8月初，大埔县公安局收到一批假烟会过境大埔的情报线索后，迅速组织专班，加强线索摸查、开展信息研判，组织多警种加强卡口和路面巡查工作，于8月10日，成功在梅龙高速银江路段将该辆运输假烟车辆截获，抓获犯罪嫌疑人1人，现场查获假烟7854条，案值385.62万元。

【消防安全】2021年，大埔县公安局加大公共安全管理力度，各派出所定期或不定期地在全县范围内开展安全检查和重点场所清理整治，围绕高层建筑、电气火灾、人员密集场所、小单位小场所、易燃易爆等五个重点领域，开展安全隐患集中整治专项行动，及时发现治安隐患，落实安全管理措施，限期从严落实整改。全年滚动排查全县重点场所459家，要害部位87处，督促整改各类安全隐患53处。

（傅梓宇）

政协大埔县委员会

主 要 会 议

【十四届六次会议】2021年2月2—4日，政协大埔县第十四届委员会第六次会议在大埔县城举行。大会应到会委员223人，实到会委员191人，符合政协章程有关规定。会议由县政协党组副书记、副主席张友群主持。会上，县政协主席李礼醒作政协大埔县第十四届委员会常务委员会工作报告，县政协副主席刘广明作政协大埔县第十四届委员会常务委员会关于十四届五次会议以来提案工作情况的报告。与会政协委员还列席了大埔县第十五届人民代表大会第六次会议，听取并讨论县政府工作报告，讨论县人民法院工作报告、县人民检察院工作报告以及其他报告，对上述报告表示赞同。会议期间，大会表彰县政协十四届五次会议以来优秀提案及承办提案先进单位、2020年度县政协先进委员工作室及优秀委员工作室主任，会议还举行专委会委员代表发言。2月4日下午，县政协十四届六次会议圆满完成各项议程，在大埔县影剧院闭幕。

【十五届一次会议】2021年11月14—18日，政协大埔县第十五届委员会第一次会议在县城召开并圆满完成各项议程。大会应到会委员212人，实到会委员195人，符合政协章程有关规定。会议由十四届县政协党组副书记、副主席张友群主持。会上，十四届县政协主席李礼醒代表政协大埔县第十四届委员会常务委员会作工作报告，十四届县政协副主席刘广明向大会报告第十四届委员会常务委员会提案工作情况。大会还表彰政协大埔县第十四届委员会第六次会议以来的优秀提案及承办提案先进单位和第十四届政协期间组写提案优秀委员。政协委员列席县十六届人大一次会议，听取并讨论县政府工作报告、县人民法院、县人民检察院工作报告以及其他报告，一致赞同并提出建议。坚持党管干部原则，按照政协章程规定，在市选举指导组和风气督导组全程监督下，大会以无记名投票方式，依法选举产生新一届大埔县政协常委会组成人员。42名常委会组成人员均满票当选，其中：陈德志当选政协大埔县第十五届委员会主席，张友群、刘小平、杨竹玲、刘广明、黄伟胜、严庆东6人当选政协大埔县第十五届委员会副主席，罗同兴当选政协大埔县第十五届委员会秘书长，王扬武等34人当选政协大埔县第十五届委员会常务委员。会议期间，委员们围绕县委、县政府中心工作和人民群众普遍关心的问题积极建言献策，大会共收到委员提案44件，立案36件、转作建议6件。县委书记黄增国在闭幕会上作讲话，对十四届政协五年来的工作给予评价，并对新一届政协工作提出期望和具体要求。

【主席会议】2021年，大埔县政协召开16次主席（扩大）会议：

1月11日，李礼醒主持召开县政协十四届第四十八次主席会议。主要内容：研究政协大埔县第十四届委员会第六次会议筹备工作；研究政协大埔县第十四届委员会第六次会议秘书处工作人员和各组工作职责；研究表彰优秀提案和承办提案先进单位建议名单；研究表彰先进委员工作室和优秀委员工作室主任；研究2021年县政协提案参考目录（提纲）；研究县政协十四届六次会议参会对象增加相关事项。

1月26日，李礼醒主持召开县政协十四届第四十九次主席会议。主要内容：听取各组组长汇报县政协十四届六次会议筹备情况汇报；研究召开县政协十四届六次会议相关事项等。

2月18日，李礼醒主持召开县政协十四届第五十次主席会议。主要内容：传达学习贯彻2020年12月31日习近平总书记在中国人民政治协商会议全国委员会新年茶话会上的重要讲话精神，学习习近平总书记2021年新年贺词精神，组织学习2021年1月7日习近平总书记在中央政治局常务委员会上的重要讲话精神，学习习近平总书记在省部级主要领导干部学习贯彻中共十九届五中全会精神专题研讨班开班式上的重要讲话精神。学习习近平总书记在北京、河北考察并主持召开2022年冬奥会和冬残奥会筹办工作汇报会的重要讲话精神，传达学习2021年1月5日省委常委会会议精神及1月15日省委常委会暨省新冠肺炎防控领导小组（指挥部）会议精神等。

3月8日，李礼醒主持召开县政协十四届第五十一次主席会议。主要内容：学习2月10日习近平总书记在春节团拜会上的重要讲话精神，学习2月19日中央全面深化改革委员会第十八次会议精神，学习2月25日习近平总书记在全国脱贫攻坚总结表彰大会上的重要讲话精神，学习习近平总书记在中央党校中青年干部培训班开班式上的重要讲话精神，研究近期县政协有关工作等。

4月12日，李礼醒主持召开县政协十四届第五十二次主席会议。主要内容：学习习近平总书记在十三届全国人大四次、全国政协十三届四次会议期间的重要讲话和全国“两会”精神，学习中央财经委员会第九次会议精神以及习近平总书记在福建考察时的重要讲话精神，学习《国务院关于新时代支持革命老区振兴发展的意见》，学习省委书记李希在2021年省委党校春季中青年干部培训班上的讲话精神，省政协十二届四次会议和市政协七届五次会议精神以及市委、县委常委会会议精神，研究近期县政协有关工作等。

5月17日，李礼醒主持召开县政协十四届第五十三次主席会议。主要内容：学习习近平总书记4月25—27日在广西考察时的重要讲话精神；学习5月9日给《文史哲》编辑部全体编辑人员回信、4月30日中共中央政治局会议精神，学习省委书记李希在潮州调研时的讲话精神，省委、市委、县委常委会会议精神；学习《中国共产党统一战线工作条例》；组织学习赵乐际在全国巡视工作会议暨十九届中央第七轮巡视动员部署会上的讲话精神；研究通过其他有关事项等。

6月16日，李礼醒主持召开县政协十四届第五十四次主席会议。主要内容：学习中央、省、市、县有关文件会议精神；研究有关工作等。

7月6日，李礼醒主持召开县政协十四届

届第五十五次主席会议。主要内容：学习习近平总书记在7月1日在庆祝中国共产党成立100周年大会上的重要讲话精神、6月18日在参观“不忘初心、牢记使命”中国共产党历史展览时的重要讲话精神、6月25日在中共中央政治局第三十一次集体学习时的重要讲话精神、6月29日在庆祝中国共产党成立100周年“七一勋章”颁授仪式上的重要讲话精神；中共中央办公厅关于认真学习贯彻《习近平总书记在庆祝中国共产党成立100周年大会上的重要讲话》的通知精神，研究决定有关事项等。

8月3日，李礼醒主持召开县政协十四届第五十六次主席会议。主要内容：学习习近平总书记关于换届工作的重要论述精神；研究大埔县第十五届政协委员人选推荐提名工作方案（草案）；研究2021年大埔县政协换届工作步骤和时间安排等。

9月18日，李礼醒主持召开县政协十四届第五十七次主席（扩大）会议。主要内容：专题研究十五届县政协委员人选推荐提名工作等。

10月9日，李礼醒主持召开县政协十四届第五十八次主席会议。主要内容：学习习近平总书记在陕西榆林考察时的重要讲话和“中国农民丰收节”重要指示精神；传达学习省委常委会会议暨省新冠肺炎防控领导小组（指挥部）会议以及省委常委会有关会议精神，全省推进横琴粤港澳深度合作区建设和全面深化前海深港现代化服务业合作区改革开放动员会精神；传达学习市委常委会会议精神和市委书记陈敏到大埔调研时讲话精神以及县委常委会会议精神；研究通过县政协第十五届委员初步人选名单；研究政协大埔县第十四届委员会第六次会议以来优秀提案及承办提案优秀先进单位和十四届一次会议以来组写提案的优秀委员名单（草案）；传达学习《关于4起违反中央八项规定精神典型问题的通报》文件精神等。

10月15日，李礼醒主持召开县政协十四届第五十九次主席会议。主要内容：传达学习市委、县委换届工作会议精神；通报政协大埔县第十五届委员会第一次会议筹备工作安排等。

10月22日，李礼醒主持召开县政协十四届第六十次主席会议。主要内容：学习习近平总书记在中央人才工作会议、纪念辛亥革命110周年大会上的重要讲话精神；书面传达学习省委、市委、县委有关会议精神；研究县政协第十四届委员会常委会工作报告和县政协第十四届委员会常委会提案工作报告（征求意见稿）；研究县政协第十五届委员会界别设置安排意见、县政协第十五届委员会常务委员会组成人员人选建议名单；研究县政协第十五届委员会第一次会议常委会工作报告人和提案工作报告人以及宣读表彰决定人选名单；研究县政协第十五届委员会第一次会议主席团成员和秘书长建议名单以及主席团常务主席、主席团会议主持人建议名单；研究县政协第十五届委员会第一次会议提案审查委员会委员建议名单；研究县政协第十五届委员会第一次会议特邀人员名单；研究会议分组名单及各组召集人建议名单；研究确定县政协第十四届第十九次常委会会议召开时间及会议议程等。

11月2日，李礼醒主持召开县政协十四届第六十一次主席（扩大）会议。主要内容：专题听取县政协十五届一次会议秘书处各工作组筹备工作情况等。

11月3日，李礼醒主持召开县政协十四届第六十二次主席（扩大）会议。主要内容：通报原定于2021年11月7—11日召开的县政协十五届一次会议，因工作原因推迟召开；研究县政协十五届一次会议秘书处各工作组筹备工作等。

11月9日，李礼醒主持召开县政协十四

届第六十三次主席（扩大）会议。主要内容：学习习近平总书记在山东省考察调研期间的重要讲话和参观国家“十三五”科技创新成就展时的重要讲话精神；学习纪念中央革命根据地创建暨中华苏维埃共和国成立 90 周年座谈会会议精神；书面学习省委常委会暨新冠肺炎防控领导小组（指挥部）会议以及省委常委会精神和市委、县委常委会会议精神；听取并部署县政协十五届一次会议有关筹备工作，研究做好会议筹备工作和疫情防控有关工作等。

【常委会会议】2021 年，大埔县政协召开 4 次常委会议：

2 月 4 日，李礼醒主持召开县政协十四届第十七次常委会会议。主要内容：听取各组汇报讨论和审议各项工作报告、大会决议（草案）情况；听取提案收集审查情况汇报；审议通过县政协十四届六次会议决议（草案）。

5 月 28 日，李礼醒主持召开县政协十四届第十八次常委会会议。主要内容：传达学习习近平总书记在党史学习教育动员大会上的重要讲话和全省、全市、全县党史学习教育动员大会主要精神；传达学习习近平总书记 3 月 6 日在看望全国政协十三届四次会议的医药卫生界教育界委员时的重要讲话精神；传达学习《中国共产党统一战线工作条例》精神；传达学习省、市、县换届工作会议精神，视察大埔县工农革命政府公安局旧址、中共大埔县委旧址、张弼士博物馆等。

10 月 29 日，李礼醒主持召开县政协十四届第十九次常委会会议。主要内容：会议学习贯彻习近平总书记关于严肃换届纪律的重要论述精神；传达学习县第十三次党代会精神；与会人员讨论县政府工作报告（征求意见稿）；听取县政府关于大埔县持续抓好科技创新和动能转换提升企业创新能力的情况通报，并进行专题议政；协商通过县政协第十四届委员会常务委员会工作报告和县政协第十四届委员会常务委员会提案工作报告；协商通过政协大埔县第十四届委员会第六次会议以来优秀提案及承办提案先进单位和十四届政协期间组写提案的优秀委员；协商通过召开县政协十五届一次会议相关事宜等。

12 月 29 日，陈德志主持召开县政协十五届第一次常委会会议。主要内容：传达学习市第八次党代会精神；协商通过县政协常委会 2021 年工作总结和 2022 年工作设想，县政协十五届港澳委员名单，县政协十五届委员会专门委员会主任、副主任名单并颁发任命书；听取提案委关于县政协十五届一次会议委员提案建议交办情况汇报等。

协商议政与调研视察

【聚焦发展大局协商议政】2021 年，大埔县政协围绕“持续抓好科技创新和动能转换，提升企业创新水平”议题开展常委会专题议政，围绕“加强学生心理健康和法治教育”议题开展界别协商调研活动，围绕“擦亮世界长寿乡品牌，促进康养文旅融合发展”等议题进行全面深入的视察调研，分别形成调研报告，为县委、县政府科学决策提供有益参考。

【聚焦乡村振兴献计出力】2021 年，大埔县政协坚持把推动实现巩固拓展脱贫攻坚成果同乡村振兴有效衔接作为增进民生福祉的重要抓手，抓好各项工作落实。围绕“乡村水利设施建设情况”和“严守农田保护红线，确保粮食安全”议题开展视察活动，围绕“振兴乡村文化，助力大埔老区苏区发展”和“农房管控和风貌提升情况”议题开展调研活动，围绕“提升农村集中供水保障能力”议题开展对口协商活动，进行深度分析、精准建言。同时，按照县委工作安排，牵头组建乡村振兴驻镇帮镇扶村工作队进驻洲瑞镇，并专门选派1名副科级干部担任工作队队长，各项工作有序开展，至2021年年底，发动各成员单位投入帮扶资金40多万元。

【聚焦疫情防控凝聚合力】2021年，大埔县政协坚持把疫情防控作为头等大事和最重要的工作来抓，健全完善机关值班值守工作，班子成员经常分赴各挂钩镇（场）、重点企业、重点项目建设现场督导检查，从严落细落实防控措施，始终做到有效防控疫情和有序开展履职工作"两手抓""两促进"。重视做好新冠疫苗接种工作，常态化督促机关干部做好本人及家属疫苗"三针"接种，实现应接尽接。同时，动员广大政协委员带头做好疫苗接种，踊跃参与大埔县疫情防控工作，汇聚起齐心抗疫的合力。

民主监督

【民主评议】2021年，大埔县政协配合县委政法委和法院、检察院、公安、司法等单位开展政法队伍教育整顿工作，派出10批次政协委员参加各类型座谈会等活动，促进整顿工作顺利开展、取得预期实效。

【提案工作】2021年，大埔县政协针对社会关注关切的重点、难点、热点问题，采取专项督查、委员视察、提案办理、民主评议等方式，开展民主监督活动，有效促进相关工作落实。加大委员提案跟踪督办、问效力度，坚持县党政主要领导领衔督办、县政协领导牵头督办重点提案等工作机制，促进县政协十四届六次会议29件提案和7件建议全部如期办复，办复率和委员满意率均100%；县政协十五届一次会议36件提案和6件建议，闭会后迅速进行交办。按照县委工作安排，专门组建政协专项督查组，深入县重点项目建设现场开展季度专项督查，并形成督查通报印发全县，推动项目加快建设。

文史宣传和主题教育

【文史宣传】2021年，大埔县政协重视文史编撰工作，立足抓重点、创特色、出精品，发挥文史资料"存史、资政、团结、育人"的社会功能，广泛发动社会各界人士，搜集和整理史料，以庆祝建党百年为契机，编辑出版庆祝中国共产党成立100周年《大埔文史》专辑。

【党史学习教育】2021年，大埔县政协围绕"学党史、悟思想、办实事、开新局"主题和"学史明理、学史增信、学史崇德、学史力行"总要求，重视抓好政协"两支队伍"对党史、新中国史、改革开放史、社会主义发展史等"四史"和人民政协史的学习教育，有效推动党史学习教育走深走实。全年开展各类学习教育60场800人次，撰写学习心得体会73篇，上专题党课15次，班子和个人检视问题102条、全部如期完成整改落实，向各级报送学习实践活动信息58篇；开展"我为群众办实事"实践活动，全年筹资330万元，为群众办好事实事33件，党史学习教育取得成效。

团结联谊

【社情民意】2021年，大埔县政协依托委员工作室平台，发挥委员主体作用，密切联系群众方面更具特色、更见成效，各工作室全年接待群众200人次，收集群众意见建议30条，反映社情民意信息10条，让群众感受到委员在身边、身边有委员。

【联谊交往】2021年，大埔县政协坚持团结和民主两大主题，发挥政协特色优势，加强团结联谊，广泛凝聚共识，为推动大埔老区苏区振兴发展汇聚强大合力。在广泛联谊交往中凝聚共识。密切与县工商联的合作，增进同党外知识分子、非公有制经济人士、新的社会阶层人士、社科智库专家的沟通联络，邀请他们参加政协开展的调研视察等履职活动，发挥政协“智库”作用。密切与港澳台同胞团结联谊，发展壮大爱国爱港爱澳力量。加强与兄弟县（市、区）政协的横向交流，派员参加在福建省武平县召开的闽粤赣边三省十县（区）政协第50次联系协作会议，组织机关干部到梅州市梅县区、平远县等地学习考察，接待20批280人次全国各地政协领导和政协组织到大埔县考察交流。在丰富宣传载体中凝聚共识。围绕推进“三好一正”“三进一出”工程，依托旅外政协委员，加大对大埔的宣传推介力度，助力做好精准招商，促进大埔高质量服务融入“双区”“双城”和“两个合作区”建设。编辑出版《大埔政协》2021年综合刊，全方位宣传政协职能、传播政协声音、报道履职成果、反映社情民意、展示委员风采，有效增强政协工作的社会影响力。

党的建设

【思想理论武装】2021年，大埔县政协坚持第一议题学习制度，用习近平新时代中国特色社会主义思想武装头脑、指导实践、推动工作。利用党组会议、中心组学习会、主席会议、常委会会议、机关党支部“三会一课”等学习阵地，从政治和全局高度系统深入学习贯彻习近平总书记在中共十九届六中全会上的重要讲话和全会精神、总书记在建党百年庆祝大会上的重要讲话精神等，深刻认识中国共产党百年奋斗的历史意义，深刻领悟“两个确立”的决定性意义，深刻把握“十个坚持”的宝贵历史经验。坚持把学习贯彻习近平总书记系列重要讲话和重要指示批示精神，与开展党史学习教育、与贯彻落实好市县党代会精神紧密结合起来，在全县政协组织持续深入掀起学习贯彻热潮。通过加强党的创新理论学习，政协“两支队伍”提高了政治“三力”，始终做到衷心拥护“两个确立”，增强“四个意识”、坚定“四个自信”、做到“两个维护”，筑牢团结奋斗的共同思想政治基础。全年围绕理论学习召开政协党组（中心组）学习会69次、主席会议16次、常委会会议4次，举办专题党课、学习讲座和交流研讨会等30场次，撰写理论调研文章16篇。

【加强党的领导】2021年，大埔县政协坚持党对政协工作的全面领导，发挥党组在政协工作中把方向、管大局、保落实的领导作用，始终做到党政工作推进到哪里，政协工作就跟进到哪里，好声音就传播到哪里，正能量就汇聚到哪里。严格执行省委落实“两个维护”十项制度机制，落实政治要件闭环管理等工作要求，担负起管党治党主体责任。贯彻落实习近平总书记关于严肃换届纪律的重要论述精神，将做好换届工作作为做到“两个维护”的具体实践，严格按照省、市、县委的统一部署要求，及早谋划、主动作为，精心组织、周密部署，依章履职、严肃纪律，圆满顺利完成政协换届任务。贯彻落实省委“1+1+9”工作部署和市第八次党代会、县第十三次党代会精神，全面贯彻落实县委各项决策部署，严格落实重要工作、重大事项向县委请示报告制度，自觉向县委报告党组工作情况，坚持把党的领导落实到政协工作的全过程、各方面，确保政协工作始终与党政工作同频共振、同轴共转、同向发力，保持正确政治方向。

【意识形态工作】2021年，大埔县政协严守党的政治纪律和政治规矩，坚持把意识形态工作列入重要议事日程，纳入领导班子和领导干部目标管理内容，层层签订责任书，每半年至少召开一次专题会议进行分析研判、部署。坚持把加强思想政治引领、广泛凝聚共识作为中心环节，加强“书香政协”建设，弘扬社会主义核心价值观，教育引导政协“两支队伍”始终站稳政治立场，始终与以习近平同志为核心的党中央保持高度一致。

【委员服务管理】2021 年，大埔县政协抓好委员教育管理，针对换届新进委员较多的情况，换届会议时专门对全体委员进行业务培训，教育引导广大委员真正做到“懂政协、会协商、善议政，守纪律、讲规矩、重品行”。重视发挥委员主体作用，依托委员工作室平台，开展各具特色的服务群众履职活动，取得新成效。

【机关工作效能】2021 年，大埔县政协推进模范机关建设，严格落实管党治党主体责任，坚持把机关党建、意识形态等工作与政协工作同部署、同检查、同落实，使党组织战斗堡垒作用和党员先锋模范作用得到更好发挥。配合做好全国县级文明城市创建工作，组织机关党员干部参加志愿活动 200 人次。推进“数字政协”建设，广东省“数字政协”远程协商会议平台和“粤政易”办公平台顺利有效运行，提升机关工作效能。抓好党风廉政教育，严格落实中央八项规定及其实施细则精神，支持派驻纪检监察组履行监督职责。2021 年，县政协办公室获国家机关事务管理局、中共中央直属机关事务管理局、国家发展改革委、财政部授予“节约型机关”荣誉表彰。

政协大埔县委员会主席、副主席名录

主　席：李礼醒（—2021.11）
陈德志（2021.11—）

副主席：张友群（女）　刘小平
杨竹玲（女）　刘广明
黄伟胜　严庆东

政协大埔县办公室负责人名录

主　任：罗同兴

副主任：郭伟军（—2021.4）
蔡　葵（2021.4—）
刘红连（女，2021.4—）

政协大埔县提案委员会负责人名录

主　任：余志国

政协大埔县文史和学习委员会负责人名录

主　任：黄佳清

政协大埔县经济和人口资源环境委员会负责人名录

主　任：饶庆远

政协大埔县教科文卫体和社会法制委员会负责人名录

主　任：叶庆敏

政协大埔县民族宗教和港澳台侨外事委员会负责人名录

主　任：李月茹（女）

政协大埔县农业和农村委员会负责人名录

主　任：何道武

（郭和麟）

大埔县纪委监委

主要会议

【中共大埔县第十二届纪律检查委员会第六次全体会议】2021 年 3 月 31 日，中共大埔县第十二届纪律检查委员会第六次全体会议在县城召开。县委书记朱汉东出席并讲话，县长熊锋松传达中央、省、市纪委全会精神。会议审议通过县委常委、县纪委书记、县监委主任廖若旦代表县纪委常委会所作的题为《推动新时代纪检监察工作高质量发展 为大埔开启现代化建设新征程提供有力保障》的工作报告和《中国共产党大埔县第十二届纪律检查委员会第六次全体会议决议》。全会期间还对三河镇、光德镇、县农业农村局、县教育局、县市场监督管理局 5 个单位党组（党委）书记述责述廉情况进行现场评议。县领导班子成员，法检“两长”，各镇（场）党委书记，县纪委常委、县监委委员，不是县纪委常委、县监委委员的县纪委委员参加会议。全会强调，2021 年是实施“十四五”规划、开启全面建设社会主义现代化国家新征程的第一年，也是中国共产党成立 100 周年，做好纪检监察工作责任重大。总体要求是：以习近平新时代中国特色社会主义思想为指导，全面贯彻中共十九大和十九届二中、三中、四中、五中全会精神，贯彻落实十九届中央纪委五次全会、十二届省纪委六次全会、七届市纪委七次全会和县委十二届十次、十一次全会部署，增强“四个意识”、坚定“四个自信”、做到“两个维护”，坚持稳中求进工作总基调，立足新发展阶段，贯彻新发展理念，构建新发展格局，以推动高质量发展为主题，坚定不移全面从严治党，忠实履行党章和宪法赋予的职责，有力推动党中央和省、市、县委决策部署有效落实，围绕现代化建设大局发挥监督保障执行、促进完善发展作用，一体推进不敢腐、不能腐、不想腐，深化纪检监察体制改革，推进规范化法治化建设，加强干部队伍建设，为大埔“十四五”规划开好局起好步、奋力打造梅州康养文旅融合之星、建设宜居宜业宜游生态县提供坚强政治保障，以优异成绩庆祝中国共产党成立 100 周年。全会部署 2021 年工作任务：自觉践行“两个维护”，推动党中央决策部署落地落实；推动各类监督贯通融合，不断提升监督治理实效；持之以恒正风反腐，营造风清气正良好政治生态；持续深化标本兼治，一体推进不敢腐、不能腐、不想腐；精准落实巡察要求，深化巡察整改和成果运用；从严夯实自身建设，锻造高质量纪检监察队伍。

【大埔县领导干部党章党规党纪教育培训班】2021年9月17日，大埔县领导干部党章党规党纪教育培训班在县科技信息大楼一楼会场召开，主题是“学党史悟思想，守纪律铸忠诚”，主要任务是坚持以习近平新时代中国特色社会主义思想为指导，深入学习贯彻习近平总书记“七一”重要讲话和关于全面从严治党重要论述精神，教育引导党员干部增强“四个意识”、坚定“四个自信”、做到“两个维护”，永葆忠诚干净担当的政治品格，不断把大埔县全面从严治党引向深入，为奋力打造梅州康养文旅融合之星，建设宜居宜业宜游生态县提供坚强纪律保障。县委书记黄增国出席培训班并作动员讲话，县委副书记、代县长凌晓文传达广东省第二十期领导干部党章党规党纪教育培训班、梅州市领导干部党章党规党纪教育培训班精神。县领导班子成员，法检“两长”，各镇（场）党委书记、镇（场）长、纪委书记，县直副科以上和省、市驻大埔各单位主要负责人，县纪委常委、县监委委员参加。会议要求，全县党员干部要坚决贯彻落实党中央、省委各项决策部署，深刻学习领会全省、全市、全县领导干部党章党规党纪教育培训班精神，持续抓好党风廉政建设，巩固拓展党史学习教育成果，扎实开展纪律教育学习月活动，持之以恒加强作风建设，保持反腐败斗争高压态势，不断推动全面从严治党向纵深发展。

【中共大埔县第十三届纪律检查委员会第一次全体会议】2021年10月27日，中共大埔县第十三届纪律检查委员会第一次全体会议在县城召开。会议选举产生新一届县纪委常委、县纪委书记、副书记。叶慧玲当选为中共大埔县第十三届纪律检查委员会书记，罗伟国、郭勇当选为中共大埔县第十三届纪律检查委员会副书记。县第十三届纪律检查委员会委员参加会议。会议强调，要讲政治，始终保持政治上的清醒和坚定。纪检监察机关是政治机关，讲政治是第一位的要求，讲忠诚是最根本的灵魂。县纪委常委会作为全县纪检监察工作的领导机构，更要增强“四个意识”、坚定“四个自信”、做到“两个维护”。要勇担当，忠实履行党章赋予的神圣职责。县纪委委员要切实履行好监督执纪问责职责。勇于监督。要敢于执纪。要坚持有腐必反、有贪必肃。要严于问责，坚决做到有权必有责、有责要担当，用权受监督、失责必追究。要严自律，全力打造忠诚干净担当的执纪铁军。纪检监察机关要率先把纪律和规矩在纪检监察系统内部立起来、严起来、执行到位。纪检监察干部要带头秉公执纪，坚持“执纪者必先守纪、律人者必先律己”，严格遵守党章和各项纪律规矩，严格规范自身言行，着力提升实战能力和工作水平，努力成为素质过硬、业务精通、勇于担当、敢打硬仗、能打胜仗的精兵强将。

纪检监察工作

【党风廉政建设】盯住关键少数，综合运用约谈提醒、责任考核、追责问责等方式，压紧压实各级党组织全面从严治党主体责任。2021年，全县开展提醒谈话353人次，警诫谈话36人次，问责领导干部18人，其中党纪处分2人，诫勉9人，批评教育和提醒谈话7人。中共大埔县纪律检查委员会、大埔县监察委员会（简称大埔县纪委监委）对全县96个单位开展党风廉政建设责任制考核，审查县、镇领导班子成员候选人条件328人次，提出不宜使用意见7人次。

【监督重点】大埔县纪委监委围绕县委、县政府中心工作，对各镇（场）、各单位疫情防控和疫苗接种情况开展调研督导，突出重点领域、重点环节、重要节点，采取“四不两直”方式，督促提醒和纠正发现问题。2021年，牵头会同相关单位开展专项督查15次，抽查省际联合检疫检查站等56个单位和重点场所，现场发现并督促立行立改问题82个，推动“外防输入、内防反弹”责任落实、措施落地。

【专项治理】2021年，大埔县纪委监委抓好专项治理工作。持续加大整治形式主义、官僚主义力度，全年查处违反中央八项规定精神问题15个，处理57人，其中党纪政务处分38人。开展公务接待“吃公函”问题专项整治，组织15个镇（场）和72个县直单位对2017—2021年9月公务接待情况进行清查，整治发现一般性问题48个，排查违纪违法问题线索2条，主动清退违规违纪金额4.24万元，立案6人，暂扣违纪款10.68万元。制定《大埔县纪委监委关于结合“我为群众办实事”实践活动深入整治群众身边腐败和作风问题的工作方案》，围绕十个领域18个重点问题开展整治，查处相关领域腐败和作风问题12个，党纪政务处分10人，批评教育8人。组织开展违规发放惠民补贴资金核查，追缴违规发放金额62.43万元，追缴率93.6%，对8人作出党纪政务处分。2021年，全县立案查处群众身边的腐败和作风问题29个，处理89人，其中党纪政务处分57人。围绕中央环保督察、粮食安全、森林防火、农村乱占耕地建房、违建别墅清查整治等重点领域专项行动开展监督检查。严肃查处瞒报漏报耕地撂荒面积问题12人，其中党纪政务处分8人；查处农村占耕地建房监管打击不力问题6人，其中党纪政务处分2人；中央环保督察期间，优先组织力量对督察组交办大埔县信访件中涉及的失职失责问题进行核查，给予党纪政务处分4人，批评教育16人；查处森林火灾防控不力问题18人，其中党纪政务处分6人。

【审查调查】2021年，大埔县纪委监委受理信访举报488件，处置问题线索335件，立案审查调查165件165人（其中科级干部11人），给予党纪政务处分158人，移送检察机关5人，挽回经济损失43.02万元。综合运用“四种形态”批评教育和处理401人次，分别占比60.1%、34.4%、2.3%、3.2%。制定《大埔县纪委监委规范监督检查审查调查办案工作操作指引》《大埔县镇（场）纪委规范办案工作操作指引（试行）》，规范线索受理、线索处置、立案审查调查、诫勉、措施使用、廉政意见回复等操作流程，提升办案人员依规依纪依法审查调查的能力和办案质效。以流程图的形式强调相关安全要求和注意事项，把安全责任落实到每个案件、每个环节、每个岗位，构建起主要领导亲自抓、分管领导具体抓、办案部门主动抓的审查调查安全工作格局。开展全县谈话室安全专项检查，对发现的问题立行立改、即时整改，拉紧审查调查安全“警戒线”，实现办案“双安全”“零事故”。

【政治巡察】大埔县纪委监委坚持有形覆盖与有效覆盖相结合，组织开展县委第九轮常规巡察和巡察“回头看”，开展涉粮问题专项巡察，全面完成十二届县委对84个单位党组织和256个村级党组织的巡察，届内巡察覆盖率100%。2021年，巡察期间发现问题334个，线索4条，立案27人，给予党纪政务处分17人，移送司法机关1人。制定《关于加强巡视巡察整改日常监督实施办法（试行）》，重点监督各级党组织和主要负责人履行巡视巡察整改主体责任及第一责任人责任情况，进一步规范和加强巡视巡察整改日常监督工作。及时梳理巡察发现的普遍性、倾向性问题，督促职能部门开展专项治理，发挥巡察推动改革、促进发展作用。十二届县委巡察反馈问题已整改4368个，整改完成率94.4%。

宣传教育

【廉政宣教】2021年，大埔县纪委监委制定《2021年全县开展纪律教育学习月活动的意见》，以“学党史悟思想，守纪律铸忠诚”为主题，组织开展大埔县领导干部党章党规党纪教育培训班，警醒引导全县广大党员干部以案明纪存戒惧，以严立规守底线。全年全县征订发放《廉润南粤》《梅州市正风反腐警示教育读本》等教育资料2670套（盒）；各级党组织开展各类集中学习教育活动210场次，观看警示教育片120场次，开展谈心谈话246人次，集中受教育6000人次。

【队伍建设】2021年，大埔县纪委监委依托中央纪委国家监委和省、市纪委监委各类培训资源，及时跟进学习《中华人民共和国监察官法》《中华人民共和国监察法实施条例》等法律法规。开展各类专题培训和全县纪检监察干部培训班13期，累计参训710人次。重点加强镇（场）纪检干部能力培养，完善“以案代训”“跟班学习”等机制，有计划、分批次抽调12名镇（场）纪检监察干部到监督检查、审查调查一线进行实战化训练。树牢“监督者更应接受监督”的意识，及时更新完善纪检监察干部廉政档案和社会关系表，制定《大埔县监察委员会特约监察员工作办法》，修订完善《大埔县纪委监委关于进一步健全完善全县纪检监察干部谈心谈话制度的实施意见》，开展干部谈心谈话活动100人次。

中共大埔县纪律检查委员会书记、副书记、常委名录

书　记：廖若旦（—2021.9）
　　　　叶慧玲（女，2021.9—）
副书记：邝金禄（—2021.10）　罗伟国
　　　　郭勇（2021.10—）
常　委：巫小义　杨良柱
　　　　郭　勇（—2021.10）
　　　　黄杏锋（—2021.3）
　　　　邓仲繁（2021.3—）
　　　　尤向辉（2021.10—）

大埔县监察委员会主任、副主任、委员名录

主　任：廖若旦（—2021.9）
　　　　叶慧玲（女，2021.11—）
副主任：邝金禄　罗伟国
委　员：巫小义　杨良柱
　　　　黄杏锋（—2021.3）
　　　　邓仲繁（2021.3—）　尤向辉

大埔县纪委监委办公室负责人名录

主　任：黄杏锋（—2021.3）
　　　　邓仲繁（2021.3—）

（李维）

群众团体

总工会

【思想建设】2021年，大埔县总工会把深入学习宣传贯彻习近平新时代中国特色社会主义思想作为首要政治任务，组织工会干部职工学习习近平总书记在党史学习教育动员大会和中国共产党成立100周年庆祝大会发表的重要讲话精神，组织开展中共十九届六中全会等专题学习、交流和研讨，及时传达学习中央和省、市、县委全会及上级有关会议文件精神，把党的理论路线方针政策和上级的决策部署贯彻落实到工会工作的各方面、全过程，引导工会干部树牢“四个意识”、自觉坚定“四个自信”、拥护“两个确立”、做到“两个维护”。开展党史学习教育系列活动。组织工会干部和广大职工开展党史、新中国史、改革开放史、社会主义发展史以及中国工运史宣传教育，教育引导广大工会干部和职工知史爱党、知史爱国、知史爱社会主义，团结广大职工坚定不移听党话、矢志不渝跟党走，确保工会工作的正确方向。

【基层建设】2021年，大埔县总工会抓好工会的基层建设工作。新建基层工会组织4个，25人以上企业工会组织实现应建尽建。指导39家基层工会进行民主选举和换届工会工作，充实工会领导班子成员300多人。指导已建工会依法进行法人资格登记，全年办理工会法人资格证77个。克服疫情和天气不利因素，完成县重点工程项目大埔工人文化宫建设，并分别在县税务局和中国电信大埔分公司高标准建设爱心妈妈小屋及爱心驿站。抓基层工会规范化建设。在梅州玉丰特陶科技有限公司工会委员会等8家非公企业工会和大东、西河、洲瑞等3个工委会加强规范化建设。

【劳动竞赛】2021年，大埔县总工会组织职工开展“安康杯”“多种形式救援队伍消防业务”等主题劳动和技能竞赛，为加快大埔县传统产业转型升级、培育发展新兴产业献计出力、展现作为。全县基层企（事）业工会开展劳动和技能竞赛的职工4000人次，提出合理化建议600条，实现技术革新、技术创新260项，创造明显的经济和社会效益。做好劳模的选树、宣传工作，发挥劳模、工匠引领时代精神和社会风尚的作用，大埔县消防救援大队湖寮消防救援站被广东省总工会授予“广东省五一劳动奖状”称号。

【劳动领域政治安全】2021年，大埔县总工会落实工会劳工领域维护政治安全工作责任制，成立工作专班，制定工作方案，建立完善多方联动机制，主动与政法、公安、人社、交通等部门沟通协调，定期召开研判会，开展风险研判和预警预防。深入基层特别是企业较多的湖寮、高陂、光德、桃源4个镇企业规模较大的重点企业开展职工队伍稳定风险排查，确保大埔县劳动领域的政治安全。

【职工帮扶】2021年，大埔县总工会抓好职工帮扶慰问工作。开展以“春送岗位、夏送清凉、金秋助学、冬送温暖”为主要内容的职工帮扶活动。全年帮扶慰问困难职工、农民工450人，发放帮扶慰问金50万元；慰问农民工、环卫工人1200人，发放清凉饮品1200件。加大“职工住院二次医保”和职工“两险”的宣传参保工作。全年发动1.1万名职工参加职工“住院二次医保”及职工住院津贴，2100名职工参加职工“两险”（职工医疗互助保障、女职工安康险），累计理赔人数782人，理赔金额129万元，缓解职工看病的经济压力。

【经费审查】2021年，大埔县总工会抓好基层工会经费收、管、用的监管工作，对30个基层工会的经费收支情况进行审计，对照此次审计中发现存在的问题发出整改通知书，以及发出《审计情况通报》，规范基层工会的收支管理。

大埔县总工会负责人名录

主　席：谢以美（—2021.11）
　　　　张长先（2021.11—）

副主席：郭文彬（常务）　罗爱琼（女）

（**黄乐**）

共　青　团

【青少年理想信念教育】2021年，共青团大埔县委员会（简称团县委）坚持以思想政治引领为主线，始终要求全县团员青年要树牢“四个意识”、坚定“四个自信”、坚决做到“两个维护”。结合“党史学习教育”活动，引导全县团组织、团员青年高举团旗跟党走，学习中共辉煌历史和先进经验，培养团员青年作为中国人的自信感、自豪感。坚持落实团干讲党（团）课制度，成立县级青年讲师团，深入村社区、学校团组织等基层一线，采取线上线下相结合的方式开展青少年思想教育。落实“青年大学习”行动，至2021年年底，全县团员青年参学比从刚开始的10%上升到80%。

【典型典范选树】2021年，团县委坚持开展先进典型典范宣传选树

2021年7月27日，大埔县总工会开展“送清凉”慰问活动（县总工会提供）

行动，以先进事迹引导青年、以先进行为规范青年、以先进人物鼓励青年、以先进奖励激励青年。指导和开展“最美南粤少年”、“向上向善好青年”、优秀共青团集体和个人、优秀少先队集体和个人等评先评优活动。2021年，全县获评共青团省级优秀3人、市级优秀24项，展现大埔县优秀共青团员的风采。

【助力乡村振兴】2021年，团县委引领广大团员青年努力成为大埔老区苏区建设的先锋力量。挖掘和培育“领头雁”农村致富带头人18人投入到农村建设中，农村致富带头人在精准脱贫中的“领头雁”效应进一步释放。协助农村各中、小学校通过团省委“山区计划”招募支教教师21人。落实团省委广东高校毕业生志愿服务乡村振兴行动，经过大力宣传发动，层层评审筛选，招募大学生志愿者14名，服务于各镇乡村振兴工作小组，为乡村振兴献力。

【共青团基层组织建设】2021年，团县委联合县教育局发布《关于进一步加强全县中小学校团队干部管理工作的通知》，提高学校团干和少先队工作者的工作积极性。2021年，完成全县村、镇两级团组织换届工作，全县256个行政村（社区）、14个镇实现团干部的配备更新工作，落实由村“两委”干部兼任村团支部书记、镇党政班子成员兼任镇团委书记的制度，鼓励镇一级团委在专职团干的基础上发掘挂（兼）职干部，提高基层团组织的战斗力。团县委严控团员发展流程，按照团中央、团省委相关文件要求严格控制团学比，提高共青团员的荣誉感和自豪感，扎实推进“命脉工程”工作。经过完善，全县建立团组织799个，其中团支部750个，报到团员1.33万人，录入团干1035人。

【青少年服务】2021年，团县委始终把服务好青少年作为工作的出发点和落脚点，注重建载体、搭平台、优服务，聚焦青少年成长成才最直接的现实需求。开展“展翅计划”，为大学生开发200个实习岗位。接收“大学生暑期三下乡”队伍，为各高校大学生提供红色文化学习、旅游资源调查、乡村振兴工作调研、暑期支教活动等帮助。在做好疫情防控工作前提下全年接收“大学生暑期三下乡”队伍6支。在“七夕”前夕开展青年干部联谊活动，选取60名青年干部参加，活动效果良好。

【志愿服务工作】2021年，团县委在县委宣传部和县文明办的带领下持续推进大埔县志愿服务工作。完善和强化志愿服务队伍建设、规范志愿服务活动开展流程、扩大志愿服务活动范围。截至2021年11月，大埔县有志愿服务组织及团体267个，实名注册志愿者5万人，累计开展志愿服务活动7176场，累计志愿服务时长超41万小时。面对疫情的反复和免疫长城的构建，团县委组织志愿者协助县直、乡镇新冠肺炎疫苗接种点开展疫苗接种宣传和秩序维护活动。自4月起，开展疫苗接种秩序维护、核酸检测摸排、疫情防控等活动800次，参与防疫志愿者1.5万人次。

2021年3月5日，“文明从我做起·我与志愿同行”学雷锋月系列活动开展（团县委提供）

共青团大埔县委员会负责人名录

书　记：魏伊婵（女）

副书记：连增美（女）

李秋慧（女，挂职）

（高晓生）

妇　联

【妇女创业就业】2021年，大埔县妇女联合会（简称大埔县妇联）抓好妇女创业就业工作。发挥各级妇联主席、执委、三八红旗手、最美家庭等41名巾帼宣讲员作用，在广大妇女和家庭中开展党史学习教育和“四史”宣传教育活动，线上线下开展巾帼大宣讲155场，覆盖妇女8850人、家庭976户。把美丽家园建设作为参与乡村振兴的重要载体，引导广大妇女参与村容村貌治理，建设美丽乡村。全年获评市“美丽家园”示范村2个、“美丽家园”示范户2户、“最美庭院”1户、“最美阳台”2户，评选县“美丽庭院”150户。开展“百千万妇女培训”，配合实施“南粤家政”工程，举办电商、家政服务、蜜柚管理等技能培训班23期4619人，培育创业创新巾帼企业2个。争取省贴息资金10万元，为13名妇女提供创业小额担保贷款130万元。从基层一线、平凡岗位、妇女身边发现各行各业典型，推动先进典型的辐射带动作用，用榜样的力量引领妇女。全年获评省“巾帼文明岗”1个、省“三八红旗手”1个，成立省“三八红旗工作室”1个；获评市“我心中的巾帼文明岗”2个、“我心中的三八红旗集体”1个、“我心中的三八红旗手”4名、“最美妇联执委”2个。

【家庭文明建设】2021年，大埔县妇联开展习近平总书记关于注重家庭家教家风建设重要论述、红色家风传承系列宣讲活动36场，受益1772人，举办“少年儿童心向党”百年党史知识巡展1场，受益1021人。常态化开展寻找“最美家庭”等特色家庭活动，全年获评市“十大最美家庭”1户、“十大优秀书香家庭”1户；评选县“孝老敬亲好媳妇”“自强不息好少年”“最美家庭”“书香家庭”各10人（户）。开展“家庭教育大讲堂”活动，举办线上“家庭教育知识讲座”1场、“书香飘万家”家庭亲子阅读活动20场，受益家长3万人。获评省“儿童友好示范社区”1个、市“家风家教实践基地”2个，建立家长学校或家庭教育指导服务站点220个。

【维权服务】2021年，大埔县妇联实施“关爱女童 护苗行动”保护女童人身权益三年行动，举办知识讲座5场，发放爱心卡160份，走访慰问“两类”女童7户。建立县级婚姻家庭纠纷多元化解联动工作机制，聘请16位家事调解员和家事调查员，建立“舒心驿站”心理咨询室。开展民法典、反家庭暴力法等法治宣传18场，接访22人，依法做好妇女儿童维权工作。筹集资金77.5万元帮扶困境妇女儿童1573人。联合人寿保险公司开展“她健康 家越美”关爱女性公益保险项目，举办“两癌”知识讲座28场，为2.65万名妇女赠送保额为3000元至1万元的“两癌”险，6名患病妇女获得5.3万元的理赔款。免费为4154名城乡妇女实施“两癌”检查。做实巾帼志愿服务关爱行动。组织巾帼志愿者深入到村（社区）开展“把爱带回家”“学党史颂党恩 守护安全共成长”等关爱服务活动380场，受益妇女儿童1.21万人，慰问困难儿童、老人853人，3155名巾帼志愿者参与活动。

【妇联基层组织建设】2021年，大埔县妇联将男女平等基本国策列入党校的主体课程，开展形式多样的宣传宣讲活动。3月，顺利通过市评估检查组对大埔县实施“两个规划”情况评估检查，整体达标率居全市前列。坚持“党建带妇建”原则，全县256个村（社区）妇联组织换届工作圆满完成，共选举产生新一届村（社区）妇联主席256名，专（兼）职副主席281名，执委2833名，实现村（社区）妇联主席100%进“两委”班子。举办基层妇联领头雁培训班4期，286名镇、村（社区）妇联主席参加培训，增强全县妇联干部引领妇女思想、服务中心大局、联系妇女群众的使命感责任感。推进妇女议事常态化开展，增强村（社区）妇女的民主参与意识，广泛发动妇女参与村（社区）妇联建设，引导妇女通过协商议事解决问题，有效解决妇女最关心、最直接、最现实的利益问题和实际困难。

大埔县妇女联合会负责人名录

主　席： 钟丽惠（女）

副主席： 何丽兰（女）　杨怡娴（女）

赖丽婷（女，挂职）

（**蓝建霞**）

科　协

【科协服务】 2021年，大埔县科学技术协会服务县委、县政府的中心工作。围绕县委、县政府创文工作部署，开展文明实践、科普普及等工作，引导青少年、基层科技工作者等重点群体树立和践行社会主义核心价值观。围绕乡村振兴的关键环节，组织科技工作者开展“三下乡”活动，为乡村的重点行业、特色产业提供科技支持。

【开展科普工作】 2021年，大埔县科学技术协会开展科普“三进”工作。开展科普进农村。在百侯、高陂等乡镇，组织8场开展面向广大群众的科普活动，引领广大人民群众不断树立和掌握科学生产的理念和知识，受益2000人次。开展科普进企业。通过科普宣传、讲座等形式引导企业树立新发展理念，树立正确的价值观，增强创新意识。全年开展4场，参与企业职工1800人次。开展科普进校园。在高陂平原中学、枫朗中学等学校开展科普进校园活动，为农村学生提供4场精彩纷呈的科技盛宴，受益学生1500人次。联合大埔县大埔小学、张云栽实验小学等学校开设第二课堂“小小科学家”，相关课程开设11堂。

【开展科普宣传】 2021年，大埔县科学技术协会按照2021年“全国科技活动周”“全国科普日”的活动主题，面向群众宣传党指引科技事业发展的光辉历史及科学家精神，激发群众爱国奉献、自立自强的使命感和责任感。举办相关活动3场次，参加活动的群众450人次。

大埔县科学技术协会负责人名录

主　　席： 罗伟南

专职副主席： 赖良新

兼职副主席： 李友元　朱佳远　邓海俊

苏志强　吴景礼

（**吴帅**）

侨　联

【加强政治引领】 2021年，大埔县归国华侨联合会（简称大埔县侨联）始终按照新时代侨务工作“党建带侨建、侨建促党建”的工作要求，坚持用习近平新时代中国特色社会主义思想武装头脑、指导实践、推动工作，深入学习贯彻中共十九大和十九届历次全会精神和中央、省委、市委、县委重要决策部署及上级侨联重要工作要求，开展党史学习教育，强化侨联组织的政治性、先进性，夯实侨联干部思想政治建设，增强“四个意识”、坚定“四个自信”、做到“两个维护”。同时，强化对侨界群众的思想引领，引领广大侨界群众学党史、听党话、感党恩、跟党走，密切党同侨界群众的联系，画好侨界团结最大同心圆，巩固党执政的侨界群众基础。

【服务中心大局】2021年，大埔县侨联做好服务中心大局工作。服务侨乡助发展。围绕县委中心工作，承担张弼士博物馆开馆系列活动、蜜柚开采节、田家炳纪念馆开馆活动及邹鲁教育生平展揭幕仪式的联络接待工作任务，为各项活动的圆满成功举办贡献侨联力量。抓紧抓实疫情防控常态化各项工作，做好疫苗接种的宣传工作，引导广大侨界群众积极接种新冠疫苗，做到应接尽接。持续助力"美丽梅州 美好家园"城乡环境大提升行动和大埔县创建全国县级文明城市工作，扩大侨联影响力。联心联谊促共进。利用元旦、春节等传统节日，采取邮寄贺卡、信函、电话联络等方式与海外侨胞联络；在马来西亚沙巴大埔同乡会，古晋、三马拉汉及斯里阿曼省大埔同乡会、森美兰大埔同乡会换届时，及时发函祝贺。全年接待省委宣传部出版处和省侨刊乡讯委员会侨刊乡讯调研组一行、河源市侨联主席李茂辉带队一行、广东省政协委员黄勤力和常州侨商一行、广东省侨界作家协会一行、广东省侨联副主席戴文威一行及蕉岭县侨联主席林晓红带队一行，共6批次。主动拜访回乡智利侨领贺国强、泰国侨贤田清云（女）等。通过活动，掌握侨情动态，广泛凝聚侨心，增强侨联组织的向心力和感召力。

【深化为侨服务】2021年，大埔县侨联深化为侨服务工作。以侨为本，当好侨界"贴心人"。做好困难归侨帮扶金发放工作，全年救助补助困难归侨106人,发放资金34.5万元；开展"献爱心送温暖"活动，在2021年的元旦、春节期间组织党员干部上门慰问林隆虎等困难归侨，在"七一"前夕对因疫情滞留在大埔县的马来西亚侨胞、困难归侨侨眷和归侨老党员进行上门走访慰问。维护侨益，当好侨胞"娘家人"。在梅州日报电子阅报栏长期开展《中华人民共和国归侨侨眷权益保护法》宣传活动，营造全社会依法维护侨益的氛围。做好护侨信访维权工作，热情接待处理归侨侨眷的来信来访，及时化解矛盾，沟通思想，促进团结，维护大局的稳定。

【加强基层组织】2021年，大埔县侨联把平台建设作为为侨服务的重要载体，以特色服务满足侨胞群体不同需求。省侨联基层建设部部长林建光一行到百侯镇级"侨胞之家"和侯北村"侨胞之家"建设示范点，对"侨胞之家"建设在整合资源、突出特色、发挥作用等方面工作进行调研。市侨联主席汤志平一行到银江镇银村村调研，探索"侨胞之家"创建，推进大埔县基层侨联组织建设。全年投入3万元创建百侯镇"侨胞之家"、侯北村"侨胞之家"示范点和高陂镇"侨胞之家"建设点及大埔县青年文化学习交流中心"侨胞之家"4个为民服务平台。

【发挥侨宣优势】侨联系侨心，乡讯播乡音。《大埔乡讯》作为大埔县对外宣传和联络的重要平台，大埔县侨联以此为载体，实施讲述大埔好故事、传播大埔好声音、树立大埔好形象、传递大埔正能量的"三好一正"工程。根据开展党史学习教育需要，2021年出版的《大埔乡讯》"特别报道"版块中，刊发大埔红色旅游胜地、红色革命故事等素材。同时，为庆祝大埔县侨联成立70周年，《大埔乡讯》出版大埔县侨联成立70周年纪念专辑，开展"红色大埔·大美侨乡"摄影展作品征稿活动。全年出版《大埔乡讯》4期，每期发行3800份，全部免费赠阅，发刊至海外19个国家和地区、国内20多个省市，受到海内外乡亲的好评。

大埔县归国华侨联合会负责人名录

主　席：吴莲香（女）

副主席：李步锦　刘佳集

（李步锦）

工商联

【民营经济】2021年，大埔县工商业联合会（简称大埔县工商联）执行工商联联系基层和党员领导干部联系挂片企业工作制度，推动工商联机关和3个直属商会主动跟进，加大上级出台关于民营经济发展相关政策法规的宣传贯彻力度，与科工商务、市场监督管理、税务等政府相关职能部门建立联系机制，定期研究非公有制经济发展工作，以制度化、常态化的机制解决企业的“急难愁盼”问题。至2021年底，全县有非公企业3292家、个体工商户1.96万家，其中规模以上非公企业61家，总产值占全县规模以上企业的55%，解决劳动力就业占90%。

【会员发展】大埔县工商联着力优化会员结构，提升会员素质，使会员的数量、构成与非公有制经济发展状况相适应。至2021年，共发展会员93名，其中企业会员89个、团体会员4个。

【非公党建】2021年，大埔县工商联重视非公组织党建工作。全县建立非公有制企业党支部82个，配强党支部班子，并配合有关部门选派40名党建指导员，指导非公有制企业党组织开展工作，“两个覆盖”率逐步提高。

【参政议政】大埔县工商联发挥激活作用，推荐县工商联领导和非公经济人士44人进入人大、政协组织，积极参政议政、建言献策。2021年，为大埔县“两会”提交议案5份、提案6份。

【乡村振兴】2021年，大埔县工商联开展“万企兴万村”行动，将县工商联（总商会）执委以上会员企业及部分有资金、有实力、懂市场的民营企业一对一结对帮扶大埔县245个行政村，着力在“精准”上下功夫，助力实现乡村“五个振兴”，至2021年年底，投入村庄产业帮扶资金100万元，援助基础设施项目建设8个，解决贫困户劳动力就业300人。

大埔县工商业联合会负责人名录

党组书记：林开樊

主　　席：张正城（—2021.8）
罗汉江（2021.8—）

副 主 席：林开樊（常务）　庄满伟
肖伟彰

（李宏川）

文联

【文艺活动】2021年，大埔县文学艺术界联合会（简称大埔县文联）发挥单位职能作用，围绕县委、县政府的中心工作，动员广大文艺工作者发挥自身特长，助力文化建设。配合县委组织部，组织县摄协、县书协与大东镇对接，开展“幸福大篷车·温馨颂党恩”暨“走向我们的小康生活”主题采风活动，并义务为近百名党员、贫困户家庭拍摄“幸福照片”80张、赠送“福”字和春联等书法作品150幅。在喜迎中国共产党成立100周年之际，联合多部门编辑《旭日东升照大埔》纪念画册。组织县诗社在县博物馆开展“庆祝中国共产党100周年诗书展”，创作并书写了80幅以“颂党恩·迎百年华诞”为主题的作品，其中有5幅长卷，1幅《建党百年赋》诗书长卷捐赠大埔县博物馆，其余4幅长卷作品分别捐赠给国家、省、市博物馆和大埔县委党校收藏。在田家炳纪念馆建成之日，为纪念感怀田家炳对大埔家乡的贡献，联合各单位收集图文资料，出版一部《名标星座光被桑梓》田家炳纪念画册。在杨应彬100周年诞辰之际，配合县委、县政府，联合多部门举办杨应彬百年诞辰纪念活动暨诗词书画作品展。

【文艺搭台】2021年，大埔县文联抓好文艺搭台工作。出台制订《大埔县文学艺术界联合会改革方案》，建立思想政治引领长效机制，引导广大文艺工作者全面、系统、长期、深入学习宣传贯彻习近平新时代中国特色社会主义思想，用实际行动坚定自觉地维护习近平总书记权威和核心地位，确保全县文艺家协会活动方向正确、内容规范。服务协会开展换届选举。鼓励符合条件的协会开展换届选举，为协会注入新鲜血液，保持协会的先进性和青春性。建立文艺精英人才和精品创作激励机制。成立大埔县文艺精英人才、精品创作奖励评审委员会，引导大埔县广大文艺工作者坚持以人民为中心的创作导向，加强各类文艺人才库、专家库建设，探索全县文艺人才资源库集群化建设，共享人才库资源。加大各艺术领域领军人物、新文艺群体拔尖人才、中青年文艺骨干和基层普通文艺工作者培养力度，统筹将人才培训、作品研讨、项目扶持等，共同推进人才培养工程。

【队伍和阵地建设】2021 年，大埔县文联加强“四史”宣传教育，统筹线上线下宣传平台，引导协会创作符合当前主题的作品，讲好中国共产党的故事，讲好大埔红色故事，营造“学党史、悟思想、办实事、开新局”的氛围。统筹推进各协会开展文化惠民活动，在两个乡镇和 12 所中小学校开展“我们的中国梦——幸福大篷车·深情颂党恩”主题摄影作品展活动。联合大东镇党委、政府举办“魅力大东 乡村振兴（田园古镇）”摄影大赛启动仪式暨“大埔县摄影目的地”挂牌活动。在家炳第一中学书法高考班举行“书法进校园·墨香润桃李”书法教学活动，激发师生们爱乡爱国之情，为中国共产党成立 100 周年献礼。

大埔县文学艺术界联合会负责人名录

主　席：罗质平

副主席：李陈邑（女）

（肖伟兰）

残疾人联合会

【机构改革】2021 年 12 月 30 日，根据中共大埔县委机构编制委员会《关于调整大埔县残疾人联合会所属事业单位机构编制事项的通知》（埔机编字〔2021〕35 号）的批复，撤销大埔县残疾人康复服务中心、大埔县残疾人辅助器具服务站、大埔县残疾人劳动就业服务所，由县委编委收回原核定的事业编制共 8 名，并按程序注销事业单位法人资格；设立大埔县残疾人综合服务中心，定为正股级、公益一类事业单位，隶属大埔县残疾人联合会管理。核定事业编制 8 名，其中：设主任 1 名，副主任 3 名，所需人员工资和办公经费按县财政补助一类拨付。设立后，原大埔县残疾人康复服务中心、大埔县残疾人辅助器具服务站、大埔县残疾人劳动就业服务所在编在职人员划入大埔县残疾人综合服务中心工作。

【省、市、县民生实事】2021 年，大埔县残疾人联合会抓好省、市、县民生实事工作。从 2021 年 1 月起，将困难残疾人生活补贴、重度残疾人护理补贴标准分别从每人每月 175 元、235 元提高到 181 元、243 元；依法保护残疾人权益；省、县共投入 50 万元完成 100 户困难重度残疾人家庭居家无障碍改造任务。

【新冠肺炎疫情防控】2021 年，大埔县残疾人联合会提高政治站位，坚决贯彻习近平总书记重要讲话、重要指示批示精神和中央、省、市、县决策部署，坚决落实常态化疫情防控主体责任，全面排查疫情风险隐患，动态检测群体防控情况。

【残疾人康复】2021 年，大埔县残疾人联合会做好残疾人康复服务工作。全年收训脑瘫儿童 28 名，转介服务残疾儿童 12 名；假肢装配7例，矫形器5例，配送辅助器具243件；精神病患者免费服药515例。为768名有康复需求的残疾人实现康复服务，康复服务率95.6%。

【残疾人教育】2021年，大埔县残疾人联合会做好残疾人教育工作。协助省残疾人联合会做好普通高等教育残疾学生的报考工作，6名残疾人被普通高等院校录取。开展形式多样的扶残助学，帮助6名残疾学子圆读书梦。

【残疾人就业扶贫】2021年，大埔县残疾人联合会贯彻落实残疾人就业条例，全县征收残疾人就业保障金339.1万元，按比例安排残疾人就业154人。举办1期培训班，培训43名残疾人，推荐残疾人实现就业。县残联福利企业——大埔漳联瓷业发展有限公司集中安置残疾人就业48人，大埔县博富能电子科技有限公司安置残疾人就业10人。完善16个康园中心各项服务功能，改善其服务环境，打造残疾人“幸福之家”，并为320名残疾会员和32名工作人员购买人身意外商业保险。

【残疾人文化体育】2021年，大埔县残疾人联合会组队参加梅州市第八届残疾人运动会，获得3金2银2铜的成绩，展现大埔县残疾运动员自强不息精神品质和勇于进取、乐观向上的精神面貌。

【残疾人社会保障】在2021年春节、助残日前后，大埔县残疾人联合会精心组织，及早安排，协调县直有关部门和社会各界关心残疾人生活，在全县开展慰问活动，共计慰问残疾人578户，慰问金额及物资合计82.8万元。至2021年年底，全县有持证残疾人1.31万人，其中新办理残疾人证1214本。符合低保条件的4017名贫困残疾人全部纳入低保，占全县低保户的40%；1.23万人次残疾人享受两项津（补）贴；4032名残疾人免费参加城乡居民医保；4258名残疾人免费参加城乡居民养老保险；12名残疾人享受燃油补贴。

【营造扶残助残新风尚】2021年，大埔县残联志愿者服务队、广东狮子会虎山服务队开展扶残助残服务148场次，受益残疾人280人次，扶持财、物共计14.2万元。

【信访维权工作】大埔县残疾人联合会制定明确的首问工作责任制，对残疾人实行一站式服务，2021年，接待残疾人及其家属来信来访50人次，大部分的来信来访反映的问题在初信（访）中得到妥善解决。

大埔县残疾人联合会负责人名录

理 事 长：钟丹萍（女）

副理事长：李秋莲（女）　丘孝思

（肖永志）

红十字会

【“三救”工作】2021年，大埔县红十字会开展救灾、救护、救助的“三救”工作。开展“博爱送万家”活动。2021年元旦、春节前夕，筹集慰问款物2.1万元，由大埔县红十字会的工作人员、志愿者深入乡镇、农村，为90户困难家庭、孤寡老人和麻风病人送去过冬御寒物品，把党和政府的关怀以及社会的关爱送到最急最需要帮助的困难群众手中。开展人道救助活动。全年接收社会各界捐赠款物120.17万元，发放捐赠款物120.17万元。开展临时救助活动，为16户孤寡老人、孤儿、重病患者等特困群体提供临时救助。开展困难家庭白血病患儿救助行动，有2名患儿获得8万元“小天使基金”资助金。开展救心关爱大行动，为17名先天性心脏病患儿进行术前义诊筛查，有5名儿童先心病患者具备手术指征且符合受助条件，得到相关基金会的资助。开展“关爱老人”行动，帮助30名有治疗需求的60周岁以上脑中风患者免费申请“华佗再造丸”，扩大县红十字会的影响力。开展应急救护知识普及活动。2021

年，新增1人取得师资证，累计师资3人。举办应急救护培训班10期，有667人取得红十字救护员证书。拓展大众普及覆盖面，在社区、农村开展“人人学急救、急救为人人”活动，普及应急救护知识，提高群众自救互救能力。提高应急救援体系和能力建设。按照省、市、县防灾减灾工作要求，协调应急、消防、民政等部门，整合蓝天救援等民间力量，组建成立市红十字系统和大埔县归属县直部门的第一支公益性专业化救援队伍——大埔县红十字蓝天救援协会，共招募志愿者、预备队员、正式队员150人，参与溺水救援、大型活动保障、城市搜救、山野救援等公益性任务30次，有效发挥政府在人道领域的应急辅助力量作用。

【“三献”工作】2021年，大埔县红十字会开展无偿献血、造血干细胞捐献、人体器官捐献的“三献”工作。开展无偿捐献志愿者招募工作。强化宣传引导，通过悬挂宣传标语、派发宣传单、电视广播和公众号推广等新媒体宣传方式，科普“三献”知识，广泛动员社会各界参与志愿捐献。全年组织或参与无偿献血活动9场次，参与1573人次，献血量43.98万毫升。动员34位造血干细胞志愿捐献者志愿加入中华骨髓库。开展人体器官捐献宣传工作，有15人通过大埔县红十字会办理身后人体器官捐献登记。

【组织建设】2021年，大埔县红十字会推进理顺县级红十字会管理体系。为深入贯彻落实中央、省委、市委、县委关于群团改革的工作部署，县红十字会争取县委、县政府的支持，依次实现了人员编制增加、办公用房搬迁、在职人员补充、应急工作用车配备、列入财政独立核算、成立独立党支部等，红十字会机构不断完善，成为梅州市推动体制理顺工作力度大、成效明显、真正实现独立的县级红十字会，得到省红十字会主要领导和市政府分管领导的评价，在全市起到表率作用。发展基层红十字会组织。将全县21个医疗卫生机构及8个群团部门吸收为团体会员；将全县160位热心慈善事业的爱心人士吸收为个人会员。加强志愿者队伍建设。坚持志愿服务“队伍建设机制化、活动项目特色化”方针，推动红十字志愿服务活动在疫情防控、应急救护、人道救助、养老服务等领域持续开展。招募100多名志愿者参与疫情防控、应急救护、无偿捐献、文明交通劝导、“两美”行动等志愿服务76场次，参加志愿者近190人次。

【“博爱家园”建设工作】为促进红十字工作贴近群众、服务基层，打造“群众身边的红十字会”，大埔县红十字会争取省红十字会支持，投资65万元在高陂镇三岗村建设“博爱家园”。建设项目包括光伏发电、红十字博爱家园宣传长廊、应急避险场所、村级红十字阵地建设等。至2021年，该项目建设顺利完成，其中作为生计发展的光伏发电项目持续发挥效益，每年约产生3.6万元的收益，用于该村敬老、助学和帮困，实现红十字品牌项目的长效发展。

大埔县红十字会负责人名录

会　　长：饶凌云（女）

常务副会长：谢书进

（汪凤鸣）

法　治

政法委与综治

【概况】2021 年，中共大埔县委政法委员会（简称大埔县委政法委）坚持以习近平新时代中国特色社会主义思想为指导，贯彻习近平法治思想，坚持党对政法工作的绝对领导，围绕“三点两化一品牌”政法工作的总体目标，以党的政治建设为统领，推进维护国家政治安全和社会稳定、常态化推进扫黑除恶专项斗争、市域社会治理，开展党史学习教育和政法队伍教育整顿，全县政法工作持续走在全省、全市前列，全县群众安全感和政法队伍教育整顿效果满意度均位居全省、全市第一位，政法工作满意度位居全省第二位、全市第一位，常态化扫黑除恶工作满意度位居全省第四位、全市第一位。12 月，大埔县被平安中国建设协调小组授予“2017—2020 年度平安中国建设示范县”称号。4 月，大埔县委政法委被评为“2018—2019 年度全省平安建设先进集体”；7 月，被评为“2018—2019 年度梅州市扫黑除恶专项斗争先进集体”。

【维护社会稳定】2021 年，大埔县委政法委坚持底线思维，社会大局和谐稳定。将政治安全工作列入县委常委会的议事议程，每季度向县委常委会汇报政治安全工作情况；开展维护国家政治安全 8 个专项行动和“4·15”国家安全教育日系列活动、“反邪教、创无邪、喜迎建党百年华诞”主题警示教育宣传系列活动；全年实现全县政治安全案（事）件零发生。防控化解社会矛盾风险。围绕庆祝中国共产党成立 100 周年安保维稳工作这一主线，开展社会矛盾问题专项治理和基层矛盾纠纷排查化解专项行动，加大矛盾纠纷“清零”力度，有效管控各类风险隐患。圆满完成庆祝中国共产党成立 100 周年、全国“两会”、中共十九届六中全会、“五一”、国庆、全县村（社区）“两委”换届等重大活动的安保维稳任务。全年召开研判会议 20 场，研究解决涉“问题楼盘”、涉众金融、群体性上访或越级上访等维稳突出问题，全县社会维稳态势总体平稳、社会治安持续向好。落实社会稳定风险评估工作。将社会稳定风险评估作为重大决策的“前置条件和刚性程序”，做到稳定工作预案与实施方案同制定、同实施、同考核。完成大埔县“广东省天然气管网‘县县通工程’梅州—大埔项目”风险评估工作，评估等级为低风险项目，并准予实施。

【综治和市域社会治理】2021 年，大埔县委政法委坚持和发展新时代“枫桥经验”，把“平安之乡”实践创新项目作为推进市域社会治理现代化工作的重要抓手和有效载体，推动基层社会治理创新。“龙山市场小区探索无物业管理社会治理新模式”项目已完成硬件设施建设，筹备成立小区党支部，打造“龙山小区党群之家”，民主选出“楼长”“栋长”，推动“党建+自治”模式落地落实；“推进‘诉讼服务站’全域覆盖”项目以各镇司法所为依托，在全县14个镇设立大埔法院诉讼服务站，让审判职能延伸下沉到基层、落到实处，建立健全一站式多元解纷机制，提高诉讼服务站化解纠纷质效。全年诉讼服务站成功化解矛盾纠纷56件，解答群众咨询344人次，开展普法宣传61场次。做好社会治理试点推广。“大埔县政法部门‘一站式’服务基地”项目被列入2021年度全省市域社会治理现代化实践创新省市共建项目库，出台《大埔县“五治融合”基层社会治理体系建设推广实施方案》，在全县范围内，推广完善新时代“五治一体”的“枫桥经验”，打造大埔苏区特色的社会治理品牌。联防联控筑牢疫情防控网。发挥“三人小组”作用，成立县、镇两级“三人小组”，村级N个三人排查专班，形成“1+15+N”的疫情防控排查体系，制定相关工作指引，建立县、镇、村三级联防工作群，强化与镇村“三人小组”无缝衔接，实现疫情网格防控精细化、信息化管理。

“中心+网格化+信息化”建设　大埔县委政法委优化县、镇、村三级综治中心工作机构，出台镇（场）综合治理委员会建设指引，优化调整网格员巡查事项和人员配置，560个综合网格实现编码固定和置入“粤政图”。加快推进“多网合一、一格多能、全域覆盖”综合网格服务管理体系建设，出台《关于加强全县基层社会治理综合网格工作的实施意见》《大埔县关于加强全县基层社会治理综合网格工作的实施意见的分工方案》，全面提升管理效能，截至2021年12月底，全县网格员推送网格事件1.48万起，结案1.47万起，结案率99.7%。推广“平安万家”视频监控建设及联网汇集应用，以“政府搭台、企业担当、百姓受益”的模式，发动社会力量和广大群众共同参与治安防范。截至2021年12月底，全县完成视频监控建设，覆盖全县185个村（居）。

抓好各类专项治理工作　大埔县委政法委提升严重精神障碍患者救治管理工作，将严重精神障碍患者管理工作纳入基层村（居）网格工作内容，开展定期摸排登记、发放监护补助和购买监护责任保险。推进社会心理服务体系建设，通过购买第三方服务方式加快县级社会心理服务示范中心建设，全县256个村（居）已按“五个一”建设标准建立“粤心安”社会心理服务站室。做好校园周边环境的整治专项工作，联合相关职能部门开展3次集中整治专项行动，校园周边环境明显优化。抓好铁路护路联防工作，通过按照沿线视频监控、开展宣传教育和排查整治安全隐患，连续实现6年危害行驶案件和铁路交通事故事件“零发生”。

【扫黑除恶专项斗争工作】2021年，大埔县委政法委压实工作责任，推进扫黑除恶常态化。成立常态化扫黑除恶斗争领导小组，继续保留工作及办事机构，做好扫黑除恶日常线索摸排核查、材料上报等工作。全年全县立九类涉恶案件31宗，破案22宗，刑拘81人，逮捕39人，打掉涉恶团伙8个，查处涉案村干部4名；查封、冻结、扣押涉案资产7.63万元。聚焦突出问题，开展重点行业领域整治。加强对信息网络、自然资源、交通运输、工程建设、金融放贷等五个重点行业专项治理，有效整治一批行业乱点乱象问题。2021年，县公安部门侦破电诈刑事案件76宗，打掉电诈犯罪团伙21个，及时止付挽损76.76万元，追回被骗资金19.6万元；县住建局围绕房地产市场和市政基础设施工程等重点领域开展整治，集中治理隐患问题；县自然资源局查处非法采砂和非法装运河砂行为12宗，行政罚款29万元，拆除整治非法抽（洗）砂点设施设备13处；县交通运输局牵头对辖区内的交通运输行业进行隐患排查，共计出动执法人员1560人次；县金融工作局加强打击和防范经济犯罪宣传和防范非法集资宣传，形成日常排查和专项排查相结合的排查机制，确保大埔县金融安全平稳有序。同时完善纪检监察、政法机关与行业主管部门常态化对接机制，落实行业治理双向反馈机制，发出“三书一函”20份，持续推进“以案促治”“以案促建”。

中共大埔县委政法委员会负责人名录

政法委书记： 刘裕君（—2021.9）
蓝　欣（2021.9—）

第一副书记： 赖　宽

常务副书记： 李益辉（2021.3—）

专职副书记： 曾建邦　何永昭

专 职 委 员： 刘标荣　余其概　汤颜明
房进强　杨初航
黄菊兰（女）　朱自勤

（张璐）

法治政府建设

【推进全面依法治县】 2021年，中共大埔县委全面依法治县委员会办公室（简称大埔县委依法治县办）深入学习贯彻习近平法治思想，结合大埔县实际，加强领导，推进全面依法治县工作。依法防控疫情，为疫情防控工作提供法治保障。严格执行疫情防控的法律法规；加强联防联控，人人参与防控；加大政策支持，护航复工复产。推进法治政府建设，构建职责明确、依法行政的政府治理体系。不断深化依法行政，提高行政效能，加强法治政府建设。推进镇（场）综合行政执法工作；深化“放管服”改革；抓住领导干部这个“关键少数”；做好规范性文件的制定、审查和备案工作；规范公正文明执法；推进行政复议应诉工作；推进科学民主依法决策；做好法治政府建设年度报告公开工作。深化司法体制改革，确保司法公正高效权威。县公安机关深化公安执法规范化建设；县检察机关深化检察职能；县法院以审判工作促进法治建设；集中重点，推进刑事执行工作。完善公共法律服务体系，推进法治社会建设。加强创新社会治理；加强预防和化解社会矛盾机制建设；深化公共法律服务体系建设；加强法治宣传教育工作；推进社会信用体系建设。服务重点工作，为县重点工作提供法治保障，优化法治化营商环境，更好发挥法治对改革发展稳定的引领、规范、保障作用。

【政府法治工作】 2021年，大埔县委依法治县办加强行政规范性文件合法性审查工作，细化合法性审查标准和流程，提高合法性审查质量。全年审核县政府规范性文件1件、部门规范性文件3件，向市政府和县人大常委会报备规范性文件3件，清理2件与《中华人民共和国人口与计划生育法》（2021年8月20日新修订）不衔接的规范性文件。政府法律顾问工作扎实有效。全年审查县委、县政府决策事项392项，审核县政府会议纪要14期和县委、县政府批复308件，参加信访研判12场次，审查重大行政决策事项9项。行政执法协调监督工作有新进步。组织全县县直执法单位和乡镇综合行政执法人员培训2次，参训人员258人；组织2021年度大埔县行政执法人员综合法律知识网上考试4批次，参考人数342人。2021年，核发各类行政执法证403张；评查行政检查、行政许可、行政处罚、行政强制案卷156件；加强对行政执法部门上报备案的重大行政处罚案件备案审查力度，审查141件；对高陂、光德、枫朗、百侯、茶阳、西河、大麻、三河等8

个镇的综合行政执法工作进行实地检查；落实行政执法与刑事司法“两法衔接”工作。行政复议和应诉工作有新成效。2021年，办理当事人向县政府申请行政复议案件16件；办理以县政府为被申请人的行政复议案件3件；以县政府为被告的行政一审案件9件，审结8件；以县政府为被上诉人的二审行政诉讼案件7件；全年县政府负责人出庭应诉2次。

（刘文烽）

公 安

【打击刑事犯罪】2021年，大埔县公安局抓好打击刑事犯罪工作。全年全县立刑事案件686宗，同比下降4.5%，破案366宗，同比下降17.7%，破案率53.3%，刑拘254人，移送起诉181人，逮捕291人。其中，破电诈案件77宗，打掉电诈团伙、窝点各21个，刑拘81人、逮捕43人；冻结和紧急止付诈骗账户资金76.8万元，追回被骗资金19.6万元，挽回经济损失96.4万元；盗抢类立案208宗，破147宗，共抓获78人，刑拘51人，逮捕35人；八类案件发案14起，破案14起，破案率100%。全县立命案0起，实现命案、枪案、抢夺三类案件“零发案”。扎实开展“护苗”行动，筑牢未成年人权益“防护网”，全年立性侵害未成年人案件13宗，破13宗，破案率100%。特别在“破小案”方面，全年破“盗抢骗”刑事“小案”227宗，抓获152人，刑拘120名，逮捕76名。“群众安全感和公安工作满意度”综合排名全省、全市第一。

【治安管理】2021年，大埔县公安局全面夯实智慧警务基础建设，加强社会治安防控。建有覆盖辖区所有重点路段、复杂场所、要害部位的平安视频监控高清摄像头、治安卡口（包含环粤卡口）、人脸识别摄像头，整合“雪亮工程”视频650路，采集汇聚医疗社保、水电油气、停车场等社会行业基础信息数据7853万条，初步打造具有大埔山区特色的“外地人入城第一时间感知、重点人异动第一时间预警、跨区域案件第一时间串并、社会面治安态势第一时间分析”的综合智慧平台，有效提升精准打防能力水平。全年办理出入境受理各类出入境证件1033证（次），受理各类户籍审核审批材料2175份，办理第二代居民身份证2.54万张，办理临时身份证2847张，办理新车入户1.18万辆，机动车年检1.17万辆，补、换证1.16万户，摩托车初学、增驾考试8568人，小汽车科目一考试3274人次，满分学习、考试288人。

【道路交通管理】2021年，结合上级公安机关关于“减量控大2021”工作要求，大埔县公安局制订《大埔公安交警部门系统防范化解道路交通安全风险工作方案》《大埔公安交警部门“减量控大2021”专项行动工作方案》《摩托车电动自行车道路交通安全专项整治工作方案》，成立摩电整治工作领导小组，采取日常查处与统一行动相结合、部门联合执法、多警种联动执法、异地用警执法等措施，坚持做到每天有巡控、每周有三次以上的集中整治行动、每周末有涉摩电酒驾夜查行动。全年全县查处各类交通违法行为1.6万起，无证驾驶交通违法行为998起，酒驾醉驾交通违法行为456起，大货车超限超载违法行为324起，大货车非法改装220起，货车、拖拉机违法载人89起，农村客运、农村公交超员41起，面包车超员51起，驾驶无牌摩托车或驾乘人员未戴安全头盔交通违法行为1677起，闯红灯87起，机动车违停5090起，其他交通违法行为6997起；查扣两轮摩托车3735辆、三轮摩托车46辆、大货车324辆、报废汽车37辆、改装摩托车63辆、改装汽车19辆、拖拉机22辆，行政拘留严重交通违法行为3人。全年发生交通事故2212宗，同比下降16.4%。

【监所工作】2021 年，大埔县公安局围绕公安部、省公安厅以“夯实三阵地构建一体系”和监所安全“铁桶工程”为重点的智慧新监管专项活动，以安全文明为核心，以规范化管理为主线，从严从实从细抓好各项安全监管措施的落实，最大限度地防止一般性事故的发生，最大限度地控制因病等意外死亡事件的发生，坚决遏制重大恶性事故的发生，确保监所安全稳定，实现连续 49 年监所安全管理无事故，连续 14 年被公安部评为一级看守所，被推荐为全国基层先进单位。

大埔县公安局负责人名录

局　长： 赖　宽

政　委： 古锦鹏

副局长： 何忠贤（常务）　杨培彬
邬德辉　涂志谋（—2021.5）
黄国辉（—2021.5）
钟用柱（2021.5—）
邱军华（2021.5—）

（傅梓宇）

检　察

【服务保障大局】2021 年，大埔县人民检察院抓好服务保障大局工作，主动服务县委中心工作。防范化解重大社会稳定风险，成立反电信诈骗专案组，全年受理审查逮捕涉电信网络新型违法犯罪案件 39 件 76 人，审查起诉 51 件 60 人。召开打击治理电信网络新型违法犯罪工作座谈会，邀请县联席会议成员单位参加，在源头防范、协作配合、普法宣传等举措上凝聚共识，形成打击治理合力。加强国家司法救助助力巩固脱贫攻坚成果、推进乡村振兴力度，依法向因案致贫的家庭发放司法救助金 4 万元，彰显检察为民情怀。选派干警驻镇帮扶乡村振兴，为巩固脱贫攻坚成果和全面推进乡村振兴增添动能。

【护航民营经济发展】2021 年，大埔县人民检察院坚持平等保护原则，依法惩治侵犯民营企业和企业家合法权益的经济犯罪，营造法治化营商环境。对既未撤案又未移送审查起诉、长期搁置的涉民营企业“挂案”开展专项清理，民营企业家涉嫌犯罪案件“挂案”数全部清零。检察长率队走访大埔漳联瓷业发展有限公司，详细了解企业在生产经营过程中遇到的问题、困难和法律服务需求，并与企业负责人就法律风险防范、合法权益保护等方面进行交流探讨，有效促进企业合法合规经营。

【维护社会稳定】2021 年，大埔县人民检察院受理侦查机关、调查机关移送审查逮捕案件 168 件 261 人，经审查后批准和决定逮捕 108 件 156 人，不批准逮捕 59 件 92 人。受理侦查机关、调查机关移送审查起诉案件 249 件 349 人，经审查后提起公诉 178 件 247 人，不起诉 13 件 15 人。贯彻落实“少捕慎诉慎押”刑事司法政策，召开刑事检察工作座谈会，推进降低审前羁押率工作，减少社会矛盾，促进社会和谐。落实认罪认罚从宽制度主导责任，认罪认罚从宽制度适用率 86.3%。推进扫黑除恶常态化，全年受理审查起诉涉黑犯罪案件 2 件 20 人。

【践行司法为民宗旨】2021 年，大埔县人民检察院精准聚焦群众“急难愁盼”问题，开展“检察为民办实事”实践活动，开展送法进社区进校园、食品药品专项检察监督、农民工欠薪问题调研等实践活动 26 次，建立、完善便民利民制度机制 4 项，用心用情用功为群众排忧解难，增强群众在检察工作中的获得感、幸福感、安全感。如针对供水设施清洗不到位、水质未定期检测等问题，向县职能部门以及相关镇政府发出检察建议，督促严格履行监管职责，确保人民群众用上放心水、安全水。自觉融入县域社会治理。落实“谁执法谁普法”工作责任制，开展宪法宣传周、“一感二度三率两评价”、防范电信网络诈骗等集中宣传活动，提升人民群众法治意识。召开公益诉讼检察案件和拟不起诉案件公开听证会，促进司法公开，保障司法公正。召开检律协作联席会议，推动检律良性互动，共同推动法治建设。发挥“12309”检察服务中心“窗口”作用，全年受理群众来信12件，接待来访群众8批10人次，均在七日内作出程序性回复，三个月内作出实体性答复，首次信访件均按管辖权限转相关部门办理，未出现上访事件。全面排查近三年5类涉法涉诉案件，着力化解矛盾纠纷，做好中国共产党成立100周年维稳工作。

【未成年人综合司法保护】2021年，大埔县人民检察院办理未成年人犯罪和侵犯未成年被害人案件64件93人，通知法定代理人或合适成年人到场44人次，为未成年犯罪嫌疑人申请法律援助23次，封存犯罪记录11人次。与县人民法院、县教育局等部门联合建立性侵害未成年人刑事案件“一站式”取证救助工作机制，加强对性侵未成年被害人的保护和司法救助。保障涉罪未成年人受教育的权利，与县教育局、学校沟通协调，促使涉罪未成年人顺利入学。开展涉未成年人旅馆、娱乐场所专项整治检察监督活动，与县公安局、县市场监督管理局联合制定《关于未成年人入住旅馆登记管理的规定》，规范未成年人入住旅馆登记管理。开展“法治进校园”巡讲活动，受教育人数2500人，发放宣传资料3000份。举办“检爱同行，共护未来”主题检察开放日活动，邀请社会各界代表参加，携手关爱未成年人。到高考考点开展食堂食品安全专项监督检查，集中排查整改食品安全隐患，以检察力量护航平安高考。

【检察监督】2021年，大埔县人民检察院做好检察监督职责。刑事诉讼监督。加强与公安机关的协作配合与监督制约，与县公安局联合制定《关于开展对大埔县公安局刑事侦查活动监督工作意见（试行）》，通过派驻检察官挂点联系各办案派出所和定期召开联席会议会商，促进公安派出所严格执法、公正司法。开展“两项监督”工作，全年监督立案2件2人，提前介入案件9件11人，发出《纠正违法通知书》1份，改变侦查机关定性20人，发出检察建议4份。刑罚执行和监管执法监督。依法维护在押人员合法权益，全年开展在押人员谈话教育72人次，核查在押人员诉讼期限220人次。针对在开展剥夺政治权利刑罚执行过程中出现接收和执行期满未告知罪犯相关规定、监管罪犯不到位问题，向县公安局发出《监督意见书》。针对看守所留所服刑人员代替管教为在押人员开启监门问题，依法提出监督意见，规范看守所监管活动。开展监外执行检察监督，受理审查收监执行审查案件8件8人。开展社区矫正专项检察，及时监督纠正部分社区矫正对象未随身携带监控定位手机问题，防止社区矫正对象脱管、漏管现象。针对公安机关对社区矫正对象采取强制措施未及时通知司法行政机关和检察机关的问题，向县公安局制发《社区矫正执行监督意见书》。民事、行政检察监督。全年依法办理4宗土地执法查处领域行政非诉执行监督案件，发出个案监督检察建议4份。如了解到高陂镇某村民未经批准，擅自占用村民小组的1300平方米林地用于搭建临时仓库，依法向高陂镇政府发出检察建议，要求督促违法行为人立即拆除违法占地建筑。受理审查被执行人相关终结本次执行民事检察监督1件，向县人民法院发出说明执行情况通知书并得到法院函复说明情况后，依法发出检察建议。至2021年年底，县人民法院已将被执行人一案重新立案并恢复执行，且被执行人依法被纳入失信被执行人。

【公益诉讼工作】2021年，大埔县人民检察院坚持以保护公益为核心，履行公益诉讼检察职能。与县纪委、县监委联合签订《关于在开展公益诉讼工作中加强协作配合促进依法行政的若干意见》，增强监督合力。全年办理民事公益诉讼、行政公益诉讼案件 67 件。加强生态环境和资源保护。开展非法堆砂专项监督，实地调查 13 个乡镇辖区非法堆砂问题，向属地镇政府发出诉前检察建议均得到重视并及时整改，有效推动镇政府整改非法洗砂乱象。监督非法占地建坟问题，督促县林业局、县民政局、银江镇政府对违法行为人作出处理，被破坏的 622 平方米林地基本完成复绿，基本恢复植被和林业生产条件。向县农业农村局及属地镇政府发送检察建议，督促加强河湖渔业保护，严厉打击非法捕捞行为。针对倾倒填埋工业固废问题，向市生态环境局大埔分局、县林业局及青溪镇政府发出检察建议，相关部门已监督工业固废的清运和处置工作，并查处涉案违法行为人。保障食品药品安全。与县市场监督管理局联合出台《在公益诉讼领域加强配合切实保障食品药品安全的意见》，得到县委、县政府的肯定，并以县政府文件形式下发至各镇政府贯彻执行。针对辖区部分网络食品经营者存在未依法公开信息、超范围经营等不符合法律相关规定等行为以及线下餐饮服务提供者存在无食品经营许可证、食品添加剂过期变质等问题，向县市场监督管理局和相关镇政府发出检察建议，助推规范餐饮经营秩序。加强国有财产保护。向县住建局发出检察建议，督促催缴两家房地产公司所欠人防易地建设费。加强英烈权益保护。与县退役军人事务局、县文广旅体局联合签订《关于建立英烈权益保护和红色资源保护联动协作工作机制的实施意见》，增强对大埔老区苏区英烈保护和红色资源保护力度。拓展公益保护新领域。针对花萼楼、棣萼楼文物受到不同程度损害，行政职能部门监管不到位等情况，向县文广旅体局及涉案镇政府发出检察建议督促整改保护。

大埔县人民检察院负责人名录

检　察　长：张映文（—2021.10）
　　　　　　王　青（女，2021.11—）
副检察长：王　青（女，代理检察长，2021.10—）
　　　　　　何向宏　张创帆　罗敏淳
党组副书记：张旭辉（女）

（梁周宝）

法　院

【概况】2021 年，大埔县人民法院坚持以习近平新时代中国特色社会主义思想为指导，贯彻中共十九大和十九届历次全会精神，习近平总书记“七一”重要讲话、对广东系列重要讲话和重要指示批示精神，围绕“努力让人民群众在每一个司法案件中感受到公平正义”的目标，坚持服务大局不动摇，维护稳定不松懈，深化改革不停步，依法履行审判职能，保障社会公平正义，整体工作实现新进步。全年受理各类案件 3139 件，结案 3056 件，结案率 97.4%。

【聚焦执法办案】2021 年，大埔县人民法院发挥审判职能，担当起公正裁判的法律责任和维稳和谐的政治责任，为大埔经济社会发展营造和谐稳定的社会环境、公平正义的法治环境和优质高效的服务环境。全年受理刑事案件 196 件，审结 194 件，判处罪犯 258 人。常态化开展扫黑除恶专项斗争，有序审理上级部门指定管辖的被告人曾某某等 20 人涉黑案件。审结寻衅滋事、聚众斗殴、故意伤害等严重危害人民群众人身权、财产权、人格权犯罪案件 46 件，涉 57 人；审结交通肇事、危险驾驶罪 16 件，涉 16 人；审结电信网络新型诈骗犯罪案件 40 件，涉 51 人；审结开设赌场罪 19 件，涉 27 人；对拒不支付 20 名工人的劳动报酬的被告人林某某判处有期徒刑八个月并处罚金。受理民商事案件1506件，审结1431件。审结拖欠工资、抚养费、赡养费、交通事故赔偿等涉民生案件192件，审结涉金融类案件308件，审结涉企纠纷案件202件。制订法官走访企业工作方案，深入粤运汽车有限公司大埔客运分公司、大埔县富华木业有限公司、广东富大陶瓷文化发展股份有限公司等21家重点企业走访，帮助企业诉前化解经营交易和用工风险，提供法律咨询服务，改善投资和市场环境。处理各类家事纠纷295件，携手县妇联共建家事纠纷多元化解机制，聘请16名家事调查员、家事调解员，形成化解家事纠纷的整体合力，保障妇女儿童合法权益。受理执行案件1147件，执结1122件，执结标的4586.19万元，执行案件核心指标全部达标并在全市法院排名靠前，公布失信被执行人名单440人次，执结涉黑涉恶案件8件，执行到位罚金金额50.07万元，执行到位继续追缴、没收违法所得款金额55.91万元，在全市法院率先开展执行案款专项清理工作，发放执行款687笔1197万元，清理2021年以前滞留案款104笔208万元。

【围绕中心服务大局】2021年，大埔县人民法院抓好围绕中心服务大局工作。成立工作专班，立足职能定位，服务好韩江高陂水利枢纽工程、大埔电厂等重点项目征地拆迁的司法需求。优化法治化营商环境，审结涉民营企业案件121件，平等保护民营企业合法权益，对涉诉广东衎衎实业有限公司等企业财产灵活采取“活封”“活扣”措施，服务“六稳”“六保”工作。制订法官走访企业工作方案，把民法典等法律送进粤运汽车有限公司大埔客运分公司等21家重点企业，助力企业健康发展。妥善审结“格兰云天”“翰林华府”等商品房（预售）合同系列案件，依法平衡各方当事人的合理诉求，保护权利人的合法权益，为企业复工复产提供司法保障。发挥司法建议沟通、预防等作用，针对执法办案中发现的普遍性问题，向有关单位发出12份司法建议，促进相关单位完善管理、消除隐患、改进工作、规范行为，给力基层社会（行业）治理。

【提高司法服务质效】2021年，大埔县人民法院创新发展新时代“枫桥经验”，在全县14个镇建立诉讼服务站，率先在全市法院实现诉讼服务站全域覆盖，并通过建立联动、考核、表彰等六项机制和建立班子成员挂点联系制度等举措，确保诉讼服务站各项工作落实、落细、见实效。各站成功化解矛盾纠纷46件，解答群众咨询349人次，收转当事人材料58份，开展普法宣传86场。新收民事案件1506件，同比下降15.5%，诉源治理成效明显。完善“一站式”诉讼服务中心建设，推行线上诉讼服务，网上立案219件，网上调解67件，网上开庭57件。“云上法庭”延伸至基层法庭，诉讼方式更便捷、诉讼成本更低、解纷效率更高，做到“让数据多跑路，让群众少跑腿”。推进速裁审理机制，成立速裁中心，组建速裁团队，让当事人享受“一站式”诉讼服务带来的“红利”，211件案件通过速裁程序办结。在西河镇和洲瑞镇设立旅游巡回法庭，及时处置涉旅涉法诉求。推进调解中心建设，聘请司法所退休干部担任特邀调解员。244件民事纠纷在诉前成功化解，减少案件进入诉讼程序。加大巡回审判力度，对10件与群众生活密切相关的典型案件开展巡回审判。

【从严管党治警】2021年，大埔县人民法院突出思想政治建设，坚持党对人民法院工作的绝对领导，坚决贯彻《中国共产党政法工作条例》等党内法规，开展“两学一做”学习教育、“不忘初心、牢记使命”主题教育、党史学习教育和政法队伍教育整顿，落实“第一议题”、党组议事规则和中心组学习制度。坚持党管意识形态原则，把意识形态工作作为加强党的领导和党的建设的重要内容。坚持“抓党建带队建促审判”工作思路，以“党旗领法徽·公正铸天平”院品为引领，开展“一支部一品牌”建设行动，各支部培植“党建+两个一站式”“党建+少年普法”“党建+综研法典”等各具特色的支部品牌。加强党风廉政建设，把党风廉政建设与审执工作同部署、同落实、同检查、同考核，3次研究部署党风廉政建设。开展“三个规定”专项整治等活动，开展政法队伍教育整顿，对涉及违法违纪的4人作出党内严重警告、政务警告或诫勉处分，对违规过问案件的21人分别作提醒谈话，对违反工作作风的13人进行集体谈话。

大埔县人民法院负责人名录

院　　长： 陈声欢（2021.2—）

副 院 长： 陈声欢（代理院长，—2021.2）

黄爱京　许国键　童斯荣

党组副书记： 黄　君（女）

（杨善松）

司法行政

【人民调解】2021年，大埔县司法局重视“健全社会矛盾纠纷化解机制”省、市民生实事工作，积极主动作为。针对2021年各个时期多的情况，定期与不定期在各镇开展社会矛盾纠纷大排查大调解活动，维护社会和谐稳定，为中国共产党成立100周年营造良好的社会环境。全年全县各级人民调解委员会调解各类矛盾纠纷2196件，调解成功2168件，调解成功率98.7%。全县未发生因调解不及时或调解不当而引起的纠纷激化案件。对镇、村二级人民调解员实行“以案定补”，全年补贴案件2047宗，支付14.98万元。2021年12月，举办全县人民调解员培训班，促使新任人民调解员熟悉人民调解业务知识。完成村（社区）调委会换届选举工作，全县256个村（社区）全面完成人民调解委员会换届选举工作，选出调解员1369人。

【法治宣传】2021年，大埔县司法局扎实开展法治宣传工作。突出宪法学习宣传。全县开展宪法宣传“六进”活动350场（次）、悬挂横幅65条、派发各类宣传资料2.5万份、宣传品5000份，营造全社会学习宪法、尊崇宪法的社会氛围。开展“民法典”宣传活动。县普法宣讲团开展“民法典”巡回宣讲培训活动15场（次），2800名镇、村干部聆听讲座。印制“民法典”50问小册子1万份、《大埔县贯彻实施民法典加强法治政府建设实用工作手册》3000份，悬挂横幅50条，制作宣传栏273处。开展“谁执法谁普法”履职报告评议工作。县财政局等5家单位认真履职、抓好抓实工作，经过评议，均被评定为“优秀”等次。推进法治乡村建设。三河镇旧寨村、银江镇银村村于2021年10月被确认为广东省“民主法治示范村（社区）”。

【刑事执行】2021年，大埔县司法局贯彻落实《司法部关于推进刑罚执行一体化建设的意见》，按照部署协调监狱戒毒警察参与社区矫正工作。市司法局派驻大埔县司法局延伸监管警察参与社区矫正日常工作全过程。开展远程视频会见工作，发挥视频会见亲情帮教作用。2021年，远程视频会见室接待监狱服刑人员家属累计292批717人次。开展社区矫正对象点名训诫工作，局分管领导和挂片领导共同抓，对全县14个镇社区矫正对象进行点名训诫，发现问题及时采取有效措施加以解决。2021年，接收社区矫正对象104人，解除社区矫正对象145人，提请撤销缓刑3人，暂予监外执行情形消失后收监执行1人。在管社区矫正对象125人（其中缓刑122人、假释2人、管制1人）。

【安置帮教】大埔县司法局做好刑满释放人员身份核查、信息对接和衔接管理等工作，落实救助安置和帮扶教育措施．结合实际推进过渡性安置基地建设，妥善安置“三无”“三假”等生活困难刑满释放人员。2021年，接收安置帮教对象325名，无法衔接1人，衔接人员信息录入刑满释放人员信息管理平台99.7%。看守所释放13人，解除矫正人员160人。

【扫黑除恶专项斗争】2021年，大埔县司法局持续深入开展社区服刑人员和刑满释放人员坦白检举活动，对问题线索进行“再排查”“回头看”，紧盯涉黑、涉恶重大案件罪犯不放，深挖彻查余、漏罪和背后“关系网”“保护伞”，确保问题线索“零放过”。持续开展律师辩护代理涉黑、涉恶案件专项培训，实现律师培训全覆盖，落实庭前约谈、庭上监督、庭后总结，严格执行专人到庭参与旁听指导制度，建立健全律师辩护代理通报机制，发挥监督指导实效作用。监督指导律师事务所落实好接案审查、请示报备、集体讨论和档案管理等事项制度。

【公共法律服务体系建设】2021年，大埔县司法局抓好局机关公共法律服务大厅值班律师为群众解决问题的法律服务工作，加强对茶阳、银江、洲瑞、西河、高陂、湖寮、百侯、大麻、大东、青溪10个镇公共法律服务工作站值班情况检查督导。推进公共法律服务网络平台和“12348”热线平台建设。

【一村（社区）一法律顾问工作】2021年，大埔县司法局抓好村（社区）法律顾问工作。41名律师全部进驻全县256个村（社区）开展法律顾问工作，受新冠肺炎疫情影响，驻村律师主动探索新方法，充分利用各村微信群、“抖音”平台、电子邮箱等宣传最新的政策法规，搭建起律师与群众沟通的桥梁，2021年，律师为全县256个村（社区）群众提供法律服务4460人次，其中法律咨询3355次，法治宣传1086场（次），出具法律专业意见4件，其他15件。

【律师工作】大埔县律师为全县重点工程项目保驾护航，重点工程项目法律服务团始终坚持围绕中心、服务大局，主动参与到全县重点工程项目中去，为重点工程项目建设提供高效优质的法律服务。同时，加强业务建设，提升服务能力。2021年，处理刑事辩护及代理317件、民事代理82件。

【公证业务】大埔县司法局服从县委、县政府工作安排，为重点工程项目建设提供公证服务。发挥公证法律服务职能作用，组织公证员参加韩江高陂水利枢纽工程和大潮高速（含大漳支线）公路等县重点工程公证服务。公证员下乡办理房屋和土地现场测绘证据保全公证、办理遴选评估机构证据保全现场公证，为县重点工程项目顺利推进提供法律保障。2021年，受理公证事项公证案件303件。

【法律援助】大埔县司法局升级完善县、镇、村三级法律援助服务平台，使更多弱势群体获得“应援尽援”法律服务。贯彻《办理法律援助案件程序规定》，探索法律援助案件办理新机制，确保法律援助服务质量。加大法律援助宣传力度，完善“5520148”舆情分析制度，提升法律援助公众满意度和社会影响力。积极协调、处理复杂疑难案件；为行走不便、瘫痪在床无子女赡养的老年人上门提供法律援助服务；为企业开展法治体检。2021年，受理法律援助案件472宗，其中刑事法律援助案件450宗，办理民事法律援助案件22宗。为来电、来访群众解答法律咨询1333人次，代书25宗。开展《中华人民共和国法律援助法》《保障农民工工资支付条例》《中华人民共和国老年人权益保障法》等法律法规主题宣传活动6场。

大埔县司法局负责人名录

局　长：刘万兵

副局长：江启清　赖国营　罗小慧（女）

（刘文烽）

军　　事

大埔县人民武装部

【政治工作】2021 年，中国人民解放军广东省大埔县人民武装部（简称大埔县人武部）以习近平新时代中国特色社会主义思想为根本指导，始终坚持把思想政治建设摆在首位，确保干部职工政治上清醒坚定和思想道德纯洁，牢牢把握部队建设方向。把学习“七一”重要讲话，中共十九届历次全会精神、习近平总书记系列重要讲话作为首要政治任务、头等大事抓紧抓实；深入贯彻军委思想政治教育工作会议精神，打牢干部职工高举旗帜、听党指挥的思想根基。对营区进行彩绘装饰，浓厚军营文化氛围。以庆祝中国共产党成立 100 周年为主线，以《习近平谈治国理政》第三卷、《铁纪强军》和《忏悔与警示》等为基本教材，采取参观见学、重走红色交通线等形式，进行聚焦“传承红色基因、担当强军重任”主题深化思想政治教育、党史学习教育、军事职业教育、疫情防控常态化形势教育、法纪警示教育、防间保密教育和优良传统教育，坚持教育日、学习日常态化。把新闻报道工作作为政治工作开展的助推剂，加强军事新闻报道，全年在《中国民兵》《广东武装》等各级新闻媒体上共刊发稿件 257 篇。

【军事训练】2021 年，大埔县人武部紧盯应急应战职能使命、深化拓展军事斗争准备，持续掀起备战打仗和军事训练热潮。部党委严格落实议战议训，紧盯强敌对手深入开展作战问题研究，结合形势任务需要，滚动修

2021 年 5 月 20 日，大埔县人武部组织民兵骨干到大麻韩江流域参加防汛抗洪训练

订抗洪抢险、森林防火等非战争军事行动方案预案。狠抓战备教育、战备值班、战备演练等日常战备制度落实。严格按纲施训，扎实抓好国防动员力量“专攻精炼”，组织民兵参加年度训练任务。依托县红十字会等地方专业力量进行民兵医疗救护训练。与地方应急管理体系有机衔接，于5月正式挂牌成立大埔县国防教育训练基地，新组建成立一支教练员队，针对森林灭火、防汛抗洪等课目进行专攻精练，全面提高遂行任务能力。

【武装工作】2021年，大埔县人武部抓好民兵整组工作，着力建强队伍，夯实备战打仗力量基础。按照“建全民兵队伍、建强专业队伍、建精任务分队”的指导思想，加强力量建设。坚持把红色文化和国防教育有机结合，将国防教育课堂“搬”到革命遗址，通过将三河坝战役纪念园讲解员编入民兵队伍，定期组织民兵解说班进校园等方法，构建起全民国防教育大课堂。充分发挥县委、县政府在国防教育过程中的主导作用，把国防教育提上重要议事日程，纳入领导干部党课培训和理论学习重要内容。协调县政府出资印发小、初、高三类国防教育画册7000本，完成辖区9所高中学生军训任务。

【征兵工作】2021年，大埔县征兵工作以高质量兵员为核心，以廉洁征兵为重点，坚持高标准，严把质量关。大埔县人武部狠抓兵役登记工作落实，通过悬挂横幅300条、发放宣传手册6000份、电子屏滚动播放征兵宣传片等方式进行宣传，兵役登记工作在2月底就达到了100%。建立“上门”征兵服务，宣传各级有关大学生应征入伍的福利政策，连续28年赴深圳布吉开设征兵体检站，有效解决在外青年后顾之忧。全年全县为部队输送优质兵员，且无退兵。在提升征兵工作质量的同时注重将“阳光征兵”贯穿始终，确保征兵工作公正透明，推动“一年两征”改革落地落实。

【后勤工作】2021年，大埔县人武部坚持把服务主业、保障打赢作为根本出发点和落脚点，不断提高后装保障质量效益。购置补充民兵器材库装备器材，签订“预征预储”协议，协调县政府出资对本级民兵训练靶场进行改造升级，安全顺利完成民兵武器装备集中统管。清理整改各类账目，推进后勤系统重点行业领域整肃治理回头看工作，开展公务卡、油卡专项清查活动，对指挥车进行年审、购买保险和维修保养，完善本级兵器室、装备物资库安全管理设施。按照“账目核对、实物盘点、登记确认、调整账目、汇总上报”的程序，逐条逐项落实，对历史遗留老装备进行再核查，全面摸清资产底数。抓好年度结余经费清理。稳妥推进民兵靶场、大埔县军史馆建设。组织干部、文职、职工进行年度健康体检，保障好官兵切身利益。

【管理教育】2021年，大埔县人武部坚决贯彻“依法治军、从严治军”的要求，树牢安全发展理念，抓好安全稳定，夯实强军之基。部党委始终坚持思想先行，不断强化安全工作理念，做到常思不忘、常讲不烦、常抓不懈、常防不松；深入学习贯彻军委国防动员部颁发的规范性文件，确保干部职工在日常工作、训练、学习、生活中贯彻落实新条令，做到内化于心、外化于行。针对巡视巡察反馈问题清单中突出的营区安全问题，及时完善正规化办公管理等规章制度，确保各项工作有规可依、有章可循。坚持每周组织一次安全工作讲评，每月进行一次安全工作检查，每季度召开一次安全形势分析会，全面分析人员、车辆、武器弹药、用电等形势，查找和及时整改安全稳定工作中存在的问题和薄弱环节，形成用制度规定管人管事管物、用制度规定保障科学发展安全发展的良好机制。组织开展“条令月”活动和“百日安全”及“安全隐患结合整治”等活动，不间断地组织安全隐患排查工作，对人、车、枪、弹、密等安全工作重点进行拉网式排查，及时排除安全隐患，全年安全稳定。

（罗滢）

人民防空

【概况】2021 年，大埔县人民防空办公室（简称大埔县人防办）贯彻落实中共十九大会议精神，贯彻与经济建设协调发展、与城市建设相结合的原则，立足大埔实际，探索符合山区实际的人防建设新路子，推动人防事业稳步发展，人防工程依法依规进行勘察、设计、报建。

【人防组织指挥体系】2021 年，大埔县人民防空办公室（简称大埔县人防办）明确落实各警报器所在单位的管理责任，确定具体管理人员，做到每月一次检查，每季度一次维护，警报社会化管理率 100%。按照市人防主管部门的统一要求，于 9 月 18 日圆满完成防空警报试鸣活动，鸣响率 100%。结合工作开展，争取县人武部重视，组织对大埔县人防专业队伍进行相关业务培训，增强专业队伍建设的针对性。

【人防结建工作】2021 年，大埔县人防办坚持“以建为主、以收促建、应建尽建、应收尽收”的原则，加强对人防工程结建、审批、检查、验收的管理；提早介入，及时规划，把城市建设与人防建设结合起来，促进人防工程建设稳步推进。严格执行“结建”政策、法规，100%实行报建，对应建而因地质因素不宜修建人防工程的，严格按照梅州市人民政府办公室《转发市人民防空办公室关于结合民用建筑修建防空地下室的意见的通知》梅市府办〔2010〕71 号文件的规定上报市人防办审批，并严格按照易地建设费收费标准进行收取。

【人防工程质量管理】2021 年，大埔县人防办严格执行《人民防空工程质量监督管理暂行办法》，专门制定人防工程建设监管流程，对人防工程设计、建设施工、建设监理、设备供应商的资质进行资格审查。对正在建设的人防工程、组织人防办人员进行每月一次以上现场巡查，了解进度，帮助开发企业解决实际问题。

【人防政策宣传】2021 年，大埔县人防办通过电视、广播等新闻媒体进行人防宣传，利用联通、移动通信信息平台发放宣传短信。通过人防政策宣传、发放人防资料和人防杂志及利用社区宣传栏进行宣传，扩大人防工作影响面。在城区主要街道悬挂横标和党政机关及服务窗口发放人防知识宣传材料，通过电视台广泛宣传，营造人防宣传氛围。在城区 5 所初级中学坚持统一计划、统一要求、统一教材，进行每年不少于 7 个课时的人民防空知识普及教育和“三防”训练，向各个学校初二新生发放防空教材课本 2750 本。

大埔县人民防空办公室负责人名录

主　任：刘志强

（房福祥）

农业·水利·气象

农业农村工作

【概况】2021 年，大埔县全年粮食作物播种面积 7266.67 公顷，总产量 4.7 万吨。全县蜜柚种植面积 1.46 万公顷，总产量 34 万吨，产值 15.6 亿元。茶叶面积 7200 公顷，总产量 0.92 万吨，产值 10.5 亿元。

【耕地质量提升】2021 年，大埔县对 2020 年已移交管护的 262.47 公顷垦造水田实施地力培肥项目，通过冬种紫云英，提高农田综合地力水平和生产能力，推动垦造水田项目长期、有效、稳定发挥效益，促进农业增产增效、农民持续增收、农村加快发展，确保粮食生产安全。

【农技推广体系建设】2021 年，大埔县农业农村局开展基层农技人员知识更新培训；开展为期 6 天（2021 年 11 月 27 日至 12 月 3 日）的高素质农民培育项目，培育高素质农民 120 名，壮大新型职业农民队伍。

【现代农业产业发展】2021 年，大埔县加快现代农业产业进程。投入 2.19 亿元建设梅州柚优势产区现代农业产业园、广东金柚优势特色产业集群网。累计投入 5000 万元建设大埔县 5G+农业大数据二期服务项目，该项目入选农业农村部推介 2021 数字农业农村新技术新产品新模式优秀案例。农产品产地冷藏保鲜整县推进试点县项目成功落户大埔县，获得中央财政 2000 万元的奖补。举办大埔县乡村振兴赋能大会、梅州柚·大埔蜜柚开采节、梅州柚·大埔蜜柚飘香大湾区推介活动，宣传和打响大埔蜜柚品牌。全县有重点农业龙头企业 150 家，其中省级 32 家、市级 59 家、县级 59 家。农民专业合作社 511 家，家庭农场 655 家。

【农产品质量安全体系建设】2021 年，大埔县农业农村局抓好农产品质量安全工作。全面推行农产品质量安全追溯管理，列入国家农产品质量安全追溯管理信息平台监管的农业生产主体 55 家，列入广东省农产品质量安全追溯管理平台的企业 145 家，规范企业生产经营行为，规范农产品质量安全溯源管理。开展畜禽、水产、种植业产品抽检工作，完成县食品安全检测任务 150 批次、定量检测 521 批次、速检 3364 批次，合格率分别为 100%、100%、99.5%。

【农村综合改革】2021 年，大埔县全面开展大埔县农村集体产权制度改革工作。至 12 月，全县基本完成农村集体产权制度改革工作，表决通过成员身份确认办法完成率100%，确认集体成员9.7万户，47.18万人，建立村、组两级集体成员名单台账4282套。全县有经营性资产的2936个农村集体经济组织当中，9个集体经济组织进行股份量化，2927个集体经济组织均采用份额量化的形式进行股份制改革工作，确份不确值，量化后对份额实行静态管理，待有集体资产收益后再按份额进行分配，以“确份额”的形式将股权落实到户，丰富股权权能。不同股权管理模式的，在基本推行股权固化的基础上，往年已经有进行动态分红的个别农村集体经济组织，在该农村集体经济组织民主协商的基础上，实行成员动态管理。

【壮大村级集体经济】2021年，大埔县将1300万元驻镇帮镇扶村资金入股大埔县自来水有限责任公司，获得的固定收益用于当前全县村集体经济收入低于5万元的26个村，投资入股期限5年，年收益率6%，实现村集体经济持续稳定收益。

粮　食

【概况】2021年，大埔县全年粮食作物播种面积7266.67公顷，总产量4.7万吨。其中全年水稻种植面积5486.67公顷，总产量3.11万吨。

【粮食工作】2021年，大埔县抓好粮食生产的同时落实好政府惠农政策。保障粮食生产。受2021年初降雨偏少的影响，联合气象、三防和水利等部门，加强水源调度和农机抗旱，发射降雨弹、挖井抽水、拦坝蓄水及栽培技术等措施保春耕，同时引导改种玉米、甘薯、花生等旱粮作物，保障春季农作物生产。发放1850公斤应急玉米种子和100套抗旱抽水泵。落实上级惠农政策。严格按上级的惠农政策，抓好各项惠农措施的落实。2021年中央财政拨给实际种粮农民一次性补贴发放2.5万户，补贴标准每1/15公顷11.42元，全县发放73.8万元。2021年中央财政耕地地力保护补贴发放标准每1/15公顷84.8元，至12月底，全县8.49万户发放资金1229.23万元，通过“一卡（折）通”账户直接发放给农户。

畜　牧　业

【概况】2021年底，大埔县生猪存栏量14.24万头，同比增长26.4%，其中能繁母猪存栏1.46万头；全年出栏生猪24.22万头；家禽存栏115.79万只，同比增长2.5%，其中蛋鸡存栏1.02万只，肉鸡存栏81.13万只；家禽出栏417.03万只，同比增长1.5%；牛出栏0.9万头，同比下降5%；羊出栏1.29万只，同比增长4.9%；肉类总产量2.54万吨，同比增长6%。

【畜牧生产】2021年，大埔县农业农村局推进生猪标准化规模养殖。加强生猪规模养殖场的基础设施改造，重点改善养殖、废弃物处理、疫病防控等基础设施和装备条件，完善设施装备，引导规模养殖场向标准化、自动化养殖，提升养殖效率和生物安全水平。大埔美方实业发展有限公司、大埔县湖寮镇海钦种养场、梅州市兴荣农牧有限公司3家生猪规模养殖场被评为2021年广东省畜禽养殖标准化示范场。推进生猪品种改良。加大品种改良服务和推广力度，加强生猪优良品种的选育和遗传改良、地方良种猪的保护与开发利用，积极引进优良生猪品种，提高良种覆盖率。落实生猪保险、信贷支持政策。全年养殖户共承保307户次，承保能繁母猪1.1万头，育肥猪20.71万头，仔猪22万头；养殖险全年累计理赔 530 宗，已决赔款 1002.56 万元，受益农户 530 户次。鼓励农业银行等金融机构对种猪场、规模猪场在资金投向、期限、利率等方面予以倾斜，适当扩展抵押担保物范围；协助中国邮政储蓄银行广东省分行、广东省农村信用社省联社等国有银行、股份制银行开展“真知码”畜禽活体抵押贷款工作。推进种养结合生态养殖，培育生猪养殖家庭牧场。结合全县蜜柚种植面积大、对有机肥需求量大的实际，推广“猪+沼+果”生态养殖模式，鼓励发展农场式的中型猪场养殖，有效解决蜜柚有机肥来源问题，促进养猪业可持续发展。发展“短平快”鸡鸭鹅等家禽以及肉兔、牛羊等草食动物的养殖，增加禽肉禽蛋、牛羊肉等猪肉替代食品供给，确保群众肉食需求。

【动物检疫工作】2021 年，大埔县累计完成生猪产地检疫 36.34 万头，牛产地检疫 0.12 万头，羊产地检疫 0.01 万只，生猪屠宰检疫 11.54 万头，牛屠宰检疫 0.12 万头，对经检疫检出的病死畜、病变病害肉全部作无害化处理，杜绝病变病害肉流入市场，保障全县肉食品安全。

【主要动物疫病监测】2021 年，大埔县农业农村局开展主要动物疫病监测工作。全年累计送市检鸡血清样品 3 批次 60 份、猪血清 6 批次 180 份、猪全血 2 批次 50 份、猪扁桃体 2 批次 68 份、羊粪便 2 批次 14 份、羊拭子 2 批次 40 份、羊血清 3 批次 30 份、牛结节皮肤病鼻控拭子 1 批次 20 份、禽拭子 2 批次 84 份、羊脑 1 批次 5 份。累计自行监测 H7 亚型禽流感抗体 3 批次 300 份、H5 亚型禽流感抗体 3 批次 300 份、猪 O 型口蹄疫抗体 2 批次 160 份、猪 A 型口蹄疫抗体 1 批次 100 份、羊小反刍兽抗体 3 批次 220 份、猪瘟抗体 1 批次 100 份、高致病性猪蓝耳病抗体 1 批次 100 份、新城疫抗体 1 批次 100 份，经县动物疫病预防控制中心检测，各种动物疫病免疫抗体合格率均在 80%以上。另外，开展布鲁氏杆菌病普查监测 286 头，经虎红平板凝集试验检测，结果全部为阴性。开展牛结核病普查监测，应检奶牛 14 头，用牛型结核分枝杆菌 PPD 皮内变态反应进行检测，结果全部为阴性。

渔　业

【概况】2021 年，大埔县水产养殖面积 564 公顷，与 2020 年持平；其中特色水产养殖面积 139.07 公顷，同比下降 1.4%；水产品总量 6772 吨，同比下降 0.2%，其中特色水产品产量 483 吨，同比下降 4%。渔业总产值 5959 万元，同比增长 2.2%；旧池塘改造 21.33 公顷。

【调整养殖结构】2021 年，大埔县农业农村局抓好养殖结构调整。组织专业技术人员参加科技下乡活动 182 人次，加强特色优质品种黄颡鱼、光倒刺鲃的健康养殖示范，调整养殖结构。通过开展池塘循环水健康养殖技术模式行动和水产养殖用药减量行动的示范和辐射带动，推进水产养殖绿色发展。

【水产品稳产保供】2021 年，大埔县抓好新冠肺炎疫情常态化防控水产品稳产保供工作。加强指导、引导养殖生产单位合理安排起捕、流通单位根据市场情况变化，及时合理调剂，养殖生产单位生产经营稳定发展，水产品市场供应平稳。

【水生野生保护动物监管】2021 年，大埔县加强水生野生保护动物监管工作。开展水生野生动物保护科普宣传月等活动 3 次，加强对水生野生动物新《国家重点保护水生野生动物名录（2021）》的宣传，提高公众了解和关注度。加强监管和执法，出动监督执法人员137人次，开展执法联动2次，规范水生野生动物养殖业管理。

【水产品质量安全监测】 2021年，大埔县抓好水产品质量安全监测工作。完成省、市、县级45批监督抽检，抽检合格率100%。

农业机械

【概况】 2021年，大埔县农机工作围绕国家乡村振兴战略目标，按照“农机促扶贫、农机帮致富、农机为农民”的工作思路，落实农机补贴政策，推进教育推广培训，培养新型农业经营主体，强化农机安全监管，各项工作推进，圆满完成全年的各项工作目标任务。至2021年年底，全县农业机械总动力15.65万千瓦，比2020年增长5.2%，联合收割机数量51台，水稻插秧机43台，水稻机收5019公顷，机收率88.8%，机播率22.8%，水稻综合化机械化水平72.7%，全县主要农作物综合机械化作业水平62.5%。

【农机推广管理】 2021年，大埔县农机购置补贴资金50万元，完成补贴资金发放19.97万元，补贴各类农机具247台（套），直接受益农户247户。

【农机监理】 2021年，大埔县农业农村局贯彻实施《中华人民共和国道路交通安全法》和《广东省农业机械安全管理条例》等法律法规，联合县公安交警部门开展“全县今冬明春拖拉机交通安全专项整治行动”“农机安全生产月”活动，农机安全形势明显提高，全年没有发生农机安全事故。

乡村振兴

【概况】 2021年，大埔县坚持以习近平新时代中国特色社会主义思想为指导，全面贯彻落实习近平总书记关于“三农”工作重要论述和重要指示精神，按照省、市工作部署要求，围绕“产业、文化、人才、生态、组织”五大振兴，开展“九大攻坚行动”，脱贫攻坚成果同乡村振兴有效衔接。对原建档立卡脱贫户及边缘易致贫户进行全员摸查，纳入监测对象的脱贫户和边缘易致贫户91户339人，通过购买防返贫保险、发放生产发展资金等及时进行分类帮扶。制订《大埔县乡村振兴驻镇帮镇扶村工作方案》《大埔县乡村振兴驻镇帮镇扶村十大工作任务清单》，推动驻镇帮镇扶村工作深入实施，制订镇域五年乡村振兴规划，谋划项目入库。全县14个镇分为重点帮扶镇（9个）、巩固提升镇（5个）两大类，14个驻镇帮扶工作队于2021年7月8日前全部进驻，其中省直和中直驻粤单位帮扶3个镇、广州市帮扶4个镇、梅州市帮扶2个镇、县直单位帮扶5个镇，共有驻镇工作队员71人（其中33人兼任各镇重点村第一书记），金融助理10人，“三支一扶”人员6人，农村科技特派员58人。

【新农村建设】 2021年，大埔县出台《大埔县全面推进农房管控和乡村风貌提升工作奖惩办法》，每个示范带给予创建资金1000万元，从农房管控“小切口”入手，推动乡村风貌“大变化”、颜值“大提升”。至12月，三河镇汇城村、三河社区、三河坝战役纪念园周边整体环境提升工作有序推进，加快推进梅潭河休闲风光带建设，并推动“数智化助力乡村‘五大振兴’”服务项目落地见效，形成以河为带、串点成线，与大埔县委党校和即将动工建设的“大埔客厅”相得益彰，

2021 年 6 月 2 日，乡村振兴大擂台誓师大会在三河坝战役纪念园举行（三河镇提供）

致力打造一条 20 千米客家风貌示范带。“红色筑梦·多彩三河”代表梅州市参加全省乡村振兴大擂台比赛。

大埔县农业农村局负责人名录

局　长：黄庆清（女）

副局长：郭绍辉　饶志宝（女）

连军强（—2021.4）

黄明宏　丘伟科

（罗向前）

林　业

【概况】2021 年，大埔县林业局坚持以习近平新时代中国特色社会主义思想为指导，贯彻落实中共十九大和十九届历次全会精神、习近平总书记“七一”重要讲话和重要指示批示系列精神，立足国家重点生态功能区定位，围绕县委、县政府重点工作，走好生态优先、绿色发展之路，推进林业各项工作。全县有林地面积 19.72 万公顷（其中森林面积 19.45 万公顷），活立木总蓄积量 1063 万立方米，森林覆盖率 78.99%，天然林面积 9.13 万公顷，生态公益林面积 12.52 万公顷。森林公园 23 个（其中国家级 1 个，省级 3 个），湿地公园 1 个，自然保护区 6 个（其中省级 1 个）；有 25 家林业龙头企业（其中国家级 1 家，省级 20 家，县级 4 家）、3 家省级森林康养基地（瑞山森林康养基地、西岩山崇顶湖森林康养基地、京州飞天马森林康养基地）、4 家省级林下经济示范基地、2 家省级林业专业合作社示范社、160 个林下经济专业组织合作社。

【林长制工作】2021 年，大埔县林业局开展以深入践行习近平生态文明思想，压实以森林资源保护发展目标责任为核心的林长制工作。制订《大埔县全面推行林长制实施方案》，成立林长制专班，明确大埔县县级林长名单及责任区域，召开林长制工作业务培训会暨工作推进会；建立县、镇、村三级林长体系，落实各级林长 1537 人，其中县级林长、副林长 32 人，镇级林长 232 人，村级林长 1273 人；聘用护林人员 682 名，落实林长责任面积占全县林地面积的 100%。

【森林防火】2021 年，大埔县林业局开展“十查”“五清”行动，对辖区内 392 处林中神坛庙宇、33 个电力设施等重点区域进行“拉网式”排查，共排查和清除隐患点 2700 个。投入 486 万元对自然保护地、林区等重点区域开展易燃物清理，清理面积 5 万公顷。不断完善森林防火基础建设，投入 350 万元用于湖寮镇、百侯镇、三河镇、枫朗镇建设 30 千米生物防火林和重要设施周边生物防火林带维护。投入 280 万元用于茶阳镇、丰溪林场保护区内开设防火隔离带 50 千米。落实“包山头、守路口、盯重点、签责任、打早小”网格化管理责任，发挥森林防火临时检查点作用，延长护林员巡护时间，加大巡护密度，严查火种进山入林，加大对野外违规用火行为的打击力度。全年查处野外违规用火566宗，处罚209宗，罚款11.96万元，批评教育357人次。有效加强森林防火宣传，落实“防火码”推广使用和“敲门行动”，对森林火灾典型案例和野外违规用火行为予以及时曝光，让群众了解森林火灾预防工作的重要意义，实现全年森林防火安全零伤亡和无重大、特重大山火的防火目标。

【森林资源管护】2021年，大埔县林业局针对全县松材线虫病大面积爆发情况，投入780万元资金加大松材线虫病科学防治力度，采取定期巡查、采集样本、清理死树、集中烧毁、科学灭杀等措施全面清理枯死松树和减少病源，治理疫点面积1.04万公顷，有效减少传播范围和途径。做好中央生态环保督察反馈意见整改，加大涉林违法行为打击力度，指导和协助各镇（场）查处涉林违法行为。全年协助查处涉林行政案件14宗，涉及面积3.5公顷，罚款11万元。

【林业生态建设】2021年，大埔县林业局抓好林业生态建设。以“绿满梅州”大行动为契机，实施森林抚育提升、高质量水源涵养林建设等林业重点生态工程，按时有序完成新造林抚育1480公顷和2020年、2021年中央森林抚育8320公顷。开展“先造后补”造林试点工作，采取造林“一包三年，一种三抚育”模式，引导企业、集体、个人、社会组织因地制宜，相对集中连片规模造林，提前完成666.67公顷备耕任务种植工作。

全县省级以上生态公益林完善落界工作开展，专题召开落界工作培训会，组织各镇（场）对辖区内的生态公益林小班地块进行内外调查和梳理数据，实事求是对落界位置图、面积数据进行公示、确认，保障实施森林生态效益补偿制度，做到生态公益林补偿面积准确无误，确保群众应得利益。围绕县委、县政府中心工作，争取上级支持，主动对接业主单位，协调涉林用地审批事宜，不断加快推进全县建设项目涉林用地审批进度，共审核审批使用林地项目34宗，面积164.29公顷。完成自然保护地整合优化回头看，完善整合优化预案，完成大埔银滩县级森林公园经营范围调整，保障全县重点项目涉林用地。

【“创森”工作推进】2021年，大埔县林业局以“全民植绿四十载，美丽中国谱新篇”为主题，以生态文明建设为重点，以创建县级“森林城市”为目标，组织开展全民义务植树，发动全县参加义务植树活动16.06万人次，栽植苗木62万株，营造“人人参与创森”的氛围。结合实施乡村振兴战略，推动镇、村生态振兴，加强绿色村镇生态建设，将西河镇成功打造成为广东省森林特色小镇。结合绿美南粤工作部署，实施银江镇胜坑村绿美古树乡村项目建设，力争打造成为广东省100个“绿美古树乡村”之一。

【林业产业经济】2021年，大埔县林业局加快发展林业产业经济。坚持以现代林业发展理念为指导，以一、二、三产业发展思路，采取“龙头企业+专业合作组织+基地+农户”的合作模式，实施标准化种植基地建设规模。全年成功创建4家省级林业龙头企业，1家省级林业专业合作社，1家省级森林康养基地。发展油茶产业，开展油茶企业摸底调查，引导企业对低产林品种实施“低产改造”工程，完成666.67公顷年度改造任务。利用乡村振兴政策、产业帮扶措施，引导企业并带动农户种植高产优质油茶，以点带面带动林农创收。全年林业产业总产值28.91亿元。

大埔县林业局负责人名录

局　　长：何维龙

副 局 长：张运得　赖特成

大埔县公安局森林分局局长：梁永炼

（杨天）

水　务

【概况】2021年，大埔县投入水利水电水务工程建设资金9667.49万元，完成土方24万立方米，石方4.5万立方米，砼2.4万立方米，投入劳动工日19.17万个。维修巩固治理水土流失25平方千米。至2021年年底，全县水电装机272处467台21.97万千瓦。全县实现发电量3.22亿千瓦时，产值1.67亿元，其中国有电站累计发电量2045.31万千瓦时，产值1063.56万元。

大埔县域内河流众多，有“万川”之称。规模以上的主要河流共有五条，河岸线长达360多千米，分别为韩江、汀江、梅江、梅潭河和漳溪河，其中韩江属省管河流，其余四条河流为大埔县县管河流。韩江是广东省第二大河流，属大埔境内韩江集雨面积965.68平方千米，河段长为47.07千米；汀江属韩江一级支流，大埔境内汀江段长为55千米；梅江属韩江一级支流，属大埔境内集雨面积200.9平方千米，河段长为22千米；梅潭河为汀江一级支流，属大埔境内集雨面积678平方千米，河段长83千米；漳溪河又名大靖河，属汀江一级支流，大埔境内集雨面积165平方千米，河段长为32千米。

【水利】2021年，大埔县水务局抓好全域自然村集中供水工程建设。针对全县自然村集中供水工程进展缓慢的情况，局主要领导带领分管领导和相关股室负责人到镇、村、工地进行调研，召集“六方”（水务局、镇政府、村委会、设计单位、施工单位、监理单位）会议，坚持问题导向，现场回应困难，强化推进对策，倒排工期，有效推进全域自然村集中供水工程建设，全年完成投资2071万元，占总投资100%。完成107个自然村工程点，新增集中供水覆盖人口3.97万人。大靖水库除险加固工程主体工程基本完成，完成投资311万元；沐东水库除险加固工程、富岭水库除险加固工程、赤颈坑水库除险加固工程、分水凹除险加固工程初步设计已批复，在相关网站公示采购意向，准备实施项目。推进韩江治理工程（广东梅州段）大埔段、银江水中小河流治理工程、小汀江支流虎市段中小河流治理工程等3宗中小河流治理工程前期工作。抓好移民后扶工作。批复项目计划11宗，后扶资金3148万元，竣工验收8宗。其中县移民工作局9宗，2958万元，竣工验收6宗；省属水库移民管理办公室2宗，190万元，竣工验收2宗。指导、引导镇村开展抓好农村集中供水工程管理，建立长效管理机制，确保工程长期发挥效益。

【水资源管理】2021年，大埔县水务局树立水资源重要性、紧迫性的意识，谋划水资源的保护、利用和可持续发展。加大水法规宣传、教育力度。利用各种媒体宣传水法规和水资源保护、节约用水等政策，依法加强河道管理，有效保护江河水源水质。开展水规划调查。完成《大埔县城市节水专项规划（2018—2030年）》和《大埔县水资源保护规划报告（2018—2030年）》编制工作，为水资源利用提供技术、安全指导等优质服务。执行最严格水资源管理制度，严格执行建设项目水资源论证制度，强化水资源统一调度，协调好生活、生产、生态环境用水，优化配置水资源。2021年，全县实际用水总量1.74亿立方米，其中地下水采用0.1亿立方米，工业和生活用水量使用0.37亿立方米，水功能区水质达标率达到Ⅱ类，城镇供水水源地水质合格率98.8%。2021年，征收水资源费319万元。加强小水电管理。

【水旱灾害防御】2021年，大埔县水务局抓好水旱灾害防御工作。加强预案建设。组织指导做好县、镇、村三级水利工程防洪应急预案和山洪灾害防御预案，修订完善河流、水库、堤防险工险段、水电站、重点工程建设项目和受山洪威胁地区的防洪抢险应急预案。强化知识培训和防洪演练。举办大埔县2021年河长制、小型水库“三个责任人”和山洪灾害防治综合业务知识培训班；6月10日，与县三防指挥部、县应急管理局联合组织各乡镇进行大埔县水库调度运用方案及山洪灾害防御应急预案桌面演练。加强防汛检查。专门组织4个县级督查抽查组在各镇（场）自查的基础上，对全县重点防汛部位进行汛前安全检查。强化值守、预警。坚持汛期24小时领导带班值班制度，加强监测、及时发布预警信息42次。通过各类短信平台发出预警短信3811条。落实水库“三个责任人”管理责任制。对全县48座水库严格落实好“三个责任人”（安全度汛行政责任人、技术责任人和巡查责任人），并在县政府官网公示，接受社会监督。抓好抗旱工作。全县全年降雨量805.4毫米，与2020年对比减少173毫米。据各镇（场）上报数据统计，全县作物受旱面积9760公顷，水田缺水面积102公顷，全县因旱用水受影响人口2.91万人，均采取分时段供水、临时引接调水及自行挑水等方式临时解决应急供水情况，暂无饮用水困难人口。面对旱灾，采取围、堵、截、抽、引、戽等一切可行措施抓抗旱，确保生产生活用水和农田灌溉用水，把灾害损失减少到最低限度。

【水土保持】2021年，大埔县水务局抓好水土流失治理工作。按照水利部办公厅开展生产建设项目水土保持遥感监管工作的图斑复核工作的要求，完成大埔县21个图斑的现场复核。完成湖寮镇密坑水生态清洁型小流域治理工程，完成投资2067万元，治理水土流失面积22平方千米。推进西河水生态清洁小流域治理工程，总投资2977万元，综合治理水土流失4500公顷；治理崩岗13座，设置谷坊13个，截排水沟2.24千米，沉砂池18座。做好生产建设项目的水土保持方案审查审批、监督检查、安全生产等工作，开展生产建设项目监督检查，全年检查项目13宗，检查68人次，督促生产建设项目完成自主验收，做好水土流失防治工作。

【推行“河长制”工作】2021年，大埔县河长体系、河长责任全面落实。各级河长履职巡河。全年召开1场县委常委会会议、2场县级河长制专题会议和1场“河长+检察长+警长”联合会议，4场“清四乱”整治专题会议。县级河长巡查62人次，发现问题10宗，落实整改10宗，县河库保护中心发出督办函13次；镇级河长巡河6856人次，村级河长巡河1.44万人次，对巡查发现问题责成有关单位进行整改。上报省平台问题14宗，已落实整改。抓好“四乱”治理。全面完成62宗流域面积1000平方千米以上、50平方千米以下的河流四乱问题的清理整治工作，共清理“乱占”10宗、“乱堆”23宗、“乱建”9宗、“乱采”2宗，其他违法违规问题18宗。同时，开展河湖“四乱”常态化、规范化工作，由各镇（场）对辖区河流“四乱”问题进行自查自纠，并建立问题台账。全年共自查自纠62宗“四乱”问题，完成14宗清“四乱”工作，其余48宗待整治。采取每月滚动更新上报，坚决遏增量、清存量。做好河道水面“清漂”工作。全年全县“清漂”河流长度88.1千米，“清漂”水域面积17.42平方千米，清理漂浮物900.6吨。

【河道采砂管理】2021年，大埔县水务局贯彻《大埔县加强河道采砂源头管理工作实施意见》《大埔县河道采砂源头管理细化方案》要求，落实“政府牵头，部门配合，上下联动，综合整治”的长效机制，加大水法规宣传、教育力度，划定河道采砂的禁采区和可采区，实行“河道采砂权”公开招投标，结合开展扫黑除恶专项斗争，加强巡查，严厉打击违法采砂行为，维护河道安全。保持打击非法采砂的高压态势。联合公安等部门成立联合执法检查组，采取常规巡查、昼伏夜击等相结合的办法，针对涉黑涉恶违法犯罪案件多发的时间节点，围绕农村水资源、水利建设工程、矿产资源等重点领域、重点行业、重点地区拓展线索来源；在“扫黑除恶”行动中，打击非法采砂行为处于高压态势，有效遏制非法采砂现象。2021 年，全县查处违法采（运）砂行为 12 宗，查扣违法作业工具 15 台（辆），其中货车 12 辆、铲车和挖掘机共 3 台，行政处罚 29 万元；拆除整治非法抽（洗）砂点设施设备 13 处，捣毁抽砂管线 260 米；制止向河道管理范围内倾倒渣土 1 起，倾倒垃圾 25 起；拆除侵占河道建筑物 3 处。强化可采区监管。派出工作人员 24 小时驻点可采区，对可采区企业进行监管，实行河砂来源合法证明管理，安装电子监管系统，确保河砂开采规范、有序。全年河砂招标收入 3330.41 万元。

【服务民生】2021 年，大埔县水务局抓好新冠疫情常态化防控工作，坚持疫苗接种和严格防控措施并用。落实好县人大代表建议意见、政协提案。对涉及水利水电主办的 3 件人大代表建议意见，召开专题会议，组织专门力量，调查研究，形成实施方案，并筹集资金，付诸实施，做到事事有落实、件件有答复，办复“满意”率 100%。做好技术服务工作。坚持科教兴水，增加水利科技含量。为农村小水电、农田水利、水土保持等提供技术设计、技术审批、上报立项、技术指导等服务。抓好乡村振兴工作。组织局干部职工参与开展消费扶贫工作，直接采购脱贫地区农产品 3.96 万元；开展“6·30”扶贫日捐款活动，单位及干部职工累计捐款 5.61 万元。选派 1 名驻镇帮镇扶村工作队员，担任驻青溪镇虎市村第一书记职务，推进乡村振兴工作。开展志愿服务。成立水务志愿者服务队，全局注册志愿者 95 人，全年累计开展公益活动 271 人次，服务累计时长 1357 小时，开展新冠肺炎疫情防控、文明城市创建、社区服务、扶危济困、巡河护堤、节水护水、河湖生态监测等专项志愿活动。抓好普法教育，落实领导下访工作，做好信访、来访、网信答复。坚持贯彻安全生产“一岗双责”，全面落实安全生产责任制，开展水利工程安全大检查。根据水利工程分级管理原则，落实各类水利工程管理责任，明确任务和职责，规范水工程操作程序。对全县 45 宗小型水库、169 宗山塘的重点堤围管护人员汛期分别给予每人每月补助 300 元和 150 元，确保管护到位。按照职责分工，抓好安全生产监督管理日常工作，细化安全措施，抓严源头管理、现场管理、安全生产隐患排查治理，对检查中发现的隐患和问题，立即责令整改，不能现场整改的提出防范措施，明确整改期限和责任人，对严重危及安全的重大问题责成停产整改，确保水务系统安全生产。

大埔县水务局负责人名录

局　长：官营生

副局长：赖俊欢　杨佐沐　梁国锋

（范东伟　吴雪杏）

省属水库移民

【概况】2021 年，大埔县省属水库移民工作管理办公室（简称大埔县省属水库移民办）贯彻落实大中型水库移民后期扶持政策精神，突出工作重点，强化工作责任，改善库区和安置区移民的道路、饮水、农田水利等生产生活基础设施环境，促进经济发展。大埔县省属水库移民分布在青溪、茶阳 2 个镇 12 个村（社区），75 个自然村，截至 2021 年年底有 1369 户 5907 人。2021 年度后期扶持到位资金 1254.5 万元。其中中央项目资金 444.5 万元，中央移民补助 434 万元，省级涉农资金 150 万元，省级后扶资金 226 万元。

【后期扶持资金使用】2021 年，大埔县省属水库移民办支付上级下达水库移民后期扶持资金 848.06 万元。其中支付中央项目资金 260.47 万元，中央移民补助 359.96 万元，省级涉农资金 150 万元，省级后期扶持资金 77.63 万元。

【移民人口核减和直补资金发放】2021 年，根据省、市人口核减工作的安排部署，大埔县省属水库移民办对青溪水库移民进行人口动态核减，核减 415 人；前期因移民信息不完善而未录入移民信息系统，现信息补充完善后，在系统中补登的有 2 人。核定青溪水库 2021 年度后扶人口为 5907 人，相关直补资金 354.42 万元按政策每人每年 600 元的标准，于 2021 年 12 月全部发放完毕。

【项目计划实施管理】2021 年，大埔县省属水库移民办申报项目计划 17 个，批复实施 17 个，投入水库移民后期扶持资金 871.8 万元。完成大埔县省属水库移民后期扶持“十四五”规划报告的编制及上报工作，拆旧重建桥梁 1 座，改造拓宽桥梁 1 座，移民村村道、护坎建设 6 处，安装路灯 57 盏，饮水安全工程 2 处，新建移民文体活动场所 2 处，改建移民文体活动中心 1 处，农田水利设施建设 1 处，村道护坎滑坡应急抢险工程 1 个。

大埔县省属水库移民工作管理办公室负责人名录

主　任：罗铁锋

副主任：巫汇欣（—2021.4）　郑礼华

黄竞国（2021.4—）

（刘常）

韩江高陂水利枢纽移民

【概况】广东省韩江高陂水利枢纽工程是国家重大水利工程项目，也是国家发改委、财政部、水利部三部委确定的第一批引进社会资本参与重大水利工程建设运营的 PPP 试点项目。2021 年，大埔县移民工作局贯彻落实县委工作部署，以国家重点民生水利项目——高陂水利枢纽工程建设为抓手，按照省、市、县对高陂水利枢纽工程建设的工作部署和要求，配合做好工程建设征地拆迁和移民安置工作，于 2021 年 1 月 13 日，高陂水利枢纽工程正式下闸蓄水，6 月 18 日首台机组正式投产发电，12 月 18 日第二台机组投产发电，工程征地移民工作进入收尾阶段。

【工程建设】韩江高陂水利枢纽工程自开工至 2021 年底，工程计划完成总投资约 58.87 亿元，占工程总投资 59.18 亿元的 99.47%，其中计划完成征地移民投资约 24.3 亿元，全面完成征地移民协议投资任务。2021 年，工程计划完成投资 9.19 亿元，其中征地移民计划投资 1.51 亿元。

【征地移民工作】2021 年，大埔县移民工作局全面完成土地丈量任务，基本完成土地征收补偿工作；除受保护的 120 座房屋外，房屋拆除任务 100%完成。

【移民后期扶持工作】2021 年，是水库移民后期扶持“十四五”规划的开局之年，全年规划资金约 2811.92 万元。全年到位移民后扶资金 1893.5 万元，其中大中型中央水库移民后期扶持资金 1125.5 万元、省级涉农资金 768 万元，到位率 100%；其中直补 1122.02 万元，项目资金 771.48 万元。大埔县移民工作局把项目资金重点放在改善库区移民村基础设施上，完善边、穷移民生产生活设施，已编制规划 24 宗，其中移民村路灯工程 2 宗、道路交通工程 17 宗、饮水 4 宗、环境整治 1 宗，“十四五”规划编制 1 宗，共计规划资金 766.98 万元，改善库区移民安置区基础设施条件，促使移民群众生产生活得到有效改善。双管齐下，阳光操作，确保移民政策公开透明。

大埔县移民工作局负责人名录

局　长：陈亿岳

副局长：郑伟鑫　赖承昌

（杨延妮）

气　象

【2021年气候概况】大埔县年平均气温22.0℃，比历年平均气温高0.6℃；年总降水量805.4毫米，比历年雨量少691.9毫米，年降水量≥0.1毫米降水日数128天，比历年少17.4天；年日照时数2231.5小时，比历年多502.7小时。年极端最高气温39.2℃，出现在7月28日；年极端最低气温-2.9℃，出现在1月13日。最冷月（1月）平均气温12.2℃，比历年同期平均偏低0.4℃；最热月（7月）平均气温28.5℃，比历年同期平均偏高0.3℃。一日最大降水量53.4毫米，出现在6月22日。2021年平均气温正常略偏高，年降雨量偏少，年日照时数较历年偏多。全年有8次暴雨天气过程。5月30—31日，过程最大雨量丰溪林场193.8毫米；6月22—23日，过程最大雨量高陂141.3毫米；7月29—31日，过程最大雨量枫朗双溪170.7毫米；8月2—3日，过程最大雨量西河南丰村132.1毫米；8月8—9日，过程最大雨量枫朗三溪茶场59.7毫米；8月18日，过程最大雨量大麻108.2毫米；10月9日，过程最大雨量高陂塘腹村95.7毫米；12月21日，过程最大雨量青溪65.1毫米。全年有影响的台风2次（“卢碧”8月2—3日，“狮子山”10月9日）。

【气象服务】2021年，大埔县气象台发布各类预警信号123次。所有预警信号发布、对预警信号进行确认以及预警信号的解除均严格依照《广东省突发气象灾害预警信号发布规定》实行。全年发布气象决策服务短信223.64万条，约91万人次。其中，发布《重大气象信息快报》47期，《重大气象信息专报》10期，《天气报告》52期，启动应急响应4次（暴雨1次、台风2次、寒冷1次），发布地灾气象风险预警58条，向县委、县政府领导、春运成员单位发布最新天气预报。在台风暴雨过程中，县气象台密切关注天气变化，及时发布预警信号，并用短信、电视台、微博、微信、电子屏等渠道向全县发布预警情况，使大埔县各级有关领导能及时了解天气变化，做好灾害防御工作，最大程度降低灾害损失，确保人民群众生命财产安全。

2021年大埔县气象台发布预警信号情况表

表1　　　　单位：次

颜色 \ 次数 \ 信号	台风	高温	暴雨	寒冷	森林火险	雷雨大风	大雾	冰雹
白	3	—	—	—	—	—	—	—
蓝	1	—	—	—	—	—	—	—
黄	—	12	21	4	10	28	1	—
橙	—	5	14	7	3	2	2	4
红	—	—	1	2	3	—	—	—
合计	4	17	36	13	16	30	3	4

【气象决策】2021年，大埔县对气象事业作出4条重大决策事项。2月5日，县政府同意《大埔县2021年人工影响天气作业计划》，要求大埔县气象局会同有关单位依法依规组织实施。为有效缓解旱情，解决人民群众生产生活用水，在市人影指挥部的统一指挥下，全年县气象局开展人工影响天气10次，发射增雨火箭弹44枚，有效增雨9206万立方米，有效缓解旱情。5月27日，大埔县人民政府印发《大埔县国民经济和社会发展第十四个五年规划和二〇三五年远景目标纲要》，大埔气象公园建设项目和大埔气象防灾减灾第一道防线建设两项气象工作纳入其中。5月31日，大埔县政府办印发《关于进一步加强防雷减灾工作的通知》，就进一步做好防雷减灾工作，明确和落实防雷安全责任，保障人民群众生命财产安全和社会公共安全等做出专门部署。8月9日，县政府同意县气象局开展县气象局旧址资产置换，要求县气象局会同县财政局、县自然资源局、湖寮镇政府等单位依法依规做好置换相关工作。

【全年灾情】据大埔县三防办统计，2021年5月8—10日，受雷雨大风与冰雹影响，茶阳镇、青溪镇共571户房屋受损，农作物受损面积179.53公顷，其中蜜柚受损123.67公顷，花生13.33公顷，玉米5.13公顷，其他农作物受损26公顷，部分农作物绝收。烟叶受灾面积19.53公顷，经济损失190.48万元，此次雷雨大风冰雹造成青溪、茶阳两镇直接经济损失815万元。

【特色服务】2021年，大埔县气象局开展4期特色服务工作。1月20—25日，开展烟草气象服务，发布2期《烟草气象服务专报》。4月13—15日，大埔县气象局和广东省气象公共安全技术支持中心一行到广东粤电大埔发电有限公司开展多灾种气象安全保障服务工作。5月16—20日，开展全方位气象服务，共发布2期《张弼士博物馆开馆系列活动专题服务》，助力张弼士博物馆开馆仪式顺利举行。11月14—18日，为政协大埔县第十五届委员会第一次会议做精细化气象服务，发布1期《重大气象信息专报》。

大埔县气象局负责人名录

局　　长：彭尚永

副 局 长：杨海东

纪检组长：李鸿洲（2021.2—）

（*黄秀娟*）

工 业

工业综述

【概况】2021 年，大埔县科工商务局按照上级的工作部署，推动工业经济高质量发展。全年实现规上工业增加值 17.5 亿元，同比增长 17.2%，增速全市排名第二；工业投资 9.78 亿元，同比增长 10.5%，增速全市排名第四；技改投资 1.6 亿元，同比下降 50.3%，全市排名末位。外贸进出口 1.92 亿美元，同比增长 2.9%，增速全市排名第六。新增规上企业 5 家。

【重点项目建设】2021 年，大埔县科工商务局抓好工业领域重点项目建设。县城工业小区完成"三通一平"基础设施建设，至 12 月，处于项目竣工财政审核结算阶段。其配套设施项目基本完成场地平整、护坡建设和道路铺设。2021 年，全县工业领域重点项目 10 项，合计投资 25.7 亿元，完成投资 6.3 亿元，顺利完成年度目标任务。其中，已完成的有新基建、县城工业小区、鸿富瀚、嘉颖、国良、玉丰、吉玉 7 个项目。

【招商引资】2021 年，大埔县科工商务局抓好招商引资，推动项目落地建设投产。全年引进招商引资项目 14 个，完成计划投资总额 50.1 亿元，完成市下达任务 45 亿元的 111%，项目涉及制造业、文旅产业等领域。创新和完善服务机制，对接好华能新能源股份有限公司广东分公司在桃源镇、光德镇、枫朗镇拟投资 50 亿元的风电发电项目；跟进广东省能源集团有限公司水电分公司拟投资 62 亿元的抽水蓄能发电。县城工业小区成功引进广东鸿翔瑞材料科技有限公司计划投资 5 亿元、规划用地 2 公顷和恒得源科技（大埔）有限公司计划投资 10 亿元、规划用地 4.6 公顷的项目。

【营商环境优化】2021 年，大埔县科工商务局抓好商贸工作，帮助企业纾困解难。引导企业用足用好政策，成功组织 10 家（次）陶瓷企业申报中央财政 2020 年度外经贸发展专项资金并获得 387 万元政策扶持奖励；向上争取稳外贸扶持奖励 320 万元。为企业解决融资难问题。至 12 月末，全县入池企业 20 家，风险补偿资金贷款累计 39 家次 1.34 亿元，在贷企业 13 家 5545 万元，全年新增贷款 2645 万元。跟进农商互联建设项目，全县企业合计获得农商互联完善农产品供应链项目专项资金 432 万元。推进国家级电商进农村综合示范项目建设。

大埔县科工商务局负责人名录

局　长：陈培先

副局长：陈毕贤　苏志强　罗俊坚　连增发

李艳阳（挂职）　李子庆（挂职）

国际商会大埔县商会副会长：刘胜钊（—2021.3）

（张叶发）

陶 瓷 工 业

【落实疫情防控工作】2021 年，大埔县陶瓷产业服务中心抓好新冠肺炎疫情防控常态化落实工作。履行行业主管责任，协助排查陶瓷行业中高风险地区到大埔返大埔人员。有序推进疫苗接种工作，统计疫苗接种人数，及时发布疫苗接种信息，对疫苗接种知识进行宣传科普。加强疫情防控宣传，及时发布中高风险地区信息、疫情防控最新工作要求。

【提供技术咨询和技术服务】2021 年，大埔县陶瓷产业服务中心派出专业技术人员到企业对其技术改造、技术攻关和技术咨询提供服务和帮助，特别是在新产品的研制、新材料在新配方中的应用方面，为企业提供技术上的支持，全年共帮助企业解决 15 例技术问题。

【管理企业安全生产】2021 年，大埔县陶瓷产业服务中心加强陶瓷企业安全生产工作。开展安全检查 17 次，出动 348 人次，发现隐患 88 处，安全生产复查出动 92 人次，陶瓷企业安全事故发生率为零。开展大埔县陶艺文化创意产业园 2020 年火灾高风险区域整治摘牌工作，按照《大埔县火灾高风险区域整治挂牌督办实施方案（试行）》要求，全面推进园区公共消防基础建设和园区陶瓷企业的火灾隐患排查整治工作，经市消安委验收合格，予以摘牌。

【开展“非遗”进校园】2021 年，大埔县陶瓷产业服务中心联合县陶瓷行业协会、高陂镇中心小学、富大职业培训学校等举办以“铭记百年党史，传承乡土文化——高陂小学（幼儿园）第三届‘富大杯’学生陶艺手工制作比赛”为主题的“文化和自然遗产日”宣传展示系列活动，组织学生到厂手工制作陶瓷作品，并由非遗传承人朱建欢、张光辉等人到学校教授学生相关非遗项目知识，深化学生对非遗文化的认识，加强青花瓷文化的传承，营造非遗保护的良好社会氛围。

【拓展营销渠道】2021 年，大埔县陶瓷产业服务中心坚持“政府搭台、企业唱戏”模式，组织企业参加国内展览展销会。配合县科工商务局组织 30 家企业参加“2021 年春季广州茶博会”“2021 中国（北京）国际精品陶瓷展暨第十届‘大地杯’中国陶瓷创新与设计大赛”等 5 次展览展销交易会。协助大埔青花瓷联盟三分大卖场开业和宣传。

【扩大大埔陶瓷知名度】2021 年，大埔县陶瓷产业服务中心推进实施名牌名标战略，鼓励陶瓷企业在各类文博会、展览展销会和其他宣传平台上统一使用“大埔青花瓷”“高陂”商标。推进“中国青花瓷之乡”特色区域称号复评成功。组织陶瓷企业参加业内评比赛事，全年上送 184 件作品参加评比，有 106 件作品获奖，其中特等奖 3 件，金奖 32 件，银奖 42 件，铜奖 29 件。利用大潮高速公路开通契机，在高陂出口设置大型青花瓷圆盘装饰物，进一步宣传大埔青花瓷。

大埔县陶瓷产业服务中心（陶瓷公司）负责人名录

主　任（经　理）：吴景礼

副主任（副经理）：黄胜泉　罗伟宁

（罗慧思）

城镇集体企业

【巡察反馈问题整改】根据县委的统一部署，2020 年 12 月至 2021 年 1 月，县委第一巡察组到大埔县城镇集体企业联社（二轻工业公司）进行为期一个月的集中巡察。2021 月 3 月，县委第一巡察组向县联社反馈巡察情况后，县联社领导高度重视，召开专题会议制定《大埔县城镇集体企业联社关于落实县委第一巡察组反馈意见的整改方案》，将巡察发现的 3 个方面共 10 个须整改的问题，经梳理细化分解为 19 个具体须整改的问题，至 12 月，全部问题整改完成，并建立、完善 9 项制度。

【安全生产】2021 年，大埔县城镇联社（二轻）强化安全意识，在严格做好新冠病毒疫情防控工作的同时，贯彻安全生产法，加强安全监管力度，抓好安全生产工作。开展“安全生产月”活动，宣传消防安全知识及安全生产政策法规，提高干部职工和下属企业管理人员的安全意识，开展日常巡查检查和隐患排查治理，定期与不定期深入下属企业、门店、仓库开展安全生产检查，做到早发现早整治，以“零容忍”的态度抓好安全措施落实。

【维稳工作】2021 年，大埔县城镇联社（二轻）做好维稳工作，落实维稳工作责任制，明确工作职责，层层落实责任。开展职工矛盾纠纷排查调处工作，解决职工反映的热点问题，及时把问题和不稳定因素消灭在萌芽状态。

大埔县城镇集体企业联社（二轻工业公司）负责人名录

主　任：陈冠球（—2021.4）
　　　　　郭伟军（2021.4—）
副主任：邓继新（—2021.4）
　　　　　唐　燕（女）　张功庆（2021.4—）

（邓颖琦）

工业园区建设

【概况】广州海珠（大埔）产业转移工业园位于大埔县中心镇——高陂镇城区南部，园区总体规划面积 333.77 公顷，全部符合土地利用总体规划和城市（镇）总体规划，主要发展陶瓷产业。

【园区规划】2021 年，广州海珠（大埔）产业转移工业园管委会（简称大埔工业园管委会）按照“整体规划、分步实施”的发展步骤，分板块规划建设。以 6.2 千米赤山至留田一级公路（高陂大道）为发展主轴，规划于 2014 年至 2022 年分三期实施完成，近期开发面积 180 公顷，中期规划开发面积 100 公顷，远期规划开发面积 53.77 公顷，打造广东省重要陶瓷生产基地。计划至 2025 年，全面完成开发建设，实现工业总产值 50 亿元，工业增加值 16 亿元，税收 2.3 亿元，解决就业 1.5 万人。

【园区建设】2021 年，大埔工业园管委会按照推动园区提质增效“个十百千万”的工作思路和建设要求，全面铺开项目建设、园区开发、招商引资等各项工作，力促产业园区的高质量发展，实现经济社会跨越式发展。至 2021 年年底，园区首期起步区 33.33 公顷基础设施建设已完成；大埔青花瓷陶瓷大卖场（三分陶瓷）建设已完成，正式开业，已有 38 家当地陶瓷企业产品进场展示展销；青花瓷特色小镇核心区建设项目初具规模，青花瓷展示中心基本完工；二期建设加快推进，完成园区道路 8 千米，建成一座日处理 2000 吨污水处理厂。

【项目建设】2021 年，工业园区有 34 家企业，投产 27 家，在建企业 6 家，拟动工建设企业 1 家，其中规上企业 22 家。全年工业园区完成固定资产投资 5.4 亿元，其中工业投资 3.8 亿元。34 家企业共完成工业总产值 11.38 亿元，同比增长 19.8%；规上工业增加值 2.21 亿元，同比增长 9.8%；税收 0.6 亿元，同比增长 9.1%。

【招商引资】2021 年，大埔工业园管委会发挥广州市海珠区对口帮扶工作队的作用，利用外出乡贤回大埔的契机，宣传推介大埔投资环境和储备项目，通过主动拜访外出乡贤、热情接待来访企业家、发放招商宣传手册等方式做好招商引资工作。全年引进招商项目8个，其中计划投资总额15.5亿元的3个项目落地园区（含集聚地），大埔县三分陶瓷产业园计划投资总额10亿元。

【安全生产检查工作】2021年，大埔工业园管委会在做好疫情防控的同时，坚持安全第一、预防为主、综合治理的方针，深入园区开展宣传、教育、培训等活动，有效引导干部职工，形成自觉重视安全生产的良好习惯和主动抓安全生产管理的理念。夯实基础，细化责任，强化现场监督监管，深化隐患排查治理，提高工业园区的安全水平。加强宣传，提高企业安全生产意识；组织干部职工学习安全生产常识，增强作业人员的安全意识和安全知识；培训相关应急救援知识，确保在发现异常情况时能立即停止作业，并采取正确的应急处理措施，提高遇险时的自救和互救能力。督促企业负责人严抓安全生产。不定期组织安监、消防、住建等部门开展安全生产检查，排查安全隐患，杜绝安全事故。

广州海珠（大埔）产业转移工业园管委会负责人名录

主　任：陈表宇

副主任：罗向前　邓英才

李艳阳（广州海珠挂任）

（吴丽丽）

供　电

【决策部署落实】2021年，广东电网有限责任公司梅州大埔供电局（简称大埔供电局）聚焦“六稳”“六保”，重大决策部署落地见效。巩固拓展脱贫攻坚成果同乡村振兴有效衔接。农网改造升级投资5438.1万元，完成率101%。免费电办理8272户，执行率100%。服务“双碳”目标成效明显。本地化修编增供扩销策略，完成可量化电能替代电量130.61万千瓦时，同比增长285.82%。快速接入122个光伏项目，全额消纳清洁能源0.14亿千瓦时。建成投运充电桩34台，提前实现全县14个乡镇充电站点全覆盖。科学规范实施有序用电，有序用电执行率居全市前列，圆满完成“四保”任务。抓实疫情常态化防控工作。新冠病毒疫苗第三针实现“应接尽接”，牢牢守住不发生聚集性疫情的底线。如期完成“全国最好”的目标任务。7项关键指标优于年度预期目标值。

【安全生产】2021年，大埔供电局围绕安全生产目标，落实各项措施。加强人身安全风险防控更加有力。签订“安全生产责任书+从严治安承诺书+党群结对责任书”792份，发出“家企联动反违章”家书6封，举办宣誓仪式15场次。作业风险监控中心有效运转，创新实施督查“安监+专业+供电所”监管模式，制止纠正违章512项，通报处罚“杜绝、严禁类”问题16起，问责13人次，违章发现总数、严重违章发现率全市排名第一。开展现场监管履职专项整治行动，到位率提升63%。落实工器具专项提升工作，信息化管理工器具3463件，全面完成工器具柜改造。加强公共安全风险防范排查、整改。全年排查发现电力安全隐患1064项，整改704项，整改率66.2%；开展安全“六进”活动，发放安全用电手册5000份，发送安全用电短信20万条。开展春季、秋冬季等3项安全检查，累计排查整改问题416项。呈现安全文化新气象。举办安全学习教育活动68场次，历史性举办“三不一鼓励”案例评选活动，共征集优秀案例20个，大东所案例获梅州供电局“三不一鼓励”案例评选三等奖。新增初级审核员11人，班（所）长审核员资格比例100%。提升防灾减灾和应急保电能力。组织修编“1+14”应急预案和126个现场应急处置方案，开展全局性综合防风防汛“双盲”演练。圆满完成建党100周年等53项保供电任务和“护网2021”网络安全保障活动。

【供电管理】2021年，大埔供电局加强电力管理工作。夯实运维基础。开展避雷器试验、隐蔽工程验收等工作，推进31条线路五类反措改造。提高清障标准，试点推进电力线行保护区、消防线行保护区和防火隔离带共建共用。推行科技减负。提前40天在全市率先实现无人机自动巡航全覆盖；深化巡检成果应用，打造大埔供电局“电力数字地图”。实现终端定值远程维护，运维平均耗时从1.5小时缩短至3分钟。深化综合停电管理。重复停电用户比例43.3%，同比下降10.6%；计划停电实际转供电率78.6%，同比增加11.2%；故障停电超24小时、停电次数超5次用户数均下降50%。精准治理低电压台区。优化AVC（自动电压控制）策略、新增台区布点67个、更换低压导线20.37千米，通过30天治理有效289个，治理有效率82.1%。

【电网发展】2021年，大埔供电局加快电网建设步伐，夯实电网发展基础。高质量编制“十四五”智能电网规划，1028个中低压问题、714个项目修编入库，涉及投资3.4亿元。规划成果纳入政府国土空间规划，为城区电缆通道建设打好基础。完成县城4组网架完善项目改造，实现主干合理分段、两供一备、2-1单环网目标网架的搭建；配网线路可转供电率58.1%，同比增长18.01个百分点；馈线自动化有效覆盖率44.6%，同比增长22.15个百分点。全年配网工程完成投资7055.58万元，年度投资完成率118.49%。重点完成10千伏县城网架完善项目建设任务，提前完成35个贫困村及14个低电压紧急立项项目的改造任务、21个约时送电项目建设任务。推进小型基建项目建设，百侯、桃源供电所技术业务用房通过可研内审，大埔供电局周转用房项目施工设计已报省公司第三方外审。规范物资管理，加大平衡利库900万元的物资，处置拍卖一批报废物资，有效减少库存量。

【客户服务】2021年，大埔供电局优化电力营商环境，提升客户服务能力。做好服务功。出台“一细则两方案”，9.56万份意见工单下降19%。高质量完成国家能源局2020年提升用户“获得电力”优质服务水平综合监管发现问题整改工作。用电业务互联网办理比例99.7%。实现全县范围内报装容量160千瓦及以下小微企业用电报装“零投资”，累计为客户节省投资156.17万元。电力现货交易电费准确率100%。夯实基本功。超额完成年度电能表宽带模块改造任务，累计更换宽带模块2.86万只，实现8个供电所宽带电表全覆盖。新增电能表智能周转柜12个，所有供电所实现计量物资管理数字化转型和应用。

【经营管理】2021年，大埔供电局推进依法合规治企，提高经营管理水平。加快提质增效步伐。全年增资8443.73万元，全局资产总额8.9亿元。开展反窃电技能大比武，投运反窃电终端“电猫”55个，全年查处窃电行为93宗，补收电费及违约金27.65万元。顺利完成电价改革配套工作，提前完成361只分时电表改造工作，补充协议签订完成率排名全市靠前。“创星”工作取得佳绩。获得“三星”及以上称号班（所）9个，其中，大埔供电局安全监察大队获湾外首个县级“四星”安全监察大队称号；光德供电所获“四星”供电所称号，实现“四星”供电所“零”的突破。大埔供电局职工食堂获“四星”食堂称号，实现原定目标“三星”的突破。创新工作传喜讯。成立“万川千梦”创新工作室。数字化工作评价及数字化创新应用开发得分排名全市靠前，获梅州供电局数字化创新年度优秀应用奖2个。成功举办QC（质量控制、质量管理）小组活动成果发布会，评选出一批优秀成果。依法治企工作深入。落实“八五”普法工作，举办各类普法活动3场次。建立合同动态统计分析机制，全年未发生合同倒签。

【队伍建设】2021年，大埔供电局锻造高素质干部人才队伍，提升强企兴企能力。全面推进三项制度改革行动。提前实现经理层成员任期制和契约化管理。完成13个空缺的管理岗位和技术、技能类岗位竞聘上岗工作，班（所）长公开选聘比例94.2%，高于目标值34.2个百分点。调整岗评不满足要求的员工44名，员工市场化退出率11.9%，高于目标值7.41个百分点。推进班组工分计酬，拉开收入差距，最高达5.16倍。“三聚力”推动人才队伍建设。聚力技术技能人才培养，开展培训345期，岗评通过率77.8%，提升41%。获梅州供电局配电运维专业“大练兵、大比武”团体二等奖1个、个人二等奖2个和个人三等奖1个。聚力员工素质提升，中级及以上职称比例提升10.7%，技师比例提升50%，提升幅度排名全市靠前。聚力技能实训场建设，新建升级供电所实训场6个，供电所实训场可建率100%。员工幸福感和凝聚力增强。开展家企联动、团青交流等活动10次，精准帮扶员工35人次。

广东电网有限责任公司梅州大埔供电局负责人名录

党委书记、副总经理：刘森泰

党委副书记、总经理：周　毅

副总经理：洪旸锦　韩雄辉　吴广斌

纪委书记：赖　俞（2021.7—）

（袁国堪）

对外经济服务

【开展党史学习教育】2021年，大埔县对外经济服务中心抓好党史学习教育工作。学习贯彻中共十九届五中、六中全会精神，深刻领会精神实质，提升工作实效，持续推动工作发展。结合实际，专题研究制订工作方案，召开动员会部署党史学习教育工作，推动学习教育活动深入开展。按照学习计划，党支部书记讲专题党课4次，开展17次集中学习，累计整理学习笔记11次。督促干部个人进行自学，运用学习强国平台进行个人自学，提升干部理论素质。开展“我为群众办实事”实践活动，在职党员到社区报到开展服务活动。开展“缅怀南粤英烈传承红色基因”活动。

【做好县委第九轮巡察整改工作】根据县委的统一部署，2020年11月3日至12月2日，县委第一巡察组对大埔县对外经济服务中心进行为期1个月的集中巡察，于2021年3月11日向该中心反馈巡察情况根据巡察整改反馈意见，制订了《大埔县对外经济服务中心关于落实县委第一巡察组反馈意见的整改方案》，将巡察发现的问题归纳细化为“责任意识不强，贯彻上级重大决策部署有差距”等三大方面13个整改问题，经梳理细化分解为13个具体整改问题。至5月28日，巡察发现三大方面13个问题全面完成整改；共建立健全完善4项制度、2项工作计划、2项台账、1项预案。

【车队管理】2021年，大埔县对外经济服务中心抓好合作企业安全工作。做好合作单位广港汇亿贸易运输公司安全运营工作，抓好运输车辆的疫情防控工作，严格执行上级各部门的防疫要求，确保车队安全运行，各项运输业务有序运转。

大埔县对外经济服务中心单位负责人名录

主　任：刘　韬（—2021.4）
胡振城（2021.4—）

副主任：连宏亮

（黄继兴）

交 通 运 输

交通运输综述

【概况】2021年，大埔县交通运输局坚持以习近平新时代中国特色社会主义思想为指导，全面贯彻落实中共十九届五中、六中全会精神及省、市、县交通运输工作会议精神，围绕县委、县政府中心工作，创新工作思路，抓好疫情防控、行业安全生产监管和交通基础设施建设，补齐交通建设短板，取得明显成效。2021年，实施交通基础设施建设项目24个，其中国（省）道7个、县乡公路13个、危桥改造2个及农村公路建设及安防工程。年度计划总投资6.49亿元，1—11月，完成投资3.79亿元，占年度计划的58.4%。

大麻镇韩江莲塘大桥全景（2021年摄，县交通运输局提供）

【公路桥梁建设】2021年，大埔县交通运输局立足粤东西北生态发展功能定位，落实交通、旅游产业融合发展，突出交通基础设施建设。全年计划实施重点项目15个，其中续建项目6个、新开工项目9个，年度计划投资5.59亿元，1—11月完成投资2.79亿元，占年度投资计划的49.9%。结合“四好农村路”省级示范县创建工作，推进“四好农村路”建设。全年全县累计投入资金4352万元，完成双坑至双髻山、黄腾坑至双坑、黄腾坑至蜜柚公园12千米美丽公路绿化提升、边坡防治工程，完成百侯镇老街至百侯中学公路改造、梅龙高速茶阳出口至西河镇连接线升级改造、湖寮镇莒村村道、县道973线路面改造工程，完成高陂乌槎到高陂镇政府、高陂镇过境公路二期建设等。大麻镇韩江莲塘大桥，是大埔县PPP融资模式建设的4个项目之一，于2019年动工建设，由于投资方融资问题，项目一直缓慢推进。为尽快改善大埔县大麻镇韩江东、西两岸9个村、1个社区2.5万人的出行问题，2021年，大埔县交通运输局主动与施工单位、投资方协调推进大麻镇韩江莲塘大桥项目建设。10月底，大麻镇韩江莲塘大桥桥梁上部结构完成合龙，累计完成总工程量的90%。

【公路养护管理】2021年，大埔县交通运输局按照“日常养护看形象，突击养护保通畅，小修保养重质量”的工作思路，对公路养护工作实行科学化、规范化管理，确保公路边坡稳定，排水畅通，标志完善。全县地方公路的养护管理水平有明显提高，年平均好路率92%，干线公路好路率95%。推进农村公路管理养护体制改革。2021年10月，《大埔县农村公路管理养护体制改革实施意见》正式印发，明确农村公路养护管理机构、职责和养护资金保障措施，为巩固农村公路管理养护全覆盖提供制度保障。创新养护模式，强化科学养护。牢固树立“建、管、养并重”的发展观念。采取分级管理与日常巡查相结合的方式，开展农村公路管理日常养护巡查，公路病害隐患，及时清理道路两旁枯木、杂草、淤泥，做到超前养护、预防性养护，确保农村公路安全畅通。加快推进县内危桥整治工作。根据县委、政府的工作部署，把危桥改造工作作为2021年的重点民生实事来抓。全年计划完成危桥改造5座（茶阳仙基桥、三河驷马桥、小北坑田家炳桥、上沿坑桥和淡坑桥）。至10月底，已完成4座，正在建设1座。

【交通执法、行业管理】2021年，大埔县交通运输局全面贯彻落实党中央、国务院和省、市、县委关于系统防范化解道路交通安全风险工作部署，结合“一线三排”治理专项行动，开展“两客一危一重货”重点车辆智能视频监控装置安装，落实“货车必检”安全隐患排查整治，推进危桥改造、道路交通安全隐患整治等工作，维护交通运输行业安全稳定。落实“一清一灯一带”和平安村口建设。开展168处“一清一灯一带”和388处“平安村口”建设，完善公路沿线标志、标牌、标线及减速带，对遮挡视线的广告牌等非公路标志进行清理整治。落实重型货车智能视频监控安装工作。根据上级部署，完成181辆重型营运性道路货物运输车辆的智能视频监控系统安装工作。加强工程建设领域安全监管工作。根据省、市工作部署和相关工作会议精神，按照“七个不准”“七个有没有”要求，重点排查施工单位资质，完善施工程序，企业安全监管主体责任落实、警示标志等突出问题。同时，根据交通运输部第一次自然灾害综合风险公路水路承灾体普查工作会议精神，有序推进自然灾害综合风险公路水路承灾体普查工作，对全县国、省、县道公路承载体属性信息和自然灾害风险点信息进行全面系统评估。强化执法监管。贯彻落实省、市、县交通工作部署，通过定期开展路警联合执法，通过固定超限检测站、重点路段流动治超、货运源头超限超载治理及非现场执法监管等方式，推进“两客一危”运输市场专项整治、车辆超限超载治理等工作，保障交通运输行业安全稳定。2021年1—10月，出动治超执法人员6737人次，出动执法车辆1432辆次，检查车辆7485辆次，查处运政案件31宗，查处治超案件283宗（其中联合治超案件196宗，源头案件6宗，非现场执法案件81宗），交通治超行政处罚17.45万元（其中源头罚款4.6万元，非现场执法12.85万元），卸载货物3398.81吨，公安处罚26.55万元，扣分858分。

【铁路、公路运输】2021年，大埔火车站全年铁路安全发送上车旅客2.58万人次，到站下车旅客2.82万人次，货物到达量183.01万吨，货物发送量71.64万吨。2021年，春运期间全县公路运送旅客26.74万人次，较2020年同期增加17.59万人次，同比增长66%，开展节假日道路运输企业安全大检查，确保全县无重大以上道路交通安全事故发生。

大埔县交通运输局负责人名录

局　长：何政文

副局长：管　良（—2021.4）

刘永东（—2021.5）　郑联光

邓贺阶（2021.4—）

大埔县交通运输局综合执法局局长：

李广昌（—2021.4）

大埔县交通运输服务中心主任：吴国威

（吴苏游）

国（省）养公路管理

【公路建设】2021年，大埔县公路事务中心推进公路重点项目有3项，项目总里程38.56千米，总投资11.72亿元，2021年计划投资4.9亿元，年度完成投资4.9亿元。省道221线湖寮至枫朗公路改建工程。全长12.03千米，总投资5.96亿元。2021年计划投资2.46亿元，1—12月完成投资2.46亿元。征地拆迁完成60%，通信管线迁移基本完成，受征拆资金不到位影响，尚留部分房屋、厂房、高压线征拆任务未完成。工程建设进行路基边坡开挖防护、土方填筑、桥涵等工作，路基工程完成进度约48%，桥涵工程完成进度约70%。省道222线坑口至高陂公路改建工程。全长19.4千米，总投资3.79亿元。2021年计划投资1.94亿元，1—12月完成投资1.94亿元。征地拆迁完成80%，通信管线迁移基本完成，高压线迁改尚未完成。进行路基边坡开挖防护、土方填筑、桥涵等工作，路基工程完成进度约60%，桥涵工程完成进度约80%，完成路面工程约15%。国道235线大埔胜坑至丰埔桥段改建工程。全长7.13千米，总投资1.95亿元。2021年计划投资5000万元，实际完成投资5000万元。进行施工和监理招标工作。

【养护工作】2021年，大埔县公路事务中心强化养护意识，提升精细养护水平。做好预防性养护工作。完成颂鑫桥等桥梁的桥面修补工作，完成国道235线、省道332线等9处小型山体滑坡，总计土石方1100立方米，疏通水沟320米、涵洞9座，修复沿线损坏钢护栏376米，修复水沟368米。做好专项养护工作。完成荣春桥至高陂大桥道路提升工程等附属工程，提前完成北塘大桥、新寨大桥（大兴大桥）修复工程。完善道路安全设施。做好道路安全风险化解工作，完成清理路树遮挡39处，增设自发光道钉8处2500只、道口桩324根、“一灯一带”23处、“平安村口”36处。

【路政管理】2021年，大埔县公路事务中心落实“路长制”工作职责，开展定期路政巡查，及时发现和制止违反公路法律法规、损害公路权益的行为，保障公路畅通。全年累计巡查2.36万千米，巡查天数264天，巡查2093人次，路产索赔案件25件，清除路障203处，拆除广告牌101块285平方米。有效维护路产路权，打造“畅安舒美”公路通行环境。

【安全生产】2021年，大埔县公路事务中心重视公路安全生产工作，严格按照疫情防控工作要求，做好内外防控。按照《梅州市安全生产专项整治三年行动实施计划的通知》《关于加快推进国家安全发展示范城市工作的通知》等精神，加强应急保障能力建设，严格落实安全生产“一岗双责”制，开展公路安全隐患排查整治，保障通行安全。将安全知识宣传教育和应急救援培训融入演练活动，增强安全防范意识。全年累计组织应急演练3场45人次，累计投入购置水马、防撞桶、警示带、三角彩旗等应急物资6万元，置办租赁机械设备3台。

大埔县公路事务中心负责人名录

主　　任：巫运发

副 主 任：邓铭武　何红星　肖育标
杨家基
总工程师：罗庆韬

（余贤进）

航道养护与管理

【航道管理】2021年，广东省梅州航道事务中心大埔航标与测绘所（简称大埔航标与测绘所）落实责任做好航道管理工作。按制度开展航道巡查、技术核查等航道监督检查技术服务工作。全年巡查航道3261千米；做好韩江高陂水利枢纽工程、新建莲塘大桥、潭江渔政码头、黄石、出米田、河口、银滩、党溪、葛布村采区等涉航项目施工航段的监督检查技术服务工作，保障施工航段安全畅通；定期对辖区船闸《通航建筑物运行方案》进行技术核查并做好记录。配合做好广东省交通运输厅2021年度航道行政监管双随机抽查工作。全年发出《涉嫌航道违法告知函》3份，其中2个项目（大埔县韩江碧道工程、韩江银江镇河口村甜竹窝码头建设）要求其停止施工，并按规定办理相关手续，另外1个项目（韩江莲塘大桥通航孔上方未及时拆除挂篮影响通航安全）已按要求整改完成。发现跨河电缆线净空不足3处（榕江北河新铺大桥桥面2处跨河电缆线、韩江九龙段跨河移动缆线），要求业主方进行相应整改并已完成。完成监督项目6个（韩江高陂水利枢纽临时交通便桥拆除、黄石、出米田、河口、葛布、银滩可采区监管项目）。做好辖区航道、航标、码头、水位站、水情信息等基础信息的收集及报送，开展战枯保通、防汛、防台工作。参加梅州市生态环境局大埔分局组织召开的《大埔县部分乡镇集中式饮用水源保护区设立及优化调整技术报告》听证会。加强韩江高陂水利枢纽船闸下游永久航道开挖施工的施工管理，受建设单位委托，完成韩江高陂水利枢纽船闸下游永久航道礁石破碎、清理和船闸下游锚地港池清理。加强对韩江高陂水利枢纽工程航运设施迁改工程航标工程施工管理，已完成航标主体工程施工。加强养护专项工程管理工作。完成韩江三洲浅滩丁坝维修工程的验收及完工资料的整理、上报工作；完成潭江码头加固改造项目，解决船舶靠泊问题。完成2021年航道养护计划和2021年度养护专项工程实施计划的编制上报工作，完成三年滚动计划和2022年度项目建议报告的报送（大麻航道站站场改造项目，茶阳大桥上游炸礁、清散石项目；韩江高陂大桥至三洲河段筑坝项目）。全年完成2020年度船舶密度观测工作和2021年度船舶密度观测工作第一阶段密度观测和第二阶段密度观测工作。配合省中心做好智慧航道一期项目外场设备（航标遥测遥控129座，船舶流量监测3座，视频监控12座）和航道支保调规项目外场设备（水位遥测系统2座，航标遥测遥控82座）的安装，并参加省中心举办的智慧航道建设（省航道事务中心2021年度信息化工作）培训。做好站船场地养护管理。通过自主采购方式完成2021—2023年大麻、潭江航道站场地绿化养护实施单位的采购工作。

【航标管理】2021年，大埔航标与测绘所做好航标日常、春运及节日期间维护管理工作，缩短巡标周期。根据水位变化及时调整配布，确保枯水期标志配布准确、颜色鲜明，灯光正常。全年维护航标352座（含对外代设代管标志233座），维护工程量12.85万座·天，航标维护正常率100%。完成航标资料的更新归档整理及年度报表的统计上报工作。完成辖区桥区档案的填报工作。做好年终大保养油漆及材料的购买及航标年终大保养各项工作。完成辖区桥梁、电站、采区施工临时助航标志等代管代维护标的合同签订和二线资

潭江码头加固改造项目施工现场（2021 年 12 月摄，大埔航标与测绘所提供）

金催收工作。落实 2021—2023 年航标器材维修、制作加工等项目实施单位，顺利完成 2021 年度航标器材维修、制作加工等项目，并采购一批航标备用器材。受韩江高陂水利枢纽蓄水影响，出于安全考虑，停用受浸较为严重的 $68^{\#}$、$71^{\#}$、$74^{\#}$、$75^{\#}$、$77^{\#}$岸标，并设置侧面标代替。为保障潭江码头加固改造项目施工期间施工航段的航标配布连贯性及船舶通航安全，停用受施工影响的 $43^{\#}$岸标，并设置浮标进行代替。设置韩江高陂水利枢纽上游锚地标 2 座。及时处理 $20^{\#}$、$33^{\#}$、$35^{\#}$3 座塔标航标蓄电池被盗应急事件，立即对被盗的航标器材进行恢复并向当地派出所报案及上报梅州中心。

【船舶管理】2021 年，大埔航标与测绘所做好船舶日常维护管理工作。按计划完成粤标 702、粤标 710、粤道工 716 船上排维修项目维修工作。做好船舶检验换证工作。完成粤标 708、粤标巡 702、粤标巡 705 三艘船舶年度检验工作；粤标 702、粤道工 716 两艘船舶换证检验工作；粤标 710 船中间检验工作，确保船舶处于适航状态。根据《广东省航道事务中心关于印发船员岗位责任制的通知》要求，更新船员岗位责任制，并落实好制度上墙工作。

【安全管理】2021 年，大埔航标与测绘所抓好安全生产管理工作。加强新型冠状肺炎疫情防控常态化工作，严格按上级要求，重点做好春节、“五一”、国庆等重大节日期间疫情防控工作，严守疫情防控纪律，做好疫苗接种工作，保障职工身体健康。完成 2021 年春运工作方案、安全培训教育、安全检查计划、隐患排查的编制和上报工作，并根据工作方案做好各项工作。根据梅州航道事务中心安全生产责任制考核的要求，完成对所安全责任人员及航道站、班组的年度考核工作。按计划上报年度安全生产应急演练活动计划，并在潭江站组织实施船舶五项应变部署演练。按制度开展安全生产业务检查和隐患排查。开展大麻老站房边坡稳定性排查、潭江码头加固改造项目现场施工安全、临时用电安全检查、所及站船重点场所消防设施、用电、用气、用油隐患排查，完成对站房、船舶等存在有限空间作业进行隐患排查，并对存在问题进行立行立改，确保安全。编制《2021 年安全生产月活动方案》，并根据方案落实有关安全工作。配合梅州中心对不会游泳的职工进行游泳培训。完成安全责任人员的任命和 5 位新进人员的岗前安全教育。做好两站安全持证人员证书复审工作，组织人员参加安全管理人员继续教育培训，完成年审换证工作。完成特种作业人员操作证、1 名安全管理人员考证、4 名叉车特种作业人员培训、考证取证等相关工作，确保相应人员持证上岗。做好防台风防汛及防暑降温工作，做好对台风“卢碧”危险天气的防御工作。参加安全教育培训。派人参加省中心组织的防范船舶碰撞桥梁应急演练及召开安全生产业务座谈会、安全生产业务培训班。做好节假日期间的值班值守及综治维稳工作。做好班组安全标准化及新安全生产法的宣贯工作，提高干部职工安全防范意识。做好年终大保养上标、油漆保养期间的各项安全工作，确保大保养工作顺利安全完成。安全生产形势持续稳定，全年安全生产无事故。

大埔航标与测绘所负责人名录

书　记：温力祥（—2021.9）
张瑞清（2021.9—2021.12，任党支部副书记、负责人，2021.12—）

所　长：梁祖锋（—2021.3）

副所长：胡雪峰（2021.3—，负责行政工作）
张瑞清（—2021.12）
林友辉（2021.12—，挂职）

（**刘东波**）

海事监管

【完善渡口渡船监管机制】2021年，中华人民共和国梅州大埔海事处（简称大埔海事处）强化与地方政府、有关单位的协调合作，形成海事—乡镇政府—交通—当地村委四级齐抓共管的立体管理机制，对辖区重要渡口（大麻渡口）通过CCTV与现场检查相结合重点监管。不断推进渡口渡船安全管理责任落到实处，辖区保持渡运安全形势持续稳定。

【船舶安全监管】2021年，大埔海事处抓好船舶安全监管工作。规范砂石船舶安全监管。开展“采（运）砂船舶专项整治行动”“持续开展内河船舶涉海运输专项整治”“水上交通安全专项整治三年行动”等工作，对辖区葛布采区、出米田采区、银滩采区、河口采区、党溪采区、良江航道疏浚相关砂石船舶进行重点盯防，建立砂石船舶数据库，辖区在营运采砂船8艘，砂石运输船舶29艘。联合水务、公安等涉水单位严厉打击非法采砂，强化砂石船舶检查等措施，有效打击砂石船舶非法采砂、违反水上交通秩序等行为，并结合实际制定可采区砂石船舶管理指南，进一步规范辖区砂石船舶安全管理。全年开展联合行动10次，现场检查砂石船舶200艘次，对相关砂石船舶超载、超高等开展行政处罚12宗，处罚金额5.4万元。规范闲置船舶安全监管。结合“长期逃避海事监管船舶专项整治”行动，全面摸查辖区闲置船舶数量、停泊位置，做到底数清、情况明，大埔辖区闲置船舶共计85艘次。推动地方政府加快船舶集中停泊区建设工作，并成功推动河口、朱坑水域船舶临时停泊点建造钢质临时系缆桩3组。要求船主落实安全管理主体责任，做好停航通报，落实值班、防污、系固等安全措施，保障闲置船舶安全。严格做好船舶污染管控。通过船舶防污现场检查、船员履职检查、燃油抽检等方式，开展防治船舶污染水域和大气工作，严厉打击船舶污染水域、空气违法行为，保护辖区蓝天碧水。全年开展船舶防污检查50艘次，燃油抽检15艘次，处罚船舶使用超标燃油2宗，向水体倾倒污油1宗，处罚金额1.1万元。

【安全风险防控】2021年，大埔海事处落实《梅州海事局水上交通安全风险和隐患管理工作规定》，实施风险源清单化管理，每月一评估，每季一汇总，推行“一险一策”。抓好季节性工作。枯水期，督促电站实施《梅州市梯级联调（航运）实施方案》，梳理辖区易搁浅航段，联合航道部门加强航道维护，圆满处理多宗船舶搁浅险情，保障枯水期船舶通航问题。台风及汛期，制定《大埔海事处防台防汛指南》，发布预警信息500条，张贴防汛安全提醒50份，成功防抗“卢碧”“灿都”“圆规”等台风。持续开展“平安韩江”行动，初步构建与航道、水务、交通、气象等单位共建共治共享治理格局，水上安全风险防控能力提升。整合涉水单位应急资源，建立应急资源库。结合辖区情况，制定《大埔处水上交通安全应急指南》，应急反应机制完善。组织和开展水上突发事件、商渔船碰撞应急演练，提高应急救援能力。配合地方政府做好韩江人员落水失踪等水上搜救5起，得到地方政府及群众的一致好评。

【“平安韩江”建设】2021年，大埔海事处落实“严管”制度，强化源头管控，结合梅州市船舶防汛安全隐患专项整治行动，持续开展内河船舶涉海运输整治，加大“三无”船舶拆解力度，铲除内河船舶涉海运输的滋生土壤，强化协同共治等措施，开展新法规宣贯，联合检查，全年查处违法行为15宗，推动“三无”船舶拆解或吊离上岸30艘次。开展水上交通安全知识进校园、航海日等活动，宣贯水上交通安全知识，弘扬海事核心价值观，全年开展4次，授课学生600人次。结合社会主义核心价值观实践月、安全生产月和交通运输执法领域突出问题专项整治行动，开展事故案例警示教育、普法宣传、政策宣贯，全年进校园4次、企业2次、社区1次、农村1次、家庭1次。

【助力重大项目建设】韩江高陂水利枢纽工程，是新中国成立以来，广东省单项投资最大的水利工程。2021年，大埔海事处圆满完成临时航道开挖、3次航道转换、船舶限行、船舶助航、临时交通管制、船闸通航、下闸蓄水等安全保障工作，做好临时交通桥拆除、下游永久航道疏浚、锚地疏浚等安全监管及服务工作，实现施工水域“零事故、零伤亡、零污染”目标，保障高陂水利枢纽工程顺利进行。服务重大民生工程获得赞誉。服务大潮高速特大桥、韩江莲塘大桥、甜竹窝码头、闽粤干线韩江跨江电缆等重大民生工程，做到建前提建议，建时强保障，强化现场监管和通航维护，保障涉水工程建设顺利高效进行，得到企业的一致好评。服务重大发展规划建言献策。主动靠前服务青溪江畔人家水上旅游规划，多次走访业主单位，提供海事专业意见，帮助企业做到旅游客船适航、船员适任。参加《韩江高陂水利枢纽旅游规划》研讨会，发挥海事专业优势，对游船码头、客船标准、水上游乐项目等提出海事建议，为水上旅游合法、健康发展提供专业支持。

梅州大埔海事处负责人名录

处　长：吴卓瀚（—2021.7）
　　　　李明辉（2021.7—）

副处长：王吾平　刘小龙（—2021.5）

（钟俊文）

邮政通信

邮 政

【概况】2021 年，面对新冠肺炎疫情反复、国际国内形势复杂严峻，各方面带来的不利影响，中国邮政集团有限公司广东省大埔县分公司（简称中国邮政大埔县分公司）坚持以习近平新时代中国特色社会主义思想为指导，开展党史学习教育，从党的百年奋斗重大成就和历史经验中汲取力量，贯彻落实党中央、集团公司和省分公司工作要求，积极克服疫情影响，以“三个视角”找差距，以“三大规律”谋发展，围绕有效益规模发展目标，各项工作取得实效，企业发展呈现向好、趋优势头。全年全县邮政实现业务收入 7123.77 万元，同比增长 3.8%，增收 261.13 万元。

【普遍服务水平提升】普遍服务是中国邮政的“根”和“魂”。2021 年，中国邮政大埔县分公司保障普遍服务和特殊服务提质达标，落实“六个 100%、三压降三确保一杜绝”要求，普服网点营业时间达标率、乡镇普服网点覆盖率、邮件全程时限达标率、建制村直接通邮率、县党政机关《人民日报》当日见报率、机要通信安全率均为 100%；普通给据邮件丢损率为零，达到市分公司目标要求，条码平信丢损率为零，报刊短缺率为零；普遍服务满意度达标，未发生重大质量事故，无中央级媒体负面曝光事件，无邮政监管部门行政处罚事件，无触碰两条“红线”的情况。

【疫情防控】2021 年，中国邮政大埔县分公司落实执行集团公司党组有关疫情防控要求，全力配合地方政府做好疫情防控工作，重点人群、重点环节、重点岗位的防控措施严格实施，防护物资充沛，全县邮政疫苗应种接种率 100%，无员工感染新冠病毒。

【寄递业务发展】2021 年，中国邮政大埔县分公司寄递实现业务收入 600.4 万元，同比增长 18.1%，全市排名第三。特快业务重点围绕收入，以政务项目、梅州柚项目、现费主题营销活动等为抓手，推动特快业务发展，全年实现特快收入 426.7 万元，同比增长 155.2%，完成省分公司下达的特快收入任务目标的 203.2%，全市排名第一。快包业务再次调整业务结构，以轻小件电商客户为重点开发对象，通过对客户资费、流量流向、产品结构等情况的综合成本损益测算，强化快包业务的发展效益，全年累计实现收入 87 万元。

【农村电商增效】2021 年，中国邮政大埔县分公司实现分销业绩 236 万元，同比增长

34.1%。全县以金融优惠购活动、南粤分享汇专项销售、梅州柚专项营销、名优农产品万人拼团等活动为抓手，激活邮政农村电商活力，做大分销业务规模。重点聚焦梅州柚项目，打好“好山好水出好柚·广东梅州柚”品牌，集中力量开展“柚好邮好 美味柚惑”梅州柚专项营销活动，销售梅州柚8.34万件，重量250吨，销售额212万元，实现寄递收入超过60万元，带动金融资产增长超过2000万元。通过严抓资费管控、提高一联电子面单使用率、推进集包、蜜柚直运环节提高装载率等措施，降低收寄环节件均成本；通过加大邮件自提点建设，以及加快薪酬分配绩效改革和推行计件工资，优化计件薪酬结构，降低投递件均成本；优化内部处理接发环节，加强现场管理，提升生产效率。

【“平安邮政”建设】2021年，中国邮政大埔县分公司推进安全生产专项整治三年行动计划，围绕“两个清单”的各项任务逐条细化推进计划措施，采取多种形式工作，开展“一把手讲安全”、消防演练、寄递安全隐患大检查大整治、业务库专项排雷、消防安全整治等形式的宣传、教育、培训、演练及检查整治工作，发现隐患问题63个，并100%落实整改，确保疫情防控期间、“两会”期间、中国共产党成立100周年庆祝活动期间、2021年中国国际服务贸易交易会及第十四届全国运动会期间、“双十一”旺季生产期间等重大活动、重要时期的邮政安全服务保障工作，且年度重点工作的“8项100%”指标全面完成。全年企业无重大事故案件发生。

中国邮政集团有限公司广东省大埔县分公司负责人名录

总 经 理： 庞永忠（—2021.7）
张志新（2021.7—）

副总经理： 郑先锋 陈演城 李锋

（曾海平）

电　信

【概况】2021年，中国电信股份有限公司大埔分公司（简称中国电信大埔分公司）以党建为统领，以企业改革为动力，加快推进5G及光宽发展，推动“互联网+”在大埔落地。网络层面精准推进光网规划建设，加大移动5G基站建设力度，网络能力和网络质量提升，为县委、县政府实施“生态立县、实业富县、文旅兴县”发展战略作出应有贡献。公司诚信经营，注重履行社会责任，承担着大埔县通信普遍服务、党政专网通信、应急通信、战备通信和抗洪救灾通信保障重任。连续14年获“全国用户满意企业”称号、连续15年获“全省用户满意企业”称号。继2004年后，重新迈上5000万元新台阶，构建新格局，2021年，累计完成业务收入5245万元，完成年度预算的100.04%，全市排名第七。全县固话用户2.54万户，移动用户4.75万户，宽带用户4.06万户，天翼高清3.24万户。

【履行社会责任】2021年，中国电信大埔分公司履行好社会责任，通过信息扶贫开展脱贫攻坚工作，落实政府对网络与信息安全管理工作要求，全面完成自营网站备案、落实语音中继规范受理与备案工作、不折不扣执行实名制认证、配合公安单位做好防范通信诈骗等工作。配合政府推进基础设施重点项目建设，配合开展高速公路和公路改造线网迁改和4G网络覆盖优化工作。完成“两会”、国庆、中（高）考等重大活动通信保障。疫情期间，配合政府及相关单位提供及时的通信保障和全方位信息服务，从通信保障、天翼看家、天翼云视频会议、“大喇叭”宣传、在线教育等领域助力疫情防控；通过教育云平台系统，实现“停课不停学”，免费提供网络给贫困家庭学生；协同合作方向重要客户捐赠防控物资助力群防群治，彰显央企的责任担当。

【“互联网+”推进】2021年，中国电信大埔分公司响应政府“提速降费”号召，以3千兆引领，服务经济新发展，助力“互联网+政务服务”，实现信息化应用的云平台加载，提升政务效能和信息化水平。为助力教育“创强”和“创现”工作，在原有校校通网络宽带基础上，延伸搭建优质光纤进班互联网络，支撑优质资源班班通，同时推动教育信息服务上云工作，支撑“智慧校园”建设。为服务“平安大埔”建设，在大埔区域内建设2536路一类视频监控图像的基础上，推进平安乡村、平安万家建设，累计建设1596路三类视频监控图像，覆盖全县15个镇、场和193个行政村（居委）（占全县行政村（居委）总数的75%）。此外，综治e通、智能交通、企业上云、物联网应用、安全大脑等信息化项目持续推进，助力“智慧大埔”建设和大埔地方经济发展。响应政府“提速降费”号召，以3千兆引领，通过开展各项服务活动，让客户在节省通信费用的同时，亦可以享受到光纤、WiFi以及5G网络的千兆高速率上网和服务。同时推进“新基建”的实施建设，保障县重点工程、工业园区、产业转移园通信需求，快速推进5G建设，全年投资1000万元，完成107个5G基站建设并已正式开通运行，5G手机用户在县城全区域及各乡镇的镇区区域可以接收到5G信号；全县光端口达9.5万个，实现城市、圩镇、行政村、自然村集中区域达到全光覆盖。

中国电信股份有限公司大埔分公司负责人名录

总 经 理：罗　刚

副总经理：赖欢辉　房增文（—2021.3）
　　　　　魏坤华（2021.3—）

（杨海莲）

移动通信

【概况】2021年，中国移动通信集团广东有限公司大埔分公司（简称中国移动大埔分公司）以党建为引领，围绕省、市公司工作思路，整体业务发展良好，运营能力持续攀升，有效服务助力政府信息化需求，巩固区域市场主导地位。3月30日，与大埔县人民政府、南方农村报社、梅州日报社作为主办单位共同举办大埔县5G赋能乡村振兴大会。

【拓展信息化业务】2021年，中国移动大埔分公司规划设计大埔县5G赋能数字底座一网统管平台。由县政数局牵头，带领中国移动大埔分公司和华为公司对全县122个机构办、委员会、行（局）及省（市）驻埔单位、15个镇（场）的信息化系统建设清单、建设进度、建设投入等做好全盘摸查，以实现“一张立体网络，互联互通；一个政务大数据中心，共享共用；一张图管理，承载服务；一个数据共享体系，梯次支撑；多个专题应用，共建共管”为目标，规划设计大埔县5G赋能数字底座一网统管平台。在政务信息化方面，紧抓建党百年的重要契机，发挥5G优势助力智慧党建，推出大埔县红色文化培训服务中心迁建大埔县委党校智慧校园建设项目和广东政府采购智慧云平台电子卖场互联网接入服务定点采购项目；打造标准版粮库智能系统，推出粮食收储公司五虎山粮库智能化升级改造项目；优化农贸市场经营环境，推出内环东路综合市场智慧系统安装建设项目；践行乡村振兴战略，助力县政府邀请2名院士及省（市）领导、专家、学者等，成功举办“5G赋能乡村振兴论坛”。建设数字农业和智慧乡村，成功与13个乡镇推出7500个视频接入点的平安乡村视频监控服务部署项目、大埔县蜜柚产业园博览中心5G科技展项及农业前端产业数据采集服务项目（获得国家2021年度农业农村三新案例奖）、大埔县5G赋能乡村振兴农业大数据二期升级服务项目合作共建项目和大埔县农村综合资产管理交易平台服务项目。在工业互联网方面，实施燎原计划，5G助力制造业创新升级，推出博富能5G+智慧工厂采购协议合作项目、美尚美首饰有限公司5G+智慧工厂项目。在医疗方面，快速响应政府防疫防控工作和临时接种点建设需求，免费为237个核酸检测点提供网络传输接入服务，累计向用户发送近160万条短信提醒服务；全面助力推进医疗电子票据管理，推出大埔县卫健系统医疗电子票据管理平台技术服务项目。

【提速5G基站新基建项目建设】2021年，中国移动大埔分公司围绕《大埔县人民政府“十四五”规划重点项目》《大埔县2021年重点建设项目》，负责承建大埔县智慧区县5G基站新基建项目，全年完成新建124个5G基站，已实现县城主要区域连续覆盖、15个镇区范围及丰溪林场主要居民聚集区覆盖、部分行政村覆盖。

【加快4G网络建设】2021年，中国移动大埔分公司为巩固提升4G网络深度及广度覆盖水平，加快建设满足容量需求的4G网络，全年完成新建206个4G基站，主要是加强覆盖乡镇农村、新建区域及新建道路。其中针对无4G覆盖的自然村，完成115个自然村4G网络覆盖建设。

【保障网络安全运行】2021年，中国移动大埔分公司主动配合大型重要活动通信保障、市政项目及创文管线迁移整治。免费保障大埔蜜柚开采节、5G赋能乡村振兴大会、第四届食品人春节联欢会、张弼士博物馆开馆仪式、闽粤电网联网工程开工仪式活动、全市农村工作会议暨实施乡村振兴战略现场会等大型活动重要通信保障。配合市政项目及创文管线迁移整治，完成高陂工业园、桃源工业园、西环路、胜利路等超过50处管线迁改需求。优化产品结构，为客户提供优质产品，助力乡村振兴发展。在传统产品的语音套餐、流量套餐中不断优化整合，推广5G套餐；通过千兆路由器、移动看家等增值服务提升家宽产品黏性，深化宽带产品；政企合作，全力推广平安乡村产品，助力乡村振兴建设。坚持落实“断卡”行动，全渠道落实“断卡”行动，规范开户流程，根据省、市要求定期开展自查与检查，从源头切断违法分子的可乘之机，加大电信网络诈骗和不良信息综合治理。

【打造智慧烟感标杆平台】2021年，中国移动大埔分公司利用事件营销，整合资源，建立采购、融合、平台等一体化模式，推出智慧烟杆产品。政企联动，突破推广瓶颈，借力消防大会、政府力量及民生820媒体进行全面推广，打造茶阳消防智慧烟杆示范镇。整合智能烟感与移动看家，打造中国移动数字乡村智慧平台，获得省消防总队长的赞扬和认可，市、县电视台轮番报道。以点带面、复制推广，继茶阳镇签约后，快速与其他14个镇（场）统签并由镇政府出资建设镇办公区、公共区烟感项目，提升整体的火警防控能力。

中国移动通信集团广东有限公司大埔分公司负责人名录

总 经 理：李森榕

副总经理：林郡华

项目经理：吴德兴

（温惠英）

联合通信

【网络建设】2021年，中国联合网络通信有限公司大埔县分公司（简称中国联通大埔分公司）加强网络建设。拓展覆盖，宽带网提速降费。市公司通过网络光纤升级改造、互联网出口带宽扩容提升至300G、用户1000M光猫普及等网络升级措施，2021年，新推出1000M光纤小区覆盖，部分乡镇完成覆盖。5G网络建设。梅州联通电信网络基站共建共享，主要完成县城区域补强和各镇区累计约60站5G站建设。加大投资释放、加速信息基础建设。全年完成投资990.5万元，重点抓好5G建设、大潮高速4G覆盖建设等。稳步推进无线网和宽带网建设。延续2020年项目，基本完成大潮（含云平）高速4G沿线无线信号覆盖，完成宏站建设36站、隧道12处。宽带网方面，重点完成西湖御景、中央城、奥园等大型小区光纤接入建设，布局千兆升级。克服疫情期间人财物资源紧张等困难，顺利完成疫情检疫点、防控点网络保障任务，同时完成建党百年、“两会”、地区年会等网络重保。

【服务贴心】2021年，在传统的业务受理、咨询、投诉等人工热线服务和自助查缴费等电子服务的基础上，中国联通大埔分公司为VIP客户配备专属服务经理，自助服务终端系统，绿色通道，并为政府单位及中小企业提供便利的商用服务（包括大数据、云计算、物联网、OA办公、电子商务等），创新推出众多延伸服务业务。在网络、服务、业务同步领先之时，致力于回馈用户，关注民生。联合大埔县残疾人联合会，免费为残障人提供无障碍通信产品（公益畅听王卡），并为乡镇低收入人员、扶贫村等提供一系列惠民便民服务。

【发展战略】2021年，中国联通大埔分公司实施中国联通新定位。数字信息基础设施运营服务国家队、网络强国数字中国智慧社会建设主力军、数字技术融合创新排头兵.战略升级为“强基固本、守正创新、融合开放”，突出强网络之基、固服务之本，练好“基本功”；突出守网络化之正，拓数字化、智能化之新，打好“组合拳”；突出要素融合、市场融通。

中国联合网络通信有限公司大埔县分公司负责人名录

总经理：谢达良

（管燕珑）

商 业

商业综述

【推进已转制企业注销】根据梅州市人民政府国有资产监督管理委员会《关于全面推动国有企业公司制改革工作的通知》要求，下属大埔县饮食服务公司等6家企业已改革转制完毕，由于历史原因，通过县市场监管部门企业登记信息系统查询仍有5家企业及下属75家企业没有注销。2021年5月，大埔县商业服务中心对已转制未注销的全民所有制企业进行注销。对71家遗失营业执照的企业在《梅州日报》进行登报遗失声明。注销县纺织品公司、县糖烟酒公司、县饮食服务公司、县五金交电化工公司、县燃料公司5家公司（办理企业的企业税务、工商执照事宜及补齐以往年度未申报纳税事项等相关业务）；注销县饮食服务公司高陂营业部银祥餐厅等75家公司（办理企业的企业税务、工商执照事宜及补齐以往年度未申报纳税事项等相关业务），确保下属公司改革全面完成。

【牲畜食品安全保障】2021年，大埔县辉凌食品有限公司（原大埔县食品公司）抓好生猪肉品质量安全，确保人民群众吃上“放心肉”。严格执行生猪进仓前非洲猪瘟必检和“瘦肉精”等违禁药物检测及猪肉产品出厂检验。强化检验检测，具体防控措施做到“三把关”：把好猪源关、屠宰关、质量关；“五落实”：落实生猪入场检验、清洗消毒、屠宰检验检疫、无害化处理、生产记录和疫情报告，确保生猪肉品质量安全供应和市场有效供给。加强生猪肉品冷链配送，确保全县生猪肉品肉食安全保障供应。开展肉品冷链配送业务，逐步建立起人民群众生活需求相适应的全链条肉品安全供应体系。加强生猪肉品冷链配送宣传力度，利用广播、电视、网络、乡村宣传栏等媒介，通过召开动员会、发放宣传单、发布公告等形式，宣传相关法律法规，广泛宣传生猪定点屠宰和实施生猪肉品冷链配送对于保障肉品质量安全的重要意义，把打击私屠滥宰与扫黑除恶及防控动物疫病工作紧密结合起来，为生猪肉品冷链配送推行工作营造良好的社会氛围。

【企业公司改制工作】2021年，大埔县辉凌食品有限公司做好全民所有制企业公司制改革工作。按照市国资委《关于全面推进国有企业公司制改制的紧急通知》《关于印发梅州市全民所有制企业公司制改革工作实施方案的通知》和大埔县人民政府办公室《关于印发大埔县全民所有制企业公司制改革工作实施方案的通知》（埔府办〔2021〕2号）要求，将持续经营的全民所有制企业，改制为按照《中华人民共和国公司法》登记的有限责任公司或股份有限公司，原公司企业有“大埔县食品公司”“大埔县肉类联合加工厂”须进行改制。公司制改革工作于2021年上半年完成，原“大埔县食品公司”更名为“大埔县辉凌食品有限公司”，企业类型由“全民所有制”变更为“有限责任公司”（国有独资）；“大埔县肉类联合加工厂”申请注销，重新成为大埔县辉凌食品有限公司下属单位，更名为“大埔县辉凌食品有限公司肉类联合加工厂”。

大埔县商业服务中心负责人名录

主　任：孙双级

副主任：蓝旋明　罗志雄　范瑞仕

（**郭声沐**）

大埔县辉凌食品有限公司负责人名录

董事长、经理：陈发坤（2021.1起任董事长）

副　经　理：张昕发　朱天中（2021.6—）

（**张元元**）

烟草专卖

【概况】2021年，大埔县烟草专卖局（分公司）坚持以习近平新时代中国特色社会主义思想为指导，围绕省局（公司）“补短板、强管理、激活力”三大工作任务，以及市局（公司）工作思路，提出坚持“一个引领”、夯实“五个基础”的具体贯彻措施，加强党的建设和作风建设，科学统筹疫情防控和生产经营管理工作，经济运行和市场状态持续巩固，发展质量和基础管理稳步提升，顺利完成全年重点任务，实现“十四五”规划开好局、起好步的良好局面，向中国共产党成立100周年献上良好成绩单。2021年，获“2020年度广东省交通安全文明示范企业”称号和“2020年度梅州扶贫济困铜奖”。

【烟叶生产】2021年，大埔县烟草专卖局（分公司）抓好烟叶生产各项工作。全县规划安排6个镇31个村231户烟农合同种植烟叶567.93公顷，合同约定收购量1150吨。其间加强烟叶生产过程管控，还组织人力、物力开展烟叶抗旱、冰雹灾害工作，其中抗旱浇烟面积333.33公顷、抢救冰雹之灾19.33公顷，经过精心管理，科学采烤，把烟农的损失降到最低。从6月15日开始收购至7月31日结束，全县收购烟叶1116.8吨，占收购计划99.5%。

【卷烟营销】2021年，大埔县烟草专卖局（分公司）以20支网络建设为架构，提升终端内质，优化终端布局，结合大埔县委党校的实地现场教学规划，做好“红色网建”文章；运用好专销联动机制，明确工作职责和流程分工，提高联动合力，推进卷烟营销高质量发展。全年销售卷烟8.52亿支，同比下降1.8%；实现销售收入6.32亿元（含税），同比增长2.3%；实现毛利1.69亿元，同比增长

2021年8月17日，开展涉烟打假打私检查（县烟草专卖局提供）

2.4%;实现单箱收入3.71万元,同比增加1477元。直营店通过对内加强管理,对外加强营销,经营状况良好,全年实现销售收入846.14万元,实现毛利76.77万元。

【专卖监管】2021年,大埔县烟草专卖局(分公司)推进涉烟打假打私专项整治工作。专卖管理通过联合公安机关“打源头”,联合市场监管部门“管终端”,联合交通部门“堵卡口”,实现专项整治与日常监管双管齐下,确保“两烟”生产经营良好秩序。全年查处涉烟刑事案件5宗、行政案件97宗(其间查处全市首宗向未成年人销售卷烟案件),案件查获量同比增长14.6%;查获制假烟机2台、烟叶30.69吨、卷烟528.57万支,总案值722.99万元。协助司法机关刑拘8人,逮捕3人,法院判刑10人。

【综合管理】2021年,大埔县烟草专卖局(分公司)深化企管措施落实。正确履行“指导、服务、协调、监管”职能,综合运用分层分类对标、管理诊断、内审检查、年度工作目标综合考核等方式,全年通过总支委会、“大讨论”、办公会议等形式学习研究部署相关工作26次,围绕综合考核指标自查出短板弱项12条,向市局(公司)上报管理诊断问题7条,有效推动企业高质量发展实现量的合理增长和质的稳步提升。推进数字化转型工作。通过“大讨论”“研讨会”等形式,加强大数据、云计算、物联网、移动互联等新技术知识学习,强化员工数字化思维。依托省、市局(公司)数据中心和云平台等信息系统,做好本地数据的收集、挖掘、分析和利用,优化企业资源配置。持续强化法治建设。深入学习宣传贯彻习近平法治思想,重点结合党史学习教育和建党百年华诞系列活动,加强政策研读和形势研判,在制度建设、法律服务、风险防控等方面出谋划策,推进企业治理体系和治理能力现代化。不断充实干部队伍。以构建科学完善的人才体系为着力点,做好人才选拔任用、素质培养、科学管理工作。2021年,接收安置复烤公司人员12名,其中主任科员及副主任科员各1名、员工10名;选拔副主管级以上2人,部门借调基层骨干员工2人。工程建设顺利推进。5月13日,百侯烟叶工作点正式动工建设,至12月,完成各主体结构封顶,现处在外墙贴砖和围墙施工阶段;西河烟叶工作点处在工程规划报建审查阶段。推进乡村振兴。7月8日,乡村振兴工作队员正式进驻帮扶镇西河镇。全年投入帮扶资金39.6万元为帮扶镇完善部分基础设施。强化安全维稳工作。牢固树立“大安全”理念,严格落实值班值守和安全检查制度,加强安全知识培训,开展预案演练活动,对存在的安全隐患进行及时整改。同时加强舆情监测、维稳、保密和风险防范等工作,抓好不稳定不和谐因素排查防范,全年没有发生任何安全事故。

大埔县烟草专卖局(分公司)负责人名录

局长(经理):张维祥

副 局 长:蓝建汕

副 经 理:卢小明 李 煌

(**林海峰**)

供销合作

【概况】2021年,大埔县供销合作社联合社(简称大埔县供销社)深入学习贯彻中共十九届五中、六中全会精神,贯彻习近平总书记关于“三农”工作重要论述和对供销合作社工作重要指示精神,围绕省、市、县中心工作,坚持稳中求进工作总基调,抓紧抓实抓细常态化疫情防控,守住供销系统安全底线。坚持以“为农服务”为主抓手,推进党史学习教育,完成党委换届选举工作,推进供销社深化改革、广东供销(梅州大埔)天业冷链物流产业园建设、县域放心农产品直供配送子平台建设等各项工作。

【供销综合改革】2021年，大埔县供销社抓好供销合作社的综合改革工作。出台《为农服务生力军实施方案》。向县委、县政府主要领导汇报供销合作社的综合改革工作，得到领导重视。在深入调研的基础上，结合大埔县实际，草拟《大埔县进一步深化供销合作社综合改革打造为农服务生力军实施方案》（征求意见稿）。在征求相关单位意见后，11月17日，以县委、县政府名义出台《为农服务生力军实施方案》，为全县供销系统深化综合改革提供政策遵循。谋划壮大社有资产。贯彻县政府工作会议纪要精神，抓住政府征收机遇，推动下属公司大埔县合和资产经营管理有限公司位于黎家坪甲子口约2000平方米的仓库，与过境公路土地（气象局对面9000平方米）进行置换征收。经过争取，县政府同意征收和等价置换方案，置换差价由大埔县合和资产经营管理有限公司自筹解决。至12月，土地征收报批工作有序推进，土地调规方案已通过县自然资源局审核。该地块与广东省宏茂能源有限公司共同开发，预计每年可为企业增收50万元。加强社有资产管理。针对大麻镇基层供销社塘背资产多年失管，长期被当地村民占用的实际情况，成立资产回收小组，资产回收小组充分协调自然资源、林业、大麻镇等部门，前期完成资产四址确认，围蔽红线范围划定，向村民政策解释等工作。同时，协调县公安局、大麻镇人民政府及派出所，通过现场执法的方式，确保围蔽施工顺利进行。至12月，完成对塘背资产砌墙围蔽施工。推进农村合作社建设和创办农民合作社。按照“党建带社建、村社共建”的思路，采取“开放办社、投资主体多元化”和“合作共建、共享、共管”等模式，全年建立5家村级供销社和创办6家农民专业合作社，全面完成上级下达的任务。推进“客家菜师傅”工程。开展客家菜师傅人才培养，全年组织举办“粤菜师傅”培训班5场次，培训学员253人。升级改造社有资产。投入6万元，对岩上基层供销社资产进行维修改造，推动沉睡资产变资源、变资金，释放发展空间。

【冷链物流园建设】2021年，大埔县供销社推进（梅州大埔）天业冷链物流产业园建设。加大资金投入，全年累计完成投资4755万元，确保项目有序推进，保障工程进度。2021年，完成土地竞拍、签订国有土地出让合同、办理建设用地规划许可证和不动产权证书，完成临时施工许可相关手续，完成施工方造价预算及监理单位招标和完成厂房设计方案报批手续等工作，至12月，在进行基础开挖和主体建设。

【直供配送网络建设】2021年，大埔县供销社推进供销放心农产品直供配送网络建设。参与共建广东供销放心农产品产销对接网络平台，争取到省社合作发展基金专项补助100万元和县政府100万元资金，累计投入200万元资金用于入股广东供销放心农产品产销对接省级经营管理平台。谋划县域放心农产品直供配送子平台建设，推动与省供销社、市供销社、梅州市宏森实业有限公司共同出资成立“大埔县供销农产品配送合作有限公司”，注册资本为400万元，至12月，在工商登记。争取到涉农资金200万元，用于建设直供配送厂房。

【安全生产】2021年，大埔县供销社面对常态化的疫情防控，坚决贯彻落实中央、省市县委关于疫情防控工作的决策部署和要求，做好疫情防控和安全生产工作。成立应对新冠肺炎疫情工作领导小组，加强部署县供销社系统新冠肺炎疫情防控工作。紧扣主业，做好保供稳价工作。发挥经营网点服务作用，持续为广大群众提供农资供应、日用消费品供给等服务，满足群众日常需求。同时，响应号召，全年累计捐赠价值5670元抗疫物资。加强宣传，做好新冠肺炎疫苗接种工作。

2021 年 4 月 30 日，大埔县供销社到光德供销加油站开展安全生产大检查（县供销社提供）

压实责任，严守安全生产底线。开展 2021 年“安全生产月”和“安全宣传供销行”活动。每季度由县社分管领导带队对各公司、基层社进行安全生产大检查，特别是对加油站、燃气、老化火线等存在安全隐患问题重点排查整改，完善安全措施和有关安全设备，做好安全生产会议记录、台账和国家安全生产法学习，确保供销系统安全平稳。

大埔县供销合作社联合社负责人名录

主　任： 刘坚城（—2021.5）
　　　　刘　韬（2021.5—）

副主任： 田怡凯　陈裕华（—2021.4）
　　　　杨展甜（2021.4—）

（巫胜光）

食盐经营

【概况】2021 年，广东省盐业集团梅州有限公司大埔分公司（简称盐业大埔分公司）响应省集团公司“全局一盘棋、全员一块铁、全省一座城”的号召，以坚定的改革信心与定力，主动适应经济发展新常态，坚持稳中求进工作总基调，围绕“四盐”经营方针和“三品一优”经营战略，持续提升企业经营能力，完成企业各项工作任务，确保食盐市场主渠道、主力军作用，保障食盐质量安全和供应安全。

【盐业市场宣传】2021 年，盐业大埔分公司树立“市场为导向、顾客为中心、效益为目标”的经营理念，以全面提升企业经营能力为目标，落实各项经营工作。提升网络体系建设，强化市场竞争意识。盐改过渡期后，市场监管力度逐步削弱，从市场监管向建设市场化网络营销体系转变，掌控渠道，应对食盐市场竞争。加强“粤盐”品牌宣传，加大粤盐品牌渗透性和影响，在配送商自有车辆上制作“粤盐品牌”车体广告，并统一定制粤盐工作服，提升粤盐品牌知名度。

【市场营销】2021 年，盐业大埔分公司提升配送服务质量水平。以提升服务质量为抓手，细化客户管理，继续推进社区零售商店、便利店、副食调味店等零售终端营销工作，实现周边零售商户直配直送目标，同时加大食品加工、酒楼、餐饮行业、集体食堂、边远山区等用户的直配工作，提升市场的掌控，保障大埔食盐安全稳定、安全供应。2021 年，被市公司评为“市场营销渠道建设”先进单位。

广东省盐业集团梅州有限公司大埔分公司负责人名录

经　理： 曾文宾（—2021.10）
　　　　吴文平（2021.10—）

（吴文平）

物资服务

【概况】2021年，大埔县物资服务中心以讲政治统揽全局，立足于小单位大格局做实事的理念，贯彻落实县委、县政府各项工作部署，抓好机关内务带好队伍，落实好大埔老区苏区乡村振兴发展工作任务；坚持把党史学习教育与当前各项工作紧密结合起来，把“我为群众办实事”实践活动落到群众生产生活的难点、痛点。落实县委关于开展模范机关创建活动的部署要求，把模范机关建设融入中心各项工作之中。至2021年7月圆满完成脱贫攻坚工作任务，助推精准扶贫和乡村振兴工作。按照党史学习教育“我为群众办实事”实践活动要求，年初出资5000元帮扶茶阳镇下马湖村贫困户危房重建；出资1980元帮扶茶阳镇下马湖村8户贫困户11人购买“保尚保”；响应市委、市政府关于支援广州、同心抗疫的号召，捐资3100元购买西河香米支援广州抗疫；7月，响应上级扶贫济困工作倡议，全体机关干部职工捐款1900元巩固脱贫成果，助力乡村振兴。抓好“两美”志愿服务活动，组织全体党员、干部职工广泛参与爱国卫生运动和网格化区域打扫，开展重点场所环境整治，洁净大埔城乡家园环境。

【巡察整改】2020年12月28日至2021年1月27日，县委第二巡察组对大埔县物资服务中心进行为期一个月的集中巡察，于2021年3月11日向该单位反馈巡察情况。大埔县物资服务中心主要领导履行党风廉政建设主体责任，成立由中心主任为组长、两位副主任为副组长、相关组室负责人为成员的巡察整改工作领导小组，召开领导班子成员会议，研究部署整改落实工作，制定《大埔县物资服务中心关于落实县委第二巡察组反馈意见的整改方案》，将巡察发现的问题归纳为“政治建设、思想建设、组织建设、纪律建设”四个方面并梳理细化确定为18个具体整改问题，狠抓各项整改工作落实。至2021年5月31日，召开4次主任会议，3次干部职工会议，1次专题民主生活会进行部署、研究和推进整改落实工作。完成整改问题18个，建立健全完善6项制度方案、3项工作计划。

【疫情防控】2021年，大埔县物资服务中心面对反复不止的疫情，响应上级疫情防控政策措施，严格落实防疫抗疫部署，筑牢疫情防控防线，形成长效机制。深刻认识疫情防控面临的新形势新风险，持续巩固好、发展好来之不易的好势头，克服麻痹思想、厌战情绪、侥幸心理、松劲心态，做到严字当头、一严到底，牢牢守住疫情不反弹底线，做好当前疫情防控工作。动员全体干部职工参加疫苗注射，至2021年年底，干部职工完成疫苗注射任务，做到群防群控。从严落实干部职工家属亲属从中高风险地区返大埔管控措施，强化外出报告制度，筑牢“外防输入、内防反弹”严密防线。做好干部职工上班和来访人员测体温和登记，坚持重点场所的消毒，持续开展以环境整治为主、药物消杀为辅的病媒生物综合防治。

大埔县物资服务中心负责人名录

主　任：刘晋涛（—2021.4）
连军强（2021.5—）

副主任：张功庆（—2021.5）　刘建雄
李俊标（2021.5—）

（曹志祥）

石油经营

【概况】中国石化销售股份有限公司广东梅州大埔石油分公司（简称中石化大埔石油分公司）下设有虎山、环城、运发、杨梅田、枫朗、高陂、古野、茶阳、勤丰 9 座在营加油站。2021 年，贯彻落实中石化总部和广东石油梅州分公司的工作要求，全面践行“每一滴油都是承诺”“质量永远领先一步、服务永远领先一步”的社会责任，以“全力以赴保障大埔成品油市场稳定供应”为己任，以“扩销量、强三基、保安全、塑形象”为工作主线，主动服务于大埔社会经济发展，实现社会效益和企业效益双丰收。

【零售工作】2021 年，中石化大埔石油分公司抓好石油零售工作。全年完成销售总量 2.51 万吨，其中汽油销售 2 万吨，柴油销售 5116 吨，全年缴纳税金 100 多万元。

【安全管理】2021 年，中石化大埔石油分公司为提高中石化加油站的品牌形象，稳定员工思想动态，保障国家财产和员工人身安全，预防事故的发生，开展好安全管理工作。各站建立健全 HSE（健康、安全、环境）三位一体的管理体系，加强油站安全工作的领导，健全安全生产责任制，落实三级值班制，确保人员准时到位。开展安全检查防事故工作，及时组织隐患自查整改，确保设备正常安全生产。克服麻痹思想，从思想上、行动上、组织上做好抗击各类自然灾害的准备工作，新冠疫情期间，抓好疫情防控的各项工作。抓好员工队伍思想教育，加强对“十大禁令”“八大纪律”的学习与贯彻，提高员工对安全生产的自觉性，对存在安全隐患又未得到整改的重点部位，采取措施，落实责任到人，重点监控等。全年实现安全生产。

【规范服务】2021 年，中石化大埔石油分公司开展管理服务提升年活动。根据市公司的统一部署指导油站有序开展活动，做到有计划、有步骤，确保活动取得成效不走过场，全面提高加油站的服务水平。

【便利店服务】2021 年，中石化大埔石油分公司开展非油品业务。为适应形势发展需要，方便广大消费者，加油站开设便利店。便利店及时补充质量合格、价格合理适销的商品，既给广大顾客购买带来生活的便利，又提高加油站经营服务水平和经营质量，为加油站经营业务开创一条新路。

中国石化销售股份有限公司广东梅州大埔石油分公司负责人名录

经　理：黄利华（—2021.7）
　　　　汤　峰（2021.8—）

（林秋玉）

财税·金融

财 政

【概况】2021年，大埔县财政局以习近平新时代中国特色社会主义思想和习近平总书记系列重要讲话精神为指导，不忘初心、牢记使命，围绕县委、县政府的决策部署，坚持稳中求进的工作总基调，以“保工资、保运转、保基本民生”为财政工作总体目标，做好“六稳”工作，落实“六保”任务，发挥财政职能，做好统筹推进疫情防控和经济社会发展财政保障工作，完成全年工作任务。2021年8月，被国管局、中直管理局、国家发改委、财政部授予“节约型机关”称号。

【财政收支】2021年，大埔县财政局做好抓收入保支出工作。全年本级一般公共预算收入完成6.52亿元，占年度预算（调整数）6.5亿元的100.3%，同比减收6233万元，减幅8.7%。其中：税收收入3.34亿元，占一般公共预算收入的51.2%，同比减收9342万元，减幅21.9%；非税收入3.18亿元，占一般公共预算收入的48.8%，同比增收3109万元，增幅10.8%。本级一般公共预算支出完成45.21亿元，占年度预算36.6亿元的123.5%，同比减支3.36亿元，减幅6.9%。其中，用于教育、文化、社会保障、医疗卫生等方面民生支出完成38.1亿元，占一般公共预算支出的84.3%。

【财政惠民】2021年，大埔县财政精准发力，落实民生保障。做好城乡居民医疗和养老等方面的社会保障工作，保障全县人民群众的切身利益；及时拨付各项支农资金，发放涉农补贴，保障“三农”事业发展；支持基础教育均衡发展，推动文化科技事业的繁荣与发展。全年拨出3.98亿元用于支持县重点民生工程建设，主要包括省道222线项目、小型水库安全运行管理项目、北环路自来水工程及路面提升改造、第二自来水厂管网建设、广州海珠（大埔）工业集聚区、县城工业小区基础设施、西岭实验学校、物流园基础设施、人民医院改扩建和城区截污管网项目等民生工程。加强疫情防控财力保障，发挥财政职能，及时足额拨付疫情防控经费1686万元，通过防控资金拨付快速通道、政府采购绿色通道，优先保证疫情防控需求，确保急需的设备、物资及时到位。

【财政监督】2021年，大埔县财政局强化财政资金的监管，提高财政资金效益。树立过“紧日子”思想，因2021年县、镇两级召开人大、政协换届会议，全县会议费支出1341.77万元，比2020年同期增加85.75万元，增幅6.8%；贯彻落实中央八项规定及“三公”经费规定，全年“三公”经费支出2023.46万元，比2020年同期减少83.25万元，减幅3.9%。严肃财经纪律，强化财政资金监管，严格执行财政资金请拨款制度，保证财政资金专款专用，提高财政资金效益。加强村级财务监管，继续实行第三方代理记账，做好惠民政策平台数据公开工作，2021年，录入并公开58项惠民补贴信息，受理咨询信件10件。

【财政融资】2021年，大埔县财政局拓宽融资渠道，缓解重点项目资金压力。争取地方性政府债券资金，全年省财政厅下达地方性政府债券资金4.18亿元，其中，一般债券资金6848万元，专项债券资金3.5亿元。全面清理、整合、盘活闲置土地、房产等国有资源资产，至2021年12月，已通过市拍卖行成功处置县农发行原办公楼、文峰百货大楼、陶机厂3处资产，成交总价值2422.4万元，扣除手续等费用后上缴国库1628.33万元。

【财政管理】2021年，大埔县财政局规范债务管理，确保各项财政任务落准、落细、落实，防范化解债务风险。始终坚持底线思维，规范债务管理，将防范化解地方政府债务风险作为财政管理工作的重中之重，确保全县显性债务方面不出现风险预警。多措并举确保隐性债务在年底前“清零”。2021年，全县化解隐性债务8.55亿元，其中通过财政资金偿还6050万元，通过压降4.23亿元，通过再融资置换3.72亿元，实现隐性债务全面“清零”。确保财政暂付挂账只减不增，通过加大组织财政收入、盘活存量资产，加大资金统筹力度，强化预算约束，加强重大项目财政可承受能力评估，消化财政挂账。简化财政审核程序，提高工程项目的财审效率。全年财审中心完成审核项目551宗，送审造价23.67亿元，审定造价19.67亿元，累计核减工程造价4亿元，核减率16.9%；规费审核548宗，送审造价1.04亿元，审定造价8697万元，累计核减规费4401万元，核减率33.6%。加强政府采购管理，宣传《中华人民共和国政府采购法》，印发《大埔县人民政府办公室关于进一步加强政府采购工作的通知》（埔府办〔2021〕1号），进一步规范政府采购行为。全年备案政府采购预算1460笔，金额5.19亿元；完成交易规模1334笔，金额4.05亿元。

【财政改革】2021年，大埔县财政局深化财政改革，激发财政发展活力。树牢财政管理新发展理念，推进省级预算编制执行监督管理改革，提升财政管理科学化、规范化水平。做好项目储备和入库申报工作，争取更多专项资金用于全县经济建设和民生事业。推进“数字财政”建设工作，对标对表省、市“数字财政”建设实施计划，如期完成“数字财政”系统建设和上线运行任务。统筹整合涉农资金，主动作为，承担好牵头单位的主体责任。2021年，省下达全县涉农统筹整合资金4.18亿元、中央直达资金756万元，均已100%拨付。至2021年12月，全县2022年涉农资金项目遴选上报入库85个，合计金额11.59亿元。

大埔县财政局负责人名录

局　长：张回里

副局长：赖丕汉　房向东

戴可良（—2021.5）

（江如柱）

税　务

【概况】2021年，国家税务总局大埔县税务局（简称大埔县税务局）以习近平新时代中国特色社会主义思想为指导，贯彻落实省、市税务局和县委、县政府各项决策部署，深入学习贯彻中共十九大和十九届历次全会精神，攻坚克难，砥砺奋进，担当作为，履职尽责，为推进大埔老区苏区振兴发展提供税务支持。

【党建工作】2021年，大埔县税务局始终坚持把党的领导贯穿税收工作全过程、各方面。固本培元，筑牢思想政治之魂。全年组织党委会“第一议题”学习38次、党委理论学习中心组学习12次，10个党支部开展“三会一课”学习360次，开展青年理论学习30次，以党的创新理论武装头脑、指导实践、推动工作。从严治党，把稳理想信念之舵。研究部署全年全面从严治党、党风廉政建设和反腐败工作，提出具体落实要求。开展纪律作风问题专项整治，深入开展“6个1”行动，通过运用“筛、找、拓”三字工作法，擦亮监督探头，从来信来访、电话、“12366”投诉等渠道广泛收集问题线索，自查问题覆盖率100%。坚决贯彻落实中央八项规定精神，深化运用监督执纪“四种形态”。

【减税降费】2021年，大埔县税务局在贯彻落实好往年出台的减税降费政策的基础上，以“讲政治”的高度不折不扣将新出台的各类减税降费政策及时落实到位。推动政策红利直达快享，支持市场主体渡过难关。全年全县累计新增减税降费0.45亿元。

【组织收入】2021年，受新冠疫情、一次性税源减少和减税降费叠加等因素影响，全县组织收入工作面临新的压力和挑战。对此，大埔县税务局始终坚持依法依规征税收费，坚决不收“过头税费”。通过强化收入形势分析研判，加强收入进度督导，加强与地方党政汇报沟通，争取理解支持。通过加强对重点税种、重点行业、重点项目、欠税企业的管理，最大限度挖潜增收。全年全县组织税费收入18.23亿元，其中国内税收收入8.41亿元；组织费金收入9.82亿元，同比增长9.9%。

【纳税服务】2021年，大埔县税务局打造纳税服务新模式，拓展“非接触式办税”，以“网络办税全方位服务+服务大厅全放心办税”为纳税人缴费人提供高效便捷服务。启用电子税务局发票“自主领票”功能，优化发票申领流程；实现存量房交易登记和契税征缴“一窗受理”，推动“一网通办”改革向更深层次、更广领域开展；加强与县住建局、县自然资源局等单位的联动，持续完善不动产登记运行模式，缩减办理不动产权证时限，完成全市各县首笔新建商品房“交房即交证”业务；推动新办企业办理“套餐式”服务，平均办理时长缩短至1小时；实现省内迁移企业数据和电子档案互联共享，迁移登记各环节办理时间压缩至3个工作日。全面推行无纸化退税和电子平台退税，出口企业退税平均办理时间缩短为3.5天。至12月末，电子税务局办税率一直保持在95%以上，在全县政务服务“好差评”工作中，满意率100%。同时，全年相关工作在央广网、人民日报海外网、学习强国、新华网等主流媒体累计登载100篇，税宣的能见度和美誉度持续提升。

【税费征管】2021年，大埔县税务局抓好税费征管工作。推进“非接触式”办税工作，全面推行增值税电子发票公共服务平台，提升纳税人的办税体验。落实《全国税务机关不动产登记税费一窗办理业务指引（试行）》工作，初步实现不动产交易全量业务一窗受理目标。加大土地增值税清算力度，全年完成清算项目39个，完成清算项目数量比2020年增加27个，同比增长225%。组织落实社保扩面任务，推动基本养老保险参保率提高到95%；落实新业态从业人员等特定人员参加工伤保险办法；实现生育保险和企业职工基本医疗保险“两险”合并征收管理。顺利划转防空地下室易地建设费、水土保持补偿费等4项非税收入；对接自然资源局、财政局，对土地使用权出让收入、矿产资源专项收入、海域使用金、无居民海岛使用金4项政府非税收入做好调研和征管测试验证工作，确保划转工作平稳有序。

【队伍建设】2021年，大埔县税务局坚持“严管、厚爱”结合、“激励、约束”并重，激发队伍内生动力。开展“花献巾帼”“情暖重阳”“寄语青春”“健康检查”“家访慰问”等系列关怀活动。出台家访、荣休、过“政治生日”、救急济难等系列关怀制度。打造“爱心妈妈小屋”“职工书屋”“健康之家”等关怀场所。以“万川讲堂”为阵地组织开展读书分享会、文学沙龙会、集中研学会等活动。以14个文体兴趣小组为阵地利用工作之余开展徒步、采风等文体活动。落实新进人员专家团队指导制度，打造良性互动的共同成长机制；依托学习兴税平台组织干部职工开展常态化学习训练，动员干部职工参加数字人事“两测”，鼓励干部专业资质提升学习，采取“线下+线上”的方式全面开展业务练兵大比武。

国家税务总局大埔县税务局负责人名录

局　　长： 江佳伟（—2021.12）
陈喜望（2021.12—）

党委副书记： 杨萍萍（女，—2021.3）

副 局 长： 肖卓希　温尚凯（—2021.8）
刘万兴（2021.12—）
曹红兵（2021.12—）
陈　昂（2021.12—）

总经济师： 廖高基（—2021.12）

纪检组长： 何　峰

（张美婷）

中国人民银行大埔县支行

【金融惠企利民】2021年，中国人民银行大埔县支行（简称人行大埔县支行）做好稳企业保就业工作，加强金融对实体经济有力支持，发挥央行政策惠企利民作用。指导地方法人金融机构精准把握货币政策工具使用意图，提高货币政策工具的“直达性”，加大对“三农”和小微企业纾困帮扶力度。全年地方法人银行实施延期还本付息的普惠小微贷款本金8855万元，累计发放普惠小微信用贷款712万元，支持市场主体51户。至12月末，全县再贷款余额1.6亿元，其中支农再贷款1.1亿元、支小再贷款0.5亿元，通过运用政策性资金帮助涉农主体平均降低融资利率0.81个百分点，惠及企业和个人81户。引导银行用好粤信融稳企业保就业平台，对接重点支持企业。全年，在粤信融平台上对接企业94家，完成融资47笔，同比上升21.3%，融资金额3.52万元。

【金融风险防范】2021年，人行大埔县支行抓好金融风险防范工作，维护辖区平稳健康的金融环境。至12月末，辖内银行业金融机构不良贷款余额1.08亿元，不良率1%，较年初增加0.28个百分点，全县整体金融风险仍然保持较低水平。推动地方法人银行金融机构防范经营风险。运用央行金融机构评级、存款保险风险差别费率等政策工具，引导地方法人银行金融机构进一步完善内部治理和风险控制水平。至12月末，大埔农商行资本充足率17.1%，一级资本充足率16.3%，流动性比例64.8%，不良贷款率1.5%，拨备覆盖率223.7%，各项主要指标均符合监管要求。落实辖内地方金融组织的全量统计。将长期游离于金融统计体系之外的地方金融组织纳入统一的金融信息采集，有效监测地方金融组织服务实体经济成效、全面加强薄弱环节风险防控、维护金融稳定。根据上级行要求，人行大埔县支行负责梅州市11家采集机构的地方金融组织数据审核工作，保持与小额贷款公司的联系与沟通，按制度要求及时审核月度、季度、年度报表归集工作。构建金融纠纷化解机制。与大埔县人民法院、大埔县金融工作局共同签订《全面推进金融纠纷多元化解机制合作协议》，在县域建立起金融纠纷调解机制，坚持把非诉讼纠纷解决机制挺在前面，从源头减少诉讼增量，把金融纠纷化解在萌芽、过滤在诉前，防范化解基层金融风险。

【金融安全管控】2021年，人行大埔县支行加强金融安全管控力度，精准从支付源头打击新型网络电信诈骗行为，增强金融安全保障。至12月末，排查企业风险结算账户3780户，个人风险结算账户9.12万户，对发现的1352户可疑账户实施分类控制；协助有权机关查询案件122宗，对发现的32户可疑个人账户实施交易权限控制；开展进校园、下乡镇、进村入户等反电诈专题宣传20场次，新媒体推文宣传12篇，提高群众反诈意识和能力。精确对接服务流程，畅通减税降费政策落地渠道。与税务部门建立退库信息“T+0”审核办理机制，从而破解因信息错误导致退库退回业务占比较高的难点。至12月末，全县办理各项退税5802笔，涉及金额1.09亿元。持续提升存款保险政策宣传解读传导效能。以多维度宣传普及为切入点，通过“社区+农村”分类施策，针对县城和农村的不同居民开展不同形式宣传，推进存保宣传对象精准化；通过“常规+特色”齐驱并进，立足银行网点常规宣传的同时，利用“蜜柚丰收节”、红色教育基地等特定时点、地点，力促存保宣传形式多元化；通过“部门内+部门外”协同联动，以“金融知识普及月”等活动为契机，促使存保宣传机制常态化；提升宣传的深度、广度和精准性，让群众心中形成“存款安全有保障”的稳定预期。

【金融服务】2021年，人行大埔县支行拓宽金融服务覆盖面，金融管理质效持续提升。做好疫情防控与金融服务保障工作。全年组织人员走访辖区银行金融机构网点9次，督促金融机构落实疫情防控相关要求，为人民群众提供安全满意的金融服务。同时，做好来访人员的疫情防控安全工作，做好信用报告查询便民惠民服务，实现企业和个人征信查询“马上办”式随到随受理服务。全年受理群众个人信用报告查询9237笔、企业信用报告查询198笔。净化人民币流通环境。全年选取农行、邮储、农商行、客家村镇银行等银行业金融机构24个营业网点开展小面额人民币基础服务暗访工作，强化小面额人民币服务督导工作。联合公安经侦大队开展打击假币经济犯罪行动，至12月末，收缴人民币假币303张，金额3.03万元。强化账户服务管理。全年开展账户服务督查8场次、账户服务暗访48场次、支付结算降费巡查7场次。推动不动产登记金融服务工作在全县铺开。2021年，不动产登记金融服务在大埔县7家银行机构全面铺开应用，实现与银行业金融机构抵押权相关的不动产登记信息协同共享，将不动产登记窗口延伸至银行网点，进一步压缩办理时限，让群众少跑路。

【助力乡村振兴】2021年，人行大埔县支行以绿色金融为发力点，精准助力乡村振兴。持续推动绿色金融与绿色产业深度融合，突出再贷款等货币政策工具精准运用，引导金融资源更多向低碳项目、绿色转型项目倾斜。至12月末，通过支农再贷款带动法人金融机构向42户绿色领域的企业、个人工商户、农户发放贷款9783万元，累计节省利息支出100余万元。为绿色领域银企沟通搭桥铺路，激发商业银行金融产品创新活力，创设“水电宝”“蜜柚宝”“茶香宝”“粤农e贷”“水电抵押贷”等产品，精准聚焦清洁能源、绿色交通、绿色生态农业等领域，为绿色项目提供多元化融资渠道。至12月末，大埔县绿色贷款余额突破1.56亿元，同比增长6.6%，有效满足各类绿色主体的融资需求。加强“党建+金融”联动，跟进了解帮扶村绿色发展需求，引入帮扶资金，为农户购置、种植600株茶苗，并安排专人持续跟进，确保完成茶树抚育、出售“一条龙”服务。发挥青春力量，组织青年深入农产品重镇，通过微信群、朋友圈等网络平台，助农销售西瓜、玉米等农产品350公斤，并为农户搭建长期客户，助农增收致富。

【金融基础设施建设】2021年，人行大埔县支行推进移动示范镇建设，持续优化农村支付服务环境，促进城乡居民支付服务均等化。全年启动建设移动支付示范镇1个，建成示范点30个、示范街区1个，207户商户完成受理环境“一码通用”改造，共发生银联移动支付交易笔数4.74万笔，同比增长2970.7%；交易金额95.3万元，同比增长614.2%。2021年12月，根据《中国人民银行广州分行 广东省地方金融监督管理局关于授予2021年度广东省移动支付示范镇荣誉称号的决定》的通知，大埔县湖寮镇被授予“移动支付示范镇”称号。

中国人民银行大埔县支行负责人名录

行　长：邓诗康

副行长：杨劲松　邹伟红（女）

（何茜）

中国工商银行股份有限公司大埔支行

【概况】2021年，中国工商银行股份有限公司大埔支行（简称工行大埔支行），面对经济复杂形势以及新冠肺炎疫情影响，将全体员工的思想和行动统一到分行的中心任务和工作部署上来，增强责任意识，主动适应经济新常态，坚持“以效益为中心，以考核进位为导向”的目标，统一思想，坚定信心，勇于担当作为，加快各项业务发展，各项工作取得一定成绩，实现“拨备前利润、资产质量管控和内控案防”三大预期目标，实现安全运营管理目标。至2021年12月末，人民币各项存款余额10.17亿元，较年初增加0.53亿元。其中，对公存款余额1.92亿元，比年初减少0.02亿元，储蓄存款余额8.02亿元，比年初增加0.55亿元。人民币各项贷款余额12.55亿元，比年初增加0.39亿元。实现拨备前利润5152万元，同比增加1010万元。实现中间业务收入638万元，完成市分行计划100.5%。

【业务发展】2021年，工行大埔支行摆脱受房地产发展影响的困境，继续抢抓个贷资源，以优质的服务和效率推动存款业务发展。扩大宣传普惠金融产品，拓展结算账户，做好社保卡发卡激活工作，开展信用卡“铁三角”外拓活动。制定日常存款管理的长效机制，配套绩效激励考核，鼓励全员营销存款。加强客户经理的管户工作，统一个人客户经理管理和考评，让客户经理真正管好每一位客户，发展商户收款二维码，持续推动产品渗透率的提升。发展代发工资业务，争揽更多存款，利用“数字财政”改革的机遇，争抢政府机构的代发工资。发展基础业务，降低费改息对中间业务收入的影响，推动中间业务的稳健发展。夯实基础，拓宽收入渠道，发展结算、电子银行、银行卡等基础性业务，争取实现更多自营性中间业务收入。抓好代理基金、保险、各类理财产品等营销工作，增加代理性中间业务收入。加强资产质量管理，防止出现不良风险。严把准入关，实施客户经理集体审议制度，强化贷前调查，关注第一还款来源，加强抵押物、抵押率控制。加强贷后管理，定期召开法人客户风险分析会，对存量客户的经营状况、抵押物等情况进行分析和重新审议，及时发现和防范风险。

【客户服务】2021年，工行大埔支行坚持做好服务工作，争创总行五星网点。坚持以标准严格要求员工，做好每一个动作，用心服务客户。坚持做好每一天的培训，把培训变成日常工作。践行“服务先行”理念，唱响“客家香格里拉，工行服务最佳”服务口号，让自己的规范服务成为习惯，做到标准化、正规化，打造服务标杆，为广大人民群众提供优质的金融服务，有效提升顾客满意度，促进全行各项业务再上一台阶。

【反洗钱及反诈工作】2021 年，工行大埔支行抓好反洗钱和反诈工作。加强员工反洗钱学习和培训，提高全员反洗钱合规意识；开展反洗钱宣传活动，依托网点开展阵地宣传，提高公众对反洗钱工作的认知度；做好客户身份识别，严格执行客户身份识别制度要求，强化开户准入及尽职调查环节把控，强化账户存续期间异常风险管理。开展异常账户排查，及时控制涉案账户，及时对可疑或涉赌涉诈账户进行账户锁定控制，打击违法犯罪行为。开展反诈工作。组织对异常账户进行核查，严格落实账户管控措施。同时，通过每月对新开账户滚动式排查，持续开展客户身份识别和存量账户监测，加强账户风险管理并取得一定成效。

【内控案防工作】2021 年，工行大埔支行根据内（外）部经济复杂环境和治安形势，坚持内控案防工作常态化，围绕实现“一个确保、两个压降”管控目标，坚持“管住人、看住钱、扎牢制度防火墙”总要求，落实案件防范工作责任制，提升案防工作执行力，履行案防主体责任，及时排除隐患，确保案件防范各项措施落到实处，遏制大案和恶性事故的发生。组织员工签订相关承诺书，开展案防工作排查和各项业务检查，开展综合整治，排查各类潜在风险，揭示存在的突出问题，遏制和消除风险隐患，为实现案防工作目标奠定坚实基础。实现各项业务安全、稳健运营，实现全年无重大差错事故、无案件的经营责任目标。

中国工商银行股份有限公司大埔支行负责人名录

行　　长：林志钦

行长助理：叶伟青

（饶义洪）

中国农业银行股份有限公司大埔县支行

【概况】2021 年，中国农业银行股份有限公司大埔县支行（简称农行大埔支行）围绕分行党委制定的中心工作和任务目标，以党建为统领，深入推进全面从严治党、从严治行，市场竞争力、风险防控力、价值创造力、队伍战斗力得以巩固和提升。

【负债业务】2021 年，农行大埔支行坚持以客户为中心，分层管户，提高负债业务竞争力。12 月末，本外币各项存款时点余额 24.98 亿元（其中对公存款余额 5.78 亿元、储蓄存款余额 19.2 亿元），比年初增加 7714 万元，排名“五行一社”第二，市场份额较年初提升 0.2%；日均余额 23.82 亿元，比年初减少 490 万元，排名四行第二，市场份额较年初提升 0.75%。

【资产业务】2021 年，农行大埔支行做好资产业务有效营销，助力乡村振兴。12 月末，各项贷款余额 24.51 亿元，比年初增加 3.57 亿元，排名“五行一社”第二，市场份额较年初提升 0.5%。其中对公贷款余额 6.75 亿元，比年初增加 1.15 亿元；个人贷款 17.76 亿元，比年初增加 2.42 亿元。

【流量经营】2021 年，农行大埔支行紧抓流量客户的综合营销，通过“聚合码+结算通+天天得利”以及“农户信息建档/助业贷款+三方绑卡+结算通”的综合营销手段，沉淀流量资金，并以此带动经营及信贷类客户资金归行。同时，宣导财富管理理念，正确看待存款与财富管理的互利双赢关系，发挥财富管理对存款的蓄水池作用。引导客户从单一产品销售向综合资产配置转变，深挖存量贵宾客户对资产保值增值、投资增利等财富管理需求。

中国农业银行股份有限公司大埔县支行负责人名录

行　　长： 谢家裕

纪委书记： 王　岩（2021.1—2021.7）

苏志光（2021.7—）

副 行 长： 李　顺　曾荣华（—2021.3）

龚　拔（2021.3—）

（黄远征　何海燕）

中国银行股份有限公司梅州大埔支行

【概况】截至2021年底，中国银行股份有限公司梅州大埔支行（简称中行大埔支行）按照国家普惠金融工作要求，支持地方实体经济，拓展普惠金融。全年汇总人民币各项存款余额0.71亿元，各项贷款余额9.42亿元，存贷比1319%。

【业务发展】2021年，中行大埔支行加强对实体经济贷款支持力度，主动对接重点领域融资需求，支持省、市、县重点建设项目以及交通、能源、电子信息等支柱行业；推出"粤菜师傅""广东技工""南粤家政"系列融资服务产品，满足各级各类高技能人才及相关服务机构创新创业和发展的资金需求。各项贷款余额9.42亿元，较年初增加3.07亿元，增幅598%。

其中支持民营企业贷款余额1.3亿元，涉及大埔县教育、农林、科技、陶瓷类等中小企业的融资需求；支持地方重点企业（大埔电厂）贷款余额8.12亿元，比2020年增加3.07亿元。

【客户服务】2021年，中行大埔支行拓展金融服务功能，提升金融服务水平。参与商事制度改革，联合县市场监管局共同推出"银政通"商事登记智能服务，年内在支行营业厅投放一体机1台，投入资金12.5万元，将营业执照办理时长压缩至30分钟内，配套银行开户等一条龙金融服务，助力企业开办便利化。

【风险防控】2021年，中行大埔支行坚持强内控防风险，持续提高抵御能力。加强主动风险管理，强化资产质量管控，加大不良清收，化解重大风险项目。至12月末，资产质量保持平稳，实现零不良。深化内控案防建设，推进"内控合规管理建设年"活动，组织开展"合规宣誓""合规大讲堂"等"五个一"主题文化教育，深化内控机制建设，有效防控案件风险。全年实现"零案件、零重大违规违纪、零重大责任事故"的内控案防工作目标。开展反洗钱工作，配合监管单位进行非法集资、反洗钱等系列宣传。

【金融知识宣传】2021年，中行大埔支行在做好新冠肺炎疫情防控措施的基础上，通过进校园、进社区、进企业开展金融消费者权益保护、防范电信诈骗、反洗钱、反假货币等各类线下金融知识宣传教育活动，并重点加强对"一老一小"等重点人群权益保护宣传，将金融知识带进万家，送到群众身边，提高金融知识普及水平，提升群众的金融风险防范意识和辨识能力，为净化金融环境、维护金融秩序贡献力量。

中国银行股份有限公司梅州大埔支行负责人名录

行　长： 钟伟宏

副行长： 刘伟君（—2021.9）

李俊伟（2021.9—）

（李俊伟）

中国建设银行股份有限公司大埔支行

【概况】2021年，中国建设银行股份有限公司大埔支行（简称建行大埔支行）按照总行以及省、市分行在年初工作会议上的部署要求，围绕"转型发展、创新驱动、合规保障"

指导思想，立足新发展阶段，坚持新发展理念，围绕市分行新金融实践、数字化经营、高质量发展等重点工作以及“精细化管理年”要求，开展员工关爱、文化宣导、合规教育、机制建设、风险整治、问题整改、科技运用、安全管理、合规护航“九个系列”活动，提升员工的荣誉感、获得感和幸福感，加强按章操作、合规经营意识，提升合规治理成效，确保实现“合规分行、平安分行”的管理目标，各项业务实现高质量发展，实现安全运营。个人存款、普惠金融、个人商户、代发工资、金融科技、住房租赁、资产资量方面成绩突出，个人业务、普惠金融业务考核排名靠前，完成各项工作任务。获2021年首季开门红普惠金融先锋奖、2021年首季开门红个人存款突出贡献奖、2021年首季开门红对公存款突出贡献奖。至2021年年末，企业存款时点余额3.81亿元，余额市场占比32.2%，四大行排名第二位，比年初下降2.02亿元；公司类贷款余额1.81亿元，比年初下降4.1亿元。个人存款时点余额12.06亿元，余额市场占比30.4%，四大行排名第二位，比年初新增8373亿元，新增市场占比27.6%，新增四大行排名第二位；个人贷款余额5.36亿元，比年初新增2.42亿元。实现中间业务净收入375万元。国际业务完成跨境人民币结算量1万元；完成国际结算量342万美元，完成全年计划的53%。不良贷款余额265.8万元，比年初下降27万元；不良贷款率0.25%，比年初下降0.37个百分点。逾期贷款余额420.82万元，逾期贷款率0.4%。

【合规平安年】2021年，建行大埔支行围绕市分行“合规平安年”工作方案，按照市分行工作要求，开展合规各项工作。支行主要领导、营业室主任与市分行一把手签订《2021年“两防”与合规风险管理责任书》。开展支行主要负责人，新提拔的管理人员与市分行签署《管理人员履职责任告知书》活动。支行共34人全面签署《银行基层从业人员个人承诺书》。持续开展“以案为鉴”主题教育活动。组织观看案件警示教育片，用身边的事教育身边的人，做到警钟长鸣。持续开展“三线”专题教育，约束员工“不越监管底线、不踩规章红线、不碰违法违规高压线”，确保实现“合规分行、平安分行”的目标。按照合规平安年活动要求，开展每季“合规之星”评选活动，赖燕飞被市分行评为二季度合规之星。全年主动识别向市分行和当地人行上报13起可疑交易线索。在2021年度开展的“断卡行动”中，拦截可疑开户47起，为公安机关提供相关线索9条。

【拓展业务】2021年，建行大埔支行做好信息收集工作，根据不同情况采取相应的措施，有针对性地为客户提供综合金融服务，提高客户的产品覆盖度和忠诚度。个人存款稳步增长。以“客户拓展”作为全年度的工作重心，开展“客户拓展”活动，采取坚持“两手抓”（基础客户抓狭义个人存款、中高端客户抓广义个人存款）策略。强化个人客户资产及存款的常态化管理和目标管理，使用一手抓基础客户［代发工资、CTS（客户证券保证金银行独立存管）等客户，落实专人加强维护管理］，一手抓中高端客户方法，坚持推进存款“责任田”制度，建立客户分层维护营销责任制，营业室和龙山支行分别对自己前30名、前20名和前10名大客户，建立起大客户名单台账，根据台账，有针对性地重点展开营销措施。利用理财产品优势，挖掘中高端客户存款资金，满足客户投资理财渠道多元化的需要，通过有竞争力的产品密切客户关系，吸引客户转入行外资金。大埔支行成功完成市分行下达的个人存款任务目标。对公账户营销和维护力度增强。成功拓展土地复垦资金1.3亿元。对于传统老客户如财政、社保、教育、公路、交通等单位，按照《对公客户维护管理办法》，采取支行领导挂帅、团队攻关等措施，进一步加强沟通维护，掌握各方资金往来信息，争取更多的行外资金流入，同时千方百计促成行内资金在内部循环，确保机构存款稳定。

【普惠金融】2021 年，建行大埔支行落实普惠金融，促进资产业务稳步增长。利用税易贷、云税贷、小微快贷、农担贷、个人助业、个人住房按揭等信贷品种，把落实普惠金融、支持小微企业、乡村振兴等作为促进贷款增长作为一项重点工作，采取储备、挖潜、抢占、跟踪、维护等方法并举，上下联动、用足政策、精抓实干、拼抢市场。针对大埔县民营经济占主导地位、市场经济发达的实际情况，大埔支行领导审时度势，明确把民营企业作为信贷资金重点支持对象，对中小股份制企业、个体、私营企业、产品有市场、经济效益好、综合还贷能力强、技术含量和管理水平高、有发展前景的企业都进行大力支持。2021 年度，向广东辉龙农业科技股份有限公司、大埔县兴瑞现代农业发展有限公司等广东省农业龙头企业发放贷款 3360 万元、个人助业贷款 410 万元，签约楼盘 7 个，发放个人住房按揭贷款 6454 万元。

【风险管理】2021 年，建行大埔支行加强信贷结构调整，有进有退，有所为有所不为。注重不良资产的清收和转化工作，全面系统地摸查不良贷款户的经营情况、法人和担保人情况，针对不同的企业采取量体裁衣、跟踪调查的方式，本着有重点、有目标，先重后轻、先缓后急的策略，做好贷款质量的管理。全年对公信贷客户本息回收正常，从未出现拖欠和预期的情况；个人不良贷款回收 300 万元，个人贷款不良余额相比于年初的 290 万元下降为 241 万元。

【客户服务】2021 年，建行大埔支行规范和强化员工服务，不断提高服务水平，为客户提供优质服务。把服务工作融入为客户周到细致的业务指导中，让员工能够更好地体会到客户的需求，从而提高自己的服务工作。对公业务，无论从开户、开票、对账、咨询，都能做到随喊随到，有问必答，来则即办，办则能成。个人业务则有针对性地对客户宣传产品，化解他们的顾虑，同时，还把电子银行渠道建设加以推进，通过加快自助银行、智慧柜员机等电子渠道建设步伐，实现电子渠道和人工网点协调发展的良好局面，为各项业务发展提供支持。2021 年度大埔支行大零售板块 KPI 得分位于市分行前列。

中国建设银行股份有限公司大埔支行负责人名录

行　长：刘周山（—2021.1）

　　　　李其志（2021.1—）

副行长：廖成志　蓝彩芳（女，—2021.2）

（李基谋）

中国农业发展银行大埔县支行

【概况】2021 年，中国农业发展银行大埔县支行（简称农发行大埔支行）贯彻中共十九大和十九届历次全会精神，学习宣传习近平总书记“七一”重要讲话精神，贯彻党中央决策部署，扎实开展党史学习教育，统筹做好疫情防控，服务粮食安全、脱贫攻坚、乡村振兴和区域发展战略，勇于担当、狠抓落实，实现全行各项工作平稳有效发展。截至 2021 年 12 月末，各项贷款余额 2.06 亿元，日均贷款 5.93 亿元；存款余额 5523.87 万元，日均存款 2.25 亿元；中间业务收入亏 0.22 万元。利息收入 3227.72 万元，收息率 100%。利息净收入 1284.18 万元，账面盈利 1355.7 万元。

【业务发展】2021 年，农发行大埔支行履行党中央、国务院赋予的职能，发挥政策性银行优势，主动与政府相关部门沟通联系，密切银政合作信心。秉持“支农为国、立行为民”的使命，服务国家粮食安全。贯彻执行中央和地方粮油储备政策，支持地方储备粮油的轮换工作，保证粮食最低收购价资金足额供应。在确保粮油政策性收储贷款资金供应的基础上，服务粮油全产业链建设。坚持定期开展粮食库存检查，确保粮食库存银行账与企业相一致。有效发挥政策性金融“逆周期调节”作用，支持乡村振兴。对政府重点基础建设项目进行分析，综合考量，梳理出符合农发行贷款要求的重点建设项目，主动联系相关政府部门，实行精准营销，力促项目落地。2021年，主动营销两个小微企业，其中梅州市同兴农产品加工有限公司申请300万元流动资金贷款已发放，大埔县一口冠食品贸易有限公司申请100万元贷款在审批中。因受全国疫情反复及政府隐性债务清理影响，重点项目营销进展受到一定程度影响，加强与政府及项目企业的沟通协调，争取把相关影响降到最低。贯彻落实总行《关于推动普惠小微企业高质量发展有关事项的通知》《关于进一步做好减费让利工作的通知》等减费让利措施，支持中小微企业生产发展，有效降低企业融资成本。全年成功投放项目贷款3675.12万元，其中发放县级储备粮（大米、稻谷）贷款1834.78万元。做好稳存增存工作。及时关注财政资金动态，与财政部门沟通协商，争取年度粮食风险基金及早到位。同时，营销项目下游企业到农发行大埔支行开立账户，合理延伸支付链条。借助落实还贷资金的契机，争取还本付息金额提前到位。及时收回贷款利息，保障收入稳定增长。督促政府将购买服务类贷款的还本付息款纳入财政预算，保证利息来源的可靠性。密切关注企业和财政部门的资金流，提前通知企业和财政部门做好贷款利息的归还计划。至2021年年底，收取贷款利息3227.72万元，提前收回贷款本金利息5.73亿元，利息收回率100%。

【合规管理】2021年，农发行大埔支行按照上级行“依法从严治行”和强化合规管理的要求，把抓合规、控风险、促发展作为全行改革发展的重要举措。抓好制度学习。以各相关专业条线应知应会的政策制度和管理要求为主要内容，做好专业技能内部学习培训，把制度的真学真懂真用作为抓合规管理的常态。同时，强化职业道德教育、反洗钱合规意识教育和党风廉政教育。落实好内控管理机制。信贷部门严格把控贷款资金支付，做好贷后管理工作。客户经理落实贷款资金支付条件，审核企业递交申请材料的真实性、完整性和有效性，核实工程进度，严格按照资金支付流程逐级上报申请。每月按时完成授信后管理工作，密切关注抵质押物及承贷主体偿债能力变化，做好押品检查、抵质押物重评，确保贷款的抵质押物足值有效，防控信贷风险。财会部门把控重要风险点，落实印证分管分用、同业资金往来、银企对账、资金汇划等内控管理要求。开展反洗钱工作，密切关注大额资金进出，提取可疑交易数据，填写客户尽职调查表。对需要上报的大额和可疑交易，及时准确上报，并提交报告说明。办公室落实好基础管理、安全保卫工作，实现安全运营无事故。抓好后勤保障工作，做好行政事务、电子公文、固定资产、信息技术、车辆、食堂等管理工作，确保办公秩序正常运转。持续开展警示教育、内控评价、授权管理、合规自查、操作风险管理，抓案防、消费者权益保护等强化内部控制管理。

中国农业发展银行大埔县支行负责人名录

行　长：钟志勇

副行长：赖秋丽（女）

（肖皓）

中国邮政储蓄银行股份有限公司大埔县支行

【概况】2021年，中国邮政储蓄银行股份有限公司大埔县支行(简称邮储银行大埔支行)贯彻省、市分行年初工作会议精神及相关工作部署，坚持党建引领，坚持以客户为中心，落实常态化疫情防控措施，做好“六稳”“六保”工作，立足新发展阶段，贯彻新发展理念，构建新发展格局，各项业务稳健发展。百侯支行于2021年10月开办对公业务。至2021年年底，个人存款余额49.36亿元，对比年初增加3.99亿元；公司存款余额1.27亿元，比年初减少0.42亿元；各类贷款结余7.5亿元，比年初增加1.1亿元。

【普惠金融】2021年，邮储银行大埔支行始终谨记服务“三农”、城乡居民和中小企业的定位，在经营过程中不断完善服务体系，丰富服务品种，自觉承担起“普之城乡，惠之于民”的社会责任，坚持以客户为中心，服务实体经济，支持乡村振兴，坚持风险为本，确保落实普惠金融工作。创新推出小额“极速贷”“小微易贷”等新产品，线上支用、操作简单、到款迅速，免去传统业务申请的繁琐纸质流程，满足诸多涉农客户日常经营资金需求，为客户经营投资带来便捷。至12月，“极速贷”成为邮储银行大埔支行支持乡村振兴和实体经济的拳头产品，全年净增1.2亿元。全面建设农村信用体系，成立信用村，建立信用户，为乡村振兴发展提供有效的融资渠道，至2021年年底，成立信用村103个，建立信用户3030户，12月底系统开通后，成功发放贷款1笔，金额7.5万元。做好消费者权益保护工作。全年组织召开消费者权益保护工作会议4次，组织员工培训4次，开展进农村、进社区、进工厂等主题宣传活动20场，发放宣传折页3000份，向大众普及金融知识，保护金融消费者的合法权益。加强宣传，做好反电信诈骗工作，打击治理电信网络诈骗犯罪，持续做好客户身份识别，加强账户风险排查。做好适老化服务。针对客户因年龄、身体等原因不能到网点办理业务的特殊情况，推出延伸服务的适老化举措。全年开展上门延伸服务20笔。

【风险管控】2021年，邮储银行大埔支行重视资产质量管控工作，对不良客户采用一户一策(多策)，加强分析，注重方式方法，分批分组进行强力催收，于2021年11月提前并超额完成年度清收金额265万元的目标。至2021年年底，不良贷款总金额480万元，比2020年下降33万元，不良率0.6%，总体风险可控。全年平稳运营，无发生金融案件和重大风险事件。

中国邮政储蓄银行股份有限公司大埔县支行负责人名录

行　长：连志烽

副行长：赖嘉华

（范意城）

广东大埔农村商业银行股份有限公司

【概况】2021年，广东大埔农村商业银行股份有限公司(简称大埔农商银行)以“坚守法治”的总要求和“稳中求进”的总基调，探索数字化时代“勤劳金融”发展目标，做好常态化疫情防控和疫苗接种工作，开展“农村金融(普惠)户户通”工作，派驻“金融特派员”、投放“粤智助”政府服务自助机，倾力支农支小支微，促进乡村振兴，提高资产质量和经营效益，促进转型升级和化解风险，推动各项业务稳步发展。至年末，全行各项存款余额63.1亿元，较年初增加0.23亿元，增长0.4%；各项贷款余额43.23亿元，比年初增加2.3亿元，增长5.6%；存贷款市场份额均位于县域金融机构之首。不良贷款率1%；实现净利润9511.75万元，同比上升137.97万元，增幅1.5%；全年纳税3522.32万元，较2020年减少381.24万元，持续成为全县纳税大户。大埔农商银行总行机关设立

16个部（室），下辖营业部1家、支行23家，全行设立自动取款机、存取款一体机共32台，离行式自助银行3家，智慧柜台21台，助农取款点245个，经营网点遍布各镇。

【支农支小】2021年，大埔农商银行坚持支农支小支微，服务县域实体经济，在常态化疫情防控工作下，坚持稳企业保就业金融服务功能，支持涉农贷款、小微企业贷款和个体工商户经营贷款，主动对接全县重点涉农企业，缓解小微企业融资难融资贵难题。至年底，涉农贷款余额35.19亿元，占比81.4%；普惠型小微企业贷款10.38亿元，比年初增2.12亿元，增速25.7%，占比24%；支持个体工商户633户，贷款余额5.74亿元。压降房地产贷款结构。贯彻落实上级监管要求，严格管控房地产贷款结构，压降房地产贷款占比，逐步完成监管指标要求，至年底，房地产贷款占比22.8%，对比年初下降2.4%，房地产贷款实现两项指标双降。用实再贷款政策。2021年，大埔农商银行向中国人民银行大埔县支行申请获得1.4亿元的支农支小再贷款，严格按照再贷款政策精准投放至“三农”和小微企业，并执行低于普惠型小微企业贷款185（基点）的优惠利率。

【普惠金融】2021年，大埔农商银行落实普惠金融工作。全年派驻190名“金融特派员”至全县各个乡镇，选定大麻镇小留村和高陂镇乌槎村作为“信用村”，结合大埔县推出的“联村兴业富民”模式，开展“农村金融（普惠）户户通”工作；结合大埔县蜜柚、陶瓷、茶叶、旅游等产业，聚焦“一镇一业”“一村一品”，深挖金融需求，拓宽信贷市场。至年末，支持蜜柚产业贷款余额1.66亿元，旅游产业贷款余额1.3亿元，茶叶产业贷款余额5477万元，陶瓷产业贷款余额3881万元。同时，做好普惠型小微企业减费让利，有效降低小微企业融资难、融资贵的问题。在疫情影响下，为更好地扶持实体经济，大埔农商银行针对涉农企业、普惠型小微企业，贷款加权利率由2020年6.95%下调至2021年的6.82%，以实际行动支持小微企业发展。

【合规建设】2021年，大埔农商银行围绕建设“合规银行”目标，加强合规建设，提升工作质量，保障依法、合规、稳健经营。组织全员签订合规履职承诺书和案防责任书，强化责任意识和担当意识。组织开展专题培训，强化守法、合规意识；组织“民法典”专题培训、内控合规管理建设年培训、反洗钱和消费者权益保护知识培训，提升各机构的合规意识。组织员工运用广东省国家工作人员学法考试系统进行2021年学法及考试工作，全面完成学考任务，提高运用法律解决问题的能力。举办2021年“合规实招”项目竞赛，并向系统党委报送参赛作品，强化内控合规管理建设。开展风险排查、合规、专项治理工作。开展重点问题自查自纠、员工异常行为风险排查专项治理，确保“合规银行”建设健康发展。

【企业文化】2021年，大埔农商银行做好企业文化工作。开展各类金融知识宣传活动。联合多部门组织开展反电诈主题宣传活动，开展“5·15”打击和防范经济犯罪宣传活动、反假币宣传活动、志愿服务活动、“金融知识进校园，医保服务零距离”主题活动和“学史力行，我为群众办实事”巡回宣传等活动，全年开展送金融知识下乡、进校园、进社区、进工厂活动90场（次）。加强党团组织建设，提升员工凝聚力。利用“五四”青年节、“七一”建党节，组织党团员、青年员工召开以“学党史 强信念 跟党走”主题活动；组织青年员工开展“五四”青年外拓活动，激发青年员工的归属感和企业认同感，增强筑造“农信梦”的信心；组织工会成员开展“逐梦农商 行稳致远”徒步健身活动，陶冶员工健身情操，凝聚员工积极向上的力量。

【数字金融】2021年，大埔农商银行与大埔县人民政府签署战略合作框架协议，共同推进“粤智助”政府服务自助机投放工作，并提前完成271台“粤智助”政府服务自助机投放工作，推动“政务+金融”服务向基层延伸，实现让数据多“跑路”、群众少“跑腿”。集中采购21台移动终端，用于各机构外拓营销、网格化管理、适老化人群等常态化上门服务。新增5台智能POS机以适应“村居E支付”工程业务发展。与社保局对接，信息资源共享，成功上线社保卡即时制卡机，丰富第三代社保卡的应用场景，增加非接触嘀卡、小额快速支付等功能，让广大群众在银行窗口新办、补换社保卡时享受“当天申请，立等可取”的便民服务。配合建设移动支付示范镇。在人民银行的指导下，加强农村金融服务，统筹推进农村支付服务环境建设，践行“支付为民”理念，配合大埔县湖寮镇建设移动支付示范镇，助力乡村振兴。

广东大埔农村商业银行股份有限公司负责人名录

董事长：梁铭杰

行　长：陈育平

监事长：朱小敏（—2021.11）

副行长：黎伟平　黄杰华　张敏燕（女）

（罗金昆）

人寿保险

【概况】2021年，中国人寿保险股份有限公司大埔县支公司（简称大埔人寿保险公司）坚持以习近平新时代中国特色社会主义思想和中共十九大、十九届历次全会精神为指导，围绕集团公司“重振国寿”战略部署，以党建为统领，以高质量发展为根本要求，以“双心双聚”为战略内核，聚焦两条主线，以队伍发展驱动业务发展为核心思想，由岗位人员专人专心、专注做专业的事情，聚焦队伍人力新增和有效育成。围绕省公司2021年工作主题“强党建、稳收入、保队伍、夯基础、防风险”以梅州分公司“强团队、稳增长、建标准、创价值”为指引，以高质量发展为“重振国寿”作应有的贡献。全年各项任务达到预期成效，业务均衡稳健发展。大埔人寿保险公司营销员功能型党支部被评为省先进支部。

【业务发展】2021年，大埔人寿保险公司实现保费收入7587万元，比2020年同期减0.06%。个险渠道完成个险新单保费1156万元，比2020年同期减0.11%，其中10年期以上830万元，同比减0.19%。银保渠道完成银保期交保费221万元；团险渠道完成大短险保费955万元，全年支付理赔款629万元。

【风险管控】2021年，大埔人寿保险公司加强金融风险管控工作。保持高度的职业敏感性，强化对风险问题和风险形势的分析，采取针对性的管控措施，化解存量风险，抓紧入口，严格防范增量风险，实现业务发展与风险管控两手抓，确保法律红线不能碰，监管底线不能越，守住不发生系统性金融风险的底线。严格按照监管部门和省、市公司的工作部署，开展重点风险治理、防范和处置非法集资、中介市场乱象整治、反洗钱等工作。严格把控排查工作的成效，风险点全面深入开展排查，做到发现问题不解决不放过、问题解决不好不放过、长效机制不健全不放过。加强基础建设，夯实风险管理根基，培育和打造合规文化和风险文化，将合规控制和风险管理意识转化成全员共识，自觉将风险管理意识转化与经营管理相融合，促进公司建立风险管理体系，为公司持续健康发展提供支持和保障。

【客户服务】2021年，大埔人寿保险公司客服中心坚持柜面标准化建设，以“内强素质，外树形象”着手，通过狠抓柜员素质，提高客户满意度，树立公司良好的对外形象。坚持以客户为中心，以考核为导向，全面推广电子化流程，对无纸化投保、保全管家、电子保全、电子理赔等工作，做好客户风险行为的排查、识别；在投保、保全、理赔业务中做好反洗钱、现金管理、投诉各项工作。全年零投诉案件，推动业务为一线提供后勤保障，做到客户满意，伙伴满意。

中国人寿保险股份有限公司大埔县支公司负责人名录

经　　理：陈东录（—2021.9）

　　　　　刘东彬（2021.9—）

副 经 理：陈柏方（2021.11—）

经理助理：柯湘芳

（张莎豪）

财 产 保 险

【概况】2021 年，中国人民财产保险股份有限公司大埔支公司（简称人保财险大埔支公司）面对新型冠状病毒肺炎疫情，贯彻落实县委、县政府和新型冠状病毒肺炎防控指挥部的一系列方案措施，全公司众志成城、全力以赴，做好新冠肺炎疫情排查、防护工作，重点群体监控“两个全覆盖”等做法，构筑外防输入、内防扩散的有效防线；同时，创造条件，加快企业复工复产工作。坚持“促发展、保效益、防风险”的工作主基调，全面贯彻执行上级公司的各项经营管理规定，应对市场竞争，开拓市场，抓好业务发展，完成上级交给的工作目标。全年保费收入 4032 万元，同比增加 178 万元，增长 4.6%。其中车险业务保费收入 2044 万元，同比增加 194 万元、增长 10.5%；非车险业务保费收入 1057 万元，同比减少 947 万元、下降 47.2%。

【业务发展】2021 年，人保财险大埔支公司明确发展目标，细化销售政策，加快发展车险和团险及其核心业务，在业务计划的下达、承保政策和销售政策指导意见的制定上，均遵循并体现政策向一线倾斜、向销售倾斜、向优质业务倾斜的原则。针对具体险种、业务渠道进行具体细化，实现真正意义上的以政策引导销售。加强渠道建设，合理配置资源，扩大销售能力，在承保政策、销售政策上加大对渠道业务的支持力度，引导和鼓励辖内机构加强对渠道的分析和取舍，整合资源，开辟新兴渠道，实现业务的突破。

【业务管理】2021 年，人保财险大埔支公司在承保业务上，严格执行上级公司条款、费率和执行各项承保管理规定，抓承保风险管控，做好保前风险评估工作。理赔方面，规范中求发展，继续加强对大埔理赔分部的管理，打造专业理赔队伍建设，强化理赔管理工作，增强理赔责任心，做好人伤跟踪工作，提高现场查勘率，打击假赔案和挤水分，准确合理定损。

【保险服务】2021 年，人保财险大埔支公司加强法律法规学习，开展依法合规经营活动，坚持学习求深、工作求高、管理求严，提高干部职工的思想认识，促使干部职工用心想事、用心谋事、用心干事，经得起考验、担得起重任。提高服务水平，经常开展文明礼貌用语、规范操作流程培训。

中国人民财产保险股份有限公司大埔支公司负责人名录

经　　理：杨有林

（李洋）

城乡建设·环保

住房和城乡建设

【城乡建设】2021年，大埔县住房和城乡建设局（简称大埔县住建局）围绕县委、县政府重点工作部署，严格落实“五个一”工作机制，推动城市高质量发展。抓好主责的大埔奥园广场项目、城东、原特陶厂和华艺厂“三旧”改造、内环东路综合市场4个重点项目建设，牵头妥善解决奥园广场项目内涝、城东“三旧”改造征收、内环东路综合市场设计变更等难题，确保项目顺利实施。启动“十四五”规划期间老旧小区改造规划编制工作，全部改造完成后将惠及群众1.49万人。至12月末，完成梅河、财政、烟草、工业4个老旧小区改造工作。2021年谋划申报的日华、虎山路七巷、大昌、地税、移民新村及建委宿舍6个老旧小区改造项目已完成年度目标，继续推进。大埔县城下坜路及下坜一街建设工程项目有序推进。落实大埔县迎宾大道廊桥工程项目建设，至12月末，已完成便桥施工，在进行桥墩基础施工。筹备做好新一阶段百侯、茶阳、三河镇中国历史文化名镇和西河镇车龙村广东历史文化名村保护规划修编以及全县原有80处、新增20处历史建筑测绘工作，向上申报茶阳镇骑楼老街、百侯镇侯南两个历史文化街区保护项目，提升传统资源活化利用。

【民生实事】2021年，大埔县住建局落实乡村振兴战略，为民办实事。抓好农村削坡建房风险整治。全年省、市下达大埔县的任务1500处（户），争取省级专项补助资金1092.8万元，至12月31日，开工整治1598户，竣工1576户，超额完成削坡建房风险整治任务。同时，针对全县1.51万处（户）风险点，通过挂明示牌等形式落实全方位网格化安全管理。抓好农村危房改造和农房抗震改造。全年全县农村危房改造任务96户，至12月31日，全部竣工验收，并将中央资金134.4万元全部拨付到户。农房抗震改造全年任务48户，至12月末全县开工44户，竣工28户，进度位居全市排名第一。落实农村房屋安全隐患排查整治。开展对全县7.11万户农村房屋完成全面排查，并对存在风险的经营性用房进行整改。全年向省级争取1500万元人居环境类涉农资金，用于镇级垃圾中转站及配套收运设施升级改造（新建）项目、农村垃圾分类试点及镇级垃圾填埋场后续运营维护管理，至12月末，各镇（场）基本完成项目实施，镇、村垃圾收运处理水平提升。

【工程项目监管】2021 年，大埔县住建局落实新冠肺炎疫情防控措施，加强工程项目监管工作。抓好住建行业常态化疫情防控。组织三个工作专班不定期重点针对房屋市政工程在建工地、售楼中心、混凝土搅拌站等行业场所人员管理、封闭管理、疫苗接种及日常消杀进行全面检查，保障行业防疫防线。开展房屋市政工程质量安全检查整治工作。深刻汲取各地事故教训，举一反三，坚持“一线三排”原则，全年出动 973 人次检查在建工地 146 项次，重点对危大工程、大型施工机械、消防安全等重要部分进行隐患排查，发出整改通知 190 条，进行动态扣分 1066 分，落实安全隐患整改，杜绝安全事故发生。开展打击非法混凝土搅拌站工作。全年在全县范围内共摸排出 6 家非法混凝土搅拌站，并通过“五个彻底”措施完成打击取缔工作。按照上级要求开展人防领域廉政问题专项整治整改工作。对 2013 年 1 月 1 日至 2019 年 9 月 30 日期间人防项目进行全面排查，共发现问题 14 宗，已督促建设单位完成整改 13 宗，剩余 1 宗拒不整改的已启动法律程序。贯彻落实《保障农民工工资支付条例》。全年处理奥园广场、碧桂园项目农民工纠纷 2 宗，处理农民工工资上访问题 19 宗，涉及 151 人，涉及金额 361.45 万元，有效维护农民工合法权益。抓好房屋市政工程招（投）标监管。办理招标文件告知性备案及事后备案归档登记。同时牵头制定《大埔县人民政府关于进一步规范工程建设项目招标投标管理工作的通知》（埔府〔2021〕48 号），落实招标投标事中事后的监管，进一步规范全县工程建设项目招标投标管理工作。做好信访维稳和行业扫黑除恶工作。重点推进翰林华府二期、新马大厦等群众反映较为强烈的历史遗留问题协调处理，有力维护社会大局稳定。做好工程施工许可、商品房预售许可、房屋市政竣工验收备案、消防设计审查、验收及人防工程审批等日常事项，提升担当意识，落实容缺受理及质量安全提前介入。同时，加大对违建行为打击力度，全年巡查发现 9 个违建项目并配合属地镇政府及大埔县城市管理和综合执法局完成处置工作。

大埔县住房和城乡建设局负责人名录

局　长：罗海涛

副局长：张永昭　蔡淑娟（女）
　　　　丘德志　刘志强

（李浩铭）

房产管理服务

【公房经营管理】2021 年，大埔县公有房屋和保障性住房服务中心（简称大埔县住房服务中心）做好房屋、店铺租金收缴工作，促进国有资产增值保值，全年收取租金 709.64 万元。同时，加大直管公房的安全隐患排查力度，全年投入 50 万元维修公房 39 间；在安全隐患排查中发现 90 处一般安全隐患，发出整改通知书 90 份，全部整改完成；“三小”场所违规住人 32 间 76 人，全部整改完成；配置灭火器、消防应急灯、烟感器等消防设备投入 20 万元，改善房屋的安全居住条件，为人民群众生命财产提供安全保障。

【房地产市场监管】2021 年，大埔县住房服务中心深化“放管服”改革，优化业务流程，提升房地产市场监管服务质量与水平。全年办理一、二手房交易备案 3262 件，受理继承、赠与 206 件；受理房产测绘业务 56 宗，测绘面积 51.3 万平方米，测绘收入 137.1 万元；办理商品房交易合同网签 2674 套，建筑面积 30 万平方米，合同成交价格 15 亿元；8 月起，开展存量房网签合同备案工作，受理 247 件。

【保障性住房管理】2021 年，大埔县住房服务中心按照上级的部署和要求，把保障性住房作为县重点民生工作，严格遵守住房保障资格准入制度，提高审核效率和精准度，促进公平分配，及时解决公共租赁住房维护、运营和服务中存在的问题，推进保障性住房基本公共服务均等化。全年上级下达全县租赁补贴发放任务 90 户，审核发放 128 户，完成率 142%，总金额 20.39 万元；加强动态管理，清理清退不符合条件住户 45 户，并按轮候顺序分配入住 45 户，有效解决困难家庭的住房保障问题。

大埔县公有房屋和保障性住房服务中心负责人名录

主　任： 胡锦坤

副主任： 胡振城（—2021.5）

江爱美（女）　邓周兵

张建林　邓继新（2021.5—）

（*张淑清*）

城市综合管理

【市政公共基础设施建设】 2021 年，大埔县城市管理和综合执法局（简称大埔县城综局）根据县城实际，对市政道路、市政桥梁、垃圾处理等市政基础设施进行完善，提升市政公共设施服务功能。提升改造市政道路，提高通行能力。进工业园区道路提升改造工程，计划总投资 8979.93 万元，至 12 月，完成总工程量的 97%；大埔县北环路自来水工程及路面提升改造工程，计划总投资 7819.86 万元，已完成工程量的 49%。完善城区供水排水污水处理设施，改善人居环境，大埔县第二自来水厂及管网建设工程，计划总投资 3.92 亿元，已完成总工程量的 12%；大埔县城区截污管网建设工程，计划总投资 9015.7 万元，已完成总工程量的 85%；推进大埔县第二水质净化厂建设工程，项目总投资 9876.5 万元，为 PPP 项目，已完成“三通一平”作业，进行报建工作。改进生活垃圾处理模式，强化处理能力。生活垃圾压缩转运站建设工程，项目总投资 3595.99 万元，已完工，并签订生活垃圾压缩转运站三年转运服务委托运营项目服务合同，至 2021 年年底，已将全县生活垃圾运往梅州市奇龙坑垃圾焚烧厂进行处理。统筹规划停车资源，推动智慧停车。实施大埔县智慧停车场项目，项目总投资 1.5 亿元，至 12 月，已完成用地及规划选址意见以及立项工作；抓好大埔县白云大桥停车场及周边道路附属设施建设工程，项目总投资 4.5 亿元，至 12 月，已完成用地及规划选址意见以及立项工作。

【城市管理服务】 2021 年，大埔县城综局开展“两美”行动，抓好市容秩序管理。严格按照“美丽梅州·美好家园”三年行动 2021

2021 年 11 月 24 日，检查翰林华府小区生活垃圾分类工作（县城综局提供）

年工作任务，结合“巩文创卫”，全面落实各项工作任务。推行生活垃圾分类工作。全年建成垃圾分类试点街道3条，垃圾分类示范小区11个，至12月，共配置垃圾分类收集投放亭25座，各类垃圾分类桶、果皮箱3158个，投入运营垃圾运输、洒水、扫路等作业车辆44辆，人力三轮垃圾车231辆，电动垃圾收集三轮车56辆，处理垃圾7.88万吨，确保城市生活垃圾分类工作有效推进。落实市容环境卫生网格化管理责任制。实行“四清扫、两保洁”作业模式，加强街道及背街小巷清扫保洁，提高环卫精细化管理水平。持续开展背街小巷整治。完成老旧小区改造4个，建筑面积约1.69万平方米，惠民151户755人，并被《南方日报》《梅州日报》等新闻媒体报道。按照“去存量、控增量”原则，深入开展“三清三拆”大行动，共拆除危旧废弃房1506间1.92万平方米，拆除影响村容村貌违章建筑128处0.77万平方米，农村环境卫生整治行动取得明显成效。严格落实精细化管理和错时管理工作机制，全年清理规范县城41条街道510间店铺进店经营7400间次，拆除灯箱广告牌53只、铁皮瓦棚和伸缩帐篷12户、遮阳布72条、破旧横幅131条，清理背街小巷、楼梯口小广告“牛皮癣”1.42万处、扑灭露天焚烧83宗，清拆城区内道路两边违规设置（占用）公共停车位的地锁和反光路锥等39只，清理占用公共停车位的“僵尸车”17辆，优化宜居宜业环境，促进执法效能提升。坚持以“零”容忍的态度，推进违法建设治理工作。建立违法建设治理工作台账，每月定期向县政府上报违法建设治理情况，加强重要时间节点的监控，及时登记、上报、查处举报、投诉“两违”案件。全年查处违法建设47宗，面积1.73万平方米；处理罚款9宗49.9万元，面积2.73万平方米。

【市政公共基础设施管护】2021年，大埔县城综局按照网格化管理要求，抓好市政道路、路灯、公园、园林绿化、供排水、污水处理、数字化城市管理等设施维护管理工作。加强道路、路灯、桥梁管理维护。全年落实应急处理市政路面设施开挖、井盖维护、路灯抢修等30件（次），更换沙井盖45副，修补路面578平方米，更换路缘石62米，更换石墩12个，更换LED灯、电源、时控器、交流接触器等287个，更换线路60米，确保市政设施和路灯修复率98%。坚持以“管理园林绿地，美化城市环境”为宗旨，确保绿化日常管护工作到位。全年补换、改造、点缀种植灌木袋苗4.85万袋和路树1630株，提升改造、复绿、建植绿地面积7200平方米；城区绿化覆盖面积375.6公顷，同比增加1.3%。做好公园日常管护工作。全年清运西湖、滨江公园垃圾280车次；清除牛皮癣、小广告121处；补种缺株死株2100株；开展病媒生物防制清除大中型蚊虫孳生地7处；坚持“每月一清洗”，对西湖公园北门、万人广场等进行全面清洗，提高公园景观。加强市政供水管理。全年新增用水户2652户，县城供水总用户6.5万户，年产水量1200万立方米，售水量815万立方米，水费收入1600万元，维修抢修1591宗。同时，完成支管表墩接入用户2万户，取得较好的经济效益和良好的社会效应。及时清理影响排水的下水道，更换、维护损坏井盖。对异响井盖采取垫脚皮方式进行消声，安装更换缺失损坏防蚊闸，防止相关传染病的发生与传播。全年更换雨箅770只，井盖650套，垫胶皮720只，清理维护防蚊闸约620套，排除下水道淤塞125处。抓好污水处理厂运营管理工作。全年处理生活污水647.95万吨，平均日处理污水量1.94万吨，运行负荷率为97%；运送综合处置中心处理污泥1951吨；在建、已建农村生活污水处理设施374座，至2021年年底，正常运行208座，需整改68座，在建设施98座。建立信息采集队伍，用好用全数字化城市管理平台。

全年通过手机城管通、微信等平台报案 2914 宗，均已妥善处置，处置率 100%。

【安全生产监管】2021 年，大埔县城综局坚持“人民至上、生命至上”的理念，健全行业安全管理制度，落实责任，开展拉网式全覆盖隐患排查。抓好燃气安全隐患排查治理。全年出动执法人员 700 人次，对辖区内 8 家燃气企业及 70 家瓶装液化石油气售卖点开展大排查大整治行动，行动期间巡察 270 间次，查处过期气瓶 258 瓶，调查第三方施工破坏或占压市政燃气管道 6 起，排除安全隐患 160 处，查处并取缔黑加气点 12 家，筑牢安全防线。抓好工程建设领域安全生产。严格落实“三个必须”监督管理责任，抓好建筑施工、市政公用设施、城市管理等重点领域安全生产工作。抓好驾驶员管理。加强对 331 辆环卫作业车辆驾驶员安全驾驶教育，严格按照道路交通有关条例做好安全驾驶管理，建立日常保养和驾驶员定人、定车、定责，强化指战员的安全意识，确保车辆性能合格、人员技能过关。抓好基础设施隐患排查。从市政道路日常养护管理出发，加强对多发、易发事故路段、节点的改造，对县城公路、桥梁、下水口、公园游廊栈道等市政公共基础设施开展隐患排查工作，全年排除安全隐患 37 宗，保障城区安全通行。

【疫情防控】2021 年，大埔县城综局立足本职和城区实际，采用网格化手段抓牢疫情防控工作，做到新冠肺炎疫情防控常态化。加大宣传引导。通过张贴宣传画、发放温馨提示、悬挂防控疫情宣传标语、利用城监环卫车载喇叭播放广播等方式，实现疫情防控宣传全覆盖。强化人员管控。加大中高风险地区返大埔人员排查，及时上报返大埔人员情况，要求干部家属返大埔情况向所在村（社区）登记，严格落实居家隔离、核酸检测等防控措施，确保安全；严格落实重点项目工地防疫措施，加强农贸市场人员管控，安排城监执法人员驻市场协助疫情防控；严格落实粤康码检查、体温测量、佩戴口罩等要求，市场内经营户戴口罩经营，不符合要求人员不得进入市场。加强清洁消杀。严格落实农贸市场“1110 制度”，加大农贸市场、公共场所、公园、垃圾中转站、垃圾填埋场及环卫设施的清洗、消杀力度，确保干净、卫生、安全。落实疫苗接种。要求全局干部职工接种新冠疫苗，定期统计上报疫苗接种情况，督促干部职工做好第一针、第二针、加强针疫苗接种工作，做到“应接尽接”。做好物资储备，局机关、下属各单位做好口罩、体温枪、消毒粉（水、液）、酒精等防疫物资储备工作，及时采购补齐相应物资，保障疫情防控工作有序开展。

大埔县城市管理和综合执法局负责人名录

局　长：吴文新

副局长：李志浩　林文礼　沈镜章

（卓可帆　黄科皓）

生态环境保护

【概况】2021 年，梅州市生态环境局大埔分局坚持以习近平新时代中国特色社会主义思想为指导，深入贯彻中共十九大和十九届历次全会精神，全面落实习近平生态文明思想和习近平总书记对广东重要讲话和重要指示批示精神，立足国家重点生态功能区定位，深入打好污染防治攻坚战，完成全年目标任务，全县环境质量保持稳定良好。全年全县江河水质保持稳定，韩江干流及支流汀江、梅潭河等江河水质达到相应水体功能要求，无劣Ⅴ类水体，韩江大麻断面等 4 个水环境质量考核断面水质达标率 100%，水环境质量全市排名第一。县级集中式饮用水源地水质达标率 100%。县城空气质量优良率 99.7%，大气质量全市排名第二。经国家考核，大埔县2020年国家重点生态功能区县域生态环境质量监测评价考核结果全省排名第一。经市考核，大埔县2020年度生态环境保护责任和污染防治攻坚战工作考核结果为“优秀”等次。

【生态功能区质量考核】2021年，根据生态环境部通报，2020年大埔县国家重点生态功能区生态环境质量考核全省排名第一，获得中央奖补资金1.84亿元；同时被国家评为全国“优秀县”，获得奖励资金1070万元。为做好2021年度国家重点生态功能区县域生态环境质量考核各项工作，确保考核结果整体稳定，市生态环境局大埔分局在全面总结2020年度重点生态功能区考核工作情况的基础上，查找问题，总结经验，查漏补缺。按照国家重点生态功能区考核工作安排，明确工作任务，严把时间节点，对照指标分析研究，与各相关单位沟通协调，审核上报资料和数据，抓好国家重点生态功能区县域生态环境质量考核工作，至12月，完成2021年国家重点生态功能区县域生态环境质量资料汇编和自查报告及数据库的上报工作。

【生态环保责任考核和污染减排工作】2021年，市生态环境局大埔分局按照市政府、市生态环境局的统一部署要求，抓好污染减排考核工作。加强环保基础设施建设，实施工作减排；加强淘汰落后产能工作，实施结构减排；加强农业源和交通源污染整治，实施污染面源治理减排；加强环境保护宣教和科普，倡导低碳生产生活方式减排等措施，推进污染减排工作。抓好环保责任考核工作。围绕省、市下达的环保责任考核目标任务，落实环境保护工作责任，会同各镇（场）、县有关部门共同抓好考核工作，持续推进2021年度生态环境保护责任暨污染防治攻坚战考核和总量减排工作。

【污染防治攻坚战】2021年，市生态环境局大埔分局按照梅州市大气污染防治办公室统一部署，聚焦空气质量优良天数，打好蓝天保卫战。5月8日、5月17日、9月7日和9月28日启动污染天气应对工作。通过强化涉废气工业污染源管控、强化机动车污染管控、落实源头管控、做好露天焚烧污染管控等工作，大气环境质量稳中向好。聚焦国考断面水质达标，打好碧水攻坚战。深入实施“水十条”，扎实推进河长制，持续强化全流域系统治理，突出抓好重点流域综合治理和农村生活污水治理，开展饮用水源地保护工作，不断巩固国考、省考水质断面达标成果，确保国家、省考核断面水质达标率100%，市考核断面水质优良率100%。聚焦重点领域污染治理，打好净土防御战。加强建设用地土壤环境管理，逐步建立污染地块名录及其开发利用的负面清单。严格控制农业面源污染，强化畜禽养殖污染治理。加强医疗废物全过程规范化处置和风险防范，加大固体废物处理力度，推进“无废大埔”建设。全县纳入农村环境综合整治的13个行政村均已完成任务。

【中央生态环保督察与整改】2021年，市生态环境局大埔分局抓好中央环保督察问题整改工作。中央第四生态环境保护督察组8月27日进驻广东，进驻期间（2021年8月27日至9月27日）全县收到中央生态环境保护督察组交办信访案件32批40件，占全市592件的6.7%，其中重点关注案件4件，占全市38件的9.3%。经责任单位核实，反映不属实7件，部分属实25件，基本属实5件，属实3件。县委、县政府高度重视，建立县级党政领导包案制度，包案领导带队现场办理、督察、整改督察组交办的案件，确保问题不查清不放过、整改不到位不放过、责任不落实不放过、群众不满意不放过。至12月，办结33件，阶段性办结7件（实为洋子湖和仙子下采矿的2宗及其重复件）；发出整改通知书17份，自行拆除2家，取缔关闭1家，约谈37人次，立案3宗，行政处罚14.15万元。

【环境执法监管】2021年，市生态环境局大埔分局加强环境执法监管工作。开展环境保护大检查和环境安全隐患排查治理等环保专项行动。开展火电、污水处理厂重点行业专项检查，检查排污单位和建设项目，督促企业落实环境风险隐患防范主体责任；开展疫情期间医疗废物处置专项检查，筑牢疫情防控环境安全保护墙。加强对重点领域、重点区域的环境监管力度，对违法排污行为保持高压打击态势，解决损害群众健康突出环境问题。做好案件审理工作，确保及时、准确审理行政处罚案件。全年出动执法人员729人次，检查企业243家次，发出整改通知12份，完成整改企业12家，立案2宗，免于处罚1宗，行政处罚1宗，处罚金额13.25万元。企业环境应急预案备案9家。

【行政许可管理】2021年，市生态环境局大埔分局实施梅州市“三线一单”生态环境分区管控方案，应用好广东省“三线一单”数据管理及应用平台，把好建设项目环境准入关，不触“高压线”，对不符合环保法律法规、不符合有关规划和产业政策、不符合清洁生产要求、达不到排放和总量控制目标的项目，一律不予批准。全年审批建设项目环评文件28宗，退件4宗。贯彻落实《排污许可管理条例》及上级生态环境部门工作部署要求，做好2021年排污许可管理工作。全年审核通过首次申领发证3宗，重新申请后发证3宗，变更后重新发证8宗。完成2021年固定污染源排污许可证质量、执行报告审核工作。

【民生实事任务】2021年，市生态环境局大埔分局根据《广东省农村生活污水治理民生实事办理方案》的要求，全县农村生活污水治理民生实事任务共12个自然村。该建设项目采用“A/O”工艺或氧化塘处理工艺，设计日处理生活污水总规模为290吨，配套截污管网总长6380米。至12月，大埔县党溪村等12个自然村农村生活污水处理设施建设工程全面完工，并于12月20日通过省现场评估组的评估验收。入河排污口排查工作。制定《大埔县入河排污口（排水口）排查整治专项行动实施方案》，确定排查河段为549.59千米（不含湖库周长）。县政府拨出排查工作经费275万元。该项目于8月16日完成招标工作，至2021年年底，完成首轮排查，共排查出排污口1674个，其中水质超标排污口129个。2021年，受理涉环境问题群众信访件231件，已调处解决231件，做到件件有回复，事事有落实。

【环保政务服务】2021年，市生态环境局大埔分局做好环保政务服务工作，深化“放管服”改革，配合上级生态环境部门全面梳理环评审批事项，优化审批事项服务流程，推进审批事项提质提效。设立环保业务服务平台、环保窗口和开通网上办事大厅，方便群众办事。全年县综合政务服务中心环保窗口受理行政服务事项65项，办结53件，正在办理3件，业主自主申请退回4件，退件5件，实现“零投诉”；受理“12345”平台热线工单137单，办结率100%。做好服务事项平台对接工作。进入平台行政权力事项245项，其中：行政许可9项、行政处罚197项、行政强制11项、行政检查19项、其他9项。按照“应进必进”的原则，纳入梅州市政务服务统一申办平台的服务事项18项。

【生态环境宣传】2021年，在学校、社区、企业、农村广泛开展环保宣传，营造保护环境的浓厚氛围，提高全民生态环境保护意识。市生态环境局大埔分局举办环保讲座，开展“环保宣传月”、“4·22”世界地球日、“5·22”国际生物多样性日等宣传活动，累计张贴海报60份，发放法律法规读本1000册、宣传折页5000份、环保袋3000只。在第二轮中央环保督察期间，配合做好相关宣传工作，在专栏公开、转发中央生态环境保护督察工

5月28日上午，市生态环境局大埔分局组织开展“共建清洁美丽世界”“6·5”世界环境日主题宣传活动（市生态环境局大埔分局提供）

作相关信息104条，在梅州生态环境公众号推送宣传简报5篇，上报工作信息31期，编写工作简报11期。同时，进行政务信息公开。全年政务信息公开平台公开信息43条，县政府重点领域信息公开栏目236条（中央生态环境保护督察信息公开114条、建设项目环评文件60条、双随机抽查情况公示3条、环境质量51条、责令整改违法行为决定书2条、其他6条），信用信息双公示41条。

【生态环境监测】2021年，市生态环境局大埔分局加强生态环境监测工作。开展污染源监督性监测，强化污染源长效监管力度，规范企业环境行为，为环境监管提供科学依据。加强质量监管工作，保证环境监测数据的有效性和可信度；开展地表水、集中式饮用水源地水质、环境空气等环境质量监测，客观、及时准确地掌握全县环境质量状况和变化趋势。全年开展监测项目70项次，上报气站月报表12份，水站月报表24份。全县建有水质自动监测站7个，分别是汀江国控断面青溪水站、韩江国控断面大麻水站、梅江省控断面蓬辣水站、梅潭河饮用水断面三黎水站、梅潭河省控断面五丰渡口水站、漳溪河上黄砂断面水站、梅潭河大东白土国考断面水站，除梅潭河大东白土国考断面水站正在申请配套设备外，其他6个水站均已投入正常运行。

【镇级集中式饮用水源保护区矢量化和优化调整】2021年，大埔县经省政府批复设立的47个乡镇集中式饮用水源保护区，因气候、地质、水量减少等原因，部分饮用水源已不能满足供水需求，需对部分取水水源地进行调整，同时对全县47个乡镇饮用水源保护区进行矢量化工作。市生态环境局大埔分局委托有资质的第三方公司负责大埔县乡镇集中式饮用水源保护区设立及调整优化技术报告编制工作、乡镇饮用水源保护区矢量化工作，至2021年年底完成乡镇饮用水源保护区矢量化工作，部分乡镇饮用水源保护区设立及优化调整工作已完成并编制完成报告（报批稿），经县政府同意上报市政府审核批准。

梅州市生态环境局大埔分局负责人名录

局　　长：丁练昌

副 局 长：刘增仁　郭敬旋（女）

蔡广宁（2021.4—）

（刘思权）

综合经济管理

发展和改革工作

【概况】2021 年，大埔县发展和改革局（简称大埔县发改局）以习近平新时代中国特色社会主义思想为指导，学习贯彻中共十九大和十九届六中全会精神，抓住老区苏区振兴发展政策红利以及“双区驱动效应”等重大机遇，以“向政策要项目，向项目要资金，以大项目拉动大埔经济大发展、快发展”目标为导向，抓好重大项目谋划、老区苏区振兴发展、中央预算内投资、债券资金申报等工作。强化项目支撑，推动县域经济振兴发展。

【谋划重点项目建设】2021 年，大埔县发改局完成大埔县“十四五”规划重大项目编制工作，列入“十四五”规划重大项目 303 项，总投资 2050.27 亿元，“十四五”期间投资 1423.91 亿元。完成大埔县 2021 年省、市、县重点项目的编制工作，按照《大埔县重点项目管理办法》的要求和“五个一”工作机制，为每个项目落实责任县领导、责任单位。同时，根据计划执行情况，按照聚焦效益、成熟、优先发展实体经济原则，把有限的土地、环境、能耗、资金等资源集中用于产出效益高的项目，对重点项目计划进行期中调整，调整后全县重点正式项目 96 项，总投资 459.15 亿元、年度投资计划 54.03 亿元。其中列入省、市重点项目 18 项，总投资 138.25 亿元，2021 年投资计划 16.33 亿元。加快推进重点项目建设进度，确保完成年度投资计划任务，每月跟踪调度项目进度。1—11 月，全县 96 项重点项目完成投资 42.53 亿元，占年度投资计划的 78.7%。18 项省、市重点项目完成 11.43 亿元，占年度投资计划的 70%，与 2020 年同期完成比减 24.25 亿元，整体进度率比减 20.89 个百分点。做好 2022 年重点项目编制。省重点项目方面，根据《省发展改革委关于下达广东省 2022 年重点建设项目计划（草案）的通知》，大埔县列入计划 4 项，总投资 85.92 亿元，年度计划投资 5.22 亿元。市重点项目方面，大埔县列入计划方案 20 项，总投资 124.62 亿元，年度计划投资 18.86 亿元。县重点项目方面，至 12 月，《大埔县 2022 年重点建设项目计划（送审稿）》已呈县政府常务会议审议通过，列入送审稿正式项目 75 项，总投资 292.52 亿元，2022 年投资计划 52.79 亿元。前期预备项目 31 项，估算总投资 281.18 亿元；包含省、市前期预备项目 6 项，估算总投资 262.28 亿元。推进梅州（大埔）至潮州港铁路专用线前期工作。2021 年上半年，中铁一院华南分院到大埔开展客货运量需求情况调研。召开《梅州（大埔）至潮州港铁路专用线可行性研究——总说明》评审会议。同时，配合市铁办、汕头市粤港澳大湾区供应链研究院，对县域内项目沿线产业发展布局情况进行调研。监测分析全县固定资产投资情况，根据县政府工作报告提出的固定资产投资增长目标，编制大埔县2021年固定资产投资项目清单。每月做好清单项目完成情况统计工作，加强与统计部门的沟通联系，做好清单内固定资产投资项目和县重点项目入库工作，做到应统尽统。

【投资、债券资金申报】2021年，大埔县发改局做好地方政府专项债和中央预算内投资项目申报工作，在利用国家重大建设项目库做好项目储备的同时，争取地方专项债券和中央预算内投资资金。全年储备中央预算内投资项目44项，其中前期工作完善，各项条件成熟，具备申报条件项目12项，项目总投资8.7亿元，中央预算内投资需求2.6亿元，包含重大旅游基础设施、老旧小区、排水防涝、烈士纪念设施等项目。2021年，下达发行专项债券4个项目，总投资14.21亿元，发行专项债规模3.5亿元。申报2022年地方政府专项债券项目18项，总投资42.56亿元，地方政府专项债券资金需求25.83亿元。

【统筹协调重大区域发展平台】2021年，大埔县发改局抓好产业发展战略和推进工作。推进老区苏区振兴发展扶持政策落实。《国务院关于新时代支持革命老区振兴发展的意见》（以下简称《意见》）出台后，大埔县发改局以“坐不住”的责任感、“等不起”的紧迫感、“慢不得”的危机感，主动出击，勇于担当，研深善谋，力促《意见》扶持政策在大埔这片红色热土尽快落地见效。构建组织保障。成立以县政府主要领导为组长的县老区苏区振兴发展领导小组，并成立县老区苏区振兴办，指导各级各部门成立老区苏区振兴发展工作专班，配齐增强研究政策、对接落实政策、用好政策、争取项目和资金的骨干力量。明确职责分工。牵头拟制贯彻落实《意见》重点任务职责分工。将《意见》中涉大埔扶持政策细化为13方面78项，并对各项工作任务进行明确分工，逐一落实县直相关单位的工作责任、目标要求，确保有任务、有目标、有责任人、有落实。完善工作机制。牵头组建对接落实《意见》工作专班。全面理顺对接落实政策的工作机制，统筹研深研透各项政策，为各级各部门用好政策争取项目、资金支持提供全方位指导服务。统筹推进省际边界经济高质量发展。成立以县政府主要负责人为组长的大埔县推动省际边界地区高质量发展工作领导小组；制定大埔县省际边界经济发展重点园区规划建设工作执行方案；召开大埔县省际边界经济发展重点片区规划建设专题工作会议。初步确定省际边界经济发展重点园区的产业布局方案、交通基础设施规划方案和园区选址方案。产业布局主要发展新型陶瓷（含特种陶瓷）、新材料上下游产业和长寿绿色食品加工上下游产业两大特色产业集群，园区选址为高陂镇赤山村、陂寨村之间的带状区域，园区名称初定为大埔县新型陶瓷产业园，形成《大埔县新型陶瓷产业园规划建设方案（2021—2035年）》（送审稿）。

【社会信用体系建设】2021年，大埔县发改局推进信用体系建设和体制改革。夯实信用监管信息基础。根据梅州市发展和改革局关于印发《2021年梅州市社会信用体系建设工作要点》的通知（梅市发改〔2021〕138号），印发《2021年大埔县社会信用体系建设工作要点》（埔发改〔2021〕173号），完善诚信建设长效机制。同时，推进“互联网+监管”，牵头监督县各单位在7个工作日内通过政府门户网站向社会公示行政许可和行政处罚信用信息。实施信用分级分类监管。《2021年广东省社会信用体系建设工作要点》提出，要提升信用建设优化营商环境作用，全面推进信用分级分类监管，将信用分级分类监管与“双随机、一公开”监管相结合。严格按照市、县政府工作部署，做好信用分级分类监管工作。至12月，全县31个单位已完成本部门分级分类监管办法。承担综合协调经济体制改革责任。推进营商环境制度改革工作，贯彻中央、省、市、县营商环境改革精神，加强营商环境改革工作领导，继续推进全县的营商环境改革，完善营商环境制度改革的后续工作，定期汇总上报优化营商环境工作进展。

【价格管理】2021年，大埔县发改局做好价格管理工作。加强疫情防控期间市场保供稳价工作。密切跟踪重要居民生活必需品市场价格变化情况，关注全县蔬菜等重要民生商品市场动态及保障工作，加强居民生活必需品粮、油、肉、禽、蛋、菜、食盐的价格监测预警工作，及时预警可能引发价格异动的苗头性、倾向性、潜在性问题，以对人民高度负责的态度，采取措施，为民生商品保供稳价。配合做好价格认定工作。大埔县发改局价格认定中心全年参与刑事、行政案件和仲裁案件涉案财物价格认定225宗，标的总额1008万元。其中为公安部门依法行政提供涉案物品认定217宗，标的金额958万元；为行政机关依法行政提供涉案物品认定8宗，标的金额50万元；为公安部门依法行政提供涉案物品补充材料通知书200份。

【粮油安全管理】2021年，大埔县发改局抓好粮油安全管理工作。严格执行粮食轮换计划。2021年度全县粮食储备由原地方储备稻谷1.4万吨，调整为储备稻谷1.33万吨、储备大米486吨（折合稻谷695吨）。全年粮食轮换总数为稻谷5928.16吨，竞价销售5928.16吨；竞价采购成品粮大米486吨、稻谷5233.16吨。稻谷轮换于5月31日完成竞价销售，7月30日完成竞价采购，至12月，已全部入库。严格执行2021年度食用油和成品粮（大米）轮换计划。根据上级有关要求，全年全县存储的50吨食用油和486吨成品粮（大米）保质保量全面实现动态轮换。做好储备粮管理工作。以等级粮库评定工作为契机，严格遵守《广东省地方储备粮管理办法》，推行一整套行之有效的查仓保粮制度，按照“库存真实、质量良好、储存安全、管理规范”要求，推进精细化管理，确保储备粮“一符三专四落实”。同时，以实现AAA粮库为目标，推进县粮食收储公司五虎山粮库智能升级改造项目，实现粮库智能化管理。

【能源安全管理】2021年，大埔县发改局做好交通能源资环安全工作。开展能源安全集中整治工作和做好电力行业及成品油企业消防安全工作。深入贯彻习近平总书记关于安全生产重要论述精神，按照上级关于安全生产工作的部署要求，推进安全专项整治三年行动集中攻坚，落实企业主体责任和属地监管责任。开展“能源安全集中整治”，全年检查成品油企业单位73间（次），发现问题或一般隐患5处，填写现场检查记录73份。联合供电部门检查供（发）电力企业33家次，发现问题或一般隐患40处。推进新能源开发利用和能源项目建设，挖掘能源投资潜力，建立清洁低碳安全高效的能源体系。推进碳达峰、碳中和工作，以绿色低碳为导向，借新能源开发契机，做好重大能源项目谋划跟进和资环领域项目储备工作。重点跟进省管网“县县通工程”梅州—大埔项目、广东粤电大埔电厂二期工程项目等，向上争取将抽水蓄能项目和陆上风电项目尽早纳入相关规划。推广太阳能光伏发电应用工作。推进整县屋顶分布式光伏开发项目工作，以绿色低碳为导向，挖掘光伏产业发展投资潜力，推进光伏项目建设。牵头成立大埔县太阳能光伏发电共建共享领导小组，统筹推进全县太阳能光伏发电推广应用工作。重点抓好能耗双控工作。根据省、市节能工作部署安排，贯彻落实节能循环经济的法律法规，把抓好节能降耗工作和推动产业转型升级、绿色生态文明建设紧密结合起来，遏制“两高”项目盲目发展，加强对违法违规用能企业整改、制砖企业清查整治，实施有序用电优化措施等，推进各项工作落到实处，促进节能指标降低，力争完成市下达大埔县能耗双控目标任务。

大埔县发展和改革局负责人名录

局　长：刘南泉

副局长：陈宇淦　刘春明　刘木兰（女）

刘小玉（女）　蓝建明（—2021.2）

（罗春婷）

市场监督管理

【登记注册与行政许可】2021年，大埔县市场监督管理局抓好登记注册管理与行政许可工作。实施市场准入负面清单，执行《企业登记前置审批事项目录（2021年）》《企业变更登记、注销登记前置审批事项目录（2021年）》，对不需要前置的均直接办理。深化市场主体登记注册制度改革。自2018年7月起实行企业名称自主申报制度，不需前置的事项经营范围直接由商事主体自主申报名称，至2021年12月末，有1600户市场主体实行企业名称自主申报。自2021年4月中旬起，实行市场主体住所申报承诺制，至12月末，有500户市场主体实行住所申报承诺。提升企业开办便利化。按照就近办理、多点可办、少跑快办的基本原则，减少办事环节，服务全县重大项目、重点工程落户登记和审批工作，开辟“绿色通道”。实行企业开办一审一核制，将企业设立登记时间压减到0.5个工作日内，实现即来即办。从2021年3月1日起涉及个体工商户的营业执照、食品药品许可登记等21项政务服务事项全面委托各镇办理，全年全县受理企业各类登记业务1410件、个体工商户各类登记业务4744件。全部行政许可事项全面进驻广东政务服务网。推广“粤商通”涉企移动政务服务平台，实现企业办事“一站式”“免证办”“营商通”，全年全县“粤商通”注册率60.6%。2021年11月26日，发出首张由“银政通”商事登记智能服务一体机办理的营业执照，推动企业开办便利化。免费为开办企业邮寄营业执照、复印材料服务，推行通过国家企业信息公示网进行营业执照作废公告、注销公告，免费为企业提供两枚公章，实现企业开办全过程“零成本”。扶持小微企业发展。简化商事主体登记程序，放宽企业名称登记，在不影响其他企业名称权、不违反法律法规的前提下，允许最大限度保留原个体工商户名称中的字号和行业特点，个体工商户申请“个转企”，由企业登记机关一并办理转型后的企业设立登记和原个体工商户注销登记，核发企业营业执照，出具个体工商户转型为企业等相关文书，全年全县有102家个体户提出升级为企业。

【信用风险监管】2021年，大埔县市场监管局抓好信用风险监管工作。加强事中事后监管。开展“双随机、一公开”抽查工作。全年建立随机抽查事项清单68项，建立含有2.31万户（个）检查对象和92名（次）执法检查人员的名录库，全局制定抽查计划58条，检查市场主体528户次，其中单部门抽查523户次、部门联合抽查5户次；企业登记事项抽查已开展的抽查事项10项，登记事项抽查企业255户。推进信用监管，实行“黑名单”、经营异常名录等制度，在各领域形成联合惩戒机制。2021年，在抽查的528户中，责令改正30户，通过登记住所（经营场所）无法联系列入经营异常名录企业5户，抽查结果均通过梅州市商事综合信息管理平台系统进行公示。全面清查市场主体资质。落实

“宽进严管”工作要求，结合“双随机、一公开”监管工作，对连续两年及以上未年报被列入经营异常名录的企业、农民专业合作社加强统计梳理，清理出长期停业未经营市场主体22户，全年引导新办营业执照150户，立案查处无照经营1宗。开展企业年报公示工作。全年发放宣传资料2000册，电视宣传报道、电视公告3次，发布短信提示2万条，发布微信20条，报刊宣传20次，张贴公告100份，张贴年报海报100张，全县市场主体应报2.19万户，已报1.35万户，年报公示率61.5%，67户企业和8253户个体经营户未按时年报被列入经营异常。

【食品安全监管】2021年，大埔县市场监管局抓好食品安全监管工作。落实民生实事。全年开展食品抽检1572批次，开展食用农产品快速检测2.03万批次。加强全链条监管。全年全覆盖检查32家食品生产企业和47家食品小作坊，实现从事接触直接入口食品工作的食品从业人员健康证明持有率100%。开展食品小作坊提质、湿粉统一查、农村假冒伪劣食品治理、餐饮质量安全提升等专项行动，查处并无害化销毁未经检验检疫猪肉719.2公斤，与“美团外卖”“饿了么”驻大埔分支机构签订《网络订餐第三方平台食品安全责任书》。推进大埔县餐饮从业人员培训，至年末，培训餐饮服务单位1275家、餐饮从业人员1592人。保障15场（次）重大活动的食品安全。加强校园及其周边食品安全监管，检查学校食堂340家次，组织全县305名学校食堂从业人员参加培训考核。通过“互联网+明厨亮灶”平台预警，督促学校及时整改供应商凭证未更新、食堂证件过期等问题。印发《在公益诉讼领域加强配合切实保障食品药品安全的意见》（埔府办〔2021〕14号），为全县常住人口购买食品安全责任保险，总保费70万元/年。与中国移动购买“灯塔舆情”服务，提升市场监管领域舆情监测水平。开展主题为“规范餐饮秩序 引领节俭风尚 全民参与查餐厅”的“查餐厅”网络直播活动，共3.1万人在线观看。利用“大埔食药协管”小程序，率先在全市组织开展食品知识有奖问答活动，提升食品安全关注度。

【药品化妆品医疗器械监管】2021年，大埔县市场监管局加强医疗机构药械使用监管。加强药品监管。结合日常检查和跟踪检查开展中药饮片、第二类精神药品、药品网络销售违法违规行为、执业药师“挂证”等专项整治行动，全年检查药品经营使用单位238家次，立案查处违法违规经营药品案件33宗。加强化妆品监管。开展化妆品安全专项、“线上净网，线下清源”专项行动，全年检查化妆品经营企业309家次，对未严格执行进货查验制度的20家企业现场责令整改，对发现使用过期化妆品和不合格化妆品的2家企业予以立案查处。加强医疗器械监管。开展新冠病毒检测试剂、无菌和植入性医疗器械经营使用环节监督检查、装饰性彩色平光隐形眼镜、避孕套、医疗器械网络销售等专项整治行动，全年检查经营使用单位162家次，其中对3家医疗机构新冠病毒检测试剂使用单位进行多轮全覆盖检查。抓好抽检工作。全年开展药品抽样20批次、医疗器械抽样4批次、化妆品抽样5批次。上报药品不良反应329宗、医疗器械不良事件149宗、化妆品不良反应45宗。

【网络交易监管】2021年，大埔县市场监管局抓好网络交易监管工作。推进2020年度“守合同重信用”企业公示活动。全年全县获得2020年“广东省守合同重信用企业”称号企业167家，其中新增申报企业40家，10年及以上公示企业21家，20年及以上公示企业5家。规范网络交易行为。开展“网络市场监管”专项行动、集中整治互联网等行业专项行动，建立大埔县网络市场监管部门间联席会议制度，坚决查处网络商品交易中的虚假宣传、假冒伪劣、不正当竞争等违法违规行为，依法规范和维护网络商品交易秩序，全年查处网络违法案件3宗。

【价格监督检查与反不正当竞争】2021年，大埔县市场监管局开展涉及民生的商品、医疗服务、供水、供电、燃气、物业、旅游景点、教育收费等重点领域的价格监督检查工作。同时，对疫情期间出现的价格问题，采取措施，有效打击哄抬物价等违法违规行为，全年出动执法人员156人次，检查超市、旅游景区、药店、水电气等市场经营主体212家次，检查学校、卫生院35间次。处理价格投诉56宗，清退不合理收费6万元，查处价格案件10宗，罚没7696.49元，规范全县市场的价格秩序。

【执法监督】2021年，大埔县市场监管局保持执法工作高压态势。全年查办食品药品、特种设备、产品质量、无照经营、打非治违、“双打”、广告、不正当竞争等违法案件210宗，涉案货值17.1万元，罚没款142.01万元，维护安全有序的市场环境。开展扫黑除恶专项行动。深入摸排线索，敢于向顽症痼疾动刀，从源头上整治市场监管领域各种违法行业乱象，铲除黑恶势力赖以滋生的土壤。全年向县扫黑办报送行业整治类线索3条，移送县公安机关立案3宗。

【消费者权益保护】2021年，大埔县市场监管局加大消费维权力度。整合“12345”政府服务热线和“12315”消费者维权热线工作制度和流程，畅通消费维权投诉渠道，加强消费维权工作力度。全年受理各类投诉举报案件342宗，为消费者挽回经济损失14.08万元，接受消费者咨询243人次。

【质量监督检查】2021年，大埔县市场监管局组织做好2020年度大埔县人民政府质量考核工作。开展非法违法“小化工”专项联合整治、建筑产品专项整治、塑料污染治理、烟花爆竹质量安全检查等行动，检查相关企业53家。加强对电动自行车产品质量安全监管，开展电动车及配件专项检查及机动车检验机构监督检查，对待售电动自行车电池存在安全隐患的3家商户责令当场整改。

【计量监督管理】2021年，大埔县市场监管局强化计量检定与检验检测服务。开展强制检定、计量校准以及商品量检测、食品及童车童床检验、液化石油气钢瓶检验。全年完成检定、校准各类计量器具1.52万台（件），免费强检计量器具4460台（件），强检免征93.81万元。开展“我为群众办实事”活动，联合县质检所为全县17家集贸市场免费提供公平秤，推进电子秤“统配统管”工作。

【知识产权保护】2021年，大埔县市场监管局成立大埔县知识产权纠纷人民调解委员会、大埔县首个商标品牌培育指导站——大埔蜜柚行业协会商标品牌培育指导站，开展2021年专业市场知识产权保护专项行动、“蓝天”专项整治，加强商标、专利审查监管，严厉打击商标恶意注册和非正常专利申请行为，全年撤回非正常专利40件。2021年1—9月，全县新增发明专利授权量313件。“大埔蜜柚”成为全国首批“上榜”中欧互认互保的100个知名地理标志农产品，地理标志证明商标“大埔蜜柚”于2021年9月20日正式初审公告。“银江金针菜”完成资料整理并上报国家知识产权局，大埔茶油和西河香米进行资料搜集整理。开展知识产权“六进”活动、“知识产权服务万里行”等活动，成功举办品牌培育、地理标志保护与运用培训交流会、大埔县党政领导干部地理标志保护工作培训会。11月18日，梅州顺源陶瓷实业有限公司用实用新型专利质押融资1000万元，成为全县首家用知识产权质押融资成功的企业。

【标准化建设】2021年，大埔县市场监管局推进标准化建设工作，以塑造领先标准为引领，提升企业核心竞争力。全年引导7家企业和社团组织进行33项标准自我声明公开。

推进制（修）订国家标准、地方标准和团体标准工作。全县3家企业参与《日用瓷器透光度测定方法》和《日用陶器渗透性测定方法》2项国家标准，《梅州蜜柚》《梅州蜜柚栽培技术规范》《无公害蜜柚种植技术规范》《蜜柚种植恶劣天气应急预案》《高质量绿色发展优质产品评价技术规范蜜柚》等5项团体标准的制（修）订工作，2家企业申报地方标准立项。其中广东省大埔陶瓷工业研究所申报的《地理标志产品大埔青花瓷》于6月2日发布，于7月12日起实施；广东省西岩茶叶集团有限公司申报的梅州市地方标准《地理标志产品西岩乌龙茶》在审批中。

【特种设备安全监察】2021年，大埔县市场监管局加强特种设备安全监察，打造平安稳定市场环境。开展气瓶、电梯监管改革、电梯、叉车、起重机械等专项整治和城市风险点、危险源排查整治专项行动，全年检查特种设备使用单位452家次、设备698台次，现场消除一般安全隐患29处，排查较大隐患11宗，发出特种设备安全监察指令书7份。2021年6月，牵头开展“安全生产月”“安全生产万里行”暨电梯应急救援演练。

大埔县市场监督管理局负责人名录

局　长：刘锦坤

副局长：王杰华　徐伟根　刘以荣　房亦淦　梁耀华

（李吉）

自然资源管理

【规划编制】2021年，大埔县自然资源局抓好规划编制实施工作。配合市局做好市、县两级国土空间总体规划编制工作。统筹开展“三区三线”划定工作，在分析梅州自然和经济地理格局的基础上，根据部、省工作部署和最新要求，结合第七次全国人口普查数据人口规模和区域发展格局，按照“适度划大、争取发展空间”的思路，完成两轮“三区三线”试划工作，并按时间节点上报市自然资源局。加快镇级国土空间规划编制。镇级国土空间规划编制项目已完成前期调研、资料收集和现场踏勘等工作，编制工作有序进行。推进村庄规划编制。根据县政府的工作部署，完成全县行政村村庄规划编制工作，实现村庄规划全覆盖。形成“多规合一”的实用性村庄规划成果，解决农村地区开发建设保护活动缺乏可用规划的问题。完成市政基础设施规划建设。有序开展并完成全县规划选址、红线制作、规划报建、核实验收等日常工作。核发建设用地规划红线图85宗，规划建设用地76.13万平方米；建设工程规划红线图36宗，建设工程规划许可证65宗，建设规模47.16万平方米；规划核实验收事项30宗，核实建筑面积51.44万平方米。2021年3月始，将建设工程规划许可证、乡村建设规划许可证的行政许可和规划验线、规划核实验收的行政确认职能委托各镇实施，加强与各镇沟通协调，组织派员到各镇指导规划建设管理业务工作，落实“放管服”工作。推进县城扩容提质工作。科学规划万川新城、黎家坪新区、高圳新区及甲子口新区建设，加强基础设施和公共服务配套建设，扩大中心镇的集聚和辐射作用，提升城市管理精细化、常态化和长效化水平。做好“三调”工作。全县第三次全国国土调查数据库成果在统一时点内国家已通过并做好数据发布的前期工作。

【资源保障】2021年，大埔县自然资源局强化资源保障，服务高质发展要求。做好土地要素保障。全年供应建设用地面积88.42公顷。其中划拨供应63.44公顷；出让供应24.98公顷。共收取土地价款2.19亿元。取得省级重点项目大丰华高速、国道235线胜坑至丰埔桥段、茶阳至县城段3宗市级建设项目用地预审与规划选址意见书，完成县级建设项目用地预审与选址意见（书）143宗。完成用地报批组卷5个批次（单独选址项目3个、城市批次2个），取得省道221线大埔县湖寮至枫朗段公路改建工程等重大项目用地批复，合计项目面积65.13公顷；剩余批次完成指标预扣等待上级主管部门批复，合计项目面积45.27公顷。促进资源节约利用。2021年，市局下达全县批而未供处置任务为79.8公顷。其中2009—2018年需处置51.67公顷，至12月，完成49公顷；2019—2021年需处置28.13公顷，至12月，完成30.81公顷；全县未存在有闲置土地。收回低效产业用地再利用1宗（大埔县陶瓷机械厂），面积2.07公顷。推进"三旧"改造。至12月，全县新增"三旧"改造面积17.33公顷，其中新增"工改工"改造面积1.1公顷；有效完成改造面积8.67公顷，其中完成"工改工"改造面积1.2公顷。开展土地征收和储备。开展土地征收工作，确保被征土地权利人的权益。推进城区土地收储工作，对拟收储土地实施精细化管理，及时完成已征收土地的移交储备工作。全年征收土地153公顷，依法拆迁房屋55座。累计储备土地90.87公顷。

【民生保障】2021年，大埔县自然资源局抓服务效能，筑牢民生保障底线。加强不动产便民服务。规范不动产登记环节，优化流程，明确登记职责，确保各类登记按省厅要求的办结时限完成，即一般登记3个工作日、抵押登记1个工作日。全面启动"总对总"模式"不动产登记+金融服务"工作。全年全县共登记2.05万份，其中不动产权证书9933份、登记证明7590份、其他登记2938份。加快"房地一体"确权登记发证。为加快推进"房地一体"确权登记发证工作的开展，县政府批准拨付经费1500万元，完成权籍调查10.15万宗，已收集权籍材料5.88万宗。精准测绘信息。根据上级要求，全年完成发证测量1911宗，完成勘测用地测量113宗、面积83.53公顷，完成土地划拨、出让测量21宗、面积25.93公顷；同时做好地图保密工作和测绘成果管理工作，严格制度管理。修复南粤古驿道。对全县2018年度和2019年度兴建的大埔古驿道文化服务设施、节点、信息牌、历史遗存、古驿道路面等相关配套设施进行维护管养。妥善化解信访矛盾。全年受理群众来信来访134件，其中来信130件，来访4起24人次。其中群众反映比较突出的问题主要集中在不动产登记、征地拆迁、规划建设等方面。通过落实领导接访、下访和包案化解信访积案制度，持续推动信访积案攻坚化解，对排查出尚未化解到位的自然资源领域重大矛盾纠纷，加大力度推动化解处置到位。有效管理自然资源领域档案。全年整理归档城建档案、自然资源文书材料及不动产权证类档案5400份（件），发出各类查询证明9000份，为全县经济社会建设发展提供服务保障。

【垦造水田工作推进】2021年，大埔县自然资源局抓好垦造水田项目建设。全县历史承诺垦造水田任务376.6公顷，为兑现历史承诺，2017—2020年自行实施垦造水田项目75个，均已完成市级验收，新增水田面积370.33公顷，占任务数的98%。完成报备形成指标25个，形成指标143.87公顷。2021年，完成23个项目验收，新增水田面积157.53公顷；核发市级验收意见函22个，新增水田面积123.73公顷，剩余1个项目整改中。完成报备形成指标24个，新增水田指标138.33公顷；立项自行垦造项目4个，建设规模20.8公顷，已批复规划设计，进行财政投资审核；完成市级垦造项目可研4个，建设规模26.73公顷，推进项目立项。有偿转让补充耕地储备指标。完成耕地储备指标有偿转让153.27公顷，成交金额3.32亿元，盘活大埔县节余耕地指标资源，促进土地结构调整，稳步提升耕地质量。

【资源环境保护】 2021年，大埔县自然资源局抓好资源环境保护工作，严格土地卫片执法。全年卫片执法图斑457个，经审核，上报违法图斑96处，违法图斑总面积59.4公顷，其中耕地面积12.54公顷（含基本农田面积8.15公顷）。已完成图斑整改16.52公顷，其中耕地面积5.88公顷（含基本农田面积2.83公顷）；剩余42.82公顷（耕地面积6.66公顷）图斑在推进整改。开展农村乱占耕地建房摸排及整治工作。经摸排，全县上报图斑2.48万个，其中占耕类图斑4802个，占耕类图斑总面积69.78公顷，其中耕地面积65.19公顷（含基本农田面积43.34公顷）。

【地灾治理】 2021年，大埔县自然资源局加强安全责任落实，做好地灾防治工作。层层签订地质灾害防治责任书，建立完善群测群防体系，制作更新地质灾害警示牌148块，落实地质灾害隐患点镇、村监测人员275人。联合县气象局发布地灾气象风险预警3级（黄色）、4级（蓝色）预报66次，发送地灾宣传预警短信45.65万人次。成立9个汛期工作督导组，督促各镇落实防灾措施并指导各镇做好汛期地灾避险工作，共排查隐患点（风险点）220处。做好宣传工作，编制避险应急预案141宗，全县悬挂横幅30条，张贴标语1800条，举行讲座16次，印制发放4万盒地质灾害防治知识宣传纸。10月28日，联合枫朗镇举行地质灾害应急演练活动，有530人参与应急演练。推进地灾隐患点治理。编制公布《大埔县地质灾害防治规划2020—2025年》。推进三河镇梓里地灾避险搬迁安置工作。至12月末，安置区新址“三通一平”建设完成，待验收，62户签订搬迁协议，修编变更《避险搬迁实施方案》。推进高陂镇古西地灾工程治理工作，完成年度投资1925万元，完成总工程的41%。加快茶阳沿坑地灾点工程治理，2021年年底主体工程完工。统筹389万元财政资金，推动全县中小型地灾点综合治理90处，至12月，完成77处。

【矿务管理】 2021年，大埔县自然资源局推进矿务管理。出让茶阳西湖东心坑1宗采矿权，已签订网上成交确认书，采矿权出让收益1280万元。完成2020年度矿业权人勘查开采信息公示，应检矿山13个，实检矿山13个，年检率100%。加强持证矿山巡查监管，提高矿产资源开发利用水平。全年办理采矿权延续变更登记2宗，转让2宗，开展变更登记前期工作3家，新立采矿权前期工作2家。全面推进绿色矿山建设，制订《大埔县绿色矿山建设实施方案》，2021年1月，新诚基五丰稀土矿获国家级绿色矿山称号。生态修复工作有序推进。茶阳镇石燕坑铅锌矿矿山生态修复项目总投资2799.48万元，项目经招投标确定施工单位并动工建设，已支出1013.11万元，上级下达800万元专项资金已支出完毕。协助完成山水林田湖草沙一体化保护和修复工程项目市级项目申报，获20亿元奖补中央资金。建立项目库，甄选38个项目，建设总投资16亿元。广东南岭韩江中上游山水林田湖草沙一体化保护和修复工程项目2021年度9个项目获资金支持，上级下达中央专项资金3872.64万元。

【拆旧复垦】 2021年，大埔县自然资源局以“拆旧房，稳搬迁，恢复生态”为抓手，多措并举，做好拆旧复垦工作。全县批准立项的拆旧复垦项目237个，合计面积478.67公顷。规划设计批复的项目228个，合计面积458.33公顷。已验收的项目155个，合计面积300.47公顷。已交易的项目45个，合计面积87.2公顷。进入大埔县财政的交易资金5.89亿元。

大埔县自然资源局负责人名录

局　　长： 刘汉华

副 局 长： 张中斌　丘伟贤（2021.4—）
蒋琳琳（女）

总规划师：郭亮峰

（古渊）

审 计

【概况】2021年，大埔县审计局坚持以习近平新时代中国特色社会主义思想为指导，全面贯彻中共十九届历次全会以及习近平总书记对审计工作的重要指示批示精神，围绕县委、县政府的工作部署，坚持审计工作服务全县经济社会发展大局，履行审计监督职责，按照县委审计委员会批准的审计项目计划，实施重大政策措施落实跟踪审计、财政审计、经济责任审计、公共投资审计、民生审计、企业审计等各项审计工作。全年完成审计项目22个，查出违规金额6908万元，管理不规范金额4.28亿元，发现非金额计量问题80个，收支不实7万元，审计期间整改金额284万元，出具审计报告和审计结果报告34篇。应上缴财政6903万元，归还原渠道资金14万元，提出审计建议64条，被审计单位制订整改措施27项，完成交办配合事项5件。6月，局党支部被评为全县先进基层党组织，受到县委表彰。

【政策措施落实跟踪审计】2021年，大埔县审计局对2020年度大埔县促进就业优先政策落实情况、新增财政资金直达市县基层直接惠企利民情况、革命老区和原中央苏区振兴发展情况等国家和省重大政策措施落实情况进行跟踪审计，发现部分一次性创业补助、租金补助发放对象不符合条件，涉及2.80万元；就业见习政策覆盖面较小，享受补贴人员少；未对就业见习基地进行考核及跟踪检查，见习基地发挥作用不到位；未制定失业人员定期联系制度、未进行跟踪服务；专项资金使用不规范2.99万元；就业创业政策宣传力度不够，专项资金使用进度较慢。提前支付工程款，涉及抗疫特别国债资金100万元；发放城乡义务教育困难学生补助经费的资料不完整；违规将资金转至预算单位实有资金账户357.50万元。革命老区转移支付资金使用管理不够规范；未按规定将农村公路相关经费纳入一般公共财政预算等问题。

【财政审计】2021年，大埔县审计局加强对财政运行审计监督。县级预算执行情况审计。对2020年度县本级财政预算执行、结算草案及其他财政收支情况进行审计，审计发现："四本账"预算规范性方面有未完整编制年初预算；2019—2020年度新增挂账金额突破上级规定的控制限额；未按规定向社保经办机构批复社保基金预算；社会保险基金年初预算编制未细化。预算收入真实性、完整性和合规性方面有虚增国有资本经营预算收入30万元；部分折旧复垦补偿资金滞留财政专户未及时缴入国库1704.97万元；租赁费7.29万元未缴入国库。落实过"紧日子"要求方面有某单位超进度支付设备购置款411.78万元。地方政府专项债券资金管理使用方面有未按规定取得发票支付工程预付款8252万元；县第二自来水厂工程未取得施工许可证，项目建设进展缓慢。政府资金、资产资源管理和盘活方面有将国库资金提前拨至财政专户，无依据调节国库存款2725万元。全面实施预算绩效管理方面有2019年、2020年"一村一品、一镇一业"项目建设进展缓慢，涉及984.93万元；超项目需求安排财政资金533万元；未按规定制定县级财政资金项目库管理细则；主管部门预算绩效自评结果未按规定报送财政部门。结算草案编制方面有未按规定使用预备费681.4万元。审计整改方面有无预算支出新增挂账消化问题和湖寮镇岭下段治理工程设计变更手续不完善问题未整改到位。区域生态补偿体制完善情况专题审计方面有生态补偿政策执行不到位，未对野生动物养殖户设施损失进行补偿；万里碧道项目管理不到位，韩江碧道大埔段项目建设进度滞后。一级预算部门审计。对50个县一级预算单位和7个二级预算单位2020年部门预算执行和其他财政财务收支情况进行审计，查出并纠正的主要问题有6方面：预算编制执行方面有7个单位预算编制不准确。信息化建设方面有3个单位软件资产6.08万元未登记入账。盘活资金资产方面有1个单位未按合同约定收取土地出让金和违约金6571.15万元；3个单位非税收入212.05万元未执行“收支两条线”管理规定；6个单位部门存量资金1116.51万元和1个单位资产9.05万元未及时清理。公务支出和公款消费方面有6个单位无预算列支“三公”经费、会议费、培训费43.39万元；6个单位超预算列支“三公”经费、会议费、培训费和宣传费29.53万元；2个单位超标准列支会议费1.93万元；1个单位公务接待报销凭证不齐全3.04万元；1个单位公务用车管理不规范；1个单位会议费报销凭证不完整1.85万元；1个单位差旅费0.78万元支出管理不到位；4个单位不合规支出17.67万元；2个单位无依据发放纪念品0.52万元；1个单位违规为职工购买商业保险1.47万元；3个单位费用支出175.72万元依据不充分；3个单位扩大支出范围49.81万元；2个单位未执行政府采购规定20.65万元；1个单位转移支出8.2万元；1个单位费用支出1.32万元未取得发票；1个单位大额现金支付1.69万元；5个单位在其他科目列支“三公”经费、会议费、培训费16.5万元；2个单位会计核算不规范208.03万元；1个单位工会经费8.49万元计提不规范；2个单位一般性项目支出未达到下降5%的要求；7个单位部分支出未执行公务卡结算制度。往来款长期挂账方面有8个单位未及时清理往来款项1.22亿元；1个单位多收履约保证金2.4万元。其他事项方面有4个单位固定资产42.12万元未登记入账；3个单位房屋资产未办理权属证书或权证变更登记手续；1个单位未经批准采用第三方代理记账；1个单位无依据调账332.44万元；2个单位建设项目管理监督不到位，4项工程结算造价偏差率较大；1个单位网银转账支付未执行二级以上审批程序；2个单位专用账户未进行会计核算。财政财务收支审计。对大麻卫生院、家炳一中2018年至2020年6月财政财务收支情况进行审计，查出的主要问题：收支管理方面有虚列车辆维修费0.47万元；多付奖励性绩效工资7.85万元；多付伙食补助0.26万元；扩大支出范围6万元；未执行政府采购规定0.81万元；支出不实1.42万元；未按合同约定执行5.35万元。财务管理和会计核算方面有多提奖励性绩效工资3.36万元；劳务费支出17.58万元未取得发票；未执行公务卡结算管理规定1.23万元；超限额使用现金2.24万元；现金业务收入112.32万元未及时缴存银行；支付依据不充分14.18万元；会计核算不规范13.7万元。资产负债管理方面有在建工程未及时结转固定资产471.3万元；少计固定资产2.4万元。“三公”经费及会议费管理方面有违规接待0.41万元。项目建设管理方面有1项工程结算未送相关机构审核8.54万元；工程签证单内容不实，多计工程款2.3万元。

【经济责任审计】2021年，大埔县审计局对县统计局、科工商务局、卫健局、县府办、百侯中学、虎山中学、县供销社、县移民工作局、县公有房屋和保障性住房服务中心、青溪镇、大东镇等11个单位13位主要领导任期履行经济责任情况进行审计，查出并纠正的主要问题有8方面：经济事项决策方面有11个单位重大经济事项未经集体决策或决策程序不够规范，其中8个单位涉及693.07万元；1个单位违规决策导致2名公职人员违规领取企业补助6.6万元。收支管理方面有8个单位违规发放奖金，或津补贴发放不规范 22.13 万元；6 个单位存量资金或非税收入 129.11 万元未上缴财政；1 个单位虚列和违规使用财政资金 2.79 万元；3 个单位多列或虚列支出 2.66 万元；1 个单位违规出借财政资金 148 万元;7 个单位不合规支出或违规报销个人费用 32.53 万元；1 个单位未按合同约定支付劳务费 0.73 万元；5 个单位转移支出或扩大支出范围 85.6 万元；2 个单位应收未收租金 23.96 万元；4 个单位未执行政府采购规定 51.55 万元，1 个单位设备采购项目招标评分设置不合理。财务管理和会计核算方面有 1 个单位财务管理制度内容不够具体、细化；4 个单位会计核算不规范，涉及 206.41 万元；1 个单位网银转账支付未执行二级以上审批程序；1 个单位未按规定使用零余额银行账户 234.76 万元；2 个单位账实不符 32.65 万元；1 个单位出纳坐收坐支现金 0.6 万元；1 个单位库存现金超限额；2 个单位大额现金支付 27.43 万元；7 个单位付款手续不完善 1112.96 万元；5 个单位费用支出未取得发票或支付依据不合规 108.76 万元；1 个单位费用报销不及时 0.12 万元；2 个单位多提工会经费或工会经费收支未进行会计核算；6 个单位未使用公务卡结算 26.41 万元；8 个单位劳动合同管理不到位，临时工聘用手续不齐全或未按规定缴纳社会保险费。资产负债管理方面有 11 个单位少记资产 66.86 万元;4 个单位往来款项 2073.94 万元未及时清理；1 个单位购置空调 3.12 万元未严格履行验收手续。项目建设管理方面有 4 项工程建设程序不规范；2 个项目工程招标公告未通过指定媒体发布；1 个单位绿化工程规避投资评审；6 项工程结算未送相关部门审核 341.85 万元；2 个单位将工程发包给不具有相应资质的单位实施，涉及 67.24 万元；1 项工程未按设计图施工；1 项工程结算文件编制不实 39.65 万元；1 项工程投资规模超批复 581.07 万元；2 项工程多付工程款 3.13 万元；1 个单位超付工程进度款 6.72 万元；1 个项目监理单位履行职责不到位；2 项工程监理合同条款不合理；1 个项目建设工程监理合同签订把关不严；1 项工程施工、监理单位无相关资质；1 个单位材料管理不到位，购入领用公房维修材料未办理手续且大量闲置 4.36 万元。“三公”经费及会议费管理方面有 3 个单位车辆维修费支出不实，或重复报销车辆维修费 4.19 万元;5 个单位公务用车管理不到位 16.1 万元；6 个单位公务接待支出 112.39 万元报销凭证不齐全；1 个单位公务接待费 1.86 万元未单独列示。自然资源资产管理方面有 1 个单位未申报林木采伐许可证。生态文明建设方面有 1 个单位河长制工作不够落实，制止和查处违法用地力度不够。

【民生资金审计】2021 年，大埔县审计局加强民生资金审计监督，促进残疾人两项补贴资金依规及时发放。对大埔县 2019—2020 年残疾人两项补贴资金的管理和使用情况进行审计，查出并纠正以前年度结余结转资金 1.66 万元未及时清理，未及时发放残疾人两项补贴资金，残疾人死亡后继续发放两项补贴 0.22 万元，不符合领取条件人员领取残疾人两项补贴 2.59 万元等问题。

【公共投资审计】2021 年，大埔县审计局加强公共投资审计监督，促进项目加快落地见效。对大埔县山区中小河流金丰溪治理项目进行绩效审计、对县人民医院改扩建项目进行跟踪审计，查出并纠正项目施工进度滞后，未及时发挥财政资金效益；相关单位对项目绩效管理工作不够重视；竣工验收工作滞后；超付工程监理费 74.28 万元；未按规定调整合同价款；未按规定批复工程款 517.7 万元；监理单位未按规定提交履约保证金 18.57 万元；监理单位未按规定履行义务等问题。

【企业审计】2021 年，大埔县审计局加强企业审计监督，促进企业规范管理，严格执行相关规定。对大埔县自来水有限责任公司2016—2019年资产负债损益情况进行审计，查出并纠正滥发奖金补助、慰问费338.12万元；违规多报销差旅费0.26万元；扩大支出范围7.3万元。未取得发票支付费用3.06万元；超限额使用现金支付367.64万元；会计核算不规范2985.36万元；财务管理不够完善200.16万元。固定资产不实6.52万元。委托不具有相应资质条件的工程造价咨询企业评估98.75万元；以不合理条件限制潜在投标人等问题。

【审计服务】2021年，大埔县审计局围绕县委、县政府和上级审计机关的中心工作，扛起审计监督政治责任，配合加强监督检查，服务发展大局，促进全县经济高质量发展。全年完成乡镇党政主要领导干部经济责任和资源资产异地同步审计，案件查处、违法用地审计调查、国有资源利用情况审计调查等5件交办配合事项，以及助力乡村振兴、河长制、创森、环境保护等工作。

【跟踪检查整改】2021年，大埔县审计局落实中央《关于建立健全审计查出问题整改长效机制的意见》，做好审计“后半篇文章”。找准“经济体检”切入点和着力点，坚持把微观查问题与宏观提建议结合起来，促进完善制度、规范管理、推动改革。要求被审计单位制订整改措施，落实整改责任，组织力量抓整改，整改一个销号一个，2020—2021审计年度发现问题整改率75%。及时跟踪检查，了解相关项目审计建议采纳情况、存在问题整改情况，诚恳听取被审计单位意见。贯彻落实省政府内部审计工作规定，加强对内审工作指导和监督。

大埔县审计局负责人名录

局　　长：周　威

副 局 长：罗永忠　黄咏辉　罗光陆

总审计师：赖则千（2021.7—）

（廖志营）

统　计

【统计“双基”建设】2021年，大埔县统计局始终把抓好统计“双基”建设作为提高统计数据质量的关键。严格按照《广东省一套表联网直报单位统计工作规范》要求，加强企业统计台账建设，督促指导网报企业完善原始记录和电子台账。为提高联网直报企业统计台账建设水平，给予每间网报企业每月150元的台账建设补助经费。台账经业务人员验收合格后，每半年发放一次。开展农村统计基层基础建设调研工作。对辖区内的15个镇（场）和随机抽取的105个村开展全覆盖农村统计基层基础和农村统计数据质量检查，在对镇级统计站报表完成全面检查的基础上，分批次组织镇级统计员两两交叉复查。各镇统计站都由镇领导抓，镇（村）配备专（兼）职统计人员、办公电脑，统计制度有上墙，镇与村级数据基本一致，季（年）报表齐全。

【统计服务】2021年，大埔县统计局坚持把为县委、县政府和社会各界提供统计优质服务作为统计工作的出发点和落脚点。提升统计月报档次，丰富公开内容，扩大发送范围。2021年1—11月，印制精装版《大埔统计月报》11期近1000份，发送至县班子领导及有关单位。编辑出版2020年《大埔县统计年鉴》，及时把统计数据和政务活动信息向社会公布。同时，加强经济运行分析，每月网报结束即召开网报业务分析会。此外，围绕县委、县政府中心工作任务，开展调查研究，全年撰写10篇较高质量的统计分析材料，供领导决策服务。

【统计法治建设】2021年，大埔县统计局加强统计法治建设。统计法治建设是政府统计正常运作的保证，是提高数据质量的关键。

县统计局高度重视，端正思想认识，持续加强推进统计法治建设。制定完善统计数据管理制度。建立数据评估机制，明确数据采集、审核、查询等环节的工作标准，实现业务全流程、全覆盖的质量监控。同时，采取多样形式加强法制宣传，开展统计执法检查。对“四上”企业、投资项目和镇（场）的统计全面开展执法检查，并配合市局进行重点统计执法，提高统计公信度。

【统计数据质量】2021 年，大埔县统计局贯彻落实中共十九大报告关于“完善统计体制”的明确要求和习近平总书记等中央领导对统计工作的批示指示精神，进一步规范统计工作行为。严格实施各项统计监测调查，履行预防和惩治统计造假职责，保障统计数据质量。贯彻落实中办、国办印发的《关于深化统计管理体制改革提高统计数据真实性的意见》《统计违纪违法责任人处分处理建议办法》等有关文件精神，以入户形式对不同区域、不同行业、不同类型企业开展数据质量检查，对发现的问题，弄清原因，限时整改，并跟踪整改落实到位。以“两防”（防弄虚作假、防少报漏报）加强基础数据报送工作，有效提高统计数据质量。加强对新增单位入库的标准、成立（开业）时间及相关证明材料的审核，对不达标、开业时间不符的单位一律退回，对往年成立当年才开营的企业，严格核实企业提交的相关证明材料。

大埔县统计局负责人名录

局　长：刘永东（—2021.4）
　　　　　刘坚城（2021.4—）

副局长：廖广企　谢汉娇（女，—2021.04）

（汤佳茹）

统计调查

【重要经济数据发布】2021 年，国家统计局大埔调查队根据调查发布经济数据。大埔全体居民人均可支配收入为 2.23 万元，同比增长 8.3 %；城镇居民人均可支配收入为 2.81 万元，同比增长 8.2%；农村居民人均可支配收入为 1.72 万元，同比增长 9.2%。

【常规统计调查】2021 年，国家统计局大埔调查队严格按照国家统计局相关调查方案和国家统计局广东调查总队相关制度要求，组织开展城乡住户调查、农民工监测调查、劳动力调查、农产量调查、畜禽监测等调查工作。重点做好劳动力扩样工作，根据广东省人民政府办公厅转发《国家统计局关于进一步加强劳动力调查工作的通知》精神，大埔调查队牵头组建大埔劳动力调查工作专班，做好劳动力扩样工作的前期准备工作。4 月，轮入新样本点高陂社区，5 月，轮入新样本点城北社区和平原村，6 月，老样本点全部退出。

【专项统计调查】2021 年，国家统计局大埔调查队加强对乡村振兴、社会经济发展和社会民生等问题的专项调研工作。全年开展总队约稿调研和专题调研 21 项，成稿信息 7 篇，均被总队综合采用。上报进度分析 9 篇，单独采用 1 篇。开展自主调研 2 次。调研分析获大埔县主要领导肯定。同时，全年印发《大埔调查》4 期，其中 3 期获得县主要领导批示，为党政领导宏观决策需求提供统计优质服务。

国家统计局大埔调查队负责人名录

队　长：吴文清（女）

副队长：汪　鹏

纪检员：吴蔚祺

（王乃琳）

社 会 民 生

人力资源和社会保障

【培训就业】2021年，大埔县人力资源和社会保障局（简称大埔县人社局）推进就业创业工作，就业形势总体稳定，全县城镇新增就业2400人，城镇失业人员再就业1253人，就业困难人员实现就业200人，扶持创业329人，城镇登记失业率2.83%。引导支持全县务工人员就业，加强与广州、东莞等珠三角地区人社部门、企业的对接，全年累计输送就业900人。围绕“南粤春暖”“稳岗留工”等专题，组织开展线上线下招聘会16场，介绍就业1114人。鼓励扶持自主创业，发放各类就业创业补贴251.2万元，发放小额担保贷款49笔、贷款金额1346万元，发放创业担保贷款利息补贴资金202人共45.55万元。全年举办劳动力技能晋升培训29期1100人。2021年，大埔小吃文化城、大埔县瑞锦职业技术学校主动对接大埔县中小学校，组织1.44万名学生开展“粤菜师傅”工程研学活动，大埔小吃孵化基地累计入孵创业实体101户，累计带动就业332人。“广东技工”工程推进，全年劳动力技能晋升补贴实际发放1562人共252.15万元，职业技能提升行动专项资金支出18.23万元。“南粤家政”工程建设，2021年4月9日，联合相关部门举办大埔县首届“南粤家政”技能大赛，选出8位优秀选手并代表大埔参加梅州市首届“南粤家政”技能大赛，获三等奖2人、优秀奖2人；大埔县家政服务行业协会进驻家政品牌企业34家，累计培训家政服务类技能人才799人，通过技能鉴定获证678人，带动就业创业837人。

【社会保障】2021年，大埔县人社局推进社会保险参保征缴工作，全县社会保险总参保人数27.6万人次，同比增长1.04%，征收各项社保费5.57亿元，同比增长17.43%，支付各项社保费13.47亿元，同比增长4.4%。持续提高经办服务能力，选取企业职工（含养老、失业、工伤保险）高频服务事项作为首批“全市通办”事项，建立“全市通办”的社保服务新模式，畅通社保服务的“最后一公里”。加强基金监管，完善内部审计、内部控制机制，加强基金收支平衡管理，重视基金预（决）算管理，控制好基金支出渠道，严格执行基金管理规定。

【人事人才】2021年，大埔县人社局开展人才引进服务工作，完成全年招聘录用有关工作，聘用280名事业单位工作人员，引进教育、卫生等各类急需紧缺人才19人。加强岗位分类管理和审定，完成57个事业单位的岗位设置备案，审核认定2166名事业单位人员的岗位聘任及37名机关工勤技能岗位的聘任工作。推进岗位等级晋升工作，教育、卫生行业有248人实现岗位等级晋升，其他事业单位有61人实现岗位等级晋升。加强档案管理，持续完善大中专毕业生档案系统化和信息化管理，接收大中专毕业生档案2434份，转出大中专毕业生档案620份。

【劳动关系】2021年，大埔县人社局推进根治欠薪工作，全年劳动监察受理调解案件346件，涉及2322人共4524.08万元；立案受理案件3件，结案3件，涉及38人共79.19万元；没有发生因拖欠农民工工资引发的群体性、突发性事件。印发《大埔县2021年保障农民工工资支付部门联合专项执法检查工作方案》，联合住建等部门对全县范围内30个在建工程项目开展为期两轮的专项执法检查。落实《梅州市2020年度保障农民工工资支付工作考核》的工作要点，经过省、市核查组考核，大埔县获考核评级A级，位居全市第二名。做好来信来访答复工作，全年收到“12345”“12333”等信访平台转来的信访件共86件，涉及157人次，诉求答复率100%。推进劳动人事争议调解仲裁工作，全年受理案件48宗，涉案人数48人，涉案金额143.23万元，案件审结48宗，结案率100%。劳动关系保持总体和谐稳定。

大埔县人力资源和社会保障局负责人名录

局　长：何赞营（—2021.6）
　　　　余　伟（2021.6—）
副局长：刘赞华　刘志达　廖万安

（陈佩蓉）

社会保险

【落实社保政策】2021年，大埔县社会保险基金管理局（简称大埔县社保局）推进社保扩面征缴和社保待遇政策的落实。压实行业部门责任、镇村属地责任，狠抓工作落实，完成上级下达的扩面征缴任务。全年全县社会保险总参保人数27.6万人次，同比增长1.04%；征收各项社保费5.57亿元，同比增长17.43%；支付各项社保费13.47亿元，同比增长4.4%。落实企业职工养老保险、机关事业单位养老保险待遇调整政策，并按时足额发放到位，失业保险计发标准提高至1458元/月，工伤保险一次性工亡补助金提高至87.67万元；落实失业补助金、职业技能提升补贴政策，发挥失业保险稳就业、保民生的作用；推广应用社保卡，全县通过社会保障卡发放待遇比例明显提高。

【打击冒领骗保行为】2021年，大埔县社保局重视社会保险基金风险防范工作，落实行业部门、用人单位、个人的社会保障责任，守护好人民群众的每一分“养老钱”。抓好经办业务管理。在经办过程中，严把事前防范、事中核查、事后监管三关，通过数据比对、领取资格核查、数据信息共享等，严厉查处社会保险领域欺诈骗取行为，推进失信惩戒工作，维护和保障社会保险基金安全。针对违规领取待遇行为，坚决做到发现一起追回一起。全年稽核户数95户，稽核人数1.65万人；对企业申请开具社保证明进行核查78次，协查协办证明130宗；对业务股室经办业务开展专项稽核8次，落实审计整改和各项违规领取社会保险待遇55人，追回金额35.7万元。开展全市社会保险基金风险防控“清数”“筑墙”“社保基金管理问题专项整治”三项行动，落实各项工作任务，全面排查疑似风险数据，筑牢基金风险防控防火墙。截至2021年12月31日，全县在全民参保系统“清数筑墙”模块中按险种下载15.31万条数据，核查14.98万条数据，核查率97%，需要整改的数据8.77万条，整改6.36万条，整改率72%。通过政府网站、微信公众号、户外LED显示屏等新媒体，以及社保政策进社区、进企业、进园区活动，宣传社会保险基金“反欺诈、反冒领”等政策，提高群众依法领取社保待遇的法律意识和共同维护社保基金安全的监督意识，构建齐抓共管的良好工作局面。

【社保便民服务】2021年，大埔县社保局坚持传统服务方式和智能化服务创新并行，推进社保经办数字化，为人民群众提供更加贴心暖心的社会保障服务。结合全省一体化信息平台建设，对已进驻广东省政务服务网的98个事项进行全面梳理，减少证明材料，压缩办结时限，引导办事群众使用“粤省事”“广东人社”App等进行网上办理。推进“放管服”改革，有82项公共服务事项实施“全市通办”，并加快推进实施“前台综合受理、后台分类审批”的“综合柜员制”，实现真正意义上的“一窗通办”，打造便民服务新模式，为广大参保人提供更加高效、便捷的社保经办服务。构建县、镇、村三级社保服务体系。在全县15个镇（场）的公共服务中心设立社保业务窗口，可直接办理8项社保业务，受理59项社保业务的代收件工作，在各村均设立社保业务受理点，可直接办理城乡居民养老保险和医疗保险缴费业务，让参保人员不出乡镇可办理业务。

【行风建设水平提升】2021年，大埔县社保局重视行风建设，坚持把行风建设作为“一号工程”抓紧抓实抓细，贯彻落实行风建设三年行动方案，解决社会各界关注的热点难点问题和服务群众问题。推进“人社服务快办行动”。对现有的服务窗口、经办流程、信息系统、人员配备等做出优化和调整，针对10个企业和群众眼里的“一件事”及选取10个提速办服务事项，编制办事指南，优化办事流程，与大埔县人社局建立业务协同工作机制，实现“一次申请、一窗受理、联动办理、实时反馈”的新型政务服务经办模式。开展“领导干部走流程转作风”活动。组织相关部门班子成员分别以办事人员、经办人员的身份，全面体验线上线下办事流程，重点解决“办事不便、流程不优、效率不高、运转不畅”等问题，持续推进服务再优化、流程再简化，增强办事群众获得感和幸福感。落实社保服务“好差评”制度。完善社保经办公共服务事项目录，畅通线上线下评价渠道，通过社保服务“好差评”，主动照镜子、正衣冠，从群众的“好差评”中对标找差距，及时发现政务的堵点难点，找准服务的切入点和着力点。

【助力乡村振兴】2021年，大埔县社保局落实好困难群体城乡居民保险最低标准全额代缴养老保险费政策，为符合条件的困难群体代缴城乡居民养老保险费，其中建档立卡贫困人员代缴人数2153人，共25.78万元；低保对象、特困人员代缴人数4146人，共49.82万元；重度残疾人、精神和智力残疾人员代缴人数4435人，共55.59万元，确保困难群体应保尽保、应发尽发。大埔县15个镇（场）政务服务中心实现社保全事项业务受理，同时，对条件成熟的村委开展试点，并通过各种有效措施，推动社保经办服务与乡村振兴无缝衔接。

【开展机关养老保险改革】2021年，大埔县社保局开展基本养老金新办法计发试算，分析新老办法计发对比后养老金增长情况、对比前后增幅差距。加强参保基础数据维护，核实退休人员职务职级（技术职称）、工作年限、视同缴费年限等相关参数，确保改革后按新办法计发退休人员基本养老金的工作顺利推进，确保机关事业单位养老制度改革过渡期内待遇水平平稳衔接，已纳入新办法发放人数1018人。为落实改革后职务升降人员过渡期内退休老办法待遇标准，核实属于粤人社规〔2020〕44号文规定的职务升降退休人员。按《广东省人力资源和社会保障厅 广东省财政厅关于进一步明确机关事业单位养老保险制度改革后职务升降人员过渡期内退休老办法待遇标准等问题的通知》粤人社规〔2020〕44号文件规定，补充上报过渡期内升降后的职务（职级、岗位）向前套算该职务2014年9月时的基本工资信息。2018—2021年有职务升降人员为444人，已核发422人，核发完成率95.05%。跟进省属单位清算工作，加强与参保单位的沟通，完成启动前征缴工作，截至2021年12月底，完成大埔县人民检察院、大埔县人民法院启动前征收基本养老保险费160.97万元、职业年金294.59万元。

大埔县社会保险基金管理局负责人名录

局　长：蓝尚柏

副局长：罗丽清（女）　罗富健

（陈文露）

民政工作

【救助兜底得到保障】2021年，大埔县民政局提高城乡低保救助和特困供养标准。从2021年1月1日起，将大埔县农村低保标准由532元/人·月提高到560元/人·月，农村低保对象平均补差由276元/人·月提高到304元/人·月。城镇低保标准由772元/人·月提高到800元/人·月，城镇低保对象平均补差由609元/人·月提高到631元/人·月。农村特困供养标准由852元提高到896元，城镇特困供养标准由1236元提高到1280元。对符合条件人员做到应保尽保，加强基本生活保障。共排查困难群众1416户3884人，对符合条件的453户1005人困难家庭纳入低保；共有重病、重残低收入家庭124人“单独”纳入低保；纳入集中供养的特困人员有29人。帮助群众解决临时性基本生活困难。2021年1—12月，共救助临时困难群众2561户3327人，支出救助金256.83万元。加强救助站服务管理。全年共救助54人，其中站内救助48人，街头救助流浪乞讨人员6人。巩固农村低保专项治理成果，推动社会救助高质量发展。

【养老服务体系健全】2021年，大埔县民政局开展养老服务领域防范化解非法集资和防诈骗的排查宣传工作，维护老年人的合法权益和社会稳定，经排查，全县养老机构暂未发现有涉嫌非法集资的问题线索。加强养老机构消防安全排查整治。全年通过政府采购方式，将全县14间乡镇敬老院消防设施设备委托给有资质的专业消防公司进行维护保养。县福利院消防安全“五化”管理达标创建工作完成，并通过市、县消防部门检查验收。加快推进老年人居家适老化改造。在高陂镇选取符合改造条件的50户特殊困难老年人家庭先行实施改造，至2021年年底，第三方公司开展入户调查评估和制定改造方案工作。推动落实“南粤家政”养老护理员培训。全年组织养老领域从业人员参加线上线下各种各类培训600人次。加快公办养老机构护理型床位建设，县福利院设置养老床位106张，安排50万元资金用于乡镇敬老院护理型床位建设。抓好高龄老人补（津）贴工作。推动特困人员供养服务设施（敬老院）改造提升，西河镇敬老院改造提升项目全面完工，高陂镇扩建改造项目资金筹集到位。推进城乡养老服务设施建设，大埔县医养服务中心项目和高陂镇古东村、银江镇坑口村、洲瑞镇嶂岸村、湖寮镇古城村等居家养老服务站项目启动实施。

【基层治理水平提升】2021年，大埔县民政局抓好村级换届选举，围绕机制完善，推进基层社会治理水平。村级换届选举支部书记、主任“一肩挑”100%，同比增长13%，“两委”干部交叉率92.2%，同比增长4%。女性支部书记、主任26名，占比10.16%，女干部422名，占比31.46%。村（社区）“两委”干部大专以上学历407人，同比增长106.6%；45周岁以下干部468名，同比增长8.1%；总体实现学历年龄“一升一降”。村（社区）“两委”干部工作补贴人均每月3200元，比2020年增长6.7%；村（居）务监督委员会成员每人每月补贴增至800元，同比增长6%；落实首轮采集的正常离任村干部提标发放，总计发放1215.82万元，惠及3227名补助对象；死亡补助对象176人，补发金额65万元；健全“双百工程”社工队伍薪酬体系，制发《大埔县“双百工程”社工薪酬指引》，共发放280万元。推动实施“广东兜底民生服务社会工作双百工程”。通过整合镇（场）原“双百计划”社工、社会救助经办人员和残疾人专职委员以及全省统一公开招考完成15个镇（场）社会工作服务站和30个社会工作服务点的建设，共配备社工人员98人。探索“社工+志愿者”的服务模式，开展形式多样志愿服务活动。落实“四议两公开一监督”，规范村民民主议事决策，全县256个村（居）100%完成村规民约和居民公约修订完善，城乡社区综合服务设施建设100%覆盖。推动基层正风反腐工作，严格落实县级联审机制，在村级“两委”换届过程中和补选过程中，共对2454名初步人选进行审核，其中41名被取消资格。推进“社区万能章”治理，修改完善《大埔县村（居）民委员会工作职责事项指导目录》。

【社会事务依法开展】2021年，大埔县民政局依法开展社会事务工作。提高孤儿、残疾人生活补贴标准。从2021年1月1日起，集中供养孤儿1883元/人·月，分散供养孤儿和事实无人抚养儿童1227元/人·月，同比分别提高63元/人·月和117元/人·月。困难残疾人生活补贴和重度残疾人护理补贴标准分别提高到181元/人·月和243元/人·月，同比分别增加6元/人·月和8元/人·月。依法依规做好婚姻登记工作。截至2021年11月25日，办理国内结婚登记1805对、国内离婚登记621对、离婚登记申请988对、离婚申请撤回235对、补领结婚证693宗、补领离婚证61宗、涉外登记5对，个人查询婚姻档案171宗，公、检、法查询婚姻档案27宗，群众好评率100%。同时，推进婚姻档案电子化工作，做好辖区内1957—2003年现存婚姻登记历史档案的补录工作，共录入信息11万条，实施婚姻登记“全城通办”。做好殡葬管理工作。截至2021年11月27日，全县火化遗体2756具，共免除七项基本服务费遗体数量2768具，免除七项基本服务费用477.48万元。做好县殡仪馆创建省等级馆工作，投入资金1500万元，对县殡仪馆进行提升改造。至2021年年底，工程完成投入资金1152.2万元，准备迎接省专家组评估审核。投入资金61.4万元用于县殡仪馆火化机尾气排放治理工作。加大对全县公墓、骨灰楼（堂）、三道两区、高速两侧违规建坟的巡查力度，推进违规建坟专项整治，开展殡葬业价格秩序、安葬（放）设施建设经营专项整治和土地卫片执法违法用地整改相关工作。成立大埔县未成年人保护工作领导小组，统筹、协调、督促和指导未成年人保护工作。开展形式多样的关爱宣传活动，做好农村留守儿童和困境儿童关爱保护工作。开展农村留守儿童“合力监护、相伴成长”关爱保护行动、“政策宣讲进村（居）”活动，宣传《中华人民共和国民法典》《中华人民共和国未成年人保护法》等法律法规，全年开展80场村（居）层面的政策宣讲活动，受益人数3713人，派发海报7680张、宣传单1.7万份。做好残疾人两项补贴资格认定工作，共认定领取残疾人两项补贴对象8651人；落实残疾人两项补贴“跨省通办、跨市通办”工作。做好收养登记工作。对5个家庭的抚养教育能力进行收养评估，依法依规办理收养登记4人。做好区划地名工作，依法依规开展地名管理工作。审核批准梅州市悦鸿实业有限公司“万象江山花园”楼盘命名，同意大埔县光德镇“上砳村”更改为“上寨村”；投入6万元对县城区、乡镇街道的道路标牌有损坏、缺失、新增的进行设置安装，安装道路标牌51块。

【福利彩票事业推进】2021年，大埔县民政局抓好福利彩票事业。全县共设电脑彩票投注站26个、“快乐8”销售点15个，新增1个投注站。至2021年年底，全县销售福利彩票1485万元，其中电脑票1198万元、即开票287万元。开展“打二针，献爱心”抗疫回馈彩民活动。结合福彩中心“中国福彩 一起造福”宣传主题活动，回馈广大购彩者对福利彩票事业的支持。采取广告宣传、人员销售、彩票营销方式，吸引更多的消费者购买福利彩票，扩大销售量。

【社会组织健康发展】2021年，大埔县民政局做好社会组织登记工作。全县社会组织累计有184家，其中社会团体123家、民办非企业单位61家。全年办理社会组织登记11家，注销社会组织17家。开展整治非法社会组织专项行动，发现2家非法社会组织、社团1家、民办非企业单位1家。推进社会组织法人治理专项整治工作，以年报工作为契机，开展规范社会组织法人治理专项整治自查自纠工作，并对10家社会组织进行实地检查，发现有7家存在内部制度不够完善的问题，要求限期整改。清理整治“僵尸型”社会组织，共有25家，已注销10家、整改2家、准备注销2家。开展清理规范行业协会商会收费工作和“我为企业减负担”专项行动。继续与相关行业指导单位沟通协调，引导行业协会进行整改或依法注销等。

大埔县民政局负责人名录

局　长：刘剑涛

副局长：袁春华（女）　赖国新

邱云期　魏繁华

（黄伟忠　张筝媚）

应急管理

【概况】2021年，大埔县应急管理局贯彻落实习近平总书记关于安全生产、防灾减灾的重要论述和中共十九届五中、六中全会精神，围绕庆祝中国共产党成立100周年为主线，坚持人民至上、生命至上，开展安全生产、防灾减灾和应急救援等工作。全年全县工矿企业未发生生产安全事故；发生生产经营性道路交通事故1起，死亡1人（2020年同期2起，死亡2人）；森林火灾14起（2020年同期16起），无人员伤亡；未发生较大自然灾害事故、未造成人员伤亡；全县安全生产和应急管理形势总体保持稳定。

【应急体系建设】2021年，大埔县应急管理局完善应急体系建设，落实安全生产责任。组织县委办、县府办、15个镇（场）、县安委会成员单位相关领导干部学习新修订的《中华人民共和国安全生产法》，观看习近平总书记关于安全生产的重要论述专题片——《生命重于泰山》，推动各级各部门提高安全生产法治意识，直面安全风险，强化责任落实。定期向县委、县政府汇报安全生产和应急管理工作，全年5次向县委常委（扩大）会议汇报安全生产、森林防灭火、防灾减灾等工作，研究部署不同季节重点工作；全年12次（每月一次）向县政府常务会议汇报事故隐患排查治理工作，提出措施方案解决重点难点问题。完善责任体系，构建大应急格局。及时提请县委、县政府重新调整县“三委三部”（县应急委、安委会、减灾委、三防指挥部、森林防灭火指挥部、防震抗震救灾指挥部）成员单位，起草修订《大埔县党政部门及省、市驻埔有关单位安全生产工作职责》(至12月，已报县政府审定，待批准后实施)，明确各部门的工作职责，完善责任链条，压实工作责任，形成统一指挥、统一协调的应急管理责任体系。指导15个镇（场）开展“四个一”(有一个应急管理组织体系、一个应急救援队伍、一个应急指挥中心、一个应急救援物资仓库)建设，推动全县256个行政村（社区）按照防灾减灾救灾“十个有”标准，建设村级应急指挥中心，初步打通应急管理工作“最后一公里”，形成县、镇、村三级应急网格。

【安全专项整治】2021年，大埔县应急管理局抓好安全生产及安全专项整治工作。根据2021年度安全生产监督检查工作计划，对非煤矿山、危险化学品、烟花爆竹、冶金工贸等高危行业开展日常安全监管和执法检查，对发现的隐患问题要求责令企业立即整改或限期整改；全年立案查处17起违法违规行为，罚款4.77万元；依法查处非法经营、储存点12处，没收烟花爆竹产品356箱(件)、价值2.87万元，无行政复议和诉讼案件。开展安全专项整治。组织开展春节、清明、“五一”、中秋、国庆等不同季节时段的安全生产大检查，突出道路交通、建筑工地、城镇燃气、消防、旅游等重点行业领域。全年全县排查各种事故隐患3261宗，其中较大以上隐患329宗、县挂牌督办隐患33宗、市督办12宗。针对事故易发的安全生产、道路交通问题，部署开展安全生产专项整治三年行动和系统防范化解道路交通安全风险工作，召开安全生产研判会议18场次，开展安全生产督导45次，解决制约安全发展的瓶颈性、基础性问题。2021年，全县没有发生较大以上道路交通事故，事故起数、死亡人数、受伤人数与2020年同期相比，分别下降25.6%、27.3%、28.4%。

【防灾减灾救灾工作】2021年，大埔县应急管理局抓好提升预警能力，落实三防职责。入汛前，周密部署，及时组织汛前安全检查，及时发布预警信息33次。针对全年影响最大的第9号台风“卢碧”，及时提请县三防指挥部启动防风III级应急响应，加强会商研判，提前做好防御措施，此次台风未对全县造成损失、未造成人员伤亡。同时，结合降雨偏少实际情况，统筹做好防旱抗旱工作，下拨抗旱资金、大功率抽水机到各镇(场)，解决群众生产生活用水困难问题。加大管控力度，严防森林火灾。牢固树立“绿水青山就是金山银山”的发展理念，组织相关部门和人员利用广播、短信、横幅、标语和宣传海报等形式，广泛开展宣传，引导广大群众文明祭祀、遵章用火、爱护森林。同时，组织开展春节、清明和“五一”、中秋等重点季节时段的森林防灭火工作，牵头督导各镇（场）对2728处森林火灾风险隐患点进行排查，严格管理火源。组织人员参加全国森林草原扑火指挥员培训，提高森林火灾应急指挥能力和灭火技能，县镇专业、半专业扑火队分组(分片)集中值守待命，做到一有火情，及时出击，快速扑灭。全年全县发生森林火警40起、森林火灾14起，没有发生较大山火，没有人员伤亡。加强基础设施建设，提升应急保障能力。发挥县减灾办的综合协调职能，统筹推进自然灾害防治能力建设，开展各行业领域八大重点工程的风险排查，落实防控预警和专项治理措施，有效提高全县灾害防治能力。

【应急培训演练】2021年，大埔县应急管理局注重宣教培训，提高安全防范意识。加强安全宣传教育。开展“5·12”防灾减灾、安全生产月、法制宣传周等大型宣传咨询活动，开展10场安全宣传五进活动(进企业、进农村、进社区、进校园、进家庭)，常态化在电视台、户外视频广告、手机短信等开展重点季节时段的安全宣传和预警发布；组织企业主要负责人和安全管理人员开展安全任职资格培训和继续教育；组织全县256个村（社区）585名灾害信息员参加全国灾害信息员师资视频培训，提升广大群众的安全素质和防灾减灾意识。加强应急救援演练。开展各行业领域应急救援演练，举行防汛演练16场次、森林防灭火演练14场次、安全生产演练36场次，进一步磨合机制和队伍，提高实战能力和应急处置技能。

【应急科技】2021年，大埔县应急管理局注重应急科技，打造智慧应急平台。争取县委、县政府的关心支持，在大埔县应急管理局建成一个科技化、信息化应急指挥中心，与国家、省、市、县、镇、村以及县直有关单位实现视频会议互连互通，可查看水文、气象、森林火灾等实时监控图像，可视频监控非煤矿山、建筑施工、校园食堂、市政设施等危险源，可调取全县地质灾害、避难场所、医疗卫生、物资装备、救援队伍、行业专家信息，为快速指挥决策提供情报数据，形成全县应急管理“一张图”。同时，在全县256个村（社区）建设和改造481处“天翼大喇叭”智能广播平台，实现市、县、镇、村四级统一播控，为快速高效发布预警信息、疫情防控、安全生产和防灾减灾知识提供保障服务。

大埔县应急管理局负责人名录

局　长：刘日新

副局长：林华北　刘顺波　郭永辉

（黄高明）

退役军人事务

【概况】2021年，大埔县退役军人事务局坚持以习近平新时代中国特色社会主义思想为指导，牢固树立“以退役军人为中心”的工作理念，加快构建全县退役军人服务保障体系，全面夯实基层工作基础，推动全县退役军人工作高质量发展。

【服务保障体系建设】2021年，大埔县定期召开县委退役军人事务工作领导小组会议，县委、县政府主要负责人多次对退役军人工作作出批示，并在县委常委会、县政府常务会听取退役军人工作情况汇报，推动各级领导小组工作运行机制不断完善。全县15个镇（场）健全服务保障体系，在县退役军人服务中心和8个镇服务站通过省级评审验收的基础上，推进星级服务站示范创建工作，提升能力素质。2020年未创建通过的7个镇（场）站于2021年9月全部申报创建，申报创建率100%。退役军人和其他优抚对象在300人以上的村（社区）服务站开展星级示范创建，强化服务意识、改进服务作风、优化服务模式。

【退役安置】2021年，大埔县退役军人事务局开展退役军人“大走访”活动和通过三级退役军人服务中心（站）办事窗口，宣传退役军人技能培训和就业创业服务指南、就业补贴、创业扶持、贴息贷款、学历提升、招聘录用和税收优惠等相关政策。线上依托微信工作调度群、政府网站等网络平台为退役军人提供精准的就业创业信息，打通信息堵点，加大推送退役军人企业参加创业大赛。聚焦广大退役军人返乡报到、关系转接、就业服务、优抚安置等民生热点，提供“一站式”服务，实现自主就业退役士兵“即退即交即接”，并对辖区内退役军人就业创业需求进行摸底调查，组织做好退役军人全员适应性培训、职业技能培训和学历教育，夯实就业创业基础。用好用活退役军人就业创业和困难帮扶专项基金。培植以广东吉玉陶瓷、广东晖祥陶瓷有限公司为主的退役军人就业创业孵化基地，吸收退役军人到基地培训实习，实现就业创业。搭建优质服务平台，举办退役军人招聘会5次，促进供需有效对接。推动实施“退役军人村官培养工程”，推荐选派优秀退役军人到村“两委”和退役军人服务中心（站）工作。专门设立岗位进行公务员定向招录和事业编制定向招聘。完善安置工作流程，促进安置工作标准化规范化，严格落实大埔县无军籍职工、军休干部遗属及军队转业干部待遇。

【优抚政策落实】2021年，大埔县退役军人事务局坚持以走访慰问、帮扶解困、维护权益等民生实事为重点，让学习党史成果转化为推动高质量发展的内生动力。落实优抚对象抚恤补助政策，确保优抚资金及时、安全、准确发放到位。落实保障经费动态增长和优抚标准提标机制。为优抚对象缴纳城镇职工基本医疗保险或城乡居民医疗保险，对因病住院的定恤定补优抚对象实行“一站式”医疗结算，提高优抚医疗保障水平。关心烈士遗属，由县分管领导带队对全县烈属进行全覆盖走访，了解具体情况，帮助解决实际困难。结合常态化联系和大走访活动，落实“一人一档”，建立台账，全面动态掌握各辖区退役军人和其他优抚对象信息，全年发放慰问金、慰问品123万元。聘请常年法律顾问，县退役军人服务中心设立“法律援助站”，推进和深化退役军人法律援助工作。建立困难退役军人主动发现机制，完善退役军人党员花名册和帮扶需求台账，推进“退役军人党员结对帮扶”。重点梳理困难退役军人和其他优抚对象情况，加强政策宣传和工作指引，引导符合条件的人员申请省应急救助资金和临时困难救助资金，帮助解决实际困难。加大防范化解重大风险力度，对全县涉军信访稳定工作进行全盘部署，按照一人一策一专班的要求，帮助退役军人解决实际困难。

【宣传《中华人民共和国退役军人保障法》】2021年，大埔县退役军人事务局结合“法律政策落实年”活动，把学习宣传《中华人民共和国退役军人保障法》作为国家工作人员年度学法考试内容和“八五”普法重要任务。印发“退役军人保障法笔记本”“退役军人保障法”单行本，开展赠书活动，推动保障法“六进”（进机关、进企业、进学校、进村居、进军营、进万家）活动落实。至12月底，组织全县各镇（场）退役军人事务系统工作人员集中学习习近平总书记关于退役军人工作重要论述及“退役军人保障法”2次，依托微信网络平台组织开展党史及退役军人工作法律法规政策知识竞赛，截至6月18日知识竞赛总参与3325人次，排名全市第一。

【营造尊崇军人氛围】2021年，大埔县退役军人事务局营造关爱和尊崇军人的氛围，增强退役军人的获得感、荣誉感、幸福感。邀请优秀退役军人参加县政府新春团拜会及“八一”座谈会等重大庆典活动，将大埔县获二等功及以上奖励的现役军人、退役军人录入地方志。常态化开展悬挂光荣牌，组织入伍欢送和退役欢迎仪式，为二等功、三等功的现役军人家庭送上立功喜报。围绕“寻找百岁老兵·聆听峥嵘岁月”专题挖掘报道大埔县百岁老兵先进事迹，推选两名百岁老兵故事在《广东退役军人》杂志刊登。挖掘八一起义军三河坝战役旧址、中央红色交通线大埔中站旧址、中共南方工委旧址等红色文化内涵，推动红色资源串珠成链。加强烈士纪念设施管护，将管护工作经费纳入县财政预算，以政府购买服务方式，聘请16座纪念碑所在地村民实行“人碑一对一”管理模式，形成专人管“点”、县镇管“面”的管护格局。按照“突出重点、先易后难”原则，开展散葬烈士墓应迁尽迁、集中管护工作，将全县137处烈士纪念设施（含零散烈士墓、雕像）修缮维护纳入工作规划，分步有序实施提质改造工程。2021年6月，大埔县烈保工作被退役军人事务部通报表扬。开展拥军优属宣传。及时调整县双拥工作领导小组成员，推动各镇（场）成立双拥工作领导小组及办公室，加强双拥工作的组织领导。坚持重大问题集体研究、重点工作统筹推进，形成党委领导、政府负责、退役军人事务部门牵头、军地和相关职能部门支持配合、全社会共同参与的工作格局。

大埔县退役军人事务局负责人名录

局　长：何聪华

副局长：杨文新　罗概良

（黎明翔）

长寿事业

【基地建设】2021年，大埔县长寿事业发展中心抓好筹备举办“世界长寿大会”。为提升“大埔·世界长寿乡”的知名度和影响力，经过前期多方协调和争取，年初国际自然医学会决定于2021年11月前后在大埔县组织召开“世界长寿大会”，后受新冠肺炎疫情影响，举办时间往后推迟，拟于2022年上半年举办。做好“世界长寿乡联盟”筹备工作。联盟名称定为“大埔世界长寿乡健康产业发展联合会”，并通过县民政局核准成立，筹备联盟成立的组织架构和充实联盟的成员单位。

【宣传成效】2021年，大埔县长寿事业发展中心抓好长寿事业的宣传展示工作。规划建设世界长寿博物馆。在长寿文化馆的基础上，县委、县政府规划建设世界长寿博物馆，系统展示世界各地长寿文化的发展历程、地域特征、社会价值等，探寻长寿奥秘，推动长寿文化的传承和发展。与国际自然医学会保持沟通联系，争取到国际自然医学会的文物，学习博物馆布展经验，推进长寿博物馆建设。挂牌成立“大埔世界长寿乡·北京联络处”。经大埔县和国际自然医学会筹备，北京联络处挂牌成立，展示大埔世界长寿乡的文化积淀、风土人情，推介大埔长寿食品、康养项目，成为大埔“世界长寿乡”在首都的重要宣传窗口。寿乡建设斩获多项殊荣。在浙江丽水举办的长寿之乡绿色发展区域合作联盟年会上，大埔县“世界长寿乡”长寿基地建设获评“2020年度品牌建设十大亮点工作”，当选联盟副理事长单位，并被审议确定为2022年联盟年会承办单位。

【长寿产业】2021年，大埔县长寿事业发展中心抓好长寿产业的扩容发展。成立广东寿康文化产业有限责任公司，拓展长寿事业的发展空间，推动大埔县“长寿+”产业链延伸发展，做好长寿品牌的运营转化工作。在联村兴业富民服务中心平台，与大埔供销宏森农产品有限公司、大埔县英冠食品厂等企业联合发布收购需求信息，收购长寿食品25吨。推广药膳养生。指导“遇见丘香珍膳馆”，挖掘大埔药膳等农业、林业资源，主张药食同源，推动大埔长寿小吃、长寿菜品试点建设，营造养生保健、治未病的氛围。以蜜柚公园、名优特产品展销中心、现代农业产业园等为核心，串珠成链，规划建设长寿食品产业园，加快长寿产业发展，推动经济发展。

大埔县长寿事业发展中心负责人名录

主　任：邓秀丽（女）

副主任：杨志业　罗淑珍（女）

（童宇勋）

教育·科技

教育综述

【概况】2021年，大埔县教育局实施县委“文旅兴县”发展思路，紧扣“办强虎山中学、办大家炳职校、办特一批学校、办优义务教育”的总体目标，围绕“党建引领，精细管理，提升质量，内涵发展”的工作思路，以提高教育教学质量为中心，全面推进素质教育，为党育人，为国育才，全县各级各类教育得到持续健康发展，完成年度工作目标任务。2021年，大埔县教育局获“广东省第七届中小学生艺术展演活动优秀组织奖”；在梅州市未成年人思想道德建设工作检查考评中，大埔县以94.64分名列全市各县（市、区）第三名；高陂实验学校竣工并投入使用，增加3150个学位。

【普通教育基本情况】2021年，大埔县有中、小学校111所，其中示范性高中1所，完全中学7所，职业学校1所，初级中学12所，九年一贯制学校8所，特殊教育学校1所，小学81所（县直小学5所、镇中心小学11所、村完全小学30所和教学点35所）；幼儿园63所，其中公办幼儿园20所，民办幼儿园43所（普惠性民办幼儿园41所）。全县有教职工编制4728名，实有4463人，其中中小学编制3939名，实有4069人（普通高中707人，初级中学1238人，小学2124人）；公办幼儿园编制561名，实有257人；特殊教育编制76名，实有12人；中职编制152名，实有125人。全县具有正高级职称教师2人，副高级职称教师845人，占比19%，中级职称教师2497人，占比55.9%。全县在校中、小学生有5.51万人，全县在园幼儿1.21万人。

【主要工作成效】2021年，大埔县教育局以习近平新时代中国特色社会主义思想为指导，贯彻落实中共十九大和十九届历次全会精神，贯彻落实习近平总书记关于教育的重要论述和全国教育大会精神，落实省、市教育工作会议精神，以提高教育教学质量为中心，全县教育持续健康发展。

党建工作加强　2021年，理顺党建体制机制，压实主体责任，实施“头雁”工程，抓好阵地建设，规范档案管理，提升基层党建工作质量。全年调整学校党组织书记3人，成立青少年活动中心党支部，指导25个党组织完成换届、调整工作，接收正式党员15名，接收预备党员45名，发展入党积极分子86名。同时，开展党史学习教育，全县教育系统举办重走义军路、红歌比赛、演讲比赛、知识竞赛、经典诵读、党史学习教育进校园、“两优一先”评选表彰、系列庆祝中国共产党成立100周年活动等612场次，38.6万人次参加。

疫情防控落实落细　2021年，全县教育系统慎终如始抓好新冠肺炎疫情防控工作，按照国家、省、市疫情指挥部要求，抓好校园疫情防控，完善并落实防控要求，坚决贯彻“外防输入、内防反弹”的总策略和“动态清零”的总方针，科学精准防控，推动新冠肺炎病毒疫苗接种，做到应接尽接，确保师生生命安全和身体健康，最大限度减少新冠肺炎疫情对全县中小学教育教学的影响。

重点工程建设推进　2021年，大埔县教育领域重大工程项目8个，规划投资8.45亿元，年度投资计划3.38亿元，完成投资3.51亿元，占年度投资计划的103.8%。其中“田家炳纪念馆（原田家炳爱国主义教育基地）项目”“高陂实验学校建设项目”“大埔小学综合楼项目”“大埔县虎山中学东西两翼建设项目”均已完工并投入使用，新增学位3420个。

分批完成食堂革命工程　2021年，全县计划改造10间学校食堂，从条件最差的学校开始，有序推进学校食堂硬件设施改造提升，为师生提供良好的就餐环境。大东实验学校等10间学校食堂完成食堂改造提升工程验收，累计投入资金166万元，完成率100%。同时，联合县市场监管局完成88家学校食堂“互联网+明厨亮灶”建设工作，对全县94间学校食堂食品安全量化评定等级，其中A级有21间、B级有70间。

开展未成年人思想道德建设工作　各校以庆祝中国共产党成立100周年为契机，以社会主义核心价值观、爱国主义教育和培育民族精神为主线，把立德树人贯穿于学校教育教学全过程，落实在学校德育的各个环节，纳入学生日常行为习惯和道德品质培养全过程，形成全员育人、全程育人、全方位育人的德育工作格局。2021年，全县14个乡镇均已建立乡村学校少年宫，覆盖率100%，推荐确认大麻中心小学、西河中心小学为梅州市乡村“复兴少年宫”。在梅州市未成年人思想道德建设工作检查考评中，大埔县以94.64分名列全市各县（市、区）第三名。

基金会激励办法完善　由奖教奖学并重向“以奖教为主、奖学为辅”转变。小学、初中期末知识水平评估奖励面各类由40%提高到50%，加大中考、高考奖励力度；校长岗位考核奖励由100%学校评等级奖励调整为70%学校评为良好等级以上才奖励。2021年，大埔县教育发展基金会发放1597万元奖励金，有效激发教职员工的工作积极性。

学前教育

【概况】2021年，大埔县幼儿园共有63所，公办幼儿园幼儿6207人，占比51.5%；规范

2021年，新建设的高陂实验幼儿园（县教育局提供）

化幼儿园60所，占比95.2%；普惠性幼儿园61所，占比96.8%；公办园和普惠性民办园在园幼儿数占比97.2%；学前教育毛入学率98.1%。

【学前教育管理】2021年，大埔县教育局完善学前教育管理体制、办园体制和政策保障体系，遵循儿童身心发展规律和教育规律，深化基础教育课程改革，加强幼儿园和小学教育教学管理，建立“幼小衔接”长效机制，优化城乡园的办园条件，推动城乡学前教育规范发展。扶持民办幼儿园发展，按每生每年政府补助500元的标准鼓励全县普惠性民办幼儿园改善办园条件，重视民办学前教育监管工作，促进普惠性民办幼儿园健康发展，提高保育教育水平。

义务教育

【概况】2021年，大埔县有义务教育阶段学生4.56万人，其中初中生1.52万人，小学生3.02万人，特殊教育学生（6—14周岁适龄残疾儿童在校中小学生）150人。小学和初中入学率100%，九年义务教育阶段巩固率98.4%。全县义务教育阶段学校均完成标准化建设。

【教育教学】2021年，大埔县教育局抓好义务教育教学工作。规范学籍管理。围绕“义务教育有保障”的目标任务，出台解决建档立卡贫困家庭适龄子女义务教育有保障突出问题的实施方案，组织开展控辍保学专项行动，抓好中、小学生的防流控辍工作，九年义务教育阶段巩固率98.4%，比2020年提高0.46个百分点。落实“双减”工作。加强学校课程管理，严格执行国家课程方案和课程标准，科学编排课程，按要求开齐开足开好各类课程；加强作业管理，统筹调控不同年级、不同学科作业数量和作业时间，督促学生完成好基础性作业、强化实践性作业、探索弹性作业和跨学科作业，提高作业设计质量；严控学生作息时间，保障小学、初中和高中学生每天睡眠时间分别不少于10小时、9小时和8小时；加强校外培训机构的治理，有效减轻家长负担。推进集团化办学试点。制定《大埔县中小学教育集团化办学试点工作实施方案》，组建虎山中学教育集团、张云栽实验小学教育集团、大埔小学教育集团3个教育集团，通过示范引领、教师交流、资源共享、场地共用、文化生成等策略，有效推动学校内涵建设，扩大优质教育资源覆盖面，促进教育均衡发展。开展校内课后服务。制定《大埔县义务教育校内课后服务工作实施方案》，推动义务教育学校校内课后服务工作，采用腾讯企业微信开展的“阳光智校”课后服务平台，由青少年活动中心进行报名管理、平台运营、资金监管、考核评价，学校提供场所和设施设备，教师积极参与，全县义务教育各类学校校内课后服务实现“两个全覆盖”（义务教育学校全覆盖、有需求的学生全覆盖），参与课后服务的学生2.13万人次，占比65.1%。开展“互看互比互学”活动。2021年5月，开展“互看互比互学”活动，各学校围绕学校中心工作、教学工作和办学特色总结、挖掘、打造学校办学亮点。活动过程中，各学校把特色办学的好经验、好做法、品牌特色、丰硕成果等集中展示，为兄弟学校提供学习借鉴。加强教学诊断评价工作。投入资金258万元，引进“达美嘉”教学诊断与质量监测系统，作为教育质量监测、科学诊断评价教育的重要手段，弥补大埔县教学诊断评价工作短板。初中教学质量稳步提升。2021年，全县参加中考人数4332人，总分平均分为464.78分，虎山中学等10所学校总分平均分超过全县总平均分；全县750分以上有2人，700分以上有85人，最高分为大埔中学学生葛长辉760.7分，被华南师范大学附属中学录取；虎山中学高一新生普通生录取最低分数线635.6分，全县27所学校虎中以上入围人数925人，比2020年多79人。

【德育工作】2021年，大埔县各校以庆祝中国共产党成立100周年为契机，以社会主义核心价值观、爱国主义教育和培育民族精神为主线，把立德树人贯穿于学校教育教学全过程。利用重要时间节点组织开展阅读红色经典、瞻仰革命遗址、参观主题展览、观看红色影视、唱响红色赞歌、讲好红色故事、致敬英雄模范等活动400场次，30万人次参加，唱响爱党爱国爱社会主义的新时代主旋律，汇聚同心共筑中国梦的强大力量。组织开展中、小学生（幼儿）常态化疫情防控教育工作。各校校长、书记为学生上好“开学第一课”。组织开展“公筷公勺行动”系列活动，引导全体师生践行“公筷公勺，文明用餐”的健康饮食方式，革除陋习，树立新风。至2021年年底，全县评为县级以上文明校园的学校有52所，其中县级文明校园19所、市级文明校园32所、省级文明校园1所，全县14个乡镇均已建立乡村学校少年宫，覆盖率100%。在梅州市未成年人思想道德建设工作检查考评中，大埔县以94.64分名列全市各县（市、区）第三名。

【体艺卫语工作】2021年，大埔县教育局坚持把培育和践行社会主义核心价值观和中华优秀传统文化有机融入语文、书法等教育教学全过程，提高学生综合素质，培养出更多全面发展的人才。2021年，大埔县在接受省教育厅体质健康抽测中，优良率55.2%，比省教育厅要求高10.21个百分点。开展普及推广校园足球、校园篮球、青少年乒乓球、书写规范字、美育教育等，开辟人才培养新通道。成功举办大埔县校园足球联赛、第一届“长燊杯”青少年乒乓球比赛、第十三届规范字书法比赛等。组队参加梅州市中学生运动会，收获2金、4银、4铜，获得团体总分三等奖和体育道德风尚奖。在梅州市第五届童谣节活动中，田家炳小学《国富民强乐淘淘》获一等奖、张云栽实验小学《锡圆圆庆百年》获二等奖；在美育教师基本功大赛中，直属机关幼儿园黄细娜等5位教师获得特等奖并代表市级参加省复赛；在参加梅州市第二届、广东省第七届中小学生艺术展演活动中均获得优秀组织奖；全年组织并策划18场次心理健康主题教育活动，受益人数1万人。

【教学教研】2021年，大埔县教育局重视教研教改工作，配齐配强教研队伍，成立由45名专职教研员、31名兼职教研员、140名教研中心组成员的大埔县中小学各学段、各学科教研团队，开展课题实验与研究活动，落实课题研究资料的收集、分析、整理等工作，参加聚焦课堂教学变革活动。27名教师参赛代表参加“聚焦课堂教学变革，构建科学评价体系”市级抽选评比展示活动，虎山中学李海辉、高陂中学黄俊洲、实验小学郑玉燕等3人获市一等奖，虎山中学林志霞、实验中学张敏、高陂中小李夏勉等12人获市二等奖，其余均获市三等奖。开展学生劳动研学实践教育活动。全年全县46所中小学校138批次3.15万人次参加研学实践教育活动，高陂镇中心小学、田家炳高级职业学校获省级劳动特色教育学校称号，田家炳实验中学、英雅家炳学校、大麻中学、田家炳小学、华侨中学获市级劳动教育特色学校称号。开展教研教改活动。全年开展县送课或送培下乡42场次，组织专题研讨、青年教师教学技能大赛52场次，开展县“优课展示”或“同课异构”“说课比赛”等102节次，组织省、县级各类教学评比52次，省、市、县各类业务培训23次，获奖师生890人次，完成市级39项教育科研立项课题结题和32项教育科研立项课题开题论证工作。张云栽实验小学教师杨新婷在参加梅州市第三届小学语文教师专业素养比赛中获特等奖；大麻镇中心小学教师彭春妮在参加梅州市第四届小学语文青年教师教学观摩活动中获一等奖；虎山中学教师陈永霞在参加梅州市初中信息技术学科青年教师教学能力大赛中获一等奖，并代表梅州市参加省级比赛；在广东省“铸魂工程”专项课题申报工作中，罗奇伟申报《基于大埔特色文化背景的初中语文综合实践活动探究》课题；2021年度广东省中小学教师教育科研能力提升“强师工程”计划项目开题，虎山中学刘绍武的“基于科学探究能力培养的生物实验教学研究”、大埔小学何柳青的“客家优秀传统文化与语文素养有效融合的研究”、家炳小学何秀萍的“新形势下小学数学课堂德育实施的策略研究”3项课题进行开题论证；教师发展中心教师罗秀霞在优秀教育科研成果论文评比中获省一等奖；虎山中学校长黄广华成功申报省级名校长工作室主持人；实验中学吴运辉、大麻中学刘开湘成功申报省级名教师工作室主持人；教师发展中心廖育环、第二实验幼儿园杨梅亮被遴选为中小学“百千万人才培养工程”省级培养学员。

【平安校园建设】2021年，各学校以《大埔县中小学平安校园建设标准》为依据开展平安校园建设，在全面推进平安校园建设的基础上，创建平安校园示范学校。常态化抓好疫情防控工作。提高平安校园建设水平。调整健全学校安全管理原有领导机构，成立“大埔县教育系统防范道路交通安全风险工作领导小组”“大埔县教育系统预防学生溺水专项治理工作领导小组”等安全工作领导机构，健全“一岗双责”和行政问责制度，同时聘请学校当地公安民警担任学校法治副校长，推动“平安校园”创建工作。加强校园及周边安全专项整治工作。每学期开学初对全县中小学、幼儿园进行全县学校安全大检查专项行动，会同公安、市场监管、执法、文化等部门加强校园周边文化市场管理工作，协调县道安办、县交警大队加强学生交通安全管理，对全县中小学生驾驶摩托车、电动车情况进行排查整治，发挥学校法治副校长的作用，开展校园周边环境整治，严肃查处侵害师生、滋扰学校的案件，防范化解校园重大风险隐患，确保学校安全平稳有序。全县各学校做好各项安全教育宣传工作，开展“小手拉大手”文明祭祀、“4·15”全民国家安全教育日、“5·12”防灾减灾日、“安全生产月，安全宣传进大埔”、“迎七一，防风险，保安全”、“安全第一，预防为主”等活动，做好交通安全、预防学生溺水、森林防火、煤气中毒、预防流感、校园安全、防火安全、食品卫生和消防安全等安全宣传教育。

普通高中教育

【概况】2021年，大埔县有在读普通高中学生7622人，全县户籍人口高中阶段教育毛入学率95.9%。全年全县2508人参加普通高考，比2020年减少257人。全县600分以上24人，与2020年持平；全县达特殊控制线155人，上线率6.2%；本科上线958人，上线率38.2%，比2020年提高3.24个百分点。虎山中学赖佳佳、谢绿洲考取浙江大学。

【教研教改】2021年，大埔县教育局加强校与校之间的沟通和联系。虎山中学加强与全市10所同档次重点高中的沟通和联系，适时进行同步会诊、合力解难，取人之长、补己之短。加强教师与教师之间的沟通和联系。采取“走出去、请进来、动起来”等方式，给教师创造更多的学习和交流机会，吸取先进经验和好的做法，研讨教学和备考问题；加强校本教研，特别是规模较大的虎山中学、实验中学，高三各学科备课组开展集体备课、相互听课、集中研讨活动，主动适应高考制度改革背景下的教育管理和教学变革、学生综合素质评价及生涯指导等经验，带领全县各高中学校不断适应新高考要求，把握新高考改革精神，做好教育管理和教学变革各项工作。开展“课题研究”，做好“各类科研论文评比、选送”“科技创新”等工作。虎山中学林志霞代表梅州市参加2021年全省中学语文青年教师课堂教学展示活动获三等奖；虎山中学张雪春在参加2021年广东省中学化学优质教学资源征集活动中获省、市一等奖；选送10篇项目式学习案例和10项STEM（科学、技术、工程、数学）课程案例参加省级评比。

职业教育和终身教育

【职业教育】2021年，大埔县职业教育围绕国家、省、市确立的职业教育改革发展的战略目标，创新办学模式，增强办学活力，大埔县教育局指导大埔县田家炳高级职业学校（简称家炳职校）重新整合校舍资源，改造场室，拓展生活场所，增改生活设施设备，最大限度满足扩招所需。2021年，初中毕业生人数4554人，就读职业学校的有1895人，其中就读家炳职校595人。做好毕业生就业推荐工作，规范和加强职业学校学生实习工作。2021年，家炳职校的毕业生总数452人，就业学生数446人，直接就业人数280人，就业率98.7%。“3+证书”高考毕业班人数166人，考取高职院校本科线41人，专科线125人，专科入围率100%。

【终身教育】2021年，大埔县教育局加强镇成人文化技术学校软硬件建设，发挥镇成人文化技术学校的功能，开展“双转移”培训、农业实用技术、工艺美术等培训，为当地经济社会发展提供动力。县政府办公室、县教育局联合牵头，以“庆建党百年华诞，谱终身学习新篇”为主题开展“全民终身学习活动周”活动共100场次。通过开展形式多样的学习周，推动职工教育、农民教育、社区教育、老年教育等成人教育的发展，构建全民终身学习的良好氛围，促进成人终身教育服务县域经济社会发展。

民办教育

【民办幼儿园督导】2021年，大埔县教育局加强民办教育管理，促进民办学校规范发展。开展2021年度大埔县幼儿园办园行为督导评估工作，由督导室牵头、抽调精干人员组成督评组，对全县市级以上民办园进行实地督导评估，规范民办幼儿园办园行为，全县43所民办幼儿园达到规范化的有41所，占比95.3%，推动民办园健康有序发展。

【校外培训机构管理】2021年，大埔县教育局联合相关部门普查县内校外培训机构，对全县学科类校外培训机构进行办学行为的规范化督查和指导，针对校外培训机构利用不公平格式条款侵害消费者权益违法行为进行集中整治，做好校外培训机构监管工作。全县有50间校外培训机构，其中义务教育学科类10间、非学科类40间；10间学科类校外培训机构取得民办学校办学许可证和营业执照，40间非学科类校外培训机构仅在县市场监督管理局登记注册，领取营业执照。

教育队伍建设

【发挥名校长名教师示范引领作用】2021年，大埔县教育局发挥黄广华、刘开湘、吴运辉、江誉忠、吴海芳、范欢云、范宝承等省、市级名校长、名教师工作室的作用。通过召开工作室主持人座谈会，聚焦工作室主持人自身成长、热点难点、示范引领，做读

2021 年 6 月 22 日，大埔县"省市级名教师、名校（园）长"工作室主持人座谈会在县教育局召开（县教育局提供）

书治学的先行者、教育教学改革的探索者、先进教育理念的传播者，带领团队开展教育研究，发挥省、市级名教师、名校（园）长工作室主持人示范引领带头作用，推动大埔县中小学校（园）长、教师队伍建设。

【人才引进】2021 年，大埔县教育局做好高层次人才引进工作。通过中小学教师招聘、定向培养、"三支一扶"等方式补充全县中小学幼儿园学科紧缺教师，缓解部分中小学幼儿园学科教师严重不足的问题。全年全县中小学、幼儿园招聘 155 名新教师，70%以上分配到乡镇学校任教；定向培养教育硕士研究生 3 名，全部分配到虎山中学任教；招聘学校会计工作人员 3 名；"三支一扶"教师 1 名，安排到三河镇中心小学任教。

【培训培养工作】2021 年，大埔县教育局做好教师培训培养工作。通过各类培训，加强交流，开拓视野，提升大埔县中、小学教师师德素养和专业化水平，更新知识结构和教育理念，提升教育教学能力。全年投入资金 70.86 万元，培训中、小学教师 7056 人次，其中中、小学教师专业科目培训 2624 人，国家级培训 7 人，省级培训 242 人，市级培训 17 人。全年全县评选市级优秀教师、优秀教育工作者、优秀教学工作者 40 名，评选县级名校长、名教师、优秀教师、优秀班主任、学科带头人 360 名。

大埔县教育局负责人名录

局　长：汪德欢

副局长：朱佳远　郭小娜（女）　谢昌发

（罗如粪）

2021 年大埔县高考文（理）科成绩前五名学生一览表

表 2

序号	科目	姓　名	性别	毕业学校	总分（分）	录取学校	专　业
1	物理类	郭鸿锦	男	大埔县虎山中学	647	中山大学	经济学类
2		赖佳佳	女	大埔县虎山中学	646	浙江大学	工科实验班
3		詹庆龄	女	大埔县虎山中学	636	华南理工大学	软件工程
4		傅　鑫	男	大埔县虎山中学	632	华南理工大学	自动化类
5		郭志法	男	大埔县虎山中学	627	华南理工大学	数学类

续表 2

序号	科目	姓　名	性别	毕业学校	总分（分）	录取学校	专　业
1	历史类	陈依明	女	大埔县虎山中学	624	中山大学	法学类
2		范　婷	女	大埔县虎山中学	604	华南师范大学	英语
3		李静薇	女	大埔县虎山中学	593	深圳大学	英语
4		谢绿洲	男	大埔县虎山中学	590	浙江大学	社会科学实验班
5		戴静茜	女	大埔县虎山中学	589	华南师范大学	哲学

2021 年大埔县中考成绩前十名学生一览表

表 3

序号	姓　名	性别	毕业学校	总分（分）	录取学校
1	葛长辉	男	大埔县大埔中学	760.7	华南师范大学附属中学
2	吴思颖	女	大埔县虎山中学	757.2	梅州市东山中学
3	刘紫馨	女	大埔县虎山中学	746.0	大埔县虎山中学
4	房瑞锋	男	大埔县虎山中学	753.4	大埔县虎山中学
5	丘思捷	男	大埔县虎山中学	749.7	大埔县虎山中学
6	李先谋	男	大埔县虎山中学	748.3	大埔县虎山中学
7	饶庆婕	女	大埔县虎山中学	744.5	梅州市东山中学
8	曾子涛	男	大埔县家炳第二中学	744.4	梅州市东山中学
9	黄皓宇	男	大埔县虎山中学	740.7	梅州市东山中学
10	梁鸿轩	男	大埔县虎山中学	740.1	大埔县虎山中学

开放教育

【概况】2021 年，大埔开放大学坚持以习近平新时代中国特色社会主义思想为指导，开展新冠肺炎疫情防控工作，按照国家开放大学、广东开放大学的要求，坚持特色办学，推进基层开放大学建设，创新教育教学方式方法，稳固教育教学质量，拓宽招生渠道，探索“后疫情”时代社区教育培训新路径，主动开发社区教育项目，把大埔成人教育事业发展推上新台阶，办成区域内服务全民终身学习的新型高校。

【教科研活动】2021年，大埔开放大学发挥“互联网+优势”，引导学员网上自主学习；发挥课程教学实施团队作用，指导学员学习网上资源、回答学员问题、指导学员完成形成性考核任务。落实教学分类，合理安排网络课程和面授课程教学。严密组织各类考试，确保教育教学质量。1月8—9日和7月10—11日，组织国家开放大学春季、秋季期末考试工作；12月18—20日，组织国家网络统考13场445人次。学校在监考、技术支持、考务、安全等方面做好细致工作，使学校统考考点工作保质保量完成统考考试工作。奥鹏远程教育高校的课程考试均改为线上考试。学校组织辅导老师对国家开放大学2019年秋季、2020年春季的学员进行毕业论文指导，并开展社会调查活动和调查报告的辅导；做好毕业生资格审核、办证等工作。开展关于2020年度优秀学生的评选工作，经推荐和评选，2019年秋季班学员房梅红、黄小红、黄清娜、饶春华4人获得国家开放大学2020年度奖学金。2021年11月，在2020—2021年度基层开放大学绩效考核中，被广东开放大学评为“优秀”等次。

【招生工作】2021年，大埔开放大学采取多种措施推进招生工作，并与绩效管理工作挂钩，激发全校上下的主动性和积极性。学校遵循国家开放大学和广东开放大学以及奥鹏、远程网络教育学习中心等相关部门的要求，落实疫情防控工作要求，克服疫情防控常态化下的各种困难，围绕学校工作要求和部门工作计划，坚持以“招好生、多招生”为工作主线和目的任务，加强招生过程的组织、管理工作，做实做细、做好做优招生过程的每个环节，做到疫情防控与招生工作两不误。优化招生项目，推进转型。2021年，大埔开放大学招收开放大学新生291人，本科162人、专科129人，涉及本、专科10多个专业。有各类在校生889人，其中大埔开放大学开放教育在籍生765人（本科305人，专科460人），大埔奥鹏、远程教育在籍本、专科生124人。2021年度，大埔开放大学开放教育毕业生277人（本科96人，专科181人），大埔奥鹏、远程教育毕业生175人（本科142人，专科33人）。

【教学服务管理】2021年，教学、考试工作面临疫情防控常态化压力，大埔开放大学按照国家开放大学和广东开放大学坚决打赢疫情防控常态化的决策部署，不组织面授辅导课、不举行开学仪式等集体活动，各班通过QQ、微信视频等与学生进行沟通交流。开展开放教育网上教学工作，探索网络环境下的教学新模式，发挥“互联网+优势”，引导学员网上自主学习；发挥课程教学实施团队作用，利用开放大学学习平台进行专题讨论、答疑辅导、网上批改作业等，指导学员学习网上资源、回答学生问题、指导学员完成形成性考核任务，并要求学员按时完成学习平台的学习任务。建立大埔开放大学的微信公众号，班级建立QQ群，开通班级微信号，保证学员和教师之间双向的互动，创新开放教育管理模式。

大埔开放大学负责人名录

校　长：吴振佳

副校长：蔡红丽（女）

　　　　梁　礽（2021.1—）

（李宗柱）

科学技术

【科技平台建设】2021年，大埔县科工商务局组织企业做好申报认定工作。成功申报国家高新技术企业8家,科技型中小企业34家，市级工程技术研究开发中心1家，广东省名优高新技术产品14个，为壮大大埔县科技型企业群体提供政策支持。

【科技专项资金申报】2021 年，大埔县科工商务局组织粤科欣发、玉丰、欣红等 23 家企业开展申报工作，其中 9 个项目获得 2021 年省科技创新战略和乡村振兴战略专项资金（“大专项+任务清单”）共 250 万元。

（张叶发）

陶瓷研究

【概况】2021 年，广东省大埔陶瓷工业研究所（简称大埔陶研所）坚持以习近平新时代中国特色社会主义思想为指导，贯彻落实习近平总书记关于统筹推进疫情防控和经济社会发展的重要指示批示精神，始终把疫情防控工作作为头等大事，摆在首要位置，在疫情大考中，积极应对，抗击疫情，做好各项工作，促进科研生产发展。全年有立项市级项目 1 项、授权国家外观设计专利 2 项、广东省科技成果鉴定证书 1 项，省级陶艺创新和工艺美术创意设计等奖项特等奖 1 项、金奖 3 项、银奖 5 项、铜奖 9 项。

【生产经营】2021 年，大埔陶研所抓好生产经营管理，全年主营业务收入 206 万元，研发投入 130 万元。

【科研开发】2021 年，大埔陶研所加强科研开发工作。“低碳环保型结晶釉制备关键共性技术研究”项目申报梅州市应用型科技专项资金。“宝石环斑艺术釉的研究”获广东省科技成果登记证书。授权国家外观设计专利 2 件。“大埔县陶瓷产业集群公共技术服务平台建设”“大埔县陶瓷产业公共服务平台建设”“高石英质瓷的研究”3 个项目通过验收。组织工艺美术人员参加第十届“大地奖”中国陶瓷创新与设计大赛、第十一届中国陶瓷产品设计大赛及 2021 年广东省工艺美术精品展、第十三届广东省陶瓷艺术精品展、2021 粤港澳大湾区工艺美术博览会“国匠杯”等专业展览和创新评比，获特等奖 1 项、金奖 3 项、银奖 5 项、铜奖 9 项。

项目实施情况　2021 年，大埔陶研所实施 2 个项目研究：“低碳环保型结晶釉制备关键共性技术研究”项目，申请梅州市应用型科技专项资金项目，通过评审并获得立项（财政支持 25 万元），在实施并取得初步成果；“高抗热震性耐热陶瓷釉料的研制”项目，开始于 2020 年 10 月，计划完成时间是 2022 年 10 月，是梅州市 2020 年应用型科技专项资金项目，总投资 100 万元，其中自有资金 50 万元、市科技经费 50 万元，在实施并取得阶段性成果。

【安全生产】2021 年，大埔陶研所贯彻落实习近平总书记“从根本上消除事故隐患，有效遏制重特大事故发生”的重要指示精神和上级部门相关文件及安全生产专题会议精神，始终坚持“安全第一，预防为主，综合治理”的方针，组织开展以“落实安全责任、推动安全发展”为主题的安全生产月活动和“119 消防月”活动，落实隐患排查治理和隐患整改等工作。坚持贴近科研生产经营实际、面向广大职工，组织开展安全生产系列活动，在全所凝聚弘扬安全发展理念、支持安全生产的共识，促进安全生产形势持续稳定。全年未发生对企业和社会造成严重影响的生产安全等事件。

广东省大埔陶瓷工业研究所负责人名录

所　长：黄南兴

（黄萌杜）

社 会 科 学

社 科 联

【机构建设】2021年，大埔县社会科学界联合会（简称大埔县社科联）充实完善社科队伍建设，开展群众性广东汉剧活动，培养大埔广东汉剧苗子，打造高标准社团组织。

【理论研究】2021年，大埔县社科联编辑出版《大埔社会科学》杂志2期，申报梅州市哲学社会科学2021年规划课题《梅州绿色资源、红色文化开发、利用与文旅康养融合发展研究》，推动哲学社会科学发展。

【基地创建】2021年，大埔县社科联做好县级社科普及示范基地创建申报工作，已成功创建16个省、市、县社科普及示范基地，其中省1个（八一起义军三河坝战役烈士纪念园）、市8个、县7个。

【科普惠民】2021年，大埔县社科联推进社科普及等工作，在县博物馆、田家炳实验中学举办“梅州红色文化名片巡回展”。围绕“兴起党史学习教育热潮 迎接党的百年华诞”主题，开展“奋斗百年路·启航新征程”百年党史、党章文献史料展和三河坝战役红色文化及革命历史科普、“颂百年风华·传红色基因”红色绘本亲子阅读等社科普及活动。

大埔县社会科学界联合会负责人名录

主　席：陈秀鸿（2021.3—）

副主席：张云彩（女）

（邓祥友）

党 史 研 究

【革命旧址保护利用】2021年，中共大埔县委党史研究室（简称大埔县委党史室）围绕中央红色交通线、原中央苏区等重大党史、梅州市第一位中共党员张善铭重要人物等，深入研讨革命遗址开发项目可行性与设想。中央红色交通线与南粤古驿道相结合打造项目得到省政府推进实施，大埔县委党史室配合省国土资源厅、省地质队、省考古队等单位进行实地调研与考查论证，已完成设计，进入具体实施阶段；张善铭故居修复项目在西河镇党委的筹划下完成设计方案与项目预算，向上申报资金进行修缮。茶阳老县委旧址改造为大埔红色展馆基本完成布展。完成县领导交办的革命遗址分类摸查工作，并对全县列入省名录的98处革命遗址的历史、修缮保护、开发利用价值等情况进行分析。6月，中国红色政权首个公安局旧址（大埔茶阳）成功申报为市级党史学习教育基地。

【党史宣传】2021 年，大埔县委党史室利用各种资源渠道开展党史宣传。在县融媒体中心合作开辟《百年风华 · 红色大埔》专栏，每周发布大埔县党史人物、重要革命旧址、重大历史事件，提供一个便捷的学习平台，已发布 21 期图文推送内容。组织审核党史宣讲课件，严守宣讲大纲，讲好党史宣讲课。把党史、习近平总书记“七一”重要讲话和十九届六中全会精神作为宣讲内容开展宣讲，全年进行党史宣讲 60 场次，听众 3900 人次。与县博物馆等部门联合主办“奋斗百年路 启航新征程”党史党章文献史料展览，并举行微信现场直播活动。与县文广旅体局联合主办红色讲解员培训班，培养一批红色讲解员。利用《梅州日报》电子专栏在大埔县城人流大的地方选取 5 个地点，滚动播放大埔县红色宣传图文。指导相关部门与景区做好红色文化标识设置，营造红色氛围。专门邀请革命烈士蔡晴川后裔到大埔县讲述革命遗物的故事，寻访革命先烈足迹，并制作拍摄三河坝战役专题微视频，推送给省、市党史教育微视频资源库。随着党史学习教育的深入开展，大埔县党史的重要性被党史专家学者和上级领导作为调研的课题，大埔县委党史室做好接待工作，让到大埔调研的学者、领导感受到大埔深厚的历史文化底蕴与革命先烈留下的光辉足迹。接待中央、国家级单位 4 个，省部级领导近 20 位，以及省、市和周边地区的领导。支持配合中央、省、市电视台和广播电台拍摄专题节目，接受专题采访，推介大埔红色基因。主要配合推出的节目有中央台播出的《绝密使命》电视剧、《讲武堂 · 红色血脉》之《中央红色交通线》等，配合接访陪同节目制作人 30 批次。

【党史征研编工作】2021 年，大埔县委党史室组织编修出版当地党史学习特色书目。第一时间编写大埔党史资料供县领导中心组学习，并有针对性地出版地方书目，助力党史学习教育。全年编印有《中共大埔历史简明读本》《大埔革命故事集》《大埔县抗击新冠肺炎疫情纪实》《张善铭纪念文集》及《大埔党史》（总第 33 期）书籍，文字总计超过 100 万字，并将书籍作为大埔县委党校基本书目。还指导茶阳镇茅坪村完成《茅坪村志》红色村史编纂。

中共大埔县委党史研究室负责人名录

主　任：张建新

副主任：甘海洋　余美兴

（胡文娟）

地方志工作

【概况】2021 年，大埔县人民政府地方志办公室（简称大埔县方志办）坚持以习近平新时代中国特色社会主义思想为指导，利用各种媒体平台，广泛宣传国务院《地方志工作条例》以及《广东省地方志工作条例》和省委办公厅、省政府办公厅《关于进一步加强新时代地方志工作的通知》。领导干部和全体地方志工作者带头践行，把条例贯彻落实到《大埔年鉴》编纂之中，并依法对部门志、镇村志编纂进行规范管理和业务指导。

【《大埔年鉴（2021）》编纂】2021 年，大埔县方志办严格按照《地方综合年鉴编纂出版规定》《广东省年鉴质量评价办法》的要求，规范编纂，不断提高《大埔年鉴》的整体综合质量，《大埔年鉴（2020）》被评为全市“优秀年鉴”。12 月，《大埔年鉴（2021）》印刷出版。按时完成《广东年鉴（2021）》和《梅州年鉴（2021）》的供稿工作。加强地方志资料年报的指导和审核验收，完成 2020 年度全县地方志资料年报任务。

【自然村落历史人文普查】2021 年，大埔县方志办严格对照《全粤村情编辑出版规范》和省方志办、出版社反馈的审核意见，做好自然村落历史人文普查成果《全粤村情·大埔县卷》文稿的核实查补、修改完善，突出村落特色，严把人物关，丰富充实随文插图，提高出版综合质量。完成大埔县卷(一)、(三)的出版。同时配合开展大埔县中央红色交通线活化利用，为全县乡村振兴提供地情资料。

【镇村志编纂出版和旧县志再版】2021年，为延续历史文脉、重塑文化特色，满足群众文化需求，大埔县方志办加强指导镇、村志编纂出版工作。9月，《大埔县茶阳镇茅坪村志》出版发行。《茶阳镇志》已入选“第六批中国名镇志丛书”，按照《中国名镇志文化工程实施方案(2022年修订)》的编纂要求修改稿件。《大埔县教育志》等部门志有序推进。同时，开展明嘉靖、清朝和民国时期6部《大埔县志》的整理再版工作，已完成数字转化，校点工作有序推进中。

【地方志数字化建设】2021年，大埔县方志办抓好大埔县人民政府门户网站下设的“大埔志鉴”地情频道和广东省情网内容建设。对原数字化入库的18本地方志图书资料进行复核校对；将存量往年《大埔年鉴》和地方志书共27本书进行数字化入库。通过开展广东省情系列微视频的拍摄制作、宣传推广，推动史志资源的开发利用，以数字化形式推介大埔县的地方志文化。全年制作的微视频全市数量最多，《中共南方工作委员会旧址》《张弼士故居光禄第》《父子进士牌坊》《大埔青花瓷》4个微视频全部完成摄制并播出，播出量141.73万次。按省、市方志办的要求，为《广东地理标志保护产品》提供《大埔青花瓷》《西岩乌龙茶》相关资料2篇、图片8张；为《广东乡村传统体育》提供《花环龙》相关资料1篇；为《广东乡村美食》提供《大埔腌面》《笋粄》相关资料2篇、图片8张；为《粤故事》提供《浴血三河铸军魂》1篇；为广东省情网“产业·产品”栏目提供资料15篇；为2021年广东省“多彩乡村 学史奋进”主题教育实践活动报送微视频作品《朱德与三河坝的故事》1个。

大埔县人民政府地方志办公室负责人名录

主　任：曾令根

副主任：黄万海　肖继海

（张梦婷）

档案管理

【档案行政管理】2021年，大埔县档案馆贯彻执行《中华人民共和国档案法》及实施办法、《档案管理违法违纪行为处分规定》《广东省档案条例》等有关法律法规和业务工作规范规定，做好政务事项标准化建设平台、互联网+监管平台数据、省行政执法信息公示平台数据采集和公开工作，精简办事流程。对村“两委”换届档案、精准扶贫、党史学习教育等的文件材料归档范围和文书档案保管期限表进行审查。加强档案保密检查，防止档案泄密。提前介入国家重点建设项目档案和专业档案工作的检查指导，对茶阳水电站移民安置档案、山丰水库工程下闸蓄水阶段移民安置、精准扶贫、第二次全国污染普查、2015年五宗小型水库加固工程等档案整理质量进行验收。同时，采用现场指导的形式，对有关单位档案员进行个别指导，加强档案中介机构的监督指导，协助解决和纠正档案保管保护中存在的问题。

【档案信息化工作】2021年，大埔县档案馆推进数字档案馆建设，加大档案事业经费投入，加快档案信息化建设进程。接收文件级目录1.5万条，100%完成馆藏档案文件级目录、资料目录电子化。推进馆藏档案数字化扫描工作，扫描74个全宗档案共9277卷又1.91万件，合计82.08万页档案，奠定数字档案馆建设基础，逐步实现馆藏档案全文数字化。对档案管理系统进行升级，整合档案信息化资源，有效提高档案的查全率和查准率，缩短出档时间。开展未进馆档案电子目录备份，探索数字档案馆（室）建设，逐步实现档案资源区域共享。

2021年6月9日，档案利用者在大埔县档案馆“6·9”国际档案日宣传展板前了解新修订的《中华人民共和国档案法》解读及档案基本知识（县档案馆提供）

【档案接收、利用】 2021年，大埔县档案馆的馆藏档案全宗单位136个，馆藏档案文书档案总数6.27万卷又5.59万件、专业档案1.01万卷又9018件、照片档案8101张、光盘档案400张、实物档案87件、资料8843册。2021年，依法接收文书档案188卷又1.53万件，专门档案682卷又9018件、照片4564张、光盘252张，接收资料23册、《全宗指南》80篇。完成脱贫攻坚和疫情防控两类重点档案进馆任务，接收精准扶贫档案178卷又7070件（张）、目录1.35万条，接收新冠肺炎疫情防控档案2082件。加强民生档案的收集，补充进馆《土地房产所有证存根（1953年）》计99卷。鉴定馆藏文书档案3.1万件，依法开放档案2.95万件，暂不开放档案1546件。提供档案利用490人次，利用档案5320卷。

【档案培训、宣传】 2021年，大埔县档案馆组织参加“十四五”全国档案事业发展规划公益大讲堂网络学习；采用现场指导形式，对有关单位专业档案归档、编写档案室指南等进行个别指导，协助解决档案保管保护中遇到的问题。以“档案话百年”为主题开展“6·9”国际档案日系列活动，通过户外电子屏、派发宣传品、照片档案展示等形式宣传新修订的《中华人民共和国档案法》及其实施办法。结合党史学习教育活动，利用红色档案讲述百年建党精神。主动公开政府信息，免费派送《广东档案》6期180份杂志等，多渠道做好档案宣传。

大埔县档案馆负责人名录

馆　长： 张国华

副馆长： 唐上清　丘莹莹（女）

（张赞发）

文体·旅游

文体工作

【概况】2021年，是中国共产党成立100周年，是实施“十四五”规划、开启全面建设社会主义现代化国家新征程的第一年。大埔县文化广电旅游体育局（简称大埔县文广旅体局）围绕县委、县政府的工作部署，统筹抓好新冠肺炎疫情防控工作，围绕“开好局、起好步”的目标，发扬“闯”的精神、“创”的劲头、“干”的作风，高质量发展文广旅体事业和产业，取得较好成绩。县文化馆饶建玲被授予2021年度全国文化和旅游系统先进工作者；体育股何猛柱被国家体育总局表彰为2017—2020年度全国群众体育先进个人；县博物馆邓亿娜事迹入选全国妇联第二届“百个巾帼好网民故事”，成为广东省社会正能量类的唯一代表。

【防疫生产】大埔县文广旅体局召开大埔县2021年文化广电旅游体育行业安全生产和市场监管工作会议，与行业各相关负责人签订《2021年安全生产和消防工作责任书》，压实“四方责任”。全年科学精准做好疫情防控工作，持续推进文广旅体行业干部职工、从业人员及离（退）休人员疫苗接种工作和行业疫情防控工作。2021年，累计开展监管检查1450场次，出动检查人员3812人次，确保文广旅体行业生产安全、零事故；完成省政府第十三批重大火灾隐患单位泰安楼、花萼楼消防安全挂牌督办工作。

【公共文体服务】2021年，大埔县文广旅体局向上争取90万元新建1个中型社区体育公园（五虎山体育公园）和3个小型社区体育公园（大埔县双髻山森林公园、高陂镇乌槎开发区广场和西河镇张弼士公园）。投入资金60万元完成11个镇51个行政村(含自然村)健身器材投放工作。完成“粤书吧”10个和两融中心试点（西河镇北塘村）1个。县文化馆在第五次全国文化馆评估定级中再次被文化和旅游部评定为国家一级文化馆。新建旅游厕所3座；完成公共文化场所旅游厕所改造升级项目4个；持续推进邓振龙捐赠旅游厕所新建项目，已完工19座。争取省体育局文化短板资金55万元对县体育中心运动场塑胶跑道、足球场进行修缮。

【组织活动】2021年，大埔县文广旅体局争取县委、县政府支持，精心创作歌曲MV《永远的核心》和组织全局系统干部职工拍摄“奋斗百年路 启航新征程”快闪活动，献礼中国共产党成立100周年。

群文创作活动 2021年，2020年度大埔

县群众文艺作品在省、市群众文艺作品评选中，获得全梅州市第二名。其中相声《管的宽》获省一等奖；小品《都不容易》、单口快板《农庄情缘》获省二等奖；《我是黄河人》获市一等奖。群口快板《甘洒热血留人间》获2021年广东省群众艺术花会曲艺类铜奖。大型舞台剧《客家之子·田家炳》和红色题材民族歌剧《血色三河》精编版入选全省基层舞台艺术精品扶持计划，是全省唯一一个以县级艺术院团入选的剧目。

“三馆”活动　2021年，县图书馆全年总接待读者6.6万人次，书刊借阅1.95万册，阅报7092人次，办理借书证679张，上网3814次，咨询5546人次，外借2.29万册次。开展阅读推广活动。举办线上活动30场，线上阅读3场，线上讲座11场，线上展览7场；线下活动21场，其中线下讲座1场、线下展览8场。在广东省第二届“中华传统文化百部经典”知识大赛中获优秀组织奖。县博物馆全年接待上级领导及社会各界人士20万人次，讲解420场次；推出线上直播活动，有30万人次观看；推出展览39场，受惠观众20万人次；开展红色主题系列宣讲活动，受惠观众8万人次。促进文物保护工作，全年发动社会各界人士向博物馆捐赠各类文物计63件（套）。县文化馆坚持办好“百姓舞台大家乐”“客家香格里拉——文化大埔周六文艺晚会”等县级文化品牌活动。总馆全年联动各镇分馆、村（社区）服务点共同举办庆祝中国共产党成立100周年文艺惠民演出活动15场次；举办群众文化惠民活动11场；举办2021年广东省群众艺术广场舞推广活动（大埔片区）10场次。县广东汉剧传承保护中心举办文化惠民演出活动14场次；举办“奋斗百年路 启航新征程”——2021年梅州市庆祝中国共产党成立100周年文化惠民演出线上直播活动15场次，线上观看累计58万人次。在梅州市“铭记光辉历史 凝聚奋进力量”散文作品征文比赛活动中，大埔县文化广电旅游体育局获得“优秀组织奖”。配合完成广东2021年公共文化服务“三百工程”惠民活动，举办讲座活动1场；展览活动1场；组织红色讲解员专题培训2班次。

【体育活动】2021年，大埔县田家炳体育中心运动场每周免费开放时间56小时以上，全年接待入馆人数4万人次以上。以8月8日“全民健身日”“体育节”和“南粤幸福活动周”等重大节庆群体活动为契机，大埔县文广旅体局组队参加市级大型群体比赛，组织县级以上大型群众体育和全民健身活动13项次，参加人数2547人。大埔县派出400多人组成的体育代表团参加市九运会，顺利完成11个大项243个小项比赛任务，共获得31.5枚金牌、19枚银牌、27枚铜牌，综合团体总分1232.5分，金牌总数和综合团体总分均居全市第六位，获金牌总数、综合团体总分、足球总分及体育道德风尚奖4个奖项；其中足球项目整体取得长足进步，为全市非足球重点县首位。

【文化遗产】2021年，大埔县文广旅体局紧抓重点，文化遗产保护和利用进一步加强。张弼士博物馆于5月20日正式开馆；田家炳纪念馆于8月11日开馆；邹鲁故居“椿森第”于9月14日开馆；12月，八一起义军三河坝战役指挥部旧址田氏宗祠等5处入选梅州市第八批文物保护单位。继续做好客家围龙屋名录、第八批省级非物质文化遗产代表性项目、第一批梅州市非遗生产性保护示范基地、省级非遗工作站申报工作；第十批省保申报调查工作。做好2021年“文化和自然遗产日”系列活动。大埔县评选出推荐第五批县级非物质文化遗产项目代表性传承人13名。推动非遗与旅游融合发展，策划、报送2条非遗主题旅游线路参加梅州市非遗主题旅游线路评选活动。持续做好光禄第修缮设计方案报审工作；推进父子进士牌坊、江东小筑的修缮工程施工工作；做好市保何如璋故居人境庐修缮工程、邹鲁故居椿森第修缮工程、三河中山纪念堂环境整治工程验收工作；完成韩江高陂水利枢纽工程省保拱辰楼和县保凤西塔、龙文阁文物保护工程施工工作。做好2021年度国家文物保护专项资金和省保延庆堂、莲瑞流馨修缮工程资金申请概念工作；完成闽粤赣边区党委和边纵活动旧址修缮工程预算送审工作；推进国保联丰花萼楼修缮工程立项工作。持续推进非物质文化遗产保护工作，鼓励和支持非物质文化遗产传承人开展传习传播活动。推进"客家山歌进校园"活动工作常态化。组织开展2021年"迎中秋·庆国庆"梅州客家山歌交流座谈会。参与2021年"文化和自然遗产日"非遗巡回展。

【市场监管】2021年，大埔县文广旅体局指导10家民宿，对照民宿管理标准完善民宿配套设施设备；组织大埔县民宿（乡村客栈）发展协调领导小组成员单位，召开"大埔县民宿发展推进会议"；指导梅州市昌鸿酒店（维也纳·大埔店）、鸿华大酒店通过三星级旅游饭店评定性复核；联合多部门单位，对2家公司申请设立歌舞娱乐场所事项举办听证会，并办理娱乐经营许可证；指导企业办理经营许可证手续；做好大埔县13家旅游、体育协会年审工作。全年接到"12345"政府服务热线市民投诉11起、市民求助2起，市信访局转办投诉1起，均依法按时处理，按时回复率100%。全年出动执法人员425人次，开展多项整治行动；持续开展联合行动，出动检查人员162人次；发挥职能，配合牵头部门开展工作；持续推进"扫黑除恶"常态化工作。光德镇辖区有线电视"小片网"已陆续完成整转工作；完成枫朗镇"小片网"整改工作。检查星级酒店4家，19家五金店和家电维修店,拆除非法卫星电视广播地面接收设施4个，出动检查人员70人次。

【规划建设】2021年，大埔县文广旅体局重点项目工程建设推进实施。全年谋划项目38项，其中在培育壮大特色产业方面11项（重点6项、一般5项）；在提升公共服务质量方面13项（重点6项、一般7项）；在艺术精品提升和体育赛事方面14项（重点2项、一般12项）。

大埔县文化广电旅游体育局负责人名录

局　长：何晋江

副局长：丁明昌　江逢宾　廖　丹（女）
段定映　罗彩霞（女）

（*杨建海　余发凤*）

广播电视

【概况】2021年，大埔县融媒体中心（大埔县广播电视台）围绕县委、县政府中心工作，强化新闻策划，创新报道方式，完成各项新闻宣传工作任务。至12月31日，播出时政新闻1700篇、民生新闻970篇、广播电台新闻1700篇，政府网站及中心网站发布视频新闻480条、文字新闻1200条，"大埔发布"微信公众号发布2700条，"大埔发布"App发布3000条，"大埔融媒DBTV"微信视频号发布200条。

【主题新闻宣传】2021年，大埔县融媒体中心抓住学习贯彻落实习近平总书记系列重要讲话精神、党史学习教育、重点工程建设、疫情防控、奋斗百年路 启航新征程、我为群众办实事、乡村振兴、"创建全国县级文明城市"等重点工作，抓好主题新闻宣传。做好县委全会、人大政协"两会"、县第十三次党代会等重要会议和大埔县5G赋能乡村振兴大会、张弼士博物馆、田家炳纪念馆、邹鲁故居开馆等重大活动的宣传报道工作。聚焦人大政协换届"两会"，在"大埔发布"App、"大埔发布"微信公众号、"客家香格里拉"微信公众号、"大埔融媒DBTV"微信视频号、政府网站等新媒体平台，开设“聚焦两会”专题专栏，采取自主原创+及时转载形式，推送大埔县融媒体中心电视媒体播出的新闻和无线梅州、掌上梅州、南方+等媒体对大埔县“两会”的宣传报道，制作《大埔这5年》等系列短视频。推出《重点项目在推进》等系列报道，从领导重视、项目进展等方面进行全方位的宣传，加大对高陂水利枢纽工程、大埔县委党校等重点工程的报道力度。推出《全力以赴做好疫情防控工作》系列报道，重点做好县领导、各部门推进疫情防控的政务新闻和学校、医疗单位、公共场所、省际边界检查站等场所抓好疫情防控的宣传，动员广大群众积极接种疫苗，对疫苗接种工作中涌现的先进典型进行采访报道。推出《乡村振兴在行动》《沿着高速看广东（大埔）》两个系列报道。集中采访在乡村振兴工作中具有示范引领作用的镇村，展示大埔县在推进乡村振兴工作中的亮点和具体行动。对湖寮镇龙岗村、高陂镇三洲村、百侯镇白罗村等村容村貌、环境卫生变化比较大的村庄进行宣传，做好“最美庭院”系列宣传报道。同时，对全县镇村在乡村振兴工作中存在的环境卫生脏乱差、村务党务公开栏公示不及时等问题进行曝光，发挥舆论监督作用。在《大埔新闻》栏目开设“创建国家县级文明城市”专栏，对领导重视、各镇（场）、各单位积极贯彻落实“文明创建”工作部署和创建工作涌现出的先进典型等进行宣传报道，树立大埔好形象、传递大埔正能量，提高广大群众对“文明创建”工作的知晓度、参与度和满意度。推出《致敬劳动者》系列报道，对元旦、春节、元宵节等“我们的节日”和“五一”劳动节、“六一”儿童节、“七一”建党节等重要时间节点开展主题宣传报道。

中国共产党成立100周年宣传工作 2021年，大埔县融媒体中心坚持传统媒体与新媒体、线上与线下相结合，以党史学习教育为契机，统筹抓好中国共产党成立100周年媒体宣传。在《大埔新闻》和大埔县人民广播电台以及大埔县广播电视台网站、“大埔发布”App、“大埔发布”微信公众号等新媒体平台，开设“学党史 悟思想 办实事 开新局”专栏，宣传全县各级、各部门开展党史学习教育的重要举措。同时，开设《学理论》《我为群众办实事》板块，作为“学党史 悟思想 办实事 开新局”专栏的重要内容之一，及时解读习近平总书记在党史学习教育动员大会上的重要讲话精神，以及大埔县各级、各部门将党史学习教育转化为为群众办实事的生动实践。挖掘和利用大埔境内98处红色革命遗址等丰富红色文化资源，通过联动广播、电视和新媒体开展“奋斗百年路 启航新征程”全媒体主题采访报道活动，开设“奋斗百年路 启航新征程·脱贫攻坚”专栏、策划“红色大埔 百年印记”主题宣传报道活动拍摄、制作《红色印记，光辉历史》《红色故事演讲比赛》《红色故事会》《红色歌曲》系列短视频，弘扬苏区精神。

运用融媒体思维，打造系列精品专题片 2021年，大埔县融媒体中心制作《回望·奋斗2020 启航·奋进2021——大埔县2020年县情汇报片》《“十三五”成就巡礼》《“三个一批”重点项目开工投产活动》《喜迎党代会——大埔这5年》系列短视频，全面展现大埔县改革发展取得的新成就。围绕献礼中国共产党成立100周年，制作《“礼赞百年，唱响大埔”红色歌曲MV》《她为人民谋幸福》《永远的核心》《丰碑颂》《重走红色道路，传承革命精神》等系列专题片。立体化开展脱贫攻坚宣传，制作《红色三河 多彩乡村》《投资福地 长寿大埔》《数字农业“点金石”绘就大埔“新蓝图”》《城乡互融，山海相连，打通脱贫奔康路——大埔县“四好农村路”建设工作纪实》《长寿大埔 常来长寿》《千年窑火 青花瓷韵——梅州大埔·中国青花瓷之乡》《红色热土展现本色担当——广东省梅州市大埔县三河镇退役军人服务站》等专题片，展示大埔县人民群众共建美好家园、共享幸福生活的生动实践。

【“大埔融媒 DBTV”微信视频号上线】2021年，大埔县融媒体中心以“能融尽融”为原则，加快推进媒体深度融合。建立以“大埔发布”App为主要载体，集大埔广播电视台（DBTV-1综合频道）、大埔人民广播电台、县政府微信公众号（大埔发布）、网站（大埔县人民政府门户网站、大埔县广播电视台网站）、户外大屏以及省、市媒体平台（南方+、触电新闻、无线梅州、掌上梅州）交汇共融的全媒体矩阵，实现县、镇、村三级联动宣传全覆盖，建成县级政府主流媒体传播矩阵。抓住“移动优先”这个关键点，重点建设大埔区域性传播平台，打造特色新媒体品牌。2021年1月19日，“大埔融媒 DBTV”微信视频号正式上线。视频号主要以短视频、快节奏为主，围绕主题主线组织推出类型丰富多样、格调积极健康的网络视听内容，架起与市民沟通互动的桥梁，助推媒体融合发展。至2021年年底，推送200条，点击量超过10万+的有16条。其中《绝密使命》登陆央视开播预告，点击量29.3万+；大埔虎山中学学生集体“喊楼”，点击量突破30万+；张弼士博物馆开馆系列活动（预告），点击量13.9万+；三河镇出征“乡村振兴大擂台”誓师大会，点击量10.1万+。

【对外宣传】2021年，大埔县融媒体中心创新对外宣传方式，拓宽对外宣传领域，突出宣传重点，认真策划外宣选题，及时向市级以上新闻媒体投稿，被梅州市电视台采用470篇，全市排名第二。新闻被“学习强国”平台采用100篇。持续向“学习强国”平台制作推送突出反映大埔风土人情、绿色发展、红色印记的短视频20个，如《美丽大埔，乡村振兴》《广东省韩江高陂水利枢纽工程：高峡出平湖，韩江现明珠》《传承红色基因 赓续精神血脉》《梅州市大埔县：深挖红色文化，打造红色教育线路》《梅州市大埔县：红色筑梦 多彩三河》《丰碑颂：“红色大埔”唱响英雄史诗》等短视频，扩大大埔对外知名度、影响力。暨南大学县级融媒体研究与实践大埔基地及暨南大学红色文化传播大埔基地揭牌。4月23日，在大埔县融媒体中心，暨南大学传播与国家治理研究院名誉院长杨兴锋，暨南大学新闻与传播学院党委副书记张建敏，大埔县委常委、县委宣传部部长陈伟平等共同为“两个基地”揭牌揭幕，初步建立“专业教学实践、校地合作探索、传媒人才培育”融媒体实践、实训平台，推动新闻舆论事业创新发展。

【节目安全播出】2021年，大埔县融媒体中心牢牢坚守“安全生产和安全播出”这条红线，完成中国共产党成立100周年的各项宣传和播出任务。组织召开安全播出工作会议，传达省、市关于安全播出工作的有关要求，完善安全播出应急预案，制订《大埔县融媒体中心迎接中国共产党成立100周年安全播出应急演练方案》，对各项安全播出工作进行周密部署。加强值守，严密防范，并实行重大突发事件即时报告制度。对广播电视、无线发射的供配电系统、制播网络系统等进行一次全面自查，升级改造进光至大帽山顶高压供电线路10千伏高压线，排查解决供电设备、传输线路的安全隐患。在双髻山电视转播部设置闭路监控摄像头，实行24小时安全监控。全面检测大帽山微波站防雷避雷系统，克服雷雨天气对安全播出的影响，保障广播电视节目的设备安全运行。规范编审播环节的程序，电视节目、网站信息、图片新闻、“大埔发布”微信、“大埔发布”App、“大埔融媒 DBTV”微信视频号严格执行三级审查制度。做好政府网站信息监测，抓好全国政府网站普查和集约化建设。落实国家信息安全等级保护制度，提升政府网站安全防护等级，加强重点信息系统和关键信息基础设施安全保障，发现异常及时报告并开展应急处置，确保网站机房、信息监测安全可控。全年组织安全检查10次，完善《安全生产责任制》《安全生产职责明细》等规章制度，逐级签订安全生产和消防、综治（平安建设）责任书。每月向安委办汇报安全生产情况，确保不发生任何安全事故。5月，获“安全生产先进集体”称号；11月，获“2021年度热心消防公益事业先进单位”称号。

大埔县融媒体中心（大埔县广播电视台）负责人名录

主　任（台　长）：黄伟平

副主任（副台长）：罗明媚（女）

杨惠乔（女）　杨延彝

总　编　辑：蓝建彬

（钟永威　李冬敏）

图书发行

【经营发行效益】2021年，广东新华发行集团大埔新华书店有限公司（简称大埔新华书店）抓好图书发行征订工作，取得一定效益。一般图书：全年购书中心完成集团公司下达的任务，完成销售码洋187.67万元，5106册。政治书籍：征订发行《中华人民共和国退役军人保障法》、《中国共产党简史》（16开）、《论中国共产党历史》、《改革开放简史》（16开）、《社会主义发展简史》（32开）、《百年扬帆——粤学党史粤爱党·打卡广东红》、《毛泽东邓小平江泽民胡锦涛关于中国共产党历史论述摘编》（普及本）、《新征程面对面（2021理论热点面对面）》、《论党的宣传思想工作》、《中国共产党统一战线工作条例》《习近平新时代中国特色社会主义思想学习问答》（大字本）等政治书籍，共计54.03万元，8121册。教材教辅：发行全县春、秋两季中小学教材、教辅码洋1375.06万元，135.37万册，落实上级指示精神，确保完成做到“课前到书、人手一册”。

【服务“三农”】2021年，大埔新华书店贯彻落实习近平总书记“注重家庭、注重家教、注重家风”的重要指示精神，培养儿童良好的阅读习惯，增进亲子间的情感交流、倡导亲子共读理念。会同县委宣传部、团县委、县妇联、万川爱心协会，于4月8日开展大埔县书香飘万家行动之“少年儿童心向党”亲子诵读线下打卡活动。11月6日，对虎山中学、田家炳第一中学、城东实验学校、大埔小学、田家炳小学、大麻镇中心小学、高陂镇中心小学，以“学党史、办实事”为主题，举办绿卡图书公益捐赠中小学学生学习用书活动，共捐赠学习用书5000册，金额13.68万元。

广东新华发行集团大埔新华书店有限公司负责人名录

总经理：黄伟清

（管干）

客家文化生态保护

【保护传承】2021年，大埔县客家文化生态保护示范区管委会（简称大埔县客家文化管委会）贯彻国务院关于非物质文化遗产保护工作“保护为主、抢救第一、合理利用、传承发展”的指导方针，以非物质文化遗产保护传承为核心，协助抓好非遗名录建设、数字化及数据库建设、传承体验设施建设、人才队伍建设、传承传播、文旅融合发展等工作，实现客家文化遗产的科学保护、活态传承，助力乡村振兴、实现绿色发展。至2021年年底，全县非物质文化遗产代表性项目76项，代表性传承人76人，其中国家级非遗传承人1人、省级6人、市级16人、县级53人；建设综合性非遗展馆2个、非遗传习所43个、非遗示范点143个；培养和培训各类客家文化人才2600人次。

【做好国家级文化生态保护实验区迎检验收工作】2021年，大埔县管家文化管委会按照《国家级文化生态保护实验区建设验收指标及佐证材料》要求，对标对表4项一级指标、19项二级指标、62项三级指标，完成所有资料收集汇总归类整理和查漏补缺工作。同时，落实市、县国家级客家文化（梅州）生态保护实验区迎检验收工作会议精神，加大宣传力度，营造国家级客家文化（梅州）生态保护实验区迎检验收氛围，做到家喻户晓。在镇（场）、街、村委、社区、公园、景区、景点、高速公路服务区、汽车站、加油站、火车站、公共场所等悬挂横幅标语360条；利用电子显示屏不间断流动播放宣传标语5.6万次；利用广播、电视影视频道、时政综合频道播放宣传标语570次；向中小学校发放宣传标语、“倡议书”8万份；协助做好大埔实验区10个抽中镇满意度调查工作。经省、市检查组检查，大埔县迎接客家文化（梅州）生态保护实验区验收工作被评定为“优”等级。

【建设“大埔小吃”全国联营点餐外卖平台】2021年，为落实县委十二届十一次全会精神，大埔县管家文化管委会抓好“大埔小吃”全国联营点餐外卖平台建设，扩展“大埔小吃”品牌店的销售渠道，优化运营模式和服务质量，增加“大埔小吃”品牌店从业人员收入。至2021年年底，各地兴办的“大埔小吃”品牌店85间中，已有55间“大埔小吃”品牌店入驻“大埔小吃”全国联营点餐外卖平台，其中13间店铺实现在外卖平台线上点餐配送。同时，扶持大埔小吃产业发展，落实大埔小吃产业发展扶持政策，加大大埔小吃从业人员培训力度，累计扶持兴办“大埔小吃”品牌店共85间，举办大埔小吃制作技艺培训班32期，累计免费培训学员1620人次。

大埔县客家文化生态保护示范区管委会负责人名录

主　任：谢德兴

副主任：张永利　魏　琴（女）

（**蓝伟民**）

三河坝战役红色文化

【概况】三河坝战役纪念园位于大埔县三河镇汇东村笔枝尾山顶，是八一起义军三河坝战役主战场的所在地。至2021年年底，纪念园规划面积38万平方米，占地面积18万平方米，建筑面积3万平方米，是全国爱国主义教育示范基地、全国退役军人工作模范单位、全国红色旅游经典景区、全国民政系统行风建设示范单位、全国先进优抚事业单位、全国重点烈士纪念建筑物保护单位、国家AAA级旅游景区，广东省爱国主义教育基地、广东省革命传统教育基地、广东省国防教育基地、广东省人文社会科学普及基地、广东省红色旅游示范基地、广东省干部党性教育基地、广东省党员教育基地、广东省重点文物保护单位、广东省中小学生研学实践教育基地等。2021年，大埔县三河坝战役纪念园管理处开展宣讲工作4500场次，接待各类游客116万人次。

【宣讲服务】2021年，大埔县三河坝战役纪念园管理处担负起传承和弘扬红色文化的重任，做好各项宣讲和接待工作。巩固现有宣讲业务的同时，完善微党课现场主题教学模式，开展现场教学200场次，打造园区宣讲特色。探索选训退役军人、中小学生和当地百姓为义务讲解员，其中选训8名“小小红色讲解员”，使三河坝战役重要历史节点和重大历史意义有更加生动的演绎。开展送党课进校园活动及配合开展好中小学生研学实践教育，主动选派优秀党员干部进入中小学讲党课7场次，开展研学实践教育300场次，接待中小学生10万人次，助力加强青少年思想政治教育、爱国主义教育和党史教育。

【园区建设】2021年，大埔县三河坝战役纪念园管理处推动园区重点基础设施建设，满足更多游客群众参观瞻仰和学习教育需求。投资60万元，完成对闲置多媒体展馆升级改造，并将原游客中心二楼会议室改造为备用培训室，解决教育教学场所缺乏的问题。投资20万元，钻探一口深水井和重新规划园区停车位，解决旱季园区用水困难以及旺季游客停车管理问题。推动三河坝战役纪念园红色教育基地提升改造工程早日开工实施，将工程细化为6个项目。纪念碑山体护坡修护、新建停车场及配套、爱国主义教育拓展中心建设3个项目完成可研、入库和立项工作，红色文化广场及烈士英名墙、爱国主义教育拓展中心布展、起义军战略转移步道3个项目完成可研编制并上报县发改局立项。纪念碑山体护坡修护项目由省发改部门向国家推送争取2022年度中央预算内投资，以解决项目资金缺乏问题。

【安全保障】2021年，大埔县三河坝战役纪念园管理处落实各项安全生产措施，保障园区平安有序。落实防疫责任制，制定新冠肺炎疫情防控方案和应急预案，采购并配齐防疫物资，严格落实各项防疫措施。加强干部职工防控知识普及、防护措施执行、疫苗接种和外出管控。做好纪念园重点区域消毒防疫工作。严格登记排查外来游客，做好游客流量管控、体温监测、扫码及信息统计、要求佩戴口罩和防疫宣传等工作。根据纪念园实际，研究部署森林防火、游客参观、地质灾害和交通等安全生产保障措施，实施全天候值班制度，要求值班人员和保安人员及时发现、制止和上报相关隐患，降低意外事故风险。

大埔县三河坝战役纪念园管理处负责人名录

主　任：何赞道（—2021.4）
　　　　　戴庆生（2021.4—）

副主任：谢捷新　刘斯民
　　　　　钟　鸣（—2021.5）

（钟忆）

旅　游

【概况】2021年，是中国共产党成立100周年，是实施“十四五”规划、开启全面建设社会主义现代化国家新征程的第一年，大埔县文化广电旅游体育局（简称大埔县文广旅体局）抓好旅游工作。主要指标：2021年1—12月，在常态化抓好疫情防控的前提下，全县接待游客201.57万人次，同比下降3.4%，旅游总收入18.11亿元，同比增长40.1%，均恢复至2019年的五成。

【文旅融合】2021年，大埔县文广旅体局抓好文旅融合发展。大埔县西河镇北塘村入选由文化和旅游部联合中央宣传部、中央党史和文献研究院、国家发展改革委推出的“建党百年红色旅游百条精品线路”之“岭南文化·人文遗存”精品线路。张弼士故居旅游区被评为国家AAAA级旅游景区。西河镇漳北村禾肚里（梅州）稻田民宿入选为首批广东省乡村民宿示范点。至12月，全县有AAAA级景区3家，AAA级景区8家；有星级民宿6家；有市级星级农家乐10家。整合旅游资源，策划推荐2条旅游精品线路，分别是大埔中央红色交通线研学游线路、大埔县匠心工艺文创体验游线路。推进乡村旅游助力乡村振兴，指导西河镇车龙村申报第三批广东省文化和旅游特色村。开展广东省驿道乡村酒店申报工作；做好乡村文化和旅游能人支持项目推荐工作，郑春桃成功入选2021年度乡村文化和旅游能人支持项目。组织文旅企业及旅游商品参加广州茶博会、2021年西安丝绸之路国际旅游博览会、2021广东国际旅游产业博览会、第十七届中国（深圳）国际文化产业博览交易会等国际性展会。成功举行梅州、烟台文化旅游推介会；成功入选“梅州十景”系列评选工作13处，占全市的28.26%。其中“梅州十景”入选1处、“梅州红十景”入选3处、“梅州文十景”占5处、“梅州十四大名人故（旧、祖）居”占4处。

【规划建设】2021年，大埔县文广旅体局推进旅游重点项目工程建设。大埔县三河坝文旅综合开发项目完成《大埔三河红色文化教育基地概念性规划》《大埔县三河坝文旅综合开发项目修建性详细规划》和项目可行性研究报告编制工作，取得用地预审、选址意见、项目建议书和可行性研究报告立项等批复文件；有序推进项目设计、施工公开招标工作。西河镇张弼士故居旅游区升级改造工程累计完成投入资金7502万元，顺利建成张弼士博物馆及亲水平台、弼士广场等。

（杨建海　余发凤）

九龙湖风景区管理

【概况】梅州大埔九龙湖管理中心成立于2021年4月，定为大埔县人民政府直属正科级、公益一类事业单位。办公地址位于大埔县湖寮镇文明路138号水电大厦三楼。中心设综合部、党群服务部、财务部、发展规划部、建设工程部、招商引资部6个内设机构。主要工作职责：借鉴国内外著名水利枢纽工程旅游开发的经验，依托韩江（高陂）水利枢纽建成后形成雄伟的工程本身及韩江水域风光，串接、整合库区两岸人文与自然旅游资源，特别是三河红色小镇、高陂青花瓷小镇、茶阳历史文化名镇、李光耀祖居、田家炳祖居等，并按照国家AAAAA级旅游景区标准进行规划建设，以“韩江画廊·醉美九龙”为目标，打造一处以水利风光浏览、水利研学科普、生态康养为主体，包括休闲、娱乐、体验、度假等旅游业态的综合性、标杆性国家级水利风景区、国家AAAAA级旅游区、“世界客都·长寿梅州”的重点支撑和大埔旅游的“一轮明月”。

【九龙湖风景区发展规划】景区总体规划：景区以韩江高陂水利枢纽工程为中心，辐射高陂、大麻、三河、银江、洲瑞、茶阳、湖寮7个乡镇（汀江—韩江沿岸及紧密相关的行政村），总面积约656平方千米，共20个项目，计划总投资128亿元。预计到2035年，可实现年接待游客量480万人次以上，年旅游总收入120亿元以上，上缴利税6亿元以上，带动直接就业人口2万人以上。景区规划时限：2020—2035年，分三个时期。近期2020—2025年，为基础建设期，完成景区创建；中期2026—2030年，为全面建设期，完善风景区；远期2031—2035年，为完善提升期。景区总体布局：围绕“一核”（韩江高陂水利枢纽观光研学发展核）、“一廊”（大埔城市红色生态体验廊道）、“一带”（休闲韩江—世界客家母亲河文化休闲带）、“五区”（海丝韩江—高陂青花瓷韵体验区、仁善韩江—客侨名人文化观光区、秀美韩江—大麻康体养生度假区、水运韩江—三河红色教育研学区、风情韩江—茶阳客家文化休闲区）进行总体布局开发建设。景区规划建设银滩、高陂、三河、大麻、茶阳等五大游客服务中心；依托韩江两岸公路提升打造“旅游公路”，融合韩江碧道建设，打造120千米滨江绿道，建设一级驿站5处、二级驿站14处。同时，建设茶阳、寨下、三河、韩江源、莲塘、大麻、恭洲、党溪、高陂等9座旅游码头，串接沿江重要旅游景区，发展水上旅游，丰富游客旅游体验。

韩江高陂水利枢纽工程全景（2021 年摄，梅州大埔九龙湖管理中心提供）

【外出招商和宣传推介】2021 年，梅州大埔九龙湖管理中心负责人带队到广州、深圳、东莞、惠州、厦门等地联络招商，联络广东省大埔商会、广州大埔商会、深圳大埔商会 3 个商会，参观 10 余家企业，与企业负责人进行面对面洽谈，向各界人士宣传推介九龙湖风景区。与中科投资建设集团有限公司、深圳市金枢贸易发展有限公司、中国文旅集团、中信（深圳）集团公司等集团公司保持沟通、交流，并陪同中科投资建设集团有限公司和深圳市金枢贸易发展有限公司有关人员到现场调研。

【景区规划建设】2021 年，梅州大埔九龙湖管理中心与县文化广电旅游体育局对接，接收、消化九龙湖风景区原有资源，推动工作落实。加强与县发展和改革局、原九龙湖风景区设计单位、核心区概念性规划和可行性研究报告编制单位的沟通协调，完成可行性研究报告初步讨论稿。2021 年 6 月 18 日，韩江高陂水利枢纽工程首台机组正式投产发电，标志着以韩江高陂水利枢纽为中心的九龙湖风景初步形成。

梅州大埔九龙湖管理中心负责人名录

副主任：陈裕华（主持全面工作，2021.4—）

黄思根（2021.4—）

（李奕明）

卫 生 健 康

医 疗 卫 生

【筑牢战疫防线】2021年，大埔县卫生健康局全力抗击新冠肺炎疫情。做好重点人群排查管控，第一时间初核、第一时间上门、第一时间送检。至12月31日，全县累计排查管控中高风险地区来埔返埔人员3652人，其中，境外解除集中隔离返埔171人，国内3446人，密切接触者6人，次密接29人。抓实抓细院感防控。医疗卫生机构、集中隔离场所严格单人单间、禁止互相串门探访或私自离开房间；对医疗机构，强化分区管理和预检分诊，把牢预检分诊、发热门诊关口；严格探视和陪护管理、落实医务人员防护措施。全年无发生院感防控事件。加强应急能力建设。完成大埔县中医医院核酸检测实验室建设并投入使用，提升全县核酸检测能力。按要求配备一辆负压救护车；组织新冠肺炎本地疫情处置全要素全流程应急演练，提升应对突发公共卫生事件的能力水平。建立完善疫苗接种长效管理机制，安全稳妥有力有序推进新冠疫苗接种。截至12月31日，全县共接种新冠病毒疫苗58.25万剂次，其中接种第一针剂26.9万剂次，接种两针剂25.86万次，接种第三针5.48万剂次，CHO（重组新冠病毒）疫苗累计106剂次。3周岁以上人群第一剂次覆盖率84.2%，完成两剂次覆盖率80.9%。60周岁以上人群第一针剂接种6.21万剂次，目

2021年8月13日，在大埔县体育中心举办2021年新冠肺炎本地疫情处置应急综合演练（县卫生健康局提供）

标人群覆盖率 78.6%；全程接种 5.62 万剂次，目标人群覆盖率 71.1%。完成对原梅河宾馆实施改造，与瑞锦酒店等 6 间酒店预签协议，做好人员培训和物资等储备工作，完成集中隔离场所准备。

【重点工程建设】2021 年，大埔县卫生健康局推进 5 项重点项目建设，完成县人民医院改扩建（县级公立医院升级建设）项目门诊大楼、内儿科楼主体工程，进行室内外装修，安装施工配套设备；基本完成县人民医院后勤保障综合楼主体装修，进行配套设备建设；完成县妇幼保健院（原疾控中心）升级改造工程的室内拆除、砌墙、墙体打底抹灰，进行外墙造型、室内砌砖和消防管道施工；高陂中心卫生院迁建工程住院楼、急诊楼、公卫楼、后勤保障楼、医技楼、门诊楼主体已封顶；完成大埔县中医康复中心项目前期方案设计、监理招标等工作，开展规划报建。

【公共卫生】2021 年，大埔县卫生健康局加强公共卫生工作。落实妇幼重大公共卫生服务项目。推进“两癌”筛查工作，完成 2021 年城乡妇女“两癌”免费检查项目 3590 名任务数；落实 2021 年县十件民生实事“免费实施出生缺陷筛查”工作，完成省下达 2060 名产前筛查、2575 名新生儿筛查工作任务，全县妇幼健康工作走在全市前列。加强重点传染病防治工作。全年全县累计报告手足口病例 336 例，未发生人感染 H7N9 禽流感病例，无登革热疫情病例，未报告有狂犬病死亡病例。开展中医药健康服务。全县 65 岁以上老年人管理率较 2020 年增长 15%；0—36 月龄儿童管理率较 2020 年增长 8%。处置校园突发公共卫生事件。为提升校园突发公共卫生事件应急处置能力，邀请梅州市疾控中心专家为大埔县中小学、幼儿园等相关人员进行授课。累计处置流行性感冒聚集性疫情 4 起，手足口病 1 起。

【无偿献血工作】2021 年，大埔县卫生健康局做好无偿献血工作。持续提升血液安全供应保障能力，按时间节点有序开展无偿献血活动，全年累计组织无偿献血活动 11 场次，全县献血量 59 万毫升，超额完成市下达 50.4 万毫升任务，超额 17.1%。

【医药卫生体制改革】2021 年，大埔县卫生健康局深化医药卫生体制改革工作。推进紧密型县域医共体建设，县人民医院与高陂中心卫生院建立联合门诊和联合病房。加强省、市重点专科建设，县人民医院胸痛中心顺利通过省基层版验收，为全市唯一，达到综合能力推荐标准。加强医疗机构信息化建设，接入省远程医疗网络，实现网上预约诊疗；县慢性病防治院、14 家卫生院已使用广东省基层医疗卫生信息管理系统。推动“优质服务基层行”活动，百侯、大麻、枫朗卫生院达到“优质服务基层行”基本标准。

【加强综合监管】2021 年，大埔县卫生健康局推进“放管服”监管机制。坚持简政放权、放管结合、优化服务协同推进。进一步转变职能，推进医药卫生领域的行政审批制度改革。对确需保留的行政审批事项，建立清单制度并向社会公示。加强医疗服务综合监管。推行“双随机、一公开”抽查工作机制，加强对医疗事故、过度医疗和违法违规开展诊疗活动等行为的监管力度。全年国家卫生监督信息平台随机抽取 101 间监督对象，完成 100 间的监督工作，完成率 99%，完结率 100%，均位于全市第一。

【爱国卫生运动】2021 年，大埔县卫生健康局开展爱国卫生运动、登革热防控、城乡环境整洁行动和病媒生物防制等工作，城乡环境卫生面貌明显改观，全民文明卫生素质有效提高，爱国卫生工作取得成效。按《广东省卫生村标准》创建广东省卫生村，2021 年创建广东省卫生村 27 个，至此全县 245 个行政村成功创建广东省卫生村，广东省卫生村创建实现全覆盖。

【启动全国基层中医药示范单位创建】2021年，为推动大埔县中医药事业发展，提升中医药服务能力，发挥中医药防病治病的独特优势和作用，满足人民群众日益增长的中医医疗、预防保健等方面需求，推进卫生健康事业科学发展，结合大埔县实际，大埔县卫生健康局制定《大埔县创建全国基层中医药先进单位实施方案》，成立领导机构，组建工作专班，启动全国基层中医药先进单位创建工作。

大埔县卫生健康局负责人名录

局　长： 李益辉（—2021.4）
　　　　郭斌欣（2021.4—）
副局长： 吴海峰（—2021.5）
　　　　刘红叶（—2021.5）
　　　　罗小红（女）
　　　　连佳权（2021.7—）
　　　　邓海俊（2021.7—）

（汪燕玲）

老龄健康工作

【银龄安康行动】大埔县卫生健康局推进“银龄安康行动”工作。2021年，为全县80周岁以上高龄老人及60周岁以上困难群体（城乡低保户、优抚对象及城乡特困供养人员）共2.16万人办理（20元/人·年）老年人意外伤害综合保险；为全县60周岁至79周岁非困难群体老年人7.1万人办理（10元/人·年）老年人意外伤害综合保险，政府统保率100%。为全县60周岁以上低保对象、定恤定补优抚对象以及农村籍退役士兵等困难群体4651人购买一份50元老年人意外伤害保险。

【开展活动】2021年，大埔县卫生健康局开展各类老年人活动。开展全国示范性老年友好型社区创建活动，百侯镇侯南村于2021年10月19日被国家卫生健康委、全国老龄办命名为“2021年全国示范性老年友好型社区”。开展重阳敬老义诊活动，组织各镇（中心）卫生院上门为高龄老人、困难老人免费体检、测量血压血糖、进行健康指导并建立健康档案。开展健康讲座，为老年人进行免费义诊，受益老人1530人，发放宣传资料1万份。开展“情暖老兵”“关爱功臣送医送药”活动。走访慰问困难抗美援朝老战士杨荣华，通过部门协调，解决杨荣华老战士入住县福利院的问题。

（汪燕玲）

医疗保障

【疫情防控常态化工作】2021年，大埔县医疗保障局作为县新冠肺炎疫情防控指挥办成员单位，配合县新冠肺炎防控指挥办疫情防控组做好各项疫情防控工作。制订新冠肺炎疫情防控工作方案，严格落实疫情防控四项措施，织密防控网络，堵塞防控漏洞。严格落实疫情动态监测和全县所有定点医保药店销售感冒发热、喉咙肿痛药品实行实名登记数据统计报送工作。对全县定点药店和各零售药店进行抽查检查，对发现问题的定点药店和零售药店，现场要求落实整改措施，对发现的违法违规行为进行依法查处，推动疫情防控工作有效落实。

【药品耗材采购监管】2021年，大埔县医疗保障局加强药品和医用耗材采购监督管理，规范药品和医药耗材采购流程。宣传贯彻《广东省医疗保障局关于做好药品和医用耗材采购工作的指导意见》和《梅州市医疗保障局关于做好药品和医用耗材采购工作的实施意见》精神，全县18家公立医疗机构均能按照相关文件要求，依托省平台、深圳平台、广州平台进行药品和医用耗材采购，对特定品种自主议价采购并按规定进行线下备案采购的工作要求落实好药品和医用耗材集中采购工作。收集公立医疗机构药品和医用耗材集中采购数据，及时掌握各医疗机构执行药品和医用耗材采购工作的状况，纠正违规采购行为。2021 年，全县 18 家公立医疗机构药品采购总金额 1.16 亿元，其中省平台采购金额 1462.21 万元、深圳平台采购金额 6306.33 万元、广州平台采购金额 3818.29 万元，线下采购金额 26.42 万元，线上采购率 99.8%。医用耗材采购总金额 9469.08 万元，其中线上采购金额 9271.77 万元、线下采购金额 197.35 万元，线上采购率 97.8%。医疗机构药品和医用耗材采购符合相关规定，全县医药采购工作排名全市前列。加强组织领导，成立专项督查工作组，不定期开展专项督查，全年出动检查 54 人次，检查医疗机构 18 家，经过专项检查，医疗机构药品和医用耗材采购秩序逐步规范。加强对公立医疗机构药品医用耗材采购和使用的监督管理，加大对医疗服务项目收费日常监管和巡查力度，有效治理违规收费行为。加强沟通协调，落实国家组织第三、四、五、六批药品集中带量采购中选品种采购量任务，督促相关公立医疗单位在采购周期内完成国家组织药品和高值耗材集中采购任务量，确保更多质优价廉的药品和医用耗材提供给广大患者，降低药品和医用耗材价格，减轻人民群众用药负担。

【城乡居民医保参保缴费】2021 年，大埔县医疗保障局加大医保缴费宣传，巩固全民医保成效，推进应保尽保。在“粤政易”建立医保缴费工作群，每周通报医保缴费进度，强化各镇（场）缴费责任落实。加大医保政策宣传，与县税务局、大埔农商行、人保财险大埔支公司联合开展“2022 年度城乡居民医保缴费宣传活动”，并组织县人民医院医疗专家、广东省医疗卫生人才“组团式”紧密型帮扶工作队免费义诊，提高人民群众对医疗保障的关注、支持和参与热情。健全完善医保、社保、税务、教育、民政、扶贫、残联、卫健、农商银行、邮储银行等部门联动工作机制，落实困难群体资助参保政策，优先保障特殊人群医保参保缴费，强化督查通报力度，促进扩面征缴工作的落实。按照大埔县社会保险扩面征缴领导小组办公室的工作部署，对全县各镇（场）开展 4 次全覆盖专项督查。至 2021 年 12 月 31 日，全县全年参保缴费人数 35.52 万人，参保率 91.1%。

【助力乡村振兴】2021 年，大埔县医疗保障局开展医保政策扶持，助力乡村振兴。开通困难群众中途参加医保的“绿色通道”，落实政府全额资助个人缴费的参保政策，严格执行医保待遇的倾斜政策，实现困难群众参保“一个不少”、政府资助“一分不少”、保障内容“一项不少”。至 2021 年 12 月 31 日，全年医疗救助 4.48 万人次，救助金额 1846.83 万元（包含特殊医疗救助）。优先保障特殊人群医保参保缴费，按照上级文件要求，及时对全县特困供养对象、享受当地最低生活保障家庭成员、建档立卡贫困人员、重度残疾人员等特殊人群的参保信息进行比对和统计，并将结果及时反馈给县相关部门，同时督促相关部门做好新增特殊人群医保缴费人员名单汇总及上报相关工作。至 2021 年 12 月 31 日，全县资助特殊困难群众参加 2022 年度城乡居民医保 3.08 万人，其中建档立卡脱贫人员、边缘户 8689 人，资助金额 278.05 万元。

【医保管理服务】2021 年，大埔县医疗保障局开展医保基金的使用监管，完善医保支付监管长效机制，打击骗保行为。根据《关于建立梅州市医疗保障基金综合监管部门间联席会议的通知》要求，大埔县建立大埔县医疗保障基金综合监管部门联席会议制度，健全医疗保障基金综合监管工作机制，促进部门间相互配合、联合监管，推进信息共享和互联互通，健全打击欺诈骗保协同执法、行刑衔接“一案多查”“一案多处”工作机制，形成齐抓共管、联合惩戒的医疗保障基金监管长效工作格局，提升综合监管效能，合力维护医保基金安全。根据《梅州市医疗保障局 梅州市公安局 梅州市卫生健康局关于开展打击欺诈骗保专项整治行动的通知》要求，制定《大埔县2021年打击欺诈骗保专项整治行动工作方案》。采取严肃查处欺诈骗保案件、曝光典型案件、树立先进典型等形式，贯彻落实国家和省关于加强医保基金监管工作的决策部署。推进省医保信息平台上线工作，保证梅州在2021年3月29日顺利上线省平台。上线后，做好省平台问题的收集，及时与市级部门沟通，尽力解决问题，保证参保群众业务正常办理并做好解释工作。根据广东省审计厅派出审计组2021年3月26日出具的审计决定书和审计报告，涉及大埔县的相关问题共12项。经核查，大埔县百侯中心卫生院等19家县内定点医疗机构涉及此项问题，涉及医保基金支付28.25万元，2021年4月29日已全部追回违规结算的医疗保险基金。违规结算的19家县内定点医疗机构均按要求将违规结算的医疗保险基金28.25万元分别存入大埔县医疗保障局账户职工医保支出户、城乡居民医保支出户，2021年4月29日完成整改。按照市医保局的工作部署，开展大埔县2021年度医保基金监管“护金行动”工作，对县内20家定点医疗机构2020年7月至2021年3月产生的医疗保险结算费用进行监督检查，对市医保局下发的疑点数据进行核查。经核查，20家定点医疗机构违规费用276.84万元，并于2021年10月29日前全部退回指定账户。

【宣贯落实医保条例】2021年，大埔县医疗保障局组织召开全县医疗保障工作暨《医疗保障基金使用监督管理条例》（以下简称《条例》）宣贯工作会议。召开各镇（场）和医保相关部门、经办机构、各定点医药机构参加的《条例》宣贯会议。开展现场咨询服务活动，利用“互联网+”等信息手段，通过张贴海报、派发宣传折页、悬挂宣传标语、摆放宣传资料等线上线下相结合的形式，运用群众喜闻乐见、通俗易懂的宣传方法，加强舆论引导和正面宣传。加强与宣传部门的协调沟通，运用当地电视台、广播、报纸等主流媒体，采用通信报道、政策解读、动漫播放、公益广告、字幕滚动等形式，开展《条例》解读、打击欺诈骗保维护基金安全专题宣传。县医保部门会同经办机构，通过官方网站及“大埔发布”、“客家香格里拉”等公众号推送《条例》解读、基本医疗保险基金监管相关政策、打击欺诈骗取医疗保障基金典型案例、举报投诉渠道以及医保政策和办事流程等信息，并发动干部职工和群众转发宣传。对市、县检查发现的违反医保法律法规政策和协议管理规定的问题，各定点医药机构、定点药店按要求抓好整改，并坚持以问题为导向，举一反三开展自查自纠，规范医疗服务行为。县医保部门加强与卫健、市场监管等单位的合作，把宣传活动与定点医药机构管理、普法宣传活动结合起来，在开展日常巡查监管过程中，向定点医药机构发放《条例》宣传资料，宣传打击欺诈骗保政策，引导定点医药机构规范医药服务行为。

大埔县医疗保障局负责人名录

局　长：黄伟强

副局长：陈克胆　罗育彪

（何爱萍）

镇场简况

湖寮镇

【概况】湖寮镇地处梅潭河中游，是大埔县城所在地。东邻百侯镇、西河镇，西接三河镇、大麻镇，南依高陂镇，北靠茶阳镇、西河镇。有国道235线、省道湖上线221线经过。全镇区域面积201.46平方千米，耕地面积834.1公顷，山地面积2万公顷。管辖19个村民委员会、4个居民委员会和1个林场，393个村（居）民小组。2021年，全镇户籍总人口8.66万人。全镇农村经济总收入10.05亿元，农民人均纯收入1.7万元，分别同比增长1.5%和8%。

【基础设施建设】2021年，湖寮镇抓好交通运输、水利水电等基础设施建设工作。加大对长新、碗瑶、下坜、长龙、双坑、大安、高道、密坑、双髻山、河腰（龙船肚）九村一场共72.57千米的农村公路养护管理，投入80万元清理土石方3万立方米、浆砌护坎350立方米，投入19万元增设9处“一清一灯一带”和23处“平安村口”交通安全设施，确保农村交通“血脉”畅通。投入189万元完成莒村塔下等7宗全域自然村供水工程建设，确保群众能喝上放心水；继续完善氧化塘建设，满足15个行政村的农村生活污水无害化处理需求。定期对辖区内的26间小水电站进行安全生产检查，做好安全生产宣传工作，强化责任意识，确保把安全隐患消除在萌芽状态。

【新农村建设】2021年，湖寮镇推进农村人居环境整治工作。办理农村宅基地建房规划建设12宗，完成危房改造12户，完成削坡建房风险点综合整治102处。实施“两美”行动，加强环境卫生整治，在密坑村、莒村村等开展垃圾分类示范点工作，按规格要求安装18个垃圾亭，引导和推动居民凝聚共识，养成自主分类习惯。

【农业】2021年，湖寮镇做好粮食生产工作。推进科学施肥技术，指导农户科学施肥，发动农户使用测土配方施肥。推广病虫害专业化防治技术，做到定期测报、资料宣传、科学防治。水稻种植应用良种良法，水稻塑料软盘育秧技术为95%，指导农户掌握合理密植技术。做好病虫害动态监测。加强草地贪夜蛾、红火蚁、柑橘黄龙病等农作物疫情防控工作，按时开展虫情、病情会商，做到早发现、早预警、早防治。全年向各村印发农作物病虫害预测预报10期，发放宣传资料550份，发放防控药物52箱。做好2020年耕地地力保护补贴面积核实5644户，补贴面积为 657.71 公顷，2021 年耕地地力保护发放补贴资金 83.66 万元。加强农产品质量监管。配合县农业农村局农产品和农资产品的系列执法检查活动，对辖区内的 20 间农资生产经营门店开展以种子、农药、肥料等专项集中整治；对辖区内农业龙头企业、农民专业合作社、家庭农场、种植大户等进行巡查和发放告知书、签订承诺书。加强农村沼气安全生产自查及整改工作，严格执行沼气安全生产责任制，督促各村做好沼气安全生产的排查，消除隐患，发现问题，及时整改。全年核查规模沼气池 8 个，户用沼气池 251 个。做好政策性水稻种植保险实施工作。全镇水稻种植保险面积 79.43 公顷。推广蜜柚主导产业生态栽培技术。以蜜柚主导产业基地建设为示范带动推广平台，抓好春季蜜柚疏花、疏梢、根外追肥保果、疏果等营养管理，推广优质有机肥施用、普及测土配方施肥技术、推广生草栽培、生物防治、高效低毒、低农残新农药等病虫无害化防控技术，推广柚果套袋质量安全新技术。

【工业】2021 年年末，湖寮镇有业广利电子（梅州）有限公司、大埔中燃城市燃气发展有限公司、梅州玉丰特陶科技有限公司、梅州市中建混凝土有限公司、大埔县通美实业有限公司、大埔县合众混凝土有限公司、大埔森鑫源建材有限公司、梅州市鸿富瀚科技有限公司 8 家规上工业企业，全年总产值 3.18 亿元，同比下降 1.4%。

【旅游业】2021 年，湖寮镇在抓好莒村、密坑两个示范村创建的基础上，深挖县城南部村庄潜力，投入 300 万元完成双坑传统文化主题广场打造和双髻公路的美化提升，并对中国第一任驻日大使何如璋故居——人境庐进行修缮，南部美丽公路旅游产业带框架初步形成。

【国土环保】2021 年，湖寮镇通过制定网格化日常巡查工作制度，实行镇干部包村（组）、村干部包户管理模式，加强对土地和矿产资源保护、生态环境保护等领域违规违法问题的巡查管理。全面禁止露天焚烧秸秆、垃圾和树枝杂草等行为，改善大气环境质量，坚决打好蓝天保卫战。依托碳普惠抚育林地 445.6 公顷，组织镇、村干部和志愿者义务植树 200 棵，助力创建“国家森林城市”。开展专项行动，对辖区内 18 间非法洗砂和堆砂场所进行全面集中整治。查处农村违规建坟（墓）等违法行为 21 宗。加强河湖库管理保护，投入 400 万元清理各村河流长度 30 千米，打捞水面漂浮物 50 吨，协商解决规模以下“四乱”点 1 宗。投入资金 2000 万元用于 2.8 千米的密坑水生态清洁小流域工程建设，助力实现梅潭河等河道“水清、岸绿、河畅、景美”目标。集中开展地质灾害隐患排查，在做好汛期地质灾害防治工作的基础上，掌握全镇地质灾害隐患点动态现状，建立检测员信息交流群，随时掌握隐患点变化情况。2021 年，在下坜村开展地质灾害应急演练 1 次、实施工程治理 1 处。

【科教文卫体】2021 年，湖寮镇配合县文化馆以宣传中共十九届五中全会精神为主题的文艺演出，送展 7 个文艺节目，其中舞蹈《中国脊梁》被评为优秀节目。协助县图书馆、县电影公司到各村开展送书送电影下乡活动，满足农村群众对精神文化需求。全面巡查全镇文物，做好重点文物保护单位的保护范围划定工作。开展打击黑网吧专项行动，突击清查 15 次，净化网络市场环境。镇文化站全年新增图书 6000 册，订阅报刊 12 种。2021 年，经省级审核通过，镇文化站被市级评定为“特级综合文化站”。全镇户籍人口出生 641 人，其中一孩 258 人、二孩 254 人、三孩及以上 129 人，女性初婚 313 人，全镇已婚育龄妇女 1.6 万人。

【社会保障】2021 年，湖寮镇抓好社会救助、政策补贴等社会保障工作。社会救助。镇社工站由“双百计划”整合成“双百工程”，并依托现有资源建设村（居）社工点3个，为群众提供情绪疏导、精神关爱、能力建设、资源链接、社会融入等专业服务。通过市级“助星圆梦”计划帮助3名贫困学子申请助学金、圆大学梦。通过对敬老院内及周边老旧设施进行微改造，保障集中供养特困人员生活品质。全年最低生活保障人员在保574户1085人，事实无人抚养儿童42人，特困人员203人；完善残疾人动态信息调查录入1861人，核查民政对象1323人次，清退不符合低保家庭33户、不符合低收入家庭6户、不符合特困人员1人，累计追回各项违规发放资金3.46万元。政策补贴。全镇享受高龄补贴80周岁以上老人2048人，每月发放津贴8.91万元；享受农村部分计生家庭奖励347人，特别扶助21人，农村计划生育节育奖励538人，城镇独生子女父母奖励1620人。社会保险。为本地户籍年满60周岁以上老人办理意外伤害综合保险1.37万人，为计生家庭投保意外伤害保险1066户3098人。规范做好城乡居民养老保险和城乡居民医疗保险缴交工作，城乡居民养老保险参保人数1.87万人、城乡居民医疗保险参保人数5.14万人。社会优抚。完成退役军人的信息采集和录入工作，在春节、清明、“七一”、“八一”、“9·30”烈士纪念日期间走访慰问退役军人及其他优抚对象。就业服务。利用互联互通信息网络平台，加强农村劳动力动态管理；组织下岗失业人员参加再就业培训和创业培训，鼓励自谋职业、自主创业；加强与企业沟通联系，开发就业岗位；加强就业扶持政策宣传，开展就业援助服务。

【社会治安】2021年，湖寮镇始终把加强综合治理作为关系全局的重要工作，推动平安建设工作向纵深发展。圆满完成重要节假日、村（社区）“两委”换届选举、县镇人大换届、中国共产党百年华诞庆祝活动等重大节日活动的安保维稳工作任务。全力稳控化解社会矛盾风险。全年累计排查受理各类案件571宗，其中群众来访65宗、上级交办案件58宗（包括“扫黑除恶”案件2宗）、网访36宗、“12345”政务服务便民热线案件412宗，已结案537宗，结案率94.1%。落实重点人群管控服务措施。在册居家精神障碍患者515人，其中居家397人、住院102人、外出11人、失访5人，已办理监护资格登记、审核等相关手续375人。户籍吸毒人员275人，社会面吸毒人员245人（其中高风险1人、中风险48人、低风险196人），网格化管控落实比例100%。全力遏制电信网络诈骗犯罪活动。利用村（居）现有的小喇叭不定期滚动播放打击治理电信诈骗宣传音频，在古城广场建设反电诈主题宣传长廊，在龙岗村创建湖寮镇无诈村示范先行地。全年开展30次宣传活动，发放宣传单张、宣传册等资料8000份。开展扫黑除恶专项斗争。采取走村入户和定点摆摊相结合的形式开展扫黑除恶、反邪教、禁毒铲种等知识宣传工作，张挂横幅33条、张贴海报50张，走访群众近5300户6200人，发放宣传资料7900份。注重提升社会治理智能化水平。推行“智慧新警务”建设，推广“移动式一通办”；新增一批社会治安视频监控点，探索城乡社会治安视频监控一体化、立体化社会治安防控体系；加快推进综治“中心+网格化+信息化”建设，提高网格活跃度、网格事件和特殊人群服务管理记录的录入量。

【创建文明城市】2021年，湖寮镇全力抓创建全国文明城市。完善176个居民小区“社会主义核心价值观”的户外广告宣传栏建设。开展“五星级文明户”评选活动，新评选出第二批文明户640户，并向县推荐“梅州好人”4人、“客家好乡贤”1人、“梅州文明家庭”1户。各村（社区、林场）实现每月至少组织开展1次志愿服务活动，镇级累计开展志愿活动84次。

湖寮镇党委、人大、政府负责人名录

党委书记：邓瑜瑾

副 书 记：朱益山　何苑平（女，—2021.7）
林紫鹏（—2021.7）
朱　芳（女，2021.7—）
饶　勇（2021.7—）
龚仲烦（挂任，2021.10—）

党委委员：黄竞国（—2021.3）
林建新（2021.3—）
杨栋才（—2021.3）
蓝集良（—2021.7）
肖胜良（—2021.7）
钟用柱（—2021.4）
饶　勇（—2021.7）
徐志威　刘启明　余　煜
黄晋锋（2021.3—2021.7）
何剑东（2021.8—）

人大主席：李万贤（—2021.4）
杨国志（2021.5—）

副 主 席：贺佳胜（—2021.3）
肖胜良（2021.7—）

镇　　长：朱益山

副 镇 长：黄竞国（—2021.3）
林建新　张创新
黄晋锋（2021.7—）
张　标（2021.7—）
吴德强（2021.9—）
杨骥扬（2021.9—）
古碧梅（女，2021.9—）

（*杨桃*）

百　侯　镇

【概况】百侯旧称"白堠"，民国以后改为百侯，取"多出人才"之意。百侯镇位于大埔县东部，西接湖寮镇，东连枫朗镇、大东镇，北靠西河镇，南依枫朗镇、高陂镇，是距县城最近的一个镇，仅11千米，交通便利，省道221线贯穿其中。2021年，全镇区域面积112.27平方千米，有山地7038公顷，耕地面积863.27公顷，其中水田面积765公顷。下辖14个行政村和1个居民委员会，291个村（居）民小组，总人口有2.87万人，素有"文化之乡、华侨之乡、干部之乡"的美誉。全镇经济保持平稳，各项经济指标完成。坚持生态优先，突出人文引领，推动绿色发展，统筹推进疫情防控和经济社会发展，深入实施"生态立镇、农业兴镇、文旅旺镇"的工作思路，镇域经济综合实力明显增强。

【基础设施建设】2021年，百侯镇推进"厕所革命"，累计投入100万元，完成215个户厕改造、26座农村卫生公厕建设，农村人居环境得到明显改善。完成侯中路道路升级改造工程，改善百侯镇村居民和在校师生的生活条件和交通出行条件。推进集中供水工程，2021年第一批项目中百侯镇有5个工程点涉及3个行政村18个自然村，完成建设工作并通水使用。推进省道221线湖寮至枫朗段改建工程征地拆迁工作，加快构建互联互通快速对外的便民交通体系。完成拆旧复垦23.67公顷土地立项，其中21.24公顷土地基本通过项目验收，有效盘活闲置土地资源。

【农业】至2021年，百侯镇形成果、林、蔬、烟、畜并举发展的农业产业化格局。统筹规划特色农业发展，坚持推进"一村一品，一镇一业"产业布局，发挥特色产业带动作用，扩大葡萄、沃柑等特色水果种植规模，提升产品质量，加强品牌建设。白罗村、侯北村、新乐村分别被认定为广东省"一村一品、一镇一业"花生、葡萄、蜜柚种植专业村；旧寨里村入选2021年"一村一品、一镇一业"建设实施项目，特色农业种植规模逐年增长。

【旅游业】2021年，百侯镇挖掘百侯境内丰富的红色革命史料、系统整理文物档案，投入130万元将百侯朱德指挥部旧址打造成百侯红色革命事迹展览室，集中展示百侯红色故事、红色人物等事迹。自红色革命事迹展览室建成以后，接待参观学习团体 26 批次，党员 1000 人。按照旅游产业发展与城镇化建设融合发展理念，深入挖掘城镇文化精髓，打造特色品牌，深化与梅州市广播电视台牵手合作，利用其丰富的传媒资源，打造科举文化体验等文旅新项目。

【国土环保】2021 年，百侯镇开展城乡环境综合整治和“两美”行动，坚持把农村人居环境整治作为“一把手”工程，全面动员、全民行动。定期巡河，实现“河畅、水清、堤固、岸绿、景美”的总目标，推进“清四乱”和“五清”专项行动，置有一辆压缩勾臂车对镇区垃圾实施全面转运。在全镇各村投放 115 个垃圾桶及 20 个垃圾箱，强化镇、村环境基础设施。

【科教文卫体】2021 年，百侯镇推进文化、教育、卫生等工作的开展，促进科教文体事业繁荣。加大教育投入，实施“教育强镇”战略。树立科教兴镇理念，优先发展教育事业，增加教育投入，完善教学设施建设，促进教育均衡发展，培养高素质人才，全镇现有幼儿园 2 所，小学 3 所，中学 1 所，教育资源丰富。引导发展民间艺术团队，开展群众性文体活动。支持培养广东汉乐演奏队、太极拳协会、舞狮队等民间艺术表演队伍，弘扬百侯传统民间艺术形态；结合春节、“五一”、“十一”等法定节假日，举办乒乓球、篮球比赛，活跃群众文娱氛围，开展“巾帼心向党、奋斗新征程”妇女干部座谈会、“重温百年党史，传承红色基因”党史知识竞赛等文体活动，在全镇掀起全民健身热潮，几乎每天在各个公园都可以看见群众打太极、跳健身舞的身影。

【社会保障】2021 年，为贯彻落实巩固拓展脱贫攻坚成果同乡村振兴有效衔接工作，百侯镇通过健全防止返贫动态监测和帮扶机制，定期开展排查，确保不发生规模性返贫。组织开展全镇防返贫调研走访工作，已发现监测脱贫不稳定户 3 户 15 人、突发严重困难户 1 户 4 人、无边缘易致贫户，已完善相关制度确保巩固扶贫成效。优化民生服务。严格遵循“便民、高效、廉洁、规范”的服务宗旨，强化公共服务水平，建立完善工作机制，压实工作责任，全面推动数字政府改革建设工作，提升一体化政务服务能力，全年办件量 5300 件，办结率 100%。做好政务服务“好差评”工作，群众满意度高，投诉率为零。基本完成 2021 年度城乡居民养老保险和医疗保险县级下达的任务，完成死亡人员违规领取养老待遇追缴。受理、答复处理“12345”政府服务热线 64 宗。办事效率大幅提升，企业和群众的办事满意度、获得感持续增强。

【社会治安】2021 年，百侯镇以维护社会稳定为首要任务，以创建“平安百侯”为载体，通过创新社会管理，维护政治稳定和社会安定。健全安全生产各项制度，强化安全生产责任制落实，全年全镇整改消除安全隐患 11 宗，做到安全生产“零事故”的目标。同时，全年森林防火工作扎实有效，开展巡山巡火工作、加强野外火源管控、树立防火警示牌，确保全镇上下森林防火形势总体平稳。

【基层党建】2021 年，百侯镇党委聚力政治建设，强化主体责任落实。开展党史学习教育，牢牢把握党史学习教育的目标要求和目标任务，召开班子会议、专题会议对党史学习教育进行安排部署、总体谋划，并开展调查研究、讲好专题党课、抓好整改落实，引导广大党员干部更加牢固树立“四个意识”、坚定“四个自信”、做到“两个维护”。聚力队伍建设，夯实基层基础。选好村“两委”班子，发挥镇党委直接领导和具体指导作用，推进全镇 15 个村（社区）“两委”换届选举工作，三个“一肩挑”全面完成，干部交叉率100%。规范发展党员程序，落实审查制度，全年发展积极分子23人、预备党员16人，组织开展慰问活动、庆祝中国共产党成立100周年系列活动等主题党日活动20次。建强教育培训阵地。打造以镇级党校为主，红色教育、传统教育、典范教育、示范教育、科普教育为辅的基层党员干部教学阵地，并创新开办党校“夜校”，打造百侯红色革命事迹展览室，实现党员教育培训全覆盖，打造梅州市镇街党校示范点。

百侯镇党委、人大、政府负责人名录

党委书记： 邓越林

副 书 记： 江维杰　李瑞杰（—2021.7）
温向国　谢淑莹（女，2021.7—）
张　毅（挂任，2021.10—）

党委委员： 邱建华　李敏逸　廖璐茜（女）
罗庆丰　袁　中
段及敏（—2021.7）
廖武锋（—2021.7）

人大主席： 何荣朋

副 主 席： 刘千和

镇　　长： 江维杰

副 镇 长： 邱建华（2021.5—）　肖栋超
罗梓航（2021.5—）
杨智琪（2021.9—）
黄小清（女，2021.9—）

（范金成）

枫　朗　镇

【概况】 枫朗地处梅潭河上游，位于大埔县的东南部，东邻大东镇、福建省平和县九峰镇，南与饶平县上饶镇相连，西接高陂镇，北依百侯镇，距县城19千米，省道221线、227线和大潮高速（大漳支线）贯穿其中，高速有枫朗出口，是古今东进闽南，南下潮汕的交通要塞。2021年，枫朗下辖23个村民委员会，336个村民小组，总人口5.21万人。全镇区域面积167.83平方千米，山地面积1.29万公顷，耕地面积1219.4公顷。全镇农村经济总收入13.93亿元，同比增长1.4%；农村人均年纯收入1.9万元，同比增长7.9%，各项经济指标均实现增长。

【基础设施建设】 2021年，枫朗镇始终坚持以人为本，聚力改善民生，增强群众福祉，西岩山至三溪产业路建设项目成功通过县政府常务会议；省道221、227线扩线征地拆迁工作接近完成。推进村党群服务中心建设，坎下村党群服务中心顺利投入使用，枫朗村党群服务中心建设稳步推进。完成卫生院用房建设，完善卫生基础设施。配备保洁员70人，垃圾收集点255个，14个村配备垃圾屋，建设15个垃圾分类亭。全域自然村集中供水工程15宗，涉及7个行政村15个自然村，总投资255万元，已全部完工。全镇5个省定贫困村85个项目、18个非省定贫困村101个项目、上山下新农村建设示范先行村22个项目、红色经典旅游线路4个项目推进中；引进养殖龙头企业正邦集团落地大型养殖场项目，意向投资额2亿元；全县最大扶贫光伏发电项目和恒得源可降解环保材料项目建设落地溪背坪村，拓宽产业前景。

【农业】 2021年，枫朗镇发挥龙头企业的带动作用，全镇蜜柚种植面积599.18公顷，有蜜柚龙头企业7家，蜜柚加工厂1间；全镇茶叶种植面积2000公顷，平均亩产500公斤，总产值约3亿元，形成产制销一体化链条，种茶大户年收入10万元以上。联结“三镇十村一场”，建设特色茶产业园区。完善西岩茶场、崁顶湖茶场和三溪茶场观光园的建设，引进优秀茶种和智慧农业先进技术，提升茶叶品质，推进茶园生态化建设和精细化管理，打造集种植、加工、旅游为一体的特色茶产业园区，以点带面联动发展。依托茶场、农副产品加工厂等场地设施，打造农村经济增长点，优化产业结构，带动农民群众致富奔小康。

【旅游业】2021年，枫朗镇推进红绿生态旅游项目，借助红绿经典旅游线路被选为2021中国美丽乡村休闲旅游行（春季）推介活动现场推介线路的契机，提升基础设施和服务能力，将“红色文化、绿色产业”资源与实施乡村振兴战略结合起来，促进文化、旅游产业化，将红绿资源优势转变为经济优势，建设文化体验现代旅游产业集群，打造文旅产业的亮点品牌。

【国土环保】2021年，枫朗镇坚持全域推进环境整治。开展“三清三拆三整治”，清理村巷道及生产工具、建筑材料1056处，清理房前屋后和村巷道杂草杂物、积存垃圾1268处，清理沟渠池塘溪河淤泥、漂浮物和障碍物752处，拆除危、弃房1265间、2.01万平方米，拆除乱搭乱建、违章建筑82处、798.1平方米。平均每月投入30万元进行环境整治，提升城乡环境质量，县对镇环境综合测评三个季度排名分别为第三、第一及第五。坚持生态治理点面结合。综合开展专项行动，纠正进店经营320间、规范线内摆摊340摊、拆除灯箱广告425只、拆除伸缩帐篷150户、拆除遮阳布145条、拆除广告横幅125条、清理牛皮癣523处。全面落实河长制，出动执法人员92人次，处理河道旁乱堆乱占问题5处，清理河道长度8千米，清理漂浮物47.6吨，投入金额约13万元。组织开展3次“两美”大型志愿服务活动，参加人数400人。

【科教文卫体】2021年，枫朗镇坚持教育为先。8月，双溪学校加入大埔小学教育集团；9月，枫朗镇中心小学加入大埔县张云栽实验小学教育集团。促进教育资源整合，形成在管理制度、教育教学、教师队伍、办学资源等方面深度融合、紧密共享、一体共赢的学校发展共同体。组织广德中学、石云中学、双溪学校、日新小学参加2021年大埔县文化馆总馆联动各镇分馆庆祝中国共产党成立100周年文艺演出活动。统筹兼顾，增强卫生计生治理能力。全年全镇出生人口429人，出生率8.2‰。其中一孩出生163人，政策内163人；二孩出生156人，政策内156人；多孩出生110人，政策内46人。政策生育率85.1%，性别比112.37，自然增长率1.2‰。红色文化、绿色产业、文旅产业发展融合推进。谋划革命遗址保护利用项目，编印红色资源宣传册，全年接待来自各地的研学团队2万人次开展主题党日活动。

【社会保障】2021年，枫朗镇抓好民生服务社会保障工作。各项保障措施落实到位，至2021年12月7日，接种新冠疫苗2.71万剂次，居民参加城乡居民医疗保险人数2.96万人，建档立卡贫困劳动力转移就业11人，全镇代表中心联络站和村片区联络站代表进站活动人次31人次，接待选民和群众22人次，收到群众意见建议14条，解决14条，办结率100%；枫朗镇新时代文明实践所被列入梅州市示范所。开展党史学习教育，同时把党史学习教育落实到为群众办实事上：开展义务植树活动2次，种下1100株各类绿植，增加绿化面积1500平方米；开展增殖放流活动，放流250公斤各种鱼类，促进河流生态多样性；全镇党员干部参加爱国卫生运动5次；成立讲解员队伍、疫苗接种服务队、反诈App宣传服务队和医保宣传服务队4支党员志愿服务队伍，进村入户开展便民服务。

【社会治安】2021年，枫朗镇贯彻实施“八五”普法工作，开展“法律六进”活动30次，悬挂法制宣传横幅25条，开展村级讲座23次。加强国防教育及民兵队伍建设，完成征兵任务。开展扫黑除恶、防电信诈骗、禁毒等宣传活动30场；强化社会矛盾化解工作，全年排查各类矛盾纠纷59宗，调处成功55宗。对加油站、矿山、烟花爆竹、企业等经营单位开展378间次生产单位安全隐患排查；组织镇村干部对全镇水库、地质灾害隐患点、削坡建房户等风险隐患进行排查，发放9913份《致群众的一封信》。

枫朗镇党委、人大、政府负责人名录

党委书记： 廖周磷

副 书 记： 罗长江（—2021.3）
谢宏坤（2021.3—）
黄大鹏（—2021.7） 邓初阳
曹立亮（2021.7—）
张继忠（挂任，2021.10—）

党委委员： 罗焕新 余善谋
赖建宁（—2021.7）张聪贤
肖伟能（—2021.7） 罗志杰
李裕勤（女）

人大主席： 刘尚荣

副 主 席： 罗红明

镇　　长： 罗长江（—2021.3）
谢宏坤（2021.3—）

副 镇 长： 罗焕新 肖伟能（2021.7—）
刘文彪 熊志刚（2021.7—）
李荣勇（2021.9—）
赖海浪（2021.9—）

（罗志滔）

大 东 镇

【概况】大东镇位于闽粤两省三县（平和、饶平、大埔）、一区（永定）的交界处，东与福建省平和县长乐乡、九峰镇相邻，北与福建省永定区湖山乡相邻，西与百侯镇、西河镇相连，南与枫朗镇、潮州市饶平县饶洋镇连接。有省道227线和大潮高速（大漳支线）经过，高速有大东出口。2021年，全镇区域面积98.27平方千米，下辖泮溪、东光、西坑、坪山、家荣、三坤、岩东、富溪、进滩、柘林、白土、联丰、福光13个行政村，171个村民小组，总人口有2.32万人。镇政府设在塘市圩，距县城35千米。全镇村组资产总额5686.73万元，全镇村组固定资产4419.71万元，全镇村组年度总收入1135.63万元。

【基础设施建设】2021年，大东镇抓好交通、水利等基础设施建设。13个行政村均实现道路硬底化，总里程47.25千米；行政村通往100人以上自然村公路实现硬底化的自然村数129个，总里程186.82千米。推进河长制工作，设镇级河长3名、村级河长13名、保洁员和巡查员13名。开展“五清”专项行动，加强巡河监管，全年镇级河长巡河137人次，清扫生产生活垃圾960吨，累积清理双电库区漂浮垃圾100吨。保持对城建“两违”行为的高压态势，出动105人次开展巡查，发出整改通知18份，做到不留盲区、不留死角。

【新农村建设】2021年，大东镇推进垃圾干湿分类工作，加强垃圾源头管控，分类比例从22.2%提升至80%，运营好垃圾无害化减量中心，派出专班对进场垃圾进行监督，全年处理垃圾837吨，人居环境持续改善。严格执行《大东镇建筑外立面风貌管控实施方案》，对各村新报建或在建的农房外立面、企（事）业单位所属建筑、公共设施等进行严格管控。

【农业】至2021年，大东镇抓好农业产业化发展，共培育农业龙头企业省级3家、市级2家、县级4家，“一村一品”企业4家。依托山形地势，因地制宜规划发展蜜柚、茂谷柑、板栗、茶叶等。全镇种植蜜柚0.12万公顷，板栗160公顷，标准有机茶33.33公顷。

【旅游业】2021年，大东镇抓好旅游产业发展。投入182万元新建进滩码头，投入85万元加强双电库区大东段水生态资源保护，加强执法力度，开展网箱后续整治12次，拆除抬网110张。花萼楼成功入选全国重点文物保护单位，央视《味道》《航拍中国》等栏目多次在花萼楼取景。投入10万元对花萼楼进行消防安全整治，楼内新建中国姓氏馆，楼外新建特色民宿。2021年，花萼楼景区旅游收入32万元。

【国土环保】至2021年，大东镇有垃圾处理厂1座，垃圾中转站1座（在建），垃圾收集桶617个、收集箱3个，镇、村垃圾转运车11辆。垃圾处理厂正常运营，镇垃圾集中收集、集中运输，垃圾年处理量1300吨。建设污水处理设施16处，镇级污水处理厂正常运行，集中处理生活污水。

【科教文卫体】2021年，大东镇全镇幼儿园1个，在园幼儿146人，幼儿园专任教师13人；小学9所，在校生440人，专任教师56人；初中1所，在校生224人，专任教师29人。全面实施二孩政策，保持适度生育水平。全年全镇户籍人口出生184人，出生率7.7‰，自然增长率2.1‰。

【社会保障】2021年，大东镇抓好社会救助、社会保险等工作。全镇最低生活保障边缘家庭4户11人，低保家庭308户626人，特困人员84户87人，已全部享受相应政策。建立镇级养老机构1个，乡镇社会工作服务站人员4人。全镇购买城乡居民基本养老保险8507人，其中全镇低收入人口购买城乡居民基本养老保险270人。2021年，有1.69万人购买城乡居民基本医疗保险，符合条件的五保老人实现应保尽保。抓好镇退役军人优抚对象工作。截至2021年12月，残疾人重度补贴发放393人，每人每月发放252元；困难残疾人生活津贴发放209人，每人每月发放188元，及时做好残疾人两项补贴系统录入工作。

【社会治安】2021年，大东镇坚持做好综治维稳工作，对群众反映的问题及时解决，将矛盾纠纷化解在基层，解决在萌芽。全年综治信访维稳中心接待来访39次，接访群众71人次，收到上级交办及本级受理信访件7宗，全部如期答复，满意率95%。推进基层综合行政执法改革，依据下放的职权范围，抽调具有法律工作经验的工作人员，成立综合执法办，组建13人的综合执法队，并配备相应执法办公设施。严格执行行政执法人员持证上岗和资格管理制度，安排执法人员学习宣传贯彻行政处罚法、行政强制法、行政复议法、重大行政决策程序暂行条例等新施行、新修订的法律法规。2021年，顺利完成村级调解委员会换届工作，对人民调解员进行两次培训，镇、村两级人民调解委员会受理矛盾纠纷266宗，调处成功265宗，调解成功率99%，未发生调解不及时或因调解不当而引发“民转刑”案件。

大东镇党委、人大、政府负责人名录

党委书记：郭斌欣（—2021.3）
余茂滨（2021.3—）
副 书 记：曾春生　李建峰　张增勇
赵喜昌（挂任，2021.10—）
党委委员：黄永钢（—2021.8）
刘林鑫（—2021.2）
廖广立（2021.7—）　林跃欣
余家词　李金凌　廖春娜（女）
人大主席：杨　震
副 主 席：何越超（—2021.7）
罗永杰（2021.9—）
镇　　长：曾春生
副 镇 长：熊志刚（—2021.7）
何维勤（—2021.7）
廖广立（2021.7—）
何越超（2021.7—）
赖则村（2021.9—）
连　佳（2021.9—）
李　平（女，2021.9—）

（蓝康俊）

高陂镇

【概况】高陂镇位于大埔县南部，地处韩江中游。东与百侯镇、枫朗镇、潮州市饶平县三饶镇毗邻，南与光德镇、桃源镇、丰顺县潭江镇接壤，西与洲瑞镇、银江镇交界，北与湖寮镇、大麻镇相连。有大潮高速（含大漳支线）和省道227线、333线、222线经过，高速有高陂出口。2021年，全镇总人口8.55万人。辖区面积308.95平方千米，是大埔县地域面积最大的镇，也是全国重点镇、广东省确定的首批重点建设中心镇、行政体制改革试点镇和陶瓷专业镇。全镇耕地面积2625公顷，山地面积2.4万公顷。下辖红星、大塘坝、桃花、代富、稼社、陂村、陂寨、陶溪、尧溪、赤山、乌槎、黄塘、罗基、黄泥凹、黄坑、渡头、银滩、党溪、九龙、坪溪、古西、古埜、古田、古东、埔田、培美、三洲、赤坑、平原、三岗、北坑、五家拳、岩霞、逆流、福员35个行政村和1个社区居委会，598个村（居）民小组。2021年年初，高陂市场监督管理所、自然资源所不再作为县直单位派驻部门，均转为高陂镇内设机构，人员编制15个均转入高陂镇。2021年4月，高陂镇成立综合行政执法队，承接市场监督、自然资源等县直11个单位的职能和权限，设立公务员编制数15名，队长1名，副队长3名。全镇农村经济总收入24.97亿元，农民人均收入1.85万元，分别同比增长4.9%、6.1%；规模以上企业产值8.84亿元，同比下降12.3%。

【陶瓷产业】2021年，高陂镇全年陶瓷产业总产值7.89亿元，同比下降4%。围绕陶瓷产业发展布局，加快推动核心区陶瓷产业发展，广州海珠（大埔）产业转移工业园基础设施不断完善，新、老园区交通线实现“大联通”，园区入园企业33家，陶瓷产业集聚化水平提升。赤山园区完成选址，进入规划设计阶段。

【农业】2021年，高陂镇有农业龙头企业12家，农村专业合作社60家。推进农田等耕地的保护工作，严守耕地红线，累计完成撂荒耕地复耕181.6公顷，垦造水田面积106公顷。有效集约闲置土地213.33公顷，打造三洲、大塘坝和坪溪古东3个千亩级优质稻米种植生态农业基地，由驻镇帮扶单位中央储备粮揭阳直属库有限公司提供技术、销售等方面的支撑。

【旅游业】大埔县委工作报告提出“韩江画廊·醉美九龙”示范带建设规划，高陂镇围绕韩江高陂水利枢纽工程为主体的“九龙湖”风景区，提出“一核、一带、三区”打造方案：打造九龙湖风景区为核心区，打造韩江一河两岸景观示范带，打造青花瓷韵体验区、客侨名人文化观光区、生态田园示范区。高陂镇整合陶瓷广场、陶瓷展厅和陶瓷卖场等资源，成功打造陶瓷精品旅游路线。人文旅游硬件实施得到完善、提升，2021年8月13日，田家炳纪念馆正式建成开馆，梅州市委书记陈敏，梅州市委副书记、代市长马正勇，大埔县委书记朱汉东，全国人大代表、大埔杰出乡贤邓振龙为田家炳纪念馆落成揭幕。

【科教文卫体】至2021年12月31日，高陂镇出生婴儿689人，政策生育率87.5%，出生率7.8‰。2021年中考，高陂镇各中学考上东山中学9人、宪梓中学4人、虎山中学125人，办学质量稳步提高。高陂实验学校2021年秋季正式招生入学，合计新增学位3150个，其中15个班规模的幼儿园450个学位、60个班规模的小学2700个学位。

【社会保障】至2021年年底，高陂镇有低保对象835户1498人，特困供养对象366人（其中集中供养21人，分散供养345人），全镇持有残疾人证1630人（符合享受重度残疾人护理补贴1097人，符合二项补贴政策的残疾人527人），留守儿童591名，困境儿童482名。2021年，累计发放城乡低保金1498人650.66万元；临时救助资金96人20.02万元；特困供养金366人452.04万元，高龄补贴2233人115.02万元。

【社会治安】2021年，高陂镇打击治理电信网络新型犯罪工作深入开展，36个村（居）65名涉电信网络诈骗人员全面落实常态化管控。全年全镇立刑事诈骗案44宗，网络信访受理80件信访件，已按时办结80件，规范办结率100%，按期办结率100%。“12345”政府热线平台处理群众反映投诉事件316宗，已处理归档316宗，镇综治办会同派出所、民政、村委等部门遣送精神病患者到市、县医院诊断或住院6人次。

【重点项目建设】2021年度，高陂镇累计完成土地征收13.69公顷，依法征收房屋棚寮等建筑物，保障各大重点项目的顺利推进。韩江（高陂）水利枢纽工程于1月13日正式下闸蓄水，两台发电机组正式投产发电（25兆瓦/台，2台机组合计50兆瓦），调洪蓄洪能力增强、水资源利用更加科学、高效。大埔陶瓷大卖场4月12日正式开业运营，30家陶瓷企业进驻，县长熊锋松等领导和企业、协会负责人出席开业仪式。高陂青花瓷广场建成完工，4月30日作为主会场成功举办“2021赴圩节·大埔高陂镇”活动。高陂第二自来水厂项目更名为大埔县第三自来水厂，完成可研论证，选址确定为韩江（高陂）水利枢纽坝址上游的九龙埠。赤山至留田段过境公路改建工程（乌槎至高陂镇政府）改造提升全面完成，城镇交通承载能力得到优化。省道222线坑口至高陂段改建、省道227线高陂大桥至桃花段升级改造以及水利枢纽库周道路改建等道路项目建设进展顺利，陂寨、乌槎水利移民安置区基本完成交付移民建房，大潮高速安置点进展顺利。

【镇、村换届】2021年2月，高陂镇36个村（社区）“两委”换届工作全面完成，党组织意图人员全部当选，全镇36个村（社区）全部顺利实现“三个一肩挑”。其中，村（社区）党组织选举出118名支委委员，新进村支部书记12人，新进支委委员21人。有女性支部书记5名，占比13.9%。村（居）委选举出181名村（居）委委员，其中34个村（居）实现“双交叉”，基层治理能力加强。8月和9月完成镇级党委、人大和政府换届，选出新一任的党委人大政府班子成员合计17人。

【乡村振兴】2021年，高陂镇立足“县域副中心城镇”发展定位，规划建设“韩江画廊·醉美九龙”示范带，驱动“陶瓷+文旅”双引擎，打造3个千亩稻米种植生态农业基地。高标准高质量推进农村污水处理设施建设，全镇建成38个氧化塘、1个镇级污水处理厂，并完成党溪、渡头、坪溪村省十件民生实事污水处理设施工程。有序推进农村集中供水工程建设，9个省定贫困村自来水覆盖率100%。开展“六乱”整治和打击“两违”行动，依法拆除占用耕地建房、违章搭建89处。推进232户削坡建房搬迁治理和13户农村危房改造。开展城乡环境大提升行动，全年累计开展4次“两美”行动。26个行政村达到干净整洁村标准，3个行政村达到美丽宜居村标准，农村人居环境日新月异。谋划储备帮扶项目，申报2022年省级涉农资金统筹整合项目，涉及资金总额800万元。携手金融服务助力乡村振兴，联合农业银行到村举办金融产品介绍会2场，办理农户贷53户，涉及贷款金额1950万元，满足农民金融服务需求。建立健全防止返贫动态监测和帮扶工作机制，对26户106人防返贫“三类人员”监测对象进行全覆盖走访，做好巩固拓展脱贫攻坚成果同乡村振兴有效衔接工作。

【疫情防控】2021年，高陂镇常态化疫情防控工作有序、高效展开，成功构筑人防、技防和物防等系统防线，筑牢人群防控的免疫屏障。严格管控疫情中、高风险地区等区域的返乡人员，全年排查1097人次，管控768人次，上门核酸采样456人次，镇、村干部按照“网格化”分工包片责任制，落实“四个一”落地排查和自我健康监测、居家健康

监测、居家健康隔离和集中隔离等分类管控措施。落实新冠疫苗接种工作，全年完成疫苗接种 7.17 万针次。落实核酸检测工作，镇中心卫生院全年开展核酸采样检测 1.42 万人次。

高陂镇党委、人大、政府负责人名录

党委书记：黄海军

副 书 记：张潘琪　朱海秋

罗绍辉（—2021.7）

卓　权（2021.7—）

申旭华（挂任，2021.10—）

党委委员：李国贤　刘　智　张达柯

李啸尘（2021.1—）

林汉勇（—2021.4）

罗振宇（—2021.3）

温建昌（—2021.7）

张　标（—2021.7）

张嘉华（2021.8—）

人大主席：吴千捷

副 主 席：张炎贤（—2021.9）

丘志坚（2021.9—）

镇　　长：张潘琪

副 镇 长：李国贤　李　冰（女）

温建昌（2021.7—）

刘志南（2021.4—）

张志锋（2021.9—）

徐开亮（2021.9—）

刘明辉（2021.9—）

（宋志源）

光　德　镇

【概况】光德镇位于大埔县南部，北面、西面接高陂镇，西南与桃源镇相连，东、南毗邻潮州市饶平县三饶镇、新丰镇。有省道 333 线和大潮高速经过，高速有光德出口。2021 年，区域面积 125.96 平方千米，其中耕地面积 410 公顷，山地面积 9630 公顷。下辖 10 个行政村和 1 个社区居委会，196 个村（居）民小组，总人口 3.5 万人。全镇农村经济总收入 18.1 亿元，增长 7.1%，农村人均纯收入 1.65 万元，增长 8%。

【陶瓷产业】光德镇有规模以上陶瓷企业 10 家，2021 年，规模工业总产值 3.59 亿元，财税收入 1164.3 万元。

【乡村振兴】2021 年，光德镇开展防止返贫致贫动态监测，对重点监测对象 14 户 56 人进行针对性帮扶，有效防止脱贫人口返贫和边缘人口致贫。初步完成镇域和 10 个行政村的乡村振兴规划设计，大潮高速光德出口乡村振兴示范带项目已得到上级批复并动工建设。驻镇帮扶工作队全面融入光德、进入角色，开展消费帮扶、困难慰问和挥春送福，筹捐乡村振兴帮扶资金 20 万元以及办公设备、防疫物资、防寒抗冻物资各一批，设计 3 套不同风格的光德镇形象标志，被广泛应用于日用陶瓷产品的包装设计。

【农业】2021 年，光德镇完成垦造水田种植任务 2.91 公顷，撂荒地复耕复种 23.79 公顷，碳汇造林 243.86 公顷，碳汇林抚育 293.13 公顷。全镇共有市级农业龙头企业 2 家、县级农业龙头企业 5 家；新植茗茶 7.53 公顷，新种水果 8 公顷、蜜柚 1.83 公顷，新发展百亩沙田柚种植基地 1 个。

【基础设施建设】2021 年，光德镇完成上坪村全域自然村集中工程 3 处，完成雷峰村人大文化主题长廊和人大法治休闲小游园等公园建设，完成下漳村和上坪村一溪两岸工程建设，完成上漳村环村道、上澄村产业道路路基工程等村道项目建设，上漳村金山桥和九社村水尾潭石拱桥建成通车，富岭、下漳、九社等村村道美化亮化工程持续推进。建成大潮高速光德出口连接线公路；完成大埔县乡道 185 线陂漳桥至光德富岭旅游产业公路的前期工作；推进光德富岭至上坪段过境公路改建工程，已完成可行性研究报告编制。

【社会治安】2021年，光德镇严格落实“一岗双责”，抓好安全生产、消防安全和森林防灭火，建成镇级应急消防所，未发生森林火灾和较大以上生产安全事故。推进“雪亮工程”，在村口、路口接入“平安乡村”视频监控摄像头，打通县、镇、村三级联防体系最后一环。加强系统防范化解道路交通安全风险工作，全面完成15个平安村口和4个“一清一灯一带”建设任务，在大潮高速光德出口建设稀土蓄能自发光路标示范路。

【国土环保】2021年，光德镇开展农村房屋安全隐患排查整治，完成2处中小型地质灾害隐患点的综合治理和141户农村削坡建房风险点整治。

【社会保障】2021年，光德镇组建综合行政执法队，完成综合行政执法办公室规范化建设。推动成立光德镇教育促进会，完成雷峰小学教学楼扩建工程主体建设，全镇开展奖教奖学369人次46.38万元。完成镇退役军人服务站规范化建设，被评为全国示范型退役军人服务站和省三星级示范退役军人服务站。推进城乡居民基本医疗保险和养老保险，完善农村低保、五保的供养制度，实现应保尽保。

光德镇党委、人大、政府负责人名录

党委书记：丘伟彬
副 书 记：黄小玲（女） 江思峰
张享基（—2021.7）
饶 伟（2021.7—）
张紫伟（挂任，2021.10—）
党委委员：郭旭景（2021.7—）
杨思娟（女） 卢庆达
黄钧安 唐上湖
李啸尘（—2021.1）
人大主席：郭庆亮
副 主 席：谢淑莹（女，—2021.7）
李燕娜（女，2021.9—）
镇 长：黄小玲（女）
副 镇 长：饶 伟（—2021.7） 郭旭景
何立俊（2021.9—）
陈崇茂（2021.9—）
曾 胜（2021.9—）
黄 波（2021.9—）

（光德镇党政办）

桃 源 镇

【概况】桃源镇位于大埔县最南端，东连光德镇，北接高陂镇，西和西南邻丰顺县潭江镇，西南邻潮州市潮安区凤凰镇，东南界潮州市饶平县三饶镇，地处两市（梅州市、潮州市）、三县（饶平县、丰顺县、大埔县）、一区（潮安区）交汇之处，省道222线贯穿南北而过。镇政府所在地属桃星村，地址在桃源镇府前路39号，距县城53千米。2021年，全镇区域面积76.76平方千米。下辖桃星、新东、桃锋、团结、上墩、坪新6个行政村，119个村民小组。全镇总人口1.91万人。规模工业总产值2.19亿元，重点项目完成投资1.37亿元。村集体经济收入坪新村10万元，桃锋村4.93万元，上墩村6万元，新东村19.8万元，桃星村7.37万元，团结村33.05万元。

【基础设施建设】2021年，桃源镇提升公路安全水平，全面完成桃锋村李坑树山尾、新东村丰门凹、团结村虎头岗和桃星村小尖山、石龙空道路安全生命防护工程。

【新农村建设】2021年，桃源镇成功打造“人居环境+陶瓷”乡村振兴示范片，全国人大代表、桃源杰出乡贤邓振龙捐资7000万元重点围绕“一溪两岸一路三园六景”进行规划设计，将桃源打造成为有特色、有产业、有温度的小城镇。整体推进人居环境整治。坚决打击“两违”行为，推进拆旧复垦工作。深入推进厕所革命，严抓农房管控、风貌提升。以农村人居环境整治为切入点，开展垃圾、污水、厕所、村道、住房和村庄环境6大整治行动，提升生态环境质量，对全镇8.2千米中小河流进行治理，河道实现“河畅、水清、岸绿、景美”。开展“美丽梅州·美好家园”城乡环境大提升行动，完成“三清三拆三整治”工作。践行“绿水青山就是金山银山”理念，持续推进污染防治，镇容村貌保持干净整洁。

【农业】2021年，桃源镇通过集约土地引进企业，示范带动农户利用闲置土地，大量种植茶叶、黄金木薯、上李、百香果等农产品。推动市重点项目广东飞马峰农业有限公司茶叶种植发展，已种植80公顷。因地制宜推动上墩村上李、桃锋村火龙果、新东村蜜柚、桃星村及坪新村茶叶的种植，确保“一村一品”发展取得成效。

【陶瓷产业】2021年，桃源镇抓好陶瓷产业发展。广东吉玉陶瓷股份有限公司与清华大学开展“产学研”合作，研发的新型结构陶瓷已进入试生产阶段；引导欣红陶瓷与相关科研所合作推出发光陶瓷材料，广受市场青睐。支持广东吉玉陶瓷股份有限公司与广东欣红陶瓷股份有限公司强强联合，做大企业体量，争取尽快合并上市。

【国土环保】2021年，桃源镇做好耕地保护工作，注重环保建设。全镇有垃圾中转站1座（在建），垃圾收集桶1100个，收集箱12个，镇、村垃圾转运车5辆。垃圾处理厂正常运营，镇垃圾集中收集、集中运输，垃圾年处理量2550吨。建设污水处理设施共计3处，镇级污水处理厂正常运行，集中处理生活污水。

【科教文卫体】2021年，桃源镇加大助残、助困、助学力度，大埔县桃源“助残·关爱”基金会捐资21万元慰问全镇6个村127名困难学子和特殊困难群众。完成桃源中学学生宿舍楼建设和桃源镇教育促进会成立各项工作。为满足防疫医疗设备保障需要，提升医疗卫生服务保障水平，发动乡贤捐资50万元为镇卫生院新购置一辆应急救护车、一批医疗设备和防疫物资。加强优质服务管理，树立优生优育风尚，实现人口均衡发展。全年出生187人，出生率11.1‰。

【社会保障】2021年，桃源镇抓好各项社会保障工作。最低生活保障边缘家庭21户63人，低保家庭128户284人，特困人员49户49人，已全部享受相应政策。做好社会救助工作。建立镇级养老机构1个，乡镇社会工作服务站人员4人。全镇购买城乡居民基本养老保险8325人，其中全镇低收入人口购买城乡居民基本养老保险137人。全年有1.33万人购买城乡居民基本医疗保险，符合条件的五保老人实现应保尽保。做好社会优抚工作。截至2021年12月，残疾人重度补贴发放185人，每人每月发放252元；困难残疾人生活津贴发放97人，每人每月发放188元，并及时做好残疾人两项补贴系统录入工作。做好“银龄安康”老人参保工作。由政府出资3.29万元为符合条件的60周岁以上共2641位老人购买“银龄安康”意外保险，其中80周岁以上老年人502人、60周岁至79周岁困难老人143人，60周岁至79周岁一般老人1996人。

【社会治安】2021年，桃源镇坚持做好综治工作，对群众反映的问题及时解决，将矛盾纠纷化解在基层，解决在萌芽。全年综治信访维稳中心接待来访8次，接访群众21人次，收到上级交办及本级受理信访件3宗，全部如期答复，满意率100%。推进基层综合行政执法改革，依据下放的职权范围，抽调具有法律工作经验的工作人员，成立综合执法办，组建6人的综合执法队，并配备相应执法办公设施。严格执行行政执法人员持证上岗和资格管理制度，安排执法人员学习宣传贯彻行政处罚法、行政强制法、行政复议法、重大行政决策程序暂行条例等新施行、新修订的法律法规。2021 年，顺利完成村级调解委员会换届工作，对人民调解员进行两次培训，镇、村两级人民调解委员会共受理矛盾纠纷 78 宗，调处成功 78 宗，调解成功率 100%，未发生调解不及时或因调解不当而引发“民转刑”案件。

【党建工作】2021 年，桃源镇党委落实“第一议题”制度，全方位筑牢意识形态安全“护城河”和“防火墙”，学习贯彻习近平新时代中国特色社会主义思想，组织召开党委会 22 次、中心组学习会 14 次、镇村干部大会 13 次，为镇、村党员干部讲专题党课 3 场次；全年举办专题教育培训班 12 期，培训 1000 人次。把“我为群众办实事”作为党史学习教育的重要内容，动员全镇党员干部帮助群众解决 120 个“急难愁盼”问题。开展庆祝中国共产党成立 100 周年系列活动，走访慰问 20 名困难党员、老党员和老干部，组织人员为 31 名老党员颁发“光荣在党 50 年”纪念章；参与中国共产党成立 100 周年全县“两优一先”评选工作，7 个集体和个人获得县级表彰。开展党日活动，组织全镇 50 名党员干部到三河坝战役纪念园缅怀革命先烈、感悟革命精神、接受红色洗礼。夯实基层党建。召开专题会议研究部署推进新一轮加强基层党建三年行动计划，设立党员先锋岗，机关事业党员干部一对一结对服务群众 32 户 97 人，累计为群众解决 60 个实际问题；落实党建指导员挂点制度，挂点镇领导累计为联系支部党员讲党课 20 次，在中国共产党成立 100 周年之际新东村党支部委员会、广东吉玉陶瓷股份有限公司党支部委员会获得“大埔县先进基层党组织”称号。依法依规圆满完成镇党委、人大、政府换届选举工作，换届后班子平均年龄37.3岁，年龄结构更加优化。

桃源镇党委、人大、政府负责人名录

党委书记：邱志灵（女）
副 书 记：何源选　杨增枫　邓礼东
李志文（女，挂任，2021.10—）
党委委员：汤汉城　赖龙华　黄　斌
朱　明（2021.7—）
苏道如（2021.8—）
卓　权（—2021.7）
刘辉彝（—2021.7）
人大主席：黄令城（—2021.7）
罗绍辉（2021.7—）
副 主 席：杨森源（—2021.11）
镇　　长：何源选
副 镇 长：刘辉彝（—2021.7）
汤汉城（2021.9—）
曾春华（女）
何城辉（2021.9—）
朱　明（—2021.7）

（李书帆）

大　麻　镇

【概况】大麻镇位于大埔县西部，韩江纵贯其境，距离县城直线 15 千米，公路里程 27 千米。东临湖寮镇，北接三河镇，南连高陂镇、银江镇，西与梅县区松口镇、雁洋镇为邻。有国道 235 线、省道 222 线、梅龙高速和大潮高速（含大漳支线）经过，高速有大麻出口。2021 年，全镇区域面积 229.82 平方千米。下辖 22 个村民委员会和 1 个社区居委会，有 385 个村（居）民小组，总人口 3.9 万人。全镇财政总收入 2121 万元，居民人均可支配收入 2.19 万元。

【农业】大麻镇发展特色高效农业，让耕山致富成为新的潮流。稳步推进粮食生产工作，2021 年，全镇农作物播种面积 704.73 公顷，粮食总产量3694吨，生猪年末存栏1.98万头。培育“一村一品”特色专业村，支持村集体立足资源优势，培养新型职业农民，加快农业种植发展，有 20 个村实现集体经济收入达到5万元以上，桃石村被省农业农村厅评定为“一村一品”专业村。推进农村闲置建设用地拆旧复垦，至2021年12月底，全镇已立项拆旧复垦项目22个62.33公顷，完成项目验收11个33.83公顷，交易指标走在全县前列，有效盘活农村闲置土地资源，农村土地确权后续工作逐步完善，农业产业发展焕发新活力。

【基础设施建设】2021年，大麻镇推进新型城镇化建设，抓城区扩容提质，按照《大麻镇总体规划》(2015—2030)，完成64.93公顷储备用地征收和汶水塘移民安置区18.53公顷土地基础建设项目，推动营商环境持续优化。中心镇“六个一”建设项目累计完成投资2205.6万元,城区发展配套设施日臻完善。落实大麻至高陂产业旅游公路、国道235、麻英路、新马路和二十米大街等路段提升改造项目,发挥连接周边镇区的重要纽带作用。建强商贸集散支撑体系。沟通协调上级相关部门，加快汶水塘安置区建设速度，有序安置移民群众，加大投入，提升改造圩镇各项设施，引进顺丰蜜柚物流集散中心、梅州市镈越电子厂有限公司落户大麻镇。结合新农村建设项目，投入2321万元，重点抓好农村道路、集中供水、生活垃圾、污水处理、公共厕所、标准化卫生站、公共文化体育设施、公共服务站等172个项目，完成“四好农村路”建设7.9千米。

【重点项目建设】2021年，大麻镇抓重点项目带动各项经济发展。韩江高陂水利枢纽工程实现无障碍下闸蓄水，大潮高速顺利通车。库周道路裕州至银江镇河口段、莲塘至三河镇段完成征拆任务，已满足工程需求。城区防护工程建设加快，项目建设势头强劲。依托“六村共同缔造”示范片建设，挖掘地方致富“因子”，促进村集体经济发展。桃石村挖掘绿色生态优势打造茶产业，每年为村集体经济增加收入5万元；坑尾村融合康养“长寿村”文化与传统农业工艺，扶持打造长寿食品品牌企业“英冠实业有限公司”年产值达900万元；沿线以中村村万福民宿酒店、大留村农耕体验区和村洪姑娘特色民宿等为代表的一批生态农旅产业生机盎然，累计吸引进驻企业4家，带动60人就业创业。

【国土环保】2021年，大麻镇贯彻落实《梅州市开展“美丽梅州·美好家园”三年行动计划(2019—2021)》，开展城乡环境综合整治，全年督查整改各村(社区)卫生问题500宗，清除店面“牛皮癣”及周边各类不规范广告350处、卫生死角400处，出动宣传车320车次，清理花草树木、乱堆乱放杂物360车次，大麻交警中队整治乱停乱放车辆120辆次。全面推行河长制落实，设立自然村河段长，实现镇、村、组三级河长全覆盖；全年各级河长累计巡河2970次。开展“五清”“清四乱”行动，全年集中清理河道21.4千米，清理水域面积0.64平方千米，清理漂浮物11吨。结合市十件民生实事项目，完善2个村级污水处理设施建设。开展农村厕所问题摸排整改工作，全年排查整改39户问题户厕和12座问题公厕。推进垃圾分类和垃圾清洁费征收措施，22个行政村配备保洁员57名，“户投放、村收集、镇转运、县处理”的垃圾日清日运模式运行良好。大麻镇“六村共同缔造”示范片建设取得阶段性成效，批复的“共同缔造”项目全部完工。综合行政执法改革有序推进。2021年1月21日，挂牌成立综合执法办公室，有序推进执法监管各项工作，全年开展各类食品检查157户次，及时办理消费者投诉举报案件10宗，完成市场主体登记258户次，联合审批宅基地146户，施工完成中小型地质灾害隐患点综合治理项目工程5处。

【科教文卫体】2021年，大麻镇抓好疫情防控常态化管理。抓好疫情防控常态化措施，制定完善《关于大麻镇大规模核酸检测工作的实施方案（试行）》，为新冠肺炎疫情的快速应急处置做好准备。加大投入强化组织保障，做好风险地区到（返）大埔人员的排查登记和健康管理。推进新冠疫苗接种。成功创建广东省卫生镇、省卫生村12个、市卫生村10个，推进全镇公共卫生事业发展。巩固省“教育强镇”的创建成果。推进文明村、镇创建工作，评选推荐“五星级文明户”492户，推荐“梅州好人”2名、“梅州市文明家庭”1户。中兰村“资政第”和恭下村“宜慎山庄”分别完成市级和县级文保单位评定工作。开展志愿者服务活动，全年组织开展农村环境卫生整治、森林防火、知识宣传、扶贫帮困、护河巡河等志愿服务30次，镇机关党员干部人均服务时长达20小时。

【社会保障】2021年，大麻镇把改善民生作为一切工作的根本出发点和落脚点。脱贫攻坚如期完成。2021年7月，精准扶贫帮扶工作队顺利收官。拓展脱贫攻坚成果同乡村振兴有效衔接，通过压实镇、村主体责任，严格落实“四个不摘”要求，将全镇符合条件的7户18人纳入防止返贫动态监测对象，分类帮扶。同时持续做好村级光伏扶贫电站、公益岗位等扶贫产业项目后续帮扶，规范加强扶贫资产管理，提升脱贫攻坚成果水平。提升社会面保障。实施统筹城乡的城乡居民社会保险，2022年度城乡居民基本医疗保险完成缴交2.84万人，完成上级下达任务的88.9%。全部贫困人口纳入重特大疾病救助范围，60周岁以上符合领取待遇的老人100%纳入城乡居民社会养老保险，社保扩面征缴工作加快推进，228户农村特困户实现供养标准不低于当地农村居民平均生活水平，使用临时救助总金额13.8万元，受益困难群众29户85人。

【社会治安】2021年，大麻镇抓好各项安全防范工作，严格按照《地方党政领导干部安全生产责任制规定》的要求，坚持“管行业必管安全”的工作方针，落实责任，全年开展专项执法检查19次，联合执法检查6次，发现各类隐患13处，现场整改6处，下达整改通知书7份。加强维稳工作，制订维稳工作方案，加强矛盾纠纷排查化解，做到大事不出镇，小事不出村，民间纠纷基本解决在基层。全年综治信访维稳中心接待来访案件86宗，其中经现场回复和引导成功的案件58宗，已受理并分流相关部门处理的案件28宗，办结25宗；梅州市“12345”热线149宗，均已按程序答复；上级信访部门交办信访案件29宗，已答复27宗。推进平安建设工作。构建完善“综治中心+网格化+信息化”的立体化社会治安防控体系，投入建成平安视频监控、23个村（社区）社会心理服务站、22个村村响“大喇叭”项目和镇级严重精神障碍患者救助救治工作和心理咨询室。集中开展禁毒、宪法宣传、扫黑除恶、防范电信诈骗等主题宣传活动20场，悬挂横幅80条、张贴奖励公告200份、发放宣传资料2000份，镇区设置宣传牌12块和宣传专栏2块，设置扫黑除恶举报箱1个、举报电话专线一条，巩固扫黑除恶的社会氛围，弘扬宪法精神，推动法治建设。

大麻镇党委、人大、政府负责人名录

党委书记：葛志发

副 书 记：邓增城　余志坚（—2021.7）
朱　芳（女，—2021.7）
陈　鹏（2021.7—）
张享基（2021.7—）
孙小波（挂任，2021.10—）

党委委员：温胜东（—2021.7）
邓小武（2021.7—）
钟林家　蓝尚威　杨延浪
余玉桂（女，2021.1—）
廖亿州（—2021.5）

人大主席：杨国志（—2021.5）
林紫鹏（2021.7—）

副 主 席：曹月荣（女，—2021.5）
余美锦（2021.9—）
镇　　长：邓增城
副 镇 长：温胜东（—2021.7）　邓小武
陈　鹏（—2021.7）
陈淑明（女，2021.9—）
侯福懿（2021.9—）
杨访日（2021.9—）
廖英强（2021.9—）

（丘丽芬）

三　河　镇

【概况】三河镇地处粤东大埔县西部，距大埔县城17千米。东临湖寮镇、茶阳镇，北接青溪镇，南连大麻镇，西与梅县区松口镇为邻。有国道235线、省道227线、梅龙高速、梅坎铁路经过，高速有三河出口，铁路有三河站。2021年，全镇区域面积152.24平方千米，水田面积379.07公顷，耕地地力保护补贴面积463.44公顷，省级生态公益林面积0.63万公顷。下辖12个行政村、1个社区居委会，202个村（居）民小组，总人口2.09万人。建成运营“一村一品”梓里浒子合作社蜜柚加工厂、旧寨星河农贸综合楼。新增农民专业合作社1家、市县级农业龙头企业各1家、市级星级农家乐1家。汇城村和旧寨村被列入梅州市开展扶持壮大村集体经济试点。万川千红蜜柚企业产品获得出口美国市场认证。

【基础设施建设】2021年，三河镇开展“美丽梅州·美好家园”两美行动，开展环境卫生整治、“三清三拆三整治”和农房铁皮瓦顶整治等专项整治，完成农房铁皮瓦顶整治104栋2.61万平方米，农房外立面改造3500平方米。开展垃圾分类和资源利用试点工作，分类减量比例35.6%，资源化利用比例20.3%。全镇10个村建成美丽宜居村，2个村建成干净整洁村。提升农村道路、安全饮水、污水处理、垃圾处理、厕所革命等基础设施和基本公共服务。镇区内建有公厕32座、2个污水处理厂，对垃圾中转站进行改造提升，配置保洁员78人、设置垃圾收集点119个。

【农业】至2021年，三河镇培育发展有4家农业龙头企业，31家农民专业合作社，星河农贸综合楼建成使用，旧寨村联村兴业富民服务中心投入运营。蜜柚行业实现年产值1.53亿元，同比增长2%；灵芝孢子粉产业实现产值38万元，同比增长8.5%。

【工业】2021年，工业经济提档提速,三河工业园区扩能增效提速，园区实现产值超3亿元，税收超600万元。5家规模以上企业实现工业总产值19.92亿元。其中，广东粤电大埔发电有限公司实现年产值16.47亿元，同比增长18%；博富能公司实现增长，产值2.27

2021年3月2日，大埔县三河镇旧寨星河农贸综合楼揭牌仪式举行（三河镇提供）

亿元，同比增长30%。

【旅游业】2021年，三河坝战役烈士纪念园被列入广东省建党百年百条精品红色旅游推荐线路之一，同时入选“梅州红十景”。广东省首部大型原创民族歌剧《血色三河》多地热映。大型超高清电视文献纪录片《从三河坝到井冈山》于2021年6月底在梅州市广播电视台一套首播，三河旅游热度持续攀升，红色文化知名度和影响力提升。三河坝红色主题历史文化游径入选第一批广东省历史文化游径，全年接待游客超过100万人次。旅游基础设施和公共文化设施不断完善，有游客服务中心1个、生态停车场2个、旅游公厕10座和完善的旅游标识系统。

【国土环保】2021年，三河镇抓好全域自然村集中供水工作，将5个村8个片区纳入2021年大埔县全域自然村集中供水工作实施方案，总涉及1893户6520人，总投资预算217.68万元。工程于2021年6月1日开始实施，于12月全面完工，后期投入36.9万元用于新增配套项目建设（安装净水器、道路硬底化、公示牌以及围蔽等）。推进河长巡河常态化，严格按照“村级一旬一次、镇级一月一次”工作要求，组织镇、村干部600人次对所辖河段、山塘、湖库进行巡查。同时以开展河湖“五清”和“清四乱”专项行动为抓手，清理河道19.8平方千米，打捞水面漂浮物、垃圾等30吨，完成问题挂单整改9宗，整改销号率100%。开展“美丽梅州·美好家园”城乡环境大提升行动，结合“清扫垃圾，清洁乡村”农村生活垃圾治理专项行动，坚持党员干部带头，组织开展“两美”全民志愿行动26次，对城镇“六乱”、农村“三边”、省（县）道沿线、三江六岸进行专项清理整治，累计清理各类垃圾等117吨，拆除乱搭乱挂31处，疏通消防通道15处。

【科教文卫体】2021年，三河镇开展12次理论学习中心组学习，对习近平新时代中国特色社会主义思想、“民法典”、习近平总书记系列重要讲话、党史学习教育等进行专题学习。坚持每年年初制订《三河镇意识形态工作计划》，落实党管意识形态原则，明确党委领导班子、领导干部的意识形态工作责任。开展“五星级文明户”评选等活动，评选330户“五星级文明户”；在村、学校开展宣讲、座谈会、演讲比赛、板报比赛。邀请县委宣讲团成员到三河镇开展习近平新时代中国特色社会主义思想宣传进机关、进乡镇等。全年处理县网信办反馈网络舆论8件。以旧寨村红色驿站省级文化示范站为抓手，在实施旧寨村、汇东村红色村党建示范工程基础上，推进“红色+研学点”两镇六村联动乡村振兴示范带建设，打造一批红色现场教学点。旧寨村评为梅州市“百佳乡风文明村”。三河梓里学校被评为“第五届梅州市文明校园”，该校学生获全国机器人“智能园艺家”初中组二等奖。全镇出生259人，人口出生率13‰；自然增长率4.2‰；女性初婚84人，人口出生性别比127.16，政策生育率90.2%。

【社会保障】2021年，三河镇完成旧寨村钻井项目并推进老旧自来水管网改造提升，解决镇区居民和辖区企业用水难问题；完成“平安村口”建设，确保群众出行安全；三河镇社会工作服务站挂牌成立，打通为民服务“最后一米”。落实“网格化”管理责任，做好农村地区新冠肺炎疫情常态化防控工作，对疫情重点地区返乡人员落实“四个一”措施，慎终如始巩固疫情防控成果；同步推进全民疫苗接种工作，确保应接尽接，构筑防疫屏障。全镇549户低保户和156户特困户救济金、残疾人重残津贴和老人高龄补（津）贴100%发放到位。完成削坡建房风险点整治84户，农村房屋安全隐患排查整治100%完成。教育和医疗保障100%落实。全镇3个省定贫困村和256户484名贫困人口实现如期脱贫退出，防返贫动态监测工作常态化，持续跟踪其收支变化和“两不愁三保障”及饮水安全情况；对接协助驻镇帮镇扶村工作队，共同推动乡村振兴工作。

【社会治安】2021年，三河镇落实“党政同责、一岗双责、齐抓共管”安全生产责任体系，严抓森林防火工作，全镇安全生产形势总体稳定。维护稳定、扫黑除恶、“八五”普法和全民禁毒宣传等活动深入开展。完成“粤心安”社会心理咨询室和13个村（社区）的社会心理服务室建设。开展防电诈宣传“六进”活动，发动群众下载“国家反诈中心”APP。全年全镇排查调处各类矛盾纠纷277宗，涉及当事人600人。其中村级调解266宗（三类案件5宗，四类案件261宗），调解成功率98%；司法所直接受理11宗（一类0宗、二类0宗、三类10宗、四类1宗），调解成功达成书面协议9宗、口头协议1宗，未调解成功1宗。

【重点项目建设】2021年，三河镇完成大埔电厂二期项目房屋征拆工作，大埔电厂二期安置地的“三通一平”建设有序推进。大埔县委党校江坝安置地“三通一平”完成建设，加快落实安置地交付拆迁群众工作。朱德指挥部修缮布展工程、汇东村委连接线道路工程、汇东学习书院等项目建设完工，村容村貌焕然一新。梓里村滑坡特大型地质灾害避险工程安置区“三通一平”建设已在年底完成，准备验收工作。

三河镇党委、人大、政府负责人名录

党委书记： 饶志潘

副 书 记： 戴庆生（—2021.3）
蔡振霆（2021.3—）
曾维鑫　林文科
赵　晋（挂任，2021.10—）

党委委员： 刘锦坤（—2021.9）
曹立亮（—2021.7）　江善果
蓝金华　张　丹（女）
张　磊（2021.8—）
廖梓阳（2021.8—）

人大主席： 余泰春（—2021.9）
刘锦坤（2021.9—）

副 主 席： 李敬华（2021.9—）

镇　　长： 戴庆生（—2021.3）
蔡振霆（2021.5—）

副 镇 长： 江善果（2021.9—）　刘鹏程
丘旭航　丘创敏（2021.9—）
吴宝坤（2021.9—）

（刘垚）

银江镇

【概况】银江镇位于大埔县西部，地处梅、埔、丰交界，毗邻二县（大埔、丰顺）二区（梅县、梅江），居韩江上游，距县城45千米，东接洲瑞镇、高陂镇，西邻梅县区雁洋镇和梅江区西阳镇，南连丰顺县砂田镇，北与大麻镇、梅县区雁洋镇相连，素有大埔“西大门”之称。有国道235线和省道333线、224线、222线经过。2021年，全镇区域面积208.2平方千米，下辖13个行政村，252个村民小组，总人口2.8万人。全县最高峰海拔1357米的银窿顶山位于胜坑村。银江镇村集体经济收入57万元，全镇有省级龙头企业1家、市级龙头企业1家、县级农业龙头企业1家，有12个村推进高标准农田建设，粮食亩产量达到省粮食创高产要求。

【基础设施建设】2021年，银江镇紧盯重点项目，完成省道222线坑口至高陂段路面提升改造工程土地征收和房屋拆迁工作，项目已进入施工阶段。中小河流域治理银江河段的前期规划设计工作已完成，等待相关单位进场施工。投入资金800万元，完成累计7条共13.1千米的村道硬底化建设和村道扩宽工程，全镇硬底化道路覆盖率90%。筹集资金220万元，完成镇区农贸市场建设，补齐民生基础设施短板。加大对农业产业的支持力度，全年完成垦造水田种植项目 9.12 公顷，并投入资金 900 万元，向全镇在家有种植的农户发放有机肥料 175 吨，完成车上、河口等 12 个村 433.33 公顷的高标准农田建设。

【农业】银江镇借势大埔县创建世界长寿乡、打造双区“绿色农副产品供应基地”的契机，做好银江十大长寿珍品的宣传推广工作，厚植农业重镇优势。2021 年，坚定发展特色农业产业，发挥银江金针菜等特色农产品品质优良、市场认可度高的优势，于原有的基础上追加投入，在明新村打造 1 个一体化金针菜特色产业园。全镇规模化金针菜种植基地 6 个，金针菜特色产业全年总产值 3000 万元。同时，通过“上镜”学习强国、“南方+”等媒体报道的方式，不断提高银江特色农产品的产品曝光度和美誉度，擦亮银江特色农产品招牌。

【国土环保】2021 年，银江镇坚守耕地红线，保证群众合法利用建设用地自建房，完善宅基地审批制度，规范相关流程，做到建前到场测地类，审批表严格审核，并联合相关部门联合会审。同时，推进垦造水田和拆旧复垦工作。全年完成宅基地审批 33 宗；垦造水田项目完成验收，种植面积 9.12 公顷，分别为明德 4.65 公顷、坪上 1.13 公顷以及银村、李子坪和明新 3 个村 3.34 公顷；拆旧复垦项目完成 13.33 公顷，在挂网拍卖以及后期管护，分别为李子坪 1.71 公顷、胜坑 1.84 公顷、明德 2.32 公顷、河口 2.48 公顷、坑口 1.43 公顷、坪上 1.96 公顷和明新 1.59 公顷。落实河长制工作，“五清”“清四乱”专项行动成效明显，5 月开展冠山、银村水域水浮莲大清理行动，清漂 600 吨。加强畜禽养殖污染治理，全年依法依规处理 8 起环境投诉。同时，全域开展“散乱差”整治，完善环境卫生长效保洁管护机制，提高环境综合治理能力。组织镇村干部、中小学师生、志愿者开展“两美”城乡环境大提升行动，加大宣传力度，营造全民齐参与氛围。

【科教文卫体】2021 年，银江镇出生 221 人，出生率 7.7‰，政策生育率 89.1%。开展国家基本公共卫生服务项目，组织卫生院医疗团队下村开展免费健康体检活动，加强健康生活方式指导服务。针对 60 周岁以上老人，建立健康档案，实行动态化管理，并定期免费为辖区内 90 周岁以上老人上门巡检。推进疫情防控常态化工作，镇村联动、党群携手，各行业部门履职尽责，坚决守住基层防线，实现防控零感染、零扩散、零死亡。同时，推进新冠肺炎疫苗接种工作，累计接种第一针 8000 剂次。利用持续推进教育现代化的机会，争取上级资金对教育的建设加大投入。2021 年教师节，银江教育促进会（基金会）在总筹（收入）资金 430 万元中，取出 30 万元对全镇全体师生进行精准奖励。

【社会保障】2021 年，银江镇落实相关政策，推进全民参保登记，完成社保扩面征缴工作。社保窗口受理养老保险缴交业务 2672 项、认证业务 3436 次、注销业务 209 项；收缴城乡居民医疗保险 2.03 万人，完成县下达任务 96%，医疗保险缴交新生儿登记业务 219 项、报销业务 479 项；成功调处劳资纠纷 13 项，涉案金额 100 万元，追缴死亡养老金 200 人，追回养老金 100 万元。坚持脱贫不脱钩，摘帽不摘责，开展防止返贫动态监测和弱势群体保障兜底工作，对全镇近 400 户低保救助对象进行动态管理，实现应保尽保、应退尽退。同时，加强对残疾人、孤寡老人、留守儿童等弱势群体的关心关爱，全年临时救助困难人群 49 户 188 人。

【社会治安】2021 年，银江镇做好防汛减灾工作，严格执行汛期 24 小时值班制度。加强安全生产、食品药品责任落实，加大对危化品、烟花爆竹等生产经营单位的巡查监管，防范安全事故发生。提升综合行政执法规范化水平，并为镇综合行政执法队配备执法车辆、执法记录仪等专业设备，全年依法完成行政检查46宗、行政处罚4宗、行政强制1宗。同时，开展“扫黑除恶”专项斗争，加强综治、信访、维稳防范体系建设，全年调解处置各类矛盾纠纷186起。围绕民法典学法讲座、国家安全日、“6·26”国际禁毒日等宣传主题，开展“八五”普法禁毒宣传16场次，宣传面7300人次。营造和谐稳定治安环境，推进依法治镇工作。

银江镇党委、人大、政府负责人名录

党委书记：钟永彩（—2021.9）

副 书 记：谢宏坤（—2021.3）
杨龙胄（2021.3—）
陈 演　连佳权（—2021.7）
刘遐昶（2021.7—）
吴伟标（挂任，2021.10—）

党委委员：利 杰（—2021.7）　刘妙荣
陈 婵（女）　黄满锋
赖志光（—2021.7）　李俊皓
黄俊岳

人大主席：黄岭东（—2021.7）
李瑞杰（2021.7—）

副 主 席：赖达明（—2021.3）
利 杰（2021.7—）

镇　　长：谢宏坤（—2021.3）
杨龙胄（2021.3—）

副 镇 长：黄俊岳　赖礼权
丘志君（2021.9—）
钟秀芳（女，2021.9—）
廖金霞（女，2021.9—）

（叶正达）

洲　瑞　镇

【概况】洲瑞镇地处大埔县西南部，距县城及梅城各65千米，东及东北连高陂镇，西及西北紧依银江镇，西南与丰顺县砂田镇毗邻，因洲瑞镇地貌四周环山，中间低平，形如盆状，故素有“金盆乡”的美称。2021年，全镇区域面积83.25平方千米,全镇下辖9个行政村，150个村民小组，总人口1.79万人。坚持统筹推进新冠肺炎疫情防控和经济社会发展，各类项目建设有序推进，全年工业企业完成总产值4000万元。

【基础设施建设】2021年，洲瑞镇投入122万元对涉及嶂岸、田背、大坑、赤水4个村的道路进行升级硬底化；投入78万元对嶂岸、下营、南村、赤水等村的亮化工程进行升级改造，安装替换成太阳能路灯。投入746.31万元基本完成村村通自来水工程；投入4.97万元完成葵坪村上坪林屋角三面光圳道升级改造；投入19万元完成南村村北斗窝灌溉水塘改造；投入10万元完成大坑村大窝至新丰岗1000米三面光水渠铺筑；完成陂营村陂子、乌石岗农网改造，实现一户一表。

【新农村建设】2021年，洲瑞镇投入资金120万元把原嶂岸小学改造成居家养老和嶂岸村党群服务中心；投入资金60万元把原南村小学改造成南村村党群服务中心、片区人大接待站和活动广场。对全镇农村户厕、公厕、学校厕所开展全方位大排查，逐户逐厕进行体检，发现7间问题户厕、1间问题公厕，已完成整改5间户厕；全镇23座公厕、3743间户厕全部完成“厕革助手”小程序录入工作。南村村围绕“秀美南村、文明家园”主题，以分水凹水库、明缘山庄和上下径集约荷花池为核心，修建健身广场、凉亭、步道、观景平台等，突出南村村“宅田水”联动特色，打造南村村乡村振兴示范点。

【农业】2021年，洲瑞镇完成撂荒复垦13.42公顷、垦造水田15.17公顷。粮食种植面积214.93公顷，粮食总产量1600.6吨，其中水稻种植面积138公顷，总产量675吨。

【工业】2021年，洲瑞镇抓好工业企业的服务工作。规上企业瑞山天泉包装饮用水厂生产总值2500万元。三和实业有限公司总产值1600万元，销售总额2000万元，有效处理因疫情积压的库存。

【旅游业】2021年，洲瑞镇瑞山生态旅游度假区投资700万元新建长廊、观景平台以及爱国主义展馆，完善景区绿化，全年实现旅游收入600万元。明缘山庄星级民宿建设项目，依托现有明缘山庄苏氏园林风格建筑及南村村分水凹水库景点，拟投资1000万元建设成集观光、旅游、住宿、餐饮、娱乐于一体的星级民宿，至2021年年底投入300万元进行园区改造、绿化和步道铺设。华光村绿雅园项目有序推进，投资1000万元进行的名贵花木种植、人造溪流景观及配套设施建设全面完成，景区初具雏形，申请计划建设南药生产加工厂房和办公楼。

【国土环保】2021年，洲瑞镇配合做好农村拆旧复垦和垦造水田工作，涉及嶂岸、大坑、赤水、南村4个村15.17公顷垦造水田项目落实种植水稻工作，其中嶂岸（2.6公顷）、大坑（1.55公顷）、南村（5.7公顷）已100%落实种植。落实农村乱占耕地建房“八不准”要求，加强日常巡查工作，坚持发现一起、制止一起，同时抄送镇农业农村组、综合执法队，始终保持对违建行为的“零容忍”；引导村民依法依规报批建房，全年规划报批7宗农村村民建房。引导群众通过法律途径维护自身合法权益，全年累计调解土地矛盾纠纷10宗。全面落实“河长制”，设立镇、村两级河长，全年镇、村级河长累计巡查1561人次，清淤河道5条、累计2.4千米，水利山洪灾害巡查264人次。对农村生活垃圾进行规范化管理，下营、南村、葵坪等村对51处垃圾收集点进行升级，田背、南村、赤水等村投放165个大垃圾桶、510个小垃圾桶用于垃圾收集，实现“户投放、村收集、镇转运”的处理模式，并逐步推广生活垃圾分类。

【科教文卫体】2021年，洲瑞镇跟进81名原民办、代课教师生活困难补助申请工作，经认真核对、收集每一位原民办代课教师的有关材料，提交给县教育局和上级单位审核，确保全部到龄退休原民办、代课教师补助发放到位。投入3万元完成葵坪村上坪文体广场和文体设施建设。维护好华光村、赤水村、葵坪村3个图书馆服务点，均设有约50平方米的图书室，分别存放1500册图书，相应做好分类标签和借书条码，并且借书系统可以与镇级、县级系统互通，方便广大群众到村阅书看报。落实由县委宣传部、县文广旅体局主办，县文化馆承办的“庆祝中国共产党成立100周年文艺演出”活动工作安排，组织3个群众舞蹈队共40人到银江、湖寮镇参加演出，其中扇舞《五星红旗》获得县文化馆指导人员的赞赏。开展常态化疫情防控工作，持续落实网格化管理，对新增中高风险地区来人进行摸底排查，全部按照省、市、县具体防控措施进行“四个一”等落地管控；动员全镇适龄适宜人员接种新冠疫苗，3周岁以上人群接种第一针剂7114人。增添健身和体育器材，动员镇机关、各村、企（事）业单位、学校等开展形式多样的体育活动。

【社会保障】2021年，洲瑞镇抓好服务各类民政对象，包括最低生活保障人员、特困人员、优抚对象、高龄老人、残疾人、父母无能力抚养儿童等对象，做好各项津补贴的调查、审核、申报工作。至年底，完成低保救助对象161户285人（其中城镇1户3人）、特困人员96人、百岁老人保健金5人、高龄老人补贴578人（其中80—89周岁458人，90—99周岁120人）、残疾人“两项补贴”378人次（其中高度护理补贴260人，困难生活补贴118人）、父母无能力抚养儿童11人、孤儿1人等对象动态监管工作。全年全镇城乡居民养老保险参保缴费838人，完成目标任务；城乡居民医疗保险参保缴费 1.12 万人，参保率 86.9%。全镇贫困户 84 户 173 人，全部实现脱贫并完成贫困户退出，建立长效防返贫机制；大坑村通过投资大埔县自来水公司 110 万元、陶瓷厂 100 万元和建立光伏电站等进行收益分配，确保脱贫户不返贫。在 2021 年广东扶贫济困日活动中，全镇捐款 7.26 万元。

【社会治安】2021 年，洲瑞镇社区戒毒人员 0 人；排查未发现有涉黑涉恶线索；动员群众下载“国家反诈中心”App，下载率位居全县前列。全年收到群众来信 18 件，受理 18 件，回复 17 件，未到期 1 件，受理率、按期办结率均达到 100%；调处各类矛盾纠纷 48 件，其中村级调解 42 宗、镇级受理 6 宗，镇村调处率 100%。坚持“以人为本”的理念，严格落实各项安全生产检查，全年开展 24 次各类专项检查，进行 80 次隐患排查，整改落实隐患 28 处，全年无发生安全生产事故。处理各类低压线路隐患问题 56 处；处理违建行为 5 起。落实“林长制”，设立镇、村两级林长，全年镇、村级林长巡林 283 次，出动森林防火车 500 台次。严格落实防火令，从立体宣传、设岗立卡、队伍建设等着手，保障森林安全。

洲瑞镇党委、人大、政府负责人名录

党委书记：陈方华

副 书 记：黄　冬　罗志龙　刘文捷

黄胜科（挂任，2021.10—）

党委委员：钟裕桓　徐欣妹（女）

廖广立（—2021.7）

廖海力（2021.8—）

黄晋锋（—2021.3）

吴建华　吴传钢（2021.3—）

人大主席：余家威（—2021.3）

陈传祺（2021.7—）

副 主 席：李小坚（—2021.9）

蔡鑫华（女，2021.9—）

镇　　长：黄　冬

副 镇 长：钟裕桓　杨畅生

田加昌（—2021.9）

杨　达（2021.9—）

（丘始兴）

茶阳镇

【概况】茶阳镇是大埔老县城，位于粤闽两省两县（区）交界处，在梅州三大江之一的汀江河畔上，是红色革命老苏区，是广东省首批中心镇之一。2021 年，全镇辖区面积 294.3 平方千米，下辖 26 个村和 1 个街道社区，423 个村（居）民小组，总人口 5.5 万人。粮食以水稻为主，主要经济作物有烟叶、蜜柚，有耕地面积 1847.27 公顷，其中水田面积 1444.13 公顷；竹木资源丰富，林业用地面积 2.42 万公顷。茶阳镇东邻福建省永定区下洋镇，南接西河镇、湖寮镇，西临三河镇、青溪镇，北靠丰溪林场和福建省永定区峰市镇、城郊镇。距梅州机场 62 千米；距大埔县城 27 千米；距福建永定土楼群 32 千米。有国道 235 线、省道 227 线、省道 332 线和梅坎铁路经过；梅龙高速公路沿途经过茶阳镇沿坑、广陵、迪麻、角庵、梅林村，在梅林村设有互动连接线。2021 年，全镇一般公共预算收入 1501.83 万元，支出 1501.83 万元，收支平衡。以“蜜柚、烤烟、茶叶、柑橘”四大传统产业为重点，引导群众结合山地气候、土壤错位发展精致高效农业，把推动农业机械化作为加快山区农业转型升级、发展现代农业的重要举措，推动农业产业发展绿色化、绿色资源产业化，促进全镇农业农村经济持续健康发展。

【基础设施建设】2021 年，茶阳镇纳入养护乡道 43 条，路线长 155.85 千米；养护村道 55 条，路线长 64.57 千米。实施普通公路“路长制”，建立完善“总路长+分级路长”路长体系，成立乡、村道路长工作巡查组，加强乡道、村道公路地质灾害隐患点排查治理。完成县道961茶三线茶阳新仙基大桥维修加固工程验收。茶阳开发区东兴桥路口安装设置红绿灯，加强道路交通安全管理工作。完成各村（社区）“一清一灯一带”及“平安村口”整治工程，确保道路交通安全。沿坑村上沿坑田家炳桥重建工程前期征地、清点地面种植工作完成，工程进度过半。有7个行政村的11个自然村被纳入大埔县2021年全域自然村集中供水工程项目，总投资237.07万元，供水覆盖931户共3137人，全部工程都在11月底完工，保障群众用水安全问题。完成小靖河治理工程和茶阳镇下桥关小靖河固床陂水毁重建工程。全面落实河长制，截至2021年11月，全镇各级河长累计巡河2561次。开展责任辖区河道垃圾清理，清理垃圾40吨。建立健全防汛工作制度、值班制度、24小时不间断巡河值班制度，保障供水、河道安全，全年全镇范围内未出现重大险情事故。

【新农村建设】2021年，茶阳镇省际生态廊道初步建成，6个“四沿村”节点项目绝大部分工程已完工并验收，道路硬底化、饮水工程、污水处理、文体活动中心、景观提升等民生工程完善。顺利通过“三清三拆三整治”及其“回头看”考核验收，城区污水处理厂二期建成并投入使用，17个行政村采用“氧化塘”和三级预处理池的形式推进农村生活污水处理设施建设，51座污水处理设施已全部完工。引进专业的第三方公司管理，实现垃圾收运处理流程专业化、规范化，人居环境得到较大改善，民生幸福指数提高。

【农业】2021年，茶阳镇抓好“一村一品、一镇一业”工作实施，做好2020年茶阳镇洋门村、西湖村、党坪村“一村一品、一镇一业”蜜柚项目建设实施。至年底，党坪村、西湖村已完成100%，洋门村已完成50%建设。抓好耕地撂荒复耕复种工作，已复耕复种55.93公顷。

【工业】2021年，茶阳镇规模以上工业总产值3711.2万元。充分利用老工业基地优势，巩固提升支柱产业。改造提升传统产业，引导扶持优势产业和新型产业，对现有的大中型企业闲置资源进行整合，盘活存量土地，提高土地开发利用率。

【旅游业】2021年，邹鲁故居“椿森第”、大埔县工农革命政府公安局旧址顺利开馆。茶阳镇抓住大埔县发展全域旅游的有利契机，串联父子进士牌坊、中央红色交通线联络站点同天饭店和同丰杂货店等，擦亮历史文化名镇品牌。加大骑楼老街的修缮保护，在骑楼群周边新建文化公园，争创历史文化街区；挖掘宗祠文化、科举文化、“南洋古道”等旅游资源。鼓励发展非遗民俗文化演艺，支持《茶阳花环龙》等演艺项目参加交流演出。

【国土环保】2021年，茶阳镇加大违法建设查处力度，拆除违法违章建筑5起，拆除面积3.42万平方米，坚持对违法建设不开后门、不留死角、一查到底。推进拆旧复垦工作，所有村均已完成丈量工作。推进垦造水田任务落地，合计租赁土地80公顷（含省建工作任务16.77公顷）。把环境宣传教育工作放在突出位置，在生态镇的基础上，创建市级生态村，并结合“6·5”世界环境日、“八五”普法、创建“绿色学校”等活动，加大环保宣传。确立以整治非煤矿山违法排污为重点，以加快治污项目建设为保障，以严格环境影响评价、强化环境监管为基础，以降低主要污染物排放总量为目标的工作思路，逐步形成以政府为主导、企业为主体、法规和标准为规范、监督服务为依托、环境统计为基础的污染物减排推进机制，加强环境监管工作，坚决打赢污染防治攻坚战。

【科教文卫体】为落实好2019年全市教育大

会精神，激励乡镇教师教学热情，激发学生求学上进，茶阳镇成功筹办大埔县茶阳镇教育促进会，至2021年年底，筹集27.54万元；成功召开茶阳镇庆祝第三十七个教师节暨表彰大会，对全镇2021年度64位优秀教师进行表彰。坚决贯彻落实《大埔县校外培训机构专项整治方案》的工作部署和要求，将摸查发现无办学许可证的5间校外培训机构依法责令停止营业，将“双减”政策落地落实。茶阳文化站被评为省特级文化站。圆满完成“奋斗百年路 启航新征程”大埔县文化馆总馆联动会演，茶阳镇分馆庆祝中国共产党成立100周年文艺会演任务。做好文物保护和消防安全工作。茶阳是老县城，文物数量庞大，国家级有1处，省保有2处，市保有3处，县保有10处，特色民居有23处。非物质文化遗产花环龙走进校园，以校园为载体培养新生代花环龙传承力量。广东汉乐通过寒暑假开展兴趣爱好班培养和挖掘爱好者。2021年1—11月，全镇建档立卡贫困人员医疗救助152人，救助金额48.97万元，实现100%救助。办理城乡居民重特大疾病医疗救助25户。全镇出生379人，出生率6.8‰，政策外生育44人，政策生育率88.4%，死亡413人，人口死亡率7.5‰，人口自然增长率-0.6‰。

【社会保障】2021年，茶阳镇按照县民政局的要求完成低保对象的经济状况信息化核查工作，并对农村低保工作开展专项治理，核查669户，1291人。截至2021年11月，全镇低保合计641户，保障1248人。开展特困供养人员自理能力评估及照料护理工作，全镇有特困供养人员209人，其中全自理151人，全失能21人，半失能37人。全年办理临时生活困难救助48户，救助125人。全年办理192人城乡居民养老保险待遇、242人城乡养老保险注销，追回1人多领城乡居民养老保险待遇、恢复14人城乡居民养老保险待遇发放。协助各村为符合条件的老人申报高龄津贴并加强动态管理，全镇有80—89岁老人1254位，90—99岁老人278位，百岁老人9位。开展农村留守老年人的调查摸底工作，有114位并完成系统信息录入工作。持续开展敬老院专项检查整治工作，开展新冠肺炎疫情常态化管理，敬老院严格按照上级要求实行封闭管理，每天对敬老院老人进行体温检测，敬老院内全面进行消毒，坚持每天上报相关数据，全年敬老院未发生安全事件。2021年，茶阳镇耕地地力保护面积1472.62公顷，补贴标准84.8元/亩·年，补贴金额187.32万元。抓好政策性农业水稻保险方案实施工作，至2021年年底，水稻承保面积189.74公顷。

【社会治安】2021年，茶阳镇开展以新《中华人民共和国食品安全法》和《广东省食品生产加工小作坊和食品摊贩管理条例》等法规条例的宣传学习，并按照时间节点，开展食品药品安全专项检查。紧抓非煤矿山、危险化学品（含烟花爆竹）、建筑施工、易燃易爆品等重点行业安全监管工作。加大消防安全隐患整治力度，落实一户一策，建立整改清单。已为全镇城区内642家“三小”场所安装智慧烟感，占城区内“三小”场所总数的84.9%。实行党政班子包村责任制，责任落实到人，坚持发展新时代“枫桥经验”，做到小问题不出村、大问题不出镇。依法处置涉访违法行为，全年全镇调解矛盾纠纷22件，调解成功22件，调解成功率100%，接到各类信访案件37件，全部在规定时间得到处理。抓好各项防汛措施的落实，加强值班力量，确保人员到岗到位，收发讯息及时，处理妥当。继续巩固镇、村两级书记抓扫黑除恶专项斗争的良好态势。发挥综治“中心+网格化+信息化”工作机制作用，网格员进行常态化摸排，驻村工作组定期下乡深入摸排，发现线索立刻通过“综治E通”上报镇综治中心。全年未发现线索，社会治安环境明显改善。完善镇级森林防火相关制度，配置84个护林员、30个半专业扑火队员，节假日安排10人以上半专业扑火队员轮流值守，并在全镇范围内的主要路口设置森林防火临时检查站。

茶阳镇党委、人大、政府负责人名录

党委书记：吴萍萍（女）

副 书 记：郭华昌（—2021.3）

罗长江（2021.3—）

杨国松　汪育庆

黄志华（挂任，2021.10—）

党委委员：钟晓科　罗建学　赖裕林

肖徽强（—2021.4）

黎崎峰（—2021.6）

肖海啸　曾　喜

人大主席：刘盛免

副 主 席：李　朋

镇　　长：郭华昌（—2021.3）

罗长江（2021.3—）

副 镇 长：钟晓科　黄志刚（—2021.11）

钟　东　温名健（2021.9—）

张俊辉（2021.9—）

范壤丁（2021.9—）

（周敏）

西　河　镇

【概况】西河镇位于大埔县东北部，东北与福建省永定区下洋镇接壤，东与福建省永定区湖山乡交界，南与大东镇、百侯镇相邻，西与湖寮镇、茶阳镇相连，距县城22千米，是中国葡萄酒之父、张裕葡萄酒创始人张弼士的故乡，是粤闽边界的商品集散地。有国道235线、省道227线、梅龙高速经过，高速有茶阳出口。全镇地域面积208.73万平方千米，下辖27个行政村和1个社区居委，424个村（居）民小组，总人口3.5万人。

【农业】2021年，西河镇种植西瓜163.33公顷、烤烟206.67公顷、优质稻220公顷、玉米173.33公顷，实现农业增效、农民增收。至11月底，开展无障碍施工高标准农田建设面积120公顷，完成撂荒复耕复种面积101.33公顷、垦造水田52.67公顷。2021年，西河镇凭借蜜柚产业成功申报广东省“一村一品、一镇一业”第三批省级专业镇；下黄砂和漳北村凭借蜜柚产业、横溪村凭借油茶产业分别成功申报广东省“一村一品、一镇一业”第一批和第二批专业村。落实耕地保护补贴政策，全年落实补贴面积1137.32公顷，补贴资金144.67万元。全年举办各类农业技术培训班9期，参加培训500人次。

【基础设施建设】2021年，西河镇加强农村公路损毁修复和道路基础设施建设工作，实施大平亭至溪头全长4.4千米的单车道改双车道工程、西河镇省级宜居美丽乡村示范镇亮化提升项目，完成张弼士故居旅游区全长0.2千米的旅游路线车道、圩镇14条街道全长1.9千米的沥青铺设工程。推进新农村项目建设，以解决群众“吃水难”为目标，统筹推进自然村集中供水项目建设，全镇157个自然村，已完成通自来水自然村133个，集中供水覆盖率84.7%，缓解群众生产生活用水困难。

【旅游业】2021年，西河镇持续做好疫情防控常态化工作，严格要求景区做好安全生产各项工作，保障旅游产业持续健康发展。顺利获评广东省第二批旅游风情小镇。张弼士故居旅游区于5月27日顺利获评国家AAAA级旅游景区。北塘艺术部落项目已完成基础设施建设、靖西当代艺术馆布置工作、山水青华民宿建设，项目已投入893万元，占总投资的74.4%。2021年，北塘景区年营业收入35万元，接待总人数11.7万人；张弼士故居旅游区年营业收入250万元，接待总人数

8.8 万人；禾肚里年营业收入 180 万元。同时，完成税收入库目标任务。

【国土环保】2021 年，西河镇坚持治管并重，综合施策，改善人居环境。按照“属地管理、分级负责、无缝对接、全面覆盖、责任到人”的原则，以政府为责任主体，在全镇建立“横向到边、纵向到底的网格化”环境监管体系，实现对各自环境监管区域和内容的全方位、全覆盖、无缝隙管理，做到环境监管不留死角、不留盲区、不留隐患，取得效果。巩固“两美”行动成效，进行 11 次水面漂浮物清理专项行动，清理漂浮物 225.35 吨，清理水域面积 1.15 平方千米，清理河道长度 10.3 千米。推进环境综合整治。镇、村总计拆除 2541 户 7.14 万平方米废旧牛栏、猪舍等，顺利完成“三清三拆三整治”验收工作。全镇配备垃圾运输车 7 辆，公用垃圾桶 1400 个，实现户投放、村收集、镇转运的垃圾转运模式。建设镇级污水处理厂 1 座，村级污水处理设施 11 座，实现污水达标排放。推进“河畅、水清、堤固、岸绿、景美”生态河道建设，打造示范性沿河风光带，细化完善镇、村两级河长制工作制度，全年各级河长累计巡河 3697 次，广东智慧河长督查和上报问题 12 次，全部落实整改完毕，问题处理率 100%。修订《西河镇森林防火应急预案》，严格落实林长制度，完善网格化管理，划定森林防火责任区。森林防火经费全额纳入西河镇财政预算，做到村村有设备，护林员和扑火队员人人有装备。6 月和 9 月开展防灭火演练，提高护林员、半专业扑火队等技能。开展森林病虫害防治、林地落界、补助发放等相关工作。通过村级公示栏、宣传标语、村级天翼大喇叭、护林员流动摩托宣传、微信公众号推送等方式，开展森林防灭火宣传，提高广大群众森林防火意识，营造群防群治氛围。

【科教文卫】2021 年，西河镇提高教学质量和改善教学环境，设立奖教金，充分激发教职工的教学潜力，开展乡村精神文明建设。文化站对各村农家书屋管理员进行农家书屋管理知识指导，实现农家书屋标准化、规范化，推进农家书屋管理和服务。9 月 3 日,西河镇政府 4 楼会议室举行 2021 年西河镇教育基金会奖教奖学金发放仪式，发出奖教金 22.5 万元，同比增加发放 7.3 万元。开展“爱国卫生月”主题活动。镇领导干部积极参与“爱国卫生月”主题活动，引导群众培养文明健康、绿色环保生活方式。5 月，举办第 33 个“爱国卫生月”暨西河镇“健康乐跑”主题活动，沿着漳溪河畔，走在西河风光优美的“十村联动”旅游道路上，共同欣赏沿途风景，以此培养文明健康的生活习惯。

【社会保障】2021 年，西河镇通过发布消费扶贫倡议书，以建档立卡贫困村贫困户为主要支持对象，协同拉动非贫困户农产品销售，以购买贫困群众农特产品和服务为主要手段，发动社会各界广泛参与，打造消费扶贫新格局。建成 10 个省定贫困村电商服务站，拓宽贫困村产品物流渠道。各村开展消费扶贫销售农特产品回款到账的消费扶贫款 270 万元。全镇已实现全面脱贫。同时，制订防止返贫动态监测和帮扶工作方案，通过网格化排查制度，定期排查并做好相关记录。政务服务坚持以务实为民、便民高效为宗旨，以优化服务为核心，方便快捷地满足群众需求。综合服务截至 11 月，群众办理、申请事项 3456 件，其中 3456 件办结，办结率 100%；处理“12345”投诉热线工单 141 单；惠民信息公开平台每月公布事项 420 项，每季度公开事项 112 项，每年公开事项 504 项；办事群众“好差评”评议 756 次。为推动政务服务基层延伸，打通政务服务“最后一公里”，配合上级部门为全镇 28 个村（社区）配备“粤智助”自助机，实现“数据多跑路、群众少跑腿”。

【社会治安】2021 年，西河镇严格按照上级相关要求，抓好各项安全防范工作。全年开展6次安全生产大检查，查处和整改各类安全隐患60处，未发生安全生产责任事故。配合县交警、交通部门做好摩托车电动车自行车“百日整治”专项行动工作等便民服务的相关工作。全镇综治维稳形势保持稳定，常态化开展各类矛盾纠纷和不稳定因素排查。对疑难信访件实行一事一策、专题研判，落实包案领导和部门，全年受理信访案件214件，按时答复214件，其中上级交办65件，群众来访149件，按时答复率100%。多种方式方法相结合，形成全方位、深层次的高压严打态势，确保扫黑除恶专项斗争行动取得实效。全年全镇扫黑除恶办接到上级移交线索材料1宗，并移交公安部门侦办立案，刑拘2人，全部线索已清零。

西河镇党委、人大、政府负责人名录

党委书记：丘武秋（—2021.9）
副 书 记：余茂滨（—2021.3）
黄杏锋（2021.3—）
胡育锋　丘增标
黄新军（挂任，2021.10—）
党委委员：谢振新（—2021.7）
宋福中（2021.7—）
郭凯帆　周宝琴（女）
曾海祥（—2021.7）
官小河　官德群（2021.8—）
人大主席：何少华
副 主 席：何赞银
镇　　长：余茂滨（—2021.3）
黄杏锋（2021.3—）
副 镇 长：谢振新（—2021.7）
宋福中（2021.9—）
卢优裕　何斯航（女）
曾海祥（2021.7—）
李　媚（女，2021.9—）

（**张琛**）

青 溪 镇

【概况】青溪镇地处大埔县西北部，位于粤、闽两省两区一县（梅县区、永定区、大埔县）交界，是著名革命老区。青溪北接福建省永定区峰市镇，西邻梅县区松口镇，东北与茶阳镇接壤，南接三河镇。青溪镇是县境汀江航运起点，顺流而下可达潮汕。有省道332线和梅坎铁路经过，铁路有多宝坑小站。2021年，全镇区域面积164.05平方千米，镇政府驻地坪沙，距县城公路里程42千米。下辖13个行政村、202个村民小组，总人口2.05万人。全镇农村经济总收入7.6亿元，农村人均收入1.77万元，同比分别增长6.1%、6.3%。

【基础设施建设】2021年，青溪镇完成长丰村花果至主村道路拓宽硬底化及汀江大桥到青电水电站路面沥青铺设工程。镇区扩建垃圾中转站，新增5个垃圾分类亭、11辆环卫车，投放1200个垃圾桶。上坪沙村完成村牌坊至八角宫景观提升改造、八角宫陂头提升改造和堤坝建设、户厕改造近100户、村东和村西河堤走道提升改造、人居环境整治配套提升工程、污水管道工程。下坪沙村完成马坑文体活动中心提升改造、城上文体活动中心、公交车站台改造、村入口村标、铁流篮球场及周边环境提升改造、坪石文体活动中心、新建公共厕所5座、营下坝溪堤群众活动场所、居民外立面改造工程。

【农业】2021年，青溪镇围绕蜜柚种植、山羊养殖等优势特色产业，完成河背、祝丰、虎市、溪口、青华等5个村“一村一品”项目实施方案制定，发展蜜柚种植面积1178.67公顷，山羊养殖4200头。5家省级龙头企业、2家市级龙头企业、1家县级龙头企业合计吸收农村劳动力2030人。做好稳定粮食种植面积，遏制耕地抛荒现象，同时推广“公司+基地+合作社+农户”等经营方式，做强蜜柚、山羊等特色产业，巩固发展稻米、烟叶等传统产业。

【旅游业】结合青溪镇内古色资源，以红色带古色促绿色，形成红古绿“三色”旅游互动互促的生动局面，打造“中央红色交通线经典旅游线路”，推动大埔县全域旅游的发展。2021年，完成修缮缵诒堂、棣萼楼（含大水坑物资码头）旧址，完成缵诒堂局部改陈布展，让参观人员对中央红色交通线有一个系统的认识，接受一次深刻的教育。红色资源、绿色生态得到挖掘、保护和利用，红色旅游服务设施和服务功能提升，接待游客数量逐年递增，呈现良好发展态势。

【国土环保】2021年，青溪镇开展上坪沙村、桃林村等4个村高标准农田水利基础设施建设，完成垦造水田面积10.67公顷。有序推进祝丰村、上坪沙村、蕉坑村等5个村拆旧复垦工作，完成拆旧面积22.42公顷。结合污染防治工作要求，加强巡查和管控工作，保证各村生活污水处理设施正常运行，定期做好黑臭水体、露天焚烧等工作排查，开展各村非法倾倒垃圾排查，确保全镇环境质量得到提升。

【科教文卫体】2021年，青溪镇贯彻实施素质教育，激励学生勤奋学习，全年资助贫困户子女就学206人，发放生活补助33.3万元。由乡贤、校友自愿捐款成立青溪实验中学奖教奖学基金，共筹款110万元。全年发放奖教奖学金14.9万元。加强对文化站的管理，发挥乡镇公共文化服务效能作用，丰富广大人民群众文化娱乐生活。落实每周日常开放时间不少于56小时，国家法定节假日按活动组织要求开放，寒暑假延长开放1小时。站内常设性公共文化服务项目包含各功能室（如党员教育室、器乐室、图书室、电子阅览室、排练演出厅、非物质文化遗产培训展览室等）皆常年免费开放并不定期开展文化活动、展览、培训等。站内品牌活动、特色服务为非物质文化遗产龙舞（青溪黑蛟龙灯舞）、仔狮灯舞。加强后勤保障工作，做好物资供应，各项防控举措落实，确保新冠肺炎疫情常态化防控工作有序有效开展。开展环境卫生治理、清除病媒孳生地为主要内容的爱国卫生运动，加强对人群密集场所的环境整治、卫生保洁和消毒工作。2021年，全镇出生137人，出生率6.7‰，死亡120人，死亡率5.9‰，自然增长率0.8‰。

【社会保障】2021年，青溪镇落实城乡居民养老保险、城乡居民医疗保险、农村低保优抚等惠民措施，全镇覆盖率100%。精准落实社会救助兜底保障政策，做好贫困户、留守老人、妇女、儿童、残疾人、退役军人等群体的社会救助和优抚关爱工作，开展城乡居民临时救助63人次，收缴居民医保1.29万人，参保率85.2%；受理养老保险缴交业务1294人，发放低保补助资金205.96万元、五保补助资金97.22万元、困难残疾人生活补贴42万元、重度残疾人护理补贴166.64万元。加强对建档立卡户防止返贫动态监测和帮扶，并每月进行跟进，持续巩固脱贫攻坚成果。加强扶贫项目资产管理和监督，探索创新扶贫资产运营管护机制，明确运营管护主体、责任人管护责任，确保扶贫资产保值增值持续发挥效益。整合定点帮扶和社会力量等资源的支持，采取有针对性的帮扶措施，实施驻镇帮镇扶村工作。

【社会治安】2021年，青溪镇完善矛盾纠纷多元化解机制，加强矛盾纠纷源头治理，变群众上访为干部下访，及时调解疏导，调处各类纠纷矛盾44起，其中1起仍在调解阶段，调处成功率97.7%，营造安全稳定环境。组织开展安全生产检查工作，重点对辖区内道路交通、山塘水库、旅游场所、建筑施工场地等进行检查，检查各类场所70处，发现

58处隐患，现场整改48处，限期整改10处，至2021年年底，全部整改完成。落实“八五”普法要求，扩大法制宣传的受众面和影响力，开展法律宣讲、扫黑除恶专项斗争、防电信诈骗、禁毒宣传活动，增强全民法治意识，营造学法、守法、用法的氛围。

青溪镇党委、人大、政府负责人名录

党委书记： 谢彦博（—2021.9）
副 书 记： 丘佳纳（—2021.7）
陈传祺（—2021.7）
余志坚（2021.7—）
郭永富（—2021.7）
刘斯科（2021.7—）
谢振新（2021.7—）
党委委员： 刘斯科（—2021.7）
邓永明（—2021.7）
宋福中（—2021.7）
赖建宁（2021.7—）
杨广文　刘礼赞
彭苑苑（女）
张　科（2021.8—）
人大主席： 郭永富（2021.7—）
副 主 席： 谢华荣（—2021.9）
杨文杰（2021.9—）
镇　　长： 丘佳纳（—2021.7）
余志坚（2021.7—）
副 镇 长： 刘斯科（—2021.7）
赖建宁（2021.9—）
谢华荣（2021.9—）
曾家良　黄　俊
饶良浩（2021.9—）

（*范耀兴*）

丰溪林场

【概况】大埔县丰溪林场创办于1958年，原属汕头地区管辖，1963年转为县办，1984年4月被广东省人民政府批准建立省级自然保护区，保护区总面积105.9平方千米，主要保护对象为中亚热带常绿阔叶林和珍稀动植物，是广东省综合性保护区之一。1996年8月被省林业厅批准建立丰溪省级森林公园。林场处于大埔县北部，北部与福建省永定区凤城街道毗邻，东部与福建省永定区岐岭乡毗邻，西部、南部与茶阳镇相邻，距离县城54千米。海拔在450—1098米之间，2021年，全场区域面积29.91平方千米。林场下辖3个村民委员会，13个村民小组，总人口1848人。全场粮食作物播种面积115.1公顷，总产量484.6吨。全场农村经济总收入2369.2万元，农村人均收入8987.4元。

【社会保障】2021年，丰溪林场做好防止返贫监测信息平台管理工作，巩固拓展脱贫攻坚成果同乡村振兴有效衔接。累计投入“631”财政帮扶资金91.5万元，主要用于脱贫增收项目。全场所有建档立卡贫困人员100%纳入城乡居民医疗保险和“保尚保”补充医疗保险，落实13名贫困学生生活补助，确保符合政策的贫困户能100%享受到相关补助。对丰溪户籍学生和在编在岗场干部职工子女6人考取大学本科以上的发放一次性奖学金每人3000元。顺利完成2022年度城乡居民医保1544人的参保任务。加强对残疾人和弱势群体的关注和救助力度，做到应保尽保。

【基础设施建设】2021年，丰溪林场抓好基础设施建设，筹集资金120万元，推进乡村振兴工作。投入资金40万元，通过文化墙绘、宣传画、石刻等形式，宣扬中共十九大精神、社会主义核心价值观。100%完成农村户厕改造任务，新建旅游公厕、农村公厕16座，实现自然村公厕全覆盖。开展“两美”行动和城乡环境综合整治工作，定期开展志愿活动。坚持建管并重，实行“户分类、村收集、场转运”的垃圾处理模式，建成镇级污水厂1座，村级污水处理氧化塘1处，已投入使用。

推进溪上村创建社会主义新农村示范村建设项目，实施44个项目，建设资金2101.81万元。高质量推进“沿省际边界”示范带建设，涉及2个行政村（上山村和七里溪村）共谋划16个项目，建设资金1195.55万元，用于提升道路、护岸、公厕、绿化美化亮化、垃圾污水治理等基础设施和文体活动中心、休闲广场、游步道、生态观光园等公共服务设施，全面完工并投入使用。

【资源管护】2021年，丰溪林场加强森林资源管护。坚持践行“绿水青山就是金山银山”的发展理念，做到环境先行、生态优先、绿色发展。全场聘请11名村级专职护林员，组建30人的半专业扑火队伍，明确村委会各级护林队伍责任，严厉打击乱砍、乱伐、乱挖、乱采等破坏森林资源的行为。做好森林防灭火工作。突出重点时段的火源管理，在元旦、春节、清明、“五一”等节假日，在每个进山入口设卡设点，对进山人员进行检查登记，从源头上消除火灾的潜在隐患；突出重点区域的火源管理，做到入口有人守、山头有人管、林区有人巡；突出重点人群监管，对林区居民、外来人员、精神障碍人员等做好排查，做到及时预防、及时发现、及时教育，落实包保责任；突出重点环节，坚持“预防为主，严防严守”原则，对擅自在林区野外生火等违反法律规定的行为和人员，发现一起，查处一起。

【社会治安】2021年，丰溪林场做好“外防输入，内防反弹”常态化疫情防控工作，压实责任，严格落实中高风险地区往返人员监测排查工作，加强重点场所、重点环节管控。推进新冠疫苗接种进度，特别是第三针加强针接种工作，构建全民免疫屏障。做好矛盾纠纷和不稳定因素的排查化解，推动扫黑除恶常态化，摸排查处辖区涉黑涉恶线索，加强辖区群众对电信网络诈骗的鉴别能力和防范意识，宣传指导群众下载安装反诈App，顺利完成县级下达任务指标。牢固树立“发展是第一要务，安全是第一责任”的意识，严格贯彻落实领导干部安全生产“一岗双责”制度。落实信访维稳工作责任制，坚持从源头遏制不稳定因素的发生，定期召开专题研判会议，化解矛盾纠纷，把维护社会稳定工作摆在更加突出的位置。

丰溪林场党、政负责人名录

党委书记：赖万城

副 书 记：饶拱辅（2021.7—）

党委委员：江平先　饶拱辅（—2021.7）

曹国裕（2021.7—）

刘晓华（女，2021.8—）

场　　长：赖万城

副 场 长：罗文育（—2021.7）

何　炀（—2021.5）

刘晓华（女）

张华京（2021.5—）

（林锐翔）

人　　物

新闻人物

饶建玲　饶建玲，女，中共党员，1968年9月出生，1988年参加工作，现任大埔县文化馆党支部书记、馆长、副研究馆员，中国曲艺家协会会员、梅州市客家山歌传承人、梅州市曲艺家协会副主席。

她曾当选“中国共产党梅州市第六次代表大会代表”和“广东省妇女第十二次代表大会代表”，自1992年3月从事群文工作以后，推动大埔县的群众文化工作，为大埔县群众文化事业做出贡献。获“广东省基层先进宣传文化工作者”、“广东省文化志愿服务先进工作者”、“发展大埔县文化事业做出突出贡献者”、梅州市文艺“双精”工程奖、大埔县“第七批县管拔尖人才”等称号和荣誉。个人作品获国家级奖项3个、省级奖项20个、市级奖项30个以及县级奖项30个。2021年11月，饶建玲被人力资源和社会保障部、文化和旅游部评为“全国文化和旅游系统先进工作者”。

群文工作创佳绩。2006年起，她围绕“国家一级文化馆”的创建标准，在场馆、队伍、服务等方面下苦功夫，高标准，严要求，持续多年开展大量有成效的工作。大埔县文化馆从2011年11月起被文化和旅游部评定为国家一级文化馆，并获梅州市精神文明建设先进单位等称号。2014年6月，她发挥文化志愿者骨干作用，成功创建“百姓舞台大家乐”活动品牌，于每周三、五晚在县城固定演出，已演出800多场，参与演员3万人次，服务群众超30万人次。2014年年底，“百姓舞台大家乐”品牌活动推荐参评文化部“全国文化志愿者服务推进年”项目；2020年，“百姓舞台大家乐”被省文旅厅评定为2020年广东省文化和旅游志愿服务优秀项目。2016年3月，大埔县文化馆被确定为广东省第一批文化馆总分馆试点建设单位。她带领全馆人员加班加点完成文化馆总分馆试点建设工作，2017年5月大埔县文化馆总分馆试点建设顺利通过省验收。至2020年，建成1个总馆、14个分馆和42个服务点，完成全县文化馆总分馆全覆盖。

文坛艺苑显身手。她师从国家级非物质文化遗产项目代表性传承人余耀南，刻苦钻研业务。1997年后多次赴中国港澳地区、东南亚等国家参加同胞、侨胞联谊、访问演出，演唱的客家山歌、五句板深受港澳同胞、海外侨胞好评。多次参加省、市组织的创作、演出、演唱等比赛，共计获奖近百项。突出的艺术成就获得省、市专家的认可，2014 年 12 月，被省人社厅授予群众文化专业副研究馆员资格。2020 年春节期间，面对突如其来的疫情，她快速回到自身工作岗位，落实各项疫情防控宣传工作，完成 10 多件文艺作品录制及制作，收到抗疫主题群众文化作品 190 多件，并通过大埔县文化馆公众号、《梅州日报》等媒体进行抗疫宣传。

文化遗产结硕果。她认真挖掘非遗线索，做好全县非物质文化遗产申报、保护、传承和发展工作。大埔县成功申报各级非遗项目 76 项，其中国家级保护名录 1 项，省级 7 项，市级 9 项，县级 59 项；成功申报各级项目代表性传承人 84 人，其中国家级传承人 2 人，省级 8 人，市级 19 人，县级 55 人。大埔县被认定为客家文化（梅州）生态保护实验区核心区，多次承办文化生态保护区建设研讨会、国家级非遗专家专题调研、全市非遗艺术周等重大活动。

（县文广旅体局供稿）

张淑芳　张淑芳，女，1970 年 6 月出生，梅州市大埔县人，1991 年 1 月参加工作，2011 年 6 月加入中国共产党，大学学历。现任大埔县福利院院长。2019 年 12 月，被省民政厅评选为全省民政系统先进工作者。张淑芳以对福利事业的无限热情，用实际行动践行“尽儿女之孝、行父母之责”的无私大爱。担任福利院院长以后，带领福利院团队，全面提升福利院的服务质量。2021 年 6 月，被省委评为广东省优秀共产党员。

2020 年年初，面对突如其来的新冠肺炎疫情，张淑芳主动放弃与儿子在珠海团聚过年的机会，第一时间在院召开专题会议，成立专责领导小组，制订应急预案，迅速部署。2020 年 2 月 24 日下午，大埔县福利院决定实施全封闭管理，要求全体职工吃住在院，实行 24 小时值班制度。在全体工作人员共同抗击疫情的努力下，大埔县福利院开展卓有成效的工作，一抓日常防控。对所有出入人员进行实名登记并测量体温，做好戴口罩等防护措施。对全院职工近期是否接触湖北返乡人员逐一排查登记，同时每天对职工和服务对象进行体温检测，并进行逐一造册登记。每天在微信工作群提醒职工发现异常情况第一时间报告，做到早发现、早报告、早隔离、早治疗。二抓环境消杀。严格落实对老人房间和孩子活动室、卧室的消毒制度，专门雇请县“除四害”专业队到福利院开展不留死角的消杀。三抓物资储备。1 月 21 日晚，她在医疗物资极度紧缺的情况下，逐家药店采购，同时争取到社会热心人士捐赠口罩一批，保障全院老幼的健康安全。四抓宣传教育。带头演示洗手、戴口罩，专门对职工、老人、孩子做好疫情防控知识的宣传教育，使得“勤洗手、不串门、不聚会、戴口罩”的防控理念贯彻落实到全院上下，深入人心。

（县民政局供稿）

张荣强　张荣强，1974 年 9 月出生，广东省大埔县人，1997 年 9 月参加工作，1997 年 3 月加入中国共产党，在职大学学历。现任大埔县委组织部副部长、县“两新”组织党工委书记、四级调研员，从事党务工作 23 年。1999 年被市委、市政府评为先进工作者，2004—2010 年分别被省委办公厅、市委办公室评为先进工作者，2013 年、2014 年分别被评为全县“重点项目建设工作先进个人”“全面工作先进个人”。近 10 年的年度考核 8 年被评为“优秀”等次。2021 年 6 月，被省委评为广东省优秀党务工作者。

（县委组织部供稿）

何猛柱　何猛柱，1976 年 4 月出生，中共党员，1996 年 7 月参加工作，现任职于大埔县文化广电旅游体育局，任体育股负责人，兼任社会职务为大埔县篮球协会秘书长，国家级社会指导员、国家一级篮球裁判员、国家一级田径裁判员。曾当选“中共大埔县政协十五届代表委员会代表”和“2022年广东省梅州市健康专家委员会代表”。从事山区基层体育工作21年，始终坚持“立足篮球、服务万川”的工作原则，始终以全民篮球运动为工作目标，发挥自身的工作积极性和创造性，积极筹备组织、指导、协调全县篮球体育爱好者广泛开展形式多样、内容丰富的群众体育和全民健身活动，篮球事业得到长足进步。2021年9月，被国家体育总局评为“2017—2020年度全国群众体育先进个人”。

一、奉献自我，服务万川，协助领导，精心策划赛事。全民健身活动是贯彻落实国家体育强国方针，是一项利国利民的事情，也是一项社会公益事业。他在每年8月8日“全民健身日”和“南粤幸福活动周”等重大节日都能当好协会领导的参谋，积极策划篮球项目各类赛事，组织培训内容涉及篮球规则、篮球技战术、中老年科学健身训练、青少年三人篮球技战术、社会体育辅导员等与篮球运动相关的内容。经过不懈的努力，大埔县涌现篮球国家一级裁判近10人，二级裁判45人，三级裁判60人，教练员35人。2017—2020年，组织策划552场次的全县“机关杯”篮球赛、“乡镇杯”篮球赛、“篮协杯”篮球赛、全县教职工“钟声杯”篮球赛、“促进杯”青年篮球赛、青少年（校园）篮球赛、三人篮球赛等县内传统体育、健康休闲体育的群体活动。

二、专业引领，勇于承担，促进全民篮球赛事组织及竞赛水平提升。在指导篮球赛事方面，要实现熟练与规范的双进步，参加队伍数量和赛会质量的双提高，真正做到德义双收。作为协会秘书长的他团结协会一班人主动作为，狠抓工作落实，组织协调县有关单位和部门做好比赛工作，将大埔各项篮球比赛办成千年古邑客家文化与现代体育完美结合的体育盛会。球赛活动呈现出“赛会三好”特点：一是赛会环境好。公共体育设施是实行全民健身计划，进一步改善国民体质与健康状况，提高中华民族整体素质，促进社会主义物质文明和社会主义精神文明建设所必不可少的保障条件。2017年，他向上争取资金268万元对县体育中心东片风雨球场改造和照明设施进行设计安装，工程于2018年7月底顺利竣工，为全民健身休闲运动提供便利条件。二是赛会宣传好。每项赛会活动前，他与领导同事们深入基层，研判赛事方案，策划赛前、赛中、赛后暖场节目，坚持开好赛前联席会，记录好业务培训会，坚持每场比赛召开赛前准备会。严格恪守裁判员职业道德，执行裁判员纪律规范，始终以公正、公平的态度严格要求自己和团队成员。主动邀请传统媒体、新媒体10多家，加强宣传报道体育赛事；同时发挥大埔人文环境和红色资源优势，制作宣传手册资料200册，精心策划宣传活动，全方位多角度推介每一场赛事。三是赛会效应好。把赛事各项工作围绕获得最大效应为目标，把每项赛事作为提升大埔形象的平台和载体，实现“体育搭台，小吃文化、经济唱戏”，实现最佳效益化；使全民健身活动深入人心，形成浓厚的社会体育氛围。

三、体教结合，以赛代练，重视青少年篮球运动开展。贯彻落实《中共中央国务院关于加强青少年体育增强青少年体质的意见》《学校体育工作条例》精神，为使学校篮球运动的广泛开展和青少年学生身心健康和身体素质的提高，培养吃苦耐劳、顽强拼搏的意志品质和团队协作精神，促进学校课余篮球训练和代表队建设。他协助配合县教育局坚持开展以“阳光体育”为品牌的各级别、各层次的学校篮球赛事，如全县教职工“钟声杯”篮球赛、“促进杯”青年篮球赛、青少年（校园）篮球赛、三人篮球赛。经过10余年的努力，提升篮球运动在校园开展的普及程度，在2017年梅州市中小学生运动会中，大埔县女子篮球队夺得亚军，创造了大埔青少年女子篮球的历史。

四、发挥职能，坚守基层，不忘初心，继续前行。落实《全民健身条例》，争取上级领导的重视，出谋献策积极实施各类体育设施和学校体育场所免费或优惠开放，吸引更多人群就近、就便参加健身活动。他在做好本职工作的同时，配合县国民体质监测中心开展体质测试和进行科学健身指导活动。广泛动员和引导教练员、各级社会体育指导员、老年人体育干事和学校体育教师开展义务健身辅导，利用丰富的体育专业技术知识，向全县机关、企（事）业单位、镇（场）的社区、农村干群讲解健身知识，推广健身方法，普及科学健身理念，为全民健身活动提供技术指导服务。使他真正成为全民健身的宣传者、科学健身的指导者、群众健身的活动组织者和健身生活方式的引导者。2012 年 11 月和 2016 年 10 月，他获得篮球项目（国家）一级裁判证和国家一级社会体育指导员证书。2013—2019 年，被大埔县体育局授予优秀裁判员称号。2017 年 1 月，被广东省社会体育指导员协会授予“广东省优秀社会体育指导员”称号。

（县文广旅体局供稿）

彭尚永　彭尚永，1980 年 11 月出生于江苏省邳州，2001 年 12 月加入中国共产党，2002 年 7 月参加工作。2013 年 10 月起，任广东省大埔县气象局党组书记、局长。他始终牢记气象工作者的初心和使命，扎根基层，砥砺奋进，推动气象现代化建设。在促进国家发展进步、保障改善民生、防灾减灾救灾等方面做出积极贡献。2021 年 7 月，被广东省气象局党组评为广东省气象部门 2021 年优秀共产党员。2021 年 12 月 9 日，彭尚永因工作表现突出，受到中国气象局通报表扬。

（黄秀娟）

汪凤鸣　汪凤鸣，女，1989 年出生，中共党员，大埔县红十字会四级主任科员、工会主席。作为一名红十字工作人员，汪凤鸣积极参与红十字各项志愿活动，用实际行动践行“人道 博爱 奉献”的红十字精神。定期参与无偿献血，志愿登记成为中国人体器官捐献志愿者及造血干细胞志愿捐献者。自 2020 年初到大埔县红十字会工作以后，以弘扬人道、倡导奉献为己任，兢兢业业从事红十字工作，致力推动大埔县无偿献血、造血干细胞捐献、人体器官捐献、应急救护培训、红十字志愿服务等领域工作发展，为大埔县的红十字事业做出突出贡献。2021 年 11 月，被中国红十字会总会评选为“中国红十字会会员之星”。

（县红十字会供稿）

逝世人物

卓萍　卓萍，1939 年 5 月加入中国共产党，并参加工作。是一位中国共产党的优秀党员，共和国老兵，最高人民检察院研究室原研究员，司法部公证律师司原副司长、巡视员，享受副部长级待遇。

热血少年，十三岁加入共产党

卓萍，广东省大埔县西河镇人，汉族，1926 年 9 月 7 日出生在西河镇下黄砂村坪上一户普通的卓姓人家。父亲卓庆杭，是位老中医，母亲张八英，是一位勤劳俭朴的农村妇女。全家依靠上祖遗下和佃耕的几亩薄田维生。按照家族的辈分排列，卓萍属南字辈。出生后，起名横南，乳名文生。卓萍这个姓名是 1948 年党组织派他回广东省大埔原籍工作时，为适应当时斗争环境，便于开展工作才起用的，一直沿用。

童年时代的卓萍，就很聪明懂事，不到七岁便进入本村的梧岗小学读书。家中祖母年老，仅靠母亲一人劳作持家，他会利用课余、假日帮助家务。1937 年夏，卓萍母亲受风寒起病，因病势很急，终因医治无效，不幸去世。家里只剩下年近七十的老祖母和他这个十一岁的孙子，祖孙俩相依为命。无奈中只得写信南洋谋生的父亲。卓父辞工从新加坡回到老家，迫于生计，同大姑母的儿子邹藻元合伙，在富宁乡（今小靖村）排头坝开设“济生堂”中药店，由卓父执掌医务。

1937 年，卓萍进入梧岗小学五年级读书。“七七事变”后，全国掀起了抗日救国的高潮。当时梧岗小学已有中国共产党的地下组织，在党员校长卓禹轮领导下，经常开展抗日救亡工作，培养学生的抗日意识。卓萍积极参加军训，参加抗日儿童团并担任副团长，参加宣传队，参与募捐钱物、慰劳抗战军人、收拾废铜烂铁送交政府制造枪炮，还参加“虎啸抗日歌咏团”。在读高小的两年间，班主任饶造成（共产党员）对他特别关怀、爱护，有意识对他进行引导、培养。此后的一段时间，饶造成利用与卓萍共宿的机会，把几个同学集中在一起，向他们讲述革命道理，让他们心目中树立起只有共产党才能救中国的信念。读小学期间，经常阅读进步书刊，如《新华日报》社论（单行本）、蒋光慈的《少年漂泊者》、《毛泽东自传》等，许多看不懂或理解不了的，饶造成就给他解释，让他接受党的思想熏陶。

1939 年 3 月的一天中午，饶造成把卓萍叫到房间，随手关上房门对他说：“你不是要求加入共产党吗？我这里有一张入党申请表，你把它填好。”卓萍高兴地接过一张油印的表，在饶造成指导下填好入党申请表。饶造成在“入党介绍人”一栏填上他的名字。当年 5 月的一天，饶造成通知卓萍说，你的入党申请，党组织已经批准，你现在是一名共产党员了，并教导他对此要严守秘密，不得向任何人包括自己的父母亲人透露。还特地为他起了一个英文字母“B”的代号。那一年，卓萍才 13 岁。

初心不改，革命信念坚定不移

1941 年太平洋战争爆发，南洋侨汇中断。作为侨乡学校的梧岗学校，经费来源受到影响。为了节省学校经费开支，卓萍低薪受聘，当上村里梧岗小学的教师。他团结学校中的进步师生，利用开办妇女夜校机会，做好农村中青年妇女的思想工作，增强村民心目中“只有共产党才能救中国”的思想意识。

1945 年 8 月底，卓萍被国民党当局列入抓捕名单，便结束了富宁小学的教员生活，于 9 月初到五华县城（今华城镇）襟带街“益寿堂”药店和“四海通米行”。然后到河源，在卓禹轮的安排下，他在兰口镇国民党政府的河源糖场驻场员办公处（征收糖类税的机关）工作。先后以河源糖场办公处雇员、练习税务员等职务作掩护，从事党的地下交通站工作。

1947 年 8 月，卓萍离开河源前往广州，被中共大埔旅穗党员临时支部正式纳入为临时支部成员，安排在广州河南海天四望街的“大华米厂”，协助卓禹轮开展工作。1948 年 8 月，经中共中央南方局同意，散居广州一带的大埔籍党员，均返回大埔原籍工作，卓萍与胡益等人返回大埔家乡，先后安排到埔北区委所属的第二工作团、第四工作团打游击。后来，他认识了一位接头户远房姑母的孙女赖惠玲，由于革命目标一致，两人产生了爱情，经亲友从中撮合，最终成为终生的革命伴侣。

1949 年 1 月 29 日，中国人民解放军闽粤赣边区纵队成立。3 月，中共永和埔靖县委为适应形势发展的需要，在西河镇的富哉堂开办干部培训班，卓萍到培训班学习。结业后，被抽调到接收伪县政权的“接管连”工作。5 月 14 日上午，解放大埔县城的战斗打响。县城解放后，新成立的县军事管制委员会任命他为军管会秘书科科员，参与接收大埔县工作，具体负责接管伪县政府的邮政和电讯部门。6月3日，中国人民解放军闽粤赣边区纵队宣布成立“闽西南临时联合司令部”，同时组建接管团，准备接管已宣布起义并和平解放的闽西各县政权，他参与接收永定县、上杭县工作。他被调往“闽西南临时联合司令部”接管团秘书科任科员，后被任命为永定县军事管制委员会秘书科副科长、上杭县军事管制委员会秘书科科长。9月17日，上杭县人民政府成立，他先后任助理秘书、民政科长，兼任司法科长。

1951年1月，卓萍到华东军政委员会司法部举办的第一期司法干部训练班学习后，不再担任民政科长职务，专任司法科科长。1953年初，上杭县人民政府撤消司法科，成立上杭县人民法院，他被任命为县人民法院秘书、副院长，主持日常工作。5月，到北京中央政法干部学校第二期第五班（司法班）学习。1954年7月，学习结业后留中央政法干部学校工作。留校任教8年中，他先后在国家与法律理论、民法、政治经济学和政治理论等教研室担任辅导员、教员等职。其妻子赖惠玲经组织批准到中央政法干部学校参加中央政法干部学校第三期学习。1955年年初，以中央政法干部学校民法教研室辅导员的身份，被全国人大常委会办公厅借调到研究室，参加新中国第一次民法研究起草工作。同年，在北京市法律顾问处任兼职律师。1959年3月，被安排到福建省长乐县城关公社担任政法部副部长挂职锻炼，为期半年。

1962年7月，卓萍夫妇同时调最高人民检察院工作。卓萍任最高人民检察院研究室研究员。1962年冬，再次被全国人大常委会办公厅借调参与民法起草研究工作。1966年3月，全国农村开展“四清”运动。他参加最高人民检察院四清工作队，到河北省保定地区容城县西张楚大队开展“四清”工作，任工作队副指导员和支部副书记。9月，“文化大革命”开始，工作队奉命撤回机关。1969年2月，最高人民检察院全部工作人员包括家属，来到湖北沙洋“五七干校”劳动，历时三年半。

1972年7月，经国务院批准，结束“五七干校”。卓萍被安排在湖北省咸宁地区工作，任地区民（政）卫（生）局负责人、卫生局副局长。党的十一届三中全会之后，随着最高人民检察院的重新组建，1979年冬，他被任命为湖北省人民检察院咸宁分院党组成员、副检察长。

1980年9月，卓萍离开湖北咸宁地区，回到北京，分配在司法部法制局任政法组负责人，受聘担任司法部学习班《中华人民共和国民事诉讼法》的讲授任务。1982年11月，被任命为司法部公证律师司副司长。1983年7月，司法部组织律师、公证工作者访问团访问香港，他担任访问团副团长。1984年6月，司法部组织中国司法代表团访问日本，他担任代表团秘书长。

老骥伏枥，砥砺前行永不停步

1985年7月，卓萍改任为司法部公证律师司巡视员（副司职）。1987年，接受司法部安排负责主编高等学校法学试用教材《公证法学概论》一书，于1988年6月由法律出版社出版发行，后多次重印。1988年8月，受聘担任司法部中国涉外经济法律人才培训中心兼职教授。10月，受司法部指派，以“中华人民共和国国家公证员”“中国法学会会员”“中华人民共和国律师”三重“民间”身份，参加内地代表团，赴中国香港地区出席海峡两岸商标、专利、商务法律问题研讨会。

1988年11月，卓萍离职休养。1989年5月，司法部成立“中国高级律师高级公证员培训中心”，任命他为培训中心领导小组副组长，负责主持培训中心的日常工作。主持期间共举办高级律师、高级公证员培训班11

期，培训全国各省、自治区、直辖市律师、公证员 4000 余名。

1993 年 9 月，旅京的客家人士为开展港、澳、台同胞和海外侨胞中的客家人士联谊活动，经报北京市社会团体管理办公室批准，成立“北京客家海外联谊会”。卓萍被客家乡亲推选为第一届理事会理事兼法律顾问。

2015 年 8 月起，卓萍享受副部长级待遇。获得“中华人民共和国司法行政一级金星荣誉奖章”“中国人民解放军闽粤赣边区纵队成立 60 周年纪念章”“中国人民抗日战争胜利 60 周年纪念章”“中国人民抗日战争胜利 70 周年纪念章”“庆祝中华人民共和国成立 70 周年纪念章”5 枚荣誉纪念章。

2019 年 12 月 1 日，卓萍在北京因病医治无效逝世，享年 93 岁。

（张领华）

刘永生　刘永生，1926 年出生于大埔县湖寮镇新村红门楼，自幼天资聪颖，先后在虎山公学、梅州中学就读。1952 年毕业于中山医学院，并在该院任医师。1956 年定居香港。参加伦敦执业考试及格后，成为注册西医，任香港养和医院住院医师，受聘为全科医师顾问。他医术精湛，医德高尚，饮誉香江，曾获英国女王授予的五级、四级勋章，其名字被列入《英国剑桥世界名人录》。他秉性宽和，博爱为怀，热心社会公益，对家乡文教卫生事业贡献良多。向大埔人民医院捐赠 X 光机一架、救护车一辆；捐资兴建刘氏学校永生教工楼；为虎山中学捐赠仪器一大批，捐资兴建综合大楼；对大埔中学、湖寮卫生院等亦有捐赠。2003—2006 年，虎山中学建设新校区，他合计捐资 2000 多万元（含其亲属）。德高望重，蜚声遐迩，中山医科大学香港校友会成立，他当选为首届理事长，历任大埔县旅港同乡会永远名誉会长等社团要职，他是 1997 年 10 月第一批“大埔县荣誉市民”，2004 年第五批“梅州市荣誉市民”。

2021 年 6 月 27 日，刘永生在香港逝世，享年 95 岁。

（《大埔县教育志》编委会供稿）

张达文　张达文，大埔县西河镇车龙村人。1928 年 8 月出生于印度尼西亚，初中肄业，无锡书法艺专结业。曾任小学教员、校长。1949 年加入中国新民主主义青年团并任维东乡团支部书记，次年加入中国共产党，任西河区团委书记。1952 年后历任西河区区长，大埔县人委交通科长，县委工交部副部长，高陂区工委书记、办事处主任，县委候补委员，县人委办主任。1964 年参加“四清”工作团，任榕城分团工作队队长，蕉城分团常务副团长。“文化大革命”期间下放干校劳动，后期任干校校长。后调任工商局局长，县委党校校长，县路线教育工作队副队长、指导员，县外事办主任。1981 年后，先后任县人大常委会副主任，县人民政府副县长，县政协主席等职。

1990 年离休后，任大埔县政协委员联谊会会长、县老游击战士联谊会会长、大埔县书法家协会会长、大埔县陶行知研究会会长及顾问、广东省陶行知研究会顾问、中国江都书画院高级研究员、中国老年书画艺术编辑部理事等社团职务。作品和传略入编《中国著名书法家作品集》《百年经典——中国书法全集》等近 30 部辞书。先后被评为全国学陶先进个人、省离（退）休干部先进个人，并获省学陶师陶终身荣誉奖。出版有《四代墨缘书画集》《张达文书法作品集》。

2021 年 12 月 14 日，张达文因病医治无效逝世，享年 93 岁。

（《大埔县教育志》编委会供稿）

文献选录

中共大埔县委关于制定国民经济和社会发展第十四个五年规划和二〇三五年远景目标的建议

2021年1月25日中国共产党大埔县第十二届委员会第十一次全体会议通过

埔发〔2021〕3号

“十四五”时期是我国开启全面建设社会主义现代化国家新征程的第一个五年。中国共产党大埔县第十二届委员会第十一次全体会议，认真学习贯彻党的十九届五中全会精神，深入贯彻习近平总书记对广东系列重要讲话和重要指示批示精神，按照省委十二届十一次、十二次、十三次全会和市委七届十次全会要求，就制定大埔县国民经济和社会发展第十四个五年规划和二〇三五年远景目标提出以下建议。

一、全面建成小康社会，奋力谱写全面建设社会主义现代化国家大埔篇章

1. 决胜全面建成小康社会取得决定性成就。“十三五”时期，在以习近平同志为核心的党中央坚强领导下，大埔县委切实增强“四个意识”、坚定“四个自信”、做到“两个维护”，深入实施“生态立县、实业富县、文旅兴县”发展思路，抢抓全省“一核一带一区”区域发展新格局、粤港澳大湾区和深圳中国特色社会主义先行示范区建设和原中央苏区振兴发展等重大机遇，团结带领全县广大干部群众扎实推进省委“1+1+9”工作部署、市委“六争六补”工作要求和县委“456”思路举措，有力有序有效应对新冠肺炎疫情、中美经贸摩擦等严重冲击，综合实力实现有效提升。党的领导和党的建设进一步加强，坚决全面彻底肃清李某、万某某恶劣影响，政治生态得到净化和修复，全面从严治党取得显著成果，全县各级党组织更加坚强有力。高质量发展迈出新步伐，2020年地区生产总值91.1亿元，全县居民人均可支配收入达到20100元，顺利完成全面建成小康社会“两个倍增”任务，“五大产业”发展加快，广州海珠（大埔）产业转移工业园、县城工业小区、省级现代农业产业园等载体平台日益夯实，成功创建广东省全域旅游示范区，成为全球第八个“世界长寿乡”。科技创新能力不断增强，五年来新增国家高新技术企业25家、市级以上（含市级）工程技术研究开发中心28家、省级以上（含省级）“星创天地”5家。

城乡协调发展加快推进，中心城区提质扩容进展顺利，中心镇及特色小城镇加快建设，乡村振兴取得重大进展，城乡人居环境大幅改善，基本公共服务均等化水平有效提高。脱贫攻坚取得决胜成果，4805户10478名建档立卡贫困人口全部达到脱贫退出标准，57个省定贫困村全部达到退出标准。基础支撑能力明显增强，梅龙高速、大潮高速公路（含大漳支线）建成通车，韩江高陂水利枢纽工程下闸蓄水，粤电大埔发电厂一期保持平稳、绿色、安全运营，一批重大交通、水利、能源项目前期工作有序开展。改革开放不断深化，供给侧结构性改革推进，全面完成县级机构改革和高陂镇行政体制改革试点，“放管服”改革和“数字政府”建设取得新成效，营商环境进一步优化，主动融入粤港澳大湾区和深圳先行示范区建设，陶瓷产业基地被认定为国家级外贸转型升级基地。生态环境优势有效巩固，森林覆盖率78.99%，县城空气质量优良率99.6%，饮用水源地水质达标率100%，出境水质常年保持Ⅱ类以上。文化大埔魅力日益彰显，各类文化遗产保护与开发、公共文化服务设施建设取得显著成效，文化事业和文化产业蓬勃发展。人民生活水平和质量明显提高，居民收入持续增长，城镇新增就业岗位累计2.68万人，新增转移就业劳动力累计5.6万人以上，城乡居民收入持续增长，教育、医疗、社保等民生事业显著进步。社会保持和谐稳定，治理体系和治理能力现代化水平明显提高，风险防范和应急处置机制不断健全，平安大埔、法治大埔建设取得成效，荣获“广东省最安全城市”称号。

大埔“十三五”规划主要目标任务基本完成，全面建成小康社会目标任务圆满收官，这在大埔发展历史进程中具有重要里程碑意义。全县上下要再接再厉、一鼓作气，切实巩固全面建成小康社会成果，为开启全面建设社会主义现代化新征程奠定坚实基础。

2. 十四五”时期大埔发展面临的新机遇新挑战。当今世界正经历百年未有之大变局，国际力量对比深刻调整，新冠肺炎疫情影响广泛深远，世界进入动荡变革期。中华民族伟大复兴战略全局统筹展开，我国已转向高质量发展阶段，经济长期向好的基本面没有改变，进入新发展阶段，“两个大局”深度联动构成“十四五”时期广东发展环境的主基调。我省经济总量大、产业配套齐、市场机制活、开放水平高，转型升级、领先发展的态势更加明显，“双区驱动效应”不断增强，通过构建新发展格局打开更广阔空间。梅州在全省区域协调发展的强劲带动下，老区苏区振兴发展步伐加快，生态发展区建设取得扎实进展，融入“双区”“双城”建设的态势越来越好，经济发展呈现“换道超车”的良好趋势。在上述背景下，我县通过创新驱动释放新潜能、争取区域政策释放新红利、融入新发展格局孕育新市场。同时，我县属于后发展欠发达地区的县情没有改变，主要体现在综合实力不强，稳增长压力不断加大；特色产业优势不突出，缺乏重大项目带动、龙头企业引领和发展平台支撑；交通基础设施落后，营商环境亟待提升；自主创新能力较弱，经济发展缺乏新动能，经济社会发展面临更强的资源瓶颈和生态约束；财政收支矛盾日益凸显，社会民生领域仍有不足，城乡发展不平衡不充分。“十四五”时期，全县要胸怀“两个大局”，深刻认识社会主要矛盾变化带来的新特征新要求，深刻认识错综复杂的国际环境带来的新矛盾新挑战，增强机遇意识和风险意识，保持战略定力，坚定必胜信念，发扬斗争精神，树立底线思维，善于在危机中育先机、于变局中新开局。

3. 到二〇三五年基本实现社会主义现代化远景目标。展望2035年，大埔后发展欠发达地区的县情发生根本性改变，全县综合实力大幅跃升，全面缩小与地区平均发展水平差距，基本实现大埔原中央苏区振兴发展；基本实现新型工业化、信息化、城镇化、农业现代化，基本建成现代化特色经济体系；生态环境优势更加凸显，绿色生产生活方式总体形成，美丽大埔基本建成；文化软实力显著增强，特色文化品牌享誉海内外，人民群众思想道德、文明素养显著提高；全面融入重大区域发展战略和新发展格局，开放型经济发展水平明显提升；基本实现治理体系和治理能力现代化，人民平等参与、平等发展权利得到充分保障，法治大埔、平安大埔、信用大埔基本建成；实现基本公共服务均等化和基础设施均衡通达，人民基本生活更加美好更为宽裕，城乡区域发展差距和居民生活水平差距显著缩小，人的全面发展、全体人民共同富裕得到更为明显的实质性进展。

二、“十四五”时期经济社会发展指导方针和主要目标

4. “十四五”时期经济社会发展指导思想。高举中国特色社会主义伟大旗帜，全面贯彻党的十九大和十九届二中、三中、四中、五中全会精神，坚持以马克思列宁主义、毛泽东思想、邓小平理论、“三个代表”重要思想、科学发展观、习近平新时代中国特色社会主义思想为指导，全面贯彻党的基本理论、基本路线、基本方略，深入贯彻习近平总书记对广东重要讲话和重要指示批示精神，统筹推进“五位一体”总体布局，协调推进“四个全面”战略布局，贯彻新发展理念，坚持稳中求进工作总基调，以推动高质量发展为主题，以供给侧结构性改革为主线，以改革创新为根本动力，以满足人民日益增长的美好生活需要为根本目的，抢抓中央和省推动构建新发展格局、推进“双区”建设“双城”联动、进一步推动老区苏区振兴发展、构建“一核一带一区”区域发展格局等重大机遇，深化落实省委“1+1+9”工作部署、市委“六争六补”工作要求和县委“456”思路举措，统筹发展和安全，加快建设现代化特色经济体系，推进治理体系和治理能力现代化，实现经济行稳致远、社会安定和谐，奋力开创大埔老区苏区振兴发展新局面，确保全面建设社会主义现代化新征程开好局、起好步，为广东在全面建设社会主义现代化国家新征程中走在全国前列、创造新的辉煌以及梅州打造“绿水青山就是金山银山”广东样本作出大埔贡献。

5. “十四五”时期经济社会发展必须遵循的原则。

——坚持党的全面领导。坚决维护习近平总书记党中央的核心、全党的核心地位，坚决维护党中央权威和集中统一领导，坚持和完善党领导经济社会发展的体制机制，坚持和完善中国特色社会主义制度，不断提高贯彻新发展理念、构建新发展格局能力和水平，为实现高质量发展提供根本保证。

——坚持以人民为中心。坚持人民主体地位，坚持共同富裕方向，始终做到发展为了人民、发展依靠人民、发展成果由人民共享，激发全体人民积极性、主动性和创造性，促进社会公平，增进民生福祉，不断实现人民对美好生活的向往。

——坚持发展第一要务。在巩固生态环境质量前提下，着力在内外兼修上下功夫，培育发展新动力，拓展发展新空间，努力保持较快经济增长速度，做大经济总量，提升发展质量，促进综合经济实力再上新台阶。

——坚持新发展理念。始终把新发展理念贯穿发展全过程和各领域，切实转变发展方式，加快转型升级、提质增效和绿色发展，积极融入新发展格局，实现更高质量、更有效率、更加公平、更可持续、更为安全的发展。

——坚持深化改革开放。坚定不移推进改革开放，积极融入全省“双区”建设、“双城”联动和全市“五星争辉”区域发展格局，更好利用两个市场、聚合两种资源，提升开放型经济水平，破除影响高质量发展、高品质生活的体制机制障碍，加强治理体系和治理能力现代化建设，持续增强发展动力。

——坚持系统观念。加强前瞻性思考、全局性谋划、战略性布局、整体性推进，坚持服从国家、省和市发展大局，坚持全县一盘棋，更好发挥各方面积极性，办好发展安全两件大事，着力固根基、扬优势、补短板、强弱项，注重防范化解重大风险挑战，实现发展质量、结构、规模、速度、效益、安全相统一。

6.“十四五”时期经济社会发展主要目标。锚定二〇三五年远景目标，综合考虑国内外发展趋势、省市有关要求、大埔发展条件，坚持目标导向和问题导向相结合，坚持守正和创新相统一，今后五年要努力实现以下主要目标。

——综合实力实现新跨越。经济保持平稳较快发展，力争实现地区生产总值、人均地区生产总值、城乡居民收入同步协调增长，全县综合经济实力、竞争力和可持续发展能力显著增强。

——质效提升取得新进展。农业现代化取得新进展，陶瓷、电力等传统工业提质增效明显，文化旅游、大健康等特色服务业加快发展，新兴产业发展取得突破，消费升级对经济发展增长带动作用日益增强，科技进步对经济增长贡献率稳步提高。

——城乡融合呈现新局面。“两新一重”建设取得明显成效，“对外大联通，对内大循环”的交通基础设施网络基本成形，基础设施支撑经济社会高质量发展的能力全面提升；县域城镇空间格局进一步优化，县城补短板强弱项、重点镇提质升级、乡村全面振兴等取得明显进展，城乡资源配置更加合理，城乡加快协调、融合发展。

——改革开放得到新突破。重要领域和关键环节改革取得突破性进展，治理体系和治理能力现代化水平进一步提高，在省、市区域发展战略中的地位和作用不断增强，逐步成为湾区“最美后花园”“最佳康养地”“最优体验场”，对外发展空间得到有效拓展，开放型经济发展水平全面提高。

——文化软实力获得新提升。社会主义核心价值观深入人心，人民群众文明素质明显提高，公共文化服务体系和文化产业体系更加健全，人民群众精神文化生活日益丰富，中国客家文化生态保护示范区和客家风貌展示区建设成效显著，文化软实力明显增强，文化自信更加坚定。

——生态建设形成新成效。水、大气、土壤等环境质量持续改善，主要污染物排放总量控制在市下达目标内，资源节约集约利用水平进一步提升，人居环境明显改善，生态优势得以巩固，生态文明制度建设取得新进展，绿色低碳发展理念在经济社会发展的各领域得到有效贯彻。

——民生建设跃上新水平。城乡居民就业质量和水平进一步提高，教育现代化、均衡化水平稳步提升，医疗服务水平不断提升，健康大埔建设取得良好效果，社会保障体系更加健全完善，基本公共服务均等化取得明显进展，构筑稳定脱贫和逐步致富的长效机制，人民生活满意度显著提高。

——治理效能得到新提升。平安大埔、法治大埔达到更高水平，社会主义民主法治更加健全，社会公平正义进一步彰显，行政体系更加完善，政府作用更好发挥，行政效率和公信力显著提升，社会治理特别是基层治理水平明显提高，防范化解重大风险体制机制不断健全，突发公共事件应急能力和自然灾害防御能力明显提升，发展安全保障更加有力。

三、优化区域发展布局，促进县域协调平衡联动发展

主动融入全省、全市区域发展战略，优化县域国土空间开发格局，促进县域协调平衡联动发展。

7. 构建县域发展新格局。有效衔接县委“456”工作举措，统筹全县城镇、产业、交通发展布局，构建形成“一城引领、两带齐飞、三网联动、四区协调、五大行动”的县域发展新格局。推进县城扩容提质，增强县城人口容纳能力、产业承载能力、要素资源集聚能力、旅游集散服务能力以及辐射带动能力。构建形成粤北—海西陆海联动发展带和大埔全域旅游环线经济带，协同推进城镇、交通、产业三张“网”规划建设，促进城镇支点发力、交通廊道串联、产业联动发展。以中心镇、重点镇为主体，协同推进东部生态农业发展区、南部创意陶瓷工业区、西部休闲康养服务区、北部山林生态文化体验区发展。统筹推进交通大建设、产业大跨越、城乡大提质、开放大突破、民生大改善五大行动，补齐补强短板和弱项，促进发展方式转变和新旧动能转化，破除体制机制障碍，拓展发展空间，持续增强发展动力。

8. 优化县域国土空间布局。全面完成国土空间总体规划编制，科学合理划定落实城镇、农业、生态空间和生态保护红线、永久基本农田、城镇开发边界等“三区三线”。积极推进各镇国土空间编制，支持有条件有需求的村庄规划应编尽编。优化调整自然保护地布局，加强自然保护地建设，确保全县重要生态空间的生态功能不降低、面积不减少、性质不改变，自然资源资产总量稳步增长。

四、坚持实体经济优先，构建“2231”现代产业体系

坚持把发展经济着力点放在实体经济上，以“五大产业”为主体，构建形成“2231”现代产业体系，推动制造业比重有所提高，强化产业园区和市场主体建设，提升产业发展含“绿”量、含“智”量、含“新”量和含“金”量。

9. 加快两大传统工业绿色转型升级。推动陶瓷、电力两大传统工业转型升级和绿色发展，切实巩固大埔工业发展基本盘。推进陶瓷生产方式、产品结构、营销方式、终端市场等转变，在提升工艺美术陶瓷、日用陶瓷等产品档次和附加值基础上，积极探索陶瓷与酒店、酒类、家具、茶叶、文创等行业的跨界合作，积极开拓国外新兴市场和国内消费市场。推动电力产业绿色高效发展，加快建设粤电大埔电厂二期工程，建成高陂水利枢纽工程电站，大力发展清洁能源和可再生能源发电。积极开展售电侧改革工作，有效降低重点行业、农村地区用电成本，提高能源本地消纳比例。

10. 促进文旅康养深度融合发展。大力推动文化、旅游、康养、生态等深度融合发展，着力打造粤闽交界地区文化旅游慢城和国际健康养生度假胜地。积极推进“全境景区、全域旅游”发展，构建红色文化旅游带、古色文化旅游带、生态康养休闲带、陶瓷创意体验带四大旅游经济带，力争实现全县各镇A级景区全覆盖，争创国家全域旅游示范区。打造特色文旅融合产品体系，做大红色文化游、做活历史文化游、做精乡村文化游，推动旅游与特色小吃、工业、农业、体育、夜间经济等融合发展，培育“吃遍大埔、大埔有礼、戏说大埔”旅游品牌。完善县域旅游交通、餐饮住宿、智慧旅游等体系建设，提升旅游综合服务水平。发挥“世界长寿乡”品牌优势，面向粤港澳、厦漳泉等中高端消费市场，围绕“养、食、健、医、学”，加快发展休闲养生养老产业，创新发展药膳疗养保健产业，大力培育发展休闲体育产业，积极发展特色医疗及第三方服务，探索打造世界健康长寿学术交流中心，将大健康产业培育形成全县重要的经济增长点。

11. 培育发展三大新兴产业。大力发展数字经济，加快推进数字产业化和产业数字化，推动数字经济和实体经济深度融合，支持运用数字技术开展服务模式和业态创新，提升电子商务、智慧旅游、智慧物流、融媒体、智慧城市等发展水平。积极发展中医药产业，推进中药材主产区种植业发展，创新发展药膳产业，重点开发中药饮片、植物提取物、特殊用途化妆品及具有大埔特色的药食同源产品及相关保健品。探索发展新材料产业，对接梅州市先进制造业和战略性新兴产业发展需求，探索发展陶瓷新材料、稀土新材料，有效融入全市制造业链条体系。

12. 大力发展现代服务业。推动生产性服务业向专业化和价值链高端延伸，建立完善现代商贸物流体系，增强金融服务实体经济能力。推动生活性服务业向精细和高品质升级，加快健康、养老、育幼、家政、物业等服务业。鼓励发展现代服务业新业态新模式，稳妥有序发展平台经济、共享经济、新个体经济，加快推进服务业数字化。推动现代服务业同先进制造业、现代农业深度融合。

13. 强化产业园区和市场主体建设。做好园区空间规划指引，加大园区土地集约节约利用，完善园区基础设施和公服配套，确保项目尽快落地和建成投产。重点提升广州海珠（大埔）产业转移工业园区、县城工业小区、蜜柚、茶叶省级现代农业产业园发展水平和辐射带动能力，深化其他工业集聚区土地清理处置，为腾笼换鸟留出发展空间。重点在陶瓷、农副食品加工、大健康等领域培育若干市场竞争力强、品牌影响力大的标志性龙头企业，推动全县规上工业企业量质提升。重点在数字经济、新材料、中医药等新兴产业领域积极培育专精特新中小企业，加大中小微企业孵化力度，打造一批省、市中小企业公共服务示范平台。

五、实施创新驱动发展战略，培育经济发展新动能

坚持创新在现代化建设全局中的核心地位，以提升科技成果转化和产业化能力为主攻方向，强化创新平台和体系建设，培育壮大创新主体和创新人才，培育形成经济发展新动能。

14. 强化创新平台和协同创新体系建设。支持大埔蜜柚研究院、大埔茶学院、光电功能陶瓷实验室等产业科技研发平台建设，规划建设大埔县工业园产业创新中心和科技孵化园，探索在产业园区设立技术研发转化中心。主动融入大湾区国际科技创新中心体系，积极推进本地企业与大湾区优秀高校、科研院所和企业的协同创新合作，构建完善产学研结合的技术创新及成果转化体系。

15. 提升科技成果转化和产业化能力。争取在特色农副产品种植加工、陶瓷生产等环节取得技术突破，提升农副产品本地加工转化率和产品附加值，降低陶瓷行业制造成本。支持企业参与组建产业技术创新联盟，争取在重大共性关键技术研发上取得突破。发挥梅州市中兴达知识产权有限公司的作用，探索与广州及其他大湾区城市、园区、知名院校合作设立“创新飞地”，建立研发在外、落地在大埔的合作模式，促进更多科技成果在大埔汇聚转化。

16. 构建完善创新激励长效机制。建立以企业为主体的技术创新机制，鼓励和支持企业建立研发机构、加大研发投入，为企业开展创新、加大投入、提升竞争力提供制度保障。优化完善创新企业培育政策，持续推进“高新技术企业树标提质行动”，进一步提升众创空间创业创新服务能力。强化科技创新和成果转化的激励机制，加大知识产权保护力度，大力推进国家知识产权强县工程试点县建设，探索设立知识产权交易中心，构建完善知识产权登记、定价、交易、金融等

服务体系。

17. 加大创新人才引进培养力度。深入对接省"珠江人才计划""广东特支计划""扬帆计划"等重大工程，围绕服务优势产业和转型发展，大力引进和培养懂技术、懂市场、懂管理的复合型科技服务人才，打造高素质企业家队伍，培养一批高技能产业人才队伍，做好对科技人员、返乡农民工、大学生创业的引导和支持。健全柔性引才机制。加强人才服务保障，切实为高层次人才提供优质高效服务，重视基层一线人才的培养和薪酬福利待遇保障，确保各类人才在基层一线稳得住。

六、积极融入新发展格局，拓展现代化建设新空间

坚持扩大内需战略基点，统筹推进供给侧结构性改革和需求侧改革，更好利用国内国际两个市场、两种资源，增强融入国内大循环和参与国内国际双循环的功能，为现代化建设拓展新空间。

18. 融入国内大循环。依托强大国内市场，推动生产、分配、流通、消费各环节更好融入和服务国内大循环，实现人流、物流、信息流、资金流等四个维度的全面提升。进一步优化营商环境，创新人才引培方式，实现更多创新创业人才、管理营销人才、基层人才及消费能力强的游客汇聚大埔。深入推进重大交通基础设施项目谋划和建设，构建连接"双区"、厦漳泉、汕潮揭的现代商贸物流网络，推进与周边及沿海口岸通关合作，畅通大埔特色农副食品、优质工业产品与发达城市生鲜超市、专业市场、重要港口的物流通道和商贸渠道。聚焦共建产业循环，建立跨区域产业共建新模式，促进产业链上下游、产供销畅通循环。推动信息技术在经济发展、社会管理、公共服务等领域实现全面融合和创新应用，利用数字经济提高"国内大循环"供需匹配效率。打造有效支持科技创新和实体经济的金融生态，促进资金流在国民经济循环中合理流动和科学配置。

19. 参与国内国际双循环。积极融入"双区"、厦漳泉地区统一市场，建立完善与沿海发达地区相衔接的制度体系、要素市场和营商环境，重点承接梅州综合保税区、跨境电商综合试验区、国际无水港改革创新红利外溢，从更高层次、更宽领域构建更高水平的对外开放新格局。积极开拓多元市场，着力深化与"一带一路"沿线国家和地区的贸易合作，增强与区域全面经济伙伴关系协定（RCEP）的国家贸易投资往来。充分发挥大埔华侨华人优势，在推动国内国际双循环中做好"侨"的文章。

20. 全面促进消费升级。促进汽车、智能家电、环保家具家装、餐饮等实物消费提档升级，促进住房消费健康发展，积极拓展农村消费市场。推动服务消费体制扩容，积极拓展"双区""双城"、厦漳泉等地区的养老、假日旅游等服务消费市场。完善便民消费网络，改造提升步行街、美食街和夜间消费载体。强化市场秩序监管和消费者权益保护，营造安全放心消费环境。

21. 积极扩大有效投资。积极谋划新型城镇化、新型基础设施、重大交通、水利、能源等"两新一重"项目。促进工业投资增长，聚焦绿色健康食品加工、新材料、文化旅游、大健康、数字经济及战略性新兴产业等领域，着力引进落地一批投资额大、产业关联度高、带动力强的大项目。深化投融资体制改革，发挥政府投资撬动作用，提升利用外资质量，激发民间投资活力，有效拓宽投融资渠道。

七、推进"两新一重"建设，提升发展基础配套能力

推进以人为核心的新型城镇化进程，超前布局新型基础设施体系，建立与经济社会发展相适应的重大基础设施支撑体系，增强城镇空间集聚力与容纳力，提升经济社会发展基础支撑能力和公共服务配套水平。

22. 深入推进新型城镇化建设。构建完善以县城为核心，以高陂镇、茶阳镇、大麻镇为县域中心镇，以其他镇为支撑的“一主三附多点”县域城镇发展格局，把大埔建成“城在山中、楼在林中、村在景中、山水相融”的山水宜居宜业宜游客家城。积极推进县城扩容提质，提升县城产业集聚能力和公共服务水平。促进高陂镇、茶阳镇、大麻镇三个中心镇产镇融合发展，增强三个中心镇的集聚和辐射作用，成为承载县域经济发展、吸纳农村人口就近城镇化的重要载体。推动其他城镇“各美其美”联动发展，建成一批有特色、有人文、有产业的精致小城镇。统筹推进老旧小区改造、市政交通、公共服务、环境卫生等城镇化补短板强弱项工作。统筹城市规划、建设、治理工作，加快推进城镇治理体系和治理能力现代化。

23. 超前布局新型基础设施体系。统筹部署新网络基础设施，全力加快大埔5G项目建设力度，到2025年全县基本实现5G网络覆盖。坚持市场导向，探索设立数据中心，适时布局物联网、工业互联网、人工智能等新型基础设施。推进新融合基础设施建设，推动交通、能源、物流、教育、市政等传统基础设施数字化、智能化转型，提升城市管理和服务精细化水平，推动城市“智治”。加快创新基础设施建设，加大研发基础设施建设和研发设备投入力度，积极培育高级别的产业创新中心、制造业创新中心、技术创新中心。

24. 打造通达便捷的综合交通体系。推动水、陆、空等交通方式协调发展，形成高效立体综合交通体系，形成“对外大连通、对内大循环”交通大网络。构建“枢纽型”对外交通网，完善以“井”字型高速公路网络为主体的区域开放通道体系建设，打造以县城为中心，国道、省道和干线公路为重要廊道，镇区、产业园（工业小区）、旅游景点为节点的“一环四射”的快速交通网络，强化与粤港澳大湾区、厦漳泉、汕潮揭等区域之间的交通联系，打造粤闽交界地区重要的交通枢纽。构建“便捷型”城乡交通网，推进县域路网无缝衔接，强化农村公路、产业公路建设，加快构建绿色安全、便捷快速、城乡一体的公共交通体系。构建“服务型”交通体系，提高交通管理信息化水平和交通运行服务品质，增强交通引导组织能力。

25. 构建清洁高效安全的能源保障体系。加强能源设施建设，优化完善电源布局和电网结构，推进天然气管网向工业园区、镇区延伸，确保韩江高陂水利枢纽高效、安全发电，积极推进韩江流域梅州内陆核电项目前期工作。加强城乡电网改造升级，加快智能电网规划建设，提升输变电能力和可靠性。

26. 完善稳固利民的水利设施体系。充分发挥韩江高陂水利枢纽工程防洪减灾作用，统筹推进河流治理、中小型水库除险加固、山洪灾害防治、河岸防护等工程建设，补齐县城、高陂等城镇防洪堤建设短板。完善县城老城区供水工程，实施一批水资源配置、农村饮水安全巩固提升工程和灌区续建配套与现代化改造工程，切实保障城乡生产生活用水安全。积极推进数字水利设施建设。

八、实施乡村振兴战略，推进农业农村现代化

全面实施乡村振兴战略，以农业高质高效、乡村宜居宜业、农民富裕富足为目标，实施乡村建设行动，促进农业全面升级、农村全面进步、农民全面发展，推动农业农村现代化。

27. 加快发展现代高效农业。大力推进农田水利、土地整治、中低产田改造和高标准农田建设，强化农业科技和装备支撑，大力发展数字农业，增强农业综合保障能力。提高粮食综合生产能力，做优做强蜜柚产业，做精做特茶叶产业，稳定养殖业规模，提高农业绿色化、特色化、品牌化水平。大力发展现代农业产业园，推进农村一、二、三产业融合发展，大力发展蜜柚、茶叶等加工业，促进蜜柚加工品向健康食品、化妆品升级，推动茶叶产品向大师品牌、手工精品和保健品转型，积极培育“体验式”休闲农业。统筹推进林—茶、林—药、林—蜂、油茶采集加工等林下经济发展。推动农业供给侧结构性改革，建立现代新型农业经营体系，强化农产品质量安全与品牌提升，全面提升农业质量效益和竞争力。

28. 积极实施乡村建设行动。落实“五大行动+一套机制”，持续巩固脱贫成效，扎实推进脱贫攻坚与乡村振兴有效衔接。因地制宜发展“一村一品”“一镇一业”，打响一批“埔字号”品牌。围绕“一村一亮点、一镇一示范”，大力推行“10+5”竞选机制，积极创建生态宜居美丽示范乡村，统筹推进乡村振兴示范片、“四沿”示范带等项目建设。强化县域统筹、镇域集聚、系统整治，大力开展农村人居环境整治提升五年行动，深入实施农房管控和乡村风貌提升行动，持续推进美丽细胞和回乡联村工程，健全农村垃圾、污水收集、处理体系，深化村级公共卫生厕所建设，以农房管控“小切口”带动乡村风貌“大变化”。

29. 加强乡村人才队伍建设。建立健全职业农民培养制度，在种植养殖、林业、农机等领域有针对性地开展面向高素质农民的培训服务。开展农村实用人才素质提升计划，培养一批中高层次农村实用人才。积极打造农村电商人才队伍。优化科技特派员制度，推进科技特派员制度向二、三产业延伸覆盖。

30. 深化农村重点领域改革。落实第二轮土地承包到期后再延长三十年政策。积极稳妥实施农村集体经营性建设用地入市制度。稳慎推进宅基地制度改革，探索宅基地所有权、资格权、使用权分置实现形式。保障进城落户农民土地承包权、宅基地使用权、集体收益分配权，鼓励依法自愿有偿流转。深化农村集体产权制度、集体林权制度改革，发展壮大新型农村集体经济。强化乡村振兴财政资金投入保障，稳步提高土地出让收入用于农业农村发展比例。吸引和撬动金融资本、民营资本参与乡村建设运营。持续推动农业保险“增品、扩面、提标”，完善乡村信用担保体系。健全以城带乡、以工促农，健全城乡融合发展体制机制，促进城乡生产要素双向自由流动和公共资源合理配置，增强农业发展活力。

31. 实现巩固拓展脱贫攻坚成果同乡村振兴有效衔接。促进巩固拓展脱贫攻坚成果同乡村振兴有效衔接，健全稳定可持续的脱贫长效机制，在五年过渡期内保持义务教育、基本医疗、住房安全、饮水安全以及社会保障等方面政策稳定。完善防止返贫监测和帮扶机制，持续开展好“千企帮千村”行动，继续推进新农村示范村建设，推动产业扶贫向产业兴旺、基础提升向生态宜居、激发内力向乡风文明、打牢基础向治理有效、基本保障向生活富裕等方面的转变，逐步分阶段解决相对贫困问题。

九、加快建设美丽大埔，筑牢绿色可持续发展屏障

贯彻习近平生态文明思想，立足国家重点生态功能区定位，加强生态建设与环境保护，大力发展生态经济，努力打造青山常在、绿水长流、空气常新的美丽大埔。

32. 加大生态建设力度。统筹推进山水林田湖草系统治理，科学合理、精准安排生态修复与建设工程，提升重点生态系统质量和稳定性。组织实施天保工程、国家储备林、高质量水源涵养林、生态景观林带、乡村绿化美化等林业生态建设工程，稳步提升森林覆盖率和林业品质，加快创建县级国家森林城市。突出抓好韩江、梅江（大埔段）、汀江、梅潭河、漳溪河等重点流域综合治理和农村生活污水治理，深化汀江、梅潭河上游省际跨界流域联防联治。强化韩江中下游水土流失重点治理区的水土流失综合整治，依法打击违法采砂行为，积极开展耕地建设和土壤修复。推进绿色矿山建设，深化矿区及周边区域生态修复，提高矿山地质环境质量。

33. 强化环境综合治理。坚持预防为主、综合治理，持续推进水、大气、土壤三大污染防治攻坚战。实施韩江流域水质保护规划项目，确保县级及镇级集中式饮用水源水质全部达标，加大畜禽养殖清理整顿和农业面源污染治理力度，努力完善镇、村污水处理设施建设。突出抓好细微颗粒物防治、挥发性有机物治理、工业和道路交通污染源源头治理等，确保空气质量稳中向好、全市领先。加强建设用地土壤环境管理，推进中轻度污染耕地安全利用和治理修复。强化工业污染防治，确保高陂产业园、县城工业小区及其他各类产业园区三废处理达到环保要求。加强环境监测队伍和监测设备建设，提升环境监测监管能力。

34. 大力发展生态经济。积极推进产业生态化，加强生态循环农业建设，在陶瓷行业全面推行绿色清洁生产方式，推进餐厨废弃物资源化利用，多措并举加强节能管理和重点领域节能。探索实现生态产业化，全力创建国家森林县城，推动绿色产品和生态服务资产化，大力推动“碳汇林”“碳普惠”项目和碳排放交易，积极发展水美经济，推行“长寿+”模式，推广“健康+”模式，实现生态效益、经济效益、社会效益的有机统一。挖掘和宣传客家生态文化，加大生态文明建设宣传教育力度，倡导绿色生活消费方式。

35. 创新生态文明体制机制。健全生态文明绩效评价和考核体系，加大资源消耗、环境损害、生态效益等指标完成情况的考核。完善生态环境保护市场化机制，积极开展基于碳汇林的碳排放权交易试点，推广经济林木所有权、林地经营权等新型林权抵押贷款改革，积极盘活农村资源资产资金。探索生态产品价值实现机制，积极开展自然资源统一确权登记，编制完成自然资源负债表，探索不同资源禀赋生态产品价值的实现路径、发展模式和收益分配机制。探索建立市场化、多元化生态补偿机制。

十、持续强化人文引领，全面提升文化软实力

坚持以社会主义核心价值观引领文化建设，强化客家文化保护传承，弘扬老区苏区精神，着力塑造特色文化品牌，丰富人民群众精神文化生活，推动文化事业全面繁荣、文化产业快速发展，切实提升大埔文化软实力。

36. 提高社会文明程度。加强党史、新中国史、改革开放史、社会主义发展史教育，加强爱国主义、集体主义、社会主义教育，深化中国特色社会主义和中国梦宣传教育。推动形成适应新时代要求的思想观念、精神面貌、文明风尚、行为规范。加快推进文明城市、文明单位、文明村镇、文明家庭、文明校园“五大创建”活动。高质量完成省级新时代文明实践中心建设试点。健全志愿服务体系，广泛开展志愿服务关爱行动。弘扬诚信文化，推进诚信建设。提倡艰苦奋斗、勤俭节约，开展以劳动创造幸福为主题的宣传教育。加强家庭、家教、家风建设。加强网络文明建设和网络空间治理，培育积极健康的网络文化。

37. 加强历史文化保护与传承。加强各类文化遗迹的科学修复和合理利用，进一步提升重点文物保护单位数量和级别，切实讲好大埔“国保”故事、打响“国保”品牌。保护特色城乡历史风貌，着力打造百侯历史文化小城镇、三河红色小城镇、茶阳“千年古镇·红色茶阳”三大古镇品牌，做好传统村落资源保护与开发，提升古村落知名度和美誉度。

38. 大力发展文化事业。加强城乡文化设施建设，推进基础文化设施全覆盖，加快公共文化设施数字化改造，实现县城“十分钟文化圈”、农村“十里文化圈”。加大高品质文化服务供给，支持富有大埔元素的文艺作品创作和演出，推动广东汉剧振兴发展。深化“三馆一站”免费开放，继续开展文艺演出、送戏下乡、群众体育、全民健身赛事等各类文化体育惠民活动，积极打造大埔龙舟等体育赛事。

39. 高质量发展文化产业。着力塑造“客家香格里拉”“三河坝红色文化”“大埔青花瓷”“世界长寿乡”“非遗民俗文化”五大特色文化品牌，积极开发客家文化体验、红色文化教育培训、青花瓷文化创意、长寿文化展示与交流、非遗民俗文化演艺等项目。培育壮大文化市场主体，大力发展新型文化产业、文化消费模式，探索建设一批文化产业园区。创新推进国际传播，讲好大埔故事、客家故事。

十一、全面深化改革攻坚，增创开放发展新优势

以深化供给侧结构性改革为主线，推动有效市场与有为政府更好结合，持续优化营商环境，深化重点领域改革，建立健全苏区政策长效对接机制，探索打造粤闽经济互动关键节点，提升开放型经济发展水平，增创开放发展新优势。

40. 持续优化营商环境。深化“放管服”改革，继续优化审批程序、简化审批手续、压缩审批时限。强化“数字政府”建设，全面推行“不见面”办事，推动“一网通办”“一事联办”。贯彻落实国家、省、市减税降费政策，取消不合理的行政事业性收费，提升企业获得感。加快社会信用体系建设，深入推进政务诚信、商务诚信、社会诚信和司法诚信建设。完善市场监管体系，营造公平竞争的市场环境。

41. 深化重点领域改革。实施“要素跟着项目走”改革，建立重大项目用地保障长效机制，着力解决重点项目建设资金、土地、能耗、环境容量等要素制约。积极推进财税体制改革，积极争取中央、省、市更多转移支付，增强重大战略任务、重大民生和政府投资重大项目财力保障。切实抓好国家、省、市一系列重大改革举措落实工作，聚焦国企国资、民营经济、要素市场、科教文卫、人才体制、防灾备灾、社会治理等领域，谋划推出更有针对性、操作性的改革举措。

42. 建立健全苏区政策长效对接机制。建立军民融合发展促进机制，推动大埔红色文化品牌资源转化为军民融合发展优势，强化与部队、军工集团深度合作，吸引军民融合技术、领军企业、优势产业落地大埔。建立健全政策对接机制，积极争取国家部委、省直部门在一般性转移支付、各类专项转移支付、生态补偿长效机制、“两新一重”项目规划建设、产业发展等方面予以政策、资金及项目倾斜。用足用好广东省支持原中央苏区振兴发展专项政策，推动一批符合专项政策要求的项目滚动接续，加快推进一批与支援单位职能高度契合的重大事项落地大埔。

43. 打造粤闽经济互动关键节点。以粤港澳大湾区和深圳先行示范区发展需求为导向，着力打造“双区”果盘子、菜篮子、米袋子、茶罐子、水缸子和高端养生养老基地。促进大埔与汕潮揭、厦漳泉陆海联动发展，探索与漳州平和、龙岩永定共建粤闽省际交界地区经济互动示范区，共同打造粤港澳农副产品直供基地和承接产业转移基地。探索形成“外地总部+大埔基地”“外地研发+大埔生产”“外地孵化+大埔产业化”模式，争取在大埔搭建产业转移和成果转化承接平台，承接大湾区、厦漳泉地区新兴产业升级式转移。积极融入区域性统一市场，促进人力资源、要素资源、营商环境、开放政策等方面与大湾区、厦漳泉地区的软联通。

44. 提升开放型经济发展水平。紧盯粤港澳大湾区、厦漳泉等重点区域，紧紧围绕主导产业、城乡融合、社会民生等重点领域，高水平推进招商引资。持续扩大对外开放，加强大埔国家外贸转型升级基地（陶瓷）建设，探索开展与“一带一路”沿线国家和地区在基础设施、产业技术、能源资源等领域国际产能合作，深化在文艺表演、非物质文化遗产传承、健康养生、文化创意等方面的交流合作。打造多层次、多内涵的国际文化交流合作平台，用好侨资侨力，提高港澳台同胞、海外侨胞及国际友人对大埔的认知度，拓宽对外交流合作渠道。

十二、全面增进民生福祉，扩大公共服务新供给

牢固树立以人民为中心的发展思想，全面贯彻保居民就业、保基本民生的社会政策，坚持和完善统筹城乡的民生保障制度，健全基本公共服务体系，不断增强人民群众获得感、幸福感、安全感，不断满足人民日益增长的美好生活需要。

45. 着力提高城乡居民收入。坚持按劳分配为主体、多种分配方式并存，提高劳动报酬在初次分配中的比重，让更多普通劳动者通过自身努力进入中等收入群体。完善工资制度，健全工资合理增长机制和最低工资标准调整机制。建立健全科研、技术、管理等人才薪酬激励机制。健全各类生产要素由市场决定报酬的机制，探索通过土地、资本等要素使用权、收益权增加中低收入群体要素收入。多渠道增加城乡居民财产性收入。加大税收、社保、转移支付等调节力度和精准性，加快发展慈善等社会公益事业。规范收入分配秩序，着力提高低收入者收入，合理调节过高收入，取缔非法收入，改善收入和财富分配格局。

46. 实现更加充分更高质量就业。坚持把促进就业放在各项工作的优先位置，多渠道促进就业创业，重点抓好高校毕业生、农村劳动力、外出务工返乡人员、退役军人等重点群体就业工作。加强职业技能培训，健全终身职业技能培训制度。深入实施“粤菜（客家菜）师傅”“广东技工”“南粤家政”三项工程，擦亮大埔客家菜师傅、客家大嫂品牌，打响“大埔技工”口碑。深入实施“大众创业、万众创新”，促进创业带动就业。实施更加积极的就业政策，构建和谐劳动关系。

47. 推动教育增量提质。加大中小学基础设施建设力度，增加义务教育学位供给，基本解决义务教育“大班额”现象，推进义务教育优质均衡发展和城乡一体化。推动学前教育普及普惠安全优质发展，促进高中阶段教育优质、特色、品牌发展。做大做强职业教育，擦亮“国家级农村职业教育和成人教育示范县”品牌，建成梅州市重要的职业教育基地。加强师德师风建设，提升教师教书育人能力素质。提升城乡教育信息化水平。完善特殊教育、继续教育、社区教育、非学历教育培训等保障机制，支持和规范民办教育发展。

48. 深化健康大埔建设。把保障人民群众健康放在优先发展的战略位置，提高全方位全周期健康服务水平。抓好医疗卫生机构综合服务能力建设，着力办强县人民医院、办特县中医医院、办优县妇幼保健院、办好县慢病院、办实镇卫生院。加大医疗卫生人才队伍建设，完善公共卫生应急管理体系。深入开展爱国卫生运动，大力推广全民健康生活方式，完善全民健身公共服务体系。大力发展中医药事业，加强精神卫生和心理健康服务。规范社会办医，积极发展远程医疗服务。

49. 完善社会保障体系。构建分层分类的社会救助体系，提升救助保障的针对性和精准度，全方位保障好困难群众基本生活。加快健全多层次、多支柱养老保险体系，努力实现社会保险人人享有、待遇水平稳步提高。完善被征地农民社会保障制度。加强妇女儿童、残疾人等特殊群体关爱救助。

50. 积极应对人口老龄化。落实人口长期发展战略，强化生育政策的配套衔接，提高优生优育服务水平，加快家庭婴幼儿照护服务体系建设，降低生育、养育、教育成本，促进人口长期均衡发展，提高人口素质。推动养老事业和养老产业协同发展，全面建立以居家养老为基础、机构养老为支撑、社区养老为依托的多元化养老服务体系，加强养老服务队伍建设。积极推动医疗卫生和养老服务融合发展。

51. 创新社会治理体制。健全党组织领导的自治、法治、德治相结合的城乡基层治理体系，完善基层民主协商制度，实现政府治理同社会调节、居民自治良性互动，建设人人有责、人人尽责、人人享有的社会治理共同体。发挥群团组织和社会组织在社会治理中的作用，支持和鼓励工会、共青团、妇联等群团组织承担更多团结教育、维护权益、服务群众功能。推动社会治理重心向基层下移，积极向基层赋能，推进城乡社区治理和镇政府服务能力建设，加强基层社会治理队伍建设。做好县域社会治理现代化试点工作。

十三、统筹发展和安全，建设更高水平的平安大埔

深入贯彻总体国家安全观，把安全发展贯穿发展各领域和全过程，防范和化解影响现代化进程的各种风险，守住安全发展底线，强化梅州“平安之乡”先行地建设，建设更高水平的平安大埔。

52. 加强国家安全体系和能力建设。严格落实国家安全责任制，加强国家安全体系和能力建设，建立健全国家安全风险研判、防控协同、防范化解机制。坚定维护国家政权安全和制度安全，严防敌对势力渗透、破坏、颠覆、分裂活动。加强意识形态安全，加强网络、学校等重要阵地管理建设，强化网络安全保障体系和能力建设。推进国防基础设施建设，抓好国防动员和后备力量建设，开展国家安全宣传教育，增强全民国家安全意识，巩固国家安全人民防线。

53. 保持经济持续健康发展。全面加强经济安全风险预警、防控机制和能力建设，维护重要基础设施安全,加强粮食、能源供应保障和战略性矿产资源安全。着力防范化解金融领域风险，提高群众防范金融风险意识，推动金融稳定健康发展。着力防范化解政府债务风险，规范政府举债融资行为，牢牢守住政府债务限额警戒线。防范经济领域风险向社会、民生等领域传导。维护新型领域安全，加强对新经济、新技术、新业态、新模式的分析研究，提高对新型风险的识别、预警和防控能力。

54. 保障人民群众生命安全。切实加强道路交通、消防、矿山等安全管理工作，全面提升全县安全生产工作水平。完善食品药品原产地可追溯制度和质量标识制度，健全食品药品安全体系，完善疫苗管理长效机制。完善全县消防、气象监测、应急救援、防灾减灾基础设施建设，提升突发公共卫生事件应急保障能力。

55. 维护社会稳定和安全。正确处理新形势下人民内部矛盾，坚持和发展新时代“枫桥经验”，健全规范群众诉求表达、利益协调、权益保障机制，深化信访制度改革，构建源头防控、排查梳理、纠纷化解、应急处置的社会矛盾综合治理机制。健全社会心理服务体系和危机干预机制。加强立体化、智能化社会治安防控体系建设，补齐政法基础设施短板，坚决防范和打击暴力恐怖、黑恶势力、新型网络犯罪，建立常态化扫黑除恶机制，全力打造梅州“平安之乡”先行地。

十四、加强党的全面领导和党的建设，确保全面建设社会主义现代化沿着正确方向前进

实现“十四五”规划和二〇三五年远景目标，必须坚持党的全面领导，深入贯彻新时代党的建设总要求，推动全县党员干部增强“四个意识”、坚定“四个自信”、做到“两个维护”，广泛凝聚推动发展的强大合力，把现代化建设更加有力地推向前进。

56. 把“两个维护”落实到全面建设社会主义现代化的全过程各方面。坚持把党的政治建设摆在首位，始终把学习贯彻习近平新时代中国特色社会主义思想作为头等大事和首要政治任务。坚决贯彻落实习近平总书记、党中央决策部署，坚决落实“两个维护”十项制度机制，进一步严明政治纪律和政治规矩，严守“三个决不允许”。更加自觉运用习近平总书记教给的世界观方法论谋划发展、推动工作，深入开展“大学习、深调研、真落实”，持之以恒实施省委“1+1+9”工作部署、市委“六争六补”工作要求和县委“456”思路举措，用工作体现忠诚老实，用发展体现担当负责，用解决问题体现落实成效。

57. 以高质量党建引领全面建设社会主义现代化。落实全面从严治党主体责任、监督责任，提高党的建设质量。学习运用中国共产党一百年的宝贵经验，教育引导广大党员干部坚持共产主义远大理想和中国特色社会主义共同理想，永葆初心与使命。全面贯彻新时代党的组织路线，织密上下贯通、执行有力的组织体系，实施新一轮加强基层党组织建设三年行动计划，优化提升“头雁”工程，扩大基层党的组织覆盖和工作覆盖，更高标准、更大力度推动基层党组织全面进步全面过硬。坚持党管干部原则，落实好干部标准，建设政治过硬、具备领导现代化建设能力的干部队伍，提高各级领导班子和干部落实新发展理念、构建新发展格局的能力，加强对敢担当善作为干部的激励保护，以正确用人导向引领干事创业导向。完善人才工作体系，培养造就大批德才兼备的高素质人才。把严的主基调长期坚持下去，锲而不舍落实中央八项规定精神，持续纠治形式主义、官僚主义，切实为基层减负。深化运用监督执纪“七个看”和问责“六字诀”，统筹推进纪律监督、监察监督、派驻监督、巡察监督，加强政治监督，强化对公权力运行的制约和监督。一体推进不敢腐、不能腐、不想腐，深入整治群众身边腐败和作风问题，营造风清气正的良好政治生态。

58. 推进社会主义政治建设。全面建设社会主义现代化必须充分调动一切积极因素，团结一切可以团结的力量。坚持党的领导、人民当家作主、依法治国有机统一，推进中国特色社会主义政治制度自我完善和发展。强化党领导一切的工作机制，发挥党总揽全局、协调各方作用，支持人大、政府、政协、监察机关、司法机关依法依章程履职尽责。坚持和完善人民代表大会制度，加强人大对“一府一委两院”的监督。坚持和完善中国共产党领导的多党合作和政治协商制度，推进政治协商、民主监督、参政议政制度化、规范化、程序化。充分发挥工会、共青团、妇联等人民团体的桥梁纽带作用，把各自联系的群众紧紧凝聚在党的周围。完善大统战工作格局，做好民族和宗教工作，充分发挥民主党派、工商联和无党派人士、新的社会阶层人士作用，凝聚港澳台同胞和海外侨胞力量，巩固和发展大团结大联合局面。

59. 推进法治大埔建设。全面贯彻习近平法治思想，强化科学立法、严格执法、公正司法、全民守法，运用法治思维和法治方式深化改革、推动发展、化解矛盾、维护稳定、应对风险。严格规范公正文明执法，促进司法公正，深入开展法治宣传教育，建设德才兼备的高素质法治工作队伍，加快建设现代公共法律服务体系。有效发挥法治固根本、稳预期、利长远的保障作用，让法治成为社会共识和基本准则，努力建设更高水平的法治大埔。

60. 健全规划制定和落实机制。制定县“十四五”规划纲要和专项规划，形成定位准确、边界清晰、功能互补、统一衔接的规划体系。健全政策协调和工作协同机制，完善规划实施监测评估机制，把规划实施情况作为绩效考核重要依据，确保中央、省委、市委关于“十四五”发展的决策部署落到实处。

实现“十四五”规划和二〇三五年远景目标，意义重大，任务艰巨，前景光明。全县广大党员干部群众要更加紧密地团结在以习近平同志为核心的党中央周围，不忘初心、牢记使命、接续奋斗，以一往无前的奋斗姿态、风雨无阻的精神状态，奋力开创新时代大埔老区苏区振兴发展新格局，确保全面建设社会主义现代化国家新征程开好局、起好步！

中共大埔县委
关于2021年全面工作情况的报告

2021年，我县坚持高举习近平新时代中国特色社会主义思想伟大旗帜，深入学习贯彻党的十九大和十九届历次全会精神，习近平总书记系列重要讲话、重要指示批示精神，以及习近平总书记“七一”重要讲话精神。按照省委“1+1+9”工作部署，市第八次党代会和县第十三次党代会工作要求，统筹抓好疫情防控和经济社会发展工作。全县生产总值100.27亿元，固定资产投资42.33亿元，本级一般公共预算收入6.52亿元，全体居民人均可支配收入22331元。

一、主要工作情况

（一）夯实基层基础，管党治党有新实效。始终把党的政治建设摆在首位，县委理论学习中心组共组织集中学习20场次27个专题，举办学习贯彻党的十九届六中全会精神等专题班、专题报告会等15场次，党员干部“四个意识”更加牢固，“四个自信”更加坚定，践行“两个维护”更加坚决。深入开展党史学习教育，以“我为群众办实事”实践活动为抓手，共完成民生实事873项。认真实施新一轮基层党建三年行动计划，全面完成县镇村三级换届工作，扎实推进全国红色村汇东村组织振兴试点工作。纵深推进全面从严治党，立案160人，给予党纪政务处分112人，坚决全面彻底肃清李某、万某某恶劣影响，省委第十三巡视组反馈意见整改工作取得阶段性成效，全面启动新一轮县委巡察，全县党风廉政建设取得明显成效。

（二）壮大特色产业，综合实力有新提升。坚持生态产业化、产业生态化，加快打造生态经济发展新标杆。一是产业发展提质增效。规上工业企业61家，规上工业增加值17.46亿元；陶瓷产业产值17.8亿元、税收9285.18万元、出口1.5亿美元；规模以上电力产值25.66亿元，比增40.9%。蜜柚产量34万吨，产值15.6亿元；茶叶产量0.92万吨，产值10.5亿元。大埔入选农产品产地冷藏保鲜整县推进试点名单，5G+农业大数据服务项目入选农业农村部推介2021数字农业农村新技术新产品新模式优秀案例。张弼士故居旅游区获评国家AAAA级旅游景区。二是平台建设提档升级。2021年入园规上企业25家，规上工业总产值12.73亿元，规上工业增加值2.19亿元，税收0.55亿元。规划建设闽粤经济合作区（大埔园区），大埔蜜柚、茶叶现代农业产业园通过省级验收。三是重点项目扎实推进。96项重点项目完成投资46.3亿元；争取储备中央预算内投资项目4项，累计投资4.26亿元。韩江高陂水利枢纽工程实现首台机组投产发电，县委党校迁建项目即将建成运营，大埔电厂二期项目开工在即，茶阳防洪工程取得实质进展，大埔至潮州港疏港铁路列入国家铁路专用线重点项目。

（三）坚持统筹推进，城乡发展有新气象。以创建全国县级文明城市为契机，完成3个老旧小区改造，第二自来水厂及管网、城区截污管网等工程扎实推进。坚持以驻镇帮镇扶村为抓手，深入开展人居环境综合整治，成功打造高陂镇和桃源镇“人居环境+陶瓷”乡村振兴示范片。全县森林覆盖率达78.99%，2020年我县国家重点生态功能区县域考核工作位居全省第一，被评为国家重点生态功能区“优秀县”（全国61个），是广东省唯一获评县，获得中央第一批转移支付资金1.7481亿元。

（四）突出民生改善，共享发展有新成果。坚持办好十件民生实事，民生支出达到一般公共预算支出的82.82%。虎山中学东西两翼建设项目西翼已交付使用，高陂实验学校、西岭实验学校等项目有序推进。县人民医院门诊大楼、内儿科楼主体结构全面封顶，县妇幼保健院公共卫生业务用房综合楼、县慢性病防治院门诊楼建成投入使用，高陂中心卫生院迁建工程扎实推进。统筹做好常态化疫情防控工作，大力推进新冠疫苗接种工作，扎实推进“粤菜师傅”“南粤家政”“广东技工”三项工程。

（五）强化治理效能，平安建设上新台阶。坚持和发展新时代“枫桥经验”，健全完善“综治中心+网格化+信息化”基层治理体系，群众安全感、政法工作满意度、平安创建知晓率均排在省市前列，成功入选平安中国建设示范县公示名单。稳妥推进常态化扫黑除恶专项斗争工作，共立涉黑涉恶刑事案件31宗、破获刑事案件22宗，打掉涉恶犯罪团伙8个（农村涉恶犯罪团伙2个）。扎实开展政法系统教育整顿，全面排查整治“六大顽瘴痼疾”问题数132个，处理处分干警40人。

二、今后工作计划

我县将坚持以习近平新时代中国特色社会主义思想为指导，认真学习贯彻党的十九届六中全会精神，按照省委“1+1+9”工作部署和市第八次党代会提出的“狠抓发展第一要务，突出实体经济、乡村振兴两大重点，推进文化名城、生态文明、重点民生建设，强化苏区政策落实、人才队伍保障、社会治理创新、党的全面领导”工作要求，以及县第十三次党代会提出的“1568”思路举措，奋力谱写梅州苏区全面振兴、共同富裕大埔篇章。一是抓思想突围促发展突破，用扎实的党建推动工作落实，用思维的转变推动作风建设，用正向的激励营造干创氛围，坚决做“两个确立”的忠诚拥护者。二是抓实体发展促县域振兴，坚持龙头带动、园区拉动、创新驱动、循环联动、投资撬动，狠抓发展第一要务，提升实体经济发展水平。三是抓乡村振兴促城乡均衡，以产业振兴为核心，推动乡村振兴；以宜居宜业为导向，建设美丽圩镇；以文明创建为目标，打造魅力新城，争取创建全省乡村振兴先行示范县。四是抓民生改善促社会和谐，推进民生补短项目化、推进社会治理现代化、推进社会保障均等化，让改革发展成果惠及更多群众。

大埔县人民政府关于公布我县第五批非物质文化遗产项目代表性传承人的通知

2021年1月18日 埔府〔2021〕1号

各镇人民政府，丰溪林场，县直和省、市驻

埔各单位：

我县历史悠久、人文荟萃，非物质文化遗产传承丰厚。为切实做好全县非物质文化遗产的保护和传承工作，依照《中华人民共和国非物质文化遗产保护法》的有关规定，决定将黄建宏等13位民间艺人列为我县第五批非物质文化遗产项目代表性传承人。现予以公布。

附件：大埔县第五批非物质文化遗产项目代表性传承人名单

附件

大埔县第五批非物质文化遗产项目代表性传承人名单

一、广东汉乐：刘椿茂、刘虎坚、范建珍、吴胜康

二、光德陶瓷烧制技艺：黄福安、张光辉

三、大埔高陂瓷雕传统手工技艺：陈国新

四、大埔青花瓷手绘与烧制技艺：黄建宏

五、民间美术·雕刻：张应钦

六、民歌（客家山歌）：饶世坚

七、狮舞（青溪仔狮灯舞）：蔡瑞清

八、青溪黑蛟灯：江浩畴、江国超

大埔县人民政府关于县政府领导同志工作分工的通知

2021年12月27日 埔府〔2021〕96号

各镇人民政府，丰溪林场，县府直属和省、市驻埔各单位：

根据人事变动和工作需要，现将县政府领导同志工作分工通知如下：

凌晓文 县政府党组书记、县长。

主持县政府全面工作。

负责审计工作。

分管县审计局。

刘晓泉 县政府副县长（挂职）。

负责广州海珠（大埔）产业转移工业园建设工作。

协助负责发展改革、科工商务、乡村振兴工作。

协管县发改局、县科工商务局、县工业园管委会、县乡村振兴局。

李延海 县政府党组副书记、常务副县长。

协助县长负责县政府日常工作。

负责人民武装、县政府机关、应急管理、消防救援、自然资源、住房和城乡建设、人防工程、城市管理和综合执法、生态环境保护、公有房屋和保障性住房、城乡环境、“两美”行动、疫情防控工作。

分管县政府办公室、县应急管理局、县消防救援大队、县自然资源局、县住房和城乡建设局（含县人防办）、县城市管理和综合执法局、县公有房屋和保障性住房服务中心。

联系市生态环境局大埔分局、县人大、县人武部、部队。

吴丽丽 县政府党组成员、副县长。

负责财政、税务、发展改革（含粮食、物资储备、能源、重点项目、铁路项目、区域协调发展和老区苏区振兴发展）、统计、供电、证券、保险、银信、文化旅游体育、广播电视、教育工作。协助负责审计工作。

分管县财政局、县属国有企业、县发改局（含县重点办、县粮食和物资储备局）、县统计局、县文化广电旅游体育局、县客家文化生态保护示范区管委会、县教育局、县开放大学、县属学校。

协管县审计局。

联系县税务局、县文联、县社科联、大埔供电局、国家统计局大埔调查队、人民银行大埔县支行、各金融机构。

饶凌云 县政府副县长。

负责卫生健康、民政、退役军人事务、长寿乡、三河坝战役纪念园、宗教、妇女儿童、地方志工作。

分管县卫生健康局、县属医院、县民政局、县退役军人事务局、县长寿事业发展中心、县三河坝战役纪念园管理处、县民族宗教事务局、县妇儿工委、县方志办。

联系县政协、县侨联、县残联、团县委、县红十字会。

罗春达 县政府党组成员、副县长。

负责人力资源和社会保障、社保基金、医疗保障、科工商务、科技、外经服务、陶瓷、商业、物资、医药、石油、城镇集体企业、盐业、邮政、物流、快递、通信工作。

分管县人社局、县社保局、县医疗保障局、县科工商务局、县外经服务中心、县陶瓷产业服务中心、县商业服务中心、县物资服务中心、县城镇集体企业联社。

联系县科协、中国邮政集团大埔分公司、中国电信大埔分公司、中国移动大埔分公司、中国联通大埔分公司、中国铁通大埔运营部、广东省广播电视网络公司大埔分公司、中石化大埔石油分公司、广东盐业集团大埔分公司。

赖　宪 县政府党组成员、副县长，县公安局局长。

负责公安、司法、普法、信访工作。

分管县公安局、县司法局、县信访局。

联系县法院、县检察院。

钟刻铭 县政府党组成员、副县长。

负责交通运输、公路铁路建设、航道海事港务、政务服务数据管理、市场监管、知识产权工作。

分管县交通运输局、县公路事务中心、县政务服务数据管理局、县市场监管局（含县知识产权局）。

联系县工商联、县总工会、大埔航标与测绘所、大埔海事处、大埔火车站、大埔汽运公司。

葛志发 县政府党组成员、副县长。

负责农业农村、老区建设、乡村振兴、林业、水务、高陂水利枢纽工程建设、移民管理、气象、供销、烟草、金叶工作。

分管县农业农村局（含县乡村振兴局）、县林业局、县水务局、高陂水利枢纽工程建设指挥部、县移民工作局、县供销合作社、县省属水库移民办、县金叶公司。

联系县气象局、县烟草专卖局。

另外，部分政府工作由县委领导负责，具体分工如下：

廖昌元 县委常委、统战部部长、县政协党组副书记。

负责招商引资、园区建设、对口产业帮扶工作。

分管梅州大埔九龙湖管理中心、县工业园管委会、县驻外专业招商队。

各位县领导同志按分工分别负责相应的机构、领导小组或联席会议的有关工作，未明确的其他工作事项由县长另行交办。

附　　录

统　计　资　料

综合

国民经济和社会发展主要指标情况表

表 4

指　标　名　称	单位	2021 年	2020 年	+、-（%）
一、经济总量指标	—	—	—	—
工农业总产值	万元	1003706	957815	4.8
工　业	万元	571934	535082	6.9
农　业	万元	431772	422733	2.1
生产总值（当年价）	万元	1002715	921935	—
第一产业	万元	283006	261514	—
第二产业	万元	215356	193172	—
第三产业	万元	504353	467249	—
人均生产总值	元	30408	27736	—
生产总值（不变价）	万元	983362	921935	6.7
第一产业	万元	274736	261514	5.1
第二产业	万元	213374	193172	10.5
第三产业	万元	495252	467249	6
人均生产总值（不变价）	元	29823	27736	7.5
二、人口	—	—	—	—
年末总人口	人	544063	552347	-1.5

续表 4

指 标 名 称	单位	2021 年	2020 年	+、-（%）
其中：乡村人口	人	370875	373395	-0.7
城镇人口	人	173188	178952	-3.2
三、农业生产	—	—	—	—
1. 农业总产值（现行价）	万元	431772	422733	2.1
2. 耕地面积	万亩	13.28	26.1	-49.1
3. 造林面积	亩	—	—	—
4. 年末实有森林面积	公顷	194467	197165	-1.4
5. 主要农产品产量	—	—	—	—
粮 食	吨	36556	36505	0.1
蔬 菜	吨	206683	192891	7.2
家禽肉	吨	8334	8778	-5.1
猪 肉	吨	12395	11200	10.7
花 生	吨	1485	1424	4.3
甘 蔗	吨	1968	1998	-1.5
水 果	吨	223418	216588	3.2
茶 叶	吨	6385	6081	5
烤 烟	吨	2377	2281	4.2
水产品	吨	6772	6784	-0.2
四、工业生产	—	—	—	—
1. 工业总产值（现行价）	万元	571934	535082	6.9
规模以上	万元	488434	416382	17.3
规模以下	万元	83500	118700	-29.7
2. 规模以上工业企业发电量	万千瓦小时	697706	509495	36.9
五、固定资产投资和房地产	—	—	—	—
固定资产投资	万元	423251	735521	-42.5
其中：建安工程	万元	330905	583962	-43.33
设备购置	万元	9960	28249	-64.71
其他费用	万元	33055	123310	-73.19
建筑业总产值	万元	152309	104413	45.87
职工平均人数	人	2564	2037	25.87
全员劳动生产率	元/人	594028	512582	15.89
全部施工房屋面积	平方米	711719	689586	3.2
全年竣工房屋面积	平方米	276956	295091	-6.14
房地产销售面积	平方米	224687	290296	-22.6

续表 4

指 标 名 称	单位	2021 年	2020 年	十、一（%）
六、商业	—	—	—	—
社会消费品零售总额	万元	484120	466406	3.8
其中：商品零售	万元	432141	428018	1
餐饮收入	万元	51979	38388	35.4
七、运输、邮电	—	—	—	—
1. 公路通车里程	公里	226.17	224.613	0.69
2. 铁路营运里程	公里	60	60	—
3. 内河通航里程	公里	108	108	—
4. 客运量	万人	90	150	-40
5. 旅客周转量	万人公里	6071	18674	-67.49
6. 货运量	万吨	483	480	0.63
7. 货运周转量	万吨公里	52179	51870	0.6
8. 邮政业务总量	万元	5965.86	5641.2	5.76
9. 电信业务总量	万元	5889	5546	6.18
八、财政、金融	—	—	—	—
财政收入	万元	138508	182863	-24.26
其中：一般公共预算收入	万元	65221	71454	-8.72
财政支出	万元	515335	624371	-17.46
银行存款余额	万元	1691528	1687048	0.27
住户存款	万元	1441475	1317946	9.37
银行贷款余额	万元	1085545	1008572	7.63
九、教育、卫生	—	—	—	—
高等教育在校学生数	人	942	1037	-9.16
中职学校在校学生数	人	1839	1858	-1.02
普通中学在校学生数	人	22882	21924	4.37
小学在校学生数	人	30176	30836	-2.14
幼儿园在园幼儿数	人	12055	12993	-7.22
医院病床数	张	2458	2300	6.87
卫生技术人员	人	1971	1754	12.37

说明：生产总值的速度按 2020 年不变价计算

核算

地区生产总值情况表（按现行价格计算）

表 5

指标名称	绝对额（万元）		构成（%）	
	2021 年	2020 年	2021 年	2020 年
地区生产总值	1002715	921935	100	100
农林牧渔业	286705	264910	28.59	28.73
农林牧渔专业及辅助性活动	3698	3396	—	—
工业	169887	148630	16.94	16.12
采矿业	2462	2158	—	—
#开采专业及辅助性活动	—	—	—	—
制造业	61823	63779	—	—
#金属制品、机械和设备修理业	94	100	—	—
电力、燃气及水的生产和供应业	105602	82693	—	—
建筑业	45562	44642	4.54	4.84
批发和零售业	78250	70114	7.8	7.61
批发业	33365	30073	—	—
零售业	44885	40041	—	—
交通运输、仓储和邮政业	16006	14551	1.6	1.58
铁路运输业	756	597	—	—
道路运输业	8471	7893	—	—
水上运输业	288	347	—	—
航空运输业	—	—	—	—
管道运输业	—	—	—	—
多式联运和运输代理业	63	52	—	—
装卸搬运和仓储业	1778	1739	—	—
邮政业	4650	3924	—	—
住宿和餐饮业	15457	13270	1.54	1.44

续表 5

指标名称	绝对额（万元）		构成（%）	
	2021 年	2020 年	2021 年	2020 年
住宿业	423	381	—	—
餐饮业	15034	12890	—	—
信息传输、软件和信息技术服务业	13721	12195	1.37	1.32
金融业	53235	49970	5.31	5.42
货币金融服务	46137	43307	—	—
资本市场服务	3385	3003	—	—
保险业	3713	3660	—	—
其他金融业	—	—	—	—
房地产业	77276	76944	7.71	8.35
房地产业（K 门类）	16990	20189	—	—
居民自有住房服务	60286	56756	—	—
租赁和商务服务业	9029	8284	0.9	0.9
科学研究和技术服务业	5515	4971	0.55	0.54
水利环境和公共设施管理业	1861	1677	0.19	0.18
居民服务修理和其他服务业	26488	24219	2.64	2.63
教育	71258	63969	7.11	6.94
卫生和社会工作	28783	26406	2.87	2.86
文化体育和娱乐业	1530	1377	0.15	0.15
公共管理社会保障和社会组织	102150	95804	10.19	10.39
第一产业	283006	261514	28.22	28.37
第二产业	215356	193172	21.48	20.95
第三产业	504353	467249	50.3	50.68
其他服务业	260337	238902	—	—
营利性服务业	56284	51045	—	—
非营利性服务业	204053	187857	—	—

地区生产总值情况表（按 2020 年不变价格计算）

表 6

指标名称	2021 年（万元）	2020 年（万元）	以上年为 100 的速度（%）	
			2021 年	2020 年
地区生产总值	983362	921935	6.66	1.66
农林牧渔业	278435	264910	5.11	3.5
农林牧渔专业及辅助性活动	3699	3396	—	—
工业	172867	148630	16.31	-1.67
采矿业	2525	2158	—	—
#开采专业及辅助性活动	—	—	—	—
制造业	62969	63779	—	—
#金属制品、机械和设备修理业	99	100	—	—
电力、燃气及水的生产和供应业	107374	82693	—	—
建筑业	40606	44642	-9.04	32.96
批发和零售业	75714	70114	7.99	-9.42
批发业	31978	30073	—	—
零售业	43735	40041	—	—
交通运输、仓储和邮政业	15981	14551	9.83	-2.87
铁路运输业	735	597	—	—
道路运输业	8285	7893	—	—
水上运输业	270	347	—	—
航空运输业	—	—	—	—
管道运输业	—	—	—	—
多式联运和运输代理业	60	52	—	—
装卸搬运和仓储业	1748	1739	—	—
邮政业	4883	3924	—	—
住宿和餐饮业	15451	13270	16.44	-17..07
住宿业	401	381	—	—
餐饮业	15050	12890	—	—

续表 6

指标名称	2021 年（万元）	2020 年（万元）	以上年为 100 的速度（%）	
			2021 年	2020 年
信息传输、软件和信息技术服务业	13646	12195	11.9	20.07
金融业	49435	49970	-1.07	-1.58
货币金融服务	42587	43307	—	—
资本市场服务	3287	3003	—	—
保险业	3561	3660	—	—
其他金融业	—	—	—	—
房地产业	75690	76944	-1.63	-0.71
房地产业（K 门类）	16623	20189	—	—
居民自有住房服务	59067	56756	—	—
租赁和商务服务业	8822	8284	6.49	-3.18
科学研究和技术服务业	5162	4971	3.84	5.66
水利环境和公共设施管理业	1885	1677	12.4	11.27
居民服务修理和其他服务业	26537	24219	9.57	0.88
教育	72316	63969	13.05	7.8
卫生和社会工作	28985	26406	9.77	8.29
文化体育和娱乐业	1570	1377	14.02	-14.08
公共管理社会保障和社会组织	100260	95804	4.65	5.69
第一产业	274736	261514	5.06	3.46
第二产业	213374	193172	10.46	2.39
第三产业	495252	467249	5.99	0.46
其他服务业	259184	238902	8.49	6.26
营利性服务业	55738	51045	9.19	4.54
非营利性服务业	203445	187857	8.3	6.77

人口、计划生育

2021年人口及出生、死亡情况表

表7

单位名称	总户数（户）	总人数（人）		当年出生、死亡				
		合计	其中：城镇人口	出生数（人）	出生率（‰）	死亡数（人）	死亡率（‰）	自然增长率（‰）
合　计	181104	544063	173188	4295	7.89	6881	12.65	-4.75
湖寮镇	37903	87044	66758	747	8.58	1508	17.32	-8.74
茶阳镇	16422	55418	13279	421	7.6	482	8.7	-1.1
高陂镇	29202	84468	18562	638	7.55	1225	14.5	-6..95
青溪镇	6375	20492	4747	162	7.91	198	9.66	-1.76
三河镇	7697	20047	6606	154	7.68	476	23.74	-16.06
大麻镇	13103	38175	5909	262	6.86	305	7.99	-1.13
银江镇	7808	26867	5990	181	6.74	595	22.15	-15.41
洲瑞镇	4471	18014	5170	125	6.94	52	2.89	4.05
光德镇	9227	34847	7586	347	9.96	43	1.23	8.72
桃源镇	4308	19115	16281	187	9.78	234	12.24	-2.46
枫朗镇	15670	52053	6311	424	8.15	655	12.58	-4.44
百侯镇	9601	28993	10585	159	5.48	453	15.62	-10.14
大东镇	7291	23188	2948	213	9.19	129	5.56	3.62
西河镇	12026	35342	2456	275	7.78	526	14.88	-7.1

说明：此表数据由县公安局提供

2021 年计划生育主要指标情况表

表 8

镇 别	总人口数（人）	平均人口数（人）	出生人口（人）				政策生育率（‰）	多孩率（‰）	出生率（‰）	死亡率（‰）	自然增长率（‰）
			合计	男	女	性别比（%）					
总 计	566388	568337	4218	2266	1952	116.09	86.56	23.19	7.42	6.41	1.01
湖寮镇	97748	98276	641	357	284	125.7	89.08	20.12	6.52	4.99	1.54
茶阳镇	55011	55312	379	200	179	111.73	88.39	22.96	6.85	7.47	−0.61
高陂镇	88630	88825	689	380	309	122.98	87.52	26.12	7.76	6.64	1.11
青溪镇	20081	20181	140	73	67	108.96	84.29	23.57	6.94	5.7	1.24
三河镇	20944	20968	184	103	81	127.16	90.22	17.93	8.78	8.35	0.43
大麻镇	39458	39602	268	140	128	109.38	82.09	19.4	6.77	6.79	−0.03
银江镇	28649	28689	221	109	112	97.32	89.14	19.91	7.7	7.6	0.1
洲瑞镇	17994	18068	129	55	74	74.32	91.47	22.48	7.14	7.2	−0.06
光德镇	36814	36862	370	204	166	122.89	84.32	26.49	10.04	5.24	4.8
桃源镇	19247	19315	178	100	78	128.21	84.83	19.66	9.22	4.61	4.61
枫朗镇	51614	51708	407	214	193	110.88	82.56	25.31	7.87	6.75	1.12
百侯镇	30336	30407	195	103	92	111.96	88.72	21.54	6.41	8.19	−1.78
大东镇	23684	23779	184	94	90	104.44	84.24	29.35	7.74	5.68	2.06
西河镇	34369	34522	220	128	92	139.13	84.55	24.09	6.37	6.4	−0.03
丰溪林场	1809	1823	13	6	7	85.71	76.92	46.15	7.13	3.29	3.84

农业

农业主要指标情况表

表 9

项　　目	单位	2021 年	2020 年	增减数	+、−（%）
一、年末耕地面积	万亩	13.28	26.1	−12.82	−49.1
其中：水（旱）田	万亩	11.98	20.45	−8.47	−41.4
二、粮食总产量	吨	36556	36505	51	0.1
其中：稻谷总产量	吨	31154	31399	−245	−0.8
三、瓜类（果用瓜）	吨	27629	26374	1255	4.8
四、烤烟总产量	吨	2377	2281	96	4.2
五、茶叶总产量	吨	6385	6081	304	5
六、水果总产量	吨	223418	216588	6830	3.2
其中：柚子	吨	181908	176479	5429	3.1
七、生猪饲养量	头	—	—	—	—
其中：年末存栏	头	102222	101502	720	0.7
年末出栏	头	157305	154379	2926	1.9
八、肉类产量	吨	21818	21080	738	3.5
其中：猪肉产量	吨	12395	11200	1195	10.7
九、牛年末存栏	头	11875	11840	35	0.3
十、“三鸟”年末存栏	只	1275713	1377104	−101391	−7.4
十一、水产品产量	吨	6772	6784	−12	−0.2

2021年年末耕地面积情况表

表10

单位名称	合计（万亩）	其中		
		水田（万亩）	水浇地（万亩）	旱地（万亩）
合计	13.28	11.98	0.42	0.88
湖寮镇	0.62	0.48	0.1	0.04
茶阳镇	1.32	1.17	0.03	0.12
高陂镇	2.36	2.14	0.08	0.15
青溪镇	0.68	0.64	0.02	0.03
三河镇	0.36	0.3	0.01	0.04
大麻镇	1.06	0.97	0.03	0.07
银江镇	0.92	0.79	0.04	0.08
洲瑞镇	0.77	0.68	0.02	0.07
光德镇	0.8	0.74	0.03	0.03
桃源镇	0.31	0.27	0.02	0.02
枫朗镇	1.31	1.19	0.04	0.08
百侯镇	0.64	0.64	0.03	0.05
大东镇	0.61	0.54	0.03	0.04
西河镇	1.46	1.37	0.02	0.06
丰溪林场	0.06	0.06	—	—

说明：此表数据由县自然资源局提供

农业总产值情况表

表 11

单位名称	2021年现价（万元）	2021年可比价（万元）	2020年（万元）	发展速度（%）
合计	431772	432936	422733	102.4
湖寮镇	41741	41845	40565	103.2
茶阳镇	51099	51221	49037	104.5
高陂镇	46485	46598	45988	101.3
青溪镇	26785	26859	26812	100.2
三河镇	25207	25278	24878	101.6
大麻镇	42267	42372	41569	101.9
银江镇	30573	30654	30098	101.8
洲瑞镇	15396	15447	15112	102.2
光德镇	14002	14050	14012	100.3
桃源镇	9975	10015	9974	100.4
枫朗镇	38493	38590	37778	102.1
百侯镇	26415	26488	25815	102.6
大东镇	15834	15886	15512	102.4
西河镇	46518	46631	44585	104.6
丰溪林场	982	1002	998	100.4

工业

全部工业基本情况表

表 12

项　　目	企业数（个）	总产值（现价）（万元）	增加值（现价）（万元）
合　　计	387	571934	197328
一、规模以上	61	488434	174628
1. 采矿业	1	7162	2467
2. 制造业	54	221753	49488
其中：陶瓷制造业	38	132100	30924
3. 电力、燃气及水生产和供应业	6	259519	122673
其中：电力生产业	5	256552	122020
二、规模以下	326	83500	22700
1. 采矿业	38	—	—
2. 制造业	167	—	—
其中：陶瓷制造业	60	—	—
3. 电力、燃气及水生产和供应业	121	—	—
其中：电力生产业	103	—	—

说明：此表数据为 2021 年 12 月底快报数

运输

机动车辆、民用船舶实有数情况表

表 13

指标名称	单位	合计		其中：私人	
		2021 年	2020 年	2021 年	2020 年
一、民用汽车	辆	—	—	—	—
1. 载　　客	辆	109	109	—	—
	客位	—	—	—	—
2. 普通载货	辆	33	33	—	—
	吨位	—	—	—	—
3. 专用载货	辆	—	—	—	—
	吨位	—	—	—	—
4. 其他专用	辆	—	—	—	—
5. 特　　种	辆	—	—	—	—
轮胎式拖拉机	辆	—	—	—	—
手扶拖拉机	辆	—	—	—	—
摩托车	辆	—	—	—	—
两轮摩托车	辆	10379	6475	—	—
其他机动车	辆	—	—	—	—
载货挂车	辆	1	4	—	—
机动车驾驶员（摩托车）	人	7774	3118	—	—
汽车驾驶员	人	—	—	—	—
二、机动船	艘	—	—	—	—
	吨位	—	—	—	—
	客位	—	—	—	—
其中：货船	艘	—	—	—	—
	吨位	—	—	—	—

说明：此表数据由县公安局交通警察大队提供

邮政、电信

邮政发展情况表

表 14

指 标 名 称	计算单位	2021 年	2020 年
一、邮政业务量	万元	5965.86	5641.2
其中：函　件	万件	6.17	26.52
报　纸	万份	153	160
杂　志	万份	15.8	16
集　邮	万枚	6.11	9.89
二、邮政通信工具	—	—	—
邮运汽车	辆	9	9
电子信箱总容量	个	—	—
语音信箱总容量	个	—	—
三、邮政通信网	—	—	—
邮政局（支局）	处	20	20
其中：设在农村	处	17	17
邮路长度	公里	2024	2024
其中：航空邮路	公里	—	—
农村投递路线	公里	1781	1781
四、邮政通信水平	—	—	—
平均每人每年发函件数	件	—	—
平均每百人每年订报刊数	件	—	—

说明：此表数据由中国邮政集团有限公司广东省大埔县分公司提供

电信发展情况表

表 15

指　标　名　称	计算单位	2021 年	2020 年
一、电信业务量	万元	5889	5546
其中：长途电话	万次	—	—
移动电话用户	万户	—	—
市内电话用户	万户	—	—
农村电话用户	万户	—	—
互联网宽带接入用户	万户	4.06	3.97
二、电信通信工具	—	—	—
电话机总数	万部	2.54	2.66
其中：市话话机	万部	1.2	1.25
三、电信通信网	—	—	—
电信局（支局）	处	18	18
其中：设在农村	处	13	13
长途电话电路	路	—	—

说明：此表数据由中国电信股份有限公司大埔分公司提供

贸易与餐饮业

社会消费品零售总额、商品销售总额及批发零售住宿餐饮业机构情况表

表 16

项　　目	单位	2021 年	2020 年	+、-（%）
社会消费品零售总额	万元	484120	466406	3.8
按地域分：县城零售额	万元	367046	349217	5.1
县以下零售额	万元	117074	117189	-0.1
按行业分：商品零售	万元	432141	428018	1
餐饮收入	万元	51979	38388	35.4
贸易业商品销售总额	万元	522938	468941	11.5
按行业分：批发业	万元	226313	212983	6.3
零售业	万元	258767	224857	15.1
住宿业	万元	3362	2866	17.3
餐饮业	万元	34496	28235	22.2
批发零售住宿餐饮业机构	个	—	—	—
其中：1. 限额以上批发零售业	个	11	11	—
2. 限额以上住宿餐饮业	个	—	1	-100
3. 个体批发零售业	个	10726	10814	-0.8
4. 个体住宿餐饮业	个	3687	2146	71.8

人民生活

2017—2021年大埔居民家庭基本情况表

表17

指标名称	单位	2017年	2018年	2019年	2020年	2021年
一、人均可支配收入	元	16857	18293	19705	20625	22331
（一）工资性收入	元	6729	7419	8183	8862	10810
（二）经营净收入	元	4771	5062	5294	4783	5157
（三）财产净收入	元	486	511	535	586	583
（四）转移净收入	元	4871	5301	5693	6394	5781
二、人均生活消费支出	元	13376	14114	15625	15822	17411
（一）食品烟酒	元	5297	5568	6146	6474	6973
（二）衣着	元	422	484	553	553	601
（三）居住	元	2664	2796	3116	3733	3479
（四）生活用品及服务	元	741	798	799	819	807
（五）交通通信	元	1223	1308	1281	1015	1524
（六）教育文化娱乐	元	1418	1483	1766	1356	2115
（七）医疗保健	元	1190	1196	1393	1403	1433
（八）其他用品和服务	元	421	481	571	469	479
三、收入与上年同比增长	%	9.7	8.5	7.7	4.7	8.3

2017—2021 年大埔城镇居民家庭基本情况表

表 18

指标名称	单位	2017 年	2018 年	2019 年	2020 年	2021 年
一、人均可支配收入	元	21977	23670	25256	26013	28146
（一）工资性收入	元	9557	10464	11365	12057	14220
（二）经营净收入	元	5618	6049	6560	6148	6277
（三）财产净收入	元	967	1036	1075	1171	1223
（四）转移净收入	元	5835	6121	6256	6637	6426
二、人均生活消费支出	元	15328	16104	18009	17945	19560
（一）食品烟酒	元	5901	6184	6897	7159	7655
（二）衣着	元	585	669	791	791	828
（三）居住	元	2614	2865	3325	4099	3395
（四）生活用品及服务	元	963	1024	1000	976	949
（五）交通通信	元	1692	1675	1623	1269	1960
（六）教育文化娱乐	元	1940	1978	2396	1755	2992
（七）医疗保健	元	1228	1209	1387	1296	1268
（八）其他用品和服务	元	405	500	590	600	513
三、收入与上年同比增长	%	9.4	7.7	6.7	3	8.2

2017—2021 年大埔农村居民家庭基本情况表

表 19

指标名称	单位	2017 年	2018 年	2019 年	2020 年	2021 年
一、人均可支配收入	元	12666	13743	14884	15777	17228
（一）工资性收入	元	4415	4842	5419	5987	7817
（二）经营净收入	元	4078	4228	4194	3556	4174
（三）财产净收入	元	92	68	65	60	20
（四）转移净收入	元	4081	4605	5206	6174	5217
二、人均生活消费支出	元	11779	12430	13554	13911	15525
（一）食品烟酒	元	4802	5046	5493	5857	6374
（二）衣着	元	289	327	347	338	402
（三）居住	元	2705	2737	2936	3403	3552
（四）生活用品及服务	元	559	606	625	677	682
（五）交通通信	元	840	998	983	787	1141
（六）教育文化娱乐	元	991	1064	1219	997	1345
（七）医疗保健	元	1159	1185	1398	1499	1577
（八）其他用品和服务	元	434	467	553	353	452
三、收入与上年同比增长	%	10	8.5	8.3	6	9.2

财政、金融

财政收入情况表

表 20

项　目	2021 年（万元）	2020 年（万元）	+、-（%）
一般公共预算本级收入合计	65221	71454	-8.72
一、增值税	10451	4605	126.94
二、改征增值税	—	5258	-100
三、企业所得税	2148	2560	-16.1
四、企业所得税退税	—	—	—
五、个人所得税	1101	766	43.75
六、资源税	1393	137	914.15
七、城市维护建设税	2067	2052	0.7
八、房产税	1730	1986	-12.87
九、印花税	730	812	-10.06
十、城镇土地使用税	495	510	-2.9
十一、土地增值税	4302	5589	-23.03
十二、车船税	868	702	23.69
十三、耕地占用税	3466	12603	-72.5
十四、契税	3741	4172	-10.33
十五、烟叶税	739	835	-11.55
十六、环境保护税	147	135	8.88
十七、其他税收收入	0.2	-3	-106.36
十八、专项收入	2109	1950	8.17
十九、行政事业性收费收入	1024	1424	-28.1
二十、罚没收入	1166	1133	2.95
二十一、国有资本经营收入	—	39	-100
二十二、国有资源（资产）有偿使用收入	26509	22741	16.57
二十三、其他收入	13	—	—
二十四、政府住房基金收入	1022	1426	-28.32
二十五、捐赠收入	—	22	-100
基金收入	24681	62987	-60.81
地方库收入	89902	134441	-33.13
省库收入	18002	17911	0.51
中央库收入	30604	30511	0.3
收入合计	138508	182863	-24.26

财政支出情况表

表 21

项　　目	2021 年（万元）	2020 年（万元）	+、-（%）
一般公共预算支出合计	452069	485622	-6.91
一、一般公共服务支出	42925	34898	23
二、国防支出	355	85	319.56
三、公共安全支出	14572	18465	-21.08
四、教育支出	79535	79053	0.61
五、科学技术支出	542	7910	-93.15
六、文化旅游体育与传媒支出	7253	12062	-39.87
七、社会保障和就业支出	80595	92319	-12.7
八、卫生健康支出	49291	58777	-16.14
九、节能环保支出	2664	9577	-72.19
十、城乡社区支出	8973	55176	-83.74
十一、农林水支出	101698	52585	93.39
十二、交通运输支出	33172	36221	-8.42
十三、资源勘探信息等支出	314	702	-55.34
十四、商业服务业等支出	1178	2158	-45.39
十五、自然资源海洋气象等支出	5223	3643	43.39
十六、住房保障支出	10292	10356	-0.62
十七、粮油物资储备等支出	598	2868	-79.14
十八、灾害防治及应急管理支出	2669	1776	50.24
十九、债务付息支出	2658	2442	8.82
二十、其他支出	7519	4534	65.83
二十一、债务发行费用支出	43	15	191.79
基金支出合计	63266	138749	-54.4
支出总计	515335	624371	-17.46

说明：此表数据由县财政局提供

银行存款计划执行情况表

表 22

项目	2021 年末余额（万元）	2021 年初余额（万元）	+、-（%）
一、各项存款	1691528	1687048	0.27
（一）境内存款	1688742	1683805	0.29
1．住户存款	1441475	1317946	9.37
（1）活期存款	622117	610969	1.82
（2）定期及其他存款	819359	706977	15.9
2．非金融企业存款	75370	132791	–43.24
（1）活期存款	58219	120536	–51.7
（2）定期及其他存款	17150	12255	39.95
3．机关团体存款	138069	209815	–34.19
4．财政性存款	33825	23253	45.47
5．非银行业金融机构存款	3	—	1363.77
（二）境外存款	2786	3243	–14.1
二、金融债券	—	—	—
三、卖出回购资产	—	—	—
四、借款及非银行业金融机构拆入	—	—	—
五、联行往来（净）	—	—	—
六、应付及暂收款	31611	27136	16.49
七、各项准备	23965	20172	18.8
八、所有者权益	115735	108529	6.64
九、其他	–342294	–230349	48.6
资金来源总计	1520545	1612537	–5.7

银行贷款计划执行情况表

表 23

项　　目	2021 年末余额（万元）	2021 年初余额（万元）	+、-（%）
一、各项贷款	1085545	1008572	7.63
（一）境内贷款	1085121	1008204	7.63
1．住户贷款	698680	646553	8.06
（1）短期贷款	102429	83787	22.25
（2）中长期贷款	596252	562766	5.95
2．企（事）业单位贷款	386441	361651	6.85
（1）短期贷款	140336	77914	80.12
（2）中长期贷款	236113	272979	-13.51
（3）票据融资	9992	10758	-7.13
（4）融资租赁	—	—	—
（5）各项垫款	—	—	—
3．非银行业金融机构贷款	—	—	—
（二）境外贷款	424	368	15.33
二、债券投资	—	114786	-100
三、股权及其他投资	—	6442	-100
四、买入返售资产	—	—	—
五、存放非银行业金融机构款项	—	—	—
六、联行往来（净）	418061	466354	-10.36
七、金银占款	—	—	—
八、外汇占款	—	—	—
九、应收及预付款	9072	8378	8.28
十、投资性房地产	—	—	—
十一、固定资产	7867	8004	-1.7
资金运用总计	1520545	1612537	-5.7

说明：此表数据由县人民银行提供

保险业务情况表

表 24

项　　　目	2021 年（万元）	2020 年（万元）	+、-（%）
财产保险	—	—	—
一、保险费合计	4245.62	3854	10.16
1. 企业财产险	106.63	89.9	18.61
2. 家庭财产险	76.02	85.6	-11.19
3. 运输工具及责任险	2047	1850	10.65
4. 农业险	917	1284	-28.58
5. 责任险	283	324	-12.65
6. 意外险	134.6	123.7	8.81
7. 健康险	677.46	96.8	599.86
8. 工程险	3.91	—	—
二、赔偿合计	2447.39	1477	65.7
1. 企业财产险	28.86	26.4	9.32
2. 家庭财产险	13.05	28.6	-54.37
3. 运输工具及责任险	1518.05	980	54.9
4. 农业险	449	350	28.29
5. 责任险	94.25	51.6	82.66
6. 意外险	18.58	29.4	-36.8
7. 健康险	325.6	61	433.77
8. 工程险	—	—	—
人寿保险	—	—	—
一、保费收入	7587	8039	-5.62
二、赔款支出	629	608	3.45

说明：此表数据由县财产、人寿保险公司提供

教育、卫生

各类学校基本情况表

表 25

项　　目	单位	2021 年	2020 年	＋、－（%）
一、高等学校	—	—	—	—
学校数	所	1	1	—
毕业生数	人	386	518	–25.48
招生数	人	291	352	–17.33
在校学生数	人	942	1037	–9.16
教职工数	人	10	10	—
#专任教师	人	7	7	—
二、中等师范学校	—	—	—	—
学校数	所	—	—	—
毕业生数	人	—	—	—
招生数	人	—	—	—
在校学生数	人	—	—	—
教职工数	人		—	—
#专任教师	人	—	—	—
三、普通中学	—	—	—	—
学校数	所	28	28	—
毕业生数	人	6875	6852	0.34
招生数	人	7732	7838	–1.35
在校学生数	人	22882	21924	4.37
教职工数	人	2145	2004	7.04
#专任教师	人	2010	1787	12.48
四、职业中学	—	—	—	—
学校数	所	1	1	—

续表 25

项　　目	单位	2021 年	2020 年	+、－（%）
毕业生数	人	453	1015	–55.37
招生数	人	585	882	–33.67
在校学生数	人	1839	1858	–1.02
教职工数	人	122	122	—
#专任教师	人	110	109	0.92
五、小　学	—	—	—	—
学校数	所	46	47	–2.13
毕业生数	人	5834	5025	16.1
招生数	人	4618	4535	1.83
在校学生数	人	30176	30836	–2.14
教职工数	人	1864	1976	–5.67
#专任教师	人	1779	1842	–3.42
六、幼儿园	—	—	—	—
幼儿园数	所	62	63	–1.59
招生数	人	3209	4595	–30.16
在园幼儿数	人	12055	12993	–7.22
教职工数	人	1153	1109	3.97
#专任教师	人	724	727	–0.41
附：1. 成人教育在校学生数	人	—	—	—
2. 特殊教育在校学生数	人	142	159	–10.06
3. 小学毕业生升学率	%	100	100	—
4. 初中毕业生升学率	%	98.85	98.19	0.67
5. 学龄儿童入学率	%	100	100	—

说明：此表数据由县教育局、开放大学提供

2021年卫生机构、床位、人员情况表

表26

项　　目	单位	总计	其中	
			县	乡镇
卫生机构	个	22	8	14
病床位	张	2458	1808	650
卫生人员	人	2698	1437	1261
其中：1．卫生技术人员数	人	1971	1180	791
执业医师	人	410	296	114
执业助理医师	人	264	193	71
注册护士	人	826	557	269
药剂人员	人	168	72	96
检验人员	人	87	56	31
其他	人	184	107	77
2．其他技术人员	人	105	47	58
3．管理人员	人	369	229	140
平均拥有病床	张/万人	74.65	54.91	19.74
平均拥有卫生技术人员	人/万人	59.86	35.84	24.02

说明：此表数据由县卫生健康局提供

文化、广播、电视

文化和广播、电视基本情况表

表 27

项　　目	计算单位	2021 年	2020 年
一、文化、文物事业机构	—	—	—
电影放映单位	个	—	—
艺术表演团体	个	1	1
文化馆	个	1	1
公共图书馆	个	1	1
公共图书馆藏书	万册	33.01	32.85
其中：纸质图书	万册	26.63	26.47
电子图书	万册	6.38	6.38
博物馆	个	1	1
二、文化、文物事业机构人员	—	—	—
电影放映单位	人	—	—
艺术表演团体	人	43	44
文化馆	人	12	11
公共图书馆	人	12	12
博物馆	人	20	23
三、广播电视事业基本情况	—	—	—
广播电台	座	1	1
乡镇调频广播电台	座	—	—
电视台	座	1	1
电视发射和转播台	座	2	2
电视人口覆盖率	%	99	99
有线电视台	座	—	—
四、杂志、报纸出版情况	—	—	—
杂志出版种数	种	—	—
总印数	万册	—	—
报纸出版种数	种	—	—
总印数	万份	—	—

说明：此表由县文化广电旅游体育局和县广播电视台提供

环境保护

环境保护基本情况表

表 28

项　　　目	单　位	2021 年	2020 年
一、当年资金运用情况	—	—	—
竣工环保项目投资	万元	12372.2	3006
安排治理污染资金	万元	12372.2	3006
二、工业“三废”情况	—	—	—
废水排放量	万吨	6.88	20.5
其中：符合标准	万吨	—	—
废水排放达标率	%	—	—
废气排放量	万标立方米	3029184	2286635
其中：经处理量	万标立方米	3017460	2224523
废气处理率	%	99.6	97.3
二氧化硫排放量	吨	—	—
粉尘排放量	万吨	0.023	0.027
粉尘回收量	万吨	42.02	32.16
粉尘回收率	%	99.9	99.9
固体废物产生量	万吨	54.9	45.95
固体废物综合利用	万吨	54.35	44.86
固体废物利用率	%	99	98
三、“三废”综合利用效益	—	—	—
综合利用产品产值	万元	191	201
综合利用利润	万元	35	39

说明：此表数据由梅州市生态环境局大埔分局提供

（摘自《大埔县统计年鉴（2021 年）》）

先进集体、先进个人、获奖成果名录

市级及以上先进集体名录

国家级先进集体一览表

表 29

单　位	授称时间	授予单位	荣誉称号
大埔县	2021 年 12 月	平安中国建设协调小组	2017—2020 年平安中国建设示范县
大埔县	2021 年 4 月	国家信访局	2020 年度信访工作“三无”县
大埔县	2021 年 9 月	生态环境部	2020 年度“国家重点生态功能区优秀县”
大埔县	2021 年 10 月	中国茶叶流通协会	2021 中国茶业百强县
大埔县	2021 年 10 月	中国茶叶流通协会	2021 年度智慧茶业样板县域
政协大埔县办公室	2021 年 8 月	国家机关事务管理局、中共中央直属机关事务管理局、国家发展改革委、财政部	节约型机关
大埔县科工商务局			
大埔县发改局			
大埔县财政局			
大埔县水务局			
大埔县市场监督管理局			
百侯镇侯南村	2021 年 9 月	国家卫生健康委、全国老龄办	2021 年全国示范性老年友好型社区
大埔县卫健局	2021 年 5 月	中国红十字基金会	公益先锋机构

续表 29

单　位	授称时间	授予单位	荣誉称号
大埔三河坝八一红军小学	2021 年 12 月	中国关心下一代工作委员会、团中央、中国青少年发展基金会、全国红军小学建设工程理事会、全国妇联、中国妇女网	全国红军小学“传承红色基因赓续红色血脉”先进单位
百侯镇侯南村	2021 年 3 月	司法部、民政部	全国民主法治示范村（社区）
大埔县文化馆	2021 年 11 月	文旅部	国家一级文化馆
大埔县工商联	2021 年 12 月	中华全国工商联	2020—2021 年度全国“五好”县级工商联

省级先进集体一览表

表 30

单　位	授称时间	授予单位	荣誉称号
中共大埔县委	2021 年 4 月	省委实施乡村振兴战略领导小组	2018—2020 年度广东省乡村振兴先进集体
大埔县博物馆	2021 年 9 月	省社科联	广东省人文社会科学普及示范基地
大埔县统计局	2021 年 10 月	广东省第七次全国人口普查领导小组	广东省第七次全国人口普查先进集体
大埔县	2021 年 9 月	省精神卫生中心	2020 年度广东省严重精神障碍管理治疗工作先进县
中共大埔县人民医院党委	2021 年 6 月	广东省医院党建工作指导委员会	全省公立医院党建工作示范点
广东烟草大埔县分公司	2021 年 6 月	省公安厅、省文明办、省教育厅、省司法厅、省交通运输厅	2020 年度广东省交通安全文明示范企业
大埔县粮食收储公司	2021 年 12 月	省人民政府	广东省粮食和物资储备工作先进集体
桃源镇政府	2021 年 1 月	省爱卫会	广东省卫生镇

续表 30

单 位	授称时间	授予单位	荣誉称号
西河镇	2021 年 1 月	省文旅厅	第二批广东省旅游风情小镇
西河镇	2021 年 1 月	省文旅厅	省级生态宜居美丽乡村示范镇
大埔县食品公司	2021 年 1 月	广东省肉类协会	先进单位
中共大埔县人民银行党支部	2021 年 5 月	中共中国人民银行广州分行党委	中国人民银行广州分行先进基层党组织
大埔县教育局	2021 年 12 月	省教育厅	广东省第七届中小学生艺术展演活动优秀组织奖
大埔县大埔小学	2021 年 5 月	广东省教育技术中心	广东省第十一届“小小科学家”中小学生科学实验活动团体二等奖
大埔县虎山中学	2021 年 12 月	中山大学	中山大学优秀生源基地
大埔县国家保密局	2021 年 1 月	省人社厅、省国家保密局	广东省保密工作先进集体
大埔县消防救援大队湖寮消防救援站	2021 年 4 月	省总工会	广东省五一劳动奖状
百侯镇侯北村	2021 年 4 月	省妇联	第九批广东省“儿童友好示范社区”
大埔县万川爱心协会理事会	2021 年 3 月	省妇联	2020 年度广东省“巾帼文明岗”
中共大埔县委政法委	2021 年 4 月	省委政法委、省人社厅	2018—2019 年度全省平安建设先进集体
湖寮镇退役军人服务站	2021 年 1 月	省退役军人事务厅	广东省五星级示范退役军人服务站
湖寮镇政府	2021 年 10 月	广东省第七次全国人口普查领导小组	广东省第七次全国人口普查先进集体
百侯镇	2021 年 6 月	中共广东省委	广东省先进基层党组织
西河镇	2021 年 8 月	省农业农村厅	广东省“一村一品、一镇一业”第三批省级专业镇
西河镇	2021 年 10 月	省农业农村厅、省文旅厅	广东省乡村民宿示范镇

续表30

单　位	授称时间	授予单位	荣誉称号
张弼士故居旅游区	2021年5月	省文旅厅	国家AAAA级旅游景区
西河镇车龙村	2021年12月	省文旅厅	广东省文化和旅游特色村
大埔县图书馆	2021年6月	省立中山图书馆、广东图书馆学会	广东省第二届“中华传统文化百部经典”知识大赛优秀组织奖

市级先进集体一览表

表31

单　位	授称时间	授予单位	荣誉称号
百侯镇	2021年7月	中共梅州市委、梅州市人民政府	2019—2020年度市平安建设先进集体
西河镇漳北村党支部	2021年6月	中共梅州市委	梅州市先进基层党组织
三河镇旧寨村党总支	2021年6月	中共梅州市委	梅州市先进基层党组织
大埔县富大陶瓷有限公司党支部	2021年6月	中共梅州市委	梅州市先进基层党组织
枫朗镇大埔角村党支部	2021年6月	中共梅州市委	梅州市先进基层党组织
湖寮镇密坑村党支部	2021年6月	中共梅州市委	梅州市先进基层党组织
大埔县张云栽实验小学党支部	2021年6月	中共梅州市委	梅州市先进基层党组织
大埔县人民医院党委	2021年6月	中共梅州市委	梅州市先进基层党组织
洲瑞镇华光村党支部	2021年6月	中共梅州市委	梅州市先进基层党组织
大埔县税务局直属机关党委	2021年6月	中共梅州市委	梅州市先进基层党组织
湖寮镇武装部	2021年1月	梅州军分区	梅州市先进基层武装部

市级及以上先进个人名录

国家级先进个人一览表

表 32

姓　名	授称时间	授予单位	荣誉称号	所在单位及职务
饶建玲	2021 年 11 月	人力资源和社会保障部、文化和旅游部	全国文化和旅游系统先进工作者	大埔县文化馆馆长
何猛柱	2021 年 9 月	国家体育总局	2017—2020 年度全国群众体育先进个人	大埔县文广旅体局群众体育股负责人
彭尚永	2021 年 12 月	中国气象局	全国气象部门表扬个人	大埔县气象局局长
邓亿娜	2021 年 10 月	全国妇女联合会	巾帼好网民	大埔县博物馆馆长
冯玉龙	2021 年 7 月	中国烟叶公司、中国烟草总公司职工学院	烟草行业 2021 年烟草栽培技能比武优秀奖	大埔县烟草专卖局（分公司）职工
汪凤鸣	2021 年 11 月	中国红十字会总会	中国红十字会会员之星	大埔县红十字会四级主任科员

省级先进个人一览表

表 33

姓　名	授称时间	授予单位	荣誉称号	所在单位及职务
张荣强	2021 年 6 月	中共广东省委	广东省优秀党务工作者	大埔县委组织部副部长
张淑芳	2021 年 6 月	中共广东省委	广东省优秀共产党员	大埔县福利院原院长
刘永东	2021 年 10 月	广东省第七次全国人口普查领导小组	广东省第七次全国人口普查先进个人	大埔县统计局局长
刘俊钊	2021 年 10 月	广东省第七次全国人口普查领导小组	广东省第七次全国人口普查先进个人	湖寮镇政府文旅教体服务中心副主任
罗志滔	2021 年 10 月	广东省第七次全国人口普查领导小组	广东省第七次全国人口普查先进个人	枫朗镇政府党政办干部
赖燕萍	2021 年 5 月	广东省卫生健康委员会	2021 年度“广东省优秀护士”	大埔县人民医院普外科副护士长

续表 33

姓　名	授称时间	授予单位	荣誉称号	所在单位及职务
黄淑辉	2021 年 1 月	省委宣传部、省应急管理厅	2020 年度广东“十大最美应急个人”	大埔县应急管理局安全生产基础股负责人
丁练昌	2021 年 1 月	省生态环境厅	2020 年重点国考断面水质达标攻坚战工作表现突出个人	梅州市生态环境局大埔分局局长
郭敬旋	2021 年 1 月	省生态环境厅	2020 年广东省固定污染源排污许可全覆盖工作表现突出个人	梅州市生态环境局大埔分局副局长
杨裕平	2021 年 1 月	省生态环境厅	2020 年广东省生态环境监测工作表现突出个人	大埔县环保监测站站长
吴景礼	2021 年 5 月	广东陶瓷协会	2017—2020 年度广东陶瓷协会优秀个人	大埔县陶瓷产业服务中心主任
黄文斌	2021 年 5 月	广东陶瓷协会	2017—2020 年度广东陶瓷协会优秀个人	大埔县陶瓷行业协会秘书处秘书长
杨梅亮	2021 年 4 月	省教育厅	广东省网安守护者	大埔县第二实验幼儿园园长
邓丽丹	2021 年 9 月	省委教育工委、省教育厅、省人社厅、省总工会	2021 年南粤优秀教师	大埔县光德中心小学教师
李淑惠				虎山中学教师
廖秀芬				三河镇中心小学副校长
赖乃瑕				大埔县田家炳高级职业学校教师
黄广华	2021 年 9 月	省委教育工委、省教育厅、省人社厅、省总工会	2021 年广东省第十一批特级教师	虎山中学校长
杨富珍				大埔县家炳第一中学教师
李明辉	2021 年 6 月	广东海事局	优秀党务工作者	大埔海事处处长
吴卓瀚	2021 年 6 月	广东海事局	优秀党务工作者	大埔海事处党支部书记
龚志通	2021 年 6 月	广东海事局	优秀共产党员	大埔海事处四级主办

续表 33

姓 名	授称时间	授予单位	荣誉称号	所在单位及职务
陈文燕	2021 年 3 月	省妇联	广东省三八红旗手	银江镇银村村党支部书记、主任、妇联主席
侯福懿	2021 年 4 月	团省委	广东省优秀共青团干部	大麻镇政府专职团委副书记
何颖意	2021 年 4 月	团省委	广东省优秀共青团员	茶阳镇政府专职团委副书记
李成浩	2021 年 4 月	团省委	广东省优秀共青团员	大埔县虎山中学学生
刘文社	2021 年 7 月	省人社厅、省公安厅	全省特级优秀人民警察	大埔县公安局交警大队大队长
肖震欣	2021 年 8 月	省公安厅	全省公安机关扫黑除恶专项斗争先进个人	大埔县公安局刑侦大队大队长
彭尚永	2021 年 7 月	省气象局党组	广东省气象部门优秀共产党员	大埔县气象局局长
朱志平	2021 年 6 月	省委农村工作领导小组	2019—2020 年度脱贫攻坚突出贡献个人	大埔县人民银行副股长
陈汉明	2021 年 6 月	省委农村工作领导小组	2019—2020 年度脱贫攻坚突出贡献个人	大埔县环保局宣教中心主任
饶春暖	2021 年 6 月	省委农村工作领导小组	2019—2020 年度脱贫攻坚突出贡献个人	大埔县中医医院安保科主任
邹晓东	2021 年 6 月	省委农村工作领导小组	2019—2020 年度脱贫攻坚突出贡献个人	大埔县人社局财务与基金监督股股长
罗思晨	2021 年 6 月	省委农村工作领导小组	2019—2020 年度脱贫攻坚突出贡献个人	湖寮镇经济发展和财政服务中心主任

市级先进个人一览表

表 34

姓 名	授称时间	授予单位	荣誉称号	所在单位及职务
丘武秋	2021 年 6 月	中共梅州市委	梅州市优秀党务工作者	西河镇党委书记
朱 芳	2021 年 6 月	中共梅州市委	梅州市优秀党务工作者	大麻镇党委副书记

续表 34

姓　名	授称时间	授予单位	荣誉称号	所在单位及职务
陈秀鸿	2021 年 6 月	中共梅州市委	梅州市优秀党务工作者	县委宣传部副部长
黄均绪	2021 年 6 月	中共梅州市委	梅州市优秀党务工作者	县委第四巡察组组长
张聪贤	2021 年 6 月	中共梅州市委	梅州市优秀党务工作者	枫朗镇党委委员
罗启煊	2021 年 6 月	中共梅州市委	梅州市优秀党务工作者	大埔县直属机关工委一级主任科员
吴海峰	2021 年 6 月	中共梅州市委	梅州市优秀党务工作者	县委编办副主任
杨梅亮	2021 年 6 月	中共梅州市委	梅州市优秀党务工作者	大埔县第二实验幼儿园党支部书记、园长
蔡芳夫	2021 年 6 月	中共梅州市委	梅州市优秀共产党员	西河镇漳北村党支部第一书记、驻村工作队队长、省市场监管局粤北市场稽查办主任
钟文毅	2021 年 6 月	中共梅州市委	梅州市优秀共产党员	大埔县人民医院院长助理、普外科主任
黄广华	2021 年 6 月	中共梅州市委	梅州市优秀共产党员	虎山中学党委书记、校长
邓振先	2021 年 6 月	中共梅州市委	梅州市优秀共产党员	三河镇汇东村党支部书记、主任
陈裕华	2021 年 6 月	中共梅州市委	梅州市优秀共产党员	大埔九龙湖管理中心副主任
杨　震	2021 年 6 月	中共梅州市委	梅州市优秀共产党员	大东镇人大主席
李达港	2021 年 6 月	中共梅州市委	梅州市优秀共产党员	县公安局交警大队中队长
刘尧松	2021 年 6 月	中共梅州市委	梅州市优秀共产党员	湖寮镇黎家坪村党支部书记、主任
郭晓辉	2021 年 6 月	中共梅州市委	梅州市优秀共产党员	广东晖祥陶瓷有限公司党支部书记、总经理

县级先进集体、先进个人名录

中共大埔县委关于表彰大埔县优秀共产党员、大埔县优秀党务工作者和大埔县先进基层党组织的决定

（2021 年 6 月 29 日）

近年来，我县各级党组织和广大党员干部以习近平新时代中国特色社会主义思想为指导，全面贯彻党的十九大和十九届二中、三中、四中、五中全会精神，深入贯彻习近平总书记视察广东重要讲话、重要指示精神，按照新时代党的建设总要求，认真落实省、市、县委各项工作部署，立足“生态立县、实业富县、文旅兴县”三个定位，奋力打造宜居宜业宜游生态县，特别是在重点项目建设、脱贫攻坚、乡村振兴、巩文创卫、基层治理、疫情防控等工作中，迎难而上、攻坚克难，实干担当、奋勇争先，充分发挥战斗堡垒和先锋模范作用，为推动全县经济社会持续向前发展作出重要贡献，涌现出一大批先进典型。

伟大时代呼唤伟大精神，崇高事业需要榜样引领。在庆祝中国共产党成立 100 周年之际，为表彰先进、振奋精神、鼓舞斗志，进一步激励各级党组织和广大党员在推动大埔老区苏区振兴发展中奋发有为、建功立业，县委决定，授予邓越林等 100 位同志“优秀共产党员”称号，蓝金华等 30 位同志“优秀党务工作者”称号，中共大埔县委办公室机关委员会等 50 个基层党组织“先进基层党组织”称号。

这次受表彰的优秀个人和先进集体是全县基层党组织和广大党员的优秀代表，他们的先进事迹和崇高精神，集中展示了习近平新时代中国特色社会主义思想在大埔大地落地生根的生动实践，生动诠释了新时代共产党人恪守初心、勇担使命的价值追求，充分彰显了大埔坚定不移贯彻新发展理念、构建新发展格局、推动高质量发展的底色成色。县委号召，全县各级党组织和广大党员干部要以受表彰的先进典型为榜样，学习他们坚定理想信念、对党绝对忠诚的政治品格，不断增强政治判断力、政治领悟力、政治执行力，在思想上政治上行动上始终同以习近平同志为核心的党中央保持高度一致；学习他们自觉尊崇党章、遵守党规的优秀品质，严守党的各项纪律规矩特别是政治纪律和政治规矩，始终坚决维护党中央权威；学习他们践行党的宗旨、密切联系群众的公仆情怀，始终做到全心全意为人民服务；学习他们知重负重、担责尽责的优良作风，始终保持锐意进取、开拓创新的精气神；学习他们克己奉公、清正廉洁的高尚情操，始终用模范行动和人格力量彰显共产党人的政治本色。

今年是“十四五”规划的开局之年，也是中国共产党成立 100 周年。县委要求，全县各级党组织和广大党员要更加紧密地团结在以习近平同志为核心的党中央周围，高举习近平新时代中国特色社会主义思想伟大旗帜，增强“四个意识”、坚定“四个自信”、做到“两个维护”，深入开展党史学习教育，扎实抓好新一轮加强党的基层组织建设三年行动计划贯彻落实，以党的政治建设为统领，以完善上下贯通、执行有力的组织体系为重点，以提高基层党建工作

质量为主线，以改革创新为动力，以让党中央放心、让人民群众满意为根本标尺，以更高标准、更严要求、更实举措把各领域基层党组织锻造得更加坚强有力，为打造梅州康养文旅融合之星，建设宜居宜业宜游生态县提供坚强组织保证，确保“十四五”开好局、起好步，以优异成绩庆祝中国共产党成立100周年。

新时代赋予新使命，新征程展示新作为。县委希望，受表彰的优秀共产党员、优秀党务工作者和先进基层党组织珍惜荣誉、再接再厉，继续发扬优良作风，牢记党和人民的重托，勤奋工作、奋发有为，再创佳绩、再立新功，为党和人民的事业做出新的更大贡献。

附件：大埔县优秀共产党员、优秀党务工作者和先进基层党组织表彰对象名单

附件

大埔县优秀共产党员、优秀党务工作者和先进基层党组织表彰对象名单

一、大埔县优秀共产党员表彰对象（100名）

湖寮镇党委

何苑平（女）　湖寮镇党委副书记、三级主任科员
饶　勇　湖寮镇党委委员、三级主任科员
刘启明　湖寮镇党委委员
张创新　湖寮镇副镇长、三级主任科员
张奕群　湖寮镇二级主任科员
罗思晨　湖寮镇经济发展和财政服务中心主任
蓝志芬（女）　湖寮镇下坜村党支部书记、村委会主任

百侯镇党委

邓越林　百侯镇党委书记、四级调研员
罗庆丰　百侯镇党委委员
杨志林　百侯镇软桥村党支部书记、村委会主任

枫朗镇党委

廖周磷　枫朗镇党委书记、四级调研员
余善谋　枫朗镇党委委员、三级主任科员
林建国　枫朗镇公用事业服务中心干部
黄　平　枫朗镇溪背坪村党支部书记、村委会主任

大东镇党委

何维勤　大东镇副镇长、三级主任科员
温玉琳（女）　大东镇坪山村党支部书记、村委会主任

高陂镇党委

张潘琪　　　高陂镇党委副书记、镇长
朱海秋　　　高陂镇党委副书记、三级主任科员
李国贤　　　高陂镇党委委员、副镇长
邓奎清（女）高陂镇文旅教体服务中心主任
袁伟庆　　　县公安局高陂派出所政治教导员
管鸿业　　　高陂镇五家耷村党支部书记、村委会主任
李恒恒（女）梅州顺源陶瓷实业有限公司党支部书记

光德镇党委

江思峰　　　光德镇党委副书记、二级主任科员
张享基　　　光德镇党委副书记、三级主任科员
杨思娟（女）光德镇党委委员、三级主任科员
郭鸿源　　　大埔漳联瓷业发展有限公司党支部书记

桃源镇党委

邱志灵（女）桃源镇党委书记、四级调研员
杨增枫　　　桃源镇党委副书记、三级主任科员
钟进宏　　　桃源镇文旅教体服务中心主任、乡村振兴办主任
丘汉松　　　广东昌隆陶瓷股份有限公司设计总监

大麻镇党委

葛志发　　　大麻镇党委书记、四级调研员
杨　裕　　　大麻镇小麻村党支部第一书记、驻村工作队队长，省港澳办社会处二级调研员
陈淑明（女）大麻镇党政办主任
郭闽义　　　大麻镇小留村党总支部书记、村委会主任
刘宏万　　　大麻镇恭上村党支部书记、村委会主任

三河镇党委

曾维鑫　　　三河镇党委副书记、三级主任科员
林文科　　　三河镇党委副书记、三级主任科员
吴志辉　　　三河镇旧寨村党总支部书记、村委会主任

银江镇党委

刘妙荣　　　银江镇党委委员、三级主任科员
陈　婵（女）银江镇党委委员
刘红梅（女）银江镇李子坪村党支部书记、村委会主任

洲瑞镇党委

徐欣妹（女）洲瑞镇党委委员、三级主任科员
张冠豪　　　洲瑞镇卫生院党支部书记、院长

茶阳镇党委

杨国松　　　茶阳镇党委副书记
曾　喜　　　茶阳镇党委委员、党政办主任

古引生　茶阳镇文旅教体服务中心主任
廖顺芳（女）　茶阳镇西湖村党支部书记、村委会主任
邹冠兴　茶阳镇花窗村党支部书记、村委会主任

西河镇党委

胡育锋　西河镇党委副书记、二级主任科员
何立俊　西河镇党政办主任、四级主任科员
黄俊彬　西河镇农业农村办主任
何建俊　西河镇社会保障服务中心主任
官绍华　西河镇漳北村党支部书记、村委会主任
赖国华　西河镇车龙村党支部书记、村委会主任

青溪镇党委

杨广文　青溪镇党委委员、党政办主任
吴庆桥　青溪镇溪口村党支部书记、村委会主任

丰溪林场党委

饶拱辅　丰溪林场党委委员

县直工委

黄更亮　县委办公室机关党委书记、常务副主任、四级调研员
丘　涛　县人大常委会办公室副主任、三级主任科员
刘红连（女）　县政协办公室副主任、二级主任科员
张思义　县总工会办公室干部
蓝建霞（女）　县妇女联合会办公室主任、三级主任科员
李步锦　县归国华侨联合会副主席、三级主任科员
邬国奇　县委组织部原常务副部长、县教育发展基金会会长
袁光明　县人大常委会原副主任、县老促会会长
黄伟平　县广播电视台党总支部书记、县融媒体中心主任
郑翠花（女）　大埔新华书店有限公司工会主席
蓝伟民　县客家文化生态保护示范区管委会人秘股股长
梁永生　县文学艺术界联合会三级主任科员
张　璐（女）　县委政法委综合调研室主任
赖惠惠（女）　县人民检察院办公室干部
张永光　县人民法院茶阳法庭庭长、一级法官
刘南泉　县发展和改革局党组书记、局长、三级调研员
袁春华（女）　县民政局党组成员、副局长、一级主任科员
钟才柱　县社会保险和基金管理局二级主任科员
刘日新　县应急管理局党委书记、局长、一级主任科员
刘志平　县粮食收储公司经理
官营生　县水务局党组书记、局长、四级调研员
黄启旋　县林业局党组成员、总工程师、三级主任科员

罗向前　　县农业农村局秘书股股长、四级主任科员
陈亿岳　　县移民工作局局长、县农业农村局一级主任科员
余东柏　　县气象局办公室主任
吴文新　　县城市管理和综合执法局党组书记、局长、四级调研员
罗伟宁　　县陶瓷产业服务中心副主任、县陶瓷公司副经理
曾海平　　大埔邮政分公司综合管理员
张文平　　广州海珠(大埔)产业转移工业园管委会副科级干部、综合计财股股长
巫运发　　县公路事务中心党组书记、主任
刘汉华　　县自然资源局党组书记、局长
刘增仁　　梅州市生态环境局大埔分局党组成员、副局长
邓周兵　　县公有房屋和保障性住房服务中心党组成员、副主任
赖天宏　　县中医医院医师
杨伟旋　　县卫生监督所党支部书记、副所长
蔡红丽（女）　县开放大学副校长
张回里　　县财政局党组书记、局长、四级调研员
郭志刚　　县供销合作社联合社党委委员、综合业务股股长

教育工委

汪德欢　　县委教育工委书记、县教育局党组书记、局长、一级主任科员
谢海波　　县田家炳实验中学校长
江誉忠　　县教师发展中心教育科研部主任
吴海芳（女）　大埔小学党支部书记、校长

二、大埔县优秀党务工作者表彰对象（30 名）

湖寮镇党委

余　煜　　湖寮镇党委委员
刘伟华　　湖寮镇党建工作办公室主任、机关第二党支部书记

百侯镇党委

廖璐茜（女）　百侯镇党委委员

枫朗镇党委

占照淮　　枫朗镇隔背村党支部第一书记、驻村工作队队长，广州市海珠区南洲街道办事处综合行政执法办公室副主任、一级主任科员

大东镇党委

李建峰　　大东镇党委副书记、三级主任科员

高陂镇党委

苏燕青（女）　高陂镇党建办干部、机关第二党支部委员
郭月清（女）　高陂镇乌槎村党总支部书记、村委会主任

光德镇党委

袁俊星　　光德镇富岭村党支部委员、村委委员

桃源镇党委

卓　权　　　桃源镇党委委员

大麻镇党委

杨延浪　　　大麻镇党委委员

三河镇党委

蓝金华　　　三河镇党委委员

银江镇党委

利　杰　　　银江镇党委委员、纪委书记、三级主任科员

洲瑞镇党委

余利福　　　洲瑞镇南村村党支部书记、村委会主任

茶阳镇党委

温名健　　　茶阳镇经济发展和财政服务中心主任、党建办干部

西河镇党委

曾海祥　　　西河镇党委委员

青溪镇党委

江亦畴　　　青溪镇铲坑村党总支部书记、村委会主任

县直工委

卓海鸥（女）县委组织员办副主任

杨小辉（女）县纪委监委组宣室主任、三级主任科员、机关第一党支部副书记

黄　瑛（女）县直机关工委三级主任科员

罗元金　　　县委统战部党务综合组组长、三级主任科员

陈　意　　　县文化广电旅游体育局人事股股长、老干部党支部书记

肖国柱　　　县公安局政工室二级警长

刘志达　　　县人力资源和社会保障局党组成员、副局长、二级主任科员、机关党支部书记

张桂华（女）县农业农村局党务人事股股长、局机关党委办主任

陈旭玲（女）县科工商务局党务人事股干部、局机关党支部委员

曾赛珍（女）县城市管理和综合执法局机关党委委员、党委办主任、数字化城市管理中心副主任

张南水　　　县卫生健康局宣教股股长、三级主任科员、第一党支部委员

林　媚（女）县市场监督管理局人事股科员

教育工委

谢昌发　　　县委教育工委委员、县教育局党组成员、副局长、三级主任科员

蓝月霞（女）张云栽实验小学党支部副书记、副校长

三、大埔县先进基层党组织表彰对象（50个）

湖寮镇党委

中共大埔县湖寮镇委员会

中共大埔县湖寮镇龙岗村支部委员会

中共大埔县湖寮镇莒村村支部委员会

百侯镇党委

中共大埔县百侯镇侯南村总支部委员会

中共大埔县公安局百侯派出所支部委员会

枫朗镇党委

中共大埔县枫朗镇卫生院支部委员会

中共大埔县枫朗镇派出所支部委员会

大东镇党委

中共大埔县大东镇委员会

高陂镇党委

中共大埔县高陂镇委员会

中共大埔县高陂中心卫生院支部委员会

中共大埔县高陂微微爱心互助会支部委员会

光德镇党委

中共大埔县光德镇上漳村总支部委员会

桃源镇党委

中共大埔县桃源镇新东村支部委员会

中共广东吉玉陶瓷股份有限公司支部委员会

大麻镇党委

中共大埔县大麻镇委员会

中共大埔县大麻镇坑尾村支部委员会

三河镇党委

中共大埔县三河镇汇东村支部委员会

中共大埔县三河镇五丰村支部委员会

银江镇党委

中共大埔县银江镇河口村支部委员会

中共大埔县银江镇坪上村支部委员会

洲瑞镇党委

中共大埔县洲瑞镇委员会

茶阳镇党委

中共大埔县茶阳镇派出所支部委员会

中共大埔县茶阳镇恋墩村支部委员会

中共大埔县茶阳镇群丰村支部委员会

西河镇党委

中共大埔县西河镇黄堂村支部委员会

中共大埔县西河镇南丰村支部委员会

中共大埔县西河镇石涵村支部委员会

青溪镇党委

中共大埔县青溪镇长丰村支部委员会

县直工委

中共大埔县纪委监察委机关总支部委员会
中共大埔县委办公室机关委员会
中共大埔县委组织部支部委员会
中共大埔县委宣传部支部委员会
中共大埔县广播电视台总支部委员会
中共大埔县人民检察院总支部委员会
中共大埔县公安局网络警察大队支部委员会
中共大埔县人民政府办公室机关委员会
中共大埔县审计局支部委员会
中共大埔县移民工作局支部委员会
中共大埔县气象局支部委员会
中共大埔县科工商务局机关支部委员会
中共广东省大埔陶瓷研究所支部委员会
中共大埔县住房和城乡建设局机关委员会
中共大埔县公路事务中心总支部委员会
中共大埔县卫生健康局直属机关委员会
中共大埔县中医医院委员会
中共大埔县财政局机关委员会
中共大埔县物资服务中心支部委员会

教育工委

中共大埔县教育局第一支部委员会
中共大埔县虎山中学委员会
中共大埔县田家炳小学支部委员会

中共大埔县委　大埔县人民政府
关于表彰奖励2021年大埔县优秀校长和优秀教师的决定

（2021年9月9日　埔发〔2021〕4号）

各镇党委、人民政府，丰溪林场，县直和省、市驻埔各单位：

为深入贯彻实施“文旅兴县”的发展思路，推动我县教育系统高层次人才队伍建设，根据《中共大埔县委办公室　大埔县人民政府办公室印发〈大埔县优秀校长、优秀教师评选奖励办法〉的通知》（埔办发〔2010〕6号），通过教育系统自下而上考核评选，并公示征求各界意见，经县委、县政府研究，决定授予田家炳高级职业学校邓裕声等5位同志为“2021年大埔县优秀校长”称号，授予虎山中学郭相华等20位同志为“2021年大埔县优秀教师”称号。

希望受表彰的校长和教师珍惜荣誉，再接再厉，充分发挥模范带头作用，在教育岗位上再创佳绩。同时，号召全县广大教师以先进为榜样，爱岗敬业，扎实工作，开拓进取，发扬无私奉献精神，为全面推进我县教育事业发展作出新的更大的贡献。

附件：2021年大埔县优秀校长和优秀教师名单

附件

2021年大埔县优秀校长和优秀教师名单

一、2021年大埔县优秀校长名单（5名）

田家炳高级职业学校	邓裕声
广德中学	赖乔辉
大麻镇英雅家炳学校	李源炼
张云栽实验小学	蓝达怀
大埔小学	吴海芳

二、2021年大埔县优秀教师名单（20名）

虎山中学	郭相华、赖博庆
田家炳实验中学	黄俊广、周云辉
家炳第一中学	魏小琳
田家炳高级职业学校	江玉安
家炳第八中学	徐　旋
华侨中学	黎水财
湖山中学	肖露露
青溪镇实验学校	钟永安
百侯镇中心小学	肖燕馨
桃源镇中心小学	郭玉殿
大麻镇中心小学	黄娇霞
张云栽实验小学	黄君燕
大埔小学	张贞妮
田家炳小学	林碧霞
大埔第二小学	张阳静
城东实验学校	杨秋玲
直属机关幼儿园	杨清娜
第二实验幼儿园	连永妮

市级及以上获奖成果名录

国家级获奖成果一览表

表 35

单位（姓名）	授称时间	授予单位	荣誉称号	成果内容	所在单位及职务
大埔县广东汉剧传承保护中心	2021年11月	中国民间文艺家协会民间戏曲艺术委员会、全国民间文艺展演组委会	第四届全国民间文艺表演线上云端展演优秀节目	客家方言曲艺表演唱《磨坊新歌》	
大埔县农业农村局	2021年6月	农业农村部信息中心	优秀案例	大埔县5G+农业大数据服务项目	
刘钦志	2021年10月	中国陶瓷工业协会	第十届中国陶瓷产品设计大赛“怀仁杯”金奖	22寸美人瓶行者达摩	广东省大埔陶瓷工业研究所正高级工艺美术师
邓国舟	2021年8月	中国陶瓷工业协会	第十届“大地奖”中国陶瓷创新与设计大赛特等奖	十二生肖通花挂盘	广东昌隆陶瓷股份有限公司董事长、广东省陶瓷艺术大师
罗循永	2021年8月	中国陶瓷工业协会	第十届“大地奖”中国陶瓷创新与设计大赛特等奖	18寸高身瓶富贵双娇	广东省大埔陶瓷工业研究所工艺美术师
张环权	2021年8月	中国陶瓷工业协会	第十届“大地奖”中国陶瓷创新与设计大赛特等奖	《涟漪》艺术瓷瓶	梅州市林海陶瓷有限公司技术员
邓锦栋	2021年8月	中国陶瓷工业协会	第十届“大地奖”中国陶瓷创新与设计大赛金奖	金边九孔花插	大埔县发源发展有限公司总经理
郭细杰	2021年8月	中国陶瓷工业协会	第十届“大地奖”中国陶瓷创新与设计大赛金奖	《史圣司马迁》艺术瓷瓶	广东裕丰陶瓷股份有限公司设计师
郭国源					广东裕丰陶瓷股份有限公司画师

续表 35

单位（姓名）	授称时间	授予单位	荣誉称号	成果内容	所在单位及职务
郭福康	2021 年 8 月	中国陶瓷工业协会	第十届“大地奖”中国陶瓷创新与设计大赛金奖	《花林密语》艺术瓷瓶	梅州市溪山陶瓷有限公司董事长、广东省陶瓷艺术大师
林美华					梅州市溪山陶瓷有限公司设计师
黄建宏	2021 年 8 月	中国陶瓷工业协会	第十届“大地奖”中国陶瓷创新与设计大赛金奖	18”手绘青花骨质瓷灯笼瓶《泉韵图》	大埔县怡丰园实业有限公司总经理、广东省陶瓷艺术大师
张光辉	2021 年 8 月	中国陶瓷工业协会	第十届“大地奖”中国陶瓷创新与设计大赛金奖	《高山流水》艺术瓷瓶	梅州中富大科技有限公司设计师
罗放荣					梅州中富大科技有限公司设计师
郭华颂	2021 年 8 月	中国陶瓷工业协会	第十届“大地奖”中国陶瓷创新与设计大赛金奖	《吉祥图》艺术瓷瓶	大埔漳联瓷业发展有限公司董事长

省级获奖成果一览表

表 36

单位（姓名）	授称时间	授予单位	荣誉称号	成果内容	所在单位及职务
大埔县广东汉剧协会	2021 年 5 月	广东省戏剧家协会	集体节目三等奖	《岳母刺字》	

表 36

单位（姓名）	授称时间	授予单位	荣誉称号	成果内容	所在单位及职务
大埔县文化馆	2021年10月	广东省文旅厅	曲艺类铜奖	戏剧曲艺	
廖绍明	2021年5月	广东省民族管弦乐学会	金奖	头弦独奏	大埔县广东汉剧传承保护中心职工
蓝　婷	2021年1月	广东省民政厅	优秀案例二等奖	《危机干预模式下“困境青少年”社工服务实录》	湖寮镇社工站干部
三河镇	2021年10月	省委农村工作领导小组、省农业农村厅、省乡村振兴局、广东广播电视台	第二届广东乡村振兴大擂台“特色产业示范镇”	“红色筑梦、多彩三河”探村直播	
张映文	2021年11月	广东省人民检察院	广东省法学会检察学研究会第十五届年会征文活动二等奖	《检察职业道德对检察权运行的监督制约机制探析》	大埔县人民检察院原党组书记、检察长
陈　炜					大埔县人民检察院五级检察官助理
罗明媚	2021年3月	广东省广播影视协会	广播长消息类三等奖	《紧急救援！大埔茶阳一摩托车司机坠入山崖落水》	大埔县融媒体中心副主任
黄利群					大埔县融媒体中心职工
李　欣					大埔县融媒体中心民生节目部副主任
李金华					大埔县融媒体中心职工
杨惠乔	2021年12月	广东省广播影视协会	广东省2021年度新闻评析活动三等奖	《战地黄花分外香　赓续红色血脉长》	大埔县融媒体中心副主任

续表 36

单位（姓名）	授称时间	授予单位	荣誉称号	成果内容	所在单位及职务
罗华清	2021 年 1 月	广东省教育厅	2020 年广东省中学化学和生物学实验操作与创新技能竞赛活动初中化学组二等奖	探究分子运动的简易装置	大埔县田家炳实验中学
杨舒章、邱宴等	2021 年 1 月	广东省教育技术中心	“基于可视化学习的语文微课资源共建共享研究”课题结题获良好	基于可视化学习的语文微课资源共建共享研究	大埔县虎山中学
张东兴、廖家涛等	2021 年 1 月	广东省教育技术中心	“动画式 PPT 微课是制作与应用研究”课题结题获合格	动画式 PPT 微课是制作与应用研究	大埔县田家炳实验中学
卢淑慧	2021 年 5 月	广东省教育技术中心	广东省第十一届“小小科学家”中小学生科学实验活动优秀辅导教师	“小小科学家”中小学生科学实验活动	大埔县大埔小学
张婷婷	2021 年 5 月	广东省教育技术中心	广东省第十一届“小小科学家”中小学生科学实验活动优秀辅导教师	“小小科学家”中小学生科学实验活动	大埔县大埔小学
郭燕平	2021 年 11 月	广东省教育厅	2021 年广东省中小学实验教学说课活动小学科学组三等奖	中小学实验教学说课活动	大埔县大埔小学
李淑惠	2021 年 12 月	广东省教育厅	2021 年省级基础教育精品课	几何图形初步角的比较与运算	大埔县虎山中学
廖程宇	2021 年 12 月	广东省教育厅	2021 年省级基础教育精品课	第四单元—阅读—15 诫子书	大埔县田家炳实验中学
黄思敏	2021 年 12 月	广东省教育厅	2021 年省级基础教育精品课	Unit 5 There is a big bed—B	大埔县银江镇中心小学

续表36.

单位（姓名）	授称时间	授予单位	荣誉称号	成果内容	所在单位及职务
邹彩芬	2021年12月	广东省教育厅	2021年广东省网络学习空间应用普及活动优秀教师	网络学习空间应用普及活动	大埔县大埔小学
刘广基	2021年12月	广东省教育厅	2021年广东省网络学习空间应用普及活动优秀教师	网络学习空间应用普及活动	大埔县张云栽实验小学
陈　凤	2021年12月	广东省教育厅	2021年广东省中小学实验精品课遴选活动被评为省级中小学实验精品课	中小学实验精品课遴选活动	大埔县家炳第二中学
郭全英	2021年12月	广东省教育厅	2021年广东省中学物理和小学科学实验操作与创新技能竞赛活动高中物理组三等奖	测玻璃砖的折射率	大埔县虎山中学
何卓灵、李宇萍、邹彩芬	2021年12月	广东省教育技术中心	广东省教育“双融双创”2021年教师教育教学信息化交流活动微课项目三等奖	小壁虎借尾巴	大埔县大埔小学
张华海、郭相华等	2021年12月	广东省教育厅事务中心	教育信息化应用融合创新“高中地理智慧课堂教学模式的实践研究”课题结题	高中地理智慧课堂教学模式的实践研究	大埔县虎山中学
蓝　丹、曾繁昌等	2021年12月	广东省教育厅事务中心	教育信息化应用融合创新“山区中学生计算思维与编程教学实践研究”课题结题	山区中学生计算思维与编程教学实践研究	大埔县虎山中学

续表 36

单位（姓名）	授称时间	授予单位	荣誉称号	成果内容	所在单位及职务
蓝增君、黄 奇等	2021 年 12 月	广东省教育厅事务中心	教育信息化应用融合创新“新高考背景下山区学校如何利用双师课堂创新教学模式的研究”课题结题	新高考背景下山区学校如何利用双师课堂创新教学模式的研究	大埔县虎山中学
罗杭杭	2021 年 6 月	广东省教育厅	2020 年中小学心理健康教育优秀成果《女生心理健康知识讲座》三等奖	《女生心理健康知识讲座》	大埔县虎山中学
陈细情	2021 年 6 月	广东省教育厅	2020 年中小学心理健康教育优秀成果三等奖	中小学心理健康教育	大埔县实验中学
罗杭杭	2021 年 6 月	广东省教育厅	2020 年健康教育优秀成果《中学生心理危机干预手册》作品二等奖	《中学生心理危机干预手册》	大埔县虎山中学
管庆蓉	2021 年 11 月	广东省教育厅	“学百年党史，做时代新人”主题教育系列活动一等奖	“学百年党史，做时代新人”主题教育系列活动	大埔县虎山中学
刘远珍	2021 年 11 月	广东省教育厅	“学百年党史，做时代新人”主题教育系列活动优秀奖	“学百年党史，做时代新人”主题教育系列活动	大埔县湖寮镇中心小学
罗翠香	2021 年 11 月	广东省教育厅	“学百年党史，做时代新人”主题教育系列活动优秀奖	“学百年党史，做时代新人”主题教育系列活动	大埔县城东实验学校
刘开湘	2021 年 12 月	广东教育学会	广东省中小学教育创新成果三等奖	中学生健康素养培养 1+2+3 模式	大埔县大麻中学

续表36

单位（姓名）	授称时间	授予单位	荣誉称号	成果内容	所在单位及职务
范宝承	2021年12月	广东省教育厅	广东省教育教学成果奖（基础教育类）二等奖	构建客家山区家庭教育四层6334模式	大埔县湖山中学
叶炜任	2021年12月	广东省教育厅	第三届广东省教学能力大赛三等奖	学前教育《幼儿园音乐教育活动指导》	大埔县田家炳高级职业学校
柏　诚	2021年12月	广东省教育厅	第三届广东省教学能力大赛三等奖	高中历史	大埔县虎山中学
陈永霞	2021年12月	广东省教育厅	第三届广东省教学能力大赛三等奖	信息技术	大埔县虎山中学
赖丽萍	2021年12月	广东省教育厅	第三届广东省教学能力大赛三等奖	语文教学	大埔县虎山中学
管萍娜	2021年12月	广东省教育厅	第三届广东省教学能力大赛三等奖	体育与健康	大埔县张云裁实验小学
黄静敏	2021年12月	广东省教育厅	第三届广东省教学能力大赛三等奖	英语教学	大埔县大东镇实验学校
杨惠敏	2021年12月	广东省教育厅	第三届广东省教学能力大赛三等奖	学前教育	大埔县直属机关幼儿园
刘钦志	2021年12月	广东陶瓷协会	第十三届广东省陶瓷艺术精品展金奖	一苇渡江	广东省大埔陶瓷工业研究所正高级工艺美术师
刘钦志	2021年6月	广东省工艺美术协会	2021年广东省工艺美术精品展银奖	风吹松上曲	广东省大埔陶瓷工业研究所正高级工艺美术师
游茂育	2021年12月	广东陶瓷协会	第十三届广东省陶瓷艺术精品展银奖	山居图	广东省大埔陶瓷工业研究所工艺美术师

续表 36

单位（姓名）	授称时间	授予单位	荣誉称号	成果内容	所在单位及职务
罗循永	2021年12月	广东陶瓷协会	第十三届广东省陶瓷艺术精品展金奖	吉瑞呈祥	广东省大埔陶瓷工业研究所工艺美术师
陈国新	2021年1月	广东陶瓷协会	第十三届广东省陶瓷艺术创作设计创新作品评选暨第十二届广东省陶瓷艺术精品展金奖	《朱子格言》	梅州市金源海陶瓷发展有限公司设计师
杨海山	2021年1月	广东陶瓷协会	第十三届广东省陶瓷艺术创作设计创新作品评选暨第十二届广东省陶瓷艺术精品展金奖	《朱子格言》	梅州金源海陶瓷发展有限公司总经理、设计主管
郭金利	2021年1月	广东陶瓷协会	第十三届广东省陶瓷艺术创作设计创新作品评选暨第十二届广东省陶瓷艺术精品展金奖	《百鸟朝凤·开片》	梅州景晨陶瓷有限公司设计师
曾演先	2021年1月	广东陶瓷协会	第十三届广东省陶瓷艺术创作设计创新作品评选暨第十二届广东省陶瓷艺术精品展金奖	《百鸟朝凤·开片》	梅州景晨陶瓷有限公司工艺师
黄建宏	2021年1月	广东陶瓷协会	第十三届广东省陶瓷艺术创作设计创新作品评选暨第十二届广东省陶瓷艺术精品展金奖	24寸手绘青花骨质瓷天球瓶《山居图》	大埔县怡丰园实业有限公司总经理、广东省陶瓷艺术大师
邓国舟	2021年1月	广东陶瓷协会	第十三届广东省陶瓷艺术创作设计创新作品评选暨第十二届广东省陶瓷艺术精品展金奖	12寸青花缕空祥云红福挂盘	广东昌隆陶瓷股份有限公司董事长、广东省陶瓷艺术大师

续表 36

单位（姓名）	授称时间	授予单位	荣誉称号	成果内容	所在单位及职务
刘意诚	2021 年 1 月	广东陶瓷协会	第十三届广东省陶瓷艺术创作设计创新作品评选暨第十二届广东省陶瓷艺术精品展金奖	《春色在江南》	广东省大埔陶瓷工业研究所工艺美术师
黄建清	2021 年 1 月	广东陶瓷协会	第十三届广东省陶瓷艺术创作设计创新作品评选暨第十二届广东省陶瓷艺术精品展金奖	青花《观瀑图》	大埔县馨明园陶瓷有限公司董事长
张光辉	2021 年 1 月	广东陶瓷协会	第十三届广东省陶瓷艺术创作设计创新作品评选暨第十二届广东省陶瓷艺术精品展金奖	《青山含远》	梅州市小瓷科技有限公司设计师
黄福安					梅州市小瓷科技有限公司设计师
朱建欢	2021 年 1 月	广东陶瓷协会	第十三届广东省陶瓷艺术创作设计创新作品评选暨第十二届广东省陶瓷艺术精品展金奖	《羊城新貌》	梅州市小瓷科技有限公司设计师
黄兴诺					梅州市小瓷科技有限公司设计师
郭裕彬	2021 年 1 月	广东陶瓷协会	第十三届广东省陶瓷艺术创作设计创新作品评选暨第十二届广东省陶瓷艺术精品展金奖	陈设瓷《五管瓶》	广东裕丰陶瓷股份有限公司董事长
郭　锐					广东裕丰陶瓷股份有限公司经理
黄孟君	2021 年 1 月	广东陶瓷协会	第十三届广东省陶瓷艺术创作设计创新作品评选暨第十二届广东省陶瓷艺术精品展金奖	青花“纸瓷”版画	光德镇隽陶坊工艺师
黄进添					光德镇隽陶坊工艺师

续表 36

单位（姓名）	授称时间	授予单位	荣誉称号	成果内容	所在单位及职务
张环权	2021 年 1 月	广东陶瓷协会	第十三届广东省陶瓷艺术创作设计创新作品评选暨第十二届广东省陶瓷艺术精品展金奖	《彩蝶古韵》	梅州市林海陶瓷有限公司技术员
张　栋					梅州市林海陶瓷有限公司总经理
郭晓川	2021 年 1 月	广东陶瓷协会	第十三届广东省陶瓷艺术创作设计创新作品评选暨第十二届广东省陶瓷艺术精品展金奖	陈设瓷《奇趣昆虫》	梅州埔瓷文化科技有限公司设计师
郭　珊					梅州埔瓷文化科技有限公司设计师
黄月云	2021 年 1 月	广东陶瓷协会	第十三届广东省陶瓷艺术创作设计创新作品评选暨第十二届广东省陶瓷艺术精品展金奖	《添福多寿》	广东晖祥陶瓷有限公司设计师
杨　霞					广东晖祥陶瓷有限公司设计师
李金星	2021 年 1 月	广东陶瓷协会	第十三届广东省陶瓷艺术创作设计创新作品评选暨第十二届广东省陶瓷艺术精品展金奖	彩绘《紫气东来》	广东晖祥陶瓷有限公司设计师
郭福康	2021 年 1 月	广东陶瓷协会	第十三届广东省陶瓷艺术创作设计创新作品评选暨第十二届广东省陶瓷艺术精品展金奖	《春华秋实》	梅州市溪山陶瓷有限公司董事长、广东省陶瓷艺术大师
黄进添	2021 年 1 月	广东陶瓷协会	第十三届广东省陶瓷艺术创作设计创新作品评选暨第十二届广东省陶瓷艺术精品展金奖	《山水四条屏》	乐得阁陶瓷艺术工作室工艺师

续表 36

单位（姓名）	授称时间	授予单位	荣誉称号	成果内容	所在单位及职务
广东宝丰陶瓷科技发展股份有限公司	2021年12月	广东陶瓷协会	第十四届广东省陶瓷艺术创作设计创新大赛暨第十三届广东省陶瓷艺术精品展金奖	14寸夏日风情瓶	
罗放荣	2021年12月	广东陶瓷协会	第十四届广东省陶瓷艺术创作设计创新大赛暨第十三届广东省陶瓷艺术精品展金奖	山居图	梅州一方土实业有限公司设计师
张光辉					梅州一方土实业有限公司设计师
黄志超					梅州一方土实业有限公司研发部主任
朱建欢	2021年12月	广东陶瓷协会	第十四届广东省陶瓷艺术创作设计创新大赛暨第十三届广东省陶瓷艺术精品展金奖	报春	梅州中富大科技有限公司设计师
黄志超					梅州中富大科技有限公司研发部主任
郭煜强	2021年12月	广东陶瓷协会	第十四届广东省陶瓷艺术创作设计创新大赛暨第十三届广东省陶瓷艺术精品展金奖	《绘》——写意现代瓷瓶	梅州峰联陶瓷有限公司董事长
罗常庆					梅州峰联陶瓷有限公司设计师
黄建宏	2021年12月	广东陶瓷协会	第十四届广东省陶瓷艺术创作设计创新大赛暨第十三届广东省陶瓷艺术精品展金奖	手绘青花骨质瓷18寸灯笼瓶《山居图》	大埔县怡丰园实业有限公司总经理、广东省陶瓷艺术大师

续表36

单位（姓名）	授称时间	授予单位	荣誉称号	成果内容	所在单位及职务
罗循永	2021年12月	广东陶瓷协会	第十四届广东省陶瓷艺术创作设计创新大赛暨第十三届广东省陶瓷艺术精品展金奖	吉瑞呈祥	广东省大埔陶瓷工业研究所工艺美术师
刘钦志	2021年12月	广东陶瓷协会	第十四届广东省陶瓷艺术创作设计创新大赛暨第十三届广东省陶瓷艺术精品展金奖	一苇渡江	广东省大埔陶瓷工业研究所正高级工艺美术师、广东省陶瓷艺术大师
李金星	2021年12月	广东陶瓷协会	第十四届广东省陶瓷艺术创作设计创新大赛暨第十三届广东省陶瓷艺术精品展金奖	人文山水	广东晖祥陶瓷有限公司设计师
郭晓川	2021年12月	广东陶瓷协会	第十四届广东省陶瓷艺术创作设计创新大赛暨第十三届广东省陶瓷艺术精品展金奖	百鸟之尊·孔雀	梅州埔瓷文化科技有限公司设计师
郭　珊					梅州埔瓷文化科技有限公司设计师
张进辉	2021年12月	广东陶瓷协会	第十四届广东省陶瓷艺术创作设计创新大赛暨第十三届广东省陶瓷艺术精品展金奖	花开富贵	梅州恒辉陶瓷实业有限公司董事长

续表 36

单位（姓名）	授称时间	授予单位	荣誉称号	成果内容	所在单位及职务
钟优宴	2021年12月	广东陶瓷协会	第十四届广东省陶瓷艺术创作设计创新大赛暨第十三届广东省陶瓷艺术精品展金奖	18寸装饰挂盘——吉祥如意	广东吉玉陶瓷股份有限公司董事长
钟镇昌	2021年12月	广东陶瓷协会	第十四届广东省陶瓷艺术创作设计创新大赛暨第十三届广东省陶瓷艺术精品展金奖	热带风情十头餐具	广东吉玉陶瓷股份有限公司总经理

市级获奖成果一览表

表 37

单　位	授称时间	授予单位	荣誉称号	成果内容
大埔县三河镇汇东村	2021年12月	梅州市人民政府	第八批梅州市文物保护单位	八一起义军三河坝战役指挥部旧址田氏宗祠
大埔县湖寮镇密坑村	2021年12月	梅州市人民政府	第八批梅州市文物保护单位	密坑棣萼楼
大埔县茶阳镇太宁村	2021年12月	梅州市人民政府	第八批梅州市文物保护单位	太宁义训堂
大埔县大麻镇恭下村	2021年12月	梅州市人民政府	第八批梅州市文物保护单位	恭下宜慎山庄
大埔县茶阳镇街道	2021年12月	梅州市人民政府	第八批梅州市文物保护单位	茶阳旋庐

主 题 索 引

索引说明：

一、本索引采用主题分析方法，款目按汉语拼音字母（同音字按声调）顺序排列。

二、文中的类目题、分目题用黑体排版，其余用宋体排版。表格在其款目后注明“表”。

三、索引款目后的数字表示内容所在的页码，数字后面的拉丁字母（a、b）表示栏别（即版面的左右栏）。

四、同一主题的内容在文中多次出现的，在其款目后用不同的页码标明。

五、本索引对“特载”“大事记”“人物”“文献选录”“附录”等篇不做内容主题分析。

D

E

F

G

P

Q

R

T

W

X

Z